逯欽立 輯校

先秦漢魏晉南北朝詩

三

中華書局

梁詩卷十六

劉孝綽

孝綽。字孝綽。本名冉。彭城安上里人。齊劉繪子。天監初爲著作佐郎。遷太子舍人、尚書水部郎。出爲平南安成王記室。補太子洗馬。遷尚書金部郎。出爲上虞令。遷除秘書丞。累遷司徒右長史、太府卿、太子僕、廷尉卿。復爲太子僕。除安西湘東王諮議參軍。遷尚書吏部郎。除秘書監。大同五年卒。年五十九。世重其文。流聞絶域。有集十四卷。

樂府

釣竿篇以下五言。

釣舟畫彩鷁。漁類聚作魚。樂府同。子服冰紈。金轄茱萸網。銀鉤詩紀誤作鈎。翡翠竿。斂橈文苑作促棹。注云。一作斂橈。隨水脉。急槳文苑作艇。渡江類聚作沙。湍。文苑云。一作急槳渡沙湍。湍長自不辭。文苑作亂。前浦有佳期。船類聚作蓮。交橈類聚作棹。樂府同。文苑云。一作棹。影合。浦深魚出遲。荷根時觸餌。菱芒乍罥絲。蓮文苑作連。度樂府作渡。江南手。衣渝京兆眉。垂竿自有樂府作來。文苑云。一作未。樂。誰能爲太師。○文苑英華二百十。樂府詩集十八。詩紀八十七。又類聚四十一作劉孝威釣竿篇。引紈、竿、湍、辭、期、遲六韵。

夜聽妓賦得烏夜啼

鵾絃且輟弄。鶴操暫停徽。類聚、文苑作揮。別有啼烏曲。東西相背類聚作各自。文苑同。樂府云。一作各自。飛。倡人怨獨守。蕩子遊類聚作猶。文苑作殊。詩紀同。未歸。若逢類聚作忽聞。生離唱。玉臺作曲。樂府同。文苑云。一作曲。長類聚作中。文苑同。又注云。一作長。夜泣羅衣。○玉臺新詠八。類聚四十二作賦得烏夜啼詩。文苑英華二百六、樂府詩集四十七並作烏夜啼。詩紀八十七。

銅雀妓

雀類聚作爵。臺三五日。絃類聚作歌。樂府同。文苑、詩紀云。一作歌。吹似佳期。況復類聚、樂府作定對。文苑云。一作更對。西陵晚。松風吹繐類聚、樂府作飄素。文苑云。一作飄素。帷。危絃斷復續。類聚、樂府作更接。文苑云。一作更接。妾心傷類聚、樂府作心傷於。文苑云。一作傷心於。此時。誰類聚作何。詩紀云。一作何。言留客袂。還類聚、樂府作翻。文苑、詩紀云。一作翻。掩望陵悲。○類聚三十四作銅雀臺妓。文苑英華二百四。樂府詩集三十一。詩紀八十七。

班婕妤怨

應門寂已閉。非復後庭時。況在青春日。萋萋綠草滋。妾身似秋扇。君恩絶履綦。詎文苑作誰。憶遊輕輦。從今文苑作徒令。注云。一作從今。詩紀云。一作徒令。賤妾辭。○文苑英華二百四。樂府詩集四十三。詩紀八十七。

三婦豔

大婦縫羅裙。中婦料繡文。唯餘最小婦。窈窕舞昭君。丈人慎勿去。聽我駐浮雲。○樂府詩集三十五。詩紀八十七。

櫂歌行

日暮楚江上。江深風復生。所思竟何在。相望徒盈盈。舟子行催棹。樂府作櫂。無所喝流聲。○樂府詩集四十。詩紀八十七。

詩

詠風詩四言

嫋嫋秋聲。習習春吹。鳴茲玉樹。渙此銅池。羅幃自舉。襟袖乃披。慚非楚侍。濫賦雄雌。○類聚一。文苑英華百五十六。萬花谷二。詩紀八十七。

侍宴詩詩紀云。外編作任昉者非。○以下五言。

清宴延多士。鴻漸文苑作私。濫微薄。臨炎類聚作焱。出蕙樓。望辰躋菌閣。上征切雲漢。俛類聚作晚。眺周京洛。城寺鬱參差。街衢紛漠漠。禁林寒氣文苑作日。晚。方秋未摇落。皇心重發志。賦詩追並作。自昔承天寵。於兹被人爵。選言非綺綃。詩紀作綃綰。何以儷類聚作儼。文苑同。金雘。○類聚三十九。文苑英華百六十九。詩紀八十七。

又

兹堂乃峭嶠。伏檻臨曲池。樹中望流水。竹裏見攢枝。欄高景難蔽。岫隱雲易垂。邂逅逢休幸。朱蹕曳青規。丘山不可答。葵藿空自知。○類聚三十九。文苑英華百六十九。詩紀八十七。

三日侍華光殿曲水宴詩

薰初學記作董。祓三陽暮。濯禊歲時雜詠作拔。文苑云。雜詠作伎。元巳初。皇心睠類聚作睠。樂飲。帳殿臨春渠。豫遊高夏諺。凱樂盛周居。復以焚類聚作禁。林日。丰茸花樹舒。羽觴環階轉。清瀾傍席疏。妍歌已嘹初學記作寥。歲時雜詠同。文苑作賡。亮。妙舞復紆餘。歲時雜詠作徐。九成變絲竹。百戲起歲時雜詠作動。文苑云。雜詠作動。龍魚。○類聚四。初學記四。古今歲時雜詠十六。文苑英華百七十二。詩紀八十七。

三日侍安成王曲水宴詩

匯澤良孔殷。分區屏中縣。躡跨初學記作跨躡。歲時雜詠同。兼流采。襟喉類聚誤作矜唯。邇封甸。吾王歲時雜詠作五三。

奄酆畢。析珪類聚作折。歲時雜詠同。承羽傳。不資魯俗移。何待初學記作得。歲時雜詠同。齊風變。東山富遊士。北土無遺彥。一言白璧類聚誤作璧。輕。片善黃金賤。餘辰屬上初學記作元。歲時雜詠同。詩紀云。一作元。巳。清祓初學記作消愁。歲時雜詠同。追前諺。持此陽瀨初學記作頻豫。歲時雜詠作侍此頻豫。按歲時是。遊。復初學記作須。歲時雜詠同。展城隅宴。芳洲亘千里。遠近風光初學記作光風。是。扇。方歡厚德重。誰言薄遊倦。○類聚四。初學記四。古今歲時雜詠十六。詩紀八十七。

春日從駕新亭應制詩

旭日輿文苑作論。輪動。言追河曲遊。紆餘出文苑云。一作入。紫陌。迤邐度青樓。前驅掩蘭徑。後乘歷芳洲。春色江中滿。日華巖上留。江風傳葆吹。巖華映采斿。臨渦起睿作。駟馬暫停輈。侍從榮前阮。雍容慚昔劉。空然等彈翰。非徒嗟未遒。○文苑英華 百七十八。詩紀八十七。

侍宴集賢堂應令詩

北閤時既啓。西園又已闢。宮屬引鴻鷺。朝行命金碧。伊臣獨何取。隆恩徒自昔。布武登玉墀。委坐陪瑤席。綢繆參宴笑。淹留奉觴醳。壺人告漏晚。煙霞起將夕。反景入池林。餘光映泉石。○類聚三十九。文苑英華百七十九。詩紀八十七。

東林寺詩

月殿耀朱幡。風輪和寶鐸。朝猿響甍棟。夜水聲帷箔。○廬山記四。

詩

行衣侵曉露。征舠犯夜湍。無因停合浦。見此去珠還。○韵補二。

侍宴餞庾於陵應詔詩

皇心眷將遠。帳類聚作帳。餞靈芝側。是日青春獻。林塘多秀色。芳卉疑綸組。文苑作緝。嘉樹似類聚作以。雕飾。遊絲綴鶯領。光風送文苑作翔。綺翼。下輦朝既盈。留宴景將昃。高辯文苑作談。競談文苑作辨。端。類聚誤作瑞。奇文争筆力。伊臣獨無伎。何用類聚作由。奉吹文苑作歎。息。○類聚二十九。文苑英華百六十九。詩紀八十七。

侍宴餞張惠紹應詔詩

滄池誠自廣。蓬山一何峻。麗景花上鮮。油雲葉裏潤。風度餘芳滿。鳥集新條振。餞言班俊造。光私奬輶吝。徒然謬反隅。何以窺重仞。○類聚二十九。文苑英華百六十九。詩紀八十七。

餞張惠紹應令詩

鮮雲積上月。凍雨晦初陽。迴風飄淑氣。落景煥新光。竹萌始防露。桂挺已含芳。瑤階變杜若。玉沼發攢蔣。聖襟惜歧路。曲宴闢蘭堂。○類聚二十九作應令詩。文苑英華百七十九作餞張惠詔應令。詩紀八十七。

侍宴離亭應令詩

轘類聚作軒。轅東北望。江漢西南永。羽旗映日移。鐃吹臨風警。令王愍追送。纚類聚作纜。文苑云。集本、類聚並作纜。舟宴類聚作餞。俄頃。掩袂眺征雲。銜杯惜餘景。首燕徒有心。局步何由文苑作所。注云。集本、類聚並作由。騁。○類聚二十九作侍離宴詩。文苑英華百七十九。詩紀八十七。

奉和昭明太子鍾山解講詩

御鶴翔伊水。策馬出王田。我后遊祇鷲。比事實光前。翠蓋承朝景。朱廣弘明集作珠。旗曳曉煙。樓帳縈巖谷。緹組曜林阡。況在登臨地。復及秋風年。喬柯變夏葉。幽澗潔涼泉。停鑾對寶座。辯論悅人天。淹塵資海滴。昭暗仰燈然。法朋一已散。笳劍儼將旋。邂逅逢優渥。託乘侶才賢。摛辭雖並命。遺恨獨終篇 ○廣弘明集三十。詩紀八十七。

和湘東王理訟詩

馮翊亂京兆。廣漢欲兼治。豈若兼邦牧。朱輪褰素帷。淮海封畿地。雜俗良在茲。禁姦擿銖兩。馭黠震豺狸。○類聚五十。詩紀八十七。

陪徐僕射晚宴詩

夫類聚作天。初學記作大。君追宴喜。十日遞來過。築室華池上。開軒臨芰荷。方塘初學記作堂。交密篠。類聚作筭。對霤接繁柯。景移林改色。風去文苑作度。水餘波。洛城雖半文苑云。集作未。掩。類聚字缺。愛客待驪歌。○類聚三十九作陪徐僕射晚宴於兒宅。初學記十四。文苑英華二百十四作同集晉安兒宅。詩紀八十七。

上虞鄉亭觀濤津渚學潘安仁河陽縣詩

昔余筮賓始。衣冠仕洛陽。無貲徒有任。一命忝爲郎。再踐神仙側。三入崇賢旁。東朝禮髦俊。虛薄厠才良。遊談侍名理。搦管創文章。引籍陪下膳。橫經參上庠。誰謂服事淺。契闊變炎涼。一朝謬爲吏。結綬去承光。烹鮮徒可習。詩紀云。一作惜。治民終未長。化雞文苑辨證云。一作化鶵。仰季智。馴雉推仲康。此城鄰夏穴。橚矗茂筠篁。孝碑黃絹語。神濤白鷺翔。遨遊佳文苑作住。可望。釋事上川梁。秋江凍雨說文繫傳作甫。絶。反景照移說文繫傳作誃。塘。纖羅殊未動。駭水忽如湯。乍出連山合。時如高蓋張。漂沙黄沫聚。礐石素波揚。

榜文苑誤作傍。人不敢唱。舟子詎能航。離家復臨水。眷然思故鄉。中來不可絶。奕奕苦人腸。泝洄若無阻。謝病反清漳。○文苑英華百六十二。詩紀八十七。又説文繫傳言部引塘一韵。○文苑英華辨證云。化雞仰季智。馴雉推仲康。季智。仇覽字。仲康。魯恭字也。化雞。一作化鴉。仇覽傳化我鳴梟哺所生。説文繫傳云。陸雲與兄書曰。曹公所爲屋折其謻塘不可壞。直斫之而已。又劉孝綽上虞鄉亭觀濤詩曰云云。孝綽所言卽别館也。

太子洑類聚脱洑字。落日望水詩詩紀云。見何水部集。

川平落日迥。文苑作迴。落照滿川漲。初學記作張。文苑作洋。復此初學記作在。文苑同。詩紀云。一作在。淪波地。派别引類聚作引别。沮漳。耿耿流長脉。熠熠動微類聚作輕。初學記、文苑同。光。寒烏逐查漾。初學記作槎汎。文苑同。饑初學記作驚。文苑同。鵜拂浪翔。臨泛初學記作流。文苑同。詩紀云。一作流。自多美。況乃初學記作此。文苑同。詩紀云。一作此。還故鄉。榜文苑誤作傍。人夜理檝。櫂類聚作棹。女闘成粧。初學記作裝。文苑同。欲待春江曙。争塗向洛陽。○何水部集二作落日望水。初學記六。文苑英華百六十三。又詩紀八十七。類聚八引漲、漳、光、鄉、粧、陽六韵。

登陽雲樓詩

吾登類聚作土。初學記作在。文苑作王。注云。一作士。陽臺上。非夢高唐客。回首望長安。千里懷三益。顧惟詩紀作帷。慚入楚。降初學記作殊。文苑同。又注。一作降。詩紀云。一作殊。私等申白。西沮初學記作阻。水潦收。昭文苑作瑕。注云。一作照。詩紀云。一作瑕。丘霜露積。龍門不可見。空慕文苑誤作暮。凌寒類聚作霜。初學記同。柏。○類聚六十三。初學記二十四。文苑英華三百十一。詩紀八十七。

夕逗繁昌浦詩

日入江風靜。安波似未類聚作天。流。岸迴知舳轉。解纜覺船浮。暮煙生遠渚。類聚作路。夕鳥赴前洲。隔山聞戍鼓。傍浦喧棹謳。疑是辰陽宿。於此逗孤舟。○文苑英華百六十四。詩紀八十七。又類聚二十七引流、洲二韵。

櫟口守風詩詩紀云。見何水部集。

春心已應豫。歸路復當歡。如何此日風。霾曀駭波瀾。倏見搖心慘。俄瞻鄉路難。賴有同舟客。移宴息層巒。華茵藉初卉。芳樽散緒寒。謔浪雖云善。江流苦未安。何由入故園。詎卽紉新蘭。寄謝浮丘子。暫欲假飛鸞。○何水部集二。詩紀八十七。

還渡浙江詩

季秋弦望後。輕寒朝夕殊。商人泣紈扇。客子夢羅襦。憂來類聚作方。文苑同。自難遣。況復阻川隅。日暮愁陰合。繞樹噪寒烏。濛漠江煙上。蒼茫沙嶼蕪。解纜辭東越。接軸類聚作舳。鶩西徂。懸帆似馳驥。飛棹若驚鳧。言歸遊俠窟。方從冠蓋衢。○類聚二十七。文苑英華百六十二作渡浙江。詩紀八十七。

江津寄劉之遴詩

與子如黃鵠。將別復文苑作先。徘徊。經過一柱觀。出入三休臺。文苑云。集作靈臺。共摛雲氣藻。同舉霞紋類聚作文。文苑同。杯。佳類聚、文苑作流。詩紀云。一作流。人每曉遊。文苑作逝。注云。集作遊。禁門恆晚開。欲寄一言別。高駕何由來。○類聚二十九。文苑英華二百四十七。詩紀八十七。

發建興渚示到陸二黃門詩 詩紀云。外編作吴均詩。題云酬別。非也。

扁舟去平樂。還顧極川梁。猶聞棗下吹。尚識杏間堂。洛橋分曲渚。官寺隱回塘。客行裁跬步。即事已多傷。況復千餘里。悲心未遽央。○類聚二十九。文苑英華二百八十六。詩紀八十七。

酬陸長史倕詩

王粲始一別。猶且文苑云。集作自。歎風雲。況余屢之遠。與子亟離羣。如何持此念。復爲今日分。分悲宛詩紀云。一作悵。如昨。弦望殊揮霍。行舟雖不見。行程猶可度。度君路應遠。期寄新詩返。相望且相思。勞朝復勞晚。文苑云。集作相望接風煙。相思勞歲晚。薄暮闇人進。果得承芳信。文苑云。集作訊。殷勤覽妙書。留連披雅韻。洌洲詩紀云。一作州。財文苑云。集作宋本裁。賦總。慈山行文苑云。集作非。旅鎮。已切臨睨情。遽動思歸引。歸歟不可即。前途方未極。覽諷欲諼誚。研尋還慨息。來喻勗雕金。比文苑作此。注云。宋本比。質非所任。虛薄無時文苑云。集作舉無。用。徘徊守故林。屏居青門外。結宇霸城陰。竹庭已南映。池牖復東文苑云。集作西。臨。喬柯文苑作枝。貫簷上。垂條拂户陰。條開風暫入。葉合影還沈。帷屏溽早露。階霤擾昏禽。衡門謝車馬。賓席簡衣簪。雖愧陽陵文苑作春。詩紀云。一作春。曲。寧無流水琴。蕭條聊文苑云。集作寡。屬和。寂寞少知音。平生竟何托。懷抱共君深。一朝四美廢。方見百憂侵。曰余濫官守。因之泝廬久。文苑作九。詩紀云。一作九。水接淺原文苑作源。陰。山帶荆門文苑云。集作臺。右。從容少職事。疲病疎僚友。命駕獨尋幽。淹留宿廬阜。廬阜擅高名。岧岧文苑云。集作迢迢。淩太清。舒雲類紫府。標霞同赤城。北上文苑作山。輪難進。東封馬易驚。未若茲山險。車騎息逢迎。山横路似絶。徑側樹如傾。蒙籠乍一啓。磥硊無暫平。倚巖忽迴望。援蘿遂上征。乍觀秦帝石。復憩周王城。交峯隱玉霤。文苑作流。對澗距金楹。風傳鳳臺琯。雲渡洛賓笙。紫書時不至。丹爐且未成。無因追羽翮。及爾宴蓬瀛。蓬瀛不可託。悵然反城郭。時過馬鳴院。偶憩鹿園閣。文苑作日斜歸路遠。偶憩庵園閣。既異人世文苑作商人。勞。聊比化城樂。影塔圖花樹。經臺總香藥。月殿曜朱旛。風輪和寶鐸。園楥文苑作援。詩紀云。一作垣。卽重嶺。階基仍巨壑。朝猨文苑作湲。詩紀云。一作湲。響甍棟。夜水聲帷薄。餘景騖登臨。方宵盡談謔。談謔有名僧。慧義似傳燈。遠師教逾闡。生公道復弘。小乘非汲引。法善招文苑作忘。報能。積迷頓已悟。爲懽得未曾。爲懽誠已往。坐臥猶懷想。況復心所積。文苑作親。詩紀云。一作親。茲地多諧賞。惜哉無輕軸。更泛輪文苑云。一作淪。湖上。可思不可見。離念空盈蕩。賈生傅南國。平子相東阿。優游匡贊罷。縱横辭賦多。方才幸同貫。無令絶詠歌。幽谷雖云阻。煩君計吏過。○文苑英華二百四十。詩紀八十七。

答何記室詩 詩紀云。附見何集。

遊子倦飄蓬。瞻途杳未文苑云。一作無。窮。晨征凌迸水。暮宿犯頹風。出洲分去燕。向浦逐歸鴻。蘭芽隱陳葉。荻苗文苑云。一作笋。抽故叢。忽憶園閒文苑云。一作中。柳。猶傷江際楓。吾生棄武騎。高視獨辭文苑作餘。詩紀云。一作餘。雄。既殫孝王產。兼傾卓氏僮。罷籍睢陽囿。陪謁建章宮。紛余何水部集作紛紛。文苑云。集作紛紛。似鑿枘。方圓殊未工。黑貂久自弊。黃金屢已空。去辭追楚穆。還耕偶漢馮。巧拙良爲異。出處嗟莫同。若詩紀云。一作君。厭蘭臺右。文苑作石。注云。宋本右。見訪灞陵東。○何水部集二作仰答何記室。文苑英華二百四十作答何記室遜。詩紀八十七。

答張左西詩

相思如三月。相望非兩宮。持此連枝文苑云。集作理。樹。暫作背飛鴻。若人惠思我。摛藻文苑云。集作思惠。蔚雕蟲。仙掌方晞露。靈烏正轉風。方假排虛翮。相與北山叢。○類聚三十一。文苑英華二百四十。詩紀八十七。

歸沐呈任中丞昉詩 詩紀云。南史云。孝綽。天監初爲著作郎。爲歸沐詩以贈任昉。卽此詩也。昉有答詩。

步出金華省。還類聚作遙。望承明廬。壯哉宛洛地。佳麗實皇居。虹蜺拖飛閣。蘭芷覆清渠。圓淵倒荷芰。方鏡寫簪裾。白雲夏峯盡。青槐秋葉疏。自我從人爵。蟾兔屢盈虛。殺青徒已汗。司舉未云書。文昌愧通籍。

臨邛幸第如。夫君多敬愛。蟠木濫吹噓。時時釋簿領。騶駕入吾廬。自唾誠礵砆。無以儷璠璵。但願長閑暇。酌醴薦焚文苑作焚枯。魚。○文苑英華二百四十七作歸沐呈任中丞。注云。時爲著作郎。詩紀八十七。又類聚三十一作贈任中丞。引廬、居、渠、疏、魚五韵。

憶虞弟詩

下邑非上郡。徒然想二馮。余慙野王德。爾勗聖鄉風。望望餘塗盡。悽悽良宴終。朝蔬一不共。夜被何由同。○類聚二十一。詩紀八十七。

淇上人戲蕩子婦示行事詩

桑中始奕奕。淇上未湯湯。美人要雜佩。上客誘明璫。日闇人聲静。微步出類聚作上。蘭房。露葵不待勸。鳴琴無暇張。翠釵掛已落。羅衣拂更香。如何嫁蕩子。春夜守空牀。不類聚作未。見青絲騎。徒勞紅粉粧。○玉臺新詠八。類聚十八作淇上戲蕩子婦。詩紀八十七。

愛姬贈主人詩

卧久疑粧脱。鏡中私自看。薄黛銷將盡。凝朱半有殘。垂釵繞落鬢。微汗染輕紈。同羞不相難。對笑更成歡。妾心君自解。掛玉且類聚作桂玉旦。留冠。○類聚十八。詩紀八十七。

爲人贈美人詩

巫山薦枕日。洛浦獻珠時。一遇便如此。寧關先有期。幸非使君問。莫作羅敷辭。夜長眠復坐。誰知闇歛眉。欲寄同花燭。爲照遥相思。○類聚十八。詩紀八十七。

遥見鄰舟主人投一物衆姬争之有客請余爲詠

河流既浼浼。河鳥復關關。落花浮浦出。飛雉度洲玉臺作州。還。此類聚作是。日倡家女。競嬌桃李顔。良人惜美珥。欲以代芳菅。新縑疑故素。盛趙蔑衰班。曳綃争玉臺作事。掩縠。摇佩奮玉臺作奪。詩紀云。一作奪。鳴環。客心空振蕩。喬玉臺作高。枝不可攀。○玉臺新詠八。類聚十八作見隣舟人投一物衆姬争之詩。詩紀八十七。

古意送沈宏詩

燕趙多佳麗。白日照紅粧。蕩子十年别。羅衣雙帶長。春樓怨難守。玉階空類聚作悲。文苑同。自傷。復類聚作對。詩紀云。一作對。此歸飛燕。文苑云。一作對此歸飛燕。銜泥繞曲房。差池入綺幕。上下傍雕梁。故居猶可念。類聚作尚尒。文苑同。故人安文苑作何。注云。一作安。可忘。相思昏望絶。宿昔夢容光。魂交忽在御。轉側定他鄉。徒然顧類聚誤作枕。文苑云。一作顧。枕席。誰與同衣裳。空使蘭膏夜。炯炯對繁霜。○文苑英華二百五。詩紀八十七。又類聚三十二引粧、長、傷、房、梁、忘、裳、霜八韵。

報王永興觀田詩

重門寂已暮。案牘罷囂塵。輕涼生筍席。微風起扇輪。浮瓜聊可貴。溢酒亦成珍。復有寒泉井。兼以瑩心神。睠彼忘言客。閑居伊洛濱。顧已慚困地。徒知薑桂辛。但願崇明德。無謂德無鄰。○類聚六十五。詩紀八十七。

詠有人乞牛舌乳不付因餉檳榔詩

陳乳何能貴。爛舌不成珍。空持渝皓類聚作浩。齒。非但汙丹脣。別有無枝實。曾要湛上人。羞比朱櫻熟。類聚作就。詎易紫梨津。莫言蔕中久。當看心裏新。微芳雖不足。含咀願相親。○類聚八十七。詩紀八十七。

夜不得眠詩

夜長愁反覆。懷抱不能裁。披衣坐惆悵。當户立徘徊。風音觸樹起。月色度雲來。夏葉依窗落。秋花當户開。光陰已如此。復持憂自催。○類聚三十五。詩紀八十七。

望月有所思詩

秋月始纖纖。微光垂步文苑作出。簷。朣朧入牀簟。髣髴鑒窗簾。簾螢隱光息。簾蟲映光織。玉羊東北上。金虎西南昃。長門隔清夜。高堂夢類聚誤作蒙。容色。如何當此時。懷情滿文苑作向。胸臆。○類聚一。文苑英華百五十二。詩紀八十七。

校書秘書省對雪詠懷詩

桂華初學記作葉。殊皎皎。柳絮亦霏霏。詎比咸池曲。飄颻初學記作飄。千文苑辨證作十。里飛。恥均班女扇。羞儷類聚作灑。曹人衣。浮光亂粉壁。積照朗彤闈。鶺鴒摇羽至。鶢鶋拂翅歸。相彼猶自得。嗟余獨有違。終朝守玉署。方夜勞石扉。未能奏緗綺。何由辨國圍。文苑作闈。坐銷風露質。遊聯珠璧暉。偶懷笨車是。良知高蓋非。既言謝端木。無爲陳巧機。○文苑英華辨證六。詩紀八十七。又類聚二、學初記二、文苑英華百五十四並作對雪詩。引霏、飛、衣、闈四韻。

詠百舌詩

山人惜春暮。旭旦坐花林。復值懷春鳥。枝間弄好音。遷喬聲迥文苑作迴。出。赴谷響幽深。下文苑作乍。是。聽長而短。時聞絶復尋。孤鳴若無對。百囀似羣吟。昔聞屢歎昔。今聽忽悲今。聽聞文苑作聞聽。非殊異。遲暮獨傷心。○類聚九十二。文苑英華三百二十九作劉孝綽。詩紀八十七。

侍宴同詩紀云。同。疑作擬。劉公幹應令詩

副君西園宴。陳王謁帝歸。列位華池側。文雅縱横飛。小臣輕蟬翼。黽勉謬相追。置酒陪朝日。淹留望夕

霏。○初學記十四。詩紀八十七。

賦詠百論捨罪福詩

尋因途乃異。及捨趣猶并。苦極降歸樂。樂極苦還生。豈非輪轉愛。皆緣廣弘明集作録。注云。宫本作緣。封著情。一廣弘明集作二。注云。三本、宫本無一字。知心相濁。樂染廣弘明集作渴樂。注云。三本作濁樂染。法流清。○廣弘明集三十。詩紀八十七。

賦得照棊燭詩刻五分成

南皮弦吹罷。終奕且留賓。日下房櫳闇。華燭命佳人。側光全照局。回花半隱身。不初學記作莫。辭纖手倦。羞令夜向晨。○玉臺新詠八。初學記二十五作賦照棊燭詩。詩紀八十七。

同武陵王看妓詩

燕姬奏妙舞。鄭女發清歌。迴羞出曼玉臺、初學記作慢。臉。送態表玉臺作入。嚬初學記作頻。蛾。寧殊遇玉臺作直。初學記作遏。行雨。詎減見凌波。想君愁日落。玉臺作暮。文苑云。集落日。應羨魯陽戈。○玉臺新詠七作武陵王紀同蕭長史看妓。初學記十五。文苑英華二百十三作武陵王殿下看妓。萬花谷後三十二作劉孝綽詩。詩紀八十七。

賦得遺所思詩

遺簪彫玳瑁。贈綺織鴛鴦。未若華滋樹。交枝蕩子房。别前秋已落。别後春更芳。所思不可寄。唯憐盈袖香。○玉臺新詠八。詩紀八十七。

林下映月詩

明明三五月。文苑作夜。注云。集作月。垂影當高樹。攢柯半文苑作伴。玉蟾。褭葉彰初學記作映。文苑同。又注。集本、類聚並作彰。金兔。玆林有夜坐。嘯歌無與晤。側光聊可書。含毫且成賦。○類聚一。文苑英華百五十二作林下月影。注云。集本、類聚並作映月。詩紀八十七。又初學記一作林下月影。引樹、兔二韵。

詠素蝶詩

隨蜂遶緑蕙。避雀隱青微。映日忽争起。因風乍共歸。出没花中見。參差葉際飛。芳華幸勿謝。嘉樹欲相依。○初學記三十。詩紀八十七。○逯按。明陳大科刻本無此詩。今從安國本。

於座應令詠梨花詩

玉壘稱津潤。金谷詠芳菲。詎匹龍樓下。素蕋映華類聚作朱。詩紀云。一作朱。扉。雑雨疑霰類聚作露。落。因風似蝶飛。豈不憐飄墜。願入九重闈。○類聚八十六作詠梨花應令。初學記二十八。詩紀八十七。

秋雨卧疾詩

賈君徭役少。潘生民務稀。及此同多暇。高臥掩重闈。寂寂文苑作寂寞。桑榆文苑云。集作榆葉。晚。滂沱噎不晞。電隙時光帳。風簾乍扣詩紀誤作和。扉。文苑云。集作如飛。○類聚二。文苑英華百五十三。詩紀八十七。

奉和湘東王應令詩二首

春宵

春宵猶自長。春心非一傷。月帶圓類聚作圓。樓影。風飄花樹香。誰能對雙燕。暝暝守空牀。○類聚三十二。詩紀八十七。

冬曉

冬曉風正寒。偏念客衣單。臨粧罷鉛黛。含淚剪綾紈。寄語龍城下。詎知書信難。○同上

月半夜泊鵲尾詩

客行三五夜。息棹隱中洲。月光隨浪動。山影逐波流。○類聚二十七。詩紀八十七。

和詠歌人偏得日照詩和周弘正。

獨明花裏翠。偏光粉上津。屢將歌罷扇。廻拂影中塵。○初學記十五。萬花谷後三十二作劉孝綽詩。詩紀八十七。

詠姬人未肯出詩

帷開見釵影。簾動聞釧聲。徘徊定不出。常羞華燭明。○類聚十八。詩紀八十七。

遥見美人採荷詩

菱莖時繞釧。棹水或沾粧。不辭紅袖濕。唯憐緑葉香。○玉臺新詠十。詩紀八十七。

詠小兒採菱詩

採菱非採菉。日暮且盈舠。踟蹰未敢進。畏欲比殘桃。○玉臺新詠十。詩紀八十七。

詠眼詩

含嬌腹已合。離怨動方類聚作還。開。欲知密中意。浮光逐笑迴。○類聚十七。詩紀八十七。

擬古詩詩紀云。見何遜集。

少知雅琴曲。好聽雅琴聲。雅琴不可聽。一聽一沾纓。○何水部集二。詩紀八十七。

詠日應令詩

弭節馳暘谷。照檻出扶桑。園葵亦海録碎事作一。何幸。傾葉奉離光。○類聚一。初學記一。文苑英華百五十一。詩紀八十七。又海録碎事一引光一韵。

望月詩

輪光缺不半。扇影出將圓。流光照漭瀁。波動映淪漣。○類聚一。詩紀八十七。

秋夜詠琴詩

上宮秋露結。上客夜琴鳴。幽蘭暫罷曲。積雪更傳聲。○初學記十六。文苑英華二百十二。萬花谷後三十二作劉考綽詩。詩紀八十七。

賦得始歸鴈詩

洞庭春水緑。衡陽旅鴈歸。差池萬花谷作離地。高復下。欲向龍門飛。○類聚九十一。初學記二十。萬花谷後四十作劉孝綽詩。詩紀八十七。

元廣州景仲座見故姬詩雜言○詩紀云。一作代人詠見故姬。

留故夫。不峙𡾊。别待春山上。相看採蘼蕪。○玉臺新詠九。詩紀八十七。

梁詩卷十七

劉緩

緩。字含度。昭子。大同初。歷安西湘東王記室。除通直郎。六年。遷鎮南湘東王中録事卒。有集四卷。

敬酬劉長史詠名士悦傾城詩

不信巫山女。不信洛川神。何關别有物。還是傾城人。經共陳王戲。曾與宋家鄰。未嫁先名玉。來時本姓秦。粉光猶似類聚作假。面。朱色不勝唇。遥見類聚作望。疑花發。聞香知異春。釵長逐鬟髮。袜小稱腰身。夜夜言嬌盡。日日態還新。工類聚作已。傾荀奉倩。能迷石季倫。上客徒留目。不見正横陳。○玉臺新詠八。類聚十八作詠傾城人詩。詩紀九十。

江南可採蓮

古辭曰。江南可採蓮。因以爲題云。

春初北岸涸。夏月南湖通。卷荷舒欲倚。芙蓉生即紅。檝小宜迴逕。船輕好入叢。釵光逐影亂。衣香隨逆風。江南少許地。年年情不窮。○類聚八十二。樂府詩集二十六。詩紀九十。

看美人摘薔薇詩

新花臨曲池。佳麗復相隨。鮮紅同映水。輕香共逐吹。繞架尋多處。窺叢見好枝。矜類聚作今。新猶恨少。將故復嫌萎。釵邊爛熳插。無處不相宜。○類聚八十一。合璧事類別集三十一作梁劉瑗詩。詩紀九十。

奉和玄圃納涼詩

清氣流暄濁。非關狹室中。當由小堂上。自有大王凮。樵詩紀作爑。螟動蘭室。神飈起桂叢。披襟深睿賞。曲卷何由同。○類聚五。詩紀九十。

和晚日登樓詩

所以登臺榭。正重接煙霞。長絲類聚作虹。詩紀云。一作虹。觸欄斷。歸鳥避窗類聚作空。斜。俯巢窺暝宿。臨樹文苑作檻。摘高花。百雉時方晚。九層光尚賒。○類聚二十八作劉綏。文苑英華三百十一。詩紀九十。又楡林詩話作劉綬詩。引霞一韵。○逯按。顔氏家訓云。劉緍、綏、綬兄弟。並爲名器。則此詩當爲劉綬所作。綬亦綏之譌。

雜詠和湘東王詩三首

秋夜

樓上起秋風。絶望秋閨中。燭溜花行滿。香燃奩玉臺作斂。欲空。徒教類聚作交。兩行淚。俱浮粧上紅。○玉臺新詠八。類聚三十二作秋閨詩。詩紀九十。

寒閨詩紀作冬宵。

別後春池異。荷盡欲生冰。箱中剪刀冷。臺上面脂凝。纖腰轉無力。寒衣恐類聚作怨。不勝。○玉臺新詠八。類聚三十二作閨怨詩。詩紀九十。

冬宵詩紀作寒閨。

不堪寒夜久。夜夜守空牀。衣裾逐座襵。釵影近燈長。無憐四幅錦。何須辟惡香。○玉臺新詠八。詩紀九十。

左右新婚詩詩紀云。詩彙作劉緩。

小史如初日。得婦類行雲。琴聲詩紀云。律祖作綺琴。妾曾聽。桃子詩紀云。律祖作緗桃。堦經分。蛾眉參意畫。繡被共籠薫。偏增使君妬。類聚作度。無趣遣相聞。詩紀云。律祖作可憐雙美合。休使惱使君。○類聚四十。詩紀九十。○逯按。此以下三篇詩紀作劉瑗作。今併入劉緩集。

在縣中庭看月詩

移榻坐庭陰。初弦時復臨。侍兒能勸酒。貴客解彈琴。柏葉生鬟文苑作髮。內。桃花出髻心。月光移數尺。方知夜已深。○類聚一、文苑英華百五十二並作劉瑗。詩紀九十。

新月詩

仙宮雲箔捲。露出玉簾鉤。清光無所贈。相憶鳳凰樓。○事文類聚前集二作劉瑗。詩紀九十。

遊仙詩

税駕倚扶桑。逍遥望九州。二老佐軒轅。稱戈戮蚩尤。功成棄之去。乘龍上丹丘。文苑云。一作天遊。天上見玉皇。壽與天地休。俯視崑崙宫。五城十二樓。王母何窈眇。玉質清且柔。揚袂折瓊芳。寄我天東頭。相思十萬歲。太運浩悠悠。安以知吾道。日月不能周。寄音青鳥翼。謝爾碧海流。○文苑英華二百二十五。

劉孺

孺。字孝稚。彭城人。起家中軍法曹行參軍。鎮軍沈約引爲主簿。累遷太子舍人、尚書殿中郎。大通二年。遷散騎常侍。三年。遷步兵校尉。大同七年爲吏部尚書。居母喪。未朞卒。年五十九。有集二十卷。

侍宴餞新安太守蕭幾應令詩

芝殿文苑作蓋。延藻類聚作近簿。景。畫室文苑作石。寫油文苑作岫。雲。玄覽多該洽。聖思文苑作恩。究前聞。微密探文苑作操。精義。優游妙典墳。飲餞參多士。言贈賦新文。○類聚二十九。文苑英華百七十九。詩紀八十八。

相逢狹路間

詩紀云。此亦賦別之詩。

送君追遐路。路狹曖朝雰。三危上蔽日。九折杳連雲。枝交幰不見。聽静吹纔聞。豈伊歎道遠。亦迺泣塗分。況兹別親愛。情念切離羣。○樂府詩集二十四。詩紀八十八。

劉顯

顯。字嗣芳。沛國相人。仕梁歷尚書儀曹郎、秣陵令、步兵校尉、中書侍郎、尚書左丞、尋陽太守。大同九年卒。年六十三。

發新林浦贈同省詩

回首望歸途。山川邈離異。落日懸秋浦。歸鳥飛相次。感物傷我情。惆悵懷親懿。○類聚二十九。文苑英華二百八十六。詩紀九十。

陸雲公

雲公。字子龍。倕從孫。舉秀才。歷武陵王湘東王參軍。入爲尚書儀曹郎。知著作郎事。尋除著作郎。遷中書黄門郎。太清元年卒。年三十七。有集十卷。

釋奠應令詩十章

質文迭運。損益相因。業遵憲氣。道著成均。南學尚齒。東序貴仁。三德既備。七教斯陳。
微言中絶。異端競起。掃滅秦餘。緝維漢始。闇塗頗照。棼絲未理。擾擾百家。悠悠千祀。
大梁肇命。睿哲惟君。萬方輯瑞。八表澄氛。仰測天象。俯奂人文。弘教猶海。聚學如雲。
道生萬有。孝首百行。孔勖漳深。老抑浮競。分門命學。異流争鏡。誰其一之。資我將聖。
家隆重棟。國體貳天。元良正位。至德聿宣。優悠藝術。博極幾玄。丕隆夏載。旦暮姬年。
揚我聖作。導我人志。盛彼庠門。於惟上嗣。三席式啓。百僚胥位。誦聲編道。儒衣成肆。
睟容玉潤。麗辯泉飛。英蕃起予。執經光暉。肩牆覩奥。入室探啓。博哉善誘。嗟然實歸。
請業既終。奠祀爰設。北牖配靈。左階升潔。蘋藻登薦。巾冪成迾。黍稷非馨。誠敬斯悦。
藹藹幕宫。泱泱殿沼。旗章映春。絲竹清曉。獻琛海外。蒙衣塞表。具惟讌嘉。同慶億兆。

至道輝被。英風洋溢。式摽盛軌。方□懋實。職濫惇史。誦乖洪筆。使仰歌頌。終慚照述。○文館詞林百六十。

王籍

籍。字文海。琅邪臨沂人。齊驍騎將軍僧佑子。齊末爲冠軍行參軍。累遷外兵記室。天監初。除安成王主簿。歷餘姚、錢塘令。並以放免。除湘東王諮議參軍。還爲中散大夫。不得志。太清元年。湘東王爲荆州。以諮議參軍帶作唐令。不理縣事。少時卒。

櫂歌行

揚舲横大江。乘流任蕩蕩。輕橈暮不息。復逐夜潮上。時見湘水仙。恆聞解佩響。○樂府詩集四十。詩紀八十六。

入若邪溪詩

梁書曰。籍除輕車湘東王諮議參軍。隨府會稽。郡境有雲門天柱山。籍嘗遊之。或累月不反。至若邪溪賦詩云。蟬噪林逾静。鳥鳴山更幽。當時以爲文外獨絕。顔氏家訓曰。王籍人若邪溪詩。江南以爲文外獨絕。物無異議。簡文吟詠不能忘之。孝元諷味。以爲不可復得。詩云。蕭蕭馬鳴。悠悠旆旌。毛傳曰。言不諠譁也。吾每歎此解有情致。籍詩生於此意耳。

艅艎何汎汎。空水共悠悠。陰霞生遠岫。陽景逐迴流。蟬噪林逾静。鳥鳴山更幽。此地動歸念。長年悲倦遊。〇古詩類苑十四。詩紀八十六。

劉之遴

之遴。字思貞。南陽涅陽人。仕梁歷太學博士、尚書起部郎、延陵令、通直散騎侍郎、尚書右丞、中書侍郎、鴻臚卿。出爲南郡太守。徵秘書監。領步兵校尉。歷太府卿、都官尚書、太常卿。太清二年卒。年七十二。有前集十一卷、後集二十一卷。

酬江總詩

梁書曰。江總持幼便聰慧。神采英拔。甚爲瑯琊王筠、范陽張纘、南陽劉之遴所重。之遴嘗酬總詩曰。

上位居崇禮。寺署鄰栖息。忌聞曉騶唱。每畏晨光絶。高談意未窮。晤對賞無極。探志共遨遊。休沐忘退食。曷用銷鄙吝。枉趾覯顔色。上下數千載。揚搉吐胸臆。〇陳書江總傳。詩紀九十。

嘲伏挺詩

南史曰。侯景初以蕭正德爲帝。之遴時落景所。將使授璽紱。之遴預知。仍剃髪披法服乃免。先是。平昌伏挺出家。之遴爲詩嘲之曰云云。及之遴遇亂。遂披染服。時人笑之。

傳聞伏不鬬。化爲支道林。○南史劉之遴傳。

到溉

溉。字茂灌。彭城武原人。起家王國左常侍。歷殿中郎。出爲建安内史。遷中書郎、兼吏部、太子中庶子。湘東王爲會稽太守。以溉爲輕車長史。除通直散騎常侍、御史中丞。出爲郢州長史、江夏太守。入爲左民尚書。授散騎常侍、侍中、國子祭酒。後因疾失明。以金紫光禄大夫就第養疾。太清二年卒。年七十二。

餉任新安班竹杖因贈詩

邛竹藉白帖作籍。舊聞。靈壽資白帖作堂。前職。復有冒霜筠。寄生桂潭側。文彩既斑爛。白帖誤作欄。質性甚綢白帖作調。直。所以白帖作貴。天天真。爲有乘危力。未嘗以過投。屢經芸苗植。○類聚六十九。詩紀九十二。又白帖四作梁劉溉餉任新安竹杖因贈詩。引識、側、直、力四韵。

答任昉詩

南史曰。溉爲建安太守。任昉寄詩求二衫段。溉答云。

予御覽作余。衣本百結。閩中徒八蠶。假令金如粟。詎使廉夫貪。○南史到溉傳。御覽六百九十三引沈約宋書。詩紀九十二。

秋夜詠琴詩

寄語調弦者。客子心易驚。離泣已將墜。無勞别鶴聲。○初學記十六。文苑英華二百十二。詩紀九十二。

儀賢堂監策秀才聯句詩

雄州試異等。揚庭乃專對。顧學類括羽。奇文若錦績。溉　滋蘭成秀畹。照車光赤初學記誤作亦。琲。攝官惡簪帶。疲痾謝名輩。盧蕣　乙奏飲餘列。甲科光往載。深奇無絶蹤。孫董有遺槩。伏挺　春風涵宛轉。遲光乍明昧。列秀總中筵。羣才盛皇代。王瑩　如綸疾影響。裁蒲啓蒙初學記作曚。昧。雕龍既已彰。青紫行當佩。王顒　哀然既玉響。高粲亦蘭綷。廣川良易追。淄水非難配。　貢士光相門。搜賢盡幽塞。善説理無窮。借書心靡誨。　來彦各東西。翼亮更出内。康哉信在今。伊余事耕耒。詩紀云。後三首闕名。○初學記二十、詩紀九十二並作劉溉。

謝舉

舉。字言揚。陳郡陽夏人。莊孫。仕梁。武帝時累遷尚書令。太清二年卒。

凌雲臺

綺甍懸桂棟。隱映文苑作映。傍文苑云。一作月旁。又作曖。喬文苑作槁。柯。勢高凌玉井。臨迥度金波。易覺涼風至。早飛秋鴈文苑作葉。注云。一作雁。過。高臺相思曲。望遠騷人歌。幸屬文苑作矚。注云。一作屬。樂府、詩紀並云。一作矚。此迢遞。知承雲霧多。文苑作寒露多。注云。一作雲霧多。○文苑英華百九十二。樂府詩集七十五。詩紀九十一。

南鄉侯蕭推

推。字智進。安成王秀之子。歷淮南、晉陵太守、太子洗馬、秘書丞。出爲戎昭將軍、吴郡太守。侯景之亂。守東府城。太清二年。城陷。握節死之。

賦得翠石應令詩

依峯形似鏡。構嶺勢如蓮。映林同緑柳。臨池亂百川。碧苔終不落。丹字本難傳。有邁東明上。來遊皆羽仙。○初學記五。萬花谷後五。詩紀七十一。

初學記作習。萬花谷同。

庾仲容

仲容。字仲容。潁川鄢陵人。歷尚書左丞、諮議參軍。出爲黟縣令。太清二年。避亂遊會稽卒。年七十四。

詠柿詩

發葉臨層檻。翻英糅花藥。風生樹影移。露重新枝弱。苑朱正葱翠。梁烏未銷鑠。○類聚八十六。詩紀九十二。

褚翔

翔。字世舉。河南陽翟人。武帝世累遷吏部尚書。太清二年。丁母憂。以毁卒。年四十四。

鴈門太守行

三月楊花合。四月麥秋初。幽州寒食罷。鄭國采桑疏。便聞雁門戍。結束事戎車。去歲無霜雪。今年有閏餘。月如弦上弩。星類水中魚。戎車攻日逐。燕騎蕩康居。大宛歸善馬。小月送降書。寄語閨中妾。勿怨寒牀虚。○樂府詩集三十九。詩紀九十二。

楊曒

曒。仕梁爲中軍司馬。太清二年守東府。爲侯景所害。

詠舞詩

紅顔自燕趙。妙妓邁萬花谷作舞。陽阿。就行齊逐唱。赴節闇相和。折腰送餘曲。斂袖待新歌。嚬容生翠羽。曼初學記作慢。文苑、萬花谷同。睇出横波。雖稱趙飛燕。比此詎成多。○類聚四十三。初學記十五。文苑英華二百十三。萬花谷後三十二作楊皦詩。詩紀九十四。

吴孜

孜。仕梁。太清二年爲學士。

春閨怨

玉關信使斷。借問不相諳。春光太無意。窺窗來見參。分玉臺作久。與光音絶。忽值日東南。柳枝皆嬲燕。桑葉復催蠶。物色頓如此。孀居自不堪。○玉臺新詠八。詩紀九十四。

朱异

异。字彦和。吴郡錢塘人。始爲揚州議曹從事。召直西省。累遷中領軍。太清三年卒。年七十三。

還東田宅贈朋離詩

應生背芒説。石子河文苑作阿。陽文。雖有遨遊美。終非沮溺羣。曰余今卜築。兼以隔囂紛。池入東陂水。窗引北巖雲。槿籬集田鷺。茅簷帶野芬。原隰何邐迤。山澤共氛氳。蒼蒼松樹合。耿耿樵路分。朝興候崖晚。暮坐極林曛。憑高眺虹蜺。臨下瞰耕耘。豈直娛衰暮。兼得慰殷勤。懷勞猶未弭。獨有望夫君。○文苑英華二百四十七。詩紀九十二。

田飲引

卜田宇兮京之陽。面清洛兮背脩邙。屬風林之蕭瑟。值寒野之蒼茫。鵬紛紛而聚散。鴻冥冥而遠翔。酒沈兮俱發。雲沸兮波揚。豈味薄於東魯。鄙密杜詩注作蜜。甜于南湘。於是客有不速。朋自遠方。臨清池而滌器。闢山牖而飛觴。促膝兮道故。久要兮不忘。間談希夷之理。或賦連翩之章。○類聚七十二。詩紀九十二。又黄氏集千家注杜工部詩史補遺一漫興詩注作田飯引。引湘一韵。

張嵊

嵊。字四山。吴郡人。起家秘書郎。累遷爲吴興太守。太清三年。舉兵擊侯景。爲景所殺。年六十二。

短簫詩

促柱弦始繁。短簫吹初亮。舞袖拂長席。鐘音由簴颺。已落簷瓦間。復繞梁塵上。時屬清夏陰。恩暉亦非望。○樂府詩集七十四。集詩紀九十二。

張纘

纘。字伯緒。仕梁爲秘書郎。遷太子舍人。歷南蘭太守、度支尚書、吴興太守。改湘川刺史。太清三年爲蕭詧所殺。年五十一。

大言應令詩

河流既竭。日月俱騰。罝羅微物。動落雲鵬。○類聚十九。

細言應令詩

遨遊蟻類聚作綺。目辨類聚作辯。輕塵。蚊睫成宇蝨如輪。○類聚十九。

侍宴餞東陽太守蕭子雲應令詩

仲月發初陽。輕寒帶春序。淥文苑作緑。池解餘凍。丹霞霽文苑誤作霄。新雨。良守謁承明。徂舟戒文苑誤作式。

蘭渚。皇儲惜將文苑誤作蔣。邁。金樽留宴酳。○類聚二十九。文苑英華百七十九。

殷鈞

一作均。字季和。陳郡長平人。歷東宮學士、國子祭酒。

大言應令詩

噫氣爲風。揮汗成雨。聊灼戴山龜。欲持探邃古。○類聚十九。

細言應令詩

況舟毛滴海。爲政蝸牛國。逍遥輕塵上。指辰問南北。○類聚十九。詩紀七十四。

王偉

偉。陳留人。仕魏爲侯景行臺左丞。景入京師。大寶元年遷爲中書監。二年爲尚書左僕射。景敗。禽送江陵付誅。

獄中贈人詩

南史曰。偉被執送江陵。於獄中爲詩贈元帝下要人曰。

趙壹能爲賦。鄒陽解獻書。何惜西江水。不救轍中魚。〇南史本傳。詩紀九十二。

在渭陽賦詩

梁書曰。王偉。洛陽人也。學周易。嘗在淮陽賦詩曰云云。逯按。此王偉當別是一人。

平明聽戰鼓。薄暮敘存亡。楚漢方龍鬬。秦關陣未央。〇御覽五百九十七。詩紀九十二。

梁詩卷十八

劉孝威

孝威。字孝威。孝勝弟。初爲晉安王法曹。除太子洗馬。累遷中舍人、庶子率更令。太清中。遷中庶子。兼通事舍人。太清三年。侯景之亂。孝威於圍中得出。西上至安陸卒。有集十卷。

樂府

釣竿篇詩紀云。英華、樂府並作孝綽。○以下五言。

釣舟畫彩鷁。漁潁聚作魚。樂府同。子服冰紈。金轄茱萸網。銀鈎翡翠竿。斂橈文苑作促棹。注云。一作斂橈。隨水脉。急槳文苑作艇。渡江類聚作沙。湍。文苑云。一作急槳渡沙湍。湍長自不辭。前浦有佳期。船類聚作蓮。交橈類聚作棹。樂府同。文苑云。一作棹。影合。浦深魚出遲。荷根時觸餌。菱芒乍罥絲。蓮文苑作連。度樂府作渡。江南手。衣渝京兆眉。垂竿自有文苑、樂府作來。樂。誰能爲太詩紀作大。師。○本集。文苑英華二百十、樂府詩集十八並作劉孝綽。詩紀八十八。又類聚四十一引紈、竿、湍、辭、期、遲六韵。

隴頭水

從軍戍隴頭。隴水帶沙流。時觀胡騎飲。常爲漢國羞。釁妻成兩劍。殺子祀類聚作祠。雙鈎。頓取韻補作將頓。樓蘭頸。文苑作將頓樓蘭膝。注云。一作頓取樓蘭頸。就解郅支裘。勿令如李廣。本集、文苑作李牧。韻補同。樂府云。一作李牧。功多文苑作名。遂不酬。韻補作售。類聚作功遂不封侯。樂府同。文苑云。一作勿令如李廣。功遂不封侯。詩紀云。一作功遂不封侯。○本集。類聚四十二作横吹曲隴頭流水詩。文苑英華百九十八。樂府詩集二十一。詩紀八十八。又韻補二作樂府隴頭水。引裘、售二韻。

驄馬驅

十五官文苑作宦。樂府同。詩紀云。一作宦。期門。二十屯邊徼。犀䩨玉鏤鞍。寶刀金錯鞘。一隨驄馬驅。分受青蠅弔。詩紀作繩。弔。且令都護知。顧被將軍照。誓使氈衣鄉。掃地無遺噍。○本集。文苑英華二百九。樂府詩集二十四作驄馬。詩紀八十八。

公無渡河

請公無渡河。河廣風威厲。檣類聚誤作牆。偃落金烏。舟傾没犀栧。紺蓋空嚴祠。樂府作祀。白馬徒生樂府作牲。祭。衡石傷寡心。崩城掩嫿初學記作霜。袂。劍飛猶共水。魂沈理俱逝。初學記作璧沉魂俱逝。君爲川后臣。文苑云。

一作神。妾作江樂府作姜。妃娣。○本集。類聚四十二作公莫渡河篇。初學記六作公莫渡河。文苑英華二百十。樂府詩集二十六。詩紀八十八。

塘上行苦辛篇

蒲生伊何陳。曲中多苦辛。黄金坐銷鑠。白玉遂淄磷。裂衣工毁嫡。掩袖切詩紀作初。讒新。嫌成跡易已。愛去理難申。秦雲猶變色。魯日尚迴輪。妾歌已腸本集作唱。類聚、樂府同。斷。君心終未親。○本集。類聚四十一。樂府詩集三十五。詩紀八十八。

東西門行詩紀云。此似應詔餞贈之作。

廣津寒欲歇。聯檣密纜收。六高匝近岫。江闊少方舟。餞淚留神眷。離欷切私儔。佇變齊兒俗。當傳楚獻囚。徒然須並命。祇恧本集作惡。樂府同。思如抽。○本集。樂府詩集三十七。詩紀八十八。

怨詩

退寵辭金屋。見譴斥甘泉。枕席秋風起。房櫳明月懸。燭避窗中影。香迴爐上煙。丹庭斜草徑。素壁點苔錢。歌起蒲生曲。樂奏下山絃。新聲昔廣宴。餘杯今自傳。王嫱向絶漠。宗女入祁連。鴈書猶未返。角馬無歸年。昭臺有樂府作省。媵御。曾坂無棄捐。後薪隨復積。前魚誰更憐。○本集。樂府詩集四十一。詩紀八十八。

採蓮曲

金槳類聚作𨧭。木蘭船。戲採江南蓮。蓮香隔浦渡。荷葉滿江鮮。房垂易入手。柄曲自臨盤。露花時濕釧。風莖乍拂鈿。○本集。類聚八十二作和採蓮詩。樂府詩集五十。詩紀八十八。

小臨海

碣石望山海。留連降尊極。秦帝枉本集作極。鈎陳。漢家增禮秩。樂府作飾。石橋終不成。桑田竟難測。蜃氣遠生樓。鮫人近潛織。空勞帝女塡。詎動波神色。○本集。樂府詩集五十五。詩紀八十八。

思歸引

胡地憑良馬。懷驕負漢恩。甘泉烽火入。回中宮室燔。錦車勞遠駕。繡衣疲屢本集字缺。奔。貳師已喪律。都尉亦銷魂。龍堆求援急。狐塞請先屯。櫪下驅類聚作嚴。雙駿。腰邊帶類聚作垂。兩鞬。乘障無期限。思歸安可論。類聚作言。樂府、詩紀並云。一作言。○本集。類聚四十二作思歸篇。樂府詩集五十八。詩紀八十八。

妾薄命篇

去年從越障。類聚作漳。文苑云。一作嶂。今歲没樂府作歿。胡庭。類聚作朝廷。嚴霜封碣石。驚沙暗井陘。玉筯類聚、文苑作鬙。古通。久落鬓。羅衣長挂屏。浴蠶思漆本集作沫。文苑作洙。注云。一作漆。水。條文苑、樂府作挑。古通。桑憶鄭坰。寄書朝鮮吏。留釧武安亭。勿樂府作的。言戎夏隔。但令樂府作念。文苑云。一作念。心契冥。不見酆文苑作豐。樂府、詩紀同。城劍。千祀復同形。○本集。類聚四十一作妾薄命行。文苑英華二百七。樂府詩集六十二作妾薄命。詩紀八十八。

鬬鷄篇

丹鷄翠翼文苑作羽。張。妬敵復文苑云。一作得。專場。翅中含芥粉。距外耀金芒。氣踰上黨烈。樂府作列。名貴樂府作媿。文苑云。一作愧。下韝良。祭橋愁魏后。食跖忌齊王。願賜淮南藥。一使雲間翔。○本集。文苑英華二百六。樂府詩集六十四。詩紀八十八。

結客少年場行

少年本六郡。遨遊遍五都。插腰銅匕首。障日錦屠類聚作塗。樂府同。蘇。鷲類聚作鷲。文苑云。一作鷲。羽本集作尾。裝銀鏑。犀膠飾象弧。近發連雙兔。高彎落九烏。邊城多警類聚作驚。急。節使滿郊衢。居延箭箙類聚作服。盡。疏勒井泉枯。正蒙都護接。何由憚險途。千金募惡少。一揮文苑作麾。樂府同。擒骨都。勇餘聊蹴踘。類聚、樂府作蹵鞠。文苑作蹹蹴。戰罷暫類聚、樂府作戲。文苑云。一作戲。投壺。昔爲北方文苑云。一作邊。將。今爲本集作成。文苑同。又注云。一作爲。南面孤。邦君行負弩。縣令且前驅。○本集。類聚四十一。文苑英華百九十五。樂府詩集六十六。詩紀八十八

行行且遊獵篇

之罘講射所。上林娛獵場。選徒驕楚客。召狩誇胡王。罕車已戒道。風烏文苑作烏。復起文苑作啓。樂府同。行。飲類聚誤作傾。飛具犢類聚作罾。樂府同。繳。材官命蹶張。高罝掩月兔。勁矢射天狼。蹠類聚誤作蹶。地不遑逸。樂府作免。文苑同。又注。一作逸。排虛豈及文苑作反。翔。日暮勾文苑作鈎。樂府同。陳轉。風清鐃吹颺。樂府作揚。歸來宴平樂。寧肯滯樂府作帶。誤。禽荒。○本集。類聚四十二作行行遊獵篇。文苑英華百九十五注云。一作遊行且獵篇。樂府詩集六十七作行行遊且獵篇。詩紀八十八。

雀乳空井中詩紀云。晉傅玄詩曰。鵲巢丘城側。雀乳空井中。

遠去條支國。心知漢德休。樂府作優。文苑、詩紀並云。一作優。聊棲丞相府。過令黃霸羞。挾子須閒地。文苑作池。空井共尋求。轆轤絲綆絕。桔槔冬文苑作金。注云。一作冬。蘚本集作金蘇。周。將憐羽翼張。本集作長。文苑、樂府同。誰樂府作唯。辭各背遊。○本集。文苑英華二百六作乳雀空城中。注云。城一作井。樂府詩集六十八。詩紀八十八。

半渡溪

本厠偏伍伴。一戰殄凶渠。制賜文犀節。驛報紫泥書。入營陳御蓋。還家乘紫車。皇恩知已本集作空以。重。樂府作空以重。注云。一作知已重。丹心恨不紓。渡瀘且不畏。淩溪嗟有餘。○本集。樂府詩集七十四。詩紀八十八。

獨不見

夫婿結纓簪。偏蒙漢寵深。中人引臥內。副車遊上林。綬染琊琊草。蟬鑄武威金。分家移甲第。留妾住河陰。獨寢鴛鴦被。自理鳳凰琴。誰憐雙玉筯。流面復流襟。○本集。文苑英華二百十一。詩紀八十八。

行幸甘泉宮歌

漢家迎夏畢。避暑甘泉宮。棧文苑、樂府作機。詩紀云。一作機。車鳴里鼓。駟馬駕相風。校尉烏桓類聚作丸。文苑、樂府同。騎。待制文苑云。一作詔。樓類聚作婁。煩弓。樂府作宮。後旌猶五柞。前笳度九嵕。才人豹尾內。御酒屬車中。輦迴百子閣。扇動七輪風。鳴鍾休衞士。披圖召類聚作占。後宮。材詩紀誤作財。官促類聚作但。校獵。涼秋類聚作風。樂府作秋來。注云。一作涼秋。詩紀云。一作秋來。戲射熊。○本集。類聚四十三。文苑英華二百三。樂府詩集八十四。詩紀八十八。

箜篌謡詩紀云。樂府失名。次劉孝威後。

結交在相得。骨肉何必親。甘言無忠實。世薄多蘇秦。從風暫靡草。富貴上昇天。本集作人。文苑同。又注云。一作真。不見山本集作高。文苑同。巔樹。摧抓文苑作抗。下爲薪。豈甘文苑云。一作目睹。井中泥。上出作埃塵。文苑作時至出作塵。本集同。詩紀云。一作時至出作塵。○本集。文苑英華二百十失名。次劉孝威後。樂府詩集八十七作無名氏。詩紀八十八。○逯案。御覽引此篇起首四句。題作古歌辭。細玩其辭。亦不類六朝人作。今分別列入漢詩及此集。

驄馬驅

翩翩驄馬驅。横行復斜趨。先救遼城危。後拂燕山霧。風傷易水湄。日入隴西樹。未得報君恩。聯翩終不住。○本集。文苑英華二百九。樂府詩集二十四。詩紀八十八。

和王竟陵愛妾换馬

驄馬出樓蘭。一步九盤桓。小史本集作使。贖金絡。良工送玉鞍。龍驂來甚易。烏孫去實難。麟膠妾猶有。請爲急弦彈。○本集作愛妾换馬。類聚九十三。樂府詩集七十三作愛妾换馬。詩紀八十八。

擬古應教七言

詩紀云。樂府作孝威詩。題云東飛伯勞歌。英華作梁簡文帝。非也。簡文别有二首。○逯案。此篇玉臺新詠作擬古應教。文苑英華二百五作擬古。與樂府詩集作東飛伯勞歌有異。然知擬古應教者。即擬古東飛伯勞歌以應教也。文苑英華二百三作梁簡文。紹古歌。紹古亦即擬古。

雙棲文苑云。一作飛。翡翠兩鴛鴦。巫雲文苑云。一作山。洛玉臺作落。月乍相望。誰家妖冶折花枝。蛾眉曖睇使情移。本集、樂府作衫長釧動任風吹。文苑同。又注。一作蛾眉膄睇使情移。青本集作金。樂府同。鋪緑本集作玉。樂府同。瑣琉璃扉。瓊筵玉笥金縷衣。本集、樂府作花鈿寶鏡織成衣。文苑作金鋪玉鎖琉璃扇。花鈿寶鏡織成衣。又注云。一作青鋪瑣窗琉璃扉。瓊筵玉笥金縷衣。美人年幾可十餘。含羞轉本集、樂府作騁。文苑同。又注。一作轉。詩紀作轉。笑斂風裾。珠丸出彈不可追。空留可憐持本集作特。與誰。○本集作東飛伯勞歌。玉臺新詠九。文苑英華二百三、二百五。樂府詩集六十八。詩紀八十八。

鷄鳴篇以下雜言。

塒鷄識將曙。長鳴高樹巔。啄葉疑彰樂府作障。羽。排花彊欲前。意氣多驚舉。飄揚獨無侶。陳思助鬭協狸膏。邸昭妬敵安金距。丹山可愛有鳳凰。金門飛舞有鴛鴦。何如五德美。豈勝千里翔。○本集。類聚九十一作梁簡文帝。樂府詩集二十八。詩紀八十八。

烏生八九子

城上烏。一年文苑云。一作生子。生本集作八。詩紀同。九雛。枝輕巢本狹。風多葉早枯。氄毛不自暖。張翼强相呼。金柝文苑作析。廣文選同。樂府作折。詩紀同。嚴兮翠樓肅。蜃壁光兮椒泥馥。虞機衡網不得施。樂府無施字。廣文選同。猜鷹鷙隼樂府隼下有搏字。廣文選同。無由逐。永願共棲曾氏冠。文苑作觀。廣文選同。同瑞周王屋。莫啼城上寒。猶賢文苑作賽。野中樂府作間。廣文選同。宿。羽成翮備各西東。丁年賦命有窮通。不見高飛帝文苑作啼。輦側。遠託日輪中。樂府云。一作終。尚逢王吉箭。猶嬰后類聚作唐。樂府作夏。羿弓。豈如變彩救燕質。入夢祚昭本集作周。注云。一作周。公。流樂府作留。廣文選同。聲表師退。集幕示營空。靈臺已鑄像。流蘇時候風。○本集。文苑英華二百六。樂府詩集二十八。廣文選十四。詩紀八十八。又類聚九十二引烏、雛、呼、東、通、中、弓、公、空、風十韵。

蜀道難樂府分前五言後七言各爲一首。

玉壘高無極。銅梁不可攀。雙流逆本集作遂。類聚作迸。文苑作亦。注云。一作迸。一作逆。巇樂府云。一作巇。道。九坂涖陽關。鄧侯策本集作束。文苑同。馬度。類聚作束馬去。樂府同。王生斂轡還。斂轡懼身尤。叱馭奉王猷。若恪千金重。誰爲萬里侯。戲馬呑珠界。揚舲濯錦流。本集作頭。沈犀厭怪水。握本集作掘。鏡表靈本集作吳。丘。禺類聚作嵎。樂府同。文苑作隅。注云。一作嵎。山金碧有光輝。遷亭樂府作停。車馬尚類聚作正。樂府同。文苑云。一作正。輕肥。彌想類聚作思。樂府同。王褒擁節反。類聚作去。樂府同。文苑云。一作去。更類聚作復。樂府同。憶相如乘傳歸。君平子雲閒樂府作寂。文苑云。一作寂。不嗣。江漢英靈信已衰。類聚作已信稀。樂府同。文苑云。一作已信稀。詩紀云。一作稀。○本集。文苑英華二百。樂府詩集四十。詩紀八十八。又類聚四十二引攀、崗、還、輝、肥、歸、稀七韵。

詩

重光詩并序○以下四言。

重光。儲后宣制義也。

赫赫重光。明明二聖。帝作儲述。禮和樂正。中衢置樽。本集字缺。高堂懸鏡。其酌不窮。其明逾盛。德音孔昭。民胥攸詠。明明二聖。赫赫重光。風神灑落。容止汪洋。瞻彼談扇。載抑載揚。何斯天辯。如圭如璋。顏閔函席。游夏升堂。以卿以士。惟公惟王。思媚儲后。顧哉樂康。芃芃黍苗。陰雨膏之。詵詵纓冕。儲王道詩紀作導。之。道之以禮。齊之以仁。禮則探聖。言則窮神。訓于四國。覃于萬民。○本集。類聚十六。詩紀八十八。

侍宴樂遊林光殿曲水詩

蒸哉軒瑣。赫矣堯心。女媧補石。重華絫本集、類聚作棄。詩紀云。一作棄。金。湯羅禹扇。羲瑟農琴。皇平備矣。受命君臨。試舟五反。和樂九成。鉤楯秘戲。協律新聲。丹枑水激。縫彩類聚作绛采。葩類聚作坯。本集字缺。榮。天吴還往。海若逢迎。○本集。類聚四。詩紀八十八。

奉和簡文帝太子應令詩以下五言。

太子天下本。元良萬國初學記作邦。貞。周朝推上嗣。漢代類聚作世。紀本集作懸。類聚作慙。初學記、文苑同。重明。前星涵瑞彩。洊雷揚遠聲。三善傳文苑作得。樂正。百行紀司成。九流遍類聚作通。是。已辨。七經咸所精。博聞强子政。高才陵長卿。禮遵本集、初學記作尊。是。逾屈已。德盛益卑情。仙氣本集作菊。文苑同。貽初學記作貽。詩紀云。一作貽。鍾相。儒道推桓榮。延賢博望苑。視膳長安城。園綺隨金輅。浮丘侍玉笙。智囊前斂初學記作殿。笏。端士後垂纓。九仙良所重。四類聚作國。海更誰類聚作東。傾。初學記作輕。本集、文苑作垂纓。班輪文苑作輪。同策類聚作舉。文苑作笨。乘。甲館齊蓬瀛。本集作衡。文苑同。○本集。類聚十六作奉和簡文帝太子詩。初學記十作奉和太子詩。文苑英華百七十九。詩紀八十八。

三日侍皇太子曲水宴詩

二龍巡夏代。八駿馭周朝。豫遊光帝則。樂飲盛民謡。皇儲遵洛禊。濫觴追灞橋。掌祓開神籞。司馬動鑾鑣。周旗交采旄。晉鼓雜清簫。旌宫臨廣隰。藻衛爍巖椒。蘭樽沿曲岸。蠱若泝迴潮。○類聚四。詩紀八十八。

奉和六月壬午應令詩

玄圃棲金碧。靈澗挹（本集作浥。歲時雜詠作抱。文苑云。一作抱。）琨瑶。築山圖碣岫。穿池控（文苑作類。）海潮。雷奔石鯨動。水闊牽牛遥。乘黿（歲時雜詠誤作葉黿。）猶怯渡。鞭石詎成（文苑作遂成。注云。一作類爲。）橋。岸（歲時雜詠作崖。文苑同。）崩下生窟。（歲時雜詠誤作屈。）壁峭上干霄。噪蛙（歲時雜詠作鳥。）常獨沸。游魚或自跳。荒徑横臨浦。空舟斜（歲時雜詠誤作釵。）插橈。愁鴟集古（歲時雜詠誤作沽。）樹。白鷺隱青苗。神心重丘壑。散（歲時雜詠作微。）步（文苑云。一作微。按應是散之異文。）懷漁樵。石累元卿徑。枝挂許由瓢。伊臣本寂寞。（歲時雜詠作默。文苑云。一作默。）由來畏市朝。爲貪止（歲時雜詠作上。）山水。（本集作山水心。文苑同。）所競（文苑作意。）惟逍遥。寄言周伯況。（文苑作沅。）勞君擅轂綃（歲時雜詠作穀操。）○本集。古今歲時雜詠四十四。文苑英華百七十九。詩紀八十八。

登覆舟山望湖北詩

紫川通太液。丹岑連（類聚作聯。）少華。堂皇更隱映。松灌雜交加。荇蒲浮新葉。漁舟繞落花。浴童競（廣文選作争。淺岸。漂女擇平沙。極望傷春目。廻車歸狹斜。○本集。類聚二十八。廣文選九作望湖北詩。詩紀八十八。

帆渡吉陽洲詩孝儀同賦。

江風類聚作潮。詩紀云。一作潮。凌曉本集作晚。類聚、文苑同。急。鉦鼓候晨催。幸息榜人唱。聊望高帆開。聯村倏忽盡。循汀俄頃回。疑是傍洲退。似覺前山來。將與圖南競。誰云勞泝洄。○本集。類聚二十七。文苑英華二百八十九。詩紀八十八。

出新林詩

芒山眡類聚作眠。洛邑。函谷望秦京。遥分承露掌。遠見長安城。故鄉已可識。遊子必勞情。霧罷前林類聚作村。廣文選同。見。詩紀云。一作曠。風息涌川平。坐觀暮潮落。漸見夕煙生。無由一羽化。徒想御風類聚作風御。廣文選同。輕。○類聚二十八。廣文選九。詩紀八十八。

鄀詩紀從類聚作郗。誤。縣遇見人織率爾寄婦詩

妖姬含怨情。織素本集作緯。注云。一作素。起秋聲。度梭環玉動。踏躡佩珠鳴。類聚作明。經稀本集作移。疑杼澁。緯斷恨絲輕。葡萄始欲罷。鴛鴦猶未成。雲棟共徘徊。紗窗相向開。窗疏眉語度。紗輕眼笑來。曨曨本集作籠籠。詩紀同。隔淺紗。的的見粧華。鏤玉同心藕。本集作帶。詩紀云。一作帶。雜玉臺作列。寶連枝本集作樹。花。紅衫類

聚作巾。向後結。金鐕臨鬢斜。機頂挂流蘇。機旁垂結珠。青絲引伏兔。黄金繞鹿盧。艷彩裾邊出。芳脂口上渝。百城交問遺。玉臺作道。五馬共踟蹰。直爲閨中人。守故不要新。夢啼漬花枕。覺淚濕羅巾。獨眠真自難。重衾猶覺寒。愈玉臺作逾。本集、類聚作玄。憶凝脂暖。本集作綬。類聚同。彌想横陳類聚作塵。誤。歡。行驅金絡騎。歸就城南端。城南類聚作南端。稍有期。想子亦勞思。羅襦本集作褘。詩紀作衣。久應罷。花釵堪更治。新粧莫本集作不。類聚同。點黛。余還自畫眉。○本集。玉臺新詠八。類聚六十五作在郄縣遇見人織寄婦詩。詩紀八十八。

侍宴賦得龍沙宵月明詩

鵲飛空繞樹。月輪殊未圓。嫦娥望不出。桂枝猶隱殘。落照移樓影。浮光動塹瀾。櫪馬悲笳玉臺作羌。吹。城烏啼塞寒。傳聞機杼妾。愁余衣服單。當秋絡玉臺作終。已脆。銜啼織復難。斂眉雖不樂。舞劍强爲歡。請謝函關吏。行當封玉臺作泥。一丸。○本集。玉臺新詠八。詩紀八十八。

奉和晚日詩

虬簷挂珠箔。虹梁卷霜本集作霧。詩紀同。綃。迷迭涵香長。芙蓉逐浪摇。飛輪摶本集作轉。羽扇。翻車引落潮。甘泉推激水。迎風颭本集作愁。遠颸。寄言王待詔。因聲張子僑。吾君安已樂。無勞誦洞簫。○本集。類聚五。詩紀八十八。

和皇太子春林晚雨詩

雲樹交爲密。雨日共成虹。雷類聚作電。舒長男氣。枝搖少女風。葉珠隨類聚作垂。文苑同。滴水。簷繩下溜空。蝶濡飛不颺。花沾色更紅。明離信養德。能事畢春宮。誰堪偶鳳吹。唯有浮丘公。○本集。類聚二。文苑英華百五十三。詩紀八十八。

行還值雨又爲清道所駐詩

齊楚磐本集作盤。文苑同。石貴。韓吴異姓王。俱乘早朝罷。相隨出建章。喧呼驚里閈。叫咷本集作吼。駭康莊。皁騶同隼擊。青橐似本集作以。鷹揚。掖門南北遠。複道東西長。旛旗争絡繹。官騎鬱相望。微風生棨傳。輕雨潤帷裳。油衣分文苑作紛。競道。小蓋列成行。八舍便繁密。五誉輿服本集誤作輿復。光。廻車避司隷。俄軒揖内郎。況余白屋士。自依詩紀云。一作休。卑路傍。日月雖臨照。仄陋難明敭。早榮羞日及。晚知慚豫章。徒抱凌雲志。文苑作意。終愧摩天翔。安能久淪辱。圖南會有方。○本集。文苑英華百五十三。詩紀八十八。

望雨詩

清陰蕩暄濁。飛雨入階廊。瞻空亂無緒。望霤瞅初學記作弭。成行。交枝含曉本集作晚。類聚同。潤。雜葉帶新光。浮芥本集作界。離還聚。沿漚滅復張。浴禽飄落毳。風本集作月。類聚作亂。荇散餘香。瑶文苑作瓊。綃挂繡幕。

象簟列華牀。侍童拂羽扇。厨人奉濫漿。本集作觴。詩紀云。内則。有漿有濫。注。濫，涼也。寄言楚臺客。雄風詎獨涼。○本集。文苑英華百五十三。詩紀八十八。又類聚二、初學記二並引廊、行、光、張、香、涼六韵。

苦暑詩

暮日本集作日暮。文苑同。苦炎溽。遷坐接階本集、文苑作長。廊。月麗姮娥影。星含織女光。棲禽動夜竹。本集作行。流螢出闇牆。香盤粿鮮文苑云。一作鱗。粉。雕壺文苑作臺。注云。一作壺。承玉本集作蔗。漿。白羽徒垂文苑作搖。握。本集作幄。緑類聚作淥。水自周堂。弱紈猶覺重。纖絺尚文苑作向。少涼。弄風思漢朔。戲雨憶吴王。玄冰文苑作水。術難驗。赤道漏猶長。誰能更吹律。還令黍本集作暑。谷涼。○本集作苦熱。類聚五。文苑英華二百十。詩紀八十八。

奉和逐涼詩

鐘鳴夜未央。避暑起徬徨。長河似曳素。明星若散璫。倚巖欣石冷。臨池愛水涼。月纖張敞畫。荷妖韓壽香。對此遊清夜。何勞娱洞房。○本集。類聚五。詩紀八十八。

望棲烏詩

夕烏文苑作鳥。詩紀云。一作鳥。飛文苑作亂。參差。單雄雜寡雌。聯翩歸葉裏。出没噪林垂。争棲時易樹。驚飛忽度枝。雖無繫書重。亦有含纓文苑作櫻。疲。以兹憔悴力。重逢輕薄兒。珠丸蘇合文苑誤作含。彈。金繳青絲縻。

豈意翩翾羽。遂免更羸危。入懷欣得地。依林竊願知。○本集。文苑英華三百二十九。詩紀八十八。

和簡文帝臥疾詩

玉躬耗寒暑。羣望崇珪璧。仁祀盛黄縑。禮壇優紺席。僊均楚疾愈。俄同宋年益。豈勞誦賦臣。寧用觀濤客。○本集。類聚七十五。詩紀八十八。

賦得曲澗詩

澗流本集作深。急易轉。溪竹本集作水。暗難開。近樓俄已失。前洲忽復迴。石岸生寒蘚。沈根漬水苔。菱舟失道去。歸凫迷徑來。○本集。類聚九。詩紀八十八。

奉和湘東王應令詩二首

春宵

花開人不歸。本集作掃。節暖衣須本集作隨。變。迴釵挂反環。拭淚繩春線。本集字缺。今夜月輪圓。胡兵必應戰。○本集。類聚三十二。詩紀八十八。

冬曉

妾家邊洛城。慣識曉鐘聲。鐘聲猶未盡。漢使報應行。天寒硯冰玉臺作水。本集、類聚同。凍。心悲書不成。○本集。玉臺新詠八。類聚三十二。詩紀八十八。

詠織女詩

金鈿已照耀。白日未蹉跎。欲待黄昏至。含嬌渡淺河。○本集。玉臺新詠十作劉孝儀。類聚四。初學記四。又古今歲時雜詠二十五、御覽三十一、萬花谷後四俱作劉孝儀。詩紀八十八。

七夕穿針詩和簡文。

縷亂恐風來。衫輕羞指現。歲時雜詠作見。故穿雙眼針。特類聚作持。歲時雜詠、詩紀同。歲時廣記作時。本集同。縫合歡扇。○本集。類聚四。初學記四。古今歲時雜詠二十五。歲時廣記二十六。詩紀八十八。

九日酌菊酒詩

露初學記作霜。歲時雜詠同。花疑始摘。羅衣似適薫。本集作自適重。餘杯度不取。欲持嬌使初學記作向。歲時雜詠同。君。○本集。類聚四。初學記四。古今歲時雜詠三十三。詩紀八十八。

賦得鳴㼨應令詩

雜扇雖俱歛。交行忿自分。轉袖時繞腕。揚履自開裙。○初學記十六。詩紀八十八。

和定襄侯初笄詩

合鬟仍昔髮。畧鬢卽前絲。從今一梳罷。無復更縈時。○玉臺新詠十。詩紀八十八。

古體雜意詩

朝日大風霜。寄事是交傷。葉落枝柯淨。當自起棊張。○玉臺新詠十。詩紀八十八。

詠佳麗詩

可憐將可念。可念直千金。唯言有一恨。恨不遂玉臺作逐。人心。○玉臺新詠十。詩紀八十八。

望隔牆花詩

隔牆花半隱。猶見動花枝。當由美人摘。詎止春風吹。○本集。類聚八十八。詩紀八十八。

枯葉竹詩

枯楊猶更緑。臥柳尚還生。勿嫌鳳不至。終當待聖明。○本集。類聚八十九。詩紀八十八。

和簾裏燭詩

開關簾影出。參差風焰斜。浮光燭綺帶。凝滴汙垂花。○(類聚八十。詩紀八十八。)

詠剪綵花詩二首

葉舒非漸(歲時雜詠作衛。)大。花發是初(類聚作家。)開。(歲時雜詠作花是發家開。)無論人(歲時雜詠作家人論。)訝似。蜂見也争來。○(類聚八十八。古今歲時雜詠三。詩紀八十八。)

淺深依樹色。舒卷聽人裁。假令春色度。經著手中開。○(古今歲時雜詠三。詩紀八十八。)

禊飲嘉樂殿詠曲水中燭影詩(七言)

火浣花心猶未長。金枝密焰已流芳。芙蓉池畔涵停影。桃花水脉引行光。○(類聚八十。詩紀八十八。)

賦得香出衣詩(雜言)

香出衣。步近氣逾飛。博山登高用鄴錦。含情動靨比洛妃。香纓麝帶縫金縷。瓊花玉勝綴珠徽。蘇合故年微恨歇。都梁路遠恐非新。猶賢漢君芳千里。尚笑荀令止三旬。○(類聚六十七。詩紀八十八。)

梁詩卷十九

蕭子雲

子雲。字景喬。子顯弟。齊建武四年。封新浦縣侯。梁天監初。遷丹陽郡丞。大通三年。復遷臨川內史。還除散騎常侍。歷侍中、國子祭酒。出爲東陽太守。太清三年。侯景亂。奔晉陵卒。有晉書百二十卷、東宮新紀二十卷、集十九卷。

東郊望春詶王建安雋晚遊詩

金塘綠泉滿。上園梨蕋落。蛺蝶戀殘花。黄鶯對妖文苑作餘。詩紀云。一作餘。蕚。芳菲滿郊甸。惠風生蘭薄。子家冠蓋里。我館幽棲郭。綠楊垂類聚字缺。文苑作柳蔭。長溪。便橋限清洛。相去能幾許。一水終疏索。○類聚三十一。文苑英華二百四十。詩紀八十五。

贈海法師遊甑山詩

心好丘壑。偏悦幽棲人。忽聞甑山旅。萬文苑作蒿。注云。一作嵩。里自相親。沉類聚作真類聚作直。文苑、廣文選同。沉。廣文選同。寥晚霖霽。重疊晴雲新。秋至蟬鳴柳。風高露文苑作路。起塵。動余憶山思。惆悵惜荷巾。○類聚三十一。文苑英華二百十九。廣文選九作贈海法師。詩紀八十五。

落日郡西齋望海山詩

漁舟暮出浦。漢女採蓮歸。夕雲向山合。詩紀云。一作浦斂。水鳥望田飛。蟬鳴早秋至。蕙草無芳菲。故隱天山北。夢想日依依。○類聚二十八。詩紀八十五。

寒夜直坊詩紀作芳。憶袁三公詩

滴滴雨鳴階。愔愔兹夜静。風落宣猷樹。寒凋文苑作洞。承光屏。高帷曉獨類聚作獨曉。文苑同。垂。華燭夜空冷。文苑作華燈空夜冏。詩紀云。一作冏。所思不相見。方知寒漏永。○類聚三十一。文苑英華百九十。詩紀八十五。

贈吴均詩

欲知健少年。本來文苑作年。最輕黠。緑沈弓項縱。紫艾刀横拔。誰持命要寵。寧知敵可殺。有功終不言。明君自應察。○文苑英華二百四十七。詩紀八十五。

春思詩

春風蕩羅帳。餘花落鏡奩。池荷正卷葉。庭柳復垂簷。詩紀云。一作簾。竹柏君自改。團扇妾方嫌。誰能憐故素。終爲泣新縑。○類聚三十二。詩紀八十五。

蕭子暉

子暉。字景光。子雲弟。起家員外散騎侍郎。累遷至驃騎長史。有集九卷。

春宵詩

夜夜妾偏棲。百花含露低。蟲聲繞春岸。月色思空閨。傳類聚作倩。語長安驛。辛苦寄遼西。○類聚三十二。詩紀八十五。

冬曉詩

步欄光欲通。曙鳥向西東。燭滅傳餘氣。帷香開曉風。繁花無處盡。還銷寒鏡中。○類聚三十二。詩紀八十五。

應教使君春遊詩

上林看草色。河橋望日暉。洛陽城閉晚。金鞍橫路歸。○類聚二十八。廣文選九。詩紀八十五。

隴頭水

天寒隴水急。散漫俱分瀉。北注徂黄龍。東流會白馬。○顔氏家訓文章篇。

何敬容

敬容。字國禮。廬江人。尚齊武帝女。拜駙馬都尉。入梁。累遷尚書令。參選事。太清三年卒。

詠舞詩

因風且一顧。揚袂隱雙蛾。曲終情未已。含睇目增波。○初學記十五。詩紀九十。

伏挺

挺。字士操。一云士標。平昌安丘人。爲五言詩善效康樂體。天監中。除中軍參軍。遷侍御史。侯景亂中卒。有邇説十卷、集二十卷。

行舟值早霧詩

水霧文苑誤作露。雜山煙。冥冥不見類聚作見曉。萬花谷同。天。聽猿方忖岫。聞瀨文苑作籟。始知川。漁人惑初學記誤作或。文苑作感。澳類聚作隩。詩紀云。一作隩。浦。行舟迷泝沿。日中氛初學記作氣。靄盡。空水共澄鮮。○類聚二。初學記二及文苑英華百五十六作行舟遇早霧。萬花谷後二作伏挺詩。詩紀九十一。

江從簡

從簡。濟陽考城人。位司徒從事中郎。侯景亂。爲任約所害。

採蓮諷一作採荷調。

樂府廣題曰。梁太尉從事中郎江從簡。年十七。有才思。時何敬容爲宰相。從簡爲採荷調以刺之。敬容覽之。不覺嗟賞。愛其巧麗。

欲持苕溪叢話作採。荷作柱。荷弱不勝梁。欲持荷作鏡。荷暗本無光。○樂府詩集七十五。苕溪漁隱叢話後一。詩紀九十。

劉邈

邈。彭城人。曾爲侯景所得。景攻臺城不克。邈勸景乞和全師。景然之。

折楊柳

高樓十載別。楊柳擢樂府作濯。絲枝。摘葉驚開駛。攀條恨久離。年年阻音息。玉臺作信。詩紀云。一作信。月月減容儀。春來誰不望。相思君自知。○玉臺新詠八。類聚八十九。樂府詩集二十二。詩紀八十八。

萬山見採桑人詩

倡妾類聚作女。文苑云。一作女。不勝愁。結束下青樓。逐伴西靍文苑作城。樂府、詩紀同。詩紀又云。一作郊。路。相攜南玉臺作東。陌頭。葉盡時移樹。枝高乍樂府云。一作任。易鉤。絲繩挂樂府作提。注云。一作掛。且脱。金籠寫復樂府作仍。文苑同。又注。一作復。收。蠶飢日已文苑、樂府作欲。暮。類聚作暝。詎樂府作誰。文苑同。又注。一作詎。爲使君留。○玉臺新詠八。類聚八十八。文苑英華二百八及樂府詩集二十八作採桑。詩紀八十八。

見人織聊爲之詠

纖纖運玉指。脉脉正蛾眉。振躡開交縷。停梭續斷絲。檐花照初月。類聚作檐前初月照。洞户垂朱玉臺作未垂。詩紀同。帷。弄機行掩淚。翻類聚作彌。令織素遲。○玉臺新詠。類聚六十五作徐陵詠織婦詩。詩紀八十八。

秋閨詩

螢飛綺窗外。妾思霍將軍。燈前量獸錦。檐詩紀作簾。注云。一作簷。下織花紋。墜露如輕雨。長河似薄雲。秋還百種事。衣成未暇薰。○玉臺新詠八。類聚三十二。詩紀八十八。

徐摛

摛。字士秀。一字士績。東海郯人。天監中爲晉安王侍讀。王爲皇太子。轉家令。出爲新安太守。還爲中庶子。除太子左衛率。大寶元年。簡文帝卽位。授左衛將軍。不拜卒。年七十八。摛文體既別。及爲家令。所撰篇什。東宮盡學之。遂有宮體詩之號。

胡無人行

列詩紀云。一作刻。楹登魯殿。擁絮拭胡妝。猶將漢閨曲。誰忍奏氈房。遥憶甘泉夜。闇淚斷人腸。○樂府詩集四十。詩紀八十九。

詠筆詩

本自靈山出。名因瑞草傳。纖端奉白帖作功。積潤。弱質散芳煙。直寫飛蓬牒。詩紀云。一作引。横承落絮類聚作纁。篇。一逢提初學記作掌。詩紀云。一作掌。握重。寧憶仲升捐。○初學記二十一。詩紀八十九。又類聚五十八引煙、篇、捐三韵。白帖四作筆。引一句。

詠橘詩

麗樹標江浦。結翠似芳蘭。焜煌玉衡散。照曜金衣丹。愧以無雕飾。徒然登玉盤。○類聚八十六。詩紀八十九。

壞橋詩

匝欄生闇蘚。覆板没魚衣。岸曲斜梁阻。類聚作岨。何時香步歸。○類聚九。詩紀八十九。

賦得簾塵詩

朝逐珠胎卷。夜傍玉鉤垂。恆教羅袖拂。不分秋風吹。○類聚六。詩紀八十九。

劉孝儀

孝儀。字子儀。本名潛。字孝儀。孝綽之弟。天監五年。舉秀才。累遷尚書殿中郎。補太子洗馬。出爲陽羨令。擢建康令。大同中爲中書郎。歷司徒右長史、尚書左丞、御史右丞、臨海太守。中大同初。入守都官尚書。太清初。出爲豫章内史。侯景逼建業。孝儀遣子勵率兵入援。及宫城陷落。失郡。大寶元年病卒。時年六十七。有集二十卷。

從軍行

冠軍親挾類聚作俠。文苑、樂府同。射。長平自合圍。詩紀誤作闈。木落雕弓燥。氣秋征馬詩紀作雁。肥。賢王皆屈膝。幕府復申威。何謂從軍樂。往返速如飛。○類聚五十九作劉孝義。文苑英華百九十九。樂府詩集三十二作劉孝義。詩紀八十七。

和昭明太子鍾山解講詩

詔詩紀云。一作韶。樂臨東序。時駕出西園。雖窮理遊盛。終爲塵俗喧。豈如弘七覺。揚鸞啓四門。夜氣清簫管。曉陣爍郊原。山風亂采旄。初景麗文轅。林開前騎騁。逕曲羽旄屯。煙壁浮青翠。石瀨響飛奔。迴輿下重閣。降道訪真源。談空匹泉涌。綴藻邁弦繁。輕生逢遇誤。並作輩龍鵷。顧已同偏爵。何用挹衢樽。○廣弘明集三十。詩紀八十七。又類聚七十六引園、喧、門、原、轅、屯、奔、源、繁、鵷十韵。

和簡文帝賽漢高廟詩

珪幣崇明祀。牲樽禮貴神。風鶩如集廟。光至似來陳。徘徊靈駕入。叫咷倡歌新。將言非爲己。致敬乃祈民。多才與多事。今古獨爲鄰。○類聚七十九。詩紀八十七。

行過康王故第苑詩

入梁逢故苑。度薛文苑作渡薛。見劉集作想。餘宮。尚識招賢閣。猶懷愛士風。靈光一超遠。劉集作曠。衡文苑作行。館亦劉集作遠館復。蒙籠。文苑作復蒙籠。洞門餘舊色。甘棠留故文苑作昔。叢。送禽悲不去。過客慕劉集誤作暮。難窮。池竹徒如在。林堂曖初學記、文苑誤作暖。已空。遠橋文苑作樓。劉集同。隔樹出。迥文苑作迴。澗隱岸文苑作崖。

劉集同。通。芳流小山桂。塵起大王風。具物咸如此。是地劉集作故。感余衷。空想陵文苑作靈。前劍。徒悲璽上童。劉集作桐。文苑同。又注云。一作童。詩紀云。一作桐。○劉孝威集作過康王第宅。文苑英華三百七作過康王第宅。詩紀八十七。又初學記十引宫、風、籠、叢、窮、空、通、風、衷九韻。

閨怨詩

本無金屋寵。長作玉階悲。一乖西北麗。寧復城南期。永巷愁無歇。詩紀云。玉臺作盡。應門閉有時。空勞織詩紀作織。素巧。徒爲團扇詞。匡牀終不共。何由横自私。○類聚三十二。詩紀八十七。

帆渡吉陽洲詩孝威同賦。

揚帆乘浪華。操類聚作譟。馮校作操。文苑作參。鼓要類聚作揚。文苑云。類聚作譟鼓揚。風力。近樹儵而退。遥山俄已逼。欲比鶩文苑作聲。龍掣。將頓陽烏文苑作鳥。翼。客行悲道遠。唯須前路極。○類聚二十七。文苑英華二百八十九作帆渡吉陽州。詩紀八十七。

詠簫詩詩紀云。英華作孝綽。今從藝文作孝儀。

危聲合鼓吹。初學記作歌鼓。文苑同。絶弄混笙篪。管饒初學記作簫。知氣促。釵類聚、初學記誤作敍。動覺唇移。簫類聚作仙。文苑同。詩紀云。一作仙。史安爲貴。能令秦女隨。○類聚四十四。初學記十六。文苑英華二百十二作劉孝綽。注云。一作儀。詩紀八十七。

詠織女詩

金鈿已照曜。白日未蹉跎。欲待黄昏後。初學記作至。歲時雜詠、御覽、萬花谷同。含嬌渡淺河。○玉臺新詠十。類聚四及初學記四作劉孝威。古今歲時雜詠二十五。御覽三十一。萬花谷後四作劉孝儀詩。詩紀八十七。

詠石蓮詩

蓮名堪百萬。石姓重千金。不解無情物。那得似人心。○玉臺新詠十。詩紀八十七。

和詠舞詩

迴履裾香散。飄衫鈿類聚作釧。響傳。低釵依促管。曼初學記作慢。萬花谷同。睇入繁絃。○類聚四十三作和舞詩。初學記十五。萬花谷後三十二作劉孝儀詩。詩紀八十七。

又和

轉袖隨歌發。頓履赴絃餘。度行過接手。迴身乍斂裾。○類聚四十三。詩紀八十七。

舞就行詩

依歌移弱步。傍燭詩紀誤作竹。豔新粧。徐來翻應節。亂初學記作去。萬花谷同。去反成行。○類聚四十三。初學記十五。萬花谷後三十二。詩紀八十七。

蕭子範

子範。字景則。齊豫章王嶷之子。永明中。封祁陽縣侯。除太子洗馬。梁受禪。例降爵爲子。歷後軍記室參軍、司徒主簿。出爲建安太守。遷南平王從事中郎、臨賀王長史。出爲始興内史。遷秘書監。大寶元年。召爲光禄大夫。不拜卒。年六十四。有千字文一卷、集十二卷。

羅敷行

城南日半上。微步弄妖姿。含情動燕俗。顧景笑齊眉。不憂桑葉盡。還憶畏蠶饑。春風若有顧。惟顧落花遲。○樂府詩集二十八。詩紀八十五。

夏夜獨坐詩

節序值初學記作遇。文苑同。徂炎。兹宵在三伏。憑類聚誤作馮。軒佇涼氣。中筵倦文苑誤作卷。煩燠。寂寞對空窗。

清疏臨夜竹。蟲音亂堦草。螢光類聚作花。初學記、文苑同。繞庭木。簾月度斜輝。風光起餘馥。一傷年志罷。長嗟逝波速。○類聚三。文苑英華百五十七。詩紀八十五。又初學記三引伏、燠、竹、木、馥五韵。

東亭極望詩

晚流稍東急。暝景促西暉。水鳥銜魚上。類聚作望。廣文選同。蓮舟拂芰歸。郊原共超遠。林野雜依非。從君採蘿葛。寧復想輕肥。○類聚二十八。廣文選九。詩紀八十五。

春望古意詩

光景斜漢宫。横梁照采虹。春情寄柳色。鳥語出梅中。氛氲門裏思。逶迤水上風。落花徒入户。何解妾牀空。○類聚三。詩紀八十五。

望秋月詩

河漢東西陰。清光此夜出。入帳華珠被。斜筳照寶瑟。霜慘庭上蘭。風鳴簷下橘。獨見傷心者。孤燈坐幽室。○類聚一。文苑英華百五十二作望月愁。詩紀八十五。

落花詩

緑葉生半長。繁英早自香。因風亂胡蝶。未落隱鸝黄。飛來入斗帳。吹去上牙牀。非是迎冬質。寧可值秋霜。○類聚八十八。詩紀八十五。

夜聽鴈詩

天月廣庭類聚作夜。文苑同。輝。遊雁犯霜飛。連翩辭朔氣。嘹唳獨南歸。夜長寒復静。燈光曖欲微。悽悽不可聽。何況觸愁機。○類聚九十一。文苑英華三百二十八。詩紀八十五。

後堂聽蟬詩

試逐微風遠。聊隨夏葉繁。輕飛避楚雀。飲露入吴園。流音繞叢藿。餘響切高軒。借問邊城客。傷情寧可言。○初學記三十。文苑英華三百三十。詩紀八十五。

入元襄王第詩

伏軾窺東苑。收淚下文苑作上。玉橋。昔時方轂處。於今共寂寥。夾文苑云。一作竹。池猶裊裊。仙樹文苑作樹。尚迢迢。一同西靡柏。徒思芳樹蕭。○類聚三十四。文苑英華三百七。詩紀八十五。

歌七誘系此歌。

井上李兮隨風標。垂翠帷兮夜難曉。獨處廓兮心悄悄。懷素縷之雙針。願因之於三鳥。○類聚五十七。

武陵王蕭紀

紀。字世詢。武帝第八子。天監中。封武陵郡王、揚州刺史。復爲益州刺史。侯景亂。不赴援。僭號於蜀。改元大正。太清五年。衆潰。爲元帝將樊猛所殺。年四十六。有集八卷。

同蕭長史看妓詩紀云。初學記作劉孝綽。

燕姬奏妙舞。鄭女發清歌。迴羞出曼玉臺作慢。初學記同。臉。送態入嚬初學記作頻。蛾。寧殊值初學記作遇。文苑作遇。萬花谷同。行雨。詎減見凌波。想君愁日暮。初學記作落。文苑、萬花谷同。文苑又注。集作落日。應羨魯陽戈。○玉臺新詠七。初學記十五作劉孝綽同武陵王看妓。文苑英華二百十三作劉孝綽武陵殿下看妓。萬花谷後三十二作劉孝綽詩。詩紀七十一。

和湘東王夜夢應令詩

昨夜夢君歸。賤妾下鳴機。懸知意氣玉臺作君意。薄。不著去時衣。故言如夢裏。賴得雁書飛。○玉臺新詠七。類聚三十二作夜夢詩。詩紀七十一。

曉思詩詩紀作曉色。

晨禽争學囀。朝花亂欲開。爐煙入斗帳。屏風隱鏡臺。紅粧隨淚盡。類聚作幾盡淚。蕩子何時迴。類聚作當來。○

玉臺新詠七。類聚三十二作梁簡文帝。詩紀七十一。

明君詞一作昭君辭

塞外無春色。邊城有風文苑作夙。霜。誰堪覽明鏡。持許照紅妝。○文苑英華二百四作昭君怨。樂府詩集二十九。詩紀七十一。

閨妾寄征人

斂色金星聚。縈悲玉筯流。願君看海氣。憶妾上高樓。○玉臺新詠七。詩紀七十一。

詠鵲

欲避新枝滑。還向故巢飛。今朝聽文苑作數。聲喜。家信必應歸。○初學記三十。文苑英華三百二十八。詩紀七十一。

梁詩卷二十

梁簡文帝蕭綱

綱。字世纘。武帝第三子。天監六年。封晉安王。歷南兖州刺史、丹陽尹、荆州刺史、江州刺史。普通中。歷南徐州刺史。中大通初。徵爲揚州刺史。三年五月。立爲皇太子。太清三年五月卽位。明年。改元大寶。太清五年爲侯景所弑。年四十九。追謚曰簡文皇帝。有集八十五卷。

樂府

上之回

前旆拂回中。後車臨樂府作隅。桂宮。輕絲駐樂府作臨。雲罕。春色繞川風。桃林方灼灼。柳路日曈曈。笳聲駭胡騎。清磬讋山戎。微臣今拜手。願帝永無窮。○樂府詩集十六。詩紀六十七。

採桑

春色映空來。先發院文苑作水。注云。一作院。邊梅。細萍重疊長。新花歷亂開。連珂往類聚作住。淇上。文苑作連理傍淇水。注云。一作連珂往淇上。接幰至叢臺。叢臺可憐妾。當窻望飛蝶。忌趹文苑作趺。行衫領。熨斗成褫襵。文苑作裙襵。又注。一作褫攝。又作裾攝。詩紀云。一作裙襵。下牀著珠珮。捉鏡安花鑷。薄晚畏蠶饑。競採春桑葉。寄語採桑伴。訝今春日短。枝高攀文苑作手。不及。葉細籠難滿。年年文苑云。一作年少。將使君。歷亂遣相聞。欲知琴裏意。還贈錦中文。何當照梁日。還作入山雲。重門皆已閉。方知留客文苑作客留。袂。可憐黄金絡。複以文苑作似。青絲繫。必也爲人時。誰令畏夫壻。〇文苑英華二百八。詩紀六十七。又類聚八十八及樂府二十八並引梅、開、臺、蝶、襵、短、滿七韻。

樂府三首

蜀國絃歌篇十韻

銅梁指斜谷。一作望絶國。劍道望文苑作臨。中區。通星上分野。作固文苑作國。下爲玉臺作爲下。都。雅歌因文苑作固。良未。妙舞自巴渝。文苑作歙。陽城嬉樂所。文苑作盛。劍騎鬱相趨。五婦行難至。百兩好遊娛。牲祈望帝祀。酒酹文苑作醉酹。蜀侯姝。玉臺作誅。江妃納重聘。卓女文苑作真。愛玉臺作受。將雛。停弦時擊玉臺作繫。爪。詩紀繫介。息吹更治文苑作路治唇。朱。脱玉臺作春。文苑同。衫湔錦浪。迴扇避陽烏。聞君握節文苑誤作道。返。賤妾下城隅。〇玉臺新詠七。文苑英華二百一作蜀國吟。詩紀六十七。

豔歌篇十八韻詩紀云。一作有女篇。

淩晨光景麗。倡女鳳樓中。前瞻削成小。傍望卷旌空。分妝間淺靨。繞臉傅斜紅。張琴未調軫。飲吹不全終。自知心所愛。出入仕秦宮。誰言連尹玉臺作伊。屈。更是莫敖通。輕軺綴皂蓋。飛轡轢雲驄。金鞍隨繫尾。銜璅映纏騣。戈鏤荆山玉。劍飾丹陽銅。左把蘇合彈。旁持大屈弓。控絃因鵲血。挽强樂府作彊。詩紀云。一作彊。用牛螉。弋獵多登隴。酣歌每入豐。暉暉隱落日。冉冉還房櫳。燈生陽燧火。塵散鯉魚風。流蘇時下帳。象簟復韜筒。霧暗窗前柳。寒疏井上桐。女蘿托松際。甘瓜蔓井東。拳拳恃玉臺作特。君愛。玉臺作寵。樂府同。歲暮望無窮。〇玉臺新詠七。樂府詩集三十九。詩紀六十七。

妾薄命篇十韻

名都多麗類聚作雅。文苑同。質。本自恃容姿。蕩子行未類聚作不。文苑同。又注。一作未。至。秋胡無定期。玉貌歇紅臉。類聚作縷。文苑同。又注。一作臉。長顰串文苑作慣。翠眉。奩玉臺作斂。鏡迷朝色。縫鍼文苑作針縫。注云。一作縫鍼。脆故絲。本異摇舟咎。何關竊席疑。生離誰拊背。溘死詎來樂府作成。遲。王類聚作毛。嬙貌本絶。踉蹌入氈帷。盧姬嫁日晚。非復少文苑作妙。注云。一作少。年樂府云。一作年少。時。轉玉臺作傳。山猶可遂。文苑作遂。注云。一作逐。烏白望難期。詩紀云。一作追。妾心徒自苦。旁人會見嗤。〇玉臺新詠七。文苑英華二百七作妾薄命篇。樂府詩集六十二作妾薄命。詩紀六十七。又類聚四十一作妾薄命行。引姿、期、眉、惟、時五韵。

君子行

君子懷琬琰。不使涅塵淄。從容子雲閣。寂寞仲舒帷。多謝悠悠子。管窺良可悲。〇類聚四十一。樂府詩集三十二。詩紀六十七。

從軍行

貳師惜善馬。樓蘭貪漢財。前年出右地。今歲討類聚作謝。輪臺。魚雲望旗聚。龍沙隨陣開。冰城朝浴鐵。地道夜銜枚。將軍號令密。天子璽書催。何時反舊里。遥見下機來。○類聚四十一。樂府詩集三十二。

雲中亭障樂府云。一作幛。文苑作幛。注云。一作障。羽檄驚。甘泉烽火通夜文苑作夜深。注云。一作通夜。明。貳師將軍新築營。嫖姚校尉初出征。復有山西將。絶世愛玉臺作受。文苑同。又注。一作愛。樂府云。一作受。雄名。三門應遁甲。五壘學神兵。白雲隨陣類聚作旆。文苑、樂府云。一作旆。色。蒼山答鼓聲。邐迤樂府作逶邐。觀鵝翼。參差睹雁行。邐迤二句文苑在侍婢句下。先平小月陣。文苑作障。却滅大宛城。善馬還長樂。黄金付水衡。小婦趙人能鼓瑟。侍婢初笄解鄭聲。庭前柳文苑云。一作桃花。又作柳絮。絮玉臺作桃花。詩紀同。樂府云。一作桃花。文苑作花。飛已類聚作欲。文苑同。樂府云。一作欲。合。必應紅妝起見文苑云。一作來起。迎。樂府作來起迎。注云。一作起見迎。○玉臺新詠九作雜句從軍行。類聚四十一。文苑英華百九十九。樂府詩集三十二。詩紀六十七。

長安有狹斜行

長安有徑塗。塗樂府作徑。徑不通輿。道逢雙總丱。扶輪問我居。我居青門北。可憶復易尋。樂府作津。大息騫金勒。中息綰樂府作割。黄銀。小息始得意。黄頭作弄臣。三息俱入門。雅志揚清塵。三息俱上堂。觴肴滿四陳。三息俱入户。照耀光容新。大婦舒綺裀。中婦拂羅巾。小婦最容冶。映鏡學嬌顰。丈人且安坐。清謳出絳脣。○樂府詩集三十五。詩紀六十七。

泛舟横大江

魏文帝飲馬長城窟行曰。泛舟横大江。討彼犯荆虜。

滄波白日暉。遊子出王畿。旁望重山轉。前觀遠帆稀。廣水浮雲吹。江風引夜衣。旅雁同洲宿。寒鳧夾浦飛。行客誰多病。文苑作興。詩紀云。一作興。當念早旋歸。○文苑英華百九十三。樂府詩集三十八。詩紀六十七。

隴西行三首

邊文苑作仲。注云。一作邊。秋胡馬肥。雲文苑云。一作雪。中驚寇入。勇氣特類聚、文苑作時。文苑云。一作時。無侶。輕兵救邊急。沙平不見虜。嶂嶮文苑作轉。注云。一作嶮。詩紀云。一作轉。還相及。出塞豈成歌。經川未遑汲。烏孫塗更阻。康居路猶澁。月暈抱龍城。星流文苑作眉。類聚作眉星。照馬邑。長安路遠書不還。寧知征人獨文苑云。一作空。佇立。○類聚四十一。文苑英華百九十八。樂府詩集三十七。詩紀六十七。

隴西四戰地。羽檄歲時聞。護羌擁漢節。校尉立元文苑作功。勳。石門留鐵騎。冰城息文苑云。一作悉。夜軍。洗兵逢驟雨。送陣出黄雲。沙長無止泊。水脉屢縈分。當思勒彝鼎。文苑作漢鼎。又注。一作鼎彝。一作彝鼎。無用想羅裙。○文苑英華百九十八。樂府詩集三十七。詩紀六十七作泛舟横大江。

悠悠懸旆旌。知向文苑作如何。隴西行。減竈驅前馬。銜枚進後兵。文苑作軍。注云。一作兵。沙飛朝似幕。文苑作暮。注云。一作幕。雲起夜疑城。文苑作明。注云。一作城。廻山時阻路。絶水亟樂府作極。文苑云。一作極。稽程。往年郅支服。今歲單于平。方歡樂府作觀。凱樂盛。飛蓋滿西京。○同上

雁門太守行三首

輕霜中文苑作終。夜下。黄葉遠類聚作晚。文苑同。辭枝。寒苦春難覺。邊城秋易知。風急旍文苑作征。旗斷。塗長鎧馬疲。少解孫吴法。家本幽并兒。非關買雁肉。徒勞皇甫規。○類聚四十二作燕門太守歌。文苑英華百九十六。樂府詩集三十九。詩紀六十七。

隴暮風恆急。關寒霜自濃。櫪馬夜方思。文苑作飼。邊衣秋未重。潛師夜接戰。畧地曉摧鋒。悲笳動胡樂府作明。塞。高旗出漢墉。勤勞謝功樂府作公。業。清白報迎逢。非須文苑作頒。主人賞。寧期定遠封。單于如未繫。樂府作擊。終夜慕前蹤。○文苑英華百九十六。樂府詩集三十九。詩紀六十七。

三月楊花合。四月麥秋初。幽州寒食罷。鄭國採桑疏。便聞雁門戍。結束事戎車。寄語金閨妾。勿怨寒牀虚。○類聚四十二。

鷲軍攻日逐。燕騎蕩康居。大宛歸善馬。小月送降書。○顔氏家訓文章篇。○逯按。以韵斷之。此爲三月篇佚文也。

京洛篇

詩紀云。樂府作煌煌京洛行。列鮑照後而逸作者之名。或以爲鮑照詩。非也。

南遊偃師縣。斜上灞陵東。回瞻龍首堞。遥望德陽宫。重門遠照耀。天閣類聚作闕。復穹窿。樂府作隆。城傍疑複樂府作復。道。樹裏識松風。黄河文苑、詩紀並云。一作沙。入洛水。丹泉繞射文苑作謝。熊。夜輪懸素魄。朝光樂府作天。文苑同。又注。一作光。蕩碧空。秋霜曉驅雁。春雨暮樂府作暗。成虹。曲文苑作咸。注云。一作曲。陽造甲第。曲陽。後漢外戚王根也。高安還禁中。劉蒼歸作相。竇憲出臨戎。此時車馬合。兹晨冠蓋通。誰知類聚作惟此。兩京盛。歡宴遂無窮。○類聚四十二。文苑英華百九十二。樂府詩集三十九作煌煌京洛行。詩紀六十七。

櫂歌行

妾家住文苑作住在。湘川。菱歌本自便。風生解刺類聚作榜。文苑云。一作榜。浪。水深能捉船。葉亂由牽荇。絲飄爲折蓮。濺妝疑薄汗。沾衣似故湔。浣紗流暫濁。汰錦色還鮮。參同文苑作伺。注云。一作同。趙飛燕。借問李延年。從來入絃管。詎類聚作誰。樂府同。文苑、詩紀云。一作誰。在櫂歌前。○類聚四十二。文苑英華二百三。樂府詩集四十。詩紀六十七。

怨歌行

十五頗有餘。日照杏梁初。蛾眉本多嫉。掩鼻特成虚。持此傾城貌。翻爲不肖軀。秋風吹海水。寒霜依玉除。月光臨户駛。文苑作映。荷花依浪舒。望簷悲雙文苑作隻。翼。窺沼泣前魚。文苑、樂府作王餘。詩紀云。或作王餘。魚名也。苔生履處没。草合行人疏。裂紈傷不盡。歸骨恨難祛。早知長信别。不避後園輿。○文苑英華二百十一。樂府詩集四十二。詩紀六十七。

美女篇

佳麗盡關情。風流最有名。約黄能效月。裁金巧作星。粉光勝玉靚。衫薄擬蟬輕。密態隨流臉。嬌歌逐軟聲。文苑作餘嬌逐語聲。注云。一作嬌歌逐軟聲。朱顔半已醉。微笑隱香屏。○文苑英華百九十三。樂府詩集六十三。詩紀六十七。

鬬雞篇

歡樂良無已。東郊春可遊。百花非一色。新田多異流。龍尾横津漢。車箱起初學記作赴。戍樓。玉冠初警文苑作驚。敵。芥羽忽猜儔。十日驕既滿。九勝勢恆遒。脱使田饒見。堪能説魯侯。○初學記三十。文苑英華二百六。詩紀六十七。又類聚九十一作鬬雞詩。引傳、遒、侯三韵。

苦熱行

六龍騖不息。三伏起類聚作啟。文苑、樂府同。炎陽。寢興煩几案。俯仰倦幃牀。滂沱汗似鑠。文苑作渝。注云。一作鑠。微靡文苑作霏微。風如湯。洄池愧玉類聚作生。文苑同。浪。蘭殿非含霜。細簾時半卷。輕幌乍横張。雲斜花影没。日落荷心香。顧見洪崖井。詎文苑作誰。注云。一作詎。憐河朔觴。○類聚五作苦熱詩。文苑英華二百十作苦熱。樂府詩集二十五。詩紀六十七。

茱萸女

茱萸生狹斜。結子復銜花。遇逢纖手摘。濫得映鉛華。雜與鬟簪插。偶逐鬢鈿斜。東西争贈玉。縱横來問家。不無夫壻馬。空駐使君車。○樂府詩集七十三。詩紀六十七。

棗下何纂纂

古咄唶歌曰。棗下何攢攢。榮華各有時。

垂花臨碧澗。結翠依丹巘。非直入游宫。兼期植靈苑。落日芳春暮。遊人歌吹晚。弱刺引羅衣。朱實凌還幰。且歡洛浦詞。無羡安期遠。○樂府詩集七十四。詩紀六十七。

金文苑云。一作會。樂歌

槐香文苑作花。欲覆井。楊柳正藏鵶。山爐好文苑云。一作當。樂府作當。注云。一作好。無比。玉構火窗賒。牀頭辟繩結。鏡上領巾斜。鐵鑊樂府作鍾。文苑云。一作鍾。種梁子。銅樞生棗樂府作秦。文苑同。又注云。一作棗。花。開門抛水柱。樂府、詩紀並云。一作信。城按文苑作控。注云。一作按。特言家。○文苑英華百九十三。樂府詩集七十四。詩紀六十七。

行幸甘泉宮

雉歸海水寂。裘來重譯通。吉行五十里。隨處宿離宮。鼓聲恆入地。塵飛上暗文苑作暗上。注云。一作上暗。空。尚樂府作赦。詩紀云。一作赦。書隨豹尾。太史逐相風。銅鳴周國鐩。樂府作旜。旗曳楚雲文苑云。一作虹。虹。文苑作紅。倖臣射覆文苑作覆射。誤。罷。從騎文苑、詩紀並云。一作妓。新歌終。董桃拜金紫。賢妻侍禁中。不羡神仙侶。排煙逐駕鴻。○文苑英華二百三作幸甘泉宮歌。樂府詩集八十四。詩紀六十七。

有所思

昔未離長信。金翠奉乘輿。何言人事異。夙文苑作宿。昔故恩疏。寂寞錦筵静。玲瓏玉殿虚。掩閨泣團扇。羅幌詠蘼蕪。○文苑英華二百二。樂府詩集十七。詩紀六十七。

臨高臺詩紀云。玉臺作梁武帝。

高臺半行雲。望望高不文苑作不可。注云。一作高不。極。草樹無參差。山河同一色。彷彿各書作髣髴。同。洛陽道。道遠難別文苑作可。注云。一作别。識。玉階故情人。文苑作人情。注云。一作情人。情來共文苑作苦。注云。一作共。相憶。○玉臺新詠七作梁武帝。文苑英華二百十。樂府詩集十八。詩紀六十七。

和湘東王橫吹曲三首

折楊柳 詩紀云。樂府作柳惲者非。

楊柳亂成絲。攀折上春時。葉密鳥飛礙。風輕花落遲。城高短簫發。林空畫角悲。曲中無別文苑、樂府並作別無。意。併是爲玉臺作爲久。文苑作爲一。又爲下注。一作是。相思。○玉臺新詠七。類聚八十九。文苑英華二百八。樂府詩集二十二作柳惲。詩紀六十七。

洛陽道

洛陽佳麗所。大道滿春光。遊童初類聚作時。樂府同。又注云。一作初。文苑云。一作特。挾彈。蠶妾始提筐。金鞍照文苑云。一作被。龍馬。羅袂文苑作袖。注云。一作袂。拂春桑。玉車爭晚樂府作曉。入。潘類聚誤作滿。果溢高箱。○玉臺新詠七。類聚四十二。文苑英華百九十二。樂府詩集二十三。詩紀六十七。

紫騮馬

賤妾朝下機。正值文苑作遇。樂府云。一作遇。良人歸。青絲懸玉鐙。玉臺作蹬。類聚同。朱汗染香衣。文苑云。一作金衣。驟急珂彌玉臺作珍珂。響。跼類聚作跳。多塵亂飛。彫菰文苑云。一作葫。玉臺、類聚作雕胡。幸可薦。故心君文苑作人心。注云。一作心君。莫違。樂府云。一作故人心莫違。○玉臺新詠七。類聚九十三。文苑英華二百九。樂府詩集二十四。詩紀六十七。

長安道

神皋開隴右。陸海實西秦。金槌槌椎之假借。文苑作椎輪。樂府、詩紀並云。一作椎輪。抵長樂。文苑作赤縣。注云。一作金槌抵長樂。複道向宜春。落花依度幰。垂柳拂行輪。文苑、樂府作人。詩紀云。一作人。金張及文苑作與。注云。一作及。許史。夜夜尚留賓。○文苑英華百九十二。樂府詩集二十三。詩紀六十七。

江南思二首

江南有妙妓。時則應璿樞。月暈蘆灰缺。秋還懸炭枯。含丹和九轉。芳樹蔭文苑作應。千樂府作三。詩紀云。一作三。株。何辭天后誚。終是列文苑、詩紀並云。一作到。仙都。詩紀云。懸炭事見淮南子。亦古候氣之法。説林云。懸羽與炭而知燥濕之氣。○文苑英華二百一作江南行。樂府詩集二十六。詩紀六十七。

桂檝晚應旋。歷岸扣輕舷。紫荷擎釣鯉。銀詩紀云。一作銅。筐插短蓮。人歸浦口暗。那得久迴船。○同上

雞鳴高樹顛

碧玉好名倡。夫壻侍中郎。桃花全覆井。金門半隱堂。時欣一來下。復比雙鴛鴦。雞鳴天尚早。東烏定未光。○文苑英華二百六。樂府詩集二十八。詩紀六十七。

明君詞

玉豔光瑶質。金鈿婉黛紅。一去蒲萄觀。長別披香宫。秋簷文苑作蟾。照漢月。愁帳入胡風。妙工偏見詆。無由情恨通。○文苑英華二百四作昭君怨。樂府詩集二十九。詩紀六十七。

當置酒詩紀云。陸士衡集亦載此詩。今從樂府作簡文。○逯按。詩可兩存。

置酒宴嘉賓。矚迥臨飛觀。絶嶺隔天餘。長嶼横江半。日色花上綺。風光水中亂。三益既葳蕤。四始方葱粲。○樂府詩集三十一。陸士衡文集七。詩紀六十七。

詠中婦織流黄

翻花滿階砌。愁人獨上機。浮雲西北起。孔雀東南飛。調絲時繞腕。易鑷類聚作躡。乍牽衣。鳴梭逐動釧。紅妝映落暉。○類聚六十五。樂府詩集三十五。詩紀六十七。

豔歌曲

雲楣桂成户。飛棟杏爲梁。斜窗通蕊類聚作蘂。氣。細隟玉臺作隙。類聚同。引玉臺作隱。塵光。裁衣魏后尺。汲水淮南牀。青驪暮當返。類聚作已及。預使羅裾類聚作裙。香。○玉臺新詠七。類聚四十二。樂府詩集三十九作豔歌行。詩紀六十七。

怨詩

秋風與白團。本自不相安。新人及故愛。意氣豈能寬。黄金肘後鈴。白玉案前盤。誰堪空對此。還成無歲寒。○玉臺新詠七。樂府詩集四十一。詩紀六十七。

採蓮曲二首

詩紀云。玉臺共作一首。

晚日照空磯。採蓮承晚暉。風起湖難度。蓮多摘未稀。棹動芙蓉落。船移白鷺飛。荷絲傍繞腕。菱角遠牽衣。○類聚八十二作採蓮詩。樂府詩集五十。詩紀六十七。

常聞葉可愛。採擷欲爲裙。葉滑不留綖。心忙無假薰。千春誰與樂。唯有妾隨君。○同上

霹靂引

來從東海上。發自南山陽。時聞連鼓響。乍散投壺光。飛車走四瑞。繞電發時祥。令去於斯表。殺來永傳芳。○樂府詩集五十七。詩紀六十七。

雉朝飛操

晨光照麥畿。平野度春翬。類聚作暉。避鷹時聳角。妬壠或樂府云。一作忽。斜飛。少年從遠役。有恨意多違。不如隨蕩子。類聚作遊蕩。羅袂拂臣詩紀云。一作塵。衣。○類聚九十作雉朝飛詩。樂府詩集五十七。詩紀六十七。

雙燕離

雙燕有雄雌。照日兩類聚作羽。差池。銜花落北户。逐蝶上南枝。桂棟本曾宿。虹梁早自窺。願得長如此。無令雙燕離。○類聚九十二作雙鸞詩。樂府詩集五十八。詩紀六十七。

貞女引

借問懷春臺。百尺凌雲霧。北有歲寒松。南臨女貞樹。庭花對帷滿。隙月依枝度。但使明妾心。無嗟坐遲暮。○樂府詩集五十八。詩紀六十七。

龍丘引

龍丘一回首。楚路蒼無極。水照弄珠影。雲吐陽臺色。浦狹村煙度。洲長鳥息遊。蕩逐歸春心。空憐無羽翼。○樂府詩集五十八。詩紀六十七。

賦得當壚

十五正團團。流光滿上蘭。當壚設夜酒。宿客解金鞍。迎來挾瑟樂府作琴。易。送別但樂府、詩紀作唱。按古有但歌曲。歌難。欲玉臺作詎。知心恨急。翻令衣帶寬。○玉臺新詠七作賦得詠當壚。樂府詩集六十三。詩紀六十七。

昇仙篇

少室堪求道。明光可學仙。丹繪碧林宇。緑玉黄金篇。雲車了無轍。風馬詎須鞭。靈桃恆可餌。幾迴三千年。○文苑英華百九十三。樂府詩集六十四。詩紀六十七。

和人愛妾換馬

功名幸多種。何事苦生離。誰言似白玉。定是媿青驪。必取匣中釧。迴作飾金羈。類聚作羇。樂府同。真成恨不已。願得路傍兒。○類聚九十三。樂府詩集七十三作愛妾換馬。詩紀六十七。

半路溪

相逢半路溪。隔溪猶不渡。望望判知是。翩翩識行步。摘贈蘭澤芳。欲表同心句。先將樂府云。一作持。動舊情。恐君疑妾妬。○樂府詩集七十四作梁元帝。詩紀六十七。○逯按。此歌應依樂府編入元帝集。

擬沈隱侯夜夜曲

靄靄夜中霜。何關樂府作河開。詩紀同。向曉光。枕啼常帶粉。身眠不著牀。蘭膏盡更益。薰鑪滅復香。但問愁多少。便知夜短長。○玉臺新詠七。樂府詩集七十六。詩紀六十七。

獨處怨

獨處恆多怨。開幕試臨風。彈棊詩紀作棊。鏡奩上。傅粉高樓中。自從詩紀云。一作君。征馬去。音信不曾通。只恐金屏掩。明年已復空。○樂府詩集七十六作獨處愁。詩紀六十七。

代樂府三首

楚妃歎

幽閨情脉脉。玉臺作閨閑漏永永。類聚、樂府同。詩紀云。一作閨閑漏永永。漏長宵寂寂。草螢樂府誤作營。飛夜户。絲蟲繞秋壁。樂府作屋。薄笑夫爲欣。微歎還成慼。金簪鬢下垂。玉筯衣前滴。○玉臺新詠七。類聚四十二。樂府詩集二十九。詩紀六十七。

新成初學記作城。文苑、樂府同。安樂宫

遥看雲霧中。文苑作裏。注云。一作中。刻文苑云。一作列。桷類聚作角。映丹紅。類聚作虹。文苑同。珠簾通曉樂府作晚。日。金華玉臺作花。類聚同。拂夜風。欲知歌玉臺作聲。類聚作弦。萬花谷作笙。管處。來過安樂宫。○玉臺新詠七。類聚六十二。初學記二十三。文苑英華百九十二。樂府詩集三十八。萬花谷後二十三。詩紀六十七。

雙桐生空井

魏明帝猛虎行曰。雙桐生空井。

季月雙樂府作對。桐井。新枝雜舊株。晚葉藏栖鳳。朝花拂曙烏。還看西樂府作稚。子詩紀云。一作稚子。照。銀牀繫玉臺作牽。轆轤。○玉臺新詠七。樂府詩集三十一。詩紀六十七。

雍州曲三首

南湖

南湖荇葉浮。復有佳期遊。銀綸翡翠鈎。玉臺作釣。樂府作鉤。玉舳芙蓉舟。荷香亂衣麝。橈聲隨樂府作送。急流。○玉臺新詠七。樂府詩集四十八。詩紀六十七。

北渚

岸陰垂柳葉。平江含粉堞。樂府作蝶。誤。好值城旁人。多逢蕩舟妾。緑水濺長袖。浮苔染輕檝。○同上

大堤

宜城斷中道。行旅亟樂府作極。留玉臺作流。連。出妻工織素。妖姬慣數錢。炊玉臺作吹。誤。雕留上樂府作吐。誤。

客。貰酒逐神仙。○同上

賦樂府得大垂手

垂手忽迢迢。玉臺作苕苕。飛燕掌中嬌。羅衣樂府作衫。姿風引。輕帶任情搖。詎似詩紀作是。長沙地。促舞不回腰。○玉臺新詠七。樂府詩集七十六作吴均。詩紀六十七。

小垂手

舞女出西秦。躡影舞陽春。且復小垂手。廣袖拂紅塵。折腰應兩袖。樂府作笛。頓足轉雙巾。蛾眉與曼樂府作慢。臉。見此空愁人。○樂府詩集七十六作吴均。詩紀六十七。○逯按。此歌應依樂府入吴均集。

有所傷三首詩紀作有所思。

可歎不可思。可思不可見。餘絃斷瑟柱。殘朱染歌扇。○玉臺新詠十。詩紀六十七。

寂寂暮檐響。黯黯垂簾色。唯有瓴甋苔。玉臺作落。如見蜘蛛織。○同上

入林看碚礧。春至定無賒。何時一可見。更得似梅花。○同上

蜀道難二首

建平督郵道。魚復永安宮。若奏巴渝曲。時當君思中。○樂府詩集四十。詩紀六十七。

巫山七百里。巴水三迴曲。笛聲下復高。猿啼文苑作鳴。注云。一作啼。萬花谷作鳴。斷還續。○類聚四十二。文苑英華二百。樂府詩集四十。萬花谷續十二。詩紀六十七。

採菱曲

菱花落復含。桑女罷新蠶。桂棹浮星艇。徘徊蓮葉南。○類聚八十二。樂府詩集五十一。詩紀六十七。

別鶴一作烏栖曲。

接翮同發燕。孤飛獨向楚。值雪已迷羣。驚風復失侶。○樂府詩集五十八。文苑英華二百六作烏栖曲。詩紀六十七。○逯按。樂府是。

生別離

別離樂府作離別。四弦聲。相思雙笛引。一去十三年。復無好音文苑作數書。注云。一作好音。信。○文苑英華二百二。樂府詩集七十二。詩紀六十七。

夜夜曲

北斗闌干去。夜夜心獨傷。月輝橫射枕。燈光半隱牀。○玉臺新詠十。樂府詩集七十六作沈約。詩紀六十七。○逯按。玉臺七已有簡文和沈約夜夜曲。則此篇自以作沈約者爲是。玉臺蓋誤。

春江曲樂府詩集作春江行。

客行祇念路。相争玉臺作將。度京玉臺作江。口。誰知堤上人。拭淚空摇手。○玉臺新詠十。樂府詩集七十六。詩紀六十七。

桃花曲

但使新花豔。得間美人簪。何須論後實。怨結子瑕心。○樂府詩集七十七。詩紀七十七。

樹中草

幸有青袍色。聊因翠幄凋。雖間珊瑚蔕。非是合歡條。○樂府詩集七十七。詩紀七十七。

上留田行以下七言。

正月土膏初欲發。天馬照耀動農祥。田家斗酒羣相勞。爲歌長安金鳳凰。○文苑英華二百十一。樂府詩集三十八。詩紀六十七。

烏夜啼

緑草庭中望明月。碧玉堂裏對金鋪。鳴弦撥捩文苑誤作淚。發初異。挑琴欲吹衆曲殊。不疑三足朝含影。直言九子夜相呼。羞言獨眠枕下淚。樂府、詩紀作流。託道單棲城上烏。○文苑英華二百六。樂府詩集四十七。詩紀六十七。

烏棲曲四首

芙蓉作船絲作絆。北斗横天月將落。采桑玉臺作蓮。類聚同。渡類聚作度。頭礙詩紀作擬。黄河。郎今欲渡畏風波。○玉臺新詠九。類聚四十二。樂府詩集四十八。詩紀六十七。

浮雲似帳月成類聚作如。樂府、詩紀同。文苑云。一作如。鈎。那能夜夜南陌頭。類聚作遊。文苑云。一作游。宜城醖酒玉臺作醖酒。類聚作投酒。樂府、詩紀並作投泊。按。當爲酘酒。今行文苑作夜。又注云。一作宜城投泊今行。熟。停鞍繫馬類聚作莫惜停鞍。文苑、樂府、詩紀同。文苑又注。一作停鞍繫馬。暫棲宿。○玉臺新詠九。類聚四十二。文苑英華二百六。樂府詩集四十八。詩紀六十七。

青牛丹轂七香車。可憐今夜宿倡家。倡家高樹烏欲棲。羅幃翠帳文苑作被。向樂府作任。文苑云。一作任。君低。○同上

織成屏風金玉臺作銀。屈膝。朱脣玉面燈前出。相看氣息文苑作意思。望君憐。誰能含羞不自文苑作向。前。○

同上

採菊篇

月文苑作日。精麗草散秋株。洛陽少文苑作小。婦絶妍姝。相呼文苑作唤。樂府同。又注。一作呼。提筐採菊珠。朝起露濕霑羅襦。東方千騎從驪駒。更樂府作豈。詩紀云。一作豈。不下山逢故夫。○文苑英華二百八。樂府詩集六十四。詩紀六十七。

東飛伯勞歌二首

一云紹古歌。○詩紀云。劉孝威擬古應教別見。

翻階蛺蝶戀花情。容華飛燕相逢迎。誰家總角歧路陰。裁紅點翠愁人心。天窗綺井曖文苑作暖。樂府同。徘徊。珠簾玉篋明鏡臺。可憐年幾十三四。工歌巧舞入人意。白日西落楊柳垂。含情弄態兩相知。○文苑英華二百三作紹古歌。樂府詩集六十八。詩紀六十七。

西飛迷雀東羈文苑云。一作飛。雉。倡樓秦女乍相值。樂府作隨。誰家妖文苑作夭。麗鄰中止。輕妝薄粉光閭里。網户文苑云。一作洞房。珠綴曲瓊鈎。芳茵翠被香氣流。少年年幾方三六。含嬌聚態傾人目。餘香落蘂坐相催。可憐絶世爲誰媒。○同上

雞鳴篇○以下雜言。

埘雞識將曙。長鳴高樹顛。啄葉疑障類聚作彰。羽。排花强欲前。意氣多驚舉。飄颺獨無侶。陳思助鬬協狸

膏。邱昭姤敵安金距。丹山可愛有鳳凰。金門飛舞有鴛鴦。何如五德美。豈勝千里翔。○類聚九十一作雞鳴詩。樂府詩集二十八作劉孝威。詩紀六十七。

度闗山

闗山遠可度。遠度復難思。直指遮歸道。都護總前期。力農争地利。轉戰逐天時。材官蹶張皆命中。弘農越騎盡搴旗。搴旗遠不息。驅虜何窮極。狼居一封難再覩。閼氏永去無容色。鋭氣且横行。朱旗亂日精。先屠光禄塞。却破夫人城。凱歌還舊里。非是衒功名。文苑作凱歌歸舊還。今日是功名。又注。一作凱歌還舊里。非是衒功名。○類聚四十二作渡闗山行。文苑英華百九十八。樂府詩集二十七。詩紀六十七。

江南弄三首

詩紀云。玉臺新本、樂府、英華並作昭明。今從藝文作簡文。○逯按。玉臺舊刻稱簡文爲皇太子。後人遂謬以爲昭明。故諸詩系名多錯互也。

江南曲

和云。陽春路。時使佳人度。

枝文苑作桂。中水上春併歸。長楊掃文苑作拂。地桃花飛。清風吹人光照衣。光照衣。文苑缺以上三字。景將夕。擲黄金。留上客。○類聚四十二。文苑英華二百一。樂府詩集五十。詩紀六十七。

龍笛曲

和云。江南岸。真能下翔鳳。類聚作江真弄。真態翔鳳。陽春臺。同去復同來。

金門玉堂臨水居。一嚬一笑千萬餘。遊子去還願莫疏。願莫疏。意何極。雙鴛鴦。兩相憶。○樂府詩集五十作梁昭明太子。詩紀六十七。

採蓮曲

和云。採蓮歸。渌水好沾衣。

桂檝蘭橈浮碧水。江花玉面兩相似。蓮疏藕折香風起。香風起。白日低。採蓮曲。使君迷。○樂府詩集五十作梁昭明太子。詩紀六十七。○逯按。文苑英華二百八引梁簡文帝曲與此少異。曲辭云。採蓮歸。緑水好沾衣。桂舟蘭橈浮江花。江水玉面兩相似。蓮疏藕折香風起。白日低。採蓮曲。使君迷。江花下又注。一作碧水。

淫豫歌

淫豫大如服。瞿塘不可觸。金沙浮轉多。桂浦忌經過。○樂府詩集八十六。梁簡文帝集上。

梁詩卷二十一

梁簡文帝蕭綱

詩

和贈逸民應詔詩十二章○以下四言。

紫微垂象。常居爲政。司牧則之。以膺天命。明明我皇。乃神乃聖。功韜玉檢。道光金鏡。爰昔在田。君德夙盛。

遏矣西土。惟天有漢。姬實剪商。劉亦撥亂。赫然浮夏。同符共貫。乾迴龍動。雲蒸冰涣。一戎定齊。二儀貞觀。

軒衣禹食。以服以膳。舜漆堯厨。匪躭匪眄。夤畏上天。丕顯無勸。百神効職。羣祀歲遍。瑞草晨開。德星昏見。

鏗鏘六樂。昭彰七藝。白獸原當作虎。避唐諱改。談經。石渠稱制。齊稷罷疑。魯洙忘滯。南風慶雲。禹謨湯誓。不有今弘。安知昔細。

穀稼斯重。珠玉爲輕。我畯既樂。我憶已盈。貢田靡撤。譏關不征。四人遷貿。百貨社行。樓船舉帆。賣藥藏名。方叔率止。軍幕洞開。如貔如獸。原當作虎。避唐諱改。如霆如雷。呼韓北款。樓蘭南摧。威加四海。武讋九垓。有苗已格。徐方不回。愍兹五濁。矜此四流。既開慧海。廣列檀舟。金輪寶印。丹枕白牛。率土祛惑。含生離憂。大羅網息。作士刑休。三兆驗佃。百工寫質。既盛商年。且高周日。嘉謀沃心。王道乂密。聖猷獨照。運兹得一。君唱臣從。無違何弼。負壺井谷。擊壤衢中。猶紆帝念。歌詠自衷。思諸舉逸。美彼淳風。國獻選士。鄉薦教忠。論才司馬。試射郊宫。准測天度。鍾應星璣。風除總至。草復具腓。冰輕寒盡。泉長春歸。射干先動。載勝行飛。千門照日。五達含暉。伊臣不佞。叨備元子。傳訓弦頌。司教詩史。朱紱傍垂。安車高跱。膳則不會。宴則以齒。澤優禮博。兢懼何已。聖親明主。千載一逢。子法臣道。竭誠思恭。周記希習。齊箴願從。雖加砥礪。顧揆愚惷。匪躬斯鑒。孰肯爲容。〇文館詞林百五十八。

三日侍皇太子曲水宴詩并序

竊以周成洛邑。自流水以禊除。晉集華林。同文軌而高宴。莫不禮具義舉。沓矩重規。昭動神明。雍熙鍾石者也。皇太子生知上德。英明在躬。智湛靈珠。辯均河注。騰茂實於三善。振嘉聲於八區。是節也。上巳屬辰。餘萌達壤。倉庚應律。女夷司候。爾乃分階樹羽。疏泉泛爵。蘭觴沿泝。蕙肴來往。賓儀式序。盛德有容。吹發孫枝。聲流嶰谷。舞豔七盤。歌新六變。遊雲駐綵。仙鶴來儀。都人野老。雲集霧會。

結軫方衢。飛軒照日。闕

震德叶靈。年芳節淑。濯伊臨灞。蕩心愉目。驤初學記作驟。騎晨野。縱金曉陸。蕙氣卷旌。神飈擎初學記作警。轂。層岑偃蹇。聳觀岧嶢。煙生翠幕。初學記作竹。歲時雜詠同。日照綺寮。銀華初學記作花。晨散。金芝暮搖。綠水動葉。丹距映條。顧惟菲薄。徒承恩裕。藝學未優。聲績不樹。豈辯類聚作辨。歲時雜詠同。河書。寧擒淮賦。徒偶羣龍。終慚並馭。歲時雜詠作驅。○類聚四。古今歲時雜詠十六。詩紀六十八。又初學記四引淑、目、陸、轂、嶢、寮、搖七韵。

九日侍皇太子樂遊苑詩

離光麗景。神英春裕。副極儀天。金鏘玉度。監撫昭明。善物宣布。惠潤崑瓊。澤熙垂露。秋晨精曜。駕動宮闈。露點金節。霜沈玉璣。玄戈側影。翠羽翻暉。庭迴鶴蓋。水照犀衣。蘭羞薦俎。竹酒澄芬。千音寫鳳。百戲承雲。紫燕躍武。赤兔越空。橫飛鳥箭。半轉蛇弓。○類聚四。詩紀六十八。

應令詩

微軀多幸。接蕚嘉運。紫幄承慈。青衿稟訓。傍玉流温。依蘭染薫。百氏既洽。六義乃摛。辭河瀉潤。高論忘疲。翠幙晨宇。朱花夜池。窗斜八綺。燈懸百枝。○類聚二十一。詩紀六十八。

愍亂詩

南史曰。朱异方倖。在朝莫不側目。雖太子亦不能平。及侯景亂圍城。城内咸尤异。簡文爲四言詩。

瞻南史作愍。彼阪田。嗟斯氛霧。謀之不臧。褰我王度。○南史朱异傳。詩紀六十八。

上巳侍宴林光殿曲水詩 以下五言。

芳年留帝賞。應物動天襟。挾苑連金陣。分衢度羽林。帷宮對廣掖。層殿邇高岑。風旗争曳影。亭皐初學記作午。歲時雜詠作檻。文苑作罕。共生陰。林歲時雜詠作樹。文苑同。又注。類聚作林。花初墮蔕。池荷欲吐心。○類聚四。初學記四。古今歲時雜詠十六。文苑英華百七十二。詩紀六十八。

和武帝宴詩二首 一作和武帝講武宴。

校尉開疏勒。將軍定月支。南通新息柱。北屆武陽碑。豫遊戲馬館。教戰昆明池。銀塘瀉清渭。銅溝引直漪。常從良家子。命中幽并兒。金鞍飾紫佩。玉燕帖青驪。車書今已共。願奏云亭儀。○類聚五十九。詩紀六十八。

祭壺今息鼓。董案或開帷。聊舉青龍陣。正取絳宮時。犒兵隨後拒。軷祭逐前師。軍門初露節。步陳始分旗。○同上

侍遊新亭應令詩

神襟愍行邁。歧路愴徘徊。遥瞻十里陌。傍望九城文苑作成。臺。鳳管流虚谷。龍騎藉春荄。曉光浮野映。朝煙承日迴。沙文浪中積。春陰江上來。柳葉帶風轉。桃花含雨開。聖情藴珠本集作殊。綺。札命表英才。顧慚碔砆質。何以儷瓊瓌。詩紀誤作環。○文苑英華百七十九。詩紀六十八。

奉和登北顧樓詩和武帝。

春文苑作春。陵佳麗類聚作氣。初學、文苑同。地。濟水鳳凰文苑云。初學記作星。宫。況此徐初學記作除。方域。川岳邁周灃。文苑誤作濃。皇情愛歷文苑作慶。覽。遊涉類聚作陟。初學記、文苑同。擬崆峒。聊驅式道候。文苑作釋道後。無勞襄野童。霧崖開早日。晴天歇晚本集作映。虹。去帆入雲裏。遥星出海中。○類聚六十三作奉和登北顧樓詩。初學記二十四。文苑英華百七十五。詩紀六十八。

登烽火樓詩

聳樓排文苑作登柳。注云。類聚作聳樓排。樹出。却堞帶江清。陟峯試遠望。鬱鬱盡郊京。萬邑王畿曠。三條綺陌平。亘原横地險。孤嶼派流生。悠悠歸棹入。渺渺去帆驚。水煙浮文苑作扶。注云。類聚作浮。岸起。遥禽逐霧征。○類聚六十三。文苑英華三百十一。詩紀六十八。

玩漢水詩

雜色崑崙水。泓澄龍首渠。豈若兹川麗。清流疾且徐。離離細磧淨。藹藹樹陰疏。石衣隨溜卷。水芝扶浪舒。連翩瀉類聚作寫。去檝。鏡澈倒遥墟。聊持點纓上。於是察川魚。○類聚八。詩紀六十八。

登城詩

日影半東簷。靖念空杼柚。小堂倦縹書。華池厭修竹。寂寞既寡悰。登城望原陸。遥山半吐雲。嚴颸時響谷。靡靡見虚煙。森森視寒木。落霞乍續斷。晚浪時迴復。遠矚既濡翰。徒自勞心目。短歌雖可裁。緣情非霧縠。○類聚六十三。詩紀六十八。

山池詩

日暮芙蓉水。聊登鳴鶴舟。飛艫飾羽𣮈。類聚作旄。長幔覆緹紬。停輿依柳息。住蓋影空留。古樹橫臨沼。新藤上挂樓。魚遊向闇集。戲鳥逗楂流。○類聚九。詩紀六十八。

贈張纘詩

儀表咸推挹。牆仞難窺踐。既富垂帷學。復折波濤辯。綺思曖文苑作暖。霞飛。清文煥飈轉。朱旗赫容與。彫棨紛曜文苑作曄。煜。波搖白鱧舟。風動蒼鷹文苑作雁。注云。類聚作鷹。舳。九疑勢參差。江天相蔽虧。三春澧浦葉。九月洞庭枝。文苑誤作秋。洞庭枝嫋娜。澧浦葉參差。芬芳與搖落。俱應傷文苑作相。別離。○類聚三十一。文苑英華二百四十七。詩紀六十八。

餞廬陵內史王脩應令詩

餞行臨上節。開筵命羽觴。迴池瀉飛棟。濃雲垂畫堂。疏槐未合影。仄日暫流光。園梅歛新藻類聚作衰。詩紀云。一作豔。階蕙結初芳。○類聚二十九。詩紀六十八。

餞臨海太守劉孝儀蜀郡太守劉孝勝詩

碣石臨東海。峨嵋距西僰。兩杜昔夾河。二龍今出守。方無夜犬驚。向息神牛鬬。涼風遶輕幕。麥雨交新溜。念此一銜觴。懷離在惟舊。○類聚二十九。詩紀六十八。

經琵琶峽詩

由來歷山川。此地獨廻邅。百嶺相紆類聚作迂。文苑同。蔽。千崖共隱天。横峯時礙水。斷類聚作斜。岸或通川。還瞻已迷向。直去復疑前。夕波照孤月。山枝斂夜煙。此時愁緒密。□□魂九遷。○文苑英華百六十一作琵琶峽。詩紀六十八。又類聚二十七引天、川二韵。

仙客詩

漆水豈難變。桐刀乍可揮。青書長命籙。紫水芙蓉衣。高翔五岳小。低望九河微。穿池聽龍長。叱石待羊歸。酒闌時節久。桃生歲月稀。○類聚七十八。詩紀六十八。

往虎窟山寺詩

詩紀云。考藝文此詩簡文帝作。覩弘明集所載王冏諸臣和詩可證也。弘明集作江令詩。蓋有脱簡紊誤爾。

廛中喧慮積。物外衆情捐。兹地信爽塏。墟壟曖阡廣弘明集云。宮本作暖芊。綿。廣弘明集作眠。注云。三本、宮本作綿。藹藹車徒邁。飄飄旌旄懸。細松斜遶逕。峻嶺半藏天。古樹無枝葉。荒郊多野煙。分花出黄鳥。挂類聚作桂。石下新泉。蓊鬱均雙樹。清虚類八禪。栖神紫臺上。縱意白雲邊。徒然嗟小藥。何由齊大年。○廣弘明集三十作陳江令。詩紀六十八。又類聚七十六引天、煙、泉、禪、邊、年六韵。

望同泰寺浮圖詩

遥看官佛圖。帶壁復垂珠。燭銀踰漢汝。廣弘明集作女。注云。明本作汝。寶鐸邁昆吾。日起光芒散。風吟宫徵殊。露落盤恒滿。桐生鳳不廣弘明集作引。注云。三本、宫本作不。雛。飛幡雜晚虹。晝廣弘明集云。三本、宫本作晝。烏狎晨凫。梵世陵類聚作臨。空下。應真蔽景趨。帝馬咸千轡。天衣盡類聚作使。六銖。意樂開長表。多寶現金廣弘明集云。三本、宫本作全。軀。能令苦海渡。復使慢山踰。願類聚作頭。能同四忍。長當出九類聚作五。居。穆天子傳。天子之寶。璿珠燭銀。郭璞曰。銀有精。光如燭也。○類聚七十六。廣弘明集三十。詩紀六十八。

蒙預懺直疏詩

皇情矜幻俗。聖德愍重昏。制書開攝受。絲綸廣慧門。時英滿君囿。廣弘明集作國。注云。宫本作囿。法侣盛天園。俱銷五道縛。共蕩四生怨。類聚作寃。廣弘明集云。明本一作寃。詩紀云。一作寃。三脩類聚作循。廣弘明集云。明本一作循。詩紀云。一作循。祛愛馬。六念静心猿。庭深林類聚作仗。廣弘明集云。明本一作仗。詩紀云。一作仗。彩豔。地寂鳥類聚作伎。廣弘明集云。明本一作伎。詩紀云。一作伎。聲喧。上風吹法鼓。垂鈴類聚作齡。鳴晝廣弘明集作晝。軒。新梅含未發。落桂聚還翻。早煙類聚作燈。藏石磴。寒潮浸水門。一朝蒙善誘。方願遺籠樊。○類聚七十六作蒙豫懺悔詩。廣弘明集三十。詩紀六十八。

蒙華林園戒詩

庸夫躭世樂。俗士重虚名。三空既難了。八風恒易傾。伊余久齊物。本自一枯榮。弱齡愛箕潁。由來重伯成。非爲樂肥遯。特廣弘明集云。元本作持。是厭逢迎。執珪守藩國。主器廣弘明集云。明本作氣。作元貞。昔日書銀字。久自悪宗英。斯焉佩金璽。何由廣德聲。廣弘明集云。明本一作馨。詩紀云。一作馨。居高常慮缺。持滿每憂盈。茲言信非矯。丹心良可明。舟航奉睿訓。接引降皇情。心燈朗暗室。牢舟出愛瀛。是節高秋晚。泬寥天氣清。郊廣弘明集作交。注云。三本作郊。門光景麗。祈年雲霧生。紅蕖間青瑣。紫露濕丹楹。葉疎行逕出。泉溜遠廣弘明集作邊。注云。三本、宮本作遠。山鳴。緑衿依浦戍。廣弘明集云。宋、元、宮本作伐。絳顙拂林征。庶蒙八解益。廣弘明集作蓋。注云。三本作益。方使六塵輕。脱聞時可去。非吝舍廣弘明集作捨。重城。○廣弘明集三十。詩紀六十八。

旦出興業寺講詩

沐芳肅朝帶。駕言抵廣弘明集作秖。注云。明本作抵。淨宮。羽旗承去影。鐃吹雜還風。吴戈夏服箭。驥馬緑沈弓。水照柳初碧。煙含桃半紅。由來六塵縛。宿昔五纏朦。見鶴徒知廣弘明集作曚。謬。察象理難詩紀云。一作還。同。方知悪四辯。奚用語三空。○廣弘明集三十。詩紀六十八。又類聚七十六引宫、風、弓、紅、同、空六韵。

遊光宅寺詩應令詩

陪遊入舊豐。雲氣鬱青葱。紫陌垂青廣弘明集作清。注云。明本作青。柳。輕槐拂慧風。八泉光綺樹。四柱暧臨空。翠網隨煙碧。丹花共日紅。方欣大雲溥。慈波流淨宫。○廣弘明集三十。詩紀六十八。

十空詩六首

如幻

漢安設大響。周穆置高臺。三里生雲霧。瞬息起冰雷。空持生識縛。徒用長心災。慧人恒棄捨。庸識屢邅迴。六塵俱不實。三界信悠哉。○類聚七十六。詩紀六十八。

水月

圓輪既照水。初生亦映流。溶溶如漬璧。的的似沈鈎。非關顧兔没。豈是桂枝浮。空令誰雅識。還用喜騰猴。萬累若消蕩。一相更何類聚作何更。求。○同上

如響

疊嶂迴參差。連峯鬱相拒。遠聞如句咏。遥應成言語。竟無五聲實。誰謂八音所。空成顛倒辜。徒迷塵縛侣。愍哉火宅中。兹心良可去。○同上

如夢

祕駕良難辯。類聚作辨。司夢並成虛。未驗周爲蝶。安知人作魚。空聞延壽賦。徒勞岐伯書。潛令六識擾。安能二惑除。當須耳應滿。然後會真如。○同上

如影

朝光照皎皎。夕本集、詩紀作久。漏轉駸駸。晝花斜色去。夜樹有輕陰。並能興眼入。俱持動惑心。息形影方止。逐物慮恒侵。若悟假名淺。方知實相深。○同上

鏡象

精金宛成器。懸鏡在高堂。後挂七龍網。前發四珠本集作洙。光。迴望疑垂本集作隨。月。傍瞻譬壁璫。仁壽含萬類。淮南辯四鄉。終歸一亡類聚作忘。本集作念。有。何關至道場。○同上

和湘東王名士悅傾城詩詩紀云。藝文作昭明者非。

美人稱絶世。麗色譬花叢。經玉臺作雖。居李城北。住在類聚作來往。宋家東。教歌公主第。學舞漢成類聚作城。宫。多遊淇水上。類聚作曲。詩紀作上水。好在鳳樓中。履高疑上砌。裾開特玉臺作持。畏風。衫類聚作袖。輕見跳

脱。珠概雜青蟲。垂絲繞帷幔。落日度房櫳。粧窗隔柳詩紀作柳隔。色。井水照桃紅。非憐江浦類聚作交甫。珮。羞使春閨空。○玉臺新詠七。類聚十八。詩紀六十八。

和徐録事見内人作卧具詩

密房寒日晚。落照度窗邊。紅簾遥不隔。輕帷半卷懸。方知纖手製。詎減縫裳妍。龍刀横膝上。畫尺墮衣前。熨斗金塗色。簪管白牙纏。詩紀作躔。衣裁合歡襵。文作鴛鴦連。縫詩紀作針。用雙針詩紀作縫。縷。絜是詩紀作用。八蠶綿。香和麗丘蜜。麝吐中臺煙。已入琉璃帳。兼雜太華氈。且共雕鑪暖。非同團扇捐。更恐從軍别。空牀徒自憐。○玉臺新詠七。詩紀六十八。

戲贈麗人詩

麗妲與妖嬙。共拂可憐粧。同安鬟裏撥。異作額間黄。羅裠宜細簡。畫屧重高牆。含羞未詩紀作來。上砌。微笑出長廊。取花争間鑷。類聚作寶鑷。詩紀作間色。攀枝念蕋香。但歌聊一曲。本集作鳴。鳴絃未肯玉臺作息。張。自矜心所愛。三十侍中郎。○玉臺新詠七。類聚十八。詩紀六十八。

率爾爲詠詩

借問仙將畫。詎有此佳人。傾城且傾國。如雨復如神。漢后憐名燕。周王重姓申。挾瑟曾遊趙。吹簫屢入秦。玉階偏望樹。長廊每逐春。約黃出意巧。纏絃用法新。迎風時引袖。避日暫披巾。疏花映鬟詩紀作髻。插。細佩遶衫身。誰知日欲暮。詩紀作薄。含羞不自陳。○玉臺新詠七。詩紀六十八。

執筆戲書詩

舞女及燕姬。倡樓復蕩婦。參差大戾發。搖曳小垂手。釣竿蜀國彈。新城折楊柳。玉案西王桃。蠡杯石榴酒。甲乙羅帳異。辛壬房户暉。夜夜有明月。時時憐更衣。○玉臺新詠七。詩紀六十八。

從頓暫還城詩

漢渚水初綠。類聚作淥。江南草復黃。日照蒲心暖。萬花谷作發。詩紀同。風吹梅蕊類聚作枝。初學記作樹。香。征艫艤湯塹。歸騎息金隍。舞觀衣常類聚作恒。初學記同。襞。歌臺絃未張。持此横行去。誰念守空牀。○玉臺新詠七。類聚六十三。初學記二十四。詩紀六十八。

秋閨夜思詩

非關長信別。詎是良人征。九重忽不見。萬恨滿心生。夕門掩魚鑰。宵牀悲畫屏。迥類聚作迴。月臨窗類聚作階。度。吟蟲繞砌鳴。初霜隕類聚誤作實。細葉。秋風驅類聚作吹。紀詩云。一作吹。亂螢。故粧猶累日。新衣襞類聚作裂。未成。欲知妾不寐。城外擣衣類聚作砧。詩紀同。聲。○玉臺新詠七。類聚三十二。詩紀六十八。

詠内人晝眠詩

北窗聊就枕。南簷日未斜。攀鉤落綺類聚作倚。障。插捩舉琵琶。夢笑開嬌靨。眠鬟壓落花。簟文生玉腕。香汗浸紅紗。夫壻恒相伴。莫誤是倡家。○類聚十八。詩紀六十八。

傷美人詩

昔聞倡女別。蕩子無歸期。今似陳王歎。流風難重思。翠帶留餘結。苔階没故基。圖形更非是。夢見反成疑。熏罏含好氣。庭樹吐華詩紀作花。滋。香燒日有歇。花落無還時。○類聚三十四。詩紀六十八。

孌童詩

孌童嬌麗質。踐董復超瑕。羽帳晨香滿。珠簾夕漏賒。翠被含鴛色。雕牀鏤象牙。妙年同小史。姝貌比朝霞。袖裁連璧錦。牋疑作帴。玉臺作箋。織細橦花。攬袴輕紅出。回頭雙鬢斜。嬾眼時含笑。玉手乍攀花。懷猜非後釣。密愛似前車。足使燕姬妬。彌令鄭女嗟。○玉臺新詠七。詩紀六十八。

倡婦怨情詩十二韻

綺窗臨畫閣。飛閣繞長廊。風散同心草。月送可憐光。彷彿簾中出。妖麗特非常。恥學秦羅髻。羞爲樓上粧。散誕披紅帔。生情新約黃。斜燈入錦帳。微煙出玉牀。詩紀作房。六安雙瑇瑁。八幅兩鴛鴦。猶是別時許。留致詩紀作值。解心傷。含涕坐度日。俄頃變炎涼。玉關驅夜雪。金氣落嚴霜。飛狐驛使斷。交河川路長。蕩子無消息。朱脣徒自香。詩紀作傷。○玉臺新詠七。詩紀六十八。

詠舞詩二首

戚里多妖麗。重聘各書作娉。蔑本集作夢。文苑云。一作夢。燕餘。逐節工新舞。嬌態似凌虛。納花承襵概。垂翠逐璫舒。扇開衫影亂。巾度履行疏。徒勞交甫憶。自有初學記作愧。萬花谷作合。專城居。○類聚四十三。文苑英華二百十三。詩紀六十八。又初學記十五、萬花谷後三十二並引餘、虛、疏、居四韵。

可憐稱玉臺作初。二八。初學記作二八初。萬花谷同。文苑作二八物。逐節似飛鴻。懸勝河陽伎。闇與淮南同。入行看履文苑誤作復。進。轉面望鬟空。腕動苕初學記作昭。萬花谷、文苑同。華玉。衫玉臺作袖。隨如意風。上客何須起。啼烏曲未類聚作未肯。文苑同。終。○玉臺新詠七。類聚四十三。初學記十五。文苑英華二百十三。萬花谷後三十二。詩紀六十八。

戲作謝惠連體十三韻詩

雜蕊映南庭。庭中光景媚。可憐枝上花。早得春風意。春風復有情。拂幔且開楹。開楹廣文選作盈盈。詩紀同。開碧煙。拂幔拂廣文選作復。詩紀同。垂蓮。廣文選作簾。偏使紅花散。飄颺落眼前。眼前玉臺誤作亦。多無況。參差鬱可廣文選作相。詩紀同。望。珠繩翡翠帷。綺幕芙蓉帳。香煙出窗裏。落日廣文選作月。斜階上。日廣文選作月。影去遲遲。節華廣文選作花。咸在茲。桃花紅若點。柳葉亂如絲。絲條轉暮光。影落暮陰廣文選作光。長。春燕雙雙舞。春心處處揚。玉臺作場。按當作傷。酒滿心聊足。萱枝愁不忘。○玉臺新詠七。廣文選十五。詩紀六十八。

和藉田詩和武帝。

禮經聞往說。觀寶著遐初學記作華。篇。豈如春路動。祈穀重民初學記作人。天。蒼龍引玉軑。初學記作軟。交旗影曲旃。皮軒承早日。豹尾拂游煙。地廣重畦淨。林芳翠幕懸。青壇出長阡。帷宫繞直阡。秉耒光帝則。報獻重皇初學記作動虔。虔。度諧金石奏。德厚歌頌詮。三春潤蓂莢。七月待鳴蟬。鰩魚顯嘉瑞。銅雀應豐年。不勞鄭國雨。無榮鄴令田。是知躬稼美。兼聞富教宣。○類聚三十九引篇、天、禪、年、田五韵。初學記十四作藉田詩。引篇、天、旃、煙、懸、阡、虔、詮、宣九韵。詩紀六十八。

漢高廟賽神詩

玉軑朝行動。閶闔文苑云。一作閶闔。旦應本集作夜。開。白雲蒼梧去。類聚作上。文苑同。丹鳳類聚作霞。咸陽來。日正海録碎事作倒。山無影。城類聚或誤作威。斜漢屢廻。瞻流如地脉。類聚或作望。望嶺類聚或作崑崙。匹天台。欲祛九秋恨。聊舉十千杯。○類聚三十八。文苑英華三百二十。詩紀六十八。又類聚三十八作賽高帝廟詩。引迴、台二韵。海録碎事一引迴一韵。

祠伍員廟詩

去國資孝本。循忠全令名。舟裏本集作中。詩紀云。一作中。多奇計。蘆中復吐誠。偃月交吴艦。魚麗入楚營。光功擢妙算。載籍有餘聲。洪濤猶鼓怒。靈廟尚淒清。行潦承椒奠。按歌雜鳳笙。無勞晉后璧。詎用楚臣纓。密樹臨寒水。疏扉望遠城。窗寮野霧入。衣帳積苔生。惟有三青鳥。斂翅時逢迎。○類聚七十九。詩紀七十八。

守東平中華門開詩

脂車向馳道。總轡息中文苑作東。注云。一作中。華。落闕猶待漏。交類聚作文。詩紀同。文苑云。一作文。戟未通車。薄雲初啓雨。曙色始成霞。塹流鋪紫若。城風泛橘花。絃誦終無取。顧己自懷嗟。○類聚三十九。文苑英華百九十作守東華開門。又注。一作守東平中華門開。詩紀六十八。

春日想上林詩

春風本自奇。楊柳最相宜。柳條類聚作葉。恒著地。楊花好上衣。初學記作吹。文苑同。處處春心動。常惜光陰移。西京董賢館。南宛文苑作苑。習都池。荇類聚作行。間魚共樂。桃上鳥相窺。香車雲母幰。駛馬黄金羈。○類聚三。文苑英華百五十七。詩紀六十八。又初學記三引奇、宜、吹、移四韵。

喜疾瘳詩

朝窗猶掩扇。宿幔未懸鉤。逍遥臨四注。兼持散九愁。雖同衞子憊。聊喜摯生瘳。災星夜出境。鳴禽晚去樓。蠲邪無賈服。祅氣息梁牛。隔簾陰類聚作蔭。翠篠。類聚作篠。映水含珠榴。丹經蘊玉笥。玄水出長洲。結友尋方岳。採藥訪圓丘。神隨七星變。貌逐五雲留。飛鴻若可駕。輕簪必易抽。○類聚七十五。詩紀六十八。

卧疾詩

沈痾類弩影。積弊似河魚。詎逢龍子浴。空歎楚王葅。○類聚七十五。詩紀六十八。

詠風詩

飄颻文苑、萬花谷作飄。散芳勢。泛漾下蓬萊。傳涼入鏤檻。發氣滿瑤臺。委禾文苑誤作木。周邦偃。飛鯢宋都迴。亟文苑誤作函。摇故葉落。屢蕩新花開。暫舞驚鳬去。時送蓮文苑作藥。香來。已拂巫山雨。何用卷寒灰。○類聚一。文苑英華百五十六。萬花谷二。詩紀六十八。

三月三日率爾成詩

芳年多美色。麗景復妍歲時雜詠作逍。遥。握蘭唯是旦。採艾亦今朝。迴沙溜碧水。歲時雜詠作水碧。曲岫散桃夭。綺花非一種。風絲亂百條。雲起相思觀。日照飛虹橋。繁華炫姝色。燕趙艷妍妖。金鞍汗血馬。寶髻歲時雜詠作鬢。珊瑚翹。蘭馨類聚作聲。起縠袖。蓮歲時雜詠作連。錦束瓊腰。相看隱緑樹。類聚作樹。見人還自嬌。玉柱歲時雜詠作床。鳴羅薦。祼椀泛迴潮。洛濱非拾羽。滿握詎貽椒。○類聚四。古今歲時雜詠十六。詩紀六十八。

晚春詩

詩紀云。玉臺、藝文並作簡文。亦見昭明集。

紫蘭葉初滿。黄類聚作嬌。文苑云。一作嬌。鶯弄不昭明集作始。稀。石蹲還似獸。蘿長更如昭明集作勝。類聚同。文苑云。一作勝。衣。水曲類聚作凍。文苑云。一作凍。文魚類聚作鰩。文苑、詩紀並云。一作鰩。聚。林類聚作山。文苑云。一作山。暝鴉鳥飛。渚蒲變新節。巖桐文苑作松。長舊圍。風花落未已。山齋文苑作窗。注云。一作齋。開夜扉。○昭明太子文集二。類聚三。初學記三。文苑英華百五十七。詩紀六十八。

和湘東王首夏詩

冷風雜細雨。垂雲助麥涼。竹水俱葱翠。花蝶兩飛翔。燕泥銜復落。鶗吟斂文苑作鶗鴂吟。更揚。卧石藤爲纜。山橋樹作梁。欲待文苑作侍。華池上。明月吐清光。○初學記三。文苑英華百七十二。詩紀六十八。

納涼詩

斜日晚騣騣。池塘生半陰。避暑高梧側。輕風時入襟。落花還就影。驚蟬乍失林。遊魚吹水沫。神蔡上荷心。翠竹垂秋采。丹棗映疎砧。無勞夜遊曲。寄此託微吟。○類聚五。詩紀六十八。

晚景納涼詩

日移涼氣散。懷抱信悠哉。珠簾影空捲。桂草堂詩箋作柱。户向池開。鳥草堂詩箋作烏。詩紀云。一作烏。棲星欲見。河草堂詩箋作荷。淨月應來。横階入細笋。蔽地濕輕苔。草化飛爲火。蚊聲合似雷。於兹静聞見。自此歇氛埃。○初學記五。詩紀六十八。又草堂詩箋八陪諸詩注引開、來二韵。

初秋詩

羽翣晨猶動。珠汗晝恒揮。秋風忽文苑作急。娟娟。向夕引涼歸。浮陰即染浪。清氣始乘衣。浮陰兩句。文苑在直置兩句下。卷幌通河色。開窗引初學記作望。文苑同。詩紀云。一作望。月輝。晚花欄下照。文苑云。初學記作晚照花欄下。疏螢簟上飛。直置猶如此。何況送將歸。○類聚三。文苑英華百五十八。詩紀六十八。又初學記三引歸、暉、飛、歸四韵。

秋夜詩

螢飛夜的的。蟲思夕嘤嘤。輕露沾懸井。浮煙入綺寮。檐重月没早。樹密風聲饒。池蓮翻罷葉。霜篠生寒條。端坐彌兹漏。離憂積此宵。○類聚三。詩紀六十八。

秋晚詩

浮雲出東類聚作西。嶺。落日下西江。促陰横隱壁。長暉斜度窗。亂霞圓緑水。紅類聚作細。葉影飛缸。○類聚三。詩紀六十八。

大同八年秋九月詩

大君重九節。下輦上林中。酒闌嘉宴罷。車騎各西東。時余守西掖。脂車歸北宮。車分獨坐道。扇拂冶城風。落照塹中滿。浮煙槐外通。長樂含初紫。安榴拆晚紅。○類聚二十八。詩紀六十八。

大同十年十月戊寅詩

喧塵是時息。静坐對重巒。冬深柳條落。雪後桂枝殘。星明霧色淨。天白雁行單。雲飛乍想閣。冰結遠疑紈。晚橘隱重屏。枯藤帶迴竿。荻陰連水氣。山峯添詩紀云。一作染。月寒。○類聚三。文苑英華百五十八。詩紀六十八。

大同十一月庚戌詩

兹園植藝積。山谷久紆威。初學記作葳。文苑同。又注。初學記作歲。類聚作威。直初學記作貴。文苑同。興文苑作與。轉文苑作最。多緒。真事亦因依。是節嚴冬景。類聚作暮。寒雲掩文苑作曳。注云。類聚作掩。落暉。遠聞風瑟瑟。亂視雪霏霏。浪起川難渡。林深人至稀。山禽背文苑作皆。逕走。野鳥歷塘飛。○類聚三。初學記三作冬詩。文苑英華百五十八作冬夕。注云。初學記無夕字。類聚作大同十一月庚戌。詩紀六十八。

玄圃寒夕詩

洞門扉初學記作洞庭門。文苑同。未掩。金壺漏已催。曛文苑作曠。煙生澗曲。暗色起林隈。雪花無有蔕。冰鏡不安臺。階楊始倒插。浦桂半新栽。陳根委落蕙。細蕋初學記作葉。文苑同。詩紀云。一作葉。發香梅。雁去銜蘆上。猨初學記作止。狷文苑作猿。戲繞枝來。○類聚三。初學記三。文苑英華百五十八。詩紀六十八。○逯按。詩題寒夕當作寒月。詩通篇形容月色。雪花、冰鏡二句尤顯著。海録碎事一作寒月。可據正。

奉答南平王康賚朱櫻詩

倒流映碧叢。點文苑作照。露擎朱實。花茂蝶争飛。類聚作來。枝濃鳥相失。已麗金釵瓜。文苑、詩紀作爪。仍類聚作兼。美玉盤橘。寧異類聚作以。梅似丸。不羡萍如日。永植平臺垂。長與雲桂密。文苑作蜜。萬花谷作匹。詩紀云。一作匹。徒然奉推萬花谷作肥。甘。終以文苑作似。愧操筆。○類聚八十六。初學記二十八。文苑英華三百二十六。萬花谷後三十七。詩紀六十八。

賦詠棗詩

浮華齊水麗。垂彩鄭都奇。白英紛初學記誤作紛英。靡靡。紫實初學記作色。標離離。風摇羊角樹。日映鷄心枝。穀城踰石蜜。蓬岳表仙儀。已聞安邑美。永茂玉門垂。○初學記二十八作賦棗詩。文苑英華三百二十六作棗。詩紀六十八。又類聚八十七引枝、垂二韵。

西齋行馬詩

晨風白金絡。桃花紫玉珂。影斜鞭照曜。塵起足蹉跎。任俠稱六輔。輕薄出三河。風吹鳳凰袖。日映織成靴。韻補作韡。遠江艫舳少。遥山煙霧多。雲開瑪類聚作馬。瑙葉。文苑作華。水淨琉璃波。廣路類聚作路廣。拂青柳。迴塘繞碧莎。不效孫吴術。寧須趙李過。○類聚九十三作西齊行馬。文苑英華三百三十。詩紀六十八。又韻補二作馬詩。引河、韡二韻。

賦得隴坻鴈初飛詩

高翔憚闊海。下去怯虞機。霧暗早相失。沙明還共飛。隴狹朝聲聚。風急暮行稀。雖弭類聚、文苑作殄。輪臺援。未解龍城圍。相思不得返。且寄別書歸。○類聚九十一。文苑英華三百二十八作詠雁。詩紀六十八。

藥名詩

朝風動春草。落日照横塘。重臺蕩子妾。黄昏獨自傷。燭映合歡被。帷飄蘇合香。石墨聊書賦。鉛華試作粧。徒令惜萱草。蔓延滿空房。○類聚五十六。詩紀六十八。

卦名詩

櫛比園花滿。徑復水流新。離禽時入袖。旅谷類聚作俗。乍依蘋。豐壺要上客。鼎鼎命嘉賓。車由泰夏闥。馬散咸陽塵。蓮舟雖未濟。分密已同人。○類聚五十六。詩紀六十八。

梁詩卷二十二

梁簡文帝蕭綱

詩

登城北望詩

登樓傳昔賦。出薊表前聞。灞陵忽回首。河隄徒望軍。玆焉聊迴眺。極目杳難分。一水斜開岸。雙城遥共雲。○類聚六十三。詩紀六十九。

登琴臺詩

蕪階本集作陌。文苑、詩紀並云。一作陌。踐昔徑。復想類聚作愁。鳴琴遊。音容萬春初學記作卷。罷。類聚作態。高名千載留。弱枝生古樹。舊石染初學記作抗。文苑云。一作浸。初學記作深。新流。由來遞相歎。逝川終不收。○類聚六十二、初學記二十四並作琴臺詩。文苑英華三百十三佚作者名。詩紀六十八。

餞別詩

行樂出文苑作此。南類聚作南北。皮。讌餞臨華池。籜解篁開節。花暗鳥迷枝。䆫陰隨影度。水色帶風移。徒文苑作徙。命銜杯酒。終成悁別離。○類聚二十九。文苑英華二百六十六。詩紀六十九。

送別詩

行行異沂海。詩紀云。一作海沂。依依別路歧。水苔隨纜聚。岸柳拂舟垂。石菌生懸葉。江槎流文苑作柳。卧枝。燭盡悲宵文苑作當。注云。一作宵。去。酒滿惜將文苑云。一作睽。離。○類聚二十九。文苑英華二百六十六。詩紀六十九。

晚景出行詩詩紀云。本集作美人。

細樹含殘影。春閨散晚香。輕花鬢邊類聚作畔。墮。微汗粉中光。飛鳧初罷曲。啼烏類聚作鳥。忽度行。羞令白日暮。車騎玉臺作馬。鬱相望。○玉臺新詠七。類聚十八。詩紀六十九。

春閨情詩

楊柳葉纖纖。佳人懶織縑。正衣還向鏡。迎春試捲玉臺作舉。簾。摘梅多繞樹。覓燕好窺簷。只言逐花草。計較玉臺作校。應非嫌。○玉臺新詠七。詩紀六十九。

又三韵

珠簾向暮下。妖姿不可追。花風暗裏覺。蘭燭帳中飛。何時玉窗裏。夜夜更縫衣。○玉臺新詠七。

詠美人看畫詩

殿上圖神女。宮類聚作殿。裏出佳人。可憐俱是畫。誰能辨僞類聚作辯寫。真。分明淨眉眼。本集作目。一種細腰身。所可持詩紀作特。爲異。長有好精神。○玉臺新詠七作美人觀畫。類聚十八。詩紀六十九。

詠人棄一作去。妾詩

昔時嬌玉步。含羞花燭邊。豈言心愛斷。銜啼私自憐。常詩紀云。一作但。見類聚作但覺。歡成怨。非關醜易妍。獨鵠罷中路。孤鸞死鏡前。○玉臺新詠七。類聚三十二。詩紀六十九。

美人晨粧詩詩紀云。玉臺作簡文。藝文類聚作昭明。非是。

北窗向朝類聚作朝向。鏡。錦帳類聚作障。復斜縈。嬌羞不肯出。猶言粧未成。散黛隨眉廣。燕脂類聚作煙支。逐臉生。試將持出衆。定得可類聚作向。憐名。○玉臺新詠七。類聚十八作梁昭明太子。詩紀六十九。

和林下妓應令詩

炎光向夕歛。促初學記作徙。文苑作徙。宴臨前池。泉玉臺作深。當作淵。將影相得。花與面相宜。篪詩紀作管。聲如詩紀作長。注云。一作引。鳥哢。舞袂昭明集作袖。初學、文苑同。寫風枝。歡樂不知醉。千秋長昭明集作常。若斯。○昭明太子文集二作林下作妓詩。玉臺新詠七作林下妓。初學記十五作梁昭明太子林下作妓詩。文苑英華二百十三作梁昭明太子和林下詠妓應令。詩紀六十九。

夜聽妓詩

合歡蠲忿葉。萱草忘憂條。何如明月夜。流風拂舞腰。朱唇隨吹盡。詩紀云。玉臺作動。玉釧逐絃搖。留賓惜殘詩紀云。一作別。弄。負態動餘嬌。○類聚四十二。詩紀六十九。

擬落日窗中坐詩

杏梁斜日照。餘輝映美人。開函脱寶釧。向鏡理紈巾。游魚動池葉。舞鶴散堦塵。空嗟千歲久。願得及陽春。○玉臺新詠七。詩紀六十九。

雪裏覓梅花詩

絶訝梅花晚。本集作曉。争來雪裏窺。下枝低可見。高處遠難知。俱文苑作懼。萬花谷同。羞惜腕露。相讓到初學記作道。萬花谷同。腰羸。定須還剪綵。學作兩三枝。○初學記二十八。文苑英華三百二十二。萬花谷後三十八。詩紀六十九。又類聚八十六引窺、知、枝三韵。

山齋詩

玲瓏繞竹澗。間關通槿藩。缺岸新成浦。危石久爲門。北榮下飛桂。南柯吟夜猿。暮流澄錦磧。晨冰照彩鸞。○類聚六十四。詩紀六十九。

晚日後堂詩

幔陰通碧砌。日影度城隅。岸柳垂長葉。窗桃落細跗。花留蛺蝶粉。竹翳蜻蜓珠。賞心無與共。染翰獨踟躕。○類聚三。詩紀六十九。

望月詩

流輝入畫堂。初照上梅梁。形同七子鏡。影類九秋霜。桂花那不落。團扇與誰粧。空聞北窗彈。未舉西園觴。○類聚一。文苑英華百五十二。詩紀六十九。

開霽詩

景落商飈靖。初學記作盡。文苑作静。煙開四郊謐。偃蹇暮山虹。遊揚峯下文苑作下峯。日。水紋類聚作文。初學記、文苑同。城上動。城樓水中出。竟微共治初學記作理。功。空卧淮陽秩。○類聚二。初學記二。文苑英華百五十五。詩紀六十九。

同劉諮議詠春雪詩

晚霰飛銀礫。浮雲暗未開。入池消不積。因風墮類聚作隨。復來。思婦流黄素。温姬玉鏡臺。看花言可插。類聚作折。詩紀同。定自非春梅。○玉臺新詠七。類聚二作詠雪詩。文苑英華百五十四作詠雪。詩紀六十九。

雪朝詩

同雲凝暮序。嚴陰屯廣隰。落梅飛四注。翻霙舞三襲。實斷望如連。恆分似相及。已覩池影亂。復視簾珠濕。○類聚二。文苑英華百五十四。詩紀六十九。

詠煙詩

浮空覆雜影。含露初學記作樹。文苑作合樹。密花藤。乍如洛初學記作落。萬花谷同。霞發。頗似初學記作類。萬花谷同。

巫雲登。萬花谷作金。映光飛百仞。從風散九層。欲持翡翠色。時吐初學記作出。萬花谷同。鯨魚燈。○類聚八十。初學記二十五作煙詩。萬花谷續八無題。詩紀六十九。

春日詩

年還樂應滿。春歸思復生。桃含可憐紫。柳發斷腸青。類聚作情。按馮校宋本仍作青。落花隨燕入。游絲帶蝶驚。邯鄲歌管地。見許欲留情。○類聚三。詩紀六十九。

玄圃納涼詩

登山想劍閣。逗浦憶辰陽。飛流如凍雨。夜月似秋霜。螢翻競晚熱。蟲思引秋涼。鳴波如礙石。闇草別蘭香。○類聚五。詩紀六十九。

薄晚逐涼北樓迴望詩

平霤望如掌。曾雉曖相連。斷雲留去日。長山減半天。戲鳧乘洑下。漁舟冒浪前。○類聚二十八。詩紀六十九。

秋夜詩

高秋初學記作盲風。文苑同。詩紀云。一作盲風。度函谷。墜露下芳枝。綠類聚作淥。潭文苑作山。倒雲氣。青山文苑作潭。

銜月規。花心風上轉。葉影樹中文苑作間。移。類聚作違。詩紀云。一作危。外遊獨千里。夕嘆誰共初學記作共誰。文苑同。知。○類聚三。初學記三。文苑英華百五十八。詩紀六十九。

七夕詩

秋期此時浹。長夜徙歲時雜詠作漢從。河靈。紫煙凌鳳羽。紅玉臺作奔。光隨歲時雜詠作羿女乘。玉軿。洛陽疑劍氣。成歲時雜詠作城。都怪客星。天梭織來久。方逢今夜停。○玉臺新詠七。古今歲時雜詠二十五。詩紀六十九。

九日賦韻詩

是節協陽數。高秋氣已精。簷文苑云。類聚作蟾。芝逐月啓。帷風依夜清。遠燭承歲時雜詠作成。文苑同。歌黛。斜橋聞履聲。梁塵下未息。共愛賞心歲時雜詠作年。文苑同。并。○類聚四。古今歲時雜詠三十三。文苑英華百五十八。詩紀六十九。

賦得橋詩

浮梁既銜巘。通波信可陵。乘空寫渭石。跨岸擬河冰。斜闌隱濁霧。布影入清澠。方知歌綠水。無待榜蒼鷹。○類聚九。詩紀六十九。

春日看梅花詩

昨日看梅樹。新花已自生。今旦聞春鳥。何啻兩三聲。凍解池開淥。雲穿天半晴。遊心不應動。爲此欲逢迎。○類聚三。詩紀六十九。

和湘東王陽雲樓簷柳詩

曖曖陽雲臺。春柳本集作椒。發新梅。柳本集作椒。枝無極軟。春風隨意來。潭沲青帷閉。玲瓏朱扇開。佳人有所望。車聲非是雷。○類聚八十九。詩紀六十九。

詠初桃詩

初桃麗新采。照地吐其芳。枝間合璧事類誤作門。留紫燕。葉裏發輕香。飛花入露井。交幹拂華堂。若映窗前柳。懸疑紅粉粧。○類聚八十六。合璧事類別集二十六。詩紀六十九。

詠橘詩

萎蕤映庭樹。枝葉凌秋芳。故條雜新實。金翠共含霜。攀枝折縹合璧事類作杪。幹。甘旨若瓊漿。無假存雕飾。玉盤余自嘗。合璧事類誤作甘。○類聚八十六。合璧事類引集四十六。詩紀六十九。

香茅詩

銅律與鳴琴。俱稱類君子。豈若江淮間。發葉超衆美。珍同自牧歸。茅因彙征起。豈獨邁秦蘅。方知蔑沅芷。○類聚八十二。詩紀六十九。

繫馬詩

青驪沈赭汗。緑地懸花蹄。未垂青鞧尾。猶掛紫障泥。蹀文苑誤作蝶。足絆中憤。文苑作擯。摇頭櫪上嘶。紫闕如未息。直去取榆溪。○類聚九十三。文苑英華三百三十。詩紀六十九。

賦得舞鶴詩

來自芝田遠。飛渡詩紀作度。武溪深。振迅依吴市。差池逐晉琴。奇詩紀云。一作寄。聲傳迴文苑作迴。澗。動翅拂花林。欲知情外物。伊洛初學記作令。文苑同。有清潯。○初學記三十。文苑英華三百二十八。萬花谷後四十。詩紀六十九。

登板橋詠洲中獨鶴詩

遠霧旦文苑作且。氛氲。單飛纔可分。孤鷩宿文苑作思。詩紀云。一作思。嶼浦。羇唳類聚誤作淚。下江濆。意惑東西水。心迷四面雲。誰知獨辛苦。江上念離羣。○類聚九十作詠洲聞獨鶴詩。文苑英華三百二十八。詩紀六十九。

聽早蟬詩

草歇鵾鳴初。蟬思花落後。乍飲三危露。時蔭五官柳。莊書哂鵬翼。衞賦宜螓首。桂樹可淹留。勿謂山中久。○類聚九十七。詩紀六十九。

詠蛺蝶詩

空園暮煙起。逍遥獨未歸。翠鬣藏高柳。紅蓮拂水衣。復此從風蝶。雙雙花上飛。寄與相知者。同心終莫違。○類聚九十七。詩紀六十九。

詠螢詩

本將秋草并。今與夕風輕。騰空類星隕。類聚作隕。拂樹若花生。屏類聚誤作并。疑神火照。簾似夜珠明。逢君拾光彩。不恡初學記作怯。此身傾。初學記作輕。○類聚九十七。初學記三十。文苑英華三百二十九。詩紀六十九。

詠筆格詩

英華表玉笈。佳麗稱蛛網。無如兹制奇。雕飾雜衆象。仰出寫含花。横抽類聚作插。萬花谷作袖。學仙掌。幸因提拾用。遂厠璇類聚作旋。臺賞。○類聚五十八。初學記二十一。萬花谷後二十一。詩紀六十九。

詠鏡詩

四類聚字缺。本集作錙。詩紀云。一作錙。銖恆在側。誰言覽初學記作攬。鏡稀。如冰不見水。似扇長含暉。全初學記作金。開玳瑁匣。併卷織成衣。脱入相如手。疑言趙璧歸〇類聚七十。初學記二十五。萬花谷續七。詩紀六十九。

正月八日燃燈應令詩詩紀云。廣弘明集不載名氏。禪藻集作簡文。

藕樹交無極。花廣弘明集作華。雲衣數重。織竹能爲象。縛荻巧成龍。落灰然蕋盛。垂油濕畫峯。天宫倘若見。燈王願可逢。〇廣弘明集三十作正月八日然燈應令。注云。明本令下有簡文皇帝字。詩紀六十九。

和蕭東陽祀七里廟詩

萬里實幽宗。三神亦天搆。豈謂木石精。斯乃山川守。遠來太白旗。遥徵青鳥文苑作烏。候。以兹敬弗類聚作弗敬。怠。方知教應富。類聚作否。〇類聚三十八。文苑英華三百二十。詩紀六十九。

賦詠五陰識枝詩

澆淳混神因。心廣弘明集作因。注云。三本、宫本作心。形復依色。欲浪逐情飄。愛網隨心織。鑄金雖改狀。斬籌方未極。鴿觀既無辯。廣弘明集作辨。注云。明本作辯。猿攀此焉息。〇廣弘明集三十作賦詠五陰識支。注云。宋、元、宫本作枝詩。

明本作文詩。詩紀六十九。

和湘東王三韻詩二首

春宵

花樹含春叢。羅帷類聚作帳。夜長空。風聲隨篠韻。月色與池同。彩牋徒自襞。無信往雲中。○玉臺新詠七。類聚三十二。詩紀六十九。

冬曉

冬朝日照梁。含怨類聚作愁。下前牀。帷玉臺作帳。褰竹葉帶。鏡轉菱花光。會是無人見。類聚作覺。何用早紅粧。○同上

曉思詩

晨禽争學囀。朝花亂欲開。爐煙入斗帳。屏風隱鏡臺。紅粧幾盡淚。玉臺作隨淚盡。蕩子何當來。玉臺作時回。○玉臺新詠七作武陵王紀曉思。類聚三十二。詩紀六十九。○逯按。此詩應兩存之。

同庾肩吾四詠詩二首

詩紀云。玉臺舊本作簡文帝。藝文作昭明。按肩吾爲簡文宮臣。當以玉臺爲正。

蓮舟買荷度

採蓮前岸隈。舟子屢徘徊。荷披衣可識。玉臺作披衣可識風。風疎香不來。欲知船度處。當看荷葉開。○玉臺新詠七。詩紀六十九。

照流看落釵

相隨照緑類聚作淥。水。意欲類聚作是。詩紀同。重涼風。流摇粧影壞。釵落鬢花玉臺作華。空。佳期在何許。徒傷心不同。○玉臺新詠七。類聚十八。詩紀六十九。

賦樂器名得箜篌詩

捩遲初挑詩紀作桃。吹。弄急時催文苑作特摧。注云。類聚作時推。舞。釧響逐絃鳴。衫玉臺作私。回半障初學記作彰。柱。欲知心不平。君看黛眉聚。○玉臺新詠七。類聚四十四及初學記十六作賦得箜篌詩。文苑英華二百十二作箜篌。詩紀六十九。

春日詩

花開幾千葉。水覆數重衣。蝶颺縈空舞。燕作同心飛。歌妖弄曲罷。鄭女挾琴歸。○類聚三。詩紀六十九。

賦得入堦雨詩

細雨堦前入。灑砌復沾帷。漬花枝覺重。濕鳥羽類聚作翻。飛遲。儻令斜日照。併欲似遊文苑作蓬。絲。○類聚二。文苑英華百五十三。詩紀六十九。

詠柳詩

垂陰滿上路。結草早知春。花絮時隨鳥。風枝屢拂塵。欲散依依采。時要歌吹人。○類聚八十九。詩紀六十九。

詠芙蓉詩

圓花一蔕卷。交葉半合璧事類作坐。心開。影前光照耀。香裏蝶徘徊。欣隨玉露點。不逐秋風催。合璧事類作金風摧。○類聚八十二。詩紀六十九。又合璧事類別集三十二引開、摧二韵。

詠梔子花詩

素華草堂詩箋作花。偏可憙。草堂詩箋作愛。合璧事類作喜。的的半臨池。疑爲霜裏類聚、合璧事類並作裹。是。葉。復類雪封枝。日斜光隱見。風還影合離。○類聚八十九。合璧事類別集三十二無題。詩紀六十九。又草堂詩箋十八梔子詩注引池一韵。

賦得薔薇詩

石榴珊瑚蘂。木槿懸星葩。豈如兹草合璧事類作木。麗。逢春始發花。迴風舒紫蕚。照日吐新芽。○類聚八十一作賦得詠薔薇詩。合璧事類別集三十。詩紀六十九。○逯按。段成式酉陽雜俎十九引梁簡文帝詠薔薇詩云。緣階覆緑綺。依簷映昔耶。當是此篇佚句。

仰和衞尉新渝侯巡城口號詩庚肩吾、王筠同賦。

帝京類聚作景。風雨中。層闕煙霞浮。玉署清餘熱。金城含暮秋。水觀類聚作光。淩却敵。槐影帶重樓。○類聚二十八。詩紀六十九。

臨後園詩

隱淪遊少海。神仙入太華。我有逍遥趣。中園復可嘉。千株同落葉。百丈類聚作尺。共尋霞。○類聚六十五。詩紀六十九。

雨後詩

散絲與山氣。忽合初學記作洽。是。復俄晴。雷音稍入嶺。電影尚連城。雨餘雲稍薄。風收熱復生。○初學記二。文苑英華百五十五。詩紀六十九。

和會三教詩和武帝。

聚沫多緣假。標空非色香。漢君雖啓詩紀作起。夢。晉后徒降祥。玄機昔未辯。洞鑒資我皇。○類聚七十六。詩紀六十九。

侍講詩

物善渥深慈。監撫宣王事。英邁八解心。高超七花意。○類聚七十六。詩紀六十九。

登錦壁詩詩紀云。詩彙作鮑照者非。

孫生酸棗寺。王子枝江樓。何如登石鏡。因閒猶豫遊。○類聚二十八。詩紀六十九。

夜遊北園詩

星芒侵嶺樹。月暈隱城樓。暗花舒不覺。明波動見流。○類聚六十五。詩紀六十九。

遊韋黄門園詩

息車冠蓋里。停轡仲長園。簷疏遠興積。賓至羽觴繁。○類聚六十五。詩紀六十九。

入潡浦詩

泛水入迴塘。空枝度日光。竹垂懸掃浪。梟疑遠避檣。○類聚九。詩紀六十九。

罷丹陽郡往與吏民别詩

久歸從事麥。非留故吏錢。柳栽今尚在。棠陰君詎憐。○類聚五十。詩紀六十九。

示晉陵弟詩

零雨岐路悲。送歸臨水節。時事雖爲舛。離憂等閒别。○類聚二十九。詩紀六十九。

夜望浮圖上相輪絶句詩

光中辯垂鳳。類聚作帶。霧裏見飛鸞。定用方諸水。持添承露盤。○類聚七十六。廣弘明集三十作夜望浮圖上相輪。詩紀六十九。

愁閨照鏡詩

別來顦顇久。他人怪容色。只有匣中鏡。還持自相識。○玉臺新詠十。詩紀六十九。

金閨思二首

遊子久不返。妾身當何依。日移孤影動。羞覩燕雙飛。○古詩類苑九十五。詩紀六十九。

自君之別矣。不復染膏脂。南風送歸雁。聊以寄相思。○同上

寒閨詩

緑葉朝朝黄。紅顔日日異。譬喻持相比。那堪不愁思。○玉臺新詠十。詩紀六十九。

從頓還城南詩

暫別兩成疑。開簾生舊憶。都知玉臺作如。未有情。更似新相識。○玉臺新詠十。詩紀六十九。

夜遣内人還後舟詩

錦幔扶船列。玉臺作烈。蘭橈拂浪浮。去燭猶文水。餘香尚滿舟。○玉臺新詠十。詩紀六十九。

贈麗人詩

腰肢本猶玉臺作獨。絶。眉眼特驚人。判自無相比。還來有洛神。○玉臺新詠十作絶句賜麗人。詩紀六十九。

遥望詩

散誕垂紅帔。斜柯插玉簪。可憐無有比。恣玉臺作恐。許直千金。○玉臺新詠十。詩紀六十九。

行雨詩

本是巫山來。無人覩容色。唯有楚王臣。曾言夢相識。○玉臺新詠十。詩紀六十九。

和人渡水詩

婉娩新上頭。湔裾玉臺作煎裙。出樂遊。帶前結香草。鬟邊插石榴。○玉臺新詠十。詩紀六十九。

雜詠詩

被空眠數覺。寒重夜風吹。羅帷非海水。那得度前知。○玉臺新詠十作寒閨。詩紀六十九。

詠武陵王左右詩

項分如兩髻。簪長驗上頭。投玉臺作捉。杯如欲轉。疑殘已復留。○玉臺新詠十作詠武陵王左右伍嵩傳栝。詩紀六十九。

彈箏詩

彈箏北窗下。夜響清音愁。張高絃易斷。心傷曲不遒。○玉臺新詠十。詩紀六十九。

梁塵詩

依帷濛重翠。類聚作翠蒙重。帶日聚輕紅。定爲歌聲起。非關團扇風。○玉臺新詠七。類聚六作詠梁塵詩。詩紀六十九。

遊人詩

遊戲長楊苑。携手雲臺間。歡樂未窮已。白日下西山。○玉臺新詠十。詩紀六十九。

詠朝日詩

團團出天外。煜煜上層峯。光隨浪高下。影逐樹輕濃。○初學記一。文苑英華百五十一。詩紀六十九。

望月望

今夜月光來。正上相思臺。可憐無遠近。光照悉徘徊。○類聚一。詩紀六十九。

華月詩

兔絲生雲夜。蛾形詩紀作影。出漢時。欲傳千里意。不照十年悲。○玉臺新詠十。詩紀六十九。

詠雲詩

浮雲舒五色。瑪瑙應類聚作映。霜天。玉葉散秋影。金風飄紫煙。○類聚一。詩紀六十九。

浮雲詩

可憐片雲生。暫重復還輕。欲使襄玉臺作荆。王夢。應過白帝城。○玉臺新詠十。詩紀六十九。

大同九年秋七月詩

高樓闢左扇。迴望依蘭橈。晚風颼颼來。落照參差好。○類聚二十八。詩紀六十九。

詠薔薇詩

燕來枝益軟。風飄花轉光。氳氤不肯去。還來階上香。○類聚八十一。詩紀六十九。

桱詩

淩寒競貞節。負雪固難虧。無慚雲母柱。詎減珊瑚枝。○類聚八十九。詩紀六十九。

詠疏楓詩

萎綠映葭青。疏紅分浪白。花葉灑行舟。仍持送遠客。○類聚八十九作賦得詠疏楓詩。詩紀六十九。

詠藤詩

纖條寄喬木。弱影掣風斜。標春抽曉翠。出霧掛懸花。○類聚八十二。詩紀六十九。

詠飛來鸂鶒詩

飛從何處來。似出上林隈。口銜長生葉。翅染昆明苔。○類聚九十二。詩紀六十九。

詠單鳧詩

銜苔入淺水。刷羽向沙洲。孤飛本欲去。得影更淹留。○類聚九十一。詩紀六十九。

詠寒鳧詩

迴水浮輕浪。沙場弄羽衣。眇眇隨山没。離離傍海飛。○類聚九十一。詩紀六十九。

詠新燕詩詩紀云。英華作昭明者非。

新禽應節歸。俱向吹樓飛。入簾驚釧響。來窗礙文苑作疑。舞衣。○玉臺新詠十作新鸝。類聚九十二。文苑英華三百二十九作梁昭明太子。詩紀六十九。

詠蜂詩

逐風從泛漾。照日乍依微。知君不留眄。銜花空自飛。○類聚九十七。詩紀六十九。

詠籠燈絶句詩

動焰翠帷裏。散影羅帳前。花心生復落。明銷君詎憐。○類聚八十。詩紀六十九。

賦得白羽扇詩

可憐白羽扇。却暑復來氛。終無顧庶子。誰爲一揮軍。○類聚六十九。詩紀六十九。

詠獨舞詩

因羞强正釵。顧影時迴袂。非關善留客。更是嬌夫壻。○初學記十五。萬花谷三十二作梁簡文詩。詩紀六十九。

詠舞詩

嬌情因曲動。弱步逐風吹。懸釵隨舞落。飛袖拂類聚作低。鬟垂。○類聚四十三。初學記十五。萬花谷後三十二作梁簡文帝詩。詩紀六十九。

七夕穿針詩

憐從帳裏出。想見夜窗開。針欹疑月暗。縷散恨詩紀作怪。風來。○類聚四。初學記四。古今歲時雜詠二十五。御覽三十一。詩紀六十九。

石橋詩

惠子臨濠上。秦王見海神。寫虹便欲飲。圖星逼似真。○類聚九。詩紀六十九。

詠壞橋詩

虹飛亘林際。星度斷山隅。斜梁懸水跡。畫柱脱輕朱。○類聚九。詩紀六十九。

水中樓影詩

水底罘罳出。萍間反宇浮。風生色不壞。浪去影恆留。○類聚六十三。詩紀六十九。

和湘東王後園迴文詩

枝雲間石峯。脈水浸山岸。池清戲鵠聚。樹秋飛葉散。○詩紀六十九。

詠雪詩 顛倒使韻。

鹽飛亂蝶舞。花落飄粉匳。匳粉飄落花。舞蝶亂飛鹽。○類聚二。詩紀六十九。

詩

昔類紅蓮草。自玩緑池邊。今如白華樹。還悲明鏡前。○詩紀八十作南城門老。

登山馬詩 元帝同賦。

登山馬。詩紀云。一本疊間樹二字。間樹識金裝。識金裝三字。文苑作玉勒黄金裝。草合宜韉短。影轉見鞭長。何殊八公岫。暫上淮南王。○類聚九十三。文苑英華三百三十。詩紀六十九。

和湘東王古意詠燭詩

花中燭。似將人意同。憶啼流膝上。燭焰落花中。○類聚八十。詩紀六十九。

倡樓怨節詩六言

朝日斜來照户。春鳥争飛出林。片光片影皆麗。一聲一囀煎心。上林紛紛花落。淇水漠漠苔浮。年馳節流易盡。何爲忍憶類聚作意。含羞。○玉臺新詠九。類聚三十二。詩紀六十九。

和蕭侍中子顯春别詩四首子顯詩别見。○以下七言。

别觀蒲萄帶實垂。江南豆蔻生連枝。無情無意猶類聚作又。升菴詩話作尚。如此。有心有恨徒别離。升菴詩話作自知。○玉臺新詠九。類聚三十二。升菴詩話。詩紀六十九。

蜘蛛作絲滿帳中。芳草結葉當行路。紅臉脈脈一生啼。黄鳥飛飛有時度。故人雖故昔經新。新人雖新復應故。○玉臺新詠九。類聚三十二作江總閨怨詩。詩紀六十九。

可憐淮水去來潮。春堤楊柳覆河橋。淚痕玉臺作跡。未燥玉臺作燥。詎終朝。行聞玉珮已相要。○玉臺新詠九。類聚三十二。詩紀六十九。

桃紅李白若朝粧。玉臺作莊。羞持顏頟比新芳。玉臺作楊。不惜暫住詩紀云。一作往。君前死。愁無西國更生香。○同上

夜望單飛雁詩

天霜河白夜星稀。一雁聲嘶何處歸。早知半路應相失。不如從來本獨飛。○類聚九十一。詩紀六十九。

應令詩

蠡浦急兮川路長。白雲重兮出帝鄉。平原忽兮遠極目。江甸阻兮羈心傷。樹廬岳兮高且峻。瞻派水兮去泱泱。遠煙生兮含山勢。風散花兮傳馨香。臨清波兮望石鏡。瞻鶴嶺兮睇仙莊。類聚作裝。望邦畿兮千里曠。悲遥夜兮九迴腸。顧龍樓兮不可見。徒送目兮淚沾裳。○類聚二十八。詩紀六十九。

擬古詩亦見昭明集。玉臺作簡文。○以下雜言。

窺紅對鏡歛雙眉。含愁拭淚坐相思。念人一去許多時。眼語笑靨迎來情。心懷心想甚分明。憶人不忍語。含玉臺作銜。昭明集同。恨獨吞聲。○玉臺新詠九。昭明太子集二。詩紀六十九。

雜句春情詩

蝶黄花紫燕相追。楊低柳合露玉臺作路。塵飛。已見垂鈎挂緑樹。誠知淇水沾羅衣。兩童夾車問不已。五馬城南猶未歸。鶯啼春欲駛。無爲空掩扉。○玉臺新詠九。升菴詩話。詩紀六十九。

傷離新新。一作雜。體詩

傷離復傷離。別後情欝紆。悽悽隱去棹。憫憫愴還途。慼慼文苑作還途。意不申。轉顧獨沾襟。文苑作巾。前驅經御宿。後騎歷河湄。胡香翼還幰。清笳送後塵。落日斜飛蓋。餘暉承畫輪。柳影長橫路。槐枝深隱人。桂宮夕掩銅龍扉。甲館宵垂雲母幃。朧朧月色上。的的夜螢飛。草香襲余文苑作餘。袂。露灑沾人衣。帶堞凌城雲亂聚。排枝度葉鳥争歸。盌中浮詩紀云。一作緑。蟻不能酌。琴間玉徽調別鶴。別鶴千里別離聲。絃調軫急心自驚。試起登南樓。還向華池遊。前時篠生今欲合。近日栽荷尚不抽。猶是銜杯共賞處。今茲對此獨生愁。登樓類聚作樓高。文苑同。望曖曖。山川自分態。偃師雖北連。轘轅已南背。遠聽寂無聞。遥瞻目有閡。文苑作礙。含毫意不迷。長嘆情無賴。○類聚二十九。文苑英華二百六十六。詩紀六十九。

被幽述志詩五言

廣弘明集曰。梁簡文於幽縶中援筆自序云。有梁正士。蘭陵蕭綱。立身行己。終始若一。風雨如晦。雞鳴不已。非欺暗室。豈沈三光。數至於此。命也如何。又爲詩曰云云。十月弑於永福省。年四十九。崩時太清五年也。

怳廣弘明集作恍。忽煙霞散。颼飅松柏陰。幽山白楊古。野路黄塵深。終無千月命。安用九丹金。闕里長蕪没。蒼天空照心。○廣弘明集三十。詩紀六十九。

曲水聯句詩

春色明上巳。桃花落繞溝。波迴巵不進。綸下鈎時留。臣導　絳水時迴岸。花觴轉更周。陳肴渡玉俎。垂餌下銀鈎。王臺卿　迴川入帳殿。列俎間芳洲。漢艾淩波出。江楓拂岸遊。庾肩吾　王生迴水碓。蔡媼蕩輕舟。岸燭斜臨水。波光上映樓。殿下○類聚四。詩紀八十。

歌簡文作箏賦。附此歌。

年年花色好。足侍愛君傍。影入箸衣鏡。裙含辟惡香。鴛鴦七十二。亂舞未成行。○文苑英華七十一。

歌簡文作七勵。附此歌。

酬酯半兮樂既陳。長歌促節綺羅人。拂鏡弄影情未極。迴簪轉笑思自親。○文苑英華三百五十一。

詩

綺花非一種。風絲亂百條。○歲華紀麗一。

詩

霞流抱朴椀。○顏氏家訓文章篇。

梁詩卷二十三

庾肩吾

肩吾。字子慎。新野人。初爲晉安王國常侍。隨府授參軍。兼記室。及王爲太子。兼東宫通事舍人。除安西湘東王録事參軍。領荆州大中正。遷中録事參軍、太子率更令、中庶子。簡文即位。進度支尚書。侯景至建康。矯詔遣肩吾喻當陽公大心。尋舉州降。肩吾逃赴江陵。大寶元年卒。有集十卷。

樂府

長安有狹斜行

長安有曲陌。樂府作曲陌坂。曲陌樂府作曲曲。不容幰。路逢雙綺襦。問君居近遠。我居臨御溝。可識不可類聚作難。求。長子登麟閣。次子侍類聚作待。龍樓。少子無高位。聊從金馬類聚作嚴駕。遊。三子俱來下。左右若川流。三子俱來入。高軒映彩旒。三子俱來宴。玉柱擊清甌。大婦襞雲裘。中婦卷羅幬。少婦多妖豔。詩紀作豔冶。花鈿繫類聚作當鈿槧。石榴。夫君且安坐。歡娱方未周。○類聚四十一作長安有狹斜詩。樂府詩集三十五。詩紀八十。

賦得有所思

佳期竟不歸。文苑作杳。注云。一作竟。樂府云。一作杳。春日玉臺作物。類聚、文苑同。坐文苑作生。芳菲。拂匣看離扇。詩紀作鏡。注云。一作扇。開箱見別衣。井梧玉臺作桐。文苑同。生未合。宫槐卷復稀。不及銜泥燕。從來相逐飛。○玉臺新詠八作詠得有所思。類聚四十一作賦得有所思行。文苑英華二百二及樂府詩集十七作有所思。詩紀八十。

洛陽道

徼道臨河曲。層城傍洛文苑作漢。注云。一作洛。川。金門纔出柳。桐文苑作銅。井半含泉。日起罘罳外。車迴雙闕前。潘生時未返。遥心徒眷然。○文苑英華百九十二。樂府詩集二十三。詩紀八十。

賦得横吹曲長安道

桂宫連類聚作延。文苑、樂府同。複道。黄山開廣路。遠聽平陵鐘。遥識新豐樹。合殿生光彩。離宫起煙霧。日落歌吹類聚作唱歌。還。樂府作回。塵飛車馬度。○玉臺新詠八。類聚四十二作長安路。文苑英華百九十二及樂府詩集二十三作長安道。詩紀八十。

愛妾换馬

渥水出騰駒。湘川實應圖。來從西北道。去逐類聚作遂。東南隅。琴聲悲玉匣。山路泣蘼蕪。似鹿將含笑。千金會不俱。○類聚九十三作以妾換馬詩。樂府詩集七十三。詩紀八十。

隴西行

借問隴西行。何當驅馬征。草合前迷文苑作迷前。路。雲濃後暗文苑作暗後。城。寄語幽閨妾。羅袖勿空縈。樂府作縈。○文苑英華百九十八。樂府詩集三十七。詩紀八十。

未央才人歌

從來守未央。轉欲訝春芳。朝風凌日色。夜月奪燈光。相逢儻游豫。暫爲卷衣裳。○樂府詩集八十四。詩紀八十。

詩

侍宴應令詩

副君時暇豫。曾城聊近遊。清池寫文苑作瀉。飛閣。疏樹出龍樓。北陸冰方壯。西園春欲周。文苑作抽。梅心芳屢動。蒲節促難抽。文苑作收。徒然欣類聚作頒。文苑云。類聚作須。並命。無以厠應劉。○類聚三十九作侍宴詩。文苑英華百七十九。詩紀八十。

侍宴宣猷堂應令詩

副君德將聖。陳王才掞天。歸來宴平樂。置酒對林泉。鑪香雜山氣。殿影入池漣。初學記作蓮。豔舞時移節。

新歌屢上絃。聽曲慙迴顧。思經初學記字缺。徒欲眠。○初學記十四。文苑英華百七十九。詩紀八十。

侍宣猷堂宴湘東王應令詩

陳王文苑誤作玉。驂駕反。副後西園遊。並命登飛閣。列坐文苑作樹。對芳洲。文苑作州。桂巖逢暮序。菊水值窮秋。竹逕簫聲發。桐類聚作相。文苑作蘭。門琴曲愁。文苑作幽。注云。一作愁。詩紀云。一作幽。徒奉文成誦。空知思若抽。○類聚三十九。文苑英華百七十九。詩紀八十。

侍宴餞湘州刺史張續詩

洞庭資善政。層城送遠離。九歌揚妙曲。八桂動芳枝。雨足飛春殿。雲峯入夏池。郢路方遼遠。湘山轉蔽虧。何當好風日。極望長沙垂。○類聚二十九。詩紀八十。

侍宴餞張孝總應令詩詩紀云。外編作吴均者非。

層臺臨迴漲。耿耿晴類聚作青。煙上。欲送分符人。翻似河隄望。寒雲暗積水。秋雨蒙重嶂。別念動神襟。華文切離貺。慚無寡和曲。空陪郢中唱。○類聚二十九作餞張孝總應令。詩紀八十。

三日侍蘭亭曲水宴詩

策星依夜動。鑾駕總類聚作忽。歲時雜詠同。初學記作惣。文苑同。又注。集作忽。按作總者是。忽乃因惣字致訛。朝遊。旌門臨苑初學記誤作花。文苑作遠。樹。相文苑誤作栢。風出鳳樓。春生露泥泥。天覆雲油油。桃花舒歲時雜詠作生。文苑同。初學記作生出。玉潤。柳葉暗金溝。禊川分曲洛。帳殿掩芳洲文苑作州。踊躍赬魚出。類聚作生。初學記作醉。歲時雜詠、文苑同。參差絳棗文苑作藻。浮。百戲俱臨水。千鍾共逐流。○類聚四。初學記四。古今歲時雜詠十六。文苑英華百七十二。詩紀八十。

九日侍宴樂遊苑應令詩

轍跡光周頌。巡遊盛類聚作減。夏功。鉤陳萬騎轉。閶御覽誤作閭。闔九關類聚作門。文苑、御覽同。文苑云。一作闕。通。秋暉文苑云。一作蟬非。逐行漏。朔氣繞相風。獻壽重陽節。迴鑾上苑中。疏山開輦道。間類聚誤作閒。樹出離宮。玉醴吹岩類聚作花。歲時雜詠、文苑、御覽同。文苑、詩紀並注云。一作承苑。菊。銀牀落井桐。御梨寒更紫。仙桃秋轉紅。飲羽山西射。浮雲冀北驄。御覽誤作聰。塵飛文苑云。一作揚塵。金埒滿。葉破文苑云。一作破葉。柳條空。騰猨歲時雜詠作猶。疑矯箭。驚鴈避虛弓。彫材濫杞梓。花綬接鵷鴻。愧乏天庭藻。徒參文雅雄。○古今歲時雜詠三十三作九日宴樂遊苑應令。文苑英華百七十三作侍宴九日。詩紀八十。又類聚四、初學記四並作侍宴九日。引功、通、風、中、宮、桐、驄、空八韻。御覽三十二作九日侍宴。引功、通、風、中、宮、桐、驄、空八韻。

從皇太子出玄圃應令詩

春光起麗譙。屣步陟類聚作履步。山椒。閣影臨飛蓋。鸎鳴入洞簫。水還登文苑作澄。故渚。樹長蔭類聚作今。初學記、文苑作合。前橋。緑荷生綺類聚作倚。葉。丹藤上細苗。顧初學記作願。循軒振文苑作良。藻。何用擬瓊瑶。○類聚六十五。初學記二十四作從皇太子出玄圃詩。文苑英華百七十九。萬花谷後二十五作庾肩吾詩。詩紀八十。

奉和泛舟漢水往萬山應教詩

桂棹棠初學記作架。文苑作沙。棠船。飄揚横大川。映巖沈水底。激浪起雲邊。迴初學記作迴。文苑同。注。一作回。岸高花發。春塘細柳文苑作草。懸。陪歌承睿賞。接醴侍恩筵。誰云李與郭。獨文苑作歌。得似神仙。○初學記七。文苑英華百七十九。詩紀八十。

山池應令詩詩紀云。簡文有山池詩。

閬苑秋光暮。金塘牧詩紀云。疑作收。按馮校類聚宋本作收。潦清。荷低芝蓋出。浪涌燕舟輕。逆湍流類聚作留。棹唱。帶谷聚笳聲。野竹交臨浦。山桐迴出城。水逐雲峯闇。寒隨殿影生。○類聚九。詩紀八十。

奉使北徐州參丞御詩

炎農稱卷領。唐勳載允恭。猶將表世盛。尚且號民文苑云。集作人。從。未如今聖主。比德邁前蹤。格天垂禮樂。寰海置提封。枌榆諒昔社。朱方有舊墉。故鄉深帝念。巡狩及時雍。禁園文苑作圍。周百里。離宫郎九重。浮橋還瀉文苑作寫。渭。抗文苑作杭。殿本疏龍。過沛追鄉飲。歸宛盛禮容。千金登禹膳。萬壽獻堯鍾。依然對白水。眷言懷赤松。迴天隨輦道。駐日逐戈鋒。路遠大風積。山長佳氣濃。年光正婉娩。春樹轉豐茸。竹葉含初籜。文苑云。集作笋。蓂枝發早蓂。文苑誤作筇。瑞木翻無鳥。祥花更少蜂。咸英起雲鳳。率舞間笙鏞。海鷗時出没。文苑云。集作泛漾。江鱓乍噞喁。文苑誤作吟。雲邊開翠樹。霧裏識嶢峯。小人濫趨走。虚薄愧無庸。皇恩不可報。河清徒易逢。○文苑英華二百九十六。詩紀八十。○逯按。説文繫傳引江鱓乍噞喁一句。

和衛尉新渝侯巡城口號詩

詩紀云。簡文帝、王筠同賦。

維城寄右戚。巡警屬勤王。南瞻通灞岸。北眺指横芒。入漢飛延閣。臨雲出文苑作上。建章。步逐天津遠。城隨秋夜長。露槐落金氣。風籟上新文苑作暫。涼。○類聚二十八。文苑英華二百四十。詩紀八十。

遊甑山詩

詩紀云。古詩類選作沈約者非。

平子去類聚作去子平。文苑作子平去。已久。餘風文苑作光。今復追。未必遊春草。王孫自不歸。路高村反出。林長鳥更稀。寒雲間文苑作開。石起。秋葉下山飛。西河方閲訓。詎得解朝衣。○文苑英華百五十九。詩紀八十。類聚七引追、歸、飛三韵。

詠蔬圃堂詩

詩紀云。梁武帝有天安寺蔬圃堂詩。

北宮類聚作堂。詩紀云。一作堂。多暇豫。時駕總鑾類聚作鸞。初學記同。鑣。路類聚作蹤。静繁葭文苑作葭。撤。類聚作澈。

初學記同。輪移類聚作輕。羽蓋飄。臨空坐飛觀。回首望浮橋。風長曙類聚作旦。鐘近。地迥類聚作迴。初學記作遠。洛城遥。疎林不礙類聚作得。按當是碍之訛。日。文苑作目。洄浦暫通潮。徒然等賓從。並作愧羣僚。○類聚六十三。初學記二十四作賦詠疏圃堂詩。文苑英華三百十四。詩紀八十。○逯按。此詩類聚、初學記皆在堂部。宮應作堂。

尋周處士弘讓詩

試逐類聚誤作遂。赤松遊。披林對一丘。梨庾集作黎。紅大谷晚。桂白小山秋。石鏡菱花發。桐門琴曲愁。文苑云。集作曲道。詩紀云。一作道。泉飛疑度雨。雲積似重樓。王孫若不去。山中定可留。○類聚三十六。文苑英華二百三十作庾信。注。見類聚。庾子山集五。詩紀八十。

賦得嵇叔夜詩

山林重明滅。風月臨囂塵。著書惟隱士。談玄止谷神。鴈重翻傷性。鵞寒更養身。廣陵餘故曲。山陽有舊鄰。俗儉寧妨患。才多反累身。寄言山吏部。無以助庖人。○類聚三十六。詩紀八十。

和太子重雲殿受戒詩

皇明執東曜。帝扆居北辰。小乘開治道。大覺拯蒼民。殊途同義路。分流合智津。傳香引上德。列伎進名臣。連閣翻如畫。圖雲更似真。鏡山銜殿影。梅梁落梵塵。苑桂恆留雪。天花不待春。萬年逢瑞應。千生值法身。天衣初拂石。豆火欲燃薪。重善終無報。詩紀云。一作無論報。輕毛庶有因。○類聚七十六。詩紀八十。

詠同泰寺浮圖詩和簡文。下同。

望園臨柰苑。王城對鄴宮。還從飛閣内。遥見崛山中。詩紀云。崛山。耆崛山也。天衣疑拂石。鳳翅欲凌空。雲甍猶帶雨。蓮井不生桐。盤承雲表露。鈴摇天上風。月出琛含采。類聚作水。天晴幡帶虹。周星疑更落。漢夢似今通。我后情類聚作懷。初照。不與伊川同。方應捧馬出。永得離塵蒙。○類聚七十六。詩紀八十。

賽漢高廟詩

昔在唐山曲。今承紫貝文苑作月。壇。寧知臨楚岸。非復望長安。野曠秋先文苑作光。動。林高葉早殘。塵飛遠騎没。日徙詩紀云。一作過。半峯寒。徒然仰成誦。終用試才難。○文苑英華三百二十。詩紀八十。又類聚三十八作漢高廟詩。引壇、安、寒三韵。

亂後經夏禹廟詩

金簡泥初發。龍門鑿始通。配天不失舊。爲魚微此功。林堂上偃蹇。山殿下穹隆。文苑作窮窿。侵雲似天闕。照水類河宫。神來導赤豹。仙女文苑作去。擁飛鴻。松龕撤暮俎。棗逕落寒叢。仙舟還入鏡。玉軸更乘空。去國嗟行邁。離居泣轉蓬。月起吾類聚作吴。詩紀云。一作吴。文苑作闕。山北。星臨天漢中。文苑作東。申胥猶文苑作獨。有志。荀息本懷忠。待見攙槍滅。歸來松柏桐。文苑作同。○類聚三十八。文苑英華三百二十。詩紀八十。

亂後行經吴郵亭詩詩紀云。外編作庾信者非。

郵亭一回望。風塵千里昏。青袍異春草。白馬卽吴門。獯戎鞭類聚作鞭。伊洛。雜種亂轘文苑作軒。轅。輦道同文苑作通。關塞。王城似太文苑作大。原。休明鼎尚重。秉禮國猶存。殷牖爻雖賾。堯城吏轉尊。泣血悲東走。横戈念北奔。方憑七廟略。誓雪五陵寃。人事今如此。天道共誰論。詩紀云。御亭。吴大帝所建。在晉陵。今作郵。誤也。○類聚三十四。文苑英華三百十五。詩紀八十。

經陳思王墓詩

公子獨憂生。丘壠擅餘名。採樵文苑作樵採。枯樹盡。犂田荒隧平。寧追宴文苑誤作晏。平樂。詎想謁承明。旦余來錫命。兼言事結成。飄颻河朔遠。颱颺颸風文苑作颱颶風郊。又注。颱。一作颺。鳴。鴈與雲俱陣。沙將蓬共驚。枯桑落古文苑云。一作故。社。寒鳥文苑作鴉。歸文苑云。一作思。孤城。隴水哀葭曲。漁陽慘鼓聲。離家來遠客。安得不傷情。○文苑英華三百六。詩紀八十。○逯按。梁書及南史。肩吾終生未嘗奉使河朔。自無由經陳思王墓而題詩。據北史庾信傳。信曾聘東魏。文章辭令爲鄴下所稱。則此當爲子山之什。庾氏父子詩每互歧。如庾肩吾尋周處士弘讓詩。見藝文類聚。而文苑英華則作庾信。庾子山集亦載之。是其例。此篇則文苑英華爲誤。

過建章故臺詩

魯國觀遺殿。韓城想舊臺。仲宣原隰滿。子建悲風來。夏蓮猶反植。秋窗尚左文苑、詩紀並云。一作不。開。圖雲仍溜文苑云。集作洩。詩紀云。一作洩。雨。畫水初學記作書石。文苑同。注云。集作畫水。即生苔。及君歡文苑作觀。四望。知余念類聚作悲。文苑云。集作詠。七哀。○類聚六十二。初學記二十四。文苑英華三百十三。詩紀八十。

和劉明府觀湘東王書詩

陳王擅書府。河間富典墳。五車方累篋。七閣自連雲。松槧芳帙氣。柏熏起厨文。羽陵青簡出。嫣泉綠字分。方因接遊聖。暫得奉朝聞。峯樓霞早發。林殿日先曛。洛城復接限。初學記作眼。歸軒畏後羣。○初學記十二。詩紀八十。

和竹齋詩

百拱橫笻節。千櫨詩紀誤作爐。跨簗竿。迴龍仍作柱。置類聚作通。笛且成欒。向嶺分花徑。隨階轉藥欄。蜂歸憐蜜熟。燕入重巢乾。欲仰天庭掞。終知學步艱。○類聚六十四。詩紀八十。

從駕喜雨詩

西嶽浮樽桂。東皇事浴文苑作溢。蘭。類聚作蘭。赦詔還京兆。文苑作帥。歸神出灌壇。濕風含酒氣。陰雲助麥寒。典農欣受職。治粟喜當官。復此隨車雨。民天文苑作人。知可安。○類聚二。文苑英華百五十三。詩紀八十。

奉和春夜應令詩

春牖對芳洲。文苑作州。珠簾新上鈎。燒香知夜漏。刻燭驗更籌。天禽詩紀云。一作雞。下北閣。詩紀云。一作闕。織女入西樓。月皎疑非夜。林疏似更秋。水光懸蕩壁。詩紀作璧。山翠下添流。詎假西園讌。無勞飛蓋遊。○文苑英華百七十九。詩紀八十。

奉和武帝苦旱詩

陽山蛇不蟄。洳類聚作如。澤鳥猶攢。蹔息流膏雨。將似怨祁寒。文衣夜不卧。蔬類聚作疏。食晝忘餐。潔誠同望祀。惟馨等浴蘭。江蘋享上帝。荆璧奠高巒。繁雲興岳立。蒸穴動龍蟠。渭渠還積水。滮池更起瀾。○類聚一百。詩紀八十。

奉和太子納涼梧下應令詩和簡文。

北園涼氣類聚作風。早。步輦暫逍遥。避日交長扇。迎風列短簫。山帶彈琴曲。桐横棲鳳條。懸門開溜水。錦石鎮浮橋。黑米生菰葉。類聚作蒻。詩紀云。一作蒻。青花出稻苗。無因學仙藻。雲氣徒文苑作從。飄颻。○類聚五。文苑英華百七十九。詩紀八十。

芝草詩

蜿蜒玩芝草。淹留攀桂叢。桂叢方偃蹇。芝葉正玲瓏。如龍復如馬。成闕復成宮。黄金九華發。紫蓋詩紀云。一作莖。六英通。隱士蒼山北。仙神海穴廬山紀事作赤海。東。隨丹聊變水。獨搖廬山紀事作颻。不須風。○類聚九十八。廬山紀事一。詩紀八十。

詠美人看畫詩詩紀作詠美人。

絳樹及西施。俱是好容儀。非關能結束。本自細腰肢。類聚作枝。鏡前難並照。相將映渌池。看粧畏水動。斂袖避風吹。轉手齊裾亂。横簪歷鬢垂。曲中人未取。誰堪白日移。不分他相識。唯聽使君知。○類聚十八。詩紀八十。

送別於建興苑相逢詩

相逢小苑北。停車問苑中。梅新雜柳故。粉白映綸紅。去影背斜日。香衣臨上風。雲玉臺作雪。流階漸黑。冰開池半通。去馬船難駐。啼鳥曲未終。眷然從此別。車西馬復東。○玉臺新詠六。詩紀八十。

侍宴詩詩紀云。一作侍宴景陽樓應令。

沐道逢將聖。飛觴屬上賢。仁風開美景。瑞氣動非煙。秋樹翻黄葉。寒池墮黑蓮。承恩謝命淺。念報在身前。○類聚三十九。詩紀八十。

侍宴餞湘東王應令詩

陳王從遊士。高宴入承華。並載同連璧。雕文類簡文苑云。一作揀。沙。落猿時動樹。墜雪暫文苑作乍。注云。類聚作蹔。摇花。念此離筵促。方愁别路賒。○類聚二十九。文苑英華百七十九。詩紀八十。

和晉安王薄晚逐涼北樓回望應教詩

向夕紛諠屏。追文苑作迎。涼飛觀中。樹影臨城日。窗含度水風。遥天如接岸。遠帆似凌空。陪文慙宋玉。徒等侍蘭宫。○類聚二十八。文苑英華百七十九。詩紀八十。

贈周處士詩

九丹開石室。三徑没荒林。仙人翻可見。隱士更難尋。籬下黄花菊。丘中白雪琴。方欣松葉酒。自和遊山吟。○類聚三十六。文苑英華二百三十。庾子山集五。詩紀八十。

新林文苑云。林。集作亭。送劉之遴詩

旆轉黄山路。舟纚白馬津。送輪時合幰。分驂各背塵。常山喜臨岱。隴頭悲望秦。欲持漢中策。還以贈征

人。○類聚二十九。初學記十八。文苑英華二百六十六。詩紀八十。

奉使江州舟類聚作船。中七夕詩

九江逢七夕。初弦值早秋。天河來映水。織女欲攀舟。漢使俱爲客。星槎共逐流。莫言相送浦。不及穿針樓。○類聚四。詩紀八十。

南苑看人還詩

春花競玉顏。俱折復俱攀。細腰宜窄衣。長釵巧挾類聚作扶。鬟。洛橋初度燭。青門欲上關。中人應有望。上客莫前還。○玉臺新詠八作南苑還看人。類聚十八。詩紀八十。

詠美人玉臺人下有自字。看畫應令詩詩紀云。和簡文。

欲知畫能巧。喚取真來映。並出似分身。相看如照鏡。安釵等疏密。著領俱周正。不解平城圍。誰與丹青競。○玉臺新詠八。類聚十八。詩紀八十。

奉和藥名詩簡文、元帝皆有藥名詩。

英王詩紀作玉。牧荆楚。聽訟出池臺。督郵稱蝗去。亭長説烏來。行塘朱鷺響。當道赤帷開。馬鞭聊寫賦。竹葉暫傾杯。○類聚五十六。詩紀八十。

看放市詩

旗亭出御道。遊目暫迴車。既非隨舞鶴。類聚作鵠。聊思索枯魚。類聚作聊自入看書。懸龜識季主。牓酒見相如。日中人已合。黄昏故未疏。○類聚六十五。初學記二十四。詩紀八十。

應令詩詩紀作餞張孝總應令。又注。外編作吴均者非。

江上早寒生。蕭條鐃管清。別筵開帳殿。離舟卷幔城。前山黄葉起。對岸白沙驚。臨渦同極望。竊吹愧才輕。○類聚二十九。詩紀八十。

侍宴餞東陽太守范詩紀云。范當作蕭。子雲詩

東部資良守。北宫敦獻酬。新枝漸接樹。故凍欲含流。早花少餘雪。春寒極晚秋。徒嗟白岸遠。空想赤松遊。○類聚二十九。詩紀八十。

和望月詩

桂殿月偏來。留光引上才。圓類聚作園。隨漢東蚌。暈逐淮南灰。文苑作暈。渡河光不濕。移輪轍文苑誤作澈。詎開。此夜臨清景。還承終宴初學記誤作寘。杯。○類聚一作望月詩。初學記一。文苑英華百五十二作望月。詩紀八十。

和徐主簿望月詩

樓上徘徊月。窗中愁思草堂詩箋作殺。人。照雪光偏冷。臨花色轉初學記字缺。春。星流時入暈。桂長欲侵輪。願以重光曲。承君歌扇塵。○類聚一。初學記一。文苑英華百五十二。詩紀八十。又草堂詩箋三十一江月詩注引人一韵。

詠風詩

宋地鷁飛初。湘川燕起餘。掃詩紀云。一作拂。壇文苑作拂煙。注云。一作掃垓。聊動竹。吹薤欲成書。蒼梧洞猶文苑作桐尚。又注。尚。一作猶。在。詩紀云。一作蒼崦桐猶在。合浦樹應疏。陽烏文苑作鳥。一轉翅。千里定非虛。○類聚一。文苑英華百五十六。萬花谷二。詩紀八十。

詠花雪詩

瑞雪墜堯年。因風入綺錢。飛花灑庭樹。凝瑛結井泉。寒光晦八極。同雲暗九天。已飄黃竹文苑作石。路。共文苑作還。慶白渠田。○類聚二。文苑英華百五十四作花雪。詩紀八十。

春日詩

桃紅柳絮白。照日復隨風。影出朱城外。香文苑作花。歸青殿中。水映寄生竹。山横半死桐。須文知渥文苑作淚。重。搦文苑誤作嫋。札媿才空。○類聚三。文苑英華百五十七。詩紀八十。

七夕詩

玉匣卷懸衣。針樓初學記作縷。歲時雜詠、御覽同。開夜扉。姮娥隨月落。織女逐星移。離前忿初學記作看。歲時雜詠、文苑、御覽同。促夜。別後對空機。倩初學記作得。文苑同。語雕陵文苑作凋翎。誤。鵲。填河未可飛。○類聚四。初學記四。古今歲時雜詠二十五。文苑英華百五十八。御覽三十一。詩紀八十。

歲盡應令詩

歲序已云殫。春心不自安。聊開柏葉酒。試奠五辛盤。金薄歲時雜詠作箔。圖神燕。朱泥却類聚作印。初學記、御覽同。詩紀云。一作印。鬼丸。梅花應可折。倩類聚作惜。初學記同。爲雪中看。○類聚三。初學記三。古今歲時雜詠四十一。御覽十七。詩紀八十。

賦得山詩

層雲靄峻嶺。絶澗倒危峯。刻削臨千仞。嵯峨起百重。行曦上杳杳。結霧下溶溶。仁心留此屬。休奉愧文苑作愧奉。羣龍。○初學記五。文苑英華百五十九。詩紀八十。

同蕭左丞詠摘梅花詩

牕梅朝始發。庭雪晚初消。折花牽短萬花谷作遠。樹。攀初學記作幽。萬花谷同。叢入細條。垂冰溜玉手。含刺罥初學記作罥。文苑、萬花谷同。春腰。遠道終難寄。馨香徒自饒。萬花谷作消。〇初學記二十八。文苑英華三百二十二。萬花谷後三十八作庾肩吾詩。詩紀八十。

和晉安王詠燕詩詩紀云。簡文有雙燕詩。樂府題云雙燕離。

可憐幕上燕。差池弄羽衣。夜夜同巢宿。朝朝相對類聚作背。文苑同。飛。銜泥瞻樂善。相賀奉英徽。秋蟬行寂寞。戀此未辭歸。〇類聚九十二。文苑英華三百二十九。詩紀八十。

詠胡牀應教詩

傳名乃外域。入用信中京。足欹形已正。文斜御覽作邪。體自平。臨堂對遠客。命旅誓初征。何如淄館下。淹初學記作掩。誤。留文苑作流。奉盛明。〇類聚七十作賦得詠胡牀詩。初學記二十五。文苑英華百七十九。萬花谷續六。詩紀八十。又御覽七百六作賦胡牀詩。引京、平、征三韵。

暮遊山水應令賦得磧字詩

餘春屬清夜。西園恣遊歷。入逕轉金輿。開橋通畫鷁。文苑作艦。細藤初上楥。文苑作援。新流漸涵磧。雲峯没城柳。電影開巖壁。○類聚二十八作暮遊山水賦韵得磧應令詩。文苑英華百七十九。詩紀八十。

奉和湘東王應令詩二首

春宵

征人别未類聚作來。久。年芳復臨牖。燭下夜縫衣。春寒偏着手。願及歸飛雁。因書寄類聚作向。高柳。○玉臺新詠八。類聚三十二。詩紀八十。

冬曉詩

鄰雞聲已傳。愁人竟不眠。月光侵曙後。霜明落曉前。縈鬟起照鏡。誰忍插類聚作歎。花鈿。○同上

詠簷燕詩

雙燕集蘭閨。雙飛高復低。向户疑新箔。登巢識故泥。依欄本相賀。近幕願同棲。○類聚九十二。文苑英華三百二十九。詩紀八十。

奉賀便省餘秋詩

前對金精坂。傍臨圓水池。照影礙浮葉。看山通迥枝。鴈行連霧盡。雨足帶雲移。○類聚三。詩紀八十。

被使從渡江詩

八陣引佳兵。三河總艫舳。絳天揚遠旆。雷野驅長轂。夜劍動星芒。秋潮驚箭服。○類聚五十九。詩紀八十。

登城北望詩

誓師屠六郡。登城望九嵕。山沈黃霧裏。地盡黑雲中。霜戈曜壠日。哀笳斷塞類聚作寒。風。○類聚二十八。詩紀八十。

道館詩

仙人白鹿上。隱士潛溪邊。試取西山藥。來觀東海田。○類聚七十八。詩紀八十。

賦得轉歌扇詩

團紗映似月。蟬翼望如空。迴持掩曲態。轉作送聲風。○類聚六十九。詩紀八十。

詠舞詩

飛鳧類聚作鳥。袖始拂。啼烏曲未終。聊因斷續唱。試託往還風。初學記作同。○類聚四十三。初學記十五。萬花谷後三十二。詩紀八十。

詠舞曲應令詩

歌聲臨畫閣。舞袖出芳林。石城定初學記作聽。若遠。前谿應幾深。○玉臺新詠十。初學記十。詩紀八十。

詠主人少姬應教詩

故年齊總角。今春半上頭。那知夫壻好。能降使君留。○玉臺新詠十。詩紀八十。

詠長信宮中草詩

委翠似知節。含芳如有情。全由履迹少。併欲上階生。○玉臺新詠十。詩紀八十。

石崇金谷妓詩

蘭堂上客至。綺席清絃撫。自作明君辭。還教緑珠舞。○玉臺新詠十。詩紀八十。

遠看放火詩

風前細塵類聚作煙。起。月裏黑煙生。發類聚作入。餤看喬類聚誤作橋。木。侵光識遠城。○類聚八十。詩紀八十。

舟中寒望詩

日暮敞類聚作敝。鳧舟。曾冰合駛流。雪照齊君履。寒入楚王裘。○類聚二十七。詩紀八十。

石橋詩詩紀云。簡文有作。

秦王金作柱。漢帝玉爲欄。初學記誤作梁。仙人飛往易。道士出歸難。○類聚九。初學記七。詩紀八十。

詠桂樹詩

新叢入望苑。舊榦別層城。倩視今移處。何如合璧事類作如何。月裏生。○類聚八十九。合璧事類別集三十八。詩紀八十。

賦得池萍詩

風翻乍青紫。浪起時疏密。木欲嘆無根。還驚能有實。○類聚八十二。初學記二十七。文苑英華三百二十七。詩紀八十。

新苔詩

隨潮染岸石。逐沫聚浮楂。徒令阿谷麗。停筐不汰沙。○類聚八十二。詩紀八十。

被執作詩一首

三國典略曰。宋子仙破會稽。購得肩吾。謂之曰。昔聞汝能詩。今可作。若能。當貰汝命。肩吾操筆立成。子仙乃釋之。

髮與年俱暮。愁將罪共深。聊持轉風燭。暫映廣陵琴。○御覽六百。詩紀八十。

詩

勁氣方凝海。清威正折綿。○萬花谷三。

三日侍宴詠曲水中燭影詩七言

重餤類聚作垂爛。垂花比芳樹。風吹水動俱難住。春枝拂岸影上來。還杯繞客光中度。歲時雜詠誤作庭。○類聚八十。古今歲時雜詠十六。詩紀八十。○逯按。升菴詩話。引庾肩吾燭影詩云。垂餤垂花比芳樹。隨風隨水俱難駐。秦娥軟舞隙中來。李吾夜績光中度。燭龍潛曜城烏啼。陰陰疊鼓朝天去。與此不同。

八關齋夜賦四城門更作四首殿下即簡文。時爲皇太子中庶。府君謂肩吾。爲太子中庶子。

第一賦韻東城門病

伏枕愛危光。痾纏生易折。無因雪岸草。慮反矼廣弘明集作卭。注云。三本、宮本作矼。山穴。徐防 消渴腠腸府。廣弘明集作腑。注云。宋、元、宮本作府。疼蹇嬰肢廣弘明集作枝。注云。三本作肢。節。如何促齡內。憂苦無暫缺。孔燾〇廣弘明集云。宋、元、宮本作壽山。

南城門老

虛蕉誠易犯。危藤復將嚙。一隨柯已微。當年信長訣。諸葛愷 已同白駒去。復類紅花熱。妍容一旦罷。孤燈行自設。君

西城門死

綏心雖殊用。廣弘明集作已殊。注云。三本、宮本作殊用。滅景寧優劣。一隨業風盡。終歸虛妄設。王臺卿 五陰誠爲假。六趣寧有截。零落竟同歸。憂思空相結。李鏡遠

北城門沙門

俗幻生影空。憂繞心塵曀。廣弘明集作噎。注云。三本、宮本作曀。於兹排四纏。去矣求三涅。殿下 下學輩廣弘明集作

背。注云。三本作輩。留心。方從窈冥別。已悲境相空。復作泡雲滅。中庶府君〇廣弘明集三十。詩紀八十。

第二賦韻東城門病

空痐誠易愈。有病故難痊。徒知餌五色。終當悲九泉。王臺卿　已無雲廣弘明集作雪。注云。三本、宮本作雲。山草沈痗竟誰憐。復悲淪苦海。何由果淨天。諸葛𧪿

南城門老

昔類紅蓮廣弘明集云。明本作連。草。自玩綠廣弘明集作淥。池邊。今如白華樹。還悲明鏡前。殿下　壯心欲何在。餘日乃西遷。清罇不復樂。蓬鬢豈還妍。徐防

西城門死

高堂信逆旅。懷廣弘明集作壞。注云。三本、宮本作懷。業理常牽。玉匣方委櫬。金臺不復延。中庶府君　挽聲隨逕遠。蘿影帶松懸。詎能留十念。唯應逐四緣。君

北城門沙門

經行林樹下。求道志能堅。卽有神通力。振錫遠乘煙。李鏡遠　一登四弘誓。至道莫能先。不貪曠劫壽。無論

延促年。孔燾〇同上。

第三賦韻東城門病

纏痾緬百年。自傷無五福。長縈廣弘明集云。明本作縈。晝篋蛇。不值仙人鹿。殿下習染迷晝瓶。卧起求棲宿。羅襦豈再歡。臨歧方土木。中庶府君

南城門老

少年愛紈綺。衰暮慙羅縠。徒傷歲冉冉。陳詩非郁郁。王臺卿鶴髮辭軒冕。鮐背烹葵菽。松柏稍相依。歡愛時睦睦。廣弘明集作幾時睦。注云。三本、宫本作時睦睦。李鏡遠

西城門死

追念平生時。遨遊上廣弘明集云。元本、明本作土。苑囿。一没松柏下。春光徒儵昱。孔燾結根素因假。枝葉緣骨肉。自應螻蟻軀。值此風刀逐。諸葛嵦

北城門沙門

俗繭厭纏絲。因田抽善穀。長披忍辱鎧。去此纖羅服。徐防顧引三塗衆。俱令十使伏。珠月猶沈首。金錍

未挑目。君〇同上

第四賦韻東城門病

紫紈未可得。漳濱徒再離。一逢犬馬病。賁育罷驅馳。李鏡遠　已無九轉術。復闕萬金奇。不看授彊廣弘明集作鹽。注云。三本、宮本作彊。掌。唯夢蓮花池。君

南城門老

盛年歌吹日。顧步惜容儀。一朝衰朽至。星星白髮垂。孔燾　已傷萬事盡。復念九門枝。垂廣弘明集作乘。注云。三本、宮本作垂。軒意何在。獨坐鏡廣弘明集作鏡坐。注云。三本、宮本作坐鏡。如斯。中庶府君

西城門死

一息于今罷。平生詎可規。天長曉露促。千齡誰復知。殿下　華堂一相捨。松帳杳難窺。萬祀藏珠瘞。千年罷玉羈。徐防

北城門沙門

深心不可染。正道亦難歆。詩紀誤作歌。方除五欲累。長辭三雅巵。廣弘明集云。宮本作邪危。王臺卿　依空慮雜靜。習善路猶弛。廣弘明集作彌。没身竟靡託。單盂詎待貲。諸葛㙜〇同上

梁詩卷二十四

王筠

筠。字元禮。一字德柔。琅邪臨沂人。齊司空僧虔孫。起家中軍臨川王行參軍。遷太子舍人。尚書殿中郎。累遷太子洗馬、中舍人。並掌東宮管記。出爲丹陽尹丞。遷中書郎。除太子家令。普通六年。除尚書吏部郎。遷太子中庶子。中大通三年。出爲臨海太守。大同初。遷秘書監。大寶元年。簡文即位。卒。年六十九。有集十一卷、中書集十一卷、臨海集十一卷、左佐集十一卷、尚書集九卷。

樂府

有所思

詩紀云。律祖作吴均者非。

丹墀生細草。紫殿納文苑作網。注云。一作納。輕陰。曖曖巫山遠。悠悠湘水深。徒歌鹿盧文苑作轆轤。劍。空貽玳瑁簪。望君終不見。屑淚且長文苑作微。樂府、詩紀並云。一作微。吟。○文苑英華二百二。樂府詩集十七。詩紀八十六。

陌上桑

人傳陌上桑。未曉已含光。重重相蔭映。軟弱樂府作軟軟。文苑、詩紀云。一作軟軟。自芬芳。秋胡始倚樂府作停。文苑云。一作停。馬。羅敷未滿筐。春蠶朝已老。樂府作伏。文苑云。一作伏。安得久彷徨。○文苑英華二百八。樂府詩集二十八。詩紀八十六。

俠客篇

俠客趨名利。劍氣坐相矜。黄金塗鞘尾。白玉飾鉤膺。晨馳逸廣陌。日暮返文苑作還。平陵。舉鞭向趙李。與君方代興。○文苑英華百九十六作俠客行。樂府詩集六十七。詩紀八十六。

三婦豔

大婦留芳褥。中婦對華燭。小婦獨無事。當軒理清曲。丈人且安卧。豔歌方斷續。○樂府詩集三十五。詩紀八十六。

雜曲二首

烏樂府作鳥。注云。一作烏。還夜已逼。蟲文苑作蟲。飛曉尚賒。桂月徒留影。蘭燈樂府作臺。文苑云。一作臺。空結花。○

文苑英華二百十一。樂府詩集七十七。詩紀八十六。

可憐洛城東。芳樹摇春風。丹霞映白日。細雨帶輕虹。○同上

行路難七言

千門皆閉夜何央。百憂俱集斷人腸。探揣箱中取刀尺。拂拭機上斷流黄。情人逐情雖可恨。復畏邊遠文苑作道遠。注云。一作傷畏邊遠。乏衣裳。已繅文苑作繩。一繭文苑誤作璽。催衣縷。復擣文苑作搗。百和裛樂府作熏。詩紀同。衣香。猶憶去時腰大小。不知今日身短長。裲襠雙心共一袜。文苑作袾。袙玉臺作袓。文苑作帕。複兩邊作八襊。文苑作撮。襻帶雖安不忍縫。文苑作繫。注云。一作縫。開孔裁穿猶未達。胸前却月兩相連。本照君心不照天。願君分明得此意。勿復流蕩不如先。含悲含怨判不死。封情忍思待明年。○玉臺新詠九。文苑英華二百。樂府詩集七十。詩紀八十六。

楚妃吟雜言

窗中曙。花早飛。林中明。鳥早歸。庭前日。暖春閨。香氣亦霏霏。香氣漂。當軒清。唱調獨顧慕。含怨復含嬌。蝶飛蘭復熏。裊裊輕風入。翠裙春可遊。歌聲梁上浮。春遊方有樂。沈沈下羅幕。○樂府詩集二十九。詩紀八十六。○逯按。樂府詩集、詩紀並缺窗中曙三字及薰字翠字。今從萬曆本詩紀著録。

詩

侍宴餞臨川王北伐應詔詩四言

金版韜英。玉牒藴精。帝德乃武。王威有征。軒習弧矢。夏陳干戚。周騖戎車。漢馳羽檄。我皇俊文苑作駿。聖。千年踵類聚作鍾。武。德洞十文苑作千。詩紀云。一作千。門。威加八柱。金正圮德。水行失道。胡馬南牧。戎徒西保。荐食伊瀍。整居豐鎬。金闕文苑作閣。注云。一作闕。詩紀云。一作閣。揚塵。銅臺茂草。命彼膳類聚作膽。馮校仍作膳。夫。爰詔協律。樂賦類聚作武。出車。絃操吉類聚作别。文苑同。日。玉饌駢羅。瓊漿泛溢。聖德温温。賓儀秩秩。○類聚二十九。文苑英華百六十九。詩紀八十六。

早出巡行矚望山海詩以下五言。

王生臨廣隰。潘子望洪河。同軫懷歸思。俱興年逝歌。曰余異二子。承睫文苑誤作瞼。淚滂沱。剖符瀛海外。結綬層山阿。因心留惻憫。恕已息煩苛。繕築循時隙。興動藉民和。高門惟壯麗。脩雉亦駢羅。層樓亦攀陟。文苑作已門幾。又注云。二字疑。複道亦經過。昧旦清音文苑作陰。上。風氣入纖蘿。雲起垂天翼。水動連山波。奔濤延瀾汗。積翠遠嵯峨。鄉闕屢迴曲。還顧杳蹉跎。曾微肅肅羽。望路空如何。○文苑英華百六十二。詩紀八十六。

北寺寅上人房望遠岫翫前池詩

安期逐文苑作遂。長往。交甫稱高讓。遠跡入滄溟。輕舉馳昆閬。良由心獨善。兼且情由文苑作遊。放。豈若尋文苑作徇。幽棲。卽目文苑作日。窮清曠。激水周堂下。屯雲塞檐向。閑牖聽奔濤。開窗延疊嶂。前階復虛沿。瀰迤成洲漲。雨點散圓文。風生起斜浪。游鱗互文苑誤作千。瀺灂。羣飛皆哢吭。蓮葉蔓田田。菱花動搖漾。浮光曜庭廡。流芳襲帷帳。匡坐足忘懷。詎思江海上。〇文苑英華百六十五。詩紀八十六。

和衛尉新渝侯巡城口號詩簡文帝、庾肩吾同賦。

閶闔曖已昏。鈎陳杳將暮。棲烏類聚作鳥。城上返。初學記作喧。萬花谷同。詩紀云。一作喧。晚雀林中度。屯衛時巡警。凝威肆安步。閣道趨文昌。禁兵連武庫。銅烏文苑作鳥。注云。宋本烏。迎早風。金掌承朝露。罘罳分曉色。睥睨生秋霧。維城任寄隆。初學記作崇。空想靈均賦。伊余方病免。丘園保恬素。〇初學記二十四作和新渝侯巡城詩。文苑英華二百四十。詩紀八十六。又類聚二十八作和尉新渝侯巡城詩。引暮、度、庫、露、霧五韵。萬花谷後二十五引暮、度、步、庫、露、霧六韵。

寓直中庶坊贈蕭洗馬詩

龍樓寘九重。薄寒殊復早。類聚作起殊早。玉階泫類聚作泣。清露。銅池結秋潦。霜被守宮槐。風驚護門草。之子擅文苑作摛。注云。一作擅。文華。縱横富辭藻。舒錦慙光麗。握珠謝奇寶。媿予非工文。何用披懷抱。物類志曰。護門草出常山。取置户下。或有過其門者。草必叱之。一名百靈草。○類聚三十一。文苑英華百九十。詩紀八十六。

奉和皇太子懺悔應詔詩梁簡文有蒙預懺直疏詩。

奉和皇太子懺悔詩。仍上皇宸。極□□聖旨卽疏降。同所用十韻。私心慶躍。得未曾有。招廣弘明集作捃。採餘韻。更題鄙拙。

一聖智比明。帝德光四海。荷負誠悠廣弘明集作攸。注云。宫本作假。屬。度脱實斯在。懺説濟蒙愚。推心屏欺殆。廣弘明集作紿。注云。宋、元本作殆。明本作詒。名僧引定慧。朝纓列廣弘明集云。宋本、宫本作烈。元凱。還迷依善導。反心由真宰。和鈴混吹音。勝幡榮廣弘明集作縈。注云。三本、宫本作榮。雪彩。早蒲欲抽葉。新篁向舒箟。翹勤諒懇到。歸誠信兼倍。睿鱧似煙霞。欄杆廣弘明集作闌干。注云。三本、宫本作欄杆。若珠琲。善誘雖欲繼。含毫廣弘明集作含豪。注云。三本、宫本作含毫。愧文彩。○廣弘明集三十。詩紀八十六。

和皇太子懺悔詩

習惡歸禮懺。有過稱能改。聖德及羣生。唱説信兼採。翹心蕩十惡。邈誠銷五罪。三縛解智門。六塵清法海。超然故無著。逍遥新有待。○類聚七十六。詩紀八十六。

和吴主簿詩六首

春月二首

日照鴛鴦殿。萍生雁鶩池。遊塵隨影入。弱柳帶風垂。青骹詩紀云。一作鶻。逐黄口。獨詩紀云。一作别。鶴慘羈雌。同衾遠遊説。結愛久生詩紀作相。離。於今方溘死。寧須萱草枝。○玉臺新詠八。詩紀八十六。

卷葹心未發。蘼蕪葉欲齊。春蠶方曳緒。新燕正銜泥。野雉呼雌雊。庭禽挾子棲。從君客梁後。方晝掩春閨。山川隔道里。芳草徒萋萋。○同上

秋夜二首

九重依夜管。詩紀作館。四壁慘無輝。招摇顧西落。烏鵲向東飛。流螢漸收火。絡緯欲催機。爾時思錦字。持製行人衣。所望丹心達。嘉客儻能歸。○同上

露華初泥泥。桂枝行棟棟。殺氣下重軒。輕陰滿四屋。别寵增修夜。遠征悲獨宿。愁縈詩紀作牽。翠羽眉。淚滿横波目。長門絶往來。含情空杼軸。○同上

遊望二首

落日照紅粧。挾瑟當窗牖。寧復歌蘼蕪。唯聞歎楊柳。結好在同心。離别由衆口。徒設露葵羹。誰酌蘭英

酒。會日杳無期。蕣華安得久。〇同上

相思不安席。聊至狹邪東。愁眉儆戚里。高髻學城中。雙眉偏照日。獨蕊好縈風。自陳詩紀作知。心所想。詩紀作愛。獻賦甘泉宮。傳聞方鼎食。詎憶春閨中。詩紀作容。〇同上

代牽牛答織女詩 詩紀云。沈約織女贈牽牛詩已見。

新知與生別。由來儻相值。如何初學記作豈如。歲時雜詠、文苑同。詩紀云。一作豈如。寸心中。一宵類聚作霄。懷兩事。歡娛未繾綣。倏忽成離異。終日遥相望。秖益文苑作憶。注云。雜詠作益。生愁思。猶想類聚作憶。今春悲。尚有故年淚。忽遇長河轉。獨喜涼文苑誤作良。飇至。奔精類聚作情。翊鳳軫。織類聚作精。阿文苑云。雜詠作珂。歲時雜詠作鐵鉉。警龍轡。〇類聚四。初學記四。古今歲時雜詠二十五及文苑英華百五十八作牽牛答織女。詩紀八十六。

苦暑詩

日坂文苑作域。詩紀云。一作域。散朱霁。天隅斂青霭。飛飇文苑作光。詩紀云。一作光。焕南陸。炎津通文苑作湧。北瀨。繁星聚若珠。密雲屯似蓋。月至每開襟。風過時解帶。〇類聚五。文苑英華二百一十作苦熱。詩紀八十六。

五日望採拾詩

裁縫逗早夏。點晝守初晨。綃紈既妍媚。脂粉亦香新。長絲表良節。命類聚作金。詩紀云。一作金。縷應嘉文苑作

佳。辰。結蘆同楚客。採艾異詩人。折花競鮮彩。拭露染芳津。含嬌起斜盻。類聚作眄。斂笑動微嚬。獻璫依洛浦。懷珮似江濱。須待恩光接。中夜奉衣巾。○初學記四作五日望採艾詩。文苑英華百五十七作五日。詩紀八十六。又類聚四引辰、人、津、嚬、濱五韵。

奉酧從兄臨川桐樹詩

伊昔擅羽儀。待價龍門垂。優游清露點。徽詩紀云。一作微。穆惠風吹。月上陰陽幹。雲覆死生枝。公子存高尚。聊用影華池。棲鸞既不重。舞鶴復何施。方同散木擧。清響竟誰知。○類聚八十八。詩紀八十六。

摘安石榴贈劉孝威詩

中庭有奇樹。當户發華滋。素莖表朱實。緑葉厠紅蕤。既標太沖賦。復見安仁詩。宗生仁壽殿。族代文苑、詩紀並云。疑作茂。河陽湄。有美清淮北。如玉又如龜。退書寫蟲篆。進對詩紀云。一作封。多好辭。我家新置側。可求不難識。相望阻盈盈。相思滿胸臆。高枝爲君採。請寄西飛翼。○文苑英華三百二十二。詩紀八十六。

東南射山詩

詩紀云。阮籍詠懷詩曰。東南有射山。汾水出其陽。言神仙之事。

還丹改容詩紀作客。質。握髓駐流類聚作留。年。口含千里霧。掌流五色煙。瓊漿泛金鼎。瑶池溉玉田。倏忽整龍駕。相遇鳳臺前。○類聚七十八。詩紀八十六。

春遊詩

蘩蘭已飛蝶。楊柳半藏鴉。物色相煎蕩。微步出東家。既同翡翠翼。復如桃李花。欲以千金笑。迴君流水車。○類聚三十二。詩紀八十六。

觀海詩

善卽誰爲御。我來無別心。聊復寓兹興。兹興將何詠。○韵補四。

照本苟不昧。在昧理知瑩。忽乘搏角勢。超騰送崖上。○同上

卑牧會善下。智流心不争。借悟雖由外。鑒至成銅鏡。○同上

春日詩

金堤草非舊。玉池泉已新。風生似羊角。雲上若魚鱗。幽閨多怨思。停織坐嬌春。芳華既零落。方作向隅人。○類聚三。文苑英華百五十七。詩紀八十六。

向曉閨情詩

北斗行欲没。東方稍已晞。晨雞初下棲。詩紀云。玉臺作振羽。曉露尚類聚作上。詩紀云。玉臺作方。霑衣。衾裯詩紀云。玉臺作錦衾。徒有設。信誓詩紀云。玉臺作蘭約。果相違。詎詩紀云。玉臺作誰。忍開朝鏡。羞恨掩空扉。○類聚三十二。詩紀八十六。

望夕霽詩詩紀云。帝王集作簡文帝者非。

連山卷亂類聚、文苑作族。萬花谷作簇。詩紀云。一作族。雲。長林息衆籟。密樹含緑滋。遥峯凝翠靄。石溜正潨潺。文苑誤作殘。詩紀云。一作潺湲。山泉始澄汰。物華方入賞。跂類聚誤作跋。予心期會。○初學記二。文苑英華百五十五。詩紀八十六。又類聚二作夕霽詩。引籟、靄、會三韵。萬花谷二作夕霽詩。引籟、靄二韵。

和孔中丞雪裏梅花詩

水泉猶未動。庭樹已先知。翻光同雪舞。落素混文苑、詩紀並云。一作汩。冰池。今春競初學記作竟。時發。猶是昔年枝。唯有長顰領。對鏡不能窺。○初學記二十八。文苑英華三百二十二。詩紀八十六。

摘園菊贈謝僕射舉詩

靈茅挺三脊。神芝曜九明。菊花偏可憙。碧葉媚金英。重九惟嘉節。抱一應元貞。泛酌宜長久。聊薦野人誠。○類聚八十一。詩紀八十六。

答元金紫餉朱李詩詩紀云。六朝詩集作沈約。因初學記相次而誤也。

穠初學記作李。華春發彩。結實下文苑作不。成蹊。潘生詠金谷。魏后沈寒溪。逢君重妖麗。移翫入崇閨。慚無瓊玖報。徒用萃幽棲。〇初學記二十八。文苑英華三百二十六。詩紀八十六。

詠輕利舟應臨汝侯教詩

君侯飾輕利。摇蕩邁飛雲。凌波漾鷁彩。汎水渙類聚作煥。御覽同。蛟文。電御覽誤作雷。流已光類聚作冠。御覽同。絶。鳥逝復超羣。倏忽方千里。戀兹歧路分。〇類聚七十一。初學記二十五作詠輕利舟詩。御覽七百七十作詠輕利舡應臨侯教。萬花谷續七。詩紀八十六。又事類賦舟賦注作詠輕利船應臨汝侯教。引雲、文二韵。

詠燈檠詩

百華曜九枝。鳴鶴映冰池。朱類聚作未。馮校作末。光本内照。丹花復外垂。流暉悦嘉客。翻影泣生離。自銷良不悔。明白顧君知。〇類聚八十。詩紀八十六。

詠蠟燭詩

執初學記作熱。萬花谷同。燭引佳期。流影度單帷。朣朧萬花谷作通朧。别繡被。依稀見蛾眉。莢初學記誤作美。明不足貴。燋爐豈爲疑。所恐恩情改。照君尋履綦。初學記作覆綦。萬花谷同。○初學記二十五。萬花谷續八作王筠詩。詩紀八十六。

和蕭子範入元襄王第詩

昔入睢陽苑。連步披風雲。今遊故臺處。回望闃無人。文苑作闐。皓壁留餘篆。蕙圃有餘芬。行人皆隕涕。何獨孟嘗君。○類聚三十四。文苑英華三百七。詩紀八十六。

閨情詩

月出宵將半。星流曉未央。空閨易成響。虛室自生光。嬌羞悅人夢。猶言君在傍。○類聚三十二。詩紀八十六。

東陽還經嚴陵瀨贈蕭大夫詩

子陵狗高尚。超然獨長往。釣石宛如新。故態依可想。○類聚三十一。詩紀八十六。

遊望詩

晨登黃馬坡。遥望白龍堆。風威盡撩折。路險車輪摧。○類聚二十七。詩紀八十六。

以服散鎗贈殷鈞别詩

玉鉉布交文。金丹焕仙骨。九沸翻成綏。七轉御覽誤作輔。良爲切。執以代疎麻。長貽故人别。○類聚三十七作吴筠。御覽七百五十七。詩紀八十二作吴均。

詩

桓桓信無敵。堂堂寧有前。九斵良易舉。八荒安足吞。○韵補二。

詩

靈圖白玉檢。寶册黄金題。會昌其符合。至德乃司契。○韵補四。

緣巖蔓芳杜。迴崖掩緑蕙。嘉禾挺皋蘇。奇香發迷迭。○同上

寶地恣憑陵。神樂忽侵竊。猛將窮春擊。勇夫貪搏噬。○同上

詩

燒山多詭怪。蒼嶺復迢遰。神芝曜七明。山蒲含九節。日軿若迴駕。相待青雲際。○韵補五。

九沸翻成綏。七輔良爲切。煙霞幸易親。龜紐詎難税。○同上

和劉尚書詩

客館動秋光。仙臺起寒霧。○初學記十一。

褚澐

澐。字士洋。河南陽翟人。爲縣令。遷湘東王府參軍。仕至御史中丞。

詠柰詩

成都貴素質。酒泉稱白麗。紅紫奪夏藻。芬芳掩春蕙。映日照新芳。叢林抽晚蒂。誰謂重三珠。文苑作株。終焉競八初學記作以。誤。桂。不讓圜丘中。粲潔華庭際。○初學記二十八。文苑英華三百二十六。詩紀九十二。又類聚八十六作褚湮柰詩。引麗、蕙、桂三韵。○逯按。梁書劉覽傳有褚湮。

賦得蟬詩

避雀芳詩紀云。一作喬。枝裏。飛空華殿曲。天寒響屢嘶。日暮聲愈促。繁吟如欲盡。長韻還相續。飲露非表清。輕身易知足。○類聚九十七。文苑英華三百三十作褚雲賦得蟬。萬花谷後四十作褚雲詩。詩紀九十二。

鮑至

至。東海人。仕晉安王。隨府在雍州。號高齋學士。

山池應令詩

望園光景暮。林觀歇雰埃。荷疏不礙檝。石淺好縈苔。風光逐榜轉。山望向橋開。樹交樓影没。岸暗水光來。○類聚九。詩紀八十八。

奉和往虎窟山寺詩

神心睠物序。訪道絶塵囂。林疏蓋影出。風去管聲遥。息徒依勝境。稅駕上山椒。年還節已仲。野緑氣方韶。短葉生喬樹。疏花發早條。遠峯帶雲没。流煙雜雨飄。復兹承乏廣弘明集云。宫本作之。者。頒名厠末僚。願藉連河廣弘明集云。明本、宫本作阿。潤。庶影慧燈昭。一知衣廣弘明集云。明本作依。内寶。衣斳詩紀云。一作悲。兹廣弘明集作悲慈。注云。宋本、元本作漸兹。明本作漸。注。一作悲兹。地遼。廣弘集作饒。注云。三本作遼。○廣弘明集三十。詩紀六十八。

鮑幾

幾。一作機。字景玄。東海人。家貧。吏部尚書王亮舉爲春陵令。歷太常丞、尚書郎。終於湘東王諮議參軍。○逯按。梁書鮑泉傳。父機。湘東王諮議參軍。南史鮑泉傳。父幾。字景玄。終於湘東王谘議參軍。詩紀云。北史鮑宏傳。父機。以才學知名。仕梁爲侍書御史。又隋志云。梁鎮西府記室鮑畿集八卷。北史、隋志所載蓋皆別爲一人。

伍子胥

忠孝誠無報。感義本投身。日暮江波急。誰憐漁丈人。楚墓悲猶樂府云。一作空。在。吴門恨樂府云。一作怨。未申。○樂府詩集七十四、詩紀九十二並作鮑機。

釋奠應詔爲王曒作詩七章

伊昔列聖。表訓成均。德隆詔徹。義重師臣。禮有損益。道有相因。蟬聯遐代。菴曖遺塵。

三代異教。五運殊時。則天啟聖。紐地開基。揖讓丕顯。熙載疇咨。綜核名實。文德來思。

水積涓流。山資累蠙。禮實立身。學乃成器。師師闕里。濟濟洙泗。西块獻珍。南翬程贄。

於鑠上嗣。夙昭懋則。正位則離。邁心泉塞。獸門讓齒。龍樓觀德。□□□□。是資監國。

尊師薦德。明祀告虔。幕人掌握。司几奉筵。堂灌玉瓚。庭奏朱絃。義高夏策。禮盛姬篇。

大饗既周。德馨惟淋。殊方知禮。聲教日富。陸離簪笏。徘徊舞袖。楚楚儒衣。莘莘國胄。

曲成罔隔。容光無已。合符出守。通籍入仕。空列周行。恩非望始。徒懷十駕。終謝千里。○文館詞百六十作鮑幾。

鮑泉

泉。字潤岳。幾子。事元帝爲通直侍郎。元帝承制。累遷信州刺史。世子方諸刺郢州。泉爲長史。大寶二年。侯景陷郢。被害。有集一卷。

詠剪綵花詩

花生剪刀裏。從來訝逼真。風動雖難落。蜂飛欲向人。不知今日後。誰能逆作春。○類聚八十八。詩紀九十二。

奉和湘東王春日詩

新鶯始新歸。新蝶復新飛。新花滿新樹。新月麗新輝。新光新氣早。新望新盈抱。新水新綠浮。新禽新聽好。新景自新還。新葉復新攀。新枝雖可結。新愁詎解顏。新思獨氛氳。新知不可聞。新扇如新月。新蓋學新雲。新落連珠淚。新點石榴裙。○類聚三。初學記三。文苑英華三百三十一。作奉和湘東王春日篇。詩紀九十二。

落日看還詩

妖姬競早春。上苑逐名辰。類聚作臣。誤。苔輕變水色。霞濃掩日輪。雕甍斜落景。類聚作影。畫扇拂遊塵。衣香遥已度。衫紅遠更新。誰家蕩舟妾。何處織縑人。○玉臺新詠八。類聚十八。詩紀九十二。

南苑看遊者詩

洛陽小苑地。車馬盛經過。緣溝駐行幰。傍柳轉詩紀云。一作度。鳴珂。履高含響佩。襪輕半隱羅。浮雲無處所。何用轉横波。○玉臺新詠八。詩紀九十二。

江上望月詩

客行鈎始懸。此夜月將弦。川澄光自類聚作動。文苑同。動。流駛影難圓。蒼蒼隨遠色。漾漾文苑作渫渫。逐漪漣。無因轉還汎。文苑作帆。迴首眷前文苑作吾。賢。○類聚一。文苑英華百五十二。詩紀九十二。

秋日詩

露色已成霜。梧楸欲半黄。燕去櫚恆静。蓮寒池不香。夕烏飛向月。詩紀云。一作日。餘蚊聚逐光。旅情恆自苦。秋夜漸應長。○類聚三。文苑英華百五十八。詩紀九十二。又初學記三引黄、香、長三韵。

詠梅花詩

可憐階下梅。飄蕩逐風迴。度簾拂羅幌。縈窓落梳臺。乍隨纖手去。還因插鬢來。客心屢看此。愁眉斂詎開。○類聚八十六。詩紀九十二。

詠薔薇詩

經植宜春館。霏靡上蘭宫。片舒猶帶紫。半卷未全紅。葉疎難蔽日。花密易傷風。佳麗新粧罷。含笑折芳叢。○類聚八十一。合璧事類别集三十。詩紀九十二。

寒閨詩

行人消息斷。空閨静復寒。風急朝機燥。鏡暗晚粧難。從來腰自小。衣帶就中寛。○類聚三十二。詩紀九十二。

邵陵王蕭綸

綸。字世調。武帝第六子。天監十三年封邵陵王。出爲琅邪、彭城二郡太守。普通初。爲江州刺史。大寶中。假黄鉞。都督中外諸軍事。兵敗。爲西魏所殺。有集六卷。

代秋胡婦閨怨詩

蕩子從游宦。思妾守房櫳。塵鏡朝朝掩。寒衾玉臺作牀。類聚同。夜夜空。若非新有悦。類聚作有懽悦。何事久西東。知人相憶類聚作望。否。淚盡夢啼中。○玉臺新詠七。類聚三十二作梁元帝閨怨詩。詩紀七十一。

車中見美人詩

關情出眉眼。軟媚著腰肢。語笑能嬌媄。行步絶逶迤。空中自迷惑。渠傍會不知。懸念猶如此。得時應若爲。○玉臺新詠七。詩紀七十一。

見姬人詩

春來不復賒。入苑駐行車。比來粧點異。今世撥鬟斜。却扇承枝影。舒衫受落花。狂夫不妬妾。隨意晚還家。○類聚十八。詩紀七十一。

入茅山尋桓清遠迺題壁詩

荆門丘壑多。甕牖風雲入。自非栖遁情。誰堪霜露溼。○茅山志二十二。詩紀七十一。

詠新月詩

霜氛含月彩。靄靄下南樓。霧濃光若畫。雲駛影疑流。○類聚一。詩紀七十一。

和湘東王後園迴文詩

燭華臨静夜。香氣入重幃。曲度聞歌遠。繁絃覺舞遲。○類聚五十六。詩紀七十一。

戲湘東王詩

湘東有一病。非啞復非聾。相思下隻淚。望直有全功。○御覽七百四十。

詩

帷開見釵影。簾動聞釧聲。○萬花谷後集十五。

徐怦

怦。勉從子。仕梁爲武陵王紀參軍。侯景亂。怦勸紀入援。不從。大寶三年。紀稱帝。又固諫。被殺。

夏日詩

炎光歇中宇。清氣入房櫳。晚荷猶卷緑。疏蓮久落紅。○初學記三。詩紀八十九。

梁詩卷二十五

梁元帝蕭繹

繹。字世誠。武帝第七子。天監十三年。封湘東王。爲會稽太守。入爲侍中、丹陽尹。普通中爲荆州刺史。大同中爲江州刺史。太清初。復爲荆州。侯景陷建康。奉秘詔假黄鉞大都督中外諸軍事、司徒。承制進位相國。以大寶三年卽位於江陵。改元承聖。承聖三年。爲西魏所害。年四十七。追尊曰孝元皇帝。有金樓子十卷、集五十二卷、小集十卷。

樂府

長歌行以下五言。

當壚擅旨酒。一巵堪十千。無勞蜀山鑄。扶受樂府作授。詩紀云。一作授。采金錢。人生行樂爾。何處不留連。朝爲洛生詠。夕作據梧眠。從兹忘物我。優游得自然。〇樂府詩集三十。詩紀七十。

芳樹

芬芳君子樹。交柯御宿園。桂影含秋月。文苑作色。桃花染春源。樂府云。一作桂影含秋色。桃色染春源。落英逐風聚。輕香帶蘂翻。叢枝臨北閣。灌木詩紀誤作水。隱南軒。交讓良宜重。成蹊何用言。○文苑英華二百八。樂府詩集十七。詩紀七十。

巫山高

巫山高不窮。迥類聚作迴。出荆門中。灘聲下濺石。猿鳴類聚作鳥。上逐風。樹雜山如畫。文苑云。一作盡。林暗澗疑空。無因謝神女。一爲出房櫳。類聚作籠。○類聚四十二。文苑英華二百一。樂府詩集十七。詩紀七十。

隴頭水

銜悲別隴頭。關路漫悠悠。故鄉迷遠近。征人分去留。沙飛曉文苑作晚。成幕。海氣旦文苑作夜。注云。一作旦。如樓。欲識秦川處。隴水向東流。○類聚四十二。文苑英華百九十八。樂府詩集二十一。詩紀七十。

折楊柳

巫山樂府作山高。文苑云。一作山高。巫峽長。垂柳復垂楊。同心且類聚作宜。文苑云。一作宜。同折。故人懷故鄉。山似蓮花豔。流如明月光。寒夜猿聲徹。遊子淚霑裳。○類聚八十九。文苑英華二百八。樂府詩集二十二。詩紀七十。

關山月詩紀云。一作傷別離。

朝望清波道。夜上白登臺。月中含文苑作有。桂樹。流影文苑作景。注云。一作彰。自徘徊。寒沙逐風起。春花犯文苑作向。注云。一作犯。雪開。夜長無與晤。衣單誰爲裁。○類聚四十二。文苑英華百九十八。樂府詩集二十三。詩紀七十。

洛陽道

洛陽開大道。城北達城西。青槐隨幔拂。緑柳逐風低。玉珂鳴戰馬。金爪鬬場雞。桑萎日行暮。多逢秦氏樂府作女。妻。○類聚四十二。樂府詩集二十三。詩紀七十。

長安道

西接長楸道。南望小平津。飛甍臨綺翼。輕軒影畫輪。雕鞍承赭汗。槐路起紅塵。燕姬雜趙女。淹留重上春。○文苑英華百九十二。樂府詩集二十三。詩紀七十。

紫騮馬

長安美少年。金絡鐵類聚作飾。樂府作錦。文苑云。鐵。一作錦。連錢。宛轉青絲鞚。照耀珊瑚鞭。依槐復依柳。蹀躞復隨前。方逐幽并去。西北共聯類聚作連。翩。○類聚九十三。文苑英華二百九。詩紀七十。又樂府詩集二十四引錢、鞭二韵。

驄馬驅

朔方寒氣重。胡關饒苦霧。白雪晝凝山。黄雲宿文苑作夙。注云。一作宿。埋樹。連翩文苑云。一作騶。行役子。終朝征馬驅。試上金微山。還看玉關路。〇文苑英華二百九。樂府詩集二十四。詩紀七十。

劉生

任俠有劉生。然諾重西京。扶風好驚坐。長安恆借名。榴文苑作菊。花聊夜飲。竹葉解朝酲。類聚誤作醒。結交李都尉。遨遊佳麗城。〇類聚三十三。文苑英華百九十六。樂府詩集二十四。詩紀七十。

飛來雙白鶴

紫蓋學仙成。能令吴市傾。逐舞隨疏節。聞琴應别聲。集田遥赴影。隔霧近相鳴。時從洛浦渡。飛向遼東城。〇文苑英華二百六。樂府詩集三十九。詩紀七十。

班婕妤

婕妤初選入。含媚向羅幃。何言飛燕寵。青苔生玉墀。誰知同輦愛。遂作裂紈詩。以兹自傷苦。終無長信悲。〇樂府詩集四十三。詩紀七十。

半路溪詩紀云。玉臺作簡文帝。

相逢半路溪。隔溪猶不度。樂府作渡。望望判知是。翩翩識行步。摘贈蘭澤芳。欲表同心句。先將樂府云。一作持。動舊情。恐君疑妾妬。○樂府詩集七十四。詩紀七十。

採蓮曲

碧玉小家女。來嫁汝樂府作江。南王。蓮花亂臉色。荷葉雜衣香。因持薦君子。願襲芙蓉裳。○類聚八十二作採蓮賦歌。樂府詩集五十。詩紀七十。

吴趨行

水裏生葱翅。池心恆欲飛。蓮花逐牀返。何時乘艑歸。○樂府詩集六十四。詩紀七十。

燕歌行以下七言。

燕趙佳人本自多。遼東少婦學春歌。黄龍戍北花如錦。玄菟城前文苑作中。詩紀云。一作南。月似蛾。如何此時別夫壻。金羈翠眊往交河。還聞入漢去燕營。怨妾愁心百恨生。漫漫悠悠天未曉。遥遥夜夜聽寒文苑作嚴。注云。一作寒。更。自從異縣同心文苑作心同。別。偏恨同時成異節。横波滿臉萬行啼。翠眉暫文苑作漸。注云。一作暫。斂千重結。並海連天合不開。那堪文苑作宜。注云。一作堪。春日上春臺。乍類聚作唯。文苑、樂府同。見遠舟如落葉。復看遥舸似行杯。沙汀夜鶴嘯羈雌。妾心無趣坐傷離。文苑作無怨生傷離。翻嗟漢使音塵斷。空傷賤妾燕南垂。○類聚四十二。文苑英華百九十六。樂府詩集三十二。詩紀七十。

烏棲曲四首詩紀云。樂府又有幄中清酒、濃黛輕紅二首。亦作元帝。玉臺云。蕭子顯詩也。

沙棠作船桂爲檝。夜渡江南採蓮葉。復值西施新浣沙。共向類聚作汎。江干眺類聚作瞻。月華。詩紀云。玉臺作共汎江干瞻月華。○類聚四十二。樂府詩集四十八。詩紀七十。

月華似璧星如珮。流影澄明玉堂内。邯鄲九枝類聚作投。樂府作伎。朝始成。金巵玉類聚作鋃。盌共君傾。○同上

交龍成錦鬬鳳紋。芙蓉爲帶石榴裙。日下城南兩相望。月没參横掩羅帳。○同上

七彩隋類聚作隨。樂府同。珠九華玉。蛺蝶爲歌明星曲。蘭房椒閣夜方開。那知步步香風逐。○同上

詩

登隄望水詩以下五言。

驅馬河隄上。非謂城隅文苑作遇。遊。懷山殊未已。徒然勞九愁。旅泊依村樹。江槎擁戍樓。高岸翻成浦。曲港反通舟。東野良知歎。瓠河今可儔。願假宣尼道。初學記作術。文苑同。詩紀云。一作術。泗水却横流。○初學記六。文苑英華百六十三。詩紀七十。

赴荆州泊三江口詩詩紀云。藝文作行經巴陵部伍。

涉江望行旅。金鉦間綵斿。類聚作游。文苑作遊。水際含天色。虹光入浪浮。柳條恆拂文苑作掃。岸。花氣盡薰

舟。叢林多故社。單戍有危樓。疊鼓隨朱鷺。長簫應紫騮。蓮舟夾羽文苑作鶴。氅。畫舸覆緹油。榜歌殊未息。於此泛安流。○文苑英華二百八十九。詩紀七十。又類聚二十七作經巴陵行部伍詩。引游、浮、舟、樓四韵。

藩難未静述懷詩

玉節威雲夢。金鉦韻渚宫。霜戈臨塹類聚作漸。白。日羽映流紅。單醪結猛將。芳餌引羣雄。箭擁淇園竹。劍聚若溪銅。亟覩周王駿。多逢鮑氏驄。謀出河南賈。威寄隴西馮。溪雲連陣合。却月半山空。樓前飄密柳。井上落疏桐。差營逢霍雨。立壘挂長虹。○類聚五十九。詩紀七十。

和王僧辯從軍詩

寶劍飾龍淵。文苑作煙。長虹畫樂府誤作晝。彩旃。樂府作船。山虚和鐃管。水淨寫文苑作静瀉。樓船。連雞隨火度。燧象帶烽然。洞庭晚類聚作晚。文苑同。風急。瀟湘夜月圓。苟令多文藻。臨戎賦雅篇。○文苑英華百九十九及樂府詩集三十二作從軍行。詩紀七十。又類聚五十九引舩、然、圓、篇四韵。

和劉尚書兼明堂齋宫詩

質明攝上宰。詰旦乘軺軒。四圭邸蒼玉。六變舞雲門。香浮鬱金酒。煙繞鳳凰樽。貂冕交輝映。珩珮自相喧。微風颺清管。輕雨發陳根。新花臨御陌。春色起天園。河間獻樂語。斯道媿能論。○初學記十三。萬花谷後十七。詩紀七十。又文苑英華三百二十引軒、門、樽、園、論五韵。

和劉尚書侍五明集詩詩紀云。藝文作和劉尚書侍講。

帝德洽區宇。垂衣彰太平。黄唐慙懋實。子似廣弘明集云。宫本作似。悪嘉聲。治家廣弘明集作定。注云。元、明本作家。陳五禮。功成奏六英。汲引留宸鑒。舟航動睿情。法廣弘明集作諸。注云。明本作法。王唯一法。無生信不生。因因從此見。果果自斯明。元良仰副后。含一震鴻名。龜廣弘明集作歸。注云。三本作龜。藏踰啓筮。魯史冠春卿。日宫佳氣滿。月殿善風清。綺錢蔽類聚作敞。廣弘明集作敞。注云。宋、元、宫本作敞。明本作蔽。西觀。緹幔廣弘明集云。宋、宫本作慢。卷南榮。金門練朝鼓。玉壺休夜更。宫槐留曉合。城烏侵曙詩紀作樹。鳴。露光枝上宿。廣弘明集作動。霞影水中輕。虚薄今何事。徒知戀法城。〇廣弘明集三十。詩紀七十。又類聚七十六引情、生、清、榮四韵。

和鮑常侍龍川館詩

珍臺接閒館。迢遞山之旁。多解三真術。俱善四明方。玉題書仙篆。金榜燭神光。桂影侵檐進。藤枝繞檻長。苔衣隨溜轉。梅氣入風香。〇類聚七十八。詩紀七十。

登顔園故閣詩

高樓三五夜。流影入丹墀。先時留上客。夫壻美容姿。粧成理蟬鬢。笑罷斂蛾眉。衣香知步近。釧動覺行遲。如何舞館樂。翻見歌粱悲。猶懸北窗幌。玉臺作櫎。未捲南軒帷。寂寂空郊暮。非復少年時。○玉臺新詠七。詩紀七十。

代舊姬有怨詩

寧爲萬里隔。玉臺作別。乍作死生離。那堪眼前見。故愛逐新移。未展春花落。遽被涼玉臺作秋。風吹。怨黛舒還斂。啼紅拭復玉臺作更。垂。誰能巧爲賦。黄金妾不玉臺作自。貲。詩紀云。一作自資。○玉臺新詠七。類聚三十二。詩紀七十。

夕出通波閣下觀妓詩

蛾初學記作娥。月類聚作眉。漸成光。燕姬戲小堂。胡舞開春初學記作齊。萬花谷同。閣。文苑作間齊閣。注云。類聚作湖舞開春閣。鈴盤出步廊。起龍調節奏。初學記作鼓。文苑、萬花谷同。却鳳點笙簧。樹交臨舞席。荷生夾妓航。類聚作行。竹密無分影。花疏有異香。舉初學記作捉。杯聊轉笑。初學記作時笑語。萬花谷同。文苑作提杯時笑語。提下又注。初學記作投。歡類聚作歎。茲樂未央。○類聚四十二。初學記十五。文苑英華二百十三。萬花谷後三十。詩紀七十。

去丹陽尹荆州詩二首

驂駕乘騆馬。謁帝朝承明。分符蒞閩越。終然慙勵精。○類聚五十。詩紀七十。

副君垂獎盼。類聚作眄。仁慈穆且敦。終朝陪北閣。清夜侍西園。降貴深知已。寧思食椹恩。未嘗辭畫室。誰忍去轓轅。詩紀作軒。○同上

示吏民詩

闕里尚撝謙。厲鄉裁知足。咨余再分陝。少思宜寡欲。霞出浦流紅。苔生岸泉緑。方知類聚作令。江漢士。變爲鄒魯俗。○類聚五十。詩紀七十。

後臨荆州詩

擁旄去京縣。褰帷辭未央。弱冠復類聚作從。王役。從容遊豈二字詩紀缺。張。類聚作漲。不學胡威絹。寧挂裴潛牀。所冀方留犢。行當息飲羊。戲蝶時飄粉。風花乍落香。高欄來蕙氣。疏簾度晚光。綺錢臨仄宇。阿閣繞長廊。○類聚五十。詩紀七十。

别荆州吏民

玉節居分陝。金貂總上流。麾合璧事類誤作靡。軍時舉扇。作賦且登樓。年光徧原隰。春色滿汀洲。日華三翼舸。風轉七星斿。類聚作遊。向解青絲纜。將移丹桂舟。○類聚五十。合璧事類後集六十六。詩紀七十。

宫殿名詩

林類聚作杯。馮校本仍作杏。間花欲燃。竹逕露初圓。鬬雞東道上。走馬北場詩紀云。一作堂。邊。合歡依暝卷。蔔蔔向日鮮。旗亭覔張放。香車迎董賢。定隔天淵水。相思夜不眠。○類聚五十六。詩紀七十。

縣名詩

長陵新市北。鄭衛好容儀。先過上蘭苑。還牽高柳枝。薄粧宜入鏡。舒花堪照池。蒲洲涵水色。椒壁雜風吹。此時方夜飲。平臺傳羽巵。○類聚五十六。詩紀七十。

姓名詩

征人習水戰。辛苦配戈船。夜城隨偃月。朝軍逐避年。龍吟澈水渡。虹光入夜圓。濤來如陣起。星上似烽然。經時事南越。還復討朝鮮。○類聚五十六。詩紀七十。

將軍名詩

虎旅皆成陣。龍騎盡能踊。鳴鞭俱破虜。決勝往長榆。細柳浮輕暗。大樹繞棲烏。樓船寫退鷁。檣烏狎飛凫。度河還自許。偏與功名俱。○類聚五十六。詩紀七十。

屋名詩

梁園氣色和。斗酒共相過。玉柱調新曲。畫扇掩餘歌。深潭影菱菜。絶壁挂輕蘿。木蓮恨花晚。薔薇嫌刺多。含情戲芳節。徐步待金波。○類聚五十六。詩紀七十。

車名詩

長墟帶江轉。連甍映日分。佳人坐椒屋。接膝對蘭薰。繞砌縈流水。邊梁圖畫雲。錦色懸殊衆。衣香遥出羣。日暮輕帷下。黄金妾初學記作妾。贈君。○類聚五十六。初學記二十五。詩紀七十。

船名詩

天際類聚作暝。浮雲飛。三初學記作玉。萬花谷同。翼自相追。池模初學記作邊。萬花谷同。白鵠舞。檐知初學記作林深。萬花谷同。青雀歸。華淵通轉塹。伏檻跨相磯。松澗初學記作潤。流星影。桂窗斜月暉。思君此無極。初學記作思此無情極。萬花谷同。高樓淚染衣。○類聚五十六。詩紀七十。又初學記十五、萬花谷續七並引追、歸、暉、衣四韵。

歌曲名詩

啼烏文苑作鳥。怨别偶。類聚作鶴。曙烏憶離樂府作誰。文苑云。一作誰。家。石闕文苑作門。注云。一作闕。題書字。金燈飄落花。東方文苑作風。注云。一作方。曉星没。類聚作度。詩紀云。一作度。西山晚日斜。縠衫廻廣袖。團扇掩輕紗。暫借青驄馬。來送黄牛車。○類聚五十六。文苑英華百九十三作金樂歌。樂府詩集七十四作金樂歌。詩紀七十。

藥名詩

戍客恆山下。常思衣錦歸。況看春草歇。還見雁南飛。蝺燭凝花影。重臺閉類聚作閈。綺扉。風吹竹葉袖。網綴流黄機。詎信金城裏。繁露曉霑衣。○類聚五十六。詩紀七十。

針穴名詩

金推五百里。日晚唱歸來。車轉承光殿。步上通天臺。釵臨曲池影。扇拂玉堂梅。先取中庭入。罷逐步廊廻。下關那早閉。入迎已復開。○類聚五十六。詩紀七十。

龜兆名詩

土膏春氣生。倡女協春情。魚遊連北水。鵠作遼東鳴。折梅還插鬢。溢柱更移聲。銀燭含朱火。金爐對寶笙。百枝凝夕焰。却月隱高城。○類聚五十六。詩紀七十。

獸名詩

豹韜求秘術。虎略選良臣。水涉黄牛浦。山過白馬津。摧鋒上狐塞。畫像入麒麟。果下新花落。桃枝芳樹春。王孫及公子。熊席復横陳。○類聚五十六。詩紀七十。

鳥名詩

方舟去鳼鵲。鵠引欲相要。晨梟移去舸。飛燕動歸橈。雞人憐夜刻。鳳女念吹簫。雀釵照輕幌。翠的繞纖腰。復聞朱鷺曲。鉦管雜迴潮。○類聚五十六。詩紀七十。

樹名詩

趙李類聚誤作裏。競追隨。輕衫類聚作杉。露弱枝。杏梁始東照。柘火未西馳。香因玉釧動。珮逐金衣移。柳葉生眉上。珠璫摇鬢垂。逢君桂枝馬。車下覓新知。○類聚五十六。詩紀七十。

草名詩

胡王迎娉主。塗經蒯北遊。金錢買含笑。銀缸影梳頭。初控游龍馬。仍移卷柏舟。中江離思切。蓬鬢不堪秋。況度菖蒲類聚作蒲昌。海。落月似懸鉤。○類聚五十六。詩紀七十。

相名詩

仙人賣玉杖。乘鹿去山林。浮杯度池曲。摩鏡往河陰。井内書銅板。竈裏化黄金。妻摇五明扇。妾弄一絃琴。暫遊忽千里。中天那可尋。○類聚五十六。詩紀七十。

望江中月影詩

詩紀云。文苑英華作簡文帝。今從藝文、初學作元帝。

澄江涵皓月。初學記作月影。文苑同。水影若浮天。風來如可泛。流急不成圓。秦鉤初學記作鏡。文苑同。詩紀云。一作鏡。斷復接。和璧碎還聯。裂紈依岸草。斜桂逐行船。郎此春初學記作清。文苑同。江上。無俟初學記作俟。誤。百枝然。○類聚一。初學記一作江中月。文苑英華百五十二作梁簡文帝望江中月。詩紀七十。

詠霧詩

曉霧晦階前。垂珠帶葉邊。五里浮長隰。三晨初學記作辰。暗初學記作晦。遠天。傍通似佳氣。却望若飛煙。疏簾還復密。初學記作蜜。誤。斷初學記作新。誤。棟更疑連。還思逢樂廣。能令雲霧褰。○類聚二。初學記二。詩紀七十。

春日詩

春還春節美。春日春風過。春心文苑作正。日日異。春情處處多。處處春芳動。日日春禽變。春意春已繁。春人春不見。不見懷春人。徒望春光新。春愁春自結。春結詎能申。欲道春園趣。復憶春時人。春人竟文苑作意。何在。空爽上春期。獨念春花落。還以文苑作似。惜類聚作昔。春時。○類聚三。文苑英華三百三十一。詩紀七十。

納涼詩

高春斜日下。佳氣滿欄類聚作欄。楹。池紅早花落。水緑類聚作渌。晚苔生。星稀月稍上。雲開河尚横。白鳥翻帷暗。丹螢入帳明。珠綦趨北閣。玳席徙南榮。金鋪掩夕扇。玉壺傳夜聲。○類聚五。詩紀七十。

賦得涉江采芙蓉詩

江風樂府作南。當夏詩紀云。一作夜。清。桂檝詩紀云。一作棹。逐流縈。初疑京兆劍。復似漢冠名。荷香帶風初學記作風送。文苑、萬花谷同。遠。蓮影向根生。葉卷珠難溜。花舒紅易傾。初學記作輕。文苑、萬花谷同。日暮鳧舟滿。歸來度錦城。○初學記二十七。文苑英華三百二十二。樂府詩集五十作吴均採蓮曲。萬花谷後三十七。詩紀七十。

賦得蘭澤多芳草詩

春蘭本無絶。文苑作豔。詩紀同。春澤最葳蕤。燕姬得夢罷。尚書奏事歸。臨池影入浪。從風香拂衣。當門已芬馥。入室更初學記作復。芳菲。蘭生不擇逕。十步豈難稀。英華辨證曰。春蘭本無豔。初學記作無絶。按楚辭。春蘭兮秋菊。長無絶兮終古。則無絶字亦是。○初學記二十七。文苑英華三百二十七。詩紀七十。

詠石榴詩

塗林未應發。春暮轉相催。然燈疑夜火。連珠勝早梅。西域移根至。南方釀酒來。葉翠如新剪。花紅似故裁。類聚作栽。初學記作栽。還憶文苑誤作億。河陽縣。映水珊瑚開。○類聚八十六。初學記二十八作賦得石榴詩。文苑英華三百二十六作石榴。萬花谷後三十七作梁元帝詩。詩紀七十。

看摘薔薇詩

倡女倦春閨。類聚作卷春裾。合璧事類同。迎風戲玉除。近叢看影密。隔樹望釵疏。横枝斜綰袖。嫩葉下牽裾。牆高攀詩紀作舉。不及。花新摘未舒。莫疑插鬢少。分合璧事類作及。人猶有餘。○類聚八十一。合璧事類别集三十一作梁元帝詩。詩紀七十。

賦得竹詩

嶰谷管新抽。淇園節文鏡秘府作竹。復脩。作龍還葛水。爲馬向并州。柯亭臨絶澗。桃枝初學記作板。夾細流。冠學芙蓉勢。類聚作樣。詩紀云。一作樣。花堪威鳳遊。邛王若有獻。張騫應拜侯。○類聚八十九。初學記二十八。文苑英華三百二十五作竹詩。詩紀七十。又文鏡秘府天湘東王詩引脩、州二韵。

詠池中燭影詩

魚燈且滅燼。鶴焰暫停輝。自有銜龍燭。青光類聚作火。入朱扉。映水疑三燭。翻池類九微。入林如燐影。度渚若螢飛。河低扇月落。霧上珠星稀。章華終宴所。飛蓋且相追。○類聚八十。詩紀七十。

詠晚棲烏詩

日暮連翩翼。俱向上類聚作上向。林棲。風多前歸類聚作烏。詩紀同。文苑作烏。駛。雲暗後羣迷。路遠聲難徹。飛斜行未齊。應從故鄉返。幾過入蘭閨。借問倡樓妾。何如蕩子妻。類聚作啼。文苑同。○玉臺新詠七。類聚九十二。文苑英華二百六。詩紀七十作晚棲烏。

長安路詩

前登灞陵岸。還瞻渭水流。城形類南斗。橋勢似牽牛。飛軒與良駟。寶劍雜輕裘。經過狹斜裏。日暮且淹留。○類聚四十二。

懷舊詩

梁書曰。顏協大同五年卒。世祖甚歎惜之。爲懷舊詩以傷之。其一章曰。

弘都多雅度。信乃含賓實。鴻漸殊入昇。上才淹下秩。○梁書顏協傳。

登江州百花亭懷荆楚詩

極目類聚作目極。纔文苑誤作讒。千里。何由望楚津。落花灑行路。垂楊拂砌塵。柳絮飄晴類聚作春。文苑同。雪。荷珠漾水銀。試酌新春類聚作清。文苑同。酒。遥勸陽臺人。○類聚二十八。文苑英華三百十五作登百花亭懷荆楚。詩紀七十一。

自江州還入石頭詩

鼓枻浮大川。遥睇雒城觀。雒城何鬱鬱。杳與雲霄半。前望青龍門。斜暉白鶴館。槐垂御溝道。柳綴金堤岸。迅鳥晨風趨。輕輿流水散。高唱文苑云。一作歌。梁塵下。湘瑟翔禽亂。文苑云。一作維瑟荆琴亂。我思江海遊。曾與朝市玩。忽寄靈臺宿。空軫及閞嘆。仲子入南楚。伯鸞出東漢。何能棲林枝。取斃王孫彈。○文苑英華二百八十九。

泛蕪湖詩

桂潭連菊岸。桃李暎成蹊。石文如濯錦。雲飛似散珪。橈度荾根反。船去荇枝低。颿隨迎雨燕。鼓逐伺潮雞。○類聚九。詩紀七十一。

早發龍巢詩詩紀云。詩彙作劉瑱者非。

征人喜放溜。曉發晨陽隈。初言前浦合。定覺近洲開。不疑行舫動。唯看遠樹來。還瞻起漲岸。稍隱陽雲臺。○文苑英華二百八十九。詩紀七十一。

夜宿玉臺作遊。柏齋詩

燭詩紀作獨。暗行人静。簾開雲影入。風細雨聲遲。夜短更籌急。能下班姬淚。復使倡樓泣。况此客遊人。中宵空佇立。○玉臺新詠七。詩紀七十一。

落日射羆詩

促宴引枚鄒。中園觀獸候。日度琱類聚作堋。陰廣。風横旗影浮。移竿標入箭。疊鼓送争籌。附枝時可息。言從清夜遊。○類聚七十四。詩紀七十一。

後園看騎馬詩

良馬出蘭池。連翩驅桂枝。鳴珂隨蹋駛。輕塵逐影移。香來知驟近。汗歛覺風吹。遥望黄金絡。文苑作駱。懸識幽并兒。○類聚九十三。文苑英華三百三十。詩紀七十一。

和劉上黄春日詩

新鶯隱葉囀。新燕向窗飛。柳絮時依酒。梅花乍文苑作任。入衣。玉珂逐文苑作隨。風度。金鞍映初學記作照。文苑同。日暉。無令春色晚。獨望行人歸。○玉臺新詠七作和劉上黄。初學記三、文苑英華百五十七並作春日詩。詩紀七十一。

戲作豔詩

入堂值小婦。出門逢故夫。含辭未及吐。絞袖且踟蹰。摇兹扇似月。掩此淚如珠。今懷固無已。故情今有餘。○玉臺新詠七。詩紀七十一。

和林下作妓應令詩和昭明。

日斜下北文苑作比。閣。高宴出南榮。歌清隨澗響。舞影向池生。輕花亂粉色。風篠雜絃聲。獨念陽臺下。願待洛文苑誤作落。川笙。○初學記十五。文苑英華二百十三作和林下詠妓應令。詩紀七十一。

閨怨詩

蕩子從游宦。思妾守房櫳。塵鏡朝朝掩。寒衾玉臺作牀。類聚同。夜夜空。若非新有悦。類聚作有懽悦。何事久西東。知人相憶類聚作望。否。淚盡夢啼中。○玉臺新詠七作邵陵王綸代秋胡婦閨怨。類聚三十二。詩紀七十一。

祀伍相廟詩

石城寧足拒。文苑作植。金陣詎能追。楚關開六塞。吴兵類聚作丘。入九圍。山水猶縈帶。城池失是非。空餘壽宫在。日暮舞靈衣。○類聚三十八。文苑英華三百二十。詩紀七十一。

詠風詩

詩紀云。英華作沈約。今從藝文、初學作元帝。○此下四首並似應令之作。

樓上試各書作起。朝粧。風花下砌傍。入鏡先文苑作光。飄粉。翻文苑作番。衫好染香。度文苑作逐。舞飛長袖。傳歌共繞梁。欲因吹少女。還持類聚作將。初學記、文苑同。拂大王。○類聚一。初學記一。文苑英華百五十六作沈約。萬花谷二。詩紀七十一。

詠霧詩

三晨生遠霧。五里闇城闉。從風疑細雨。映日似遊萬花谷作微。塵。乍若飛初學記作輕。詩紀云。一作輕。烟散。時如佳氣新。不妨鳴樹鳥。時蔽摘花人。○初學記二。事文類聚前集三。詩紀七十一。又類聚二及萬花谷二並引闉、塵、新三韵。

賦得蒲生我池中詩

池中種蒲葉。葉影蔭池濱。未好中宫薦。行堪隱士輪。爲書聊可截。匹柳復宜春。瑞葉生苻苑。鏤碧類聚作璧。獻周人。○類聚八十二。詩紀七十一。

詠陽雲樓簷柳詩

楊柳非花樹。依樓自覺春。枝邊通粉色。葉初學記作隙。文苑同。裏映紅巾。類聚作吹綸。帶日交簾影。因吹掃席初學記作窗。文苑同。塵。拂簷初學記作簾。應有意。偏宜桃李人。○類聚八十九。初學記二十八。文苑英華三百二十三。詩紀七十一。

五言詩詩紀云。梁詞人麗句云梁世宗作。

寒浞猶稽命。新都久未平。留滯淹三楚。巑岏保一城。終當撫期運。伐罪弔蒼生。○詩紀七十一。

晚景遊後園詩

高軒聊騁望。煥景入川梁。波橫文苑作搖。詩紀云。一作搖。山渡文苑作度。影。雨罷葉生光。日移花色異。風散水紋類聚作文。初學記同。長。○類聚六十五。初學記二十四。文苑英華三百十七作晚景有遊後園。詩紀七十一。

遊後園詩

暮春多淑氣。斜景落高春。日照池光淺。雲歸山望濃。入林迷曲徑。渡渚類聚作度。隔類聚作躍。危峰。○類聚六十五。初學記二十四。文苑英華三百十七。詩紀七十一。

古意詩

妾在成都縣。願作高唐雲。樽中石榴酒。機上葡萄紋。詩紀云。一作裙。停梭還斂色。何時勸使君。○類聚十八。

詩紀七十一。

詠秋夜詩

秋夜九重空。蕩子怨房櫳。燈光入綺帷。簾影進詩紀作穿。屏風。金徽調玉軫。兹夕撫離鴻。○玉臺新詠七。詩紀七十一。

寒閨詩

烏鵲夜南飛。良人行未歸。池水浮明月。寒風送擣衣。願織迴文錦。因君寄武威。○玉臺新詠七作寒宵三韵。類聚三十二。詩紀七十一。

和彈筝人詩二首和昭明。

横筝在故帷。忽憶上絃時。舊柱未文苑作離。移處。銀帶手經文苑作輕。持。悔道啼將别。教初學記作交。成今日悲。○初學記十六。文苑英華二百十二。詩紀七十一。

瓊柱動金絲。秦類聚作奏。聲發趙曲。流徵含陽春。美手過如玉。○類聚四十四。初學記十六。文苑英華二百十二。詩紀七十一。

出江陵縣還詩二首

遊魚迎浪上。雊雉向林飛。遠村雲裏出。遥船天際歸。○類聚二十八。詩紀七十一。

朝出屠羊縣。夕返仲宣樓。水滿還侵岸。沙盡稍開流。○同上

詠歌詩

汗輕紅粉濕。坐久翠眉愁。傳萬花谷作浮。聲入鐘磬。餘轉雜萬花谷作入。箜篌。○初學記十五。萬花谷後三十二作梁元帝詩。詩紀七十一。

贈到溉到洽詩

梁書曰。時以溉、洽兄弟比之二陸。故世祖贈詩曰。

魏世重雙丁。晉朝稱二陸。何如今兩到。復似凌寒竹。○梁書到溉傳。詩紀七十一作贈到溉洽。

遺武陵王詩

南史曰。武陵王紀稱帝於蜀。起兵内伐。元帝與之書。許其還蜀。專制岷方。紀不從。帝又遺之詩云云。圓正者。紀之子也。紀僭號。帝下圓正於獄。在獄連句云云。帝覽詩而泣。紀敗。圓正號哭絶食而死。

回首望荆門。驚浪且雷奔。四鳥嗟長别。三聲悲夜猿。○南史武陵王紀傳。詩紀七十一。

獄中連句附

蕭圓正

水長二江急。雲生三峽昏。顧赦南史作貰。淮南罪。思報阜陵恩。○南史武陵王紀傳。詩紀七十一。

别荆州吏民詩二首

寄言謝桀黠。文苑誤作點。無乃氣干雲。安知霸陵下。復有李將軍。○文苑英華二百八十六。詩紀七十一。

莫言江漢遠。煙霞隔數千。何必黄丞相。重應臨潁川。○同上

詠細雨詩

風輕不動葉。雨細未霑衣。入樓如霧上。拂馬似塵飛。○類聚二。初學記二。文苑英華百五十三。詩紀七十一。

望春詩

葉濃知柳密。花盡覺梅疏。蘭生未可握。蒲小不堪書。○初學記三。詩紀七十一。

緑柳詩

長條垂拂地。輕花上逐風。露霑疑染綠。葉小未障空。○類聚八十九。詩紀七十一。

詠梅詩

梅含今春樹。還臨先類聚作光。日池。人懷前歲憶。花發故年枝。○類聚八十六。詩紀七十一。

宜男草詩

可愛宜男草。垂采映倡家。何時如此葉。結實合璧事類作根。復含花。○類聚八十一。合璧事類別集二十七。詩紀七十一。

細草詩

依階疑綠蘚。傍渚若青苔。漫生雖欲遍。人迹會應開。○類聚八十一。詩紀七十一。

賦得春荻詩

翠茭玉池前。遥暎江南蓮。非秋無有毦。未燒不生煙。○類聚八十二。詩紀七十一。

詠螢火詩

著人疑不熱。集草訝無煙。到來燈下暗。翻往類聚作住。雨中然。○類聚九十七。詩紀七十一。

離合詩

沉寥雲初類聚作物。詩紀云。一作物。淨。水木備春光。龕定方無遠。合浦不難航。龕〇類聚五十六。詩紀七十一。

後園作迴文詩

詩紀云。此詩藝文次王融迴文詩後。然觀簡文諸人和詩。知此詩爲元帝作。藝文逸名耳。今列於此。俟再考也。〇逯按。馮説是。

斜峰繞徑曲。聳石帶山連。花餘拂戲鳥。樹密隱鳴蟬。〇類聚五十六佚作者名。詩紀七十一。

賦得登山馬詩簡文同賦。

登山馬遥小。詩紀不疊遥小二字。注云。一本疊遥小二字。遥小以上七字類聚作登山馬遥遥小小。馬纔通。汗赭疑沾勒。衣香不逐風。何殊隴頭望。遥識祁連東。〇類聚九十三。文苑英華三百三十。詩紀七十一。

古意詠燭詩

花中燭。焰焰動簾風。不見來人影。迴光持向空。〇類聚八十。詩紀七十一。

春別應令詩四首和簡文。〇以下七言。

昆明夜月光如練。上林朝花色如霞。花朝類聚作朝花。詩紀同。月夜動春心。誰忍相思不相類聚作今不。見。○玉臺新詠九。類聚三十二作別詩。詩紀七十一。

試看機上交類聚作蛟。龍錦。還瞻庭裏合歡枝。映日通風影珠玉臺作朱。幔。飄花拂葉度金池。不聞離人當重合。惟悲合罷會成離。○同上

門前楊柳亂如絲。直置佳人不自持。適言新作裂紈詩。誰悟今成織素辭。○同上

日暮徙倚渭橋西。正見涼類聚作流。詩紀同。月與雲齊。若使月光無近遠。應照離人今夜類聚作暝。詩紀同。啼。○同上

別詩二首

別罷花枝不共攀。別後書信不相關。欲覓行人寄消息。衣詩紀云。疑作依。常潮水暝應還。○類聚三十二。詩紀七十一。

三月桃花含面脂。五月新油好煎澤。莫復臨時不寄人。謾道江中無估客。○同上

送西歸内人詩

南史曰。元帝與廬陵王續相謗。帝之臨荆州。有宮人李桃兒者。以才慧得進。及還。以李氏行時值宮户禁重。廬陵具狀以聞。元帝泣對使訴於簡文。簡文和之不得。元帝猶懼。送李氏還荆州。世所謂西歸内人者也。

秋氣蒼茫結孟津。復送巫山薦枕神。昔時慊慊愁應去。今日勞勞長別人。○類聚三十。詩紀七十一。

宴清言殿作柏梁體詩

玉衡七政轉璇璣。帝　升降端揆而才非。侍中尚書僕射臣褒　澄鏡朱紫玢難追。吏部尚書臣轂○類聚五十六。詩紀七十一。

秋辭

秋風起兮寒鴈歸。寒蟬鳴兮秋草腓。萍青兮水澈。葉落兮林稀。翠爲蓋兮玳爲席。蘭爲室兮金作扉。水周兮曲堂。花交兮洞房。樹參差兮稍密。紫荷紛披兮疏且黃。雙飛兮翡翠。並泳兮鴛鴦。神女雲兮初度雨。班妾扇兮始藏光。且淹留兮日云暮。對華燭兮歡未央。○文苑英華三百五十八作秋風摇落。文苑英華三百三十一。

風人辭

城頭網張一無張字。雀。樓羅會一無會字。人著。○酉陽雜俎續四。

奉勑爲詩

金樓子自序曰。余六歲解爲詩。奉敕爲詩曰。

池平生已合。林花發稍稠。御覽作周。風入花枝動。日照水光浮。○金樓子自序。御覽六百二。

幽逼詩四首五言

南史曰。元帝避建鄴而都江陵。外迫强敵。内失人和。魏師至。方徵兵四方。未至而城見剋。在幽逼求酒。飲之。製詩四絶。後爲梁王詧所害。

南風且絶唱。西陵最可悲。今日還蒿里。終非封禪時。○南史元帝本紀。詩紀七十一。

人生逢百六。天道異貞恆。何言異螻蟻。一旦損鯤鵬。○同上

松風侵曉哀。霜雰當夜來。寂寥千載後。誰畏軒轅臺。○同上

夜長無歲月。安知秋與春。原陵五樹杏。空得動耕人。○同上

臨賀王蕭正德

正德。字公和。臨川王宏之子。初爲高祖養子。後還本封西豐縣侯。普通三年奔魏。不見禮。逃歸。後進封臨賀王。爲丹陽尹。侯景之亂。正德與景同逆。景誑立之爲帝。尋降之。爲大司馬。矯詔殺之。

詠竹火籠詩

南史曰。正德奔魏。初去之始。爲詩一絶。内火籠中。

楨幹屈曲盡。蘭麝氛氲消。欲知懷炭日。正是履霜朝。○南史臨川静惠王附本傳。御覽七百十一。詩紀七十一。

梁詩卷二十六

劉孝勝

孝勝。孝儀弟。歷官邵陵王法曹、湘東王記室、武陵王長史、蜀郡太守。太清中。侯景陷京師。武陵王紀僭號於蜀。以爲尚書僕射。承聖中。兵敗被執。元帝宥之。起爲司徒右長史。

妾薄命

詩紀云。拾遺作孝威者非。

馮姜朝汲遠。徐吾夜火窮。舊井長逢幕。鄰燈欲未通。五逐無來娉。三娶盡凶終。離災陽禄觀。就廢昭臺宮。乘屯迹雖淑。應戚理恆同。復傳蘇國婦。故愛在房櫳。愁眉歇巧黛。啼妝落豔紅。織書凌竇錦。敏誦軼繁弓。離劍行當合。春牀勿怨空。○樂府詩集六十二。詩紀八十七。

升天行

堯攀已徒説。湯搰亦妄陳。欲訪青雲侶。正遇丹丘人。少翁俱仕漢。韓終苦入秦。汾陰觀化鼎。瀛洲宴羽人。廣成參日月。方朔問星辰。驚祠伐楚樹。射蘗戰江神。閶闔皆曾倚。太一豈難親。趙簡猶聞樂。周儲固上賓。秦皇多忌害。元朔少寬仁。終無良有以。非關德不鄰。○樂府詩集六十三。詩紀八十七。

武溪深行

武溪文苑作陵。注云。一作溪。深不測。水安舟復輕。暫侶文苑作借。注云。一作侶。詩紀云。一作借。莊生鈞。還滯鄂君行。櫂文苑作譙。注云。一作權。歌争後文苑作復。注云。一作後。發。譟鼓逐前征。秦上山川險。黔中木石并。文苑作水復清。注云。一作木石并。又作木石青。詩紀云。一作水石清。林壑秋籟文苑作瀨。急。猿哀夜月明。澄源本千仭。回峯忽萬縈。昭潭讓無底。太華推削成。日落野通氣。目極悵餘情。文苑作清。下流曽不濁。文苑作得。注云。一作蜀。長邁寂無聲。羞學滄浪水。濯足復濯文苑作霑。詩紀云。一作沾。纓。○文苑英華二百一。樂府詩集七十四。詩紀八十七。

冬日家園别陽羨始興詩孝儀爲陽羨令。

四鳥怨離羣。三荆悦同處。如今腰艾綬。東南各殊舉。且欣棠棣集。彌惜光陰遽。黠吏本須裁。豪民亦難御。願昜千金水。思聞五湖譽。○類聚二十一。詩紀八十七。

詠益智詩

挺芳銅嶺上。擢穎石門端。連叢去本葉。雜和委雕盤。寧推不迷草。詎減類聚誤作滅。聰明丸。儻逢公子宴。方厭永夜歡。○類聚八十七。詩紀八十七。

劉孝先

孝先。孝威弟。仕爲武陵王紀記室。承聖中。與兄孝勝俱隨紀軍出峽。紀敗。元帝以爲黄門侍郎。

和兄孝綽夜不得眠詩

夜愁眠不安。起望臺南端。葉慘風聲異。樓空月色寒。笙冷調簧數。絃脆上琴難。百年行詎幾。萬慮坐相攢。誰家有明鏡。暫借照心看。○類聚三十五。詩紀八十八。

草堂寺尋無名法師詩

飛鏡點青天。横照滿樓前。深文苑云。一作空。林生夜冷。複閣上宵文苑作霄。煙。葉動花中露。湍鳴闇文苑作闇。注云。疑作谷。裏泉。竹風聲若雨。山蟲聽似蟬。摘果仍荷藉。酌水用花傳。一巵文苑云。一作盃。聊自飲。萬事且蕭然。○文苑英華二百十九。詩紀八十八。

和亡名法師秋夜草堂寺禪房月下詩

幽人住山北。月上文苑云。一作上月。照山東。洞户臨松徑。虚窗隱竹叢。出林避炎影。步逕文苑云。一作迴。按宋本作迴。逐涼風。平雲斷高岫。長河隔淨空。數螢流暗草。一鳥宿疏桐。興逸煙霄上。神閑宇宙中。還思城闕下。何異處樊籠。〇文苑英華二百三十三。詩紀八十八。

詠竹詩

竹生荒野外。梢雲聳百尋。無人賞高節。徒自抱貞心。恥染湘妃淚。羞入上宮琴。誰能制長笛。當爲吐龍吟。〇類聚八十九。初學記二十八。文苑英華三百二十五。萬花谷後三十八作劉孝先詩。詩紀八十八。

春宵詩

夜樓明月弦。露下百花鮮。情多意不設。啼罷未歸眠。燉煌定若遠。一信動經年。〇類聚三十二。詩紀八十八。

冬曉詩

晨霞影翠帷。思婦織霜絲。經詩紀誤作輕。寒牽杼澁。釧冷調梭遲。乍廢倡樓粉。貪赴遠人期。〇類聚三十二。詩紀八十八。

徐君蒨

君蒨。字懷簡。東海郯人。仕梁爲湘東王諮議參軍。

初春攜内人行戲詩

梳飾多今世。衣著一時新。草短猶通屧。玉臺作屟。類聚同。梅香漸類聚作未。著人。樹斜牽錦帔。風橫入紅綸。滿酌蘭英酒。對此得娱神。○玉臺新詠八。類聚十八。詩紀八十九。

共内人夜坐守歲詩

歡多情未極。賞至莫停杯。酒中喜桃子。玉臺作挑喜子。粽裏覓楊梅。簾開風入帳。燭盡炭成灰。勿疑鬢釵重。爲待曉光催。玉臺作來。○玉臺新詠八。詩紀八十九。

别義陽郡二首

翔鳳樓。遥望與雲浮。歌聲臨樹出。舞影入江流。葉落看村近。天高應向秋。○玉臺新詠八。詩紀八十九。

飾玉臺作飭。誤。面亭。粧玉臺作莊。成更點星。煩上紅疑淺。眉心黛不青。故留殘粉絮。挂看箔簾釘。○同上

徐防

防。仕晉安王。隨府在雍州。號高齋學士。

長安有狹邪行

長安有勾曲。勾勾不通驛。樂府作駟。塗逢二綺衣。夾路訪君室。君室近霸城。易識復知名。大息登金馬。中息謁承明。小息偏愛幸。走馬曳長纓。三息俱入門。車服盡雕軺。三息俱上堂。嘉賓四座盈。三息俱入户。室内有光榮。大婦縑始呈。中婦繡初營。小婦多姿媚。紅紗映削成。上客且安坐。胡牀妾自擎。○樂府詩集三十五。詩紀八十九。

賦得觀濤詩

雲容雜浪起。楚水漫吳流。漸看遥樹没。稍見遠文苑作碧。天浮。漁人迷舊浦。海鳥文苑作水。失前洲。不測滄溟曠。輕鱗幸自游。○類聚九。文苑英華百六十二作任昉賦得觀潮滿。詩紀八十九。

徐朏

賦得蝶依草應令詩

秋園花落盡。芳菊數來歸。那知不夢作。眠覺也恆飛。○類聚九十七。詩紀八十九。

夏詩

夏景厭房櫳。促席翫花叢。荷文苑作篠。注云。初學記作荷。陰斜合翠。蓮影對分紅。此時避炎熱。清樽獨未空。○初學記三作徐晚。文苑英華百五十七作徐朏夏日。

王泰

泰。字仲通。琅邪臨沂人。齊司空僧虔孫。梁天監中爲秘書丞。齊永元末。後宮火。延燒秘書。圖書散亂殆盡。泰表校定繕寫。從之。歷中書侍郎。掌吏部郎事。累遷廷尉、司徒左長史。出爲新安太守、太子庶子、都官尚書。尋卒。年四十五。

賦得巫山高詩

迢遞巫山竦。文苑作好。注云。一作竦。遠天新霽時。樹交涼去遠。草合影開遲。谷深流響咽。峽近猿聲悲。只言雲雨狀。自有神仙期。○文苑英華二百一。樂府詩集十七並作巫山高。詩紀八十六。

上黄侯蕭曄

曄。始興王憺之子。初封安陸侯。官至晉陵太守。

奉和太子秋晚詩

副君乘暇景。臨秋坐北宮。杏梁照初月。蓮池引夕風。清暉洞藻井。流香入綺櫳。鵲聲時徙樹。螢光乍滅空。涼氛散簟席。露色變林叢。○類聚三。詩紀六十八。

荀濟

濟。字子通。潁川人。初與梁武帝布衣相知。及帝登位。仕不及之。後又上書斥詆佛法。帝怒。將加顯戮。濟密逃於魏。爲高洋所害。

贈陰梁州詩

梁州刺史陰子春左遷。濟作大詩贈之。文傳時俗。或稱于帝者。帝曰。個人雖有才。亂俗好。反不可用。濟以不得志。常懷悒快。二十餘載後。因論佛法奔魏。

副尉西域返。伏波南海還。坎壈多搆難。文苑作難構。鬱快少騰遷。孰云功未立。寧是契不全。直爲逢迎寡。良由聽受偏。若人本高絶。芬馥邁蘭荃。驅車趨折坂。匡坐酌貪泉。洗幘文苑云。一作瀆。豈虛唱。席皮良信然。羣醉嫉孤醒。衆媸文苑作嗤。恐獨妍。龍旗翻委鬱。鷁軸更迴邅。鵰勢終橫海。鵬力會沖天。昔余遇知已。一面深千祀。紆人重結襪。辱德逾過市。詩酒悦風雲。琴歌賞桃李。淹留漢水曲。契闊渝川涘。結綬惟貢公。推名實鮑子。徒然懷伏劍。終無報國士。高懷不可忘。劍意何能已。已作金蘭契。何言雲雨別。咄嗟改容鬢。俄頃彌年歲。叶蘇絶反。海曲窮地表。江源渺天際。叶子結反。雲泥已殊路。暄涼詎同節。柳絮亟如絲。梅花屢成雪。月落桂陰遠。風起萱條結。鶴舞想低昂。鵾絃夢清切。聞君戍靈關。瓜時猶未還。數汎明月沼。頻遊向文苑作尚。注云。一作當。詩紀云。一作當。日灣。金碧應髣髴。輪鏡幾登攀。復承西歸後。將兵出湖口。經過道路長。往來日月久。玉體何容歇。金漿故應有。陽臺可繇私。章華堪置酒。既彈趙人瑟。復擊秦人缶。缶瑟多奇調。秦趙饒姝妙。得意在雙眸。傾城猶一笑。伯喈恩詩紀云。一作思。實早。十杜文苑作杜。詩紀云。一作柱。天終少。殁等盛姬傷。存同魏車照。君子篤久要。宿昔盛賓僚。依依集鱗羽。眷眷共枝條。一朝限歧路。萬里異波潮。容儀雖眇眇。夢想尚昭昭。新人不相識。故人詎相憶。杳杳間山川。迢迢阻音息。各附青雲遠。詎假排虛力。風月接歡宴。酒醴承顏色。安知慕儔者。潺潺涕沾軾。僕本不平人。悲愁眉亦嚬。文苑誤作頻。年來空自老。歲去不知春。未能全詩紀云。一作會。體命。於中欲問津。五噫如適越。十上似遊秦。肌膚積霜露。膂力倦風塵。烏裘日日故。白髮朝朝新。人生感意氣。相知無富貴。懷趙實廉頗。思燕唯樂毅。大文苑作博。選咆咻士。廣募文苑誤作慕。嫖姚尉。映月比刀環。瞻星看劍氣。郢路一迢遠。長楸幾歔欷。渤澥水尚寬。崦嵫日猶未。丈夫志四海。兒女多辭費。待余濟濁河。從君宿清渭。〇文苑英華二百四十七。詩紀

江洪

洪。濟陽人。工屬文。爲建陽令。坐事死。有集二卷。

和巴陵王四詠

採菱曲二首

詩紀云。以下三題藝文並作江淹。今從樂府。○逯按。淥水曲、秋風曲。宋本類聚作江洪。明刻作江淹。又採菱曲。宋、明本俱作江洪。詩紀誤。

風生緑葉聚。波動紫莖開。含花復含實。正待佳人來。○玉臺新詠十。類聚八十二作採菱詩。樂府詩集五十一。詩紀九十一。

白日有清風。輕雲雜高樹。忽然當此時。採菱復相遇。○同上

淥水曲二首

潺湲復皎潔。輕鮮自類聚作尚。可悅。横使有情禽。照影遂孤絶。○玉臺新詠十。類聚四十二。樂府詩集五十九。詩紀九十一。

塵容不忍飾。玉臺作飭。臨池思客樂府作客未。歸。誰能别玉臺作取。類聚作知取。淥水。全取玉臺作無趣。類聚同。浣羅衣。詩紀云。玉臺云。誰能取淥水。無趣浣羅衣。○同上

秋風曲三首

先類聚作光。馮校作先。拂連雲臺。飇入迎風類聚作鑾。殿。已折池中荷。復驅類聚作馳。簷裏燕。○類聚四十二。樂府詩集六十。詩紀九十一。

孀婦悲玉臺作居憎。四時。況在秋閨内。凄葉留晚蟬。玉臺作流晚暉。虚庭吐寒菜。○玉臺新詠十。樂府詩集六十。詩紀九十一。

北牖風摧樂府作催。樹。南籬寒蛩吟。庭中無限月。思婦夜鳴砧。○同上

胡笳曲二首

藏器欲邀樂府作逢。文苑云。一作逢。時。年來不相讓。紅顔征戍兒。白首邊城將。○類聚四十二。文苑英華二百十一。樂府詩集五十九。詩紀九十一。

落日慘無光。臨河獨飲馬。飇颶文苑作颶。類聚作瑟颶。夕風高。聯翩飛雁下。○同上

詠歌姬詩

寶鑷間珠花。分明靚粧玉臺誤作莊。點。薄鬢約微黄。輕紅澹鉛臉。發言芳已馳。復加蘭蕙染。浮聲易傷歎。沈唱安而險。孤轉忽徘徊。雙蛾乍舒斂。不持全示人。半用輕紗掩。○玉臺新詠五。詩紀九十一。

詠舞女詩

腰纖蔑楚媛。體輕非趙姬。映襟闐寶粟。緣肘掛珠絲。發袖已成態。動足復含姿。斜睛玉臺作精。若不眄。嬌玉臺作當。轉復遲疑。何慚雲鶴起。詎減鳳鷲玉臺作鸞。時。〇玉臺新詠五。詩紀九十一。

和新浦侯齋前竹詩

本生出高嶺。移賞入庭蹊。檀欒拂桂橑。蓊葱傍朱閨。夜條風析析。曉葉露凄凄。籜紫春鶯思。筠緑寒蛩啼。不惜淩雲茂。遂聽羣雀棲。願抽一莖實。試看翔鳳來。〇類聚八十九。詩紀九十一。

和新浦侯詠鶴詩

閒園有孤鶴。摧藏信可憐。寧望春臯下。刷羽翫花鈿。何時秋海上。照影弄長川。曉鳴動遥怨。夕唳感孀眠。哀咽芳林右。類聚誤作君。憫默華池邊。猶冀淩雲志。萬里共翩翩。〇類聚九十。詩紀九十一。

爲傅建康詠紅箋詩

雜彩何足奇。惟紅偏作可。初學記作可作。萬花谷同。灼爍類蕖開。輕明似霞破。鏤質卷芳脂。裁花承百和。且傳別離心。復是相思裹。不值初學記作遇。萬花谷作過。情牽玉臺作幸。初學記作精華。萬花谷同。人。豈識初學記作入。

萬花谷同。風流座。○玉臺新詠五作詠紅箋。詩紀九十一。又初學記二十一、萬花谷後二十九並引作、破、和、座四韵。

詠薔薇詩

當户種薔薇。枝葉太葳蕤。不摇香已亂。無風花自飛。春閨不能静。開匣對明妃。曲池浮采采。斜岸列依依。或聞好音度。時見銜泥歸。且對清觴湛。其餘任是非。○玉臺新詠五。

江行詩

日没風光静。遠山清類聚作深。文苑云。一作深。無雲。潮落晚洲出。浪罷沙成文。挾琴上高岸。望月彈明君。去家未千里。斷絶怨文苑作顧。離羣。○類聚二十七作梁江洪詩。文苑英華二百八十九。詩紀九十一。

詠荷詩

澤陂有微草。能花復能實。碧葉喜類聚作憙。翻風。紅英宜照日。移居玉池上。託根庶非失。如何霜露交。應與飛蓬匹。○類聚八十二。詩紀九十一。

詠美人治粧

上車畏不妍。顧眄更斜轉。大玉臺作太。恨畫眉長。猶言顔色淺。○玉臺新詠十。詩紀九十一。

江禄

禄。字彦遐。濟陽人。爲太子洗馬、湘東王録事參軍。後爲唐侯相卒。

津渚敗船詩

可愛木蘭資。可憐丹桂質。逐浪徒言是。乘風還自失。草蔓艒長埋。沙巨舩難出。陸沈成許去。無復乘流日。○類聚七十一。詩紀九十一。

孔燾

燾。仕梁歷刑獄參軍、無錫令。

往虎窟山寺詩

聖情想區外。脂駕出西南。前驅聞鳳管。後乘躍龍驂。爰遊非逸豫。幽谷有靈龕。兼覿息心者。宴坐臨清潭。禪食寧須稼。雲衣不待蠶。蘋荇緣澗壑。蘿葛蔓松楠。鶯林響初轉。春畦蘂廣弘明集作翠。注云。三本作蘂。欲含。惑心隨教遣。法味與恩覃。庶憑八廣弘明集云。宮本作入。解力。永滅六塵貪。○廣弘明集三十。詩紀六十八。

老詩

盛年歌吹日。顧步惜容儀。一朝衰朽至。星星白髮垂。○類聚十八。

孔翁歸

翁歸。會稽人。工爲詩。爲南平王司馬府記室。

奉和湘東王教班婕妤詩

長門與長信。日暮九重空。雷聲聽隱隱。車響絶瓏瓏。類聚、文苑、詩紀作櫳櫳。文苑又云。一作瓏瓏。恩光隨妙舞。團扇逐秋風。鉛華誰不慕。類聚作見。文苑同。又注。一作慕。人意自難終。類聚作同。○玉臺新詠六。類聚三十作班婕妤怨詩。文苑英華二百四作班婕妤怨。樂府四十三作班婕妤怨。詩紀七十。

何子朗

子朗。字世明。思澄宗人。卒於國山令。

學謝體詩

桂臺清露拂。銅陛落花沾。美人紅妝罷。攀鈎卷細簾。思君暫促柱。玉臺誤作擊促織。玉指何纖纖。未應爲此別。無故坐相嫌。〇玉臺新詠五。詩紀九十一。

和虞記室騫古意詩

美人弄白日。灼灼當春牖。清鏡對蛾眉。新花弄玉臺作映。玉手。燕下拾池泥。風來吹細柳。君子何時歸。與我酌樽酒。〇玉臺新詠五。詩紀九十一。

和繆郎視月詩

清夜未云疲。珠玉臺作細。文苑同。簾聊可發。泠泠玉臺作玲玲。玉潭水。文苑作泠泠玉殿外。映見蛾眉月。靡靡露方垂。暉暉玉臺作煇煇。光稍没。佳人復千里。餘影徒揮忽。〇玉臺新詠五。類聚一、文苑英華百五十二作虞騫。詩紀九十一。

沈旋

旋。字士規。約子。累官給事黄門侍郎。撫軍長史。

詠螢火詩

火中初學記作串。變腐草。明滅靡恆調。雨墜弗虧光。陽昇反奪照。泊樹類奔星。集草疑餘燎。望之如可灼。攬之徒有燿。〇初學記三十。文苑英華三百二十九作詠螢。詩紀九十一。

沈趍

趍。字孝鯉。約次子。位黄門郎。

賦得霧詩

窈藹蔽園林。依霏被軒牖。睇有初學記作霧。始疑空。瞻空復如有。遊蛇隱遥漢。文豹棲南阜。既殊三五輝。遠望徒延初學記作回。首。○初學記二。文苑英華百五十六。詩紀九十一。

詠雀詩

肌薄少滋腴。色淺非丹翠。不懼越王羞。寧懷秦后珥。傍簷葺寒草。循場啄餘穗。且欣大厦成。焉須鴻鵠志。○類聚九十二。詩紀九十一。

梁詩卷二十七

費昶

昶。江夏人。善爲樂府。官至新田令。有集三卷。

巫山高

巫山光欲晚。詩紀云。一作曉。陽臺色依依。彼美巖之曲。寧知心是非。朝雲觸石起。暮雨潤羅衣。願解千金珮。請逐大王歸。○玉臺新詠六。樂府詩集十七。詩紀九十二。

芳樹

幸被夕風吹。屢得朝光照。枝低樂府作偃。注云。一作低。文苑云。一作偃。疑欲舞。花開似含笑。長夜路悠悠。所思不可召。行人早旋返。賤妾猶年文苑云。一作年猶。少。樂府云。一作年猶少。○文苑英華二百八。樂府詩集十七。詩紀九十二。

有所思

上林烏欲棲。文苑、樂府作烏欲飛。長門玉臺作安。日行文苑、樂府並云。一作將。暮。所思鬱不見。文苑作已。空想丹墀步。簾動意玉臺作憶。君來。雷聲似車度。北方佳麗子。窈窕能迴顧。夫君自迷惑。非爲妾心妬。○玉臺新詠六。文苑英華二百二。樂府詩集十七。詩紀九十二。

長門怨

向夕千愁類聚作悲。起。自悔類聚作百恨。何嗟及。愁思且歸牀。羅襦方掩泣。絳樹摇風軟。黄鳥弄聲急。金屋貯嬌時。不言君不入。○玉臺新詠六作長門后怨。類聚三十二。樂府詩集四十二。詩紀九十二。

採菱曲

妾家五湖口。采菱五湖側。玉面不關妝。文苑作翠。雙眉詩紀作目。本翠文苑作青。色。日斜天欲暮。風生浪未息。宛在水中央。空作兩相憶。○玉臺新詠六、文苑英華二百八作採菱女。樂府詩集五十一。詩紀九十二。又類聚八十二作採菱詩。引側、色、息三韵。

思公子

公子才氣饒。凌雲自飄飄。東出鬬雞道。西登飲馬橋。夕宴銀爲燭。朝燔桂作焦。虞卿亦何命。窮極苦無聊。○樂府詩集七十四。詩紀九十二。

發白馬白馬。津名。

家本樓煩俗。召募詩紀誤作寡。羽林兒。怖羌角觝戲。習戰昆明池。弓弢不復挽。劍衣恆露鈹。一辭豹尾内。長別屬車垂。白馬今雖發。黄河未結澌。寄言閨中婦。逢春心勿移。〇文苑英華二百九。樂府詩集七十四。詩紀九十二。

行路難二首

君不見長安客舍門。倡家少女名桃根。貧窮夜紡無燈燭。何言一朝奉至尊。至尊離宫百餘處。千門萬户不知曙。惟聞啞啞城上烏。玉闌類聚作蘭。樂府作欄。金井牽轆轤。丹梁翠柱飛流玉臺作屠。樂府同。又注。一作流。蘇。香薪桂火炊雕胡。類聚作彫苽。樂府、詩紀並云。一作苽。當年翻覆無常定。薄命爲女何必類聚作必已。麤。文苑作心已麤。注云。一作必已麤。一作何必麤。〇玉臺新詠九。樂府詩集七十。類聚三十及文苑英華二百並作吴均。詩紀九十二。

君不見人生百年如流電。心中坮壈樂府作坎壈。君不見。我昔初入椒房時。詎減班姬與飛燕。朝踰文苑作踏。注云。一作踰。金梯上鳳樓。暮下文苑作入。注云。一作下。瓊鈎息鸞殿。柏梁玉臺作臺。樂府同。晝夜香。錦帳自飄颺。笙歌棗下曲。玉臺作郗上吹。樂府作膝上吹。文苑云。一作膝上吹。琵琶陌上桑。過蒙文苑作叨。注云。一作蒙。恩所賜。餘光曲霑被。既逢陰后不自專。復值程姬有所避。黄河千年始一清。微軀再逢永無議。文苑作義。注云。一作議。蛾眉偃月徒自妍。傅粉施朱欲誰爲。不如天淵文苑作泉。注云。一作淵。水中鳥。文苑作梟。雙去雙飛文苑作歸。樂府同。長

比翅。文苑作翅。按當作䟦。○玉臺新詠九。文苑英華二百。樂府詩集七十。詩紀九十二。

贈徐郎詩六章

漢水如雞。崑山抵鵲。維皇多士。譬兹珠璞。皎皎名駒。昂昂野鶴。思發泉涌。紙飛雲落。射策除郎。明經拜爵。家盈聲帨。人有丹臒。車載斗量。束之高閣。

並海之斥。奕葉才雄。北鄰稷下。南接淹中。禮無變俗。樂有正風。輿人善誦。君子固窮。坐腰青紫。俯拾三公。

曰子大夫。有聲有度。山東隻立。關西獨步。奮翮高雲。揚鑣遠路。王侯十辟。英傑三顧。貌若斷山。心如武庫。

昔聞舊矣。寤寐詠歌。我刺未書。君驂肯過。愛而不見。獨抱縈波。晨瞻洛汭。夕望江沱。方年已叔。乃遇蕭何。

何用好仁。從遊則變。何用祛鄙。萬頃斯見。子亦絕倫。争驅前彥。斧藻其德。雕龍其絢。

殷勤膠漆。留連琴酒。居徒壁立。嫗亦贏醜。紡績江南。躬耕谷口。庭中三徑。門前五柳。子若彈冠。余當結綬。○文館詞林百五十八。

華光省中夜聞城外擣衣詩

閶闔類聚作閶闔。下重闕。丹墀吐明月。秋氣城中冷。秋砧城外發。浮聲繞雀臺。飄響度龍闕。宛轉何藏摧。當從上路來。藏摧意類聚作方。未已。定自乘軒里。玉臺作裏。詩紀同。乘軒盡世家。佳麗似朝霞。圓類聚作員。璫耳上照。方繡領間斜。衣薰百和屑。鬢插九枝花。昨暮庭槐落。今朝羅綺薄。拂席卷鴛鴦。開幔玉臺作縵。類聚作緼。舒龜鶴。類聚作鵠。韵補同。金波正容與。玉步依砧杵。紅袖往還縈。素腕參差舉。徒聞不得見。獨夜空愁佇。獨夜何窮極。懷之在心惻。玉臺作側。階垂玉衡露。庭舞相風翼。瀝滴流星輝。燦爛長河色。三冬誠足用。五日無糧食。揚雲已寂寥。今君復弦直。○玉臺新詠六。詩紀九十二。又類聚六十七引月、發、闕、摧、來、已、里、家、霞、斜、花、落、薄、鶴、與、杵、舉、佇十八韵。韵補五引薄、鵠二韵。

和蕭記室春旦有所思詩

芳樹發春輝。蔡子望青衣。水逐桃花去。春隨楊柳歸。楊柳何時歸。裊裊復依依。已蔭章臺陌。復掃長門扉。獨知離心者。坐惜春光違。洛陽遠如日。何由見宓妃。○玉臺新詠六。詩紀九十二。

春郊見美人詩

芳郊拾翠人。迴袖捲玉臺作掩。類聚作探。芳春。金輝起步摇。紅采發吹綸。陽陽玉臺作湯湯。蓋頂類聚作傾。詩紀作項。日。飄飄馬足塵。薄暮高樓下。當知妾姓秦。○玉臺新詠六、類聚十八並作春郊望美人。詩紀九十二。

詠照鏡詩

晨暉照杏梁。飛燕起朝粧。留心散廣黛。輕手約花黄。正釵時念影。拂絮且憐香。方嫌翠色故。乍道玉無光。城中皆半額。非妾畫眉長。○玉臺新詠六。

和蕭洗馬畫屏風詩二首詩紀云。蕭子範爲太子洗馬。

陽春發和氣

日静玉臺作淨。班姬門。風輕董賢館。卷耳緣階出。反舌登牆喚。蠶女桂枝鈎。遊童蘇合彈。拂袖當留客。相逢莫相難。○玉臺新詠六。詩紀九十二。

秋夜涼風起

佳人在河内。征夫鎮馬邑。零露一朝團。中夜兩垂泣。氣爽牀帳冷。天寒針縷澁。紅顔本暫時。君還詎相及。○同上

詠人幌風詩

經堂文苑作芳。詩紀云。一作房。汎寶瑟。乘隙動浮埃。鏘金驅響至。舉袂送芳來。能使蘭膏滅。乍見珠簾開。輕

裾試一舉。令子暫遲迴。○初學記一。文苑英華百五十六。詩紀九十二。

王臺卿

臺卿。爲刑獄參軍。與江仲舉、何仲容等。同爲雍州刺史南平王恪門下賓客。

陌上桑四首

鬱鬱陌上桑。盈盈道傍樂苑作陌上。女。送君上河梁。拭淚不能語。○古詩類苑百二十五。詩紀九十三。

鬱鬱陌上桑。遥遥山下蹊。君去戍萬里。妾來守空閨。○同上

鬱鬱陌上桑。皎皎雲間月。非無巧笑姿。皓齒爲誰發。○同上

鬱鬱陌上桑。㠯㠯機頭絲。君行亦宜返。今夕是何時。○同上

陌上桑詩紀云。一云採桑。玉臺作蕭子顯。

令月開和景。處處動春心。挂類聚作桂。筐須葉滿。息倦重枝陰。○類聚八十八作詠陌上桑詩。樂府詩集二十八。詩紀九十三。

雲歌

玉雲初度色。金風送影來。全生疑魄暗。半去月時開。欲知無處所。一爲上陽臺。○樂府詩集八十六。詩紀九

十三。

一旦歌

一旦被頭痛。避頭還着牀。自無親伴侶。誰當給水漿。匍匐入山院。正逢虎與狼。對虎低頭啼。垂淚淚千行。○樂府詩集八十六佚作者名。次王臺卿詩後。詩紀九十三。

和簡文帝賽漢高祖廟詩

沐芳事椒醑。類聚作糈。駕言遵壽宮。瑶臺斜接岫。玉殿上凌空。樹出垂巖影。竹引帶山風。階長霧難歇。窓高雲易通。所悲樽俎撤。按歌曲未終。○類聚七十九。詩紀九十三。

奉和望同泰寺浮圖詩 詩紀云。和簡文。下同。

朝光正晃朗。涌廣弘明集作踊。注云。明本作涌。塔標千丈。儀鳳異靈烏。金盤代仙掌。積栱成廣弘明集作承。注云。明本云。一作成。雕桷。高簷挂珠網。寶地若池沙。風鈴如樹廣弘明集作積。注云。明本作樹。響。刻削生千變。丹青圖萬象。煙霞時出没。神仙乍來往。晨霧半層生。飛幡接雲上。遊蜺不敢息。翔鵾詎能仰。讚善資哲人。流詠歸明兩。願假舟航末。彼岸誰云廣。○廣弘明集三十。詩紀九十三。又類聚七十六引丈、掌、網、響、象、往、上七韵。

奉和往虎窟山寺詩

我王宗勝道。駕言從所之。輜軒轉朱轂。驪馬躍青絲。清渠影高蓋。遊樹拂行旗。賓徒紛雜沓。景物共依遲。飛梁通澗道。架宇接山基。叢花臨逈砌。分廣弘明集云。明本作紛。流繞曲墀。誰言非勝境。雲山獨在玆。塵情良易著。廣弘明集作遣。注云。三本、宮本作著。道性故難緇。承恩奉教義。方當弘受持。○廣弘明集三十。詩紀九十三。

奉和泛江詩

春江下白帝。畫舸向黃牛。錦纜迴沙磧。蘭橈避荻洲。濕花隨水泛。空巢逐樹流。建平船柹下。荆門戰初學記誤作載。艦浮。岸社初學記誤作杜。多喬木。初學記作羣樹。文苑同。山城足初學記作是。迥文苑作廻。樓。日落江風靜。龍吟迴文苑作迴。上游。○初學記六作周庾信。文苑英華百六十二作庾信。詩紀九十三。又類聚八作泛江詩。引牛、洲、流、樓四韵。

山池應令詩詩紀云。和簡文。

歷覽周仁智。登臨歡豫多。穿渠引金谷。闢道出銅駝。長橋時跨水。曲閣乍臨波。巖風生竹樹。池香出芰荷。石幽銜細草。林末度橫柯。○類聚九。詩紀九十三。

詠風詩

浸淫類聚誤作望。不可識。文苑作議。去來非有情。乍見珠簾捲。時覺洞房清。暫拂蘭池上。瀲淡玉波類聚誤作塵。生。一辨詩紀作辯。雄雌異。還惡庶人輕。○類聚一。文苑英華百五十六。詩紀九十三。

詠箏詩

依歌時轉韻。按曲動花鈿。促調移輕柱。亂手度繁絃。惟有高秋月。秦聲未初學記作獨。可憐。○類聚四十四。初學記十六。文苑英華二百十二。詩紀九十三。

同蕭治中十詠二首

蕩婦高樓月

空庭玉臺作度。高樓月。非復三五圓。玉臺作五三年。何須照牀裏。終是一人眠。○玉臺新詠十。詩紀九十三。

南浦別佳人

斂容送君別。一斂無開時。只應待相見。還將笑解眉。○同上

詠水中樓影詩 詩紀云。和簡文。

飄飄似雲度。亭亭如蓋浮。熟看波不動。還是映高樓。○類聚六十三。詩紀九十三。

臨滄波詩

高軒臨不測。清江窮廣深。天邊生岸影。水上結雲陰。風來白華起。潮滿黃沙沈。○類聚八。詩紀九十三。

王冏

冏。南徐州治中。有集三卷。

長安有狹邪行

名都馳道傍。華轂亂鏘鏘。道逢佳麗子。問我居何鄉。我家洛川上。甲第遥相望。珠扉玳瑁牀。綺席流蘇帳。大子執金吾。次子中郎將。小子陪金馬。遨遊蔑卿相。三子俱休沐。風流鬱何壯。三子俱會同。肅雍多禮讓。三子俱還室。絲管紛寥亮。大婦裁舞衣。中婦學清唱。小婦窺鏡影。弄此朝霞狀。佳人且少留。爲君繞梁唱。○樂府詩集三十五。詩紀九十三。

奉和往虎窟山寺詩詩紀云。和簡文。

美境多勝迹。道場實兹地。造化本靈奇。人功兼製置。房廊相映屬。堦閣並殊廣弘明集云。宋本、宮本作珠。異。高明留睿賞。清淨廣弘明集作静。注云。三本、宮本作浄。穆神思。豫遊窮嶺廣弘明集云。三本、宮本作領。歷。藉此方春至。野花奪人眼。山鶯紛可喜。風景共鮮華。水石相輝媚。法像無塵染。真僧絶名利。陪遊既伏心。聞道方刻意。○廣弘明集三十。詩紀九十三。

朱超

超。仕梁爲中書舍人。有集一卷。

採蓮曲

豔色前後發。緩檝去來遲。看妝礙荷影。洗手畏菱滋。摘除蓮上葉。挖出藕中絲。湖裏人無限。何日滿船時。○樂府詩集五十。詩紀九十三。

贈王僧辯詩

故人總連率。方舟下漢池。玉節交横映。金鐃詩紀作繞。前後吹。聚圖匡漢業。傾産救韓危。昔時明月夜。蔭羽切高枝。沖天勢已遠。控地力先疲。各言獻捷後。幾處泣生離。○文苑英華二百四十七。詩紀九十三。

別劉孝先詩

詩紀云。詩彙作何遜者非。

疲痾積未瘳。伏枕倦文苑作捲。長愁。復念夜分首。文苑作手。江上值徂秋。陰凝變遠色。落葉泛寒流。繁霜積曉纜。輕冰文苑作水。繞夜舟。曳裾出兔苑。引領望龍樓。勿念荆臺側。無爲戚情文苑云。情一作成。遊。○文苑英華二百六十六。詩紀九十三。

別席中兵詩

數年共棲類聚作遊。文苑云。一作遊。息。一旦各聯翩。莫論行近遠。終是隔山川。長波漫不極。高岫鬱相連。急風亂還鳥。輕寒靜暮蟬。扁舟已入浪。孤帆漸逼天。停車對空渚。悵類聚作長。文苑、詩紀云。集作長。望轉依然。○類聚二十九作朱超道。文苑英華二百六十六作道別席中兵。詩紀九十三。

夜泊巴陵詩

月夜三江靜。雲霧四邊收。淤泥不通挽。寒浦劣容舟。迴風折長草。輕冰斷細流。古村空列樹。荒戍久無樓。○類聚二十七作泊巴陵詩。文苑英華二百八十九。詩紀九十三。

歲晚沈痾詩

風將夜共静。空與月俱明。燭滴龍猶伏。罏開鳳欲驚。葉飛林失影。冰合澗無聲。太息興牀念。寧敢離衣行。唯畏殘藤盡。不聞桴鼓鳴。○類聚七十五作朱超道。詩紀九十三。

對雨詩

當夏苦炎埃。習静對花臺。落照依山盡。浮涼帶雨來。重雲吐文苑作出。萬花谷同。飛電。高棟響行雷。灑樹輕花發。滴沼細萍開。汎沫文苑作泳。縈類聚誤作榮。堦草。奔流起砌苔。無因假輕蓋。徒然想上才。○初學記二。文苑英華百五十三。詩紀九十三。又類聚二引臺、來、雷、開、苔五韵。萬花谷後一作朱超詩。引雷、開二韵。

詠同心芙蓉詩

青山麗朝景。玄峯朗夜文苑作月。光。未及清池上。紅蕖並出房。日分雙蔕類聚作帶。影。風合兩花香。魚驚畏蓮折。龜上礙荷長。雲雨留文苑作流。輕潤。草木隱嘉祥。徒歌涉江文苑作江上。曲。誰見緝爲裳。○類聚八十二。文苑英華三百二十二。詩紀九十三。

奉和登百花亭懷荆楚詩詩紀云。和元帝。

亭高登望極。春心遠近同。莫恨荆臺隱。雲行不礙空。柳色浮新翠。蘭心帶淺紅。若因鵬舉便。重上龍門中。〇文苑英華三百十五作朱超道。詩紀九十三。

賦得蕩子行未歸詩 詩紀云。藝文作朱越。玉臺作朱超道。

坐樓愁出望。息意不思春。無奈園中柳。寒時已報人。捉梳羞理鬢。挑朱懶向脣。何當上路晚。風吹還騎塵。〇類聚三十二作朱越。詩紀九十三。

舟中望月詩

大江闊千里。孤舟無四鄰。唯餘故樓月。遠近必隨人。入風先初學記作光。遶暈。排霧急移輪。若教長似扇。堪拂豔歌塵。〇初學記一。文苑英華百五十二。詩紀九十三。

詠孤石詩

侵霞去日近。鎮水激流分。對影疑雙闕。孤生若斷雲。遏風静華浪。騰煙起薄曛。雖言近七嶺。獨立不成羣。初學記作獨高成不羣。〇初學記五。文苑英華百六十一作孤石。詩紀九十三。

詠鏡詩

折花須自插。不用暫臨池。當由可憐面。偏與鏡相宜。安釵釧獨響。刷鬢袖俱移。唯餘心裏恨。影中恆不知。〇類聚七十作朱超道。詩紀九十三。

詠貧詩

觸途皆可試。惟貧獨未安。窓開兩片月。霜足一重寒。藁初學記作蒿。濕鋪牀冷。荷脆補衣難。若言爲客易。推劍與君彈。〇類聚三十五。初學記十八作梁朱异。詩紀九十三。

詠剪綵花詩

淺深依樹色。舒卷聽人裁。假令春已度。終住手中開。〇類聚八十八。詩紀九十三。

城上烏詩

朝飛集帝初學記作麗。城。猶帶詩紀云。一作作。夜啼聲。近日毛雖煖。聞弦心尚驚。〇類聚九十二。初學記三十作詠城上烏詩。樂府詩集二十八作城上烏。詩紀九十三。

詠獨栖烏詩

河水聞寒已成凍。塞草愁霜懸自衰。可念無端失林鳥。此夜逆風何處歸。列網遮山不聽度。懸冰繞樹滑難依。細石似燕能隨雨。片木作鳶猶解機。但令積風多少便。何患有翼不能飛。寄詩紀誤作奇。語故林無數鳥。會入羣裏比毛衣。○類聚九十。詩紀九十三。

詩

惟餘故樓月。遠近必隨之。○草堂詩箋十七詩注。

戴暠

驅馬篇

神哉彼泰山。五岳專其名。隆高貫雲霓。嵯峨出泰清。流六二候間。文苑云。此句疑。高置十二亭。上有涌醴泉。玉石揚華英。東北望吴野。西望觀日精。王者已歸天。效厥元功成。○文苑英華三百四十四。

釣竿

試持玄渚釣。暫罷池陽獵。翠羽飾長綸。蘘文苑作藻。花裝小艓。類聚作艓。鈎類聚作鉅。樂府同。利斷蓴絲。帆類聚作汎。樂府同。舉牽菱劉集作綸。葉。聊劉集作聯。載前魚童。還看後舟妾○劉孝威集。類聚四十一。文苑英華二百十作劉孝威。樂府詩集十八。詩紀九十三。

君子行

晝野依德星。開鄽對廉水。接越稱交讓。連樹名君子。數非唯二失。升階無三止。探甑不疑類聚作凝。塵。正冠還避李。寄言蘧伯玉。無爲嗟獨恥。○類聚四十一。樂府詩集三十二。詩紀九十三。

從軍行

長安夜刺閨。文苑、詩紀並云。夜警按刺於門下。胡騎白銅鞮。詔書發隴右。召募取關西。劍懸三尺鞘。鎧累樂府作暴。七重犀。督軍鳴戰鼓。巡樂府作逡。文苑作逴。夜數更鞞。侵星出文苑作向。柳塞。際晚文苑作暗。入榆溪。秦涇含藥鴆。詩紀作鳩。晉火逐飛鷄。通文苑作逼。泉開文苑云。一作通。地道。望敵竪雲梯。陰山日不暮。類聚作著。文苑云。一作著。長城風自凄。弓寒折錦鞬。文苑、詩紀並云。馬凍滑斜蹄。燕旗詩紀作騎。竿上脆。樂府作晚。羌笛文苑作吹。注云。一作笛。管中嘶。登山試文苑作成。注云。一作試。下趙。憑軾且平齊。當今文苑作令。函谷上。唯用類聚作見。樂府同。一丸泥。○文苑英華百九十九。樂府詩集三十二。詩紀九十三。又類聚四十一作從軍詩。引鞮、西、犀、溪、凄、蹄、齊、泥八韵。

煌煌京洛行

欲知佳麗地。爲君陳帝京。由來稱俠窟。争利復争名。鑄銅門外馬。刻石水中鯨。黑龍過飲渭。丹鳳俯臨城。羣公邀類聚作惡。文苑云。一作惡。郭解。天子問黄瓊。詔幸平陽第。樂府作地。騎指伏波營。五侯同拜爵。七貴各垂纓。衣風飄飄起。車塵暗浪生。舞見淮南法。歌聞齊后聲。揮金留客坐。饌玉待鐘鳴。獨有文園客。類聚作令。文苑云。一作令。偏嗟武騎輕。○文苑英華百九十二。樂府詩集三十二。詩紀九十三。又類聚四十二引京、名、鯨、城、瓊、營、纓、聲、輕九韵。

月重輪行

皇基屬明兩。文苑作朗。副德表重輪。重輪文苑作輪重。非是暈。桂滿自恆春。海珠含文苑作全。更減。類聚作全更減。文苑云。一作滅。階蓂翳且新。婕妤比類聚作譬。團扇。曹王譬類聚作比。洛神。浮川疑讓詩紀云。一作滾。璧。入户類燒銀。從來看顧兔。不曾聞鬭麟。北堂豈盈手。西園偏文苑作徧。照人。○初學記一作戴嵩。文苑英華百九十三作月重輪。樂府詩集四十。詩紀九十三。又類聚四十二作月重輪篇。引輪、春、新、神、人五韵。

神仙篇

徒聞石爲火。未見坂停丸。暫數盈虚月。長隨晝夜瀾。辭家試學道。逢師得姓韓。閬山金静室。蓬丘銀露壇。安平醖仙酒。渤海轉神丹。初飛喜退鳳。新學法乘鸞。十芒生月腦。六燄起星肝。流詩紀云。一作飛。樂府闕流字。瓊播疑俗。信玉類陽官。玄都宴晚集。紫府事朝看。謝手今爲别。進憐此俗難。○樂府詩集六十四。詩紀九十三。

車馬行

鞏洛風塵處。冠蓋相填咽。類聚作憤噎。多稱魏其冷。競隨田蚡熱。輪趣白虎第。珂聚黄金穴。獻酒悉葡萄。詶言盡飛鐵。東都虵已鑄。西山綬應結。朝詩紀誤作期。集類蒸煙。晚至如吹雪。子雲爾御覽作亦。何事。門巷無車轍。○類聚七十一。詩紀九十三。又御覽七百七十三作載嵩。引雪、轍二韻。

度關山

昔聽隴頭吟。平居已流涕。今上關山望。長安樹如薺。千里非鄉邑。四海皆樂府作百姓爲。文苑云。一作百姓爲。兄弟。軍中大體自文苑作共。注云。一作自。相褒。其間得意各分文苑作爲。曹。博陵輕俠皆無位。文苑作爲。幽州重氣本多豪。馬銜文苑作肥。注云。一作啣。苜蓿葉。劍瑩樂府作寶。注云。一作瑩。鸊鵜文苑作鷁。膏。初征心未習。文苑作息。樂府云。一作息。復值鴈飛入。山頭看月近。文苑作高。注云。一作近。草上知風急。笛喝文苑作揭。注云。一作喝。曲難成。笳繁響還澁。武帝初文苑作信。注云。一作初。承平。東伐復西文苑作南。注云。一作西。征。薊門海作塹。榆塞冰爲城。催令四校出。倚望三邊平。箭服文苑作箙。朝來動。刀環臨陣鳴。將軍一百戰。都護文苑作尉。注云。一作護。五千兵。且決雄雌眼前利。誰道功名身後事。丈夫意氣本自然。來時辭第已聞天。但令此身類聚作心。與文苑作心此。命在。不持文苑作交。注云。一作持。按作交是。烽火照甘泉。○文苑英華百九十八。樂府詩集二十七。詩紀九十三。又類聚四十二引涕、薺、弟、征、平、然、天、泉八韻。

詠欲詩紀作歌。眠詩

拂枕薰紅帊。迴燈復解衣。傍邊知夜永。玉臺作久。不喚定應歸。○玉臺新詠十。詩紀九十三。

阮研

研。字文機。陳留人。梁交州刺史。

櫂歌行

芙蓉始出水。緑荇葉初鮮。且停白雪和。共奏激楚絃。平生此遭遇。一日當千年。○樂府詩集四十。詩紀九十三。

庾丹

丹爲桂州刺史蕭朗記室。以直諫被害。

秋閨有望詩詩紀云。律祖作庾肩吾者非。○下同。

耿耿横天漢。飄飄出岫雲。月斜樹倒影。風至水迴文。已泣機中婦。復悲堂玉臺作牀。上君。羅襦曉長襞。翠被夜徒薰。空汲銀床井。誰縫金縷裙。所思竟不至。持酒玉臺作空持。清夜分。○玉臺新詠五。詩紀九十二。

夜夢還家詩

歸飛夢所憶。共子汲寒漿。銅瓶素絲綆。綺井白銀牀。雀出丰茸樹。蟲飛玳瑁梁。離人不相見。争玉臺作難。

忍對春光。〇玉臺新詠五。詩紀九十二。

謝瑱

瑱。仕梁爲東陽郡丞。有集八卷。

和蕭國子詠柰花詩

俱榮上節初。獨秀高秋晚。吐緑變衰園。舒紅摇落苑。不逐奇幻生。寧從吹律暄。幸同瑶華折。爲君聊贈遠。〇初學記二十八。詩紀九十四。

陸璉

璉。里系未詳。曾仕於齊。梁武帝詔修五禮。以璉及賀瑒、嚴植之、明山賓、沈宏爲五經博士。有軍禮儀注百九十卷、録一卷。

齊皇太子釋奠詩九章

側觀遥册。歷選皇年。惟靈御極。惟睿奉天。情機散古。文象聿宣。雲鳥踳駕。教思蟬聯。

太明在運。帝功泉塞。端飾寶命。化垂人則。業敷七政。訓弘三德。昭圖總軌。道清萬國。

振領還風。提綱息僞。愛孚應遠。仁治祥被。六幽暢波。八埏藻義。煙烟開禎。山河囧瑞。

祚休長運。卜永聯慶。於穆儲徽。儀震麗正。妙智夙昭。神泉獨鏡。譽宣詩史。道協鏞詠。

業崇敬達。師嚴教尊。清淳璧水。赫奕黌門。斌斌翐藉。秩秩德言。合情飾皃。導本歸源。

憲章祀典。宗聖維靈。犧牷釗潔。盥薦肅誠。樂和初奏。禮備未貞。風輝克廣。至德維馨。

敬周獻畢。卽宴庠宮。霜庭秀日。邃宇恬風。陳儀就位。濟濟雍雍。澤宮慶普。心陶樂融。

灼灼宰傅。英英藩哲。絺綵飛聲。騰光代翼。髦彥連華。才奇映列。貂佩陸離。巾衮容裔。

粹景貞暉。雲露延和。顯仁性始。藏用生波。乘虞入幸。沐羕溟河。巡崖悪慮。抃藻傾歌。○文館詞林百六十作南齊陸璉。

鄧鏗

鏗。梁平西將軍元起子。

和陰梁州雜怨詩

別離雖未久。遂如長別離。類聚、詩紀並作暫別猶添恨。何忍別經時。叢桂頻銷葉。庭樹幾攀枝。君言妾貌改。妾畏君心移。終須一相見。併得兩相類聚作心。知。○玉臺新詠八。類聚三十二作閨怨詩。詩紀九十四。

奉和夜聽妓聲詩

燭華似明月。鬟影勝飛橋。妓兒齊鄭樂。玉臺作舞。爭妍學楚腰。新歌自作曲。舊瑟不須調。衆中俱不笑。座上莫相撩。〇玉臺新詠八。詩紀九十四。

月夜闈中詩

闈中日已暮。樓上月初華。樹陰緣砌上。窗影向牀斜。開帷傷隻鳳。吹燈惜落花。類聚作開屏寫密樹。卷帳照垂花。誰能當此夕。獨處類倡家。〇類聚三十二。詩紀九十四。

梁宣帝蕭詧

詧。字理孫。昭明太子統第三子。普通中。封曲江縣公。中大通中。進封岳陽郡王。領會稽太守。歷宣惠將軍。知戍石頭事。琅邪、彭城二郡太守。東揚州刺史。中大同初。除持節。都督雍、梁等州。西中郎將。雍州刺史。太清中。拒命不受代。尋稱藩于魏。魏立爲梁王。于襄陽承制。及元帝敗没。建號於江陵。改元大定。在位八年。謚曰宣皇帝。有集十卷。

建除詩

建國惟神業。十世本靈長。除苛逾漢祖。徯后類殷湯。滿盈既虧度。否運理還康。平階今復覩。德星行見祥。定寇資雄畧。静亂屬賢良。執訊窮郢魯。弔伐徧徐揚。破敵勳庸盛。佩紫日懷黄。危苗既已竄。妖沴亦云亡。成功勒雲類聚作云。社。治定理要荒。收戢歸農器。牧馬恣蒭場。開山接梯路。架海擬山梁。閉類聚作閈。慾同彭老。延壽等東皇。○類聚五十六。詩紀七十一。

迎舍利詩

釋迦稱散體。多寶號金軀。白玉誠非比。黄金良莫踰。變見絶言象。端異乃冥符。靈知雖隱顯。妙色豈榮枯。唯當千劫後。方成無價珠。○類聚七十六。詩紀七十一。

麈尾詩

匣上生光影。毫際起風流。本持談妙理。寧是用椎類聚作攉。牛。○類聚六十九。詩紀七十一。

詠紙詩

皎白猶霜雪。方正若布棋。萬花谷作碁。詩紀云。一作基。宣情且記事。寧同魚網時。○初學記二十一。萬花谷後二十一。詩紀七十一。

牀詩

衡山白玉鏤。漢殿珊瑚支。踞膝申久坐。屢好爲頻移。○初學記二十五。詩紀七十一。

詠弓詩

虞人招不進。繁氏久稱初學記作彌。工。已悲軒主跡。復挹楚王風。○初學記二十二。御覽三百四十七。詩紀七十一。

詠履詩

雙見待初學記缺待字。聲宣。並飛時表異。處卑彌更妍。常安豈悲墜。○初學記二十六。詩紀七十一。

大梨詩

大谷常流稱。南荒本足珍。緑葉已承露。紫實復含津。○初學記二十八。文苑英華三百二十六作梨。詩紀七十一。

詠百合詩

接葉有多種。開花無異色。含露或低垂。從風時偃抑。甘菊愧仙方。藂蘭謝芳馥。○類聚八十一引色、抑二韵。韵補五引抑、馥二韵。詩紀七十一。

詠蘭詩

折莖聊可佩。入室自成芳。開花不競節。含秀委微霜。○初學記二十七。文苑英華三百二十七作蘭。詩紀七十一。

梁詩卷二十八

聞人倩

春日詩

高臺動春色。清池照日華。綠葵向光轉。翠柳逐風斜。林有驚心鳥。園多奪目花。相與咸知節。歎子獨離家。人行玉臺作行人。今不返。何勞空折麻。○玉臺新詠八。詩紀九十四。又類聚三、初學記三、文苑英華百五十七俱引華、斜花、家四韵。

沈君攸

採桑

南陌落花文苑作光。樂府同。移。蠶妾畏桑萎。逐便牽低葉。争多避小枝。摘駛籠行滿。攀高腕欲疲。看金怯舉意。求心自可知。○文苑英華二百八。樂府詩集二十八。詩紀九十三。

採蓮曲

平川映晚樂苑作曉。霞。蓮舟泛浪華。衣香隨岸遠。荷影向流斜。度手牽長柄。轉檝避疎花。還船不畏滿。歸路詎嫌賒。○樂府詩集五十。詩紀九十三。

薄暮動弦歌

柳谷向夕沈餘日。蕙樓臨砌徙斜光。金户半入藂林影。蘭徑時移落蘂香。絲繩玉壺傳綺席。秦筝趙瑟響高堂。舞裙拂履喧珠珮。歌響出扇繞塵梁。雲邊雪飛絃柱促。留賓但須羅袖長。日暮歌鍾恆不倦。處處行樂爲時康。○樂府詩集七十四。詩紀九十三。

羽觴飛上苑

上路薄晚風塵合。禁苑初春氣色華。石徑斷絲闌蔓草。山流細沫擁浮花。詩紀云。外編作槎。魚文熠爚含餘日。鶴蓋低昂照落霞。隔樹銀鞍喧寶馬。分衢玉軸樂府作馱。動香車。車馬處處盡成陰。班荆促席對芳林。藤杯屢動情仍暢。翠樽引滿趣彌深。山陽倒載非難得。宜城醇醞促須斟。半醉驪歌應可奏。上客莫慮擲黄金。○樂府詩集七十四。詩紀九十三。

桂楫泛河中

黄河曲注樂府作渚。通千里。濁水分流引八川。仙查逐源終未極。蘇亭樂府、詩紀云。一作漢帝。遺跡上樂府作尚。難遷。眇眇雲根侵遠樹。蒼蒼水氣合樂府作雜。注云。一作合。遥天。波影雜霞無定色。湍文觸岸不成圓。赤馬青龍樂府、詩紀並云。一作驪。交出浦。飛雲蓋海遠凌煙。蓮舟渡沙轉不礙。桂檝距浪弱難前。風急金烏翅自轉。汀長錦纜影微懸。榜人欲歌先扣枻。津吏猶醉强持船。河隄極望今如此。行杯落葉詎虛傳。○樂府詩集七十四。詩紀九十三。

雙燕離

雙燕雙飛。雙情相樂府作想。思。容色已改。文苑作自故。故文苑作心。心不衰。雙入幕。雙出帷。文苑作闈。注云。一作帷。秋風去。春風歸。幕上危。雙燕離。銜羽一別涕泗垂。夜夜孤飛誰相知。左回右顧還相慕。翩翩桂水不忍渡。文苑作度。懸目挂心思越路。縈鬱摧折文苑作拆。意文苑云。一有終字。不泄。願作鏡文苑作孤。鸞相對絶。文苑作鏡中絶。注云。一作鏡鸞相對絶。樂府云。一作鸞對鏡絶。武本願作鏡鸞相對絶。○文苑英華二百六。樂府詩集五十八。詩紀九十三。

賦得臨水詩

開筵臨桂水。攜手望桃源。花落圓文出。風急細流翻。光浮動岸影。浪息累沙痕。滄波文苑作浪清。自可悦。濯纓何用論。○初學記六。文苑英華百六十三。詩紀九十三。

同陸廷尉驚早蟬詩

日暮野風初學記作花。生。林蟬候節鳴。望枝疑數處。尋空定一聲。地幽吟不斷。葉動噪羣驚。獨有河陽令。

偏嫌秋翅輕。○初學記三十。文苑英華三百三十。詩紀九十三。

待夜出妓詩

簾間月色度。燭定妓文苑誤作岐。成行。迴身釧玉動。頓履珮珠鳴。低衫拂鬟影。舉扇起歌聲。匣中曲猶奏。掌上體應輕。○初學記十五。文苑英華二百十三作夜出妓。萬花谷後三十二作沈君攸詩。詩紀九十三。

詠冰應教詩

日華照冰彩。灼爍自相明。陰潭欲半解。陽岸已全輕。未釋苔文隱。將銷草氣生。稍得觀魚上。非獨見孤驚。儻逢魏后術。當驗可爲城。○初學記七。詩紀九十七。

施榮泰

王昭君

垂羅下椒閣。舉袖拂胡塵。唧唧類聚作卽卽。文苑作寂寞。又注。一作唧唧。撫心歎。蛾眉誤殺人。○玉臺新詠十。類聚三十。文苑英華二百四作昭君怨。樂府詩集二十九。詩紀九十三。

雜詩

趙女修麗姿。燕姬正容飾。妝成桃毁紅。黛起草慙色。羅裙數十重。猶輕一蟬翼。不言縠袖輕。專歎風多力。鏘珮玉池邊。弄笑銀臺側。折柳貽目成。採玉臺作插。蒲贈心識。來時嬌未盡。還去媚何極。○玉臺新詠四。詩紀九十三。

高允生

王子喬行

仙化非常道。其義出自然。王喬誕神氣。白日忽升天。晻曖御雲氣。飄飄文苑作飄。樂府同。乘長煙。寄想崆峒外。翱翔宇宙間。七月有佳期。文苑作節。樂府同。又注。一作期。控鶴崇崖巔。永與時人别。一去不復旋。文苑作還。○文苑英華三百三十二。樂府詩集二十九。詩紀九十三。

百里奚歌

羇旅入秦庭。始得收顯曜。釋褐出輜車。卓爲千乘道。豔色進華容。繁弦發徵樂府作微。調。居貴易素心。翻然忘久要。裝金五羊皮。寫情陳所告。豈徒望自傷。念君無定操。○樂府詩集八十三。詩紀九十三。

王循

晨風行

霧開九曲濆。風起千金堤。岸回分野逕。林際成牛蹊。鳬隨落潮去。日傍綺霞低。望日輕舟隱。瑟瑟遠寒樂府作蹇。悽。還眺小平急。宴語方難齊。○樂府詩集六十八。詩紀九十三。

房篆

金樂歌

前溪文苑作漢。流碧文苑作璧。水。後渚映青天。登臺臨寶鏡。開窓對綺錢。玉顔光粉色。文苑作耀光彩。羅袖拂金鈿。春風散輕蝶。明月映新蓮。摘花競時侶。催指文苑作栢。及芳年。○文苑英華百九十三作會樂歌。樂府詩集七十四。詩紀九十三。

裴憲伯

朱鷺

秋來懼寒勁。歲去畏冰堅。羣飛向葭下。奮羽欲南遷。暫戲龍池側。時往鳳樓前。所歎恩光歇。不得久聯翩。○文苑英華二百六。樂府詩集十六。詩紀九十三。

車榖

隴頭水

隴頭征人別。隴水流聲咽。只爲識君恩。甘心從苦節。雪凍弓弦斷。風鼓旗竿折。獨有孤雄劍。龍泉字不滅。○文苑英華百九十八。樂府詩集二十一。詩紀九十三。

洛陽道

洛陽道八達。洛陽城九重。重關如隱起。雙闕似芙蓉。王孫重行樂。公子好遊從。別有傾人處。佳麗夜相逢。○文苑英華百九十二。樂府詩集二十三。詩紀九十三。

驄馬

驄馬鏤金鞍。柘彈落金丸。意欲驂驔樂府作趁趣。走。先作野遊盤。平明發下蔡。日中過上蘭。路遠行須疾。非是畏人看。○文苑英華二百九。樂府詩集二十四。詩紀九十三。

車遥遥

車遥遥兮馬洋洋。追思君兮不可忘。君安逝玉臺作遊。樂府同。兮西入秦。願將微影玉臺作願爲影兮。隨君身。君在陰兮影不見。君仰日月玉臺作君依光兮。妾所願。○玉臺新詠九作傅玄車遥遥篇。樂府詩集六十九。詩紀九十三。

姚翻

同郭侍郎採桑詩

鴈還高柳北。春歸洛水南。日照茱萸領。風搖翡翠篸。詩紀云。一作簪。桑間視欲暮。閨裏遽飢蠶。相思君助取。相望妾那堪。○玉臺新詠六。樂府詩集二十八作採桑。詩紀九十三。

代陳慶之美人爲詠詩

臨粧欲含涕。羞畏家人知。還代玉臺作持。粉中絮。擁淚不聽垂。○玉臺新詠十。詩紀九十四。

夢見故人詩

覺罷方知恨。人心定不同。誰能對角枕。長夜一邊空。○玉臺新詠十。詩紀九十四。

有期不至詩

黄昏信使斷。銜怨心悽悽。迴燈向下榻。轉面闇中啼。○玉臺新詠十。詩紀九十四。○逯按。以上三首。詩紀編入劉令嫻詩。非是。

李鏡遠

詠日詩

始臨東岳觀。俄升若木枝。萍實詎儔彩。合扇且慙規。北林耿初曜。圓類聚作員。初學記、文苑同。窗鑒早曦。初學記作離。照庭餘雪盡。映簷溜滴文苑作滴溜。垂。徘徊匝花樹。煜爚滿春池。柳陰裁靡靡。初學記作才歷歷。文苑作纔歷歷。簾影復離離。曾泉豈亭舍。文苑、詩紀並云。淮南子曰。日至曾泉。是爲早食。桑榆初學記作樹。忽在斯。迴戈安得中。長繩不可羈。沖情愛景落。清宴惜光馳。温暉徒已荷。深心竊自知。○類聚一作李鏡遠詩。初學記一、文苑英華百五十一並作日詩。詩紀九十三。

蜨蝶行

青年樂府作青春。已布澤。微蟲應節歡。朝出南園裏。暮依華葉端。菱舟追或易。風池度更難。羣飛終不遠。還向玉階蘭。○樂府詩集六十一。詩紀九十三。

鮑子卿

詠畫扇詩詩紀云。玉臺新本作高爽者非。今從舊本。下同

細絲本自輕。弱彩何足眄。直爲發紅顔。謬成握中扇。乍奉長門泣。時承柏梁宴。思粧玉臺作莊。開已

掩。歌容隱而見。但畫雙黄鵠。玉臺作鶴。莫畫玉臺作作。類聚同。孤飛燕。○玉臺新詠五。類聚六十九作高爽。詩紀九十四。

詠玉墄詩詩紀云。玉臺新本作何子朗者非。

玉墄已夸麗。復得臨紫微。北户接翠幄。南路抵玉臺作低。金扉。重疊通日影。參差藏月輝。輕苔染珠履。微澱詩紀作潋。拂詩紀作沸。注云。一作吹拂。羅衣。獨笑崑山曲。空見青鳧飛。○玉臺新詠五。詩紀九十四。

王樞

古意應蕭信武教詩

朝取飢蠶食。夜縫千里衣。復聞南陌上。日暮採蓮歸。青苔覆寒井。紅藥間青薇。玉臺作微。人生樂自極。良時徒見違。何由及新燕。雙雙還共飛。○玉臺新詠五。詩紀九十四。

至烏林村見採桑者因有贈玉臺作聊以贈之。詩

遥見提筐下。翩妍實端妙。將去復迴身。欲語先爲笑。閨中初别離。不許覓新知。空結茱萸帶。敢報木蘭枝。○玉臺新詠五。詩紀九十四。

徐尚書座賦得阿憐詩

紅蓮披早露。玉貌映朝霞。飛燕啼妝罷。顧插步搖花。玉臺作顧步插餘花。溘匝金鈿滿。參差繡領斜。暮還垂瑤帳。香燈照九華。○玉臺新詠五。詩紀九十四。

湯僧濟

詠渫井得金釵詩

昔日類聚作者。詩紀同。倡家女。摘花露井邊。摘花還自插。類聚作比。初學記、御覽同。照井類聚作插照。初學記、御覽同。還自初學記作天。憐。窺窺終不罷。御覽作已。笑笑自成妍。寶釵於初學記作從。詩紀云。一作從。此落。從來非一玉臺作不憶。年。翠羽成泥去。金色尚如先。類聚作鮮。詩紀同。此人今何玉臺作不。初學記、御覽同。在。此物今空傳。○玉臺新詠八。類聚七十作渫井得金釵。初學記七作深井得金釵。御覽七百十八作梁陽濟泄井得金釵詩。詩紀九十四。

顧煊

煊。爵里未詳。有錢譜一卷。

賦得露詩

飛空猶蘊狀。文苑作伏。集物始成萬花谷作呈。華。萎黄病秋菊。初學記作筍。厭浥長春芽。非唯溥初學記作薄。按應作溥。蔓草。頗亦變蒹葭。仍增江海浪。聊點木蘭花。○初學記二。文苑英華百五十六作顧愷。詩紀九十四。又萬花谷後二作顧煊詩。引華、葭二韵。

王脩己

九日詩

霜威始落翠。寒氣初入堂。隋初學記作墮。類聚作隨。歲時雜詠同。珠爛似燭。懸黎疑夜光。舞步因絃折。歌聲隨袂揚。夜深聞漏緩。簷虛覺唱長。○類聚四。詩紀九十三。又初學記四、古今歲時雜詠三十三並引堂、光二韵。

王孝禮

金樓子著書篇有王孝祀。未知卽此人否。

詠鏡詩

可憐不自識。終爾因鏡中。分眉一等翠。對面兩邊紅。轉身先見動。含笑逆相同。猶嫌鏡裏促。看人未好通。○類聚七十。詩紀九十四。

范筠

詠慎火詩

南越志曰。廣州有樹。可以禦火。山北謂之慎火。或謂之戒火。多種屋上。

茲卉信叢叢。微榮未足奇。何期粽香草。遂得遶花池。忘憂雖無用。止餤或有施。早得建章立。幸藝柏梁垂。○類聚八十一。詩紀九十四。

詠著詩

數奇不可偶。性直誰能紆。禎蔡伏靈異。祥雲降温腴。○類聚八十二。高似孫緯略一。詩紀九十四。

甄固

奉和世子春情詩

昨晚褰簾望。初逢雙燕歸。今朝見桃李。不啻數花飛。已玉臺作以。愁春欲度。無復寄芳菲。○玉臺新詠八。詩紀九十四。

王環

代西封玉臺作豐。侯美人詩

於今辭宴語。方念泣離違。無因從朔鴈。一向黄河飛。〇玉臺新詠十。詩紀九十四。

江伯瑶

和定襄侯楚越衫詩

裁縫在篋笥。薫鬢帶餘香。開著玉臺作看。不忍看。玉臺作著。一見落千行。〇玉臺新詠十。詩紀九十四。

劉泓

詠繁華詩

可憐宜出衆。的的最分明。秀眉玉臺作媚。開雙眼。風流著語聲。〇玉臺新詠十。詩紀九十四。

王湜

詩紀云。以下三人見梁詞人麗句。

湜。梁太子洗馬王錫子。仕後梁官至都官尚書。蕭巋之二十年卒。

贈情人詩

雨驟行人斷。雲聚獨悲深。儻更逢歸鴈。一一傳情心。○古詩類苑九十五。詩紀九十四。

李孝勝

詠安仁得果詩

潘岳河邊返。情知擲果多。閉甍聽不見。無奈識車何。○古詩類苑百二十四。詩紀九十四。

談士雲

詠安仁得果詩

月上河陽縣。來看洛陽花。擲果人相閡。非是故停車。○古詩類苑百二十四。詩紀九十四。

張騫

詠躍魚應詔詩

戢鱗隱繁藻。頒首承緑漪。何用游溟澥。且躍天淵池。○類聚九十六。詩紀九十四。

明少遐

詩

燈花寒不結。○酉陽雜俎十二。

劉愴

驚早露詩

九畹凝芳葉。百草瑩文苑作縈。新珠。盈荷雖不潤。拂竹竟難枯。○初學記二。文苑英華百五十六。詩紀九十四。

賀文標

詠春風詩

排簾動輕幔。文苑作幰。詩紀云。一作幰。汎水拂垂楊。本持飄落蘂。翻送舞衣香。○類聚一。文苑英華百五十六。詩紀九十四。

蕭若靜

石橋詩

連延過絶澗。迢遞跨長津。已數逢仙客。兼曾度獦人。○類聚九。詩紀九十四。

蕭欣

詩紀云。見梁詞人麗句。

欣。安成王秀之孫。煬王機之子。蕭詧踐位。以欣襲機封。歷侍中、中書令、尚書僕射、尚書令。蕭巋之二十三年卒。有集三十卷。

還宅作詩

時平有道泰。世詖交情離。寄言謝公叔。千載留清規。○古詩類苑八十四。詩紀九十四。

王金珠

子夜四時歌

古今樂録曰。吴聲十曲。一曰子夜。二曰上柱。三曰鳳將雛。四曰上聲。五曰歡聞。六曰歡聞變。七曰前溪。八曰阿子。九曰丁督護。十曰團扇郎。並梁所用曲。鳳將雛以上三曲。古有歌。今不傳。上聲以下七曲。内有包明月製舞前溪一曲。餘並王金珠所製。

春歌三首

朱日光素水。玉臺作冰。黄華映白雪。折梅待佳人。共迎玉臺作道。陽春月。○玉臺新詠十作梁武帝。樂府詩集四十四。

詩紀九十四。

階上香玉臺作歌。入懷。庭中花照眼。春心鬱玉臺作一。如此。情來不可限。○同上

吹漏不可停。斷絃當更續。俱作雙思引。共奏同心曲。○樂府詩集四十四。詩紀九十四。

夏歌二首

玉盤貯玉臺作著。朱李。金杯盛白酒。本欲持自親。玉臺作新。復恐不甘口。○玉臺新詠十作梁武帝。樂府詩集四十四。詩紀九十四。

垂簾倦煩熱。卷幌乘清陰。風吹合歡帳。直動相思琴。○樂府詩集四十四。詩紀九十四。

秋歌二首

疊素蘭房中。勞情桂杵側。朱顔潤紅粉。香汗光玉色。○樂府詩集四十四。詩紀九十四。

紫莖垂玉露。緑葉落金櫻。著錦如言重。衣羅始覺輕。○同上

冬歌

寒閨周黼帳。玉臺作繡帶合歡炬。錦衣連理文。懷情入夜月。含笑出朝雲。○玉臺新詠十作梁武帝。樂府詩集四十四。詩紀九十四。

子夜變歌

七綵紫金柱。九華白玉梁。但歌繞玉臺作雲。不去。含吐有餘香。○玉臺新詠十作梁武帝秋歌。樂府詩集四十五。詩紀九十四。

上聲歌

花色過桃杏。名稱重金瓊。名歌非下里。含笑作上聲。○玉臺新詠十作梁武帝。樂府詩集四十五。詩紀九十四。

懽聞歌

豔豔金樓女。心如玉池蓮。持底報郎恩。俱期遊梵天。○玉臺新詠十作梁武帝。樂府詩集四十五。詩紀九十四。

懽聞變歌

南有相思木。合影玉臺作含情。復同心。遊女不可求。誰能識得音。玉臺作息空陰。○玉臺新詠十作梁武帝懽聞歌。樂府詩集四十五。詩紀九十四。

阿子歌

可憐雙飛鳧。飛集野田頭。饑食野田草。渴飲清河流。○樂府詩集四十五。詩紀九十四。

丁督護歌

黄河流無極。洛陽數千里。轗軻戎旅玉臺作我途。間。何由見歡子。○玉臺新詠十作宋孝武帝。樂府詩集四十五。詩紀九十四。

團扇郎

手中白團扇。淨如秋團月。清風任動生。嬌聲任意發。玉臺作嬌香承意發。○玉臺新詠十作梁武帝。樂府詩集四十五。詩紀九十四。○逯按。王金珠吴聲歌詞。有自作者。有改用梁武帝乃至宋孝武帝所作者。玉臺取原作。故仍題梁武帝。樂府本之歌録。故云王金珠。

包明月

前溪歌

當曙與未曙。百鳥啼窻前。獨眠抱被歎。憶我懷中儂。單情何時雙。○樂府詩集四十五。詩紀九十四。

王氏

衛敬瑜妻。霸城王整姊。年十六而夫亡。父母舅姑欲嫁之。乃截耳爲誓。

連理詩

南史曰。貞女亡壻。種樹百株。墓前柏樹。忽成連理。一年許還復分散。女乃爲詩曰。

墓前一株柏。連根復並枝。妾心能感木。頹城何足奇。○南史張景仁傳。詩紀九十四。

孤燕詩

南史曰。貞女所居。户有燕巢。常雙飛來去。後忽孤飛。貞女感其偏棲。乃以縷繫脚爲誌。後歲此燕更來。猶帶前縷。女復爲詩曰。

昔年無偶去。今春猶獨歸。故人恩既詩紀作義。重。不忍復雙飛。○南史張景仁傳。御覽九百二十二。太平廣記二百七十。事類賦燕賦注。詩紀九十四。

劉氏

王淑英妻。劉繪女。

昭君怨

一生竟何定。萬事良類聚作最。樂府、詩紀同。文苑云。一作最。難保。丹青失舊類聚誤作應。儀。玉臺作圖。類聚同。匣玉玉臺作玉匣。文苑、樂府、詩紀同。成秋草。相接文苑作想妾。樂府、詩紀同。辭關淚。至今猶未燥。漢使汝南還。殷勤爲人道。○玉臺新詠八作和昭君怨。類聚三十作王昭君怨詩。文苑英華二百四。樂府詩集五十四。詩紀九十四。

暮寒詩

梅花自爛熳。玉臺作發。百舌早迎春。遖寒衣遖薄。未肯惜玉臺作懷。腰身。○玉臺新詠十。詩紀九十四。

贈夫詩

粧鉛點黛拂輕紅。鳴環動珮出房櫳。看梅復看柳。淚滿春衫中。○玉臺新詠十作王淑英婦贈答。詩紀九十四。

劉令嫻

令嫻。徐悱妻。劉孝綽妹。稱劉三娘。悱爲晉安郡卒。喪還建鄴。令嫻爲祭文。辭甚悽愴。

和婕妤怨詩

日落類聚作没。文苑作暮。應門閉。愁思百端生。況復昭陽近。風傳歌吹聲。寵移終類聚作真。文苑同。又注。一作終。不恨。讒枉太無情。只言争分理。非妬樂府誤作獨。舞腰輕。○玉臺新詠八。類聚三十。文苑英華二百四作昭君怨。樂府詩集四十三作班婕妤。詩紀九十四。

答唐娘七夕所穿鍼詩

倡人助詩紀作劾。漢女。靚歲時雜詠作浄。粧臨月華。連針學並蔕。歲時雜詠作帶。縈縷作開花。孀閨歲時雜詠誤作闌。絶歲時雜詠作浥。綺羅。攬贈自傷嗟。雖言未相識。聞道出良家。曾停霍歲時雜詠作使。君騎。經過柳惠車。無由一共語。暫看日升霞。○玉臺新詠六作徐悱。古今歲時雜詠二十五。詩紀九十四。

答外詩二首

花庭麗景斜。蘭牖輕風度。落日更新粧。開簾對春類聚作芳。詩紀云。一作芳。樹。鳴鸝葉中舞。玉臺作響。戲蝶花間玉臺作枝邊。鶩。調琴玉臺作瑟。本要歡。心愁不成趣。良會誠非遠。佳期今不遇。欲知幽怨多。春閨深且暮。○玉臺新詠六。類聚十八作梁徐悱妻劉氏詩。詩紀九十四。

東家挺奇麗。南國擅容輝。夜月方神女。朝霞喻洛妃。還看鏡中色。比豔似玉臺作自。知非。摛詞徒妙好。連類頓乖違。智夫雖已麗。傾城未敢希。○同上

聽百舌詩

庭樹旦新晴。臨鏡出雕楹。風吹桃李氣。過傳詩紀云。一作傳過。春鳥聲。淨寫山陽笛。全文苑誤作金。作洛濱笙。注意歡留文苑作留觀。聽。誤令粧不成。○類聚九十二。文苑英華三百二十九。詩紀九十四。

題甘蕉葉示人詩

夕泣已玉臺作似。非疎。夢啼詩紀云。一作題。太真玉臺作真太。數。唯當夜枕知。過此無人覺。○玉臺新詠十。詩紀九十四。

摘同心梔玉臺作支。子贈謝娘因附此詩

兩葉雖爲贈。交情永未因。同心何處恨。玉臺作處何限。梔玉臺作支。子最關人。○玉臺新詠十。詩紀九十四。

光宅寺詩

長廊欣目送。廣殿悦逢迎。何當曲房裏。幽隱無人聲。○玉臺新詠十。詩紀九十四。

沈滿願

滿願。征西記室范靖妻。有集三卷。

王昭君歎二首

早信丹青巧。重貨類聚作賂。文苑同。又注。一作貨。詩紀云。一作賂。洛陽師。文苑云。毛延壽。長安人。作洛陽非。千金買文苑

作晝。注云。一作買。嬋鬢。百萬寫蛾眉。〇玉臺新詠十。類聚三十作昭君歎詩。文苑英華二百四作昭君怨。樂府詩集二十九作昭君歎。詩紀九十四。

今朝猶漢地。明旦入胡關。高堂歌吹遠。遊子夢中還。玉臺云。一本云情寄南雲反。思逐北風還。文苑作高堂歌吹少。遊子夢中還。注云。一作情寄南雲返。思逐北風還。樂府云。一作高堂歌吹少。遊子夢中還。〇玉臺新詠十。文苑英華二百四。樂府詩集二十九。詩紀九十四。

挾琴歌

透迤起樂府或作飛。塵唱。宛轉遶梁聲。調弦可以進。蛾眉畫未成。〇樂府詩集六十三作當壚曲。樂府詩集八十六。詩紀九十四。

映水曲

輕鬢學浮雲。雙蛾擬初月。水澄正落釵。萍開理垂髮。〇玉臺新詠十。樂府詩集七十七。詩紀九十四。

登樓曲

憑高川陸近。望遠阡陌多。相思隔重嶺。相憶限樂府云。一作恨。長河。〇樂府詩集七十七。詩紀九十四。

越城曲

詩紀云。樂府無名。與登樓曲相次。

別怨悽歌響。離啼濕舞衣。願假烏棲曲。翻從南向飛。○樂府詩集七十七佚作者名。次登樓曲後。詩紀九十四。

晨風行

理檝令舟人。停艫息旅薄河津。念君劬勞冒風塵。臨路揮袂淚沾巾。飈流勁潤逝若飛。山高帆急絶音徽。留子句句獨言歸。中心煢煢將依誰。風彌葉落永離索。神往形返情錯漠。循帶易緩愁難却。心之憂矣頽樂府作叵。銷鑠。○樂府詩集六十八。詩紀九十四。

彩毫怨

葉下洞庭初。思君萬里餘。露農香被冷。月落錦屏虚。欲奏江南曲。貪封薊北書。書中無別意。帷帳久離居。○四溟詩話四。

戲蕭娘詩

明珠翠羽帳。金薄緑綃帷。因風時暫舉。想像見芳姿。清晨插步摇。向晚解羅衣。託意風流子。託。藝文類聚作記。誤。佳情詎可玉臺作肯。類聚作肯自。私。○玉臺新詠五。類聚十八。詩紀九十四。

詠燈詩

綺筵日已暮。羅帷類聚作帳。月未歸。開花散鵲類聚作鶴。初學記、萬花谷同。按鶴、鵲古通。彩。詩紀作四照。含光出九微。風軒動丹焰。冰類聚作水。初學記、萬花谷同。宇詩紀云。律祖作水檻。澹青玉臺作清。輝。不吝萬花谷作惹。輕蛾繞。惟恐曉蠅飛。○玉臺新詠五。類聚八十。初學記二十五。萬花谷續八作范靖婦詩。詩紀九十四。

詠五彩竹火籠詩

可憐潤霜質。御覽誤作雪。纖剖復御覽誤作後。毫分。織作迴風苣。類聚作苢。御覽作莒。並誤。詩紀云。律祖作迎風縷。製詩紀云。律祖作裁。爲縈綺御覽誤作騎。文。含芳出珠被。耀綵類聚作緑。御覽同。接緗裙。徒嗟今玉臺誤作金。麗飾。豈念昔凌雲。○玉臺新詠五。類聚七十。御覽七百十一。詩紀九十四。○詩紀云。剖出楚山筠。織成湘水紋。寒銷九微火。香傳百和薰。氤氲擁翠被。出入隨緗裙。徒悲今麗質。豈念昔凌雲。右見詩話補遺。與此小異。故併録之。

詠步摇花詩

珠華縈翡翠。寶葉間金瓊。剪荷不似製。爲詩紀云。律祖作拈。花如自生。低枝拂繡領。微步動瑶瑛。類聚誤作瓊。御覽作英。但令雲髻插。蛾眉本易成。詩紀云。律祖作諒非桃李節。彌令蜂蝶驚。○玉臺新詠五。詩紀九十四。又類聚七十引瓊、生、瓊三韻。御覽七百十五作步摇花詩。引瓊、生、英三韻。○逯按。律祖末聯乃佚句而非異文。知玉臺亦爲節録。應補入此二句。

庾成師

遠期篇

憶別春花飛。已見秋葉稀。淚粉羞明鏡。愁帶減寬衣。得書言未反。類聚作及。樂府同。夢見道應歸。坐使紅顏歇。獨掩青樓扉。○類聚四十二。樂府詩集十八。詩紀九十三。

梁詩卷二十九

雜歌謡辭

歌辭

荆州民爲始興王憺歌

梁書曰。憺爲荆州刺史。厲精爲治。廣闢屯田。減省力役。曹無留事。下無滯獄。天監六年。州大水。江溢堤壞。憺親率府將吏。冒雨賦丈尺築治之。雨甚水壯。衆皆恐。或請憺避焉。憺曰。王尊尚欲身塞河堤。我獨何心以免。邴州在南岸。數百家見水長驚走。登屋緣樹。憺募人救之。一口賞一萬。州民乃以免。又分遣行諸郡。遭水死者給棺槥。失田者與糧種。民爲之歌曰。

始興王。民南史作人。詩紀同。之爹。赴人急。如水火。何時復來哺乳我。○梁書始興忠武王傳。南史始興忠武王傳。樂府詩集八十六、詩紀九十七並作始興王歌。

北軍爲韋叡歌

南史曰。梁臨川静惠王宏爲揚州刺史。天監中。武帝詔宏都督諸軍侵魏。宏以帝之介弟。所領皆器甲精新。軍容甚盛。北人以爲百數十年所未之有。軍次洛口。前軍尅梁城。諸將欲乘勝深入。宏聞魏援近。畏懦不敢進。召諸將欲議旋師。吕僧珍曰。知難而退。不亦善乎。柳玭等不從。宏不敢違羣議。停軍不進。魏人知其不武。遺以巾幗。北軍乃歌云云。武謂韋叡也。

不畏蕭娘與吕姥。但畏合肥有韋武。○南史梁臨川静惠王宏傳。樂府詩集八十六、詩紀九十七並作北軍歌。

鄱陽民爲陸襄歌二首

梁書曰。陸襄。吴郡人。大通七年。出爲鄱陽内史。先是郡民鮮于琛服食修道。大同元年。遂結其門徒。殺廣陵令王筠。有衆萬餘人。將出攻郡。襄先已帥民吏修城隍爲備禦。及賊至。連戰破之。生獲琛。餘衆逃散。時隣郡豫章、安成等守宰。案治黨與。因求賄貨。皆不得其實。或有善人盡室罹禍。惟襄郡部枉直無濫。民作歌曰云云。又有彭、李二家。先因忿争。遂相誣告。襄引入内室。不加責誚。但和言解喻之。二人感恩。深自咎悔。乃爲設酒食。令其盡歡。酒罷。同載而還。因相親厚。民又歌曰云云。

鮮于平南史作抄。後善惡分。民南史作人。無枉南史作横。賴梁書有有字。陸君。○梁書陸襄傳。南史陸襄傳。樂府詩集八十六、詩紀九十七並作鄱陽歌。

陸君政。無怨家。鬭既罷。讎共車。○同上

南豫州民爲夏侯兄弟歌

梁書曰。夏侯夔爲豫州刺史。於蒼陵立堰。溉田千餘頃。境内賴之。夔兄亶。先居此任。兄弟並有恩惠。百姓歌之曰。

我之有南帖有豫字。州。賴彼白帖無彼字。梁書作頻仍。御覽同。南史作頻得。詩紀云。一作得。夏侯。前兄後弟。布政優優。

○梁書夏侯亶傳。南史夏侯亶傳。白帖二十一。御覽二百五十六。樂府詩集八十六作夏侯歌。詩紀九十七作夏侯歌。

梁武帝接民間爲蕭恪歌

南史曰。南平王恪爲雍州刺史。年少。未閑庶務。委之羣下。百姓每通一辭。數處輸錢。方得聞徹。賓客有江仲舉、蔡薳、王臺卿、庾仲雍四人俱被接遇。並有蓄積。故人間歌曰云云。帝接之曰云云。尋以廬陵王代爲刺史。恪還奉見。武帝以人間語問之。恪大慚。不敢一言。

江千萬。蔡五百。王御覽誤作正。新車。庾大宅。主人憒憒不如樂府作知。客。○南史南平王恪傳。御覽二百五十四引三國典略。樂府詩集八十六作雍州歌。

謠辭

北方童謠

南史曰。梁武帝時。魏降人王足陳計求堰淮水以灌壽陽。足引北方童謠云云。帝發淮陽户丁及戰士二十萬築之。以康絢督其事。南起浮山。北抵巉石。堰成。長九里。高二十丈。夾堤并樹杞柳。軍人安堵其上。魏軍竟潰而歸。水之所及。方數百里。魏壽陽城戍。稍徙頓八公山。

荆山爲上格。浮山爲下格。潼沱御覽或作江。或作泡。爲激溝。併灌鉅野澤。○梁書康絢傳。南史康絢傳。御覽七十三引梁典。御覽三百二十一。詩紀九十七。

洛陽童謡

南史曰。大通初。武帝遣飇勇將軍陳慶之送魏北海王元顥還北主魏。轉戰而前。連破魏軍。顥入洛陽宫。御前殿。改元大赦。于時上黨王元天穆來攻。慶之又大破之。慶之麾下悉著白袍。所向披靡。先是洛陽人歌云云。至是果驗。

名軍梁書作師。詩紀同。大將莫自牢。詩紀作勞。千兵萬馬避詩紀作被。白袍。○梁書陳慶之傳。南史陳慶之傳。詩紀九十七作洛陽歌。

梁武帝時謡

南史曰。蕭範。梁武帝之從子也。爲都督、雍州刺史。撫循將士。盡得歡心。時論者謂範欲爲賊。又童謡云云。然卒無驗。

莫忽忽。且寬公。誰當作天子。草覆車邊已。○南史鄱陽王範傳。詩紀九十七作雍州童謡。

昭明爲太子時謡

南史曰。梁武帝天監元年十一月。立長子統爲皇太子。時民間有謡。按鹿子開者。反語爲來子哭也。後太子果薨。

是時長子歡爲徐州刺史。以嫡孫次應嗣位。而帝意在晉安王。猶豫未決。及立晉安王爲皇太子。而歡止封豫章郡王還任。謡言心徘徊者。未定也。城中諸少年逐歡歸去來者。復還徐方之象也。統卽昭明太子也。

鹿子開城門。城門鹿子開。當開復未開。使我心徘徊。城中諸少年。逐歡歸去來。○南史昭明太子傳。

山陰民爲丘仲孚謡

梁書曰。丘仲孚遷山陰令。居職甚有聲稱。百姓爲之謡曰云云。前世傅琰父子、沈憲、劉玄明相繼宰山陰。並有政績。言仲孚皆過之也。

二傅沈劉。不如一丘。○梁書丘仲孚傳。御覽二百六十七。樂府詩集八十七。

普通中童謡

梁書曰。侯景既據壽春。啟求錦萬匹。領軍朱异議送青布以給之。景得布悉用爲袍衫。因尚青色。普通中童謡曰云云。後景果乘白馬。兵皆青衣。

青絲御覽作袍。白馬壽陽來。○梁書侯景傳。又南史侯景傳、隋書五行志、樂府詩集八十九俱作大同中童謡。御覽六百九十三、詩紀九十七作大同中童謡。

侯景時的脰烏童謡

南史曰。侯景既剋建鄴。修飾臺城及朱雀宣陽等門。童謡曰。

的脰烏。拂朱雀。還與吴。〇南史侯景傳。詩紀九十七作侯景時童謡。

侯景即位時童謡

南史曰。又童謡曰云云。時都下王侯庶姓五等廟樹。咸見殘毁。唯文宣太后廟四周柏樹獨鬱茂。及景篡。修南郊路。令伐此樹以立三橋。始斫南面十餘株。再宿悉栟生。便長數尺。時既冬日。翠茂如春。賊惡之。使悉斫殺。識者以爲昔僵柳起於上林。乃表漢宣之興。今廟樹重青。必彰陝西之瑞。又景牀東邊香爐無故墮地。景呼東西南北皆謂爲廂。景曰。此東廂香爐那忽下地。議者以爲湘東軍下之徵。

脱青袍。著芒屩。荆州天子挺御覽作定。應著。〇南史侯景傳。御覽六百九十八引梁書。詩紀九十七作侯景時童謡。

江陵童謡

南史曰。侯景既誅。傳首至江陵。元帝命梟於市三日。然後煮而漆之。以付武庫。先是江陵謡言云云。景首既至。元帝付李季長宅。宅東即苦竹町也。既加鼎鑊。既用市南水焉。

苦竹町。市南有好井。荆州軍。殺侯景。〇南史侯景傳。詩紀九十七。作江陵謡。

湘東王府中爲魚宏徐緄謡

南史曰。緄爲湘東王鎮西諮議參軍。頗好聲色。侍妾數十。醉而閉門盡歌。有時載伎。肆意游行。時襄陽魚弘亦以豪侈稱。於是府中謡曰云云。然其物翫次於弘也。

北路魚。南路徐。○南史徐緄傳。

柳達摩引北方童謡

南史曰。齊遣柳達摩領兵侵梁。陳覇先命侯安都敗之。達摩謂衆曰。頃在北。童謡云云。侯景服青已倒于此。今吾徒衣黄。豈謡言驗邪。

石頭擣兩襠。擣青復擣黄。○南史陳武帝紀。詩紀九十七作北童謡。

梁時童謡

南史曰。梁兵既勝齊兵。于時以賞俘貿酒者。一人裁得一醉。先是童謡曰。

虜御覽有馬字。萬夫。御覽作匹。入五御覽作南。湖。城南酒家使虜奴。○南史陳武帝紀。御覽三百二十三引三國典略。詩紀九十七童謡。

梁末童謡

南史曰。梁末有童謡。及王僧辯滅。説者以爲僧辯本乘巴馬。以擊侯景。馬上郎。王字也。塵謂陳也。江東謂羖羊角爲皂莢。隋氏姓楊。楊。羊也。言陳終滅於隋也。

可憐巴馬子。一日行千里。不見馬上郎。但有御覽作只見。黄塵起。黄塵污人衣。皂筴相料理。○南史陳本紀贊。樂府詩集八十九。詩紀九十七。又御覽九百六十引起、理二韻。

百姓爲蕭正德父子謡

南史曰。臨賀王正德與侯景同逆。其後梁室傾覆既由正德。百姓至聞臨賀郡名亦不欲道。童謡云云。其惡之如此。

寧逢五虎入市。不欲見臨賀父子。○南史臨川王宏傳附正德傳。樂府詩集八十七、詩紀九十七並作梁童謡。

鳥山童謡

梁陳故事曰。武帝時有童謡言云云。江左以鳥名山者悉鑿。按陳高祖則長興雉山人也。

鳥山出天子。○太平寰宇記九十四。

三餘童謡

梁陳故事曰。梁武時有童謡云云。武帝于餘干、餘杭、餘姚爲禳厭之法。其時長興有餘干山、餘罌水、餘魚里。蓋陳高祖長興三餘人也。

夫子之居在三餘。○太平寰宇記九十四。

諺語

後人引梁世諺論史職

隋書曰。自史官廢絶久矣。魏晉已來。其道逾替。南董之位。以禄貴遊。故梁世諺曰云云。

上車不落則著作。體中何如則祕書。○顔氏家訓勉學篇。隋書經籍志。御覽二百三十三引魏書。樂府詩集八十七引南史作宋時謡。

梁元帝引諺論占雨

金樓子曰。余初至荆州。卜雨。時孟秋之月。陽亢日久。月旦雖雨。俄而便晴。有人云諺曰。

雨月額千里赤。○金樓子自序。御覽七百二十八。

劉晝引諺

劉子新論曰。有智而不能施。非智也。能施而不能應速者。亦非智也。諺曰云云。此之謂也。

力貴突。智貴卒。○劉子新論貴速篇。

劉晝引古諺

劉子新論曰。古諺曰。

深不絶涓泉。稚子浴其淵。高不絶丘陵。跛羊遊其巔。○風雅逸篇八。

任昉引南海俗諺

述異記曰。凡珠有龍珠。龍所吐者。蛇所吐者。南海俗諺云云。言蛇珠賤也。

蛇珠千枚。不及玫瑰。○述異記下。

任昉引越人諺

述異記曰。越人諺云。

種千畝木奴。不如一龍珠。○述異記下。

顔之推引江南諺論書法

顔氏家訓曰。真草書亦微須留意。江南諺云。

尺牘書疏。千里面目。○顔氏家訓雜藝篇。

時人爲張氏語

梁書曰。張稷。吴郡人。與族兄充、融、卷等俱知名。時人稱曰。

充融卷稷。是爲四張。○梁書張稷傳。

時人爲王謝子弟語

梁書曰。王筠清静好學。與兄泰齊名。陳郡謝覽。覽弟舉。亦有重譽。時人爲之語曰云云。炬是泰。養卽筠。並小字也。

謝有覽舉。王有養炬。○梁書王筠傳。

時人爲張融陸杲語

梁書曰。陸杲。吴郡吴人。少好學。工書畫。舅張融有高名。杲風韵舉動頗類於融。時稱之曰。

無對日下。惟舅與甥。○梁書陸杲傳。

時人爲何子朗語

梁書曰。何思澄。東海郯人。初思澄與宗人遜及子朗俱擅文名。時人語曰云云。子朗字世明。早有才思。時人語曰云云。

東海顔氏家訓作梁有。三何。子朗最多。○梁書何思澄傳。顔氏家訓勉學篇。南史何思澄傳。詩紀九十七作三何歌。

人中爽爽何南史作有。子朗。○梁書何思澄傳。南史何思澄傳。詩紀九十七作三何歌。

時人爲王志王彬語

南史曰。王志善藁隸。當時以爲楷法。志弟揖。揖弟彬。好文章。習篆隸。與志齊名。時人爲之語曰。

三真六草。爲天下寶。○南史王彬傳。詩紀九十七作王彬歌。

時人爲鮑正語

南史曰。鮑正、鮑至並才藝知名。俱爲湘東王上佐。正好交遊。無日不適人。人爲之語曰。

無處不逢烏噪。無處不逢鮑佐。○南史鮑客卿傳。詩紀九十七作鮑佐謡。

巴東行人爲庾子輿語

南史曰。庾域出守巴西。子子輿以蜀路險難。啟求侍從。以孝養獲許。父還寧蜀。子輿亦相隨。及父卒。哀慟將絶者再。奉喪還鄉。秋水猶壯。巴東有淫預石。高出二十許丈。及秋至。則纔如見焉。次有瞿塘大灘。行旅忌之。部伍至此。石猶不見。子輿撫心長叫。其夜五更水忽退減。安流而下。及度。水復舊。行人爲之語曰。

淫預如幞本不通。瞿塘水退爲庾公。○南史庾域傳。

時人爲玉瑩語

南史曰。王瑩既爲公。須開黄閤。宅前促。欲買南隣宋侃半宅。侃懼見侵。貨得錢百萬。瑩乃回閤向東。

欲向南。錢可貪。遂向東。爲黄銅。〇南史王瑩傳。

省中爲賀琛語

南史曰。賀琛仕梁爲散騎常侍。領尚書左丞。參禮儀事。每進見。武帝與語。常移晷刻。故省中語云云。琛容止閑雅。故時人呼之。

上殿不下有賀雅。〇梁書賀琛傳。南史賀琛傳。御覽二百十三。又二百二十四引三國典略。詩紀九十七作有中語。

時人爲丁覘語

顔氏家訓曰。梁孝元前在荆州。有丁覘者。洪亭民耳。頗善屬文。殊工草隸。孝元書記一皆使典之。軍府輕賤。多未之重。恥令子弟。以爲楷法。時語云云。吾雅愛其手迹。常所寶持。

丁君十紙。不敵王褒數字。〇顔氏家訓慕賢篇。

都下爲禪師語

梁書曰。有惠岩、惠議道人。並住東安寺。學行精整。爲道俗所推。時闞場寺多禪師。都下爲之語曰。

闞場禪師窟。安東談議林。〇御覽六百五十五。

任昉引古詩論魏武陵

述異記曰。鄴中銅駞鄉。魏武帝陵下銅駞石。大各二。古詩云。

石犬不可吠。銅駞徒爾爲。〇述異記。

任昉引古詩論香泉

述異記曰。吴故宫亦有香水溪。俗云西施浴處。至今馨香。古詩云。

安得香水泉。濯郎衣上塵。〇述異記。

相和歌辭

相和曲

陌上桑

日出秦樓明。條垂露尚盈。蠶饑心自急。開奩妝不成。〇樂府詩集二十八。

清商曲辭

西曲歌

攀楊枝

古今樂録曰。攀楊枝。倚歌也。樂苑曰。攀楊枝。梁時作。

自從別君來。不復著綾羅。畫眉不注口。施朱當柰何。○樂府詩四十九。詩紀四十二、九十七。

附

樂府詩

述異記曰。吴王夫差立春宵宫。爲長夜之飲。造千石酒鍾。又作天池。池中造青龍舟。日與西施爲水嬉。又有别館在句容。楸梧成林。樂府云云。是也。

梧宫秋。吴王愁。○廣博物志三十六。詩紀前集三作吴夫差時童謡。

横吹曲辭

梁鼓角横吹曲

古辭

横吹曲。其始亦謂之鼓吹。馬上奏之。乃軍中之樂也。其後分爲二部。有簫笳者爲鼓吹。用之朝會道路。有鼓角者爲横吹。用之軍中。馬上所奏者是也。晉書樂志曰。横吹有鼓角。又有胡角。卽胡樂也。漢張騫入西域。傳其法於西京。唯得摩訶兜勒一曲。李延年因胡曲更造新聲二十八解。企喻本此歌。唐書樂志曰。北狄樂。其可知者鮮卑、吐谷渾、部落稽三國。皆馬上樂也。後魏樂府始有北歌。卽所謂真人代歌是也。代都時。命掖庭宫女晨夕歌之。周隋世與西涼樂雜奏。今存者五十三章。其名可解者六章。慕容可汗、吐谷渾、部落稽、鉅鹿公主、白淨皇太子、企喻也。其不可解者。多可汗之辭。北虜之俗。呼主爲可汗。吐谷渾又慕容别種。知此歌是燕、魏之際鮮卑歌也。其辭虜音。竟不可曉。梁鼓吹又有大白淨皇太子、小白淨皇太子、企喻等曲。隋鼓吹有白淨皇太子曲。與北歌校之。其音皆異。又有半和、企喻、北敦。蓋曲之變也。

企喻歌四曲。企喻本北歌。

古今樂録曰。企喻歌四曲。或云後又有二句。頭毛墮落魄。飛揚百草頭。最後男兒可憐蟲一曲。是苻融詩。本云深山解谷口。把骨無人收。與今傳者小異。

男兒欲作健。結伴不須多。鷂子經天飛。羣雀兩向波。

放馬大澤中。草好馬著臕。牌子鐵裲襠。鉅鉟之異體。鉾鸖尾條。

前行看後行。齊著鐵裲襠。前頭看後頭。齊著鐵鉅鉾。

男兒可憐蟲。出門懷死憂。尸喪狹谷中。白骨無人收。○樂府詩集二十五。詩紀九十六。

瑯琊王歌辭八曲

古今樂録曰。瑯琊王歌八曲。或云陰涼下又有二句云。盛冬十一月。就女覔凍漿。最後云。誰能騎此馬。唯有廣平公。按晉書載記。廣平公。姚弼興之子。泓之弟也。

新買五尺刀。懸著中梁柱。一日三摩娑。劇於十五女。
瑯琊復瑯琊。瑯琊大道王。陽春二三月。單衫繡裲襠。
東山看西水。水流盤石間。公死姥更嫁。孤兒甚可憐。
瑯琊復瑯琊。瑯琊大道王。鹿鳴思長草。愁人思故鄉。
長安十二門。光門最妍雅。渭水從壟來。浮游渭橋下。
瑯琊復瑯琊。女郎大道王。孟陽三四月。移鋪逐陰涼。
客行依主人。願得主詩紀作女。人彊。猛虎依深山。願得松柏長。
愴馬高纏鬃。遥知身是詩紀作自。龍。誰能騎此馬。唯有廣平公。○樂府詩集二十五。詩紀九十六。

鉅鹿公主歌辭三曲

唐書樂志曰。梁有鉅鹿公主歌。似是姚萇時歌。其詞華音。與北歌不同。

官家出遊雷大鼓。細乘犢車開後户。

車前女子年十五。手彈琵琶玉節舞。
鉅鹿公主殷照女。皇帝陛下萬幾主。○樂府詩集二十五。詩紀九十六。

紫騮馬歌辭六曲

古今樂録曰。十五從軍征以下是古詩。

燒火燒野田。野鴨飛上天。童男娶寡婦。壯女笑殺人。
高高山頭樹。風吹葉落去。一去數千里。何當還故處。
十五從軍征。八十始得歸。道逢鄉里人。家中有阿誰。
遥看是君家。松柏冢纍纍。兔從狗竇入。雉從梁上飛。
中庭生旅穀。井上生旅葵。春穀持作飰。採葵持作羹。
羹飰一時熟。不知飴阿誰。出門東向看。淚落沾我衣。○樂府詩集二十五。詩紀九十六。

紫騮馬歌

古今樂録曰。與前曲不同。○詩紀云。郭茂倩以此爲梁曲。見簡文詩注。

獨柯不成樹。獨樹不成林。念郎錦裲襠。恆長不忘心。○樂府詩集二十五。詩紀九十六。

黄淡思歌四曲

古今樂録曰。思音相思之思。按李延年造横吹曲二十八解。有黄覃子。不知與此同否。

歸歸黄淡思。逐郎還去來。歸歸黄淡百。逐郎何處索。

心中不能言。腹樂府作復。作車輪旋。與郎相知時。但恐傍人聞。

江外何鬱拂。龍洲廣州出。象牙作帆檣。緑絲作幃縴。

緑絲何葳蕤。逐郎歸去來。此下疑脱兩句。○樂府詩集二十五。詩紀九十六。

地驅樂歌四曲

古今樂録曰。側側力力以下八句。是今歌有此曲。最後云不可與力。或云各有努力。

青青黄黄。雀石頽唐。槌殺野牛。押殺野羊。

驅羊入谷。自羊樂府作谷。在前。老女不嫁。蹋地唤天。

側側力力。念君無極。枕郎左臂。隨郎轉側。

摩將樂府作捋。郎鬚。看郎顔色。郎不念女。不可與力。○樂府詩集二十五。詩紀九十六。

地驅樂歌

古今樂録曰。與前曲不同。

月明光光星欲墮。欲來不來早語我。○樂府詩集二十五。詩紀九十六。

雀勞利歌辭

雨雪霏霏雀勞利。長觜飽滿短觜饑。○樂府詩集二十五。詩紀九十六。

慕容垂歌辭三曲

晉書載記曰。慕容本名䵣。尋以讖記。乃去夬。以垂爲名。慕容儁僭號。封垂爲吴王。徙鎮信都。太元八年。自稱燕王。

慕容攀牆視。吴軍無邊岸。我身分自當。枉殺牆外漢。

慕容愁憤憤。燒香作佛會。願作牆裏燕。高飛出牆外。

慕容出牆望。吴軍無邊岸。咄我臣諸佐。此事可惋歎。○樂府詩集二十五。詩紀九十六。

隴頭流水歌三曲

古今樂録曰。樂府有此歌曲。解多於此。辛氏三秦記曰。隴渭西關。其阪九迴。上有清水。四注流下。俗歌云。

隴頭流水。流離西下。念吾詩紀作我。一身。飄詩紀飄下有然字。曠野。

西上隴阪。羊腸九回。山高谷深。不覺脚酸。

手攀弱枝。足踰弱泥。○樂府詩集二十五。詩紀九十六。

隴頭歌辭三曲

隴頭流水。流離山下。念吾一身。飄然曠野。

朝發欣城。暮宿隴頭。寒不能語。舌卷入喉。

隴頭流水。鳴聲幽咽。遥望秦川。心腸樂府作肝。斷絶。○樂府詩集二十五。詩紀九十六。○逯按。此歌與上隴頭流水皆改用古辭。

隔谷歌二曲

古今樂録曰。前云無辭。樂工有辭如此。

兄在城中弟在外。弓無弦。箭無栝。食糧乏盡若爲活。救我來。救我來。

兄爲俘虜受困辱。骨露力疲食不足。弟爲官吏馬食粟。何惜錢刀來我贖。○樂府詩集二十五。詩紀九十六。

淳于王歌二曲

肅肅河中育。育熟樂府作我。須含黄。獨坐空房中。思我百媚郎。

百媚在城中。千媚在中央。但使心相念。高城何所妨。○樂府詩集二十五。詩紀九十六。

東平劉生歌

東平劉生安東子。樹木稀。屋裏無人看阿誰。○樂府詩集二十五。詩紀九十六。

捉搦歌四曲

粟穀難舂付石臼。弊衣難護付巧婦。男兒千凶飽人手。老女不嫁只生口。

誰家女子能行步。反著裌禪後裙露。天生男女共一處。願得兩箇成翁嫗。

華陰山頭百丈井。下有流水徹骨冷。可憐女子能照影。不見其餘見斜領。

黄桑柘屐蒲子履。中央有絲樂府作系。兩頭繫。小時憐母大憐壻。何不早嫁論家計。○樂府詩集二十五。詩紀九十六。

折楊柳歌辭五曲

上馬不捉鞭。反折楊柳枝。蹀座吹長笛。愁殺行客兒。

腹中愁不樂。願作郎馬鞭。出入擐郎臂。蹀座郎膝邊。

放馬兩泉澤。忘不著連羈。擔鞍逐馬走。何見得馬騎。

遥看孟津河。楊柳鬱婆娑。我是虜家兒。不解漢兒歌。

健兒須快馬。快馬須健兒。跳跋黄塵下。然後別雄雌。○樂府詩集二十五。詩紀九十六。

折楊柳枝歌四曲

上馬不捉鞭。反拗楊柳枝。下馬吹長笛。愁殺行客兒。

門前一株棗。歲歲不知老。阿婆不嫁女。那得孫兒抱。

敕敕何力力。女子臨窻織。不聞機杼聲。只聞詩紀誤作聞惟。女歎息

問女何所思。問女何所憶。阿婆許嫁女。今年無消息。○樂府詩集二十五。詩紀九十六。

幽州馬客吟歌辭五曲

快樂府作憎。馬常苦瘦。勦兒常苦貧。黄禾起羸馬。有錢始作人。

熒熒帳中燭。燭滅不久停。盛時不作樂。春花不重生。

南山自言高。只與北山齊。女兒自言好。故入郎君懷。

郎著紫袴褶。女著彩裌裙。男女共燕遊。黄花生後園。

黄花鬱金色。緑蛇銜珠丹。辭謝牀上女。還我十指環。○樂府詩集二十五。詩紀九十六。

慕容家自魯企由谷歌

郎在十樂府作千。重樓。女在九重閣。郎非黄鷂子。那得雲中雀。○樂府詩集二十五。詩紀九十六。

高陽樂人歌二曲

古今樂録曰。魏高陽王樂人所作也。又有白鼻騧。蓋出於此。

可憐白鼻騧。相將入酒家。無錢但共飲。畫地作交賒。

何處䂫觴來。兩頰色如火。自有桃花容。莫言人勸我。○樂府詩集二十五。詩紀九十六。

木蘭詩二首

詩紀云。古今樂録曰。木蘭不知名。浙江西道觀察使兼御史中丞韋元甫續附入。又云。古文苑作唐人木蘭詩。○逯按。十二轉動制始於唐。建立明堂在武則天時。韋元甫乃唐代宗時人。古文苑以爲唐人作。良是。

喞喞古文苑作促織。何力力。古文苑作喞喞。樂府同。又注。一作促織何喞喞。文苑云。或作歷歷。樂府作喞喞復喞喞。注。一作促織何喞喞。逯按。卽喞力何喞力。木蘭當户織。不聞機杼聲。唯聞女歎息。問女何所思。問女何所憶。女亦無所思。女亦無所憶。昨夜見軍帖。可汗大點兵。軍書十二卷。卷卷有爺名。阿爺無大兒。木蘭無長兄。願爲市鞍馬。從此替爺征。東市買駿馬。西市買鞍韉。南市買轡頭。北市買長鞭。朝樂府作旦。注云。一作朝。廣文選作旦。

辭爺孃去。暮宿黄河邊。不聞爺孃喚女聲。但聞黄河流水鳴濺濺。旦辭黄河去。暮宿文苑、樂府作至。注云。一作宿。黑山頭。不聞爺孃喚女聲。但聞燕山胡騎聲文苑作鳴。樂府、廣文選同。詩紀云。一作鳴。啾啾。萬里赴戎機。關山度若飛。朔氣傳金柝。寒光照鐵衣。將軍百戰死。壯士十年歸。歸來見天子。天子坐明堂。策勳十二轉。賞賜文苑云。一作賜物。樂府、詩紀同。百千彊。可汗問所欲。木蘭以上七字文苑作可汗欲與木蘭官。注云。一作可漢問所欲。又作欲與木蘭賞。不用尚書郎。樂府、詩紀並云。一作欲與木蘭賞。不願尚書郎。願馳古文苑作馳。千里足。文苑作願得鳴駝千里足。注云。得鳴一作借明。本句一作願馳千里足。樂府云。酉陽雜俎云。願借明駝千里足。詩紀同。送兒還故鄉。爺孃聞女來。出郭相扶將。阿姊聞妹來。廣文選作阿妹聞姊來。詩紀云。一作阿妹聞姊來。當户理紅妝。小弟聞姊來。磨刀霍霍向豬詩紀作豬。羊。開我東閣門。坐我西間牀。脱我戰時袍。著我舊時裳。當窗理雲鬢。文苑作髮。注云。一作鬢。對古文苑作挂。文苑、樂府同。又注。一作對。鏡帖花黄。出門看火伴。火伴始古文苑、廣文選作皆。樂府同。又注。一作始。一作皆。驚惶。古文苑、樂府作忙。文苑作驚忙忙。注云。一作始驚忙。又作皆驚忙。同行十二年。不知木蘭是女郎。雄兔脚撲朔。古文苑作握。文苑同。又注。一作朔。詩紀云。一作握。雌兔眼迷古文苑作彌。文苑同。又注。一作迷。詩紀云。一作彌。離。兩古文苑作䨇。詩紀云。一作䨇。文苑作雙。樂府同。又注。一作兩。兔傍地走。安古文苑云一作焉。能辨我是雄雌。○古文苑四。文苑英華三百三十三。樂府詩集二十五。廣文選十二。詩紀九十六。又草堂詩箋五前出塞注引一句。

木蘭抱杼嗟。借問復爲誰。欲聞所慽慽。感激彊其顔。老父隸兵籍。氣力日衰耗。豈足萬里行。有子復尚少。胡沙没馬足。朔風裂人膚。老父舊羸病。何以彊自扶。木蘭代父去。秣馬備戎行。易却紈綺裳。洗却鉛粉妝。馳馬赴軍幕。慷慨攜干將。朝屯雪山下。暮宿青海傍。夜襲月樂府作燕。支虜。更攜于闐羌。將軍得勝歸。士卒還故鄉。父母見木蘭。喜極成悲傷。木蘭能承父母顔。却卸樂府誤作御。巾鞲理絲簧。昔爲烈士雄。今復嬌子容。親戚持酒賀。父母始知生女與男同。門前舊軍都。十年共崎嶇。本結兄弟交。死戰誓不渝。今也見木蘭。言聲雖是顔貌殊。驚愕不敢前。歎重徒嘻吁。世有臣子心。能如木蘭節。忠孝兩不渝。千古之名焉可滅。○樂府詩集二十五。廣文選十二。詩紀九十六。

梁詩卷三十

郊廟歌辭

梁雅樂歌六首　沈約

皇雅三曲。皇帝出入。

宋孝建起居注。奏永至。至是改爲皇雅。取詩皇矣上帝。臨下有赫也。二郊、太廟同用。

帝德實廣運。車書靡不賓。執瑁朝羣后。垂旒御百神。八荒重譯至。萬國婉來親。

華蓋拂紫微。勾陳繞隋志作統。太一。容裔被緹組。參差羅罕樂府作罕。詩紀同。類聚作罘。畢。星回昭隋志作照。樂府同。以爛。天行徐且謐。

清蹕朝萬寓。端冕臨正陽。青絇類聚作春句。黄金繶。衮衣文繡裳。既散華蟲采。復流日月光。○隋書音樂志。樂府詩集三。詩紀九十五。又類聚四十三作元會歌辭皇雅歌詩。引賓、神、一、畢、陽、裳六韵。

滌雅一曲。牲出入。

宋元徽儀注奏引牲。至是改爲滌雅。取禮記帝牛必在滌三月也。二郊、明堂、太廟同用。

將脩盛禮。其儀孔熾。有腯斯牲。國門是置。不黎不瘠。靡愆隋志、樂府作𠎝。靡忌。呈肌獻體。永言昭事。俯休皇德。仰綏靈志。百福具膺。嘉祥允洎。駿奔伊在。慶覃遐嗣。○隋書音樂志。樂府詩集三。廣文選十一。詩紀九十五。

牷雅一曲。薦毛血。

宋元徽三年儀注。奏嘉薦。至是改爲牷雅。取春秋左氏傳、牲牷肥腯也。二郊、明堂。太廟同用。

反本興敬。復古昭誠。禮容宿設。祀事孔明。華俎待獻。崇碑麗牲。充哉繭握。肅矣簪纓。其膋既啓。我豆既盈。庖丁游刃。葛盧驗聲。多祉攸集。景福來並。○隋書音樂志。樂府詩集三。廣文選十一。詩紀九十五。

諴雅三曲。降神及迎送。

宋元徽儀注。奏昭夏。至是改爲諴雅。取尚書至諴感神也。

懷忽慌。瞻浩蕩。盡誠潔。致虔想。出杳冥。降廣文選作隆。無象。皇情肅。具僚仰。人禮盛。神途敞。僾明靈。申敬享。感蒼極。洞玄象。隋志、樂府作壤。○南郊降神用。

地德溥。崐丘峻。揚羽翟。鼓應𫔎。出尊祇。樂府作祇。展誠信。招海瀆。羅嶽鎮。惟福祉。咸昭晉。北郊迎神用。

我有明德。馨非稷黍。牲玉孔備。嘉薦惟旅。金懸宿設。和樂具舉。禮達幽明。敬行尊俎。鐘鼓隋志、樂府作鼓鍾。云送。遐福是與。南北郊、明堂、太廟送神同用。○隋書音樂志。樂府詩集三。廣文選十一。詩紀九十五。

獻雅一曲。皇帝飲福酒。

宋元徽儀注奏嘉祚。梁初改爲永祚。至是改爲獻雅。取禮記祭統尸飲五。君洗玉爵獻卿。今之飲福酒。亦古獻爵之義也。北郊、明堂、太廟同用。

神宮肅肅。天儀穆穆。禮獻既同。膺兹隋志、樂府作此。釐福。我有馨明。無愧史祝。○隋志音樂志。樂府詩集三。詩紀九十五。

禋雅二曲。就燎位。

宋元徽儀注奏昭遠。就埋位。齊永明儀注奏隸幽。至是燎埋俱奏禋雅。取周禮太宗伯以禋祀。祀昊天上帝也。

紫文選補遺作祡。宮昭焕。太乙隋志作一。樂府同。微玄。降臨下土。尊高上天。載陳珪幣。隋志作璧。樂府、文選補遺同。式備牲牷。雲孤隋志作孤。樂府、文選補遺同。清引。栒虡高懸。俯昭象物。仰致高煙。文選補遺作禋。肅彼靈祉。咸達皇虔。就燎用。

盛樂斯舉。協徵調宮。靈饗慶洽。祉積化融。八變有序。三獻已終。坎牲瘞玉。酬德報功。振垂成吕。投壤生風。道無虛致。事由感通。於皇盛文選補遺作聖。烈。比祚華嵩。就埋用。○隋書音樂志。樂府詩集三。文選補遺三十四。詩紀九十五。

梁南郊登歌詩二首

暾既明。禮告成。惟聖祖。主上靈。爵已獻。罍又盈。息羽籥。展歌聲。僾如在。結皇情。○隋書音樂志。樂府詩集三。詩紀九十五。

禮容盛。尊俎列。玄酒陳。陶匏設。獻清酒。隋志作旨。樂府同。致虔潔。王既升。樂已闋。降蒼昊。垂芳烈。○同上

梁北郊登歌二首

方壇既埒。地祇已出。盛典弗愆。羣望咸秩。乃升乃獻。敬成禮卒。靈降無兆。神饗載謐。允矣嘉祚。其升如日。○隋書音樂志。樂府詩集三。詩紀九十五。

至哉坤元。實惟厚載。躬茲奠饗。誠交顯晦。或升或降。搖珠動佩。德表成物。慶流皇代。純嘏不愆。祺福是賚。○同上

梁明堂登歌五首

歌青帝辭

帝居在震。龍德司春。開元布澤。含和尚仁。羣居既散。歲云陽止。飭農分地。民隋志作人。樂府同。粒惟始。雕梁繡栱。丹楹玉墀。靈威以降。百福來綏。○隋書音樂志。樂府詩集三。詩紀九十五。

歌赤帝辭

炎光在離。火爲威德。執禮昭訓。持衡受則。靡草既凋。温風以至。嘉薦惟旅。時羞孔備。齊緹隋志作醍。樂府同。在堂。笙鏞在下。匪惟七百。無絶終始。○同上

歌黄帝辭

鬱彼中壇。含靈闡化。迴環氣象。輪無輟駕。布德焉在。四序將收。音宫數五。飯稷驂駵。宅屏居中。旁臨外宇。升爲帝尊。降爲神主。○同上

歌白帝辭

神在秋方。帝居西皓。允兹金德。裁成萬寶。鴻來雀化。參見火斜。隋志、樂府作邪。幕無玄鳥。菊有黄華。載列笙磬。式陳彝俎。靈罔常懷。惟德是與。○同上

歌黑帝辭

德盛乎水。玄冥紀節。陰降陽騰。氣凝象閟。隋書作閉。樂府同。司智莅坎。駕鐵衣玄。祈寒拆隋志、樂府作坼。地。

晷度迴天。悠悠四海。駿奔奉職。祚我無疆。永隆民隋志、樂府作人。極。○同上

梁宗廟登歌七首

功高禮洽。德隋志、樂府作道。尊樂備。三獻具舉。百司在位。誠敬罔爲。幽明同致。茫茫億兆。無思不遂。蓋之如天。容之如地。○隋書音樂志。樂府詩集九。廣文選十一。詩紀九十五。

殷兆玉筐。周始邠王。於赫文祖。基我大梁。肇土七十。奄有四方。帝軒百祀。人思未忘。永言聖烈。祚我無疆。○同上

有夏多罪。殷人塗炭。四海倒懸。十室思亂。自天命我。殲凶殄難。既躍乃飛。言登天漢。爰享爰格。隋志作祀。樂府同。福禄攸贊。○同上

犧象既飾。罍俎斯具。我鬱載馨。黄流乃注。峨峨卿士。駿奔是務。佩上鳴堦。纓還拂樹。悠悠億兆。天臨日煦。○同上

猗與至德。光被黔首。鑄鎔蒼昊。甄陶區有。恪隋志、樂府作肅。詩紀云。一作肅。恭三獻。對揚萬壽。比屋可封。含生無咎。匪徒七百。天長地久。○同上

有命自天。於皇后帝。悠悠四海。莫不來祭。繁祉具膺。八神聳衛。福至有兆。慶來無際。播此餘休。于彼荒裔。○同上

祀典昭潔。我禮莫違。八簋充室。六龍解騑。神宫肅肅。靈寢微微。嘉薦既饗。景福攸歸。至德光被。洪祚

載輝。〇同上

梁小廟樂歌二首樂府無作者名氏。

隋書樂志曰。梁又有小廟。太祖太夫人廟也。非嫡。故別立廟。皇帝每祭太廟訖。詣小廟。亦以一太牢。如太廟禮。

舞歌

閟宮肅肅。清廟濟濟。於穆夫人。固天攸啓。祚我梁德。膺斯盛禮。文槐達嚮。重檐丹陛。飾我俎彝。潔我粢盛。躬事奠饗。推尊盡敬。悠悠萬國。具承茲慶。大孝追遠。兆庶攸詠。〇隋書音樂志。樂府詩集九。詩紀九十五。

登歌

光流者遠。禮貴彌申。隋志誤作巾。嘉饗云備。盛典必陳。追養自本。立愛惟親。皇情乃慕。帝服來尊。駕齊六轡。旂耀三辰。感茲霜露。事彼冬春。以斯孝德。永被烝民。〇同上

燕射歌辭

梁三朝雅樂歌六首　沈約

隋書樂志曰。梁初。郊禋宗廟及三朝之樂。並用宋齊元徽、永明儀注。唯改嘉祚爲永祚。又去永至之樂。及武帝定國。並以雅爲稱。取詩序云。言天下之事。形四方之風。謂之雅。雅者。正也。止於十二。則天數也。乃去階步之樂。增撤食之雅焉。其詞並沈約所製。○詩紀云。按雅樂歌有郊廟、燕射通用者。不獨用於三朝而已。詳見後註。

俊雅三曲

隋書樂志曰。衆官出入。宋元徽三年儀注奏肅咸樂。齊及梁初亦同。至是改爲俊雅。取禮記司徒論選士之秀者而升之學曰俊士也。二郊、太廟、明堂。三朝同用焉。

設官分職。髦俊攸俟。髦俊伊何。貴德尚齒。唐乂咸事。周寧多士。區區衛國。猶賴君子。漢之得人。帝猷乃理。

開我八襲。闢我九重。珩珮流響。纓紱有容。衮衣前邁。列辟雲從。義兼東序。事美西雍。分階等肅。異列齊恭。

重列北上。分庭異陛。百司揚職。九賓相禮。齊宋舅甥。魯衞兄弟。思皇藹藹。羣龍濟濟。我有嘉賓。實惟愷悌。○隋書音樂志。樂府詩集十四。詩紀九十五。

胤雅

一曲。皇太子出入。奏胤雅。取詩君子萬年。永錫祚胤也。三朝用之。

自昔詩紀誤作西。殷代。哲王迭類聚作世。有。降及周成。惟器是守。上天乃眷。大梁既受。灼灼重明。仰承元首。體乾作貳。命服斯九。置保置師。居前居後。前星比耀。克隆萬壽。○隋書音樂志。樂府詩集十四。又類聚四十三引有、守、受、首四韵。

寅雅

一曲。王公出入。奏寅雅。取尚書周官貳公弘化。寅亮天地也。三朝用之。

禮莫違。樂具舉。延藩辟。朝帝所。執桓蒲。列齊莒。垂衮毳。紛容與。升有儀。降有序。齊簪紱。忘笑語。始矜嚴。終酣醑。○隋書音樂志。樂府詩集十四。詩紀九十五。

介雅

三曲。上壽酒。奏介雅。取詩君子萬年。介爾景福也。三朝用之。

百福四象初。萬壽三元始。拜獻惟衮職。同心協卿士。北極永無窮。南山何足擬。

壽隨百禮洽。慶與三朝升。惟皇集繁祉。景福互相仍。申錫永無遺。穰簡必來應。

百味既含馨。六飲莫能尚。玉罍信湛湛。金卮頗摇漾。敬舉發天和。祥祉流嘉貺。○隋書音樂志。樂府詩集十四。

詩紀九十五。又類聚四十三作分雅。引第一曲。

需雅八曲。食舉。奏需雅。取易曰雲上於天。需。君子以飲食宴樂也。三朝用之。

實體平心待和味。庶羞百品多爲貴。或鼎或鼒宣九沸。楚桂胡鹽芼芳卉。加籩列俎彫且蔚。

五味九變兼六和。令芳甘旨庶且多。三危之露九期詩紀云。一作貞。禾。圓案方丈粲星羅。皇舉斯樂同山河。

九州上腴非一族。玄芝碧樹壽華木。終朝采之不盈掬。用拂腥膻和九穀。既甘且飫致遐福。

人欲所大味爲先。興和盡敬咸在旃。碧鱗朱尾獻嘉鮮。紅毛綠翼墜輕翾。臣拜稽首萬斯年。

擊鐘以俟惟大國。況乃御天流至德。侑食斯舉揚盛則。其禮不諐儀不忒。風猷所被深且塞。

膳夫奉職獻芳滋。不麛不夭咸以時。調甘適苦别澠淄。其德不爽受福釐。於焉逸豫永無期。

備味斯饗惟至聖。咸降人神禮爲盛。或風或雅流歌詠。負鼎言歸啓殷命。悠悠四海同茲慶。

道我六穗羅八珍。洪鼎自爨匪勞薪。荆包海物必來陳。滑甘瀡瀡味和神。以斯至德被無垠。○隋書音樂志。

樂府詩集十四。詩紀九十五。

雍雅三曲。徹饌。奏雍雅。取禮記大饗客。出以雍徹也。三朝用之。

明明在上。其儀有序。終事靡諐。收鉶撤俎。乃升乃降。和樂備舉。天德莫違。人謀是與。敬行禮達。茲焉讌語。

我餕惟阜。我肴孔庶。嘉味既充。食旨斯飫。屬厭無爽。沖和在御。擊壤齊歡。懷生等豫。烝庶乃粒。實樂府作宴。按乃寔之誤字。由仁恕。

百司警列。皇在在陛。既飫且醑。卒食成禮。其容穆穆。其儀濟濟。凡百庶僚。莫不愷悌。奄有萬國。抑由天啓。○隋書音樂志。樂府詩集十四。詩紀九十五。

梁三朝雅樂歌六首

蕭子雲

隋書樂志曰。普通中。薦疏之後。改諸雅歌。敕蕭子雲製辭。既無牲牢。遂省滌雅、牷雅云。南史曰。梁初。郊廟未革。牲牷樂辭。皆沈約撰。至是承用。子雲啓宜改之。敕答曰。此是主者守株。宜急改也。仍使子雲撰定。敕曰。郊廟歌辭應須典誥大語。不得雜用子史文章淺言。而沈約所撰亦多舛謬。子雲作成。敕並施用。○詩紀云。按梁雅樂歌十三首。樂府分郊廟、射燕二處載之。此六首三朝所用。郊廟尚闕四首。樂府失載。

俊雅三曲

惟王建國。辨方正位。於赫有梁。向明而治。知人則哲。聰明文思。思皇多士。俊乂咸事。弗惟其官。惟人乃備。

訓迪庶工。位以德序。恭已而治。垂旒當宁。或以言揚。或以事舉。春朝秋覲。圭幣惟旅。翼翼鄤郇。峨峨齊楚。

客入金奏。賓至縣興。威儀有則。是降是升。百辟卿士。元首是承。左右秩秩。終敬且矜。彝倫攸序。王猷以凝。○樂府詩集十四。詩紀九十五。

胤雅

天下爲家。大梁受命。眷求詩紀作永。一德。惟烈無競。儀刑哲王。元良誕慶。灼灼明兩。作離承聖。英華外發。温文成性。立師立保。左右惟政。休有烈光。前星比盛。○樂府詩集十四。詩紀九十五。

寅雅

車同軌。行同倫。來萬國。相九賓。延羣后。朝藎臣。禮時行。樂日新。撫夷則。奏雅寅。衮衣曜。玉帛陳。儀抑抑。皇恂恂。○樂府詩集十四。詩紀九十五。

介雅 三曲

明君創洪業。大同登頌聲。開元洽百禮。來儀奏九成。申錫南山祚。赫赫復明明。

三朝禮樂和。百福隨春酒。玉樽湛而獻。聰明作元后。安樂享延年。無彊臣拜手。

四氣新元旦。萬壽初今朝。趨拜齊衮玉。鍾石變簫韶。日升等皇運。洪基邈日樂府作且。遥。○樂府詩集十四。詩紀九十五。

需雅八曲

農用八政食爲元。播時百穀民所天。禘嘗郊社盡潔虔。讌饗饋食禮節宣。九功惟序登頌絃。

感物而動物靡遂。大羹不和有遺味。非極口腹而行氣。節之民心殺攸貴。寧爲禮本竇與餼。

始諸飲食物之初。設卦觀象受以需。烝民乃粒有牲芻。自衛反魯刪詩書。弋不射宿殺已祛。

在昔哲王觀民志。庶羞百品因時備。爲善不同同歸治。蔬膳菲食化始至。率物以躬行尊位。

雅有泂酌風采蘋。蘊藻之菜非八珍。澗溪沼沚貴先民。明信之德感人神。譬諸禴祭在西鄰。

行葦之微猶勿踐。寧惟血氣無身剪。聖人之心微而顯。千里之應出言善。況遂豚魚革前典。

春酸夏苦冬樂府作各。有宜。筐筥錡釜備糗酏。詩紀作馳。逡巡揖讓詔司儀。卑高制節明等差。君臣之序正在斯。○同上

日月光華風四塞。規饗有序儀不忒。匪天私梁乃佑德。光被四表自南北。長世綴旒爲下國。○樂府詩集十四。詩紀九十五。

雍雅三曲

穆穆天子。時惟聖敬。濟濟羣公。恭爲德柄。爲撤有典。膳夫是命。禮行禘嘗。義光朝聘當作騁。神饗其德。

民洽其慶。

尚有和羹。既戒且平。亦有其餕。詩紀作酸。亦惟克明。其餕惟旅。其酳惟成。百禮斯洽。三宥已行。明哉元首。遹駿其聲。

戒食有章。卒食惟序。庭鳴金奏。凱收籩筥。客出以雍。撤以振羽。離磬乃作。和鐘備舉。濟濟威儀。喤喤籥簴。○樂府詩集十四。詩紀九十五。

相和歌辭

五音曲五首　沈約

隋書樂志曰。梁有相和五引。三朝第一奏之。陳氏因焉。隋文帝開皇中。改五引爲五音。唯迎氣於五郊降神奏之。月令所謂孟春其音角也。唐書樂志曰。五郊迎氣。各以月律而奏其音。蓋因隋舊制云。

角引

萌生觸發。歲在春。咸池始奏。德尚仁。浛濦以息。和且均。○隋書音樂志。樂府詩集二十六。詩紀九十五。

徵引

執衡司事。宅離方。滔滔夏日。火德昌。八音備舉。樂無疆。○同上

宮引

八音資始。君五聲。興此樂府作比。詩紀同。和樂。感百精。優游律呂。被咸英。○同上

商引

司秋紀兑。奏西音。激揚鍾石。和瑟琴。風流福被。樂愔愔。○同上

羽引

玄英紀運。冬冰折。詩紀云。一作坼。物爲音本。和且悦。窮高測深。長無絶。○同上

相和六引五曲　　蕭子雲

隋書樂志曰。普通中。敕蕭子雲改諸歌辭爲相和引。則依五音宫商角徵羽爲第次。非隨月次也。

宮引

宅中爲君。聲之始。氣和而應。律生子。四宫既作。陰陽理。○樂府詩集二十六。詩紀九十五。

商引

君臣數九。發涼風。三弦夷則。白藏通。克諧候管。和六同。○同上

角引

蟄蟲始振。音在斯。五聲六律。旋相爲。韶繼夏晝。備咸池。○同上

徵引

朱明在離。日長至。候氣而動。徵爲事。六樂成文。從之備。○同上

羽引

其音爲物。登玄英。制留循當作脩。短。位濁清。惟皇創則。和且平。○同上

鼓吹曲辭

梁鼓吹曲十二首

沈約

隋書樂志曰。鼓吹宋、齊並用漢曲。又充庭用十六曲。梁高祖乃去四曲。留其十二。合日時也。更制新歌。以述功德。

木紀謝

隋書樂志曰。漢第一曲朱鷺。改爲木紀謝。言齊謝梁升也。

木紀謝。火類聚作炎。樂府云。一作炎。運昌。炳南陸。耀炎光。民去癸。鼎歸梁。鮫魚出。慶雲翔。韡五帝。軼三王。德無外。化溥將。仁蕩蕩。義湯湯。浸金石。達昊蒼。横四海。被八荒。舞干戚。垂衣裳。對天眷。坐巖廊。胤有錫。祚無疆。風教遠。禮容盛。感人神。宣舞詠。降繁祉。延嘉慶。○樂府詩集二十。詩紀九十五。又類聚四十二引昌、梁、王、荒四韵。廣文選十二引昌、梁、翔、將、湯、蒼、荒、裳、廊、疆、盛、詠、慶十三韵。

賢首山

漢第二曲思悲翁。改爲賢首山。言武帝破魏軍於司部。肇王迹也。

賢首山。險而峻。乘峴類聚作阻。憑臨胡陣。騁奇謀。樂府云。一作謨。奮卒徒。斷白馬。塞飛狐。類聚作孤。按宋本作狐。殪日逐。殲骨都。刃谷蠡。馘林胡。草既潤。原亦塗。輪無反。幕有烏。掃殘孽。震戎逋。揚凱奏。展歡酺。詠杕杜。旋京吴。○樂府詩集二十。廣文選十二作峴首山。詩紀九十六。又類聚四十二引峻、陣、徒、狐四韵。

桐柏山

漢第三曲艾如張。改爲桐柏山。言武帝牧司。王業彌章也。

桐柏山。淮之首。肇基帝迹。遂光區有。大類聚無大字。震邊闕。殪獯醜。農既勸。類聚作歡。民惟阜。穗充庭。稼盈畝。迨嘉辰。纂芳糗。納寒場。爲春酒。昭景福。介眉壽。天斯長。地斯久。化無極。功無朽。○樂府詩集二十。廣文選十二。詩紀九十五。又類聚四十二引首、有、醜、阜四韵。

道亡

漢第四曲上之回。改爲道亡。言東昏喪道。義師起樊鄧也。

道亡數極歸永元。悠悠兆庶盡含寃。沈河莫極皆無安。赴海誰授矯龍翰。自樊漢仙波流水清且瀾。救此倒懸拯塗炭。誓師劉旅赫靈斷。率兹八百驅十亂。登我聖明去類聚、樂府作由。多難。長夜杳冥忽云旦。○樂府詩集二十。詩紀九十五。又類聚四十二引元、寃、漢、亂、難五韵。

忱類聚作抗。威

漢第五曲擁離。改爲忱威。言破加湖。元勳建也。

忱類聚作抗。威授律命蒼兕。類聚作光。樂府同。又注。一作鬼。言薄加湖灌秋水。迴瀾瀄汨樂府作泊。汎增雉。爭河投岸掬盈指。犯刃嬰戈洞流矢。資此威樂府、詩紀並云。一作盛。烈齊文軌。○樂府詩集二十。詩紀九十五。又類聚四十二引光、水、軌三韻。

漢東流

漢第六曲戰城南。改爲漢東流。言義師克魯山城也。

漢東流。江之汭。逆徒蜂聚。旌旗紛蔽。仰蔽仰二字。類聚倒誤。震威靈。乘高騁鋭。至仁解網。窮鳥入懷。因此龍躍。言登泰階。○類聚四十二。樂府詩集二十。廣文選十二。詩紀九十五。

鶴樓峻

漢第七曲巫山高改爲鶴樓峻。言平郢城。兵威無敵也。

鶴樓峻。連翠微。因巖設險池永歸。脣亡齒懼。薄言震。耀靈威。凶衆稽顙。天不能違。金湯無所用。功烈長巍巍。○樂府詩集二十。詩紀九十五。又類聚四十二引微、威、微三韻。

昏主恣淫慝

漢第八曲上陵改爲昏主恣淫慝。言東昏政亂。武帝起義。平九江、姑熟。大破朱雀。伐罪弔民也。

昏主恣淫慝。皆曰自昌類聚作言。盛。上仁矜億兆。誓師爲請命。既齊丹浦戰。又符甲子辰。龕難伐有罪。伐罪弔斯民。悠悠億萬姓。類聚作萬姓民。於此覩陽春。○樂府詩集二十。詩紀九十五。又類聚四十二引盛、命、辰、春四韻。

石首局

漢第九曲將進酒。改爲石首局。言義師平京城。仍廢昏定大事也。

石首局。北詩紀作比。墉墐。新堞嚴。東壘峻。共表裏。遥相鎮。矢類聚誤作夫。未飛。鼓方振。競衛璧。並輿櫬。酒池擾。象廊震。同伐謀。兼善陳。闢應和。掃煨燼。剪庶類聚作蓢廉。是。惡。靡餘胤。○樂府詩集二十。詩紀九十五。又類聚四十二引墐、峻、振、櫬、胤五韵。

期運集

漢第十曲有所思改爲期運集。言武帝膺籙受禪。德盛化遠也。

期運集。惟皇膺樂府云。一作應。寶符。龍躍清漢渚。鳳起方樂府云。一作南。城隅。謳歌共適夏。獄訟兩違朱。二儀啓嘉類聚作佳。樂府同。又注。一作嘉。祚。千載猶旦暮。舞蹈流帝功。金玉類聚作石。樂府云。一作石。昭王度。○類聚四十二。樂府詩集二十。詩紀九十五。

於穆

漢第十一曲芳樹改爲於穆。言大梁闡運。君臣和樂。休祚方遠也。

於穆君臣。君臣和以肅。關王道。定天保。樂均靈囿。宴同在鎬。前庭樂府云。一作庭前。懸鼓鐘。左右列笙鏞。纓佩俯仰。有則攸類聚作備。樂府同。禮容。翔振鷺。騁羣龍。隆周何足擬。遠與唐比蹤。○樂府詩集二十。詩紀九十五。又類聚四十二引肅、保、鎬、鏞、容五韵。

惟大梁

漢第十二曲上邪改爲惟大梁。言梁德廣運。仁化洽也。

惟大梁。開運。受籙。膺樂府云。一作應。圖。君八極。類聚作天冠八極。樂府云。一作天冠八極。冠帶被五都。類聚無冠字。樂府云。一本無冠字。四海並和會。排闕款塞無異塗。○樂府詩集二十。詩紀九十五。又類聚四十二引圖、都二韵。

清商曲辭

梁雅樂歌五首

張率樂府作無名氏。詩紀同。今從古樂苑。

古今樂録曰。梁有雅樂歌五曲。一名應王受圖曲。二曰臣道曲。三曰積惡篇。四曰積善篇。五曰宴酒篇。三朝樂第十五奏之。

應王受圖曲

應王受圖。荷天革命。樂曰功成。禮云治定。恩弘庇臣。念昭率性。迺眷三才。以宣八政。愧無則哲。臨淵自鏡。或戒面從。永隆福慶。○樂府詩集五十一。詩紀九十七。

臣道曲

孝義相化。禮讓爲風。當官無媚。嗣民必公。謙謙君子。謇謇匪躬。諒而不許。和而不同。誠之誠之。去驕思沖。弘茲大雅。是曰至忠。○同上

積惡篇

積惡在人。猶酖處腹。酖成形亡。惡積身覆。殷辛再離。温舒五族。責必及嗣。財豈潤屋。斯川既往。逝命不復。鏡茲餘殃。幸修多福。○同上

積善篇

惟德是輔。皇天無親。抱獄歸舜。捨財去邠。豚魚懷信。行葦留仁。先世有作。餘慶方因。鳴玉承家。錫珪于民。連城非重。積善爲珍。○同上

宴酒篇

記稱成禮。詩詠飽德。卜晝有典。厭夜不忒。彝酒作民。樂飲虧則。腐腹遺喪。濡首亡國。哲彼六馬。去茲

三惑。占言孔昭。以求温克。〇同上

舞曲歌辭

梁大壯大觀舞歌二首

沈約

隋書樂志曰。梁初猶用凱容宣烈之舞。武帝定樂。以武舞爲大壯舞。文舞爲大觀舞。又曰。大壯舞奏夷則。大觀舞奏姑洗。取其月望也。二郊、明堂、太廟。三朝同用。古今樂録曰。梁改宣烈爲大壯。卽周武舞也。改凱容爲大觀。卽舜韶舞也。陳以凱容樂舞用之郊廟。而大壯、大觀猶同梁舞。所謂祠用宋曲。宴準梁樂。蓋取人神不雜也。

大壯舞歌

隋書樂志曰。大壯舞取易象云大壯。大壯者。壯也。正大而天地之情可見也。古今樂録曰。大壯、大觀二舞。以大爲名。老子云。域中有四大。論語云。惟天爲大。今制大壯、大觀之名。亦因斯而立義焉。

高高在上。實愛斯人。眷求聖德。大拯詩紀云。一作極。彝倫。率土方燎。如火在薪。惵惵黔首。暮不及晨。朱光啓耀。兆發穹旻。我皇鬱起。龍躍漢津。言屆牧野。電激雷震。闕鞏之甲。彭濮之人。或貔或武。漂杵浮輪。我邦雖舊。其命維隋志作惟。樂府同。新。六伐乃止。七德必陳。君臨萬國。遂撫八寅。〇隋書音樂志。樂府詩集五十二。詩紀九十七。

大觀舞歌

大觀者。取易象曰。大觀在上。觀天之神道而四時不忒也。

皇矣帝烈。大哉興聖。奄有四方。受天明命。居上不怠。臨下惟敬。舉無愆則。動無失正。物從其本。人遂其性。昭播九功。肅齊八柄。寬以惠下。德以爲政。三趾晨儀。重輪夕映。棧壑忘阻。梯山匪夐。如日有恆。與天無竟。載陳金石。式流舞詠。咸英韶夏。於茲比盛。○同上

梁鞞舞歌　沈約

詩紀云。樂府失名。考目錄作沈約。

明之君六首

大梁七百始。天監三元初。聖功澄宇縣。帝德總車書。熙熙億兆臣。其志皆懽愉。○樂府詩集五十四。詩紀九十七。

刑措甫自今。隆平亦肇茲。神武超楚漢。安用道郊岐。百拜奄來宅。執玉咸在斯。象天則地體無爲。○同上

禮緝民用擾。樂諧風自移。舜琴終已絕。堯衣今復垂。象天則地體無爲。○同上

治兵戰六獸。爲邦命九官。靈蛇及瑞羽。分素復銜丹。望就踰軒頊。鏗鏘掩咸護。九尾擾成羣。八象鳴相

顧。象天則地化雲布。○同上。○樂府望就以下另爲一首。

有爲臣所執。司契君之道。運行乃四時。無言信蒼昊。宸居體沖寂。忘懷定天保。○同上

至德同自然。裁成侔玄造。珍祥委天貺。靈物開地寶。窈窕降青琴。參差就朱草。○同上

梁鞞舞歌三首

周捨

明之君

赫矣明之君。我皇邁前古。機靈通日月。聖敬締區宇。淮海無横波。文軌同一土。樂哉太平世。當歌復當舞。○樂府詩集五十四。詩紀九十七。

明主曲

聖主應圖籙。天下咸所歸。端扆臨赤縣。宸居法紫微。遐方奉正朔。外户闢重扉。我君延萬壽。福祚長巍巍。○同上

明君曲

明君班五瑞。就日朝百王。充庭植鷺羽。鈞天奏清商。本支同中嶽。良臣安四方。盛明普日月。兆民樂未

央。○同上

釋氏

釋寶誌

不知何許人。齊、宋之交。被髮徒跣。語默不倫。梁武帝敬事之。天監十三年卒。

讖詩

隋書曰。梁天監三年六月八日。武帝講於重雲殿。沙門誌公忽然起舞歌樂。須臾悲泣。賦五言詩云云。梁自天監至于大同。三十餘年。江表無事。至太清二年。臺城陷。帝享國四十八年。所言五十裹也。太清元年八月十三而侯景自懸瓠來降。在丹陽之北子地。帝惑朱异之言以納景。景之作亂。始自戊辰之歲。至午年帝憂崩。

樂哉三十餘。悲哉五十裹。但看八十三。子地妖災起。佞臣作欺妄。賊臣滅君子。若不信吾言。隋志作語。龍時侯賊起。且至馬中間。銜悲不見喜。○隋書五行志。詩紀九十四。

又

南史曰。天監中。沙門釋寶誌爲詩云云。帝使周捨封記之。及中大同元年。同泰寺災。帝啓封捨手迹。爲之流涕。帝生於甲辰。三十八。剋建鄴之年也。遇災歲實丙寅。八十三矣。四月十四日而火起之始。自浮屠第三層。三者。

帝之昆季次也。

昔年三十八。今年八十三。四中復有四。城北火酣酣。○南史梁武帝紀。詩紀九十四。

又二首

南史曰。天監十年四月八日。誌公於大會中作詩云云。狗子。景小字。山家小兒。猴狀。景遂覆陷都邑。毒害皇家。初自懸瓠來降。懸瓠卽昔之汝南也。巴陵有地名三湘。景奔敗處。

掘尾狗子自發狂。當死未死齧人傷。須臾之間自滅亡。起自汝陰死三湘。隋書五行志亦載此歌云。兀尾狗子始著狂。欲死不死齧人傷。須臾之間自滅亡。患在汝陰死三湘。橫尸一旦無人藏。○南史侯景傳。詩紀九十四。

山家小兒果攘臂。太極殿前作虎視。○同上

釋智藏

姓顧氏。吴郡吴人。住興皇寺。梁武授戒。時時諮稟。皇太子尤加敬接。

奉和武帝三教詩

廣弘明集云。梁開善寺藏法師。

心源本無二。學理共歸眞。四執迷叢藥。六味增苦辛。資緣良雜品。習性不同循。至覺隨物化。一道開異律。大士流權濟。訓義乃星陳。周孔尚忠孝。立行肇君親。老氏廣弘明集云。宋本作民。貴裁欲。存生由外身。出言千里善。芬爲窮世珍。理空非卽有。三明似未臻。近識封歧路。分鑣疑異塵。安知悟廣弘明集作坦。注云。明本作但。廣弘明集云。宋、元本作怡。云漸。究極本同倫。我皇體斯會。妙鑒出機神。眷言總歸轡。迴照引生民。顧惟慙宿植。廣弘明集作殖。邂逅逢嘉辰。願陪入明解。歲暮有攸廣弘明集云。宮本作假。因。○廣弘明集三十。詩紀九十四。

釋惠令

和受戒詩庾肩吾有和太子重雲殿受戒詩。

泬寥秋氣爽。摇落寒林疎。風散飛廉雀。浪動昆明魚。是日何爲盛。證戒奉皇儲。願陪升自在。神通任卷舒。○類聚七十六。詩紀九十四。

惠慕道士詩紀云。見梁詞人麗句。

犯虜將逃作詩

客子倦艱辛。夜出小平津。馬色迷關吏。鷄鳴起戍人。露鮮花斂影。月照寶刀新。問我將何去。北海就孫賓。○文苑英華二百八十九作顔之推從周入齊夜渡砥柱。詩紀九十四。

僧正惠偘 詩紀云。梁詞人麗句。

詠獨杵擣衣詩

非是無人助。意欲自鳴砧。照月斂孤影。乘風送迥音。言擣雙絲練。似奏一絃琴。令君聞獨杵。知妾有專心。○古詩類苑百十八。詩紀九十四。

聞侯方兒來寇詩

羊皮贖去士。馬革斂還尸。天下方無事。孝廉非哭時。○古詩類苑八十九。詩紀九十四。

釋法雲

三洲歌

三洲斷江口。水從窈窕河旁流。啼將别共來。長相思。○樂府詩集四十八。

三洲斷江口。水從窈窕河旁流。歡將樂共來。長相思。○同上

仙道

桓法闓

初入山作詩

華陽隱居真蹟帖曰。元帝在藩。送碑入山。今猶在朱陽館東。又有南平王蕭偉所造清遠之館。卽弘景弟子桓清遠所居。其桓師名法闓。初入山作詩曰。

寒谷夜將晨。置賞復尋真。方壇垂密葉。澈水渡金薤記作度。朱鱗。杏林雖伏獸。芝田詎俟人。丹成方轉石。鑪變欲銷銀。當知勝地遠。於此絶囂塵。○茅山志二十一。金薤記。　詩紀九十四。

周子良

五仙詩五首

周氏冥通記曰。玄人周子良。字元穌。茅山陶隱居之弟子也。天監十四年乙未六月十二日。有五人來。乃三更中。上者嵩高真人馮先生。第二卽蕭閑仙卿張君。第三卽中嶽仙人洪先生。第四乃保命府丞樂士。第五則華陽之夫司農玉童。丞曰。今者既曲紆真降。願各爲其述一文。真人曰。卿是其明證。可前作答。曰。敢不聞旨。乃令子良襞紙染筆。口授。詩畢。同辭別。徘徊户内而滅。

保命府丞授詩

華景輝瓊林。清風散紫霄。仰攜高真士。凌空馭緑軺。放彼朱霞館。造此塵中僚。有緣自然會。不待心翹翹。○周氏冥通記。詩紀外集三。

馮真人授詩

太霞鬱紫蓋。景風飄羽輪。直造塵滓際。萬穢澆我身。自非保仙子。安見今日人。過此未申冥通記作甲。歲。

控景朝太真。冥緣雖有契。執德故須勤。○同上

張仙卿授詩

寫我蕭閑館。遊彼塵喧際。騁景蓋飛霄。尋此人間契。周生一何奇。能感玄人轍。無使凌雲鞅。中隨嚴霜折。○同上

洪先生授詩

靈風扇紫霞。景雲散丹暉。八素不爲迥。冥通記作廻。九垓何足巍。志業雖右詩紀作有。□。習之亦成微。勗

此今日事。今闕方共歸。〇同上

華陽童授詩

懸臺淩紫漢。峻階登絳雲。華景飛形燭。七曜亦殊分。寫此步塵穢。適彼超世君。勗哉二祀内。無令邪世聞。詩紀作門。方爲去來會。短辭何用紛。〇同上

彭先生歌

周氏冥通記曰。丙申年二月七日。夢見定録云。臨海燒山中有仙人。遊在人門。自號彭先生。實是鄭玄字子陰。陸渾仙人也。其人亟乘一刀而歌曰。

太霄何冥冥。靈真時下遊。命我嚻塗際。採察雲中儔。世路多淫濁。真誠不可搜。促駕還陸嶺。人間無與酬。〇周氏冥通記。

吴興妖神詩紀作妓童。

贈謝府君覽詩

詩紀云。玉臺列置高爽詩中。題云吴興妖神贈謝府君覽。今從彤管集正之。〇逯按。玉臺此詩以爲吴興妖神之作。次高爽詩後。

玉釵空中墮。御覽作墜。金鈿色行御覽作色。歇。獨泣謝春風。孤夜傷御覽作良夜辜。詩紀作長夜孤。明月。○玉臺新詠十。御覽七百十八引靈怪。詩紀九十四。

北魏詩卷一

韓延之

延之。字顯宗。南陽堵陽人。仕晉位平西府録事參軍。後奔姚興。明元帝泰常二年入魏。爲虎牢鎮將。賜爵魯陽侯。太平真君中卒。

贈中尉李彪詩

賈生謫長沙。董儒詣臨江。愧無若人跡。忽尋兩賢蹤。追昔渠閣游。策駑厠羣龍。如何情愿奪。飄然獨遠從。痛哭去舊國。銜淚届新邦。哀哉無援民。嗷然失侣鴻。彼蒼不我聞。千里告志同。○魏書韓延之傳。詩紀百八。

宗欽

欽。字欽若。金城人。仕沮渠蒙遜爲中書郎、世子洗馬。太武平涼州。入魏。拜著作郎。太平真君十一年被誅。

贈高允詩十二章

嵬峩恆嶺。滉瀁滄溟。山挺其和。水燿其精。啓茲令族。應期誕生。華冠衆彥。偉邁羣英。

於穆吾子。含貞藉茂。如彼松竹。陵霜擢秀。味老思沖。翫易體復。戢翼九皐。聲溢宇宙。

我皇龍興。重離疊映。剛德外彰。柔明內鏡。乾象奄氣。坤厚山競。風無殊音。俗無異徑。

經緯曰文。著述曰史。斟酌九流。錯綜幽旨。帝用詘詩紀作訓。諮。明發虛擬。廣闢四門。披延髦士。

爾應其求。翰飛東觀。口吐瓊音。手揮霄翰。彈毫珠零。落紙錦粲。墳無凝魏書作疑。割。典無滯泮。

山降則謙。含柔爲信。林崇日漸。明外詩紀云。一作升。斯進。有邈夫子。兼茲四慎。弱而難勝。通而不峻。

南董詩紀作薰。邈矣。史功不申。固傾佞竇。雄穢美新。遷以陵腐。邕由卓泯。時無逸勒。路盈摧輪。

尹佚謨周。孔明述魯。抑揚羣致。憲章三五。昂昂高生。纂我遐武。勿謂古今。違魏書作建。詩紀同。規易矩。

自昔索居。沈淪西藩。風馬既殊。標榜莫緣。開通有運。闇遇當年。披衿暫面。定交一言。

諮疑祕省。訪滯京都。水鏡叔度。洗惔田蘇。望儀神婉。卽象心虛。悟言禮樂。探賾魏書作採研。詩紀同。詩書。

履霜悼遷。撫節感變。嗟我年邁。迅踰激電。進乏由賜。退非回憲。素髮掩玄。枯顏落蒨。

文以會友。友由知己。詩以明言。言以通理。盼坎迷流。覿艮闇止。庶魏書作伊。爾虬光。回詩紀作肆。鱗曲水。

○魏書宗欽傳。詩紀百。又文館詞林百五十八引八、九、十、十一、十二五章。

段承根

承根。武威姑臧人。仕魏爲著作郎。太平真君十一年。以崔浩撰史事。同被誅。

贈李寶詩七章

世道衰陵。淳風殆緬。衢交問鼎。路盈訪璽詩紀作璽。狥競争馳。天機莫踐。不有真宰。榛棘誰翦。魏書作揃。

於皇我后。重明襲焕。文以息煩。武以静亂。剖蚌求珍。搜巖采榦。野無投綸。朝盈逸翰。

自昔凉季。林焚淵涸。矯矯公子。鱗羽靡託。靈慧雖奮。祆氛未廓。鳳戢崑丘。龍潛玄漠。

數不常擾。艱極則夷。奮翼幽裔。翰飛京師。珥蟬紫闥。仗節方畿。弼我王度。庶績緝熙。

自余幽淪。眷參舊契。庶庇餘光。優游卒歲。忻路未淹。離轡已際。顧難分岐。載張載繼。

聞諸交舊。累聖疊曜。淳源雖漓。民懷余魏書作餘。劭。思樂哲人。静以鎮躁。藹彼繁音。和此清調。

詢下曰文。辯訐曰明。化由禮治。政以寬成。勉崇仁教。播德簡刑。傾首景風。遲聞休聲。○魏書段承根傳。詩紀百八。

游雅

雅。字伯度。小名黄頭。廣平任人。和平二年卒。贈相州刺史。

詩

魏書曰。高允重雅才。而雅輕薄允才。允性柔寬。不以爲恨。允將婚于邢氏。雅勸允婚于其族。允不從。雅曰。人貴河間邢。不勝廣平游。人自棄伯度。我自敬黄頭。○魏書游雅傳。北史游雅傳。

北魏孝文帝元宏

宏。獻文帝托跋弘長子。皇興三年。立爲皇太子。五年八月。卽位。改元三。延興、承明、太和。太和二十年。改姓元氏。太和二十三年卒。年三十三。謚曰孝文皇帝。有集三十九卷。

縣瓠方丈竹堂饗侍臣聯句詩

北史曰。兼中書侍郎鄭道昭從征沔北。孝文饗臣于縣瓠方丈竹堂。道昭與兄懿俱侍坐。樂作酒酣。孝文乃作歌。

白日御覽作日月。事類賦同。光天兮無不曜。江左一隅御覽隅下有兮字。事類賦同。獨未照。帝　願從聖明事類賦作主。兮登衡會。萬國馳誠御覽誠下有兮字。事類賦同。混内北史作日。詩紀云。一作日。外。彭城王勰　雲雷大振兮天門御覽作地。事類賦同。闢。率土來賓一正歷。鄭懿　舜舞干戚御覽作戈。事類賦同。兮天下歸。文德遠被御覽被下有兮字。事類賦同。莫不思。鄭道昭○北史作邢巒。皇風一鼓兮九地匝。戴日依天御覽天下有兮字。事類賦同。清六合。邢巒。北史作鄭道昭。遵彼汝墳兮昔化貞。未若今日道風明。帝　文王政教兮暉江沼。寧如御覽作知。事類賦同。大化御覽化下有兮字。事類賦同。光四表。宋弁○魏書鄭道昭傳。北史鄭道昭傳。御覽五百七十事類賦歌賦註引後漢書。詩紀百八。

歌

後魏略曰。孝文帝南巡至新野。臨潭水而見菖蒲花。乃歌曰云云。遂建兩菖蒲寺美之。

兩菖蒲。新野樂。○御覽百六十八。

高允

允。字伯恭。渤海蓨人。獻文末。授懷州刺史。太和二年。拜鎮軍大將軍。領中秘書事。加光禄大夫。太和十一年卒。年九十八。有集二十一卷。

羅敷行

邑中有好女。姓秦字羅敷。巧笑美回盻。鬢髮復凝膚。脚著花文履。耳穿明月珠。頭作墮馬髻。倒枕象牙梳。姌姌善趨步。襜襜曳長裾。王侯爲之顧。駟馬自踟蹰。○樂府詩集二十八。詩紀百八。

王子喬

王少卿。王少卿。超升飛龍翔天庭。遺儀景。雲漢酬。光騖電逝忽若浮。騎日月。從列星。跨騰入樂府作太。

廓踰杳（樂府作窅）。冥。尋元氣。出天門。窮覽有無究道根。○樂府詩集二十九。詩紀百八。

答宗欽詩十三章

高允爲著作郎。與崔浩同撰史。宗欽贈詩以相規諷。允答之云云。後崔浩竟坐暴揚國惡。與宗欽同被誅。允以太子救得免。

湯湯流漢。藹藹南都。載稱多士。載燿靈珠。邈矣高族。代記丹圖。啓基郢（文館詞林作邦）。域。振彩涼區。

吾生倜儻（魏書作朗到。詩紀同）。誕發英風。紹熙前緒。奕世克隆。方圓備體。淑德斯融。望傾羣雄（文館詞林作儁）。嚮振（魏書作駭。詩紀同）。華戎。

嚮振（魏書作駭。詩紀同）。伊何。金聲克（魏書作允。詩紀同）。著。匡贊西藩。拯厥時務。放（魏書作肅。詩紀同）。志琴書。恬心初素。潛思淵（文館詞林作泉）。渟。秀藻雲布。

上天降命。祚鍾有代。協燿紫宸。與乾作配。仁邁春陽。功隆覆載。招延隱叟。永貽大賚。

伊余櫟散。才朽質（魏書作至庸。詩紀同）。微。遭緣幸會。忝與樞機。竊名華省。厠足丹墀。愧無熒（魏書作螢）。燭。少益天暉。

明升（詩紀作外）。非諭。信漸難兼。體卑處下。豈曰能謙。進不弘道。退失淵（文館詞林作深）。潛。既慚朱闕。亦愧閭閻。

史班稱達。楊蔡致深。負荷典策。載蹈（文館詞林作諂）。於心。四轍同軌。覆車相尋。敬承嘉誨。永佩明箴。

遠思古賢。内尋諸己。仰謝丘明。長揖南史。遐武雖存。高蹤難擬。夙興夕惕。豈獲恬止。

時詩紀作世。之圯矣。靈運未通。風馬殊隔。區域異封。有懷西望。路險莫從。王澤遠灑。九服來同。

在昔平吴。二陸稱寶。今也尅涼。吾生獨矯。道映儒林。義爲羣表。我思與之。均於紵縞。

仁乏田蘇。量非叔度。韓生屢降。林宗仍顧。魏書作物。詩紀同。千載曠遊。遘兹一遇。藻詠風流。鄙心已悟。

年時迅邁。物我俱逝。任之斯通。擁之則滯。結駟貽塵。屢空亦敝。兩聞魏書作間。詩紀同。可守。安有回賜。

詩以言志。志以表丹。慨哉刎頸。義已中殘。雖曰不敏。請事金蘭。爾其勵之。無忘歲寒。○魏書宗欽傳。詩紀百八。又文館詞林百五十八所引缺末一章。

詠貞婦彭城劉氏詩八章

渤海封卓妻劉氏。彭城人。成婚一夕。卓官於京師。以事見法。劉氏在家。忽形夢想。知卓已死。哀泣不止。經旬凶問果至。遂憤歎而終。時人比之秦嘉妻云。高允念其義高而名不著。乃爲之詩曰。

兩儀正位。人倫肇甄。爰制夫婦。統業承先。雖曰異族。氣猶自然。生則同室。終契黄泉。

封生令達。卓爲時彦。内協黄中。外兼三變。誰能作配。克應其選。寔有華宗。挺生淑媛。

京野勢殊。山川乖互。乃奉王命。載馳在路。公務既弘。私義獲著。因媒致幣。遘止一暮。

率我初冠。眷彼弱笄。形由禮比。情以趣諧。忻願難常。影跡易乖。悠悠言邁。戚戚長懷。

時值險屯。横離塵網。伏鑕就刑。身分土壤。千里雖遐。應如影響。良嬪洞感。發於夢想。

仰惟親命。俯尋嘉好。誰謂會淺。義深情到。畢志守窮。誓不二醮。何以驗之。殞身是效。人之處世。孰不厚生。心存於義。所重則輕。結憤魏書作忿。鍾心。甘就幽冥。永捐堂宇。長辭母兄。茫茫中野。翳翳孤丘。葛虆冥蒙。荆棘四周。理苟不昧。神必俱游。異哉貞婦。曠世靡儔。〇魏書列女傳。詩紀百八。

劉昶

昶。字休道。宋文帝第九子。封晉熙王。位中書令。廢帝立。爲徐州刺史。奔魏。孝文以爲持節、都督吴越彭楚諸軍事、大將軍。鎮徐州。太和二十一年卒。年六十二。

斷句詩

南史曰。昶兵敗奔魏。棄母妻。惟擕妾一人騎馬自隨。在道慷慨爲斷句。

白雲滿鄣來。黄塵暗天起。關山四面絶。故鄉幾千里。〇南史劉昶傳。詩紀百八。

王肅

肅。字恭懿。琅邪臨沂人。仕齊爲秘書丞。太和中。奔魏。累遷尚書令、揚州刺史。景明二年卒。年三十八。

悲平城詩

悲平城。驅馬入雲中。陰山常晦雪。荒松無罷風。○魏書祖瑩傳。北史祖瑩傳。詩紀百八。

彭城王元勰

勰。字彥和。獻文帝第六子。太和九年。封始平王。轉中書令。改封彭城王。宣武永平元年被殺。

應制賦銅鞮山松詩

北史曰。勰從孝文帝幸代都。次于上黨之銅鞮山。路傍有大松樹十數株。帝賦詩示勰曰。吾作詩雖不七步。亦不言遠。汝可作之。比至吾間令就也。勰時去帝十步。且行且作。未至帝所而就。

問松林。松林經幾冬。山川何如昔。風雲與古同。○魏書彭城王傳。北史獻文六王傳。御覽九百五十三引後魏書。詩紀百八。

李諡

諡。字永和。趙郡平棘人。州再舉秀才。公府二辟。並不就。延昌四年卒。

神士賦歌

周孔重儒教。莊老貴無爲。二途雖如異。一是買聲兒。生乎意不愜。死名用何施。可心聊自樂。終不爲人移。脱尋余志者。陶然正若斯。○魏書李諡傳。

鄭道昭

道昭。字僖伯。滎陽開封人。孝文時中書學生。遷秘書郎。拜主文中散。徙員外散騎侍郎、秘書丞、兼中書侍郎。尋正除中書郎。轉通直常侍。宣武即位。徙司徒諮議參軍。拜國子祭酒。又爲司州州都。遷秘書監。出爲光州刺史。轉青州刺史。復入爲秘書。熙平元年卒。

於萊城東十里與諸門徒登青陽嶺太基山上四面及中嶺掃石置仙壇詩

尋日愛丘素。嵯金石補作陵。月開靖埸。東峯青煙寺。西嶺白雲堂。朱陽臺望遠。玄靈崖色光。高壇周四嶺。中明起前嶝。神居杳漢眇。接景拂霓裳。□微三四子。披霞度仙房。瀟瀟步林石。缭缭歌道章。空谷和鳴磬。風岫吐浮香。冷冷□虚唱。鬱鬱逶松梁。伊余莅東國。杖節牧齊壃。乘務惜暫暇。遊此無事方。依巖論孝老。斟泉語經莊。長文聽遠義。門徒森山行。躊躕當作踟蹰。念歲述。幽衿燭扶桑。栖槃時自我。豈云蹈行藏。○金石補十四。

與道俗□人出萊城東南九里登雲峯山論經書詩

靖覺鏡□津。浮生歷人職。辟志訪□遊。雲峻期登涉。拂衣出州□。緩步入煙域。苔替□逕□。巃嵸星路逼。霞□□玄。鳳駕緣虛垉。披衿接九賢。合蓋高嶺極。峥嶸非一□。林巒迭峻嶶。雙闕承漢開。絶巘虹縈妁。澗岨禽跡迷。竇狹鳥過亟。層穴通月□。飛岫陵地億。廻首眄京闕。連州□萊郎。還濟河漸□。□來塵玉食。藏名隱仙丘。希言養神直。依微姑射蹤。□□朱臺日。爾時春嶺明。松沙若點殖。攀石坐危□。□□栖傾側。談對洙巘賓。清賞妙無色。圖外表三玄。經中精十力。道音動齊泉。義風光韶棘。此會當百齡。斯觀寧心識。目海淺毛流。□崖瞥鴻翼。相翔足終身。誰辯瑶與□。万象自云云。焉用挂情憶。槃桓竟何爲。雲峯聊可息。○金石補十四。

登雲峯山觀海島詩

山遊悦遥賞。觀滄眺白沙。雲路沈仙駕。靈章飛玉車。金軒接日綵。紫蓋通月華。騰龍藹星水。翻鳳暎煙家。往來風雲道。出入朱明霞。霧帳芳宵起。蓬臺植漢邪。流精麗旻部。低翠曜天葩。此矚寧獨好。斯見理如麻。秦皇非徒駕。漢武豈空嗟。○金石補十四。

詠飛仙室詩

巖堂隱星霄。遥檐駕雲飛。鄭公乘日至。道士投霞歸。○金石補十四。

陽固

固字敬安。北平無終人。太和中爲大將軍劉昶法曹參軍。累遷尚書侍御史。明帝卽位。除尚書考功郎中。京兆王繼爲司徒。辟爲從事中郎。府解。除前軍將軍。正光四年卒。年五十七。

刺讒詩

北史曰。宣武末中尉王顯當權。固每直言其過。以此銜固。又有人間之。顯因奏固免官。遂闔門自守。作刺讒、疾倖詩二首。

巧佞巧佞。魏書作巧巧佞佞。北史同。讒言興兮。營營習習。似青蠅兮。以白爲黑。在汝口兮。汝非蝮蠆。毒何厚兮。巧佞巧佞。一何工矣。伺魏書、北史作司。下同。間伺忿。言必從矣。朋黨噂喈。自相同矣。浸潤之譖。傾人墉矣。成人之美。君子貴焉。攻人之惡。君子愧魏書、北史作耻。焉。汝何人斯。譖毀日繁。予北史作子。實無罪。何騁汝言。魏書作騁汝詭言。番番緝緝。讒言側入。君子好讒。如或弗及。天疾讒説。汝其至矣。無妄之禍。行將及矣。泛泛游鳧。弗制弗拘。行藏之徒。或智或愚。維余小子。魏書作人。未明兹理。毀與行俱。言與釁起。我其懲矣。我其悔矣。豈求人兮。思魏書作忠。北史同。忽在己。○魏書陽尼傳附陽固傳。北史陽尼傳附陽固傳。詩紀百九。

疾倖詩

彼諂諛兮。人之蠹兮。刺促昔粟。罔顧恥辱。以求媚兮。邪干側入。如恐弗及。以自容兮。志行偏魏書作褊。北史同。小。好習不道。朝挾其車。夕承其輿。或騎或徒。載奔載趨。或言或笑。曲事親要。正路不由。邪徑是蹈。不識大猷。不知話言。其朋其黨。其徒實繁。有詭其行。有佞其音。籧篨戚施。邪媚是欽。既讒且姤。魏書作詭且妬。以逞其心。是信是任。亂是魏書、北史作敗其。詩紀云。北史作敗其。以多。其北史作不。始不慎。末如之何。習習宰嚭。營營無極。梁丘寡智。王鮒淺識。伊戾息夫。異世同力。江充趙高。甘言似直。竪刁上官。擅生羽翼。乃如之人。僭爽其德。豈徒喪邦。又亦覆國。嗟爾中下。其親其昵。不謂其非。不覺其失。好之有年。寵之有日。我思古人。心焉若疾。百凡魏書作凡百。北史同。君子。宜其慎矣。覆車其魏書作之。詩紀云。一作之。鑒。近可信矣。言既備矣。事既至矣。反是不思。維塵及矣。○同上

北魏孝明帝元詡

詡。宣武帝第二子。延昌元年立爲皇太子。四年正月卽位。改元五。熙平、神龜、正光、孝昌、武泰。在位十三年。武泰元年卒。年十九。謚曰孝明皇帝。

幸華林園宴羣臣於都亭曲水賦七言詩

化光造物含氣貞。太后　恭己無爲賴兹英。帝○魏書宣武靈皇后傳。北史宣武靈皇后傳。御覽百四十。

北魏孝莊帝元子攸

子攸。彭城王勰第三子。明帝時。封武城縣公。進封長樂王。明帝崩。爾朱榮立之爲帝。改元永安。三年。爲爾朱兆所弑。年二十四。謚曰孝莊皇帝。

臨終詩

伽藍記曰。莊帝既誅爾朱榮。右僕射爾朱世隆至高都。立長廣王曄爲主。遣潁川王爾朱兆舉兵向京師。大軍失利。遂執帝還晉陽。縊於三級寺。帝臨崩作詩曰。

權去生道促。憂來死路長。懷恨出國門。含悲入鬼鄉。隧門一時閉。幽庭豈復光。思鳥吟青松。哀風吹白楊。昔來聞死苦。何言身自當。○洛陽伽藍記一。詩紀百八。

北魏節閔帝元恭

恭。字脩業。廣陵惠王羽之子。正始中。襲爵。位給事黄門侍郎。莊帝崩。爾朱世隆等奉帝即位。改元普泰。二年。爲高歡所殺。年二十。

詩

朱門久可患。紫極非情翫。顛覆立可待。一年三易换。時運正如此。惟有脩真觀。○魏書前廢帝紀。北史節閔皇帝紀。詩紀百八。

聯句詩

北史曰。普泰二年正月乙酉。中書舍人元翻獻酒肴。帝因與元翌及孝通等兼奏絃管。命翻吹笛。帝亦親和之。因使元翌等嘲。以酒爲韵。孝通曰云云。帝曰。卿所謂壽。豈容徒然。便命酌酒賜孝通。仍命更嘲。不得中絶。孝通卽竪忠爲韵。翻曰云云。

既逢堯舜君。願上萬年壽。孝通　平生好玄默。慚爲萬國首。帝

聖主臨萬機。享世永無窮。元翻　豈唯被豐草。方亦及昆蟲。孝通　朝賢既濟濟。野苗又芃芃。元翌　君臣

體魚水。書軌一華戎。帝　微臣信慶渥。何以答華嵩。孝通○北史薛辯傳附孝通傳。詩紀百八。

崔鴻

鴻。字彦鸞。歷爲彭城王國左常侍、尚書虞曹郎中、給事中兼祠部郎、鎮南行臺長史、三公郎中、員外散騎常侍、中散大夫、司徒長史。正光初。撰高祖世宗起居注。孝昌初。拜給事黄門侍郎。加散騎常侍、齊州大中正。尋卒。有十六國春秋一百二卷。

詠寶劍詩

寶劍出昆吾。龜龍夾采珠。五精初獻術。千户競論都。匣氣衝牛斗。山形轉鹿盧。欲知天下貴。持此問風胡。○御覽三百四十四作梁崔鴻。

馮元興

元興。字子盛。東魏郡肥鄉人。仕爲殿中郎。遷侍讀。普泰初爲光禄大夫。領中書舍人。出除東郡太守卒。

浮萍詩

北史曰。元興世寒。因元乂之勢。託其交道。相爲引用。乂既賜死。興亦被廢。乃爲浮萍詩以自喻。

有草生碧池。無根緑魏書作綠。水上。脆弱惡風波。危微苦驚浪。○魏書本傳。北史本傳。詩紀百八。

北魏詩卷二

蕭綜

綜。字世謙。梁武帝第二子。封豫章王。普通四年爲南兗州刺史。鎮彭城。奔魏。歷司徒太尉。尚壽陽公主。魏建義二年卒。

聽鍾鳴

伽藍記曰。洛陽城東建陽里有臺。高三丈。上作二精舍。有鍾。撞之。聞五十里。太后移在宮内。置凝閒堂。初。梁豫章王蕭綜聞此鍾聲。遂造聽鍾歌三首行於世。

歷歷聽鍾鳴。當知在帝城。西樹隱落月。東窻見曉星。霧露朏朏未分明。烏啼啞啞已流聲。驚客思。動客情。客思鬱縱横。翩翩孤鴈何所棲。依依别鶴半夜啼。今歲行已暮。雨雪向淒淒。飛蓬旦夕起。楊柳尚翻低。氣鬱結。涕滂沱。愁思無所託。强作聽鍾歌。○類聚三十。文苑英華三百三十四。詩紀百八。

悲落葉

悲落葉。聯翩下重疊。重疊落且飛。從横去不歸。長枝交蔭昔何密。黄鳥關關動相失。夕蘂雜凝露。朝花翻亂日。亂春日。起春風。春風春日此時同。一霜兩霜猶可當。五晨六旦已颯黃。乍逐驚風舉。高下任飄颺。悲落葉。落葉何時還。夙昔共根本。無復一相關。各隨灰土去。高枝難重攀。○類聚八十八。詩紀百八。

崔巨倫

巨倫。字孝宗。博陵安平人。以世宗挽郎。除冀州鎮北府墨曹參軍、太尉記室參軍。莊帝三年卒。

五月五日詩

魏書曰。叔楷爲殷州。巨倫在州陷賊。斂恤亡存。爲賊所義。葛榮聞其名。欲用爲黄門侍郎。巨倫心惡之。五月五日。集會官僚。令巨倫賦詩。巨倫乃曰。

五月五日時。天氣已大熱。狗便呀欲死。牛復吐出舌。○魏書崔辯傳附巨倫傳。

董紹

紹。字興遠。新蔡鮦陽人。起家四門博士。累遷洛陽刺史。爾朱天光以爲行臺從事。賀拔岳請爲開府諮議參軍。孝武西遷。除御史中丞。

高平牧馬詩

北史曰。紹爲賀拔岳諮議參軍。岳携紹於高平牧馬。紹悲而賦詩曰。

走馬山之阿。馬渴飲黄河。寧謂胡關下。復聞楚客歌。○北史董紹傳。詩紀百八。

盧元明

元明。字幼章。范陽涿人。永安初。兼尚書令。孝武登阼。遷尚書右丞。轉散騎常侍。有集十七卷。

晦日汎舟應詔詩

輕灰吹上管。落蓂飄下蔕。遲遲春色華。晼晼年光麗。○類聚四。初學記四。古今歲時雜詠九。御覽三十。文苑英華百七十二。歲時廣記十三。詩紀百九。

夢友人王由賦别詩

自茲一去後。市朝不復遊。○魏書盧元明傳。

李騫

騫。字希義。趙郡平棘人。位散騎常侍、尚書左丞。使梁。坐事免。後除黄門侍郎。死於晉陽。

贈親友

北史曰。騫爲尚書左丞。坐免。論者以爲非罪。騫嘗贈親友盧元明、魏收詩。蓋失職之志云。

幽棲多暇日。總駕萃荒坰。南瞻帶宮雉。北睇拒畦瀛。流火時將末。懸炭漸云輕。寒風率已厲。秋水寂無聲。層陰蔽長野。凍雨暗窮汀。侶浴浮還没。孤飛息且驚。三褫俄終歲。一丸曾未營。閑居同洛涘。歸身欵武城。稍旅原思藋。坐夢尹勤荆。監河愛斗北史作升。詩紀云。一作升。水。蘇子惜詩紀作借。餘明。益州達友魏書誤作反。趣。廷尉辯交情。豈若忻蓬蓽。收志偶沈冥。詩紀云。懸炭事見淮南子。亦古候氣之法。説林。懸羽與炭而知燥濕之氣。○魏書李騫傳。詩紀百九。又北史李順傳附騫傳引明、情二韻。

贈明少遐詩

酉陽雜俎曰。梁遣黄門侍郎明少遐、兼通直散騎常侍賀文發。宴魏使李騫、崔劼。温涼畢。少遐詠騫贈其詩曰云云。依依然可想。騫曰。未若燈花寒不結。最拊時事。少遐報詩中有此語。

蕭蕭一作肅。風簾舉。○酉陽雜俎十二。

祖瑩

瑩。字元珍。范陽遒人。孝文時。拜太學博士。累遷國子祭酒。領給事黄門郎。孝武登阼。封文安縣子。天平初。以功遷儀同三司。進爵爲伯。卒。

悲彭城

北史曰。尚書令王肅於省中詠悲平城詩。彭城王勰甚嗟其美。欲使更詠。乃失語云。公可更爲誦悲彭城詩。肅戲勰云。何意呼悲平城爲彭城也。勰有慚色。瑩在座。卽云。悲彭城。王公自未見。肅云。可爲誦之。瑩應聲爲之。肅甚嗟賞。勰亦大悅。

悲彭城。楚歌四面起。屍積石梁亭。血流睢水裏。○魏書祖瑩傳。北史祖瑩傳。詩紀百八。

鹿悆

悆。字永吉。濟陰乘氏人。初爲真定公元子直國中尉。累遷金紫光禄大夫、兼尚書右僕射。天平中。除梁州刺史。爲反者鄭榮業執送關中。

諷真定公詩二首

北史曰。悆爲真定公元子直國中尉。恒勸以忠廉之節。嘗賦五言詩云云。子直少有令聞。悆欲善其終。故以諷焉。

嶧山萬丈樹。雕鏤作琵琶。由此材高遠。弦響藹中華。○魏書鹿悆傳。北史鹿悆傳。詩紀百八。

援琴起何調。幽蘭與白雪。絲管韻未成。莫使弦響絶。○同上

李諧

諧。字虔和。頓丘人。受父前爵彭城侯。自太尉參軍歷尚書郎、北海王顥撫軍司馬。入爲中書侍郎。加輔國將軍、相州大中正、光禄大夫。除金紫光禄大夫。元顥入洛。以爲給事黄門侍郎。孝静初。徵爲魏尹。兼散騎常侍。爲聘使主。至石頭。轉秘書監。武定二年卒。年四十九。有録行於世。

釋奠詩

沛澤南朝。峒山北面。帝曰師氏。陳牲委奠。神具醉止。薄言嘉宴。○初學記十四。

江浦賦詩

談藪曰。李諧。彭城王嶷之孫。尚書平之子。俊爽有才辯。爲黄門侍郎。除散騎常侍。爲聘梁使。事畢。江浦賦詩曰。

帝獻二儀合。黄華千里清。邊笳城上響。寒月浦中明。○太平廣記百七十三。

常景

景。字永昌。河内温人。孝文時爲門下録事。累遷車騎將軍、右光禄大夫、秘書監。曾擬劉琨作扶風歌十五首。永安二年。除中軍將軍、正黄門。永熙二年。監議事。武定八年卒。

讚四君詩四首

北史曰。景淹滯門下。積歲不至顯官。以蜀司馬相如、王褒、嚴君平、揚子雲皆有高才而無重位。乃託意以讚之。

長卿有豔才。直致不羣性。鬱若春煙舉。皎如秋月映。遊梁雖好仁。仕漢常稱病。清貞非我事。窮達委天命。○右司馬相如○魏書常爽傳附景傳。詩紀百八。

王子挺秀質。逸氣干青雲。明珠既絶俗。白鵠信驚羣。才世苟不合。遇否途自分。空枉碧雞命。徒獻金馬文。○右王褒○同上

嚴君初學記作公。情初學記作體。沈静。立志明霜雪。味道綜微言。端蓍演妙説。才屈羅仲口。位結李强舌。素尚初學記作節。邁金貞。清標陵玉徹。初學記作澈。○右嚴君平○同上

蜀江導清流。揚子挹餘休。含光絶後彦。覃思邈前脩。世輕久不賞。玄談物無求。當途謝權寵。置酒得閒遊。○右揚雄○同上

褚緭

戲爲詩

南史曰。褚緭在魏。魏人欲用之。魏元會。緭戲爲詩曰。

帽上著籠冠。袴上著朱衣。不知是今是。不知非昔非。〇南史陳伯之傳。

温子昇

子昇。字鵬舉。寃句人。宣武時爲廣陽王淵客。熙平初。補御史。歷朝請、李神儁荆州録事參軍。建義初爲南主客郎中。元顥入洛。以爲中書舍人。孝莊還宫。復爲舍人。遷散騎常侍、中軍大將軍。齊文襄引爲大將軍諮議參軍。見疑。下晉陽獄。餓死。有集三十九卷。

白鼻騧

少年多好事。攬轡向西都。相逢狹斜路。駐馬詣當壚。〇樂府詩集二十五。詩紀百九。

結襪子

誰能訪故劍。會自逐前魚。裁紈終委篋。織素空有餘。〇樂府詩集七十四。詩紀百九。

安定侯曲

封疆在上地。鍾鼓自相和。美人當窻舞。妖姬掩扇歌。〇樂府詩集七十四。詩紀百九。

燉煌樂

客從遠方來。相隨歌且笑。自有燉煌樂。不減安陵調。○樂府詩集七十八。詩紀百九。

涼州樂歌二首

遠遊武威郡。遥望姑臧城。車馬相交錯。歌吹日縱横。○初學記八。詩紀百九。

路出玉門關。城接龍城坂。但初學記作阻。事絃歌樂。誰道山川遠。○同上

擣衣詩

長安城中秋夜長。佳人錦石擣流黄。香杵紋砧知近遠。傳聲遞響何凄涼。七夕長河爛。中秋明月光。蠮螉塞邊絶候鴈。鴛鴦樓上望天狼。○詩紀百九。

從駕幸金墉城詩

兹城實佳麗。飛甍自相竝。膠葛擁行風。岧嶤閟流景。御溝屬清洛。馳道通丹屛。湛淡水成文。參差樹交影。長門久已閉。離宫一何静。細草緣玉階。高枝蔭桐井。微微夕渚暗。肅肅暮風冷。神行揚翠旗。天臨肅清警。伊臣從下列。逢恩信多幸。康衢雖已泰。弱力將安騁。○初學記二十四。詩紀百九。

春日臨池詩

光風動春樹。丹霞起暮陰。嵯峩映連璧。飄颻下散金。徒自臨濠渚。空復撫鳴琴。莫知流水曲。誰辯遊魚心。○類聚九。文苑英華百六十五。詩紀百九。

詠花蝶詩

素蝶向林飛。紅花逐風散。花蝶俱不息。紅素還相亂。芬芬共襲予。詩紀作手。葳蕤從文苑作徒。可玩。不文苑作可。慰行客心。遽動離居文苑作君。注云。疑作居。歎。○文苑英華三百二十九。詩紀百九。

相國清河王挽歌

高門詎改轍。曲沼尚餘波。何言吹樓下。翻成薤露歌。○初學記十四。詩紀百九。

胡叟

叟。字倫許。安定臨涇人。以姚氏將衰。遂入長安觀風化。後入沮渠牧犍。不得志。乃歸魏。賜爵復始男。好屬文。善典雅之辭。工鄙俗之句。

示程伯達詩

北史本傳曰。叟入沮渠牧犍。牧犍遇之不重。叟乃爲詩。示所知廣平程伯達。其略曰。

羣犬吠新客。佞暗排疎賓。直途既已魏書作以。塞。曲路非所遵。望衛惋祝鮀。眄魏書作眄。楚悼靈均。何用宜憂懷。託翰寄輔仁。○魏書胡叟傳。北史胡叟傳。詩紀百八。

濟陰王元暉業

暉業位司空、太尉。加特進。領中書監。録尚書事。北齊初。爲文宣所殺。

感遇詩

北史曰。暉業在魏。以時運漸謝。不復圖全。唯事飲啗。嘗賦詩曰。

昔居王道泰。濟濟富羣英。今逢世路阻。狐兎鬱縱横。○魏書濟陰王傳。北齊書元暉業傳。北史濟陰王傳。詩紀百八。

中山王元熙

熙。字子真。累遷光禄勳、湘州刺史。爲元乂所殺。

絶命詩二首

義實勸君子。主辱死忠臣。何以明是節。將解七尺身。右示寮吏○魏書中山王熙傳。北史景穆十二王傳。詩紀百八。

平生方寸心。殷勤屬知己。從今一銷化。悲傷無極已。右别知友○同上

高孝緯

空城雀

百雉何寥廓。四面風雲上。紈素久爲塵。池臺尚可仰。啾啾雀噪城。鬱鬱無歡賞。日暮縈心曲。横琴聊自獎。○樂府詩集六十八。詩紀百九。

王容

大堤女

寶髻耀明璫。香羅鳴玉珮。大堤諸女兒。一一皆春態。入花花不見。穿柳柳陰碎。東風拂面來。由來亦相愛。○古詩類苑九十三。詩紀百九。

王德

春詞

春花綺繡色。春鳥絃歌聲。春風復蕩漾。春女亦多情。愛將鶯作友。憐傍錦爲屏。回頭語夫壻。莫負豔陽征。○古詩類苑四。詩紀百九。

周南

晚粧詩

青樓誰家女。當窻啓明月。拂黛雙蛾飛。調脂豔桃發。舞罷鸞自羞。妝成淚仍滑。願託嫦娥影。尋郎縱燕越。○古詩類苑九十三。詩紀百九。

祖叔辨

千里思

細君辭漢宇。王嬙卽虜衢。寂寂人遥阻。迢迢天路殊。憂來似懸旆。淚下若連珠。無因上林鴈。但見邊城燕。○樂府詩集六十九。詩紀百九。

袁曜

釋奠詩

南庠貴齒。東學尚親。卑躬下問。降禮師臣。圓冠濟濟。方領恂恂。肄業既終。舍奠爰始。韶音遞奏。笙鏞間起。茨夏愔愔。晬容亹亹。德耆弁慙。陳信焉恥。○初學記十四。詩紀百九。

張斐裳

五言詩

異林一作秋。花共色。別樹鳥同聲。○洛陽伽藍記四。

宋道璵

道璵初以才學被召。與秘書丞孫惠蔚典校羣書。復自太學博士轉京兆王瑜法曹參軍。

贈張始均詩

魏書曰。道璵又曾贈著作佐郎張始均詩。其末章云云。道璵既不免難。始均亦遇世禍。時咸怪之。

子深懷璧憂。余有當門病。○魏書宋翻傳附道璵傳。

文明太后馮氏

后長樂信都人。文成踐極。以貴人立爲皇后。

青臺歌

青臺雀。青臺雀。緣山採花額頸著。○御覽百七十八。

謝氏

贈王肅詩

伽藍記曰。洛陽城南正覺寺。尚書令王肅所立也。肅在江南。娶謝氏女。及至京師。復尚公主。其後謝氏爲尼來奔。作詩贈肅。公主亦代肅贈謝。肅聞之甚悵。遂造正覺寺以憇之。

本爲箔上蠶。今作機上絲。得絡逐勝去。頗憶纏緜時。○洛陽伽藍記三。詩紀百九。

陳留長公主

代答詩

鍼是貫紲物。目中常紝絲。得帛縫新去。何能衲故時。○洛陽伽藍記三。詩紀百九。

北魏詩卷三

雜歌謡辭

咸陽宫人爲咸陽王禧歌

魏書曰。高祖崩。禧受遺輔政。性憍奢。貪淫財色。姬妾數十。意尚不已。昧求貨賄。奴婢千數。田業鹽鐵徧於遠近。世宗覽政。禧意不安。遂謀反。禧被擒獲。送華林都亭。世宗親問事源。遂賜死私第。其宫人歌曰云云。其歌遂流至江表。北人在南者。雖富貴。絃管奏之。莫不灑泣。

可憐咸陽王。奈何作事誤。金牀玉几魏書作肌。詩紀同。不能眠。夜踏霜與露。樂府作夜起踏霜露。詩紀云。一作夜起踏霜露。洛水湛湛彌岸長。行人那得渡。〇魏書咸陽王禧傳。北史咸陽王禧傳。樂府詩集八十六。詩紀百九並作咸陽王歌。又御覽七百十引誤、露二韻。

河北民爲裴俠歌

北史曰。裴俠。大統中爲河北郡守。躬履儉素。愛民如子。郡舊有漁獵夫三十人以供郡守。俠悉罷之。又有丁三十人供郡守役。俠亦不私。並收庸爲市官馬。歲時既積。馬遂成羣。去職之日。一無所取。民歌之云。

肥鮮不食。丁庸不取。裴公貞惠。爲世規矩。○周書裴俠傳。北史裴俠傳。樂府詩集八十六作裴公歌。御覽二百六十二。詩紀百九作裴公歌。

時人爲上高里歌

洛陽伽藍記曰。遷京之始。朝士住其中。迭相譏刺。竟皆去之。惟有造瓦者止其內。京師瓦器出焉。世人歌曰。

洛陽城北上高里。殷之頑民昔所止。今日百姓造甕子。人皆棄去住者耻。○洛陽伽藍記五。

湘川漁者歌

水經注曰。衡山東南二面。臨映湘川。自長沙至此。江湘七百里。中有九背。故漁者歌曰。

帆隨湘轉。望衡九面。○水經湘水注。

趙郡爲李曾謡

北史曰。李曾。道武時。爲趙郡太守。令行禁止。并州丁零數爲山東害。曾能得百姓死力。不敢入境。賊於常山界得一死鹿。賊長謂趙郡地也。責之。還令送鹿故處。其見憚如此。郡人爲之謡曰。

詐作趙郡鹿。猶勝常山粟。○魏書李孝伯傳。北史李孝伯傳。樂府詩集八十七。詩紀百九作趙郡謡。

河東民爲元淑謡

北史曰。淑。字買仁。彎弓三百斤。善騎射。孝文時爲河東太守。河東俗多商賈。罕事農桑。淑下車勸課。躬往教示。二年間家給人足。爲之謡曰。

泰州河東。杼柚代春。元公至止。田疇始理。○北史常山王遵傳附淑傳。詩紀百九作河東謡。

宣武孝明時謡

北史曰。孝武帝永熙三年遇酖而崩。初宣武孝明間謡云云。識者以爲索謂魏本索髮。焦梨狗子指宇文泰。泰小字黑獺也。

狐非狐。貉非貉。焦梨狗子齧斷索。○北史魏孝明帝紀。樂府詩集八十九。詩紀百九。

孝明時洛下謡

北史曰。永熙二年。竇泰破爾朱榮。神武入洛。爾朱仲部下都督張子期自滑臺歸命。神武斬之。斛斯椿由是不安。乃與南陽王寶炬等搆神武於魏帝。故魏帝心貳於賀拔岳。初。孝明之時。洛下以兩拔相擊。謡言云云。好事者以二拔謂拓拔、賀拔。言俱將衰之兆。

銅拔打鐵拔。元家世將末。○北齊書神武紀上。北史神武紀。詩紀百九作二拔謡。

清河民爲宋世良謡

北史曰。後魏宋世良。孝莊時爲清河太守。才識閑明。尤善政術。郡東南有曲堤。成公一姓阻而居之。羣盜多萃於此。人爲之語云云。世良施八條之制。盜奔他境。人又謡云云。

寧度御覽作使。東吴會稽。不歷成公曲堤。○北史宋隱傳附宋世良傳。樂府詩集八十七作曲堤謡。御覽四百九十九。詩紀百九作曲隄謡。

曲堤雖險賊何益。但御覽作得。有宋公自屏跡。○北史宋隱傳附宋世良傳。樂府詩集八十七作曲堤謡。御覽二百六十二。詩紀百九作曲隄謡。

洛中童謡二首

北史曰。爾朱彦伯。節閔帝時封博陵郡王。位侍中。及張勸等掩襲爾朱世隆。神武執彦伯。與世隆同斬於閶闔門外。懸首於斛斯椿門樹。先是洛中謡云云。至是並驗。

三月末。四月初。楊御覽作陽。灰簸土覓真事類賦作珍。珠。○魏書爾朱顔伯傳。北史爾朱彦伯傳。御覽八百二。事類賦珠賦注。詩紀百九。

頭去項。脚根齊。驅上樹。不須梯。○魏書爾朱顔伯傳。北史爾朱彦伯傳。詩紀百九。

西魏時童謡

史通曰。魏本索頭。故當時有童謡曰云云。諸如此類。難可棄遺。而周史以爲其事非雅。略而不載。賴君懋編録。故得權聞於後。

獾獾頭團圞。河中狗子破爾苑。○史通言語篇。

東魏童謡

魏紀曰。孝武帝既入關。渤海王高歡議立清河王子善見。以奉明帝之後。是爲孝静皇帝。遷都於鄴。爲東魏。自是軍國政務皆歸相府。先是童謡云云。按青雀子謂静帝。實清河王之世子。鸚鵡謂齊神武。即高歡也。後竟爲齊所滅。

可憐青雀子。飛來鄴城裏。羽翮垂欲成。化作鸚鵡子。○樂府詩集八十九。北齊書神武紀下。詩紀百九。

東魏武定末童謡

北齊書曰。武定五年。神武崩。七月戊戌。魏帝詔以文襄爲渤海王。辛卯。王遇盜而殂。時年二十九。葬于峻成陵。齊受禪。追謚爲文襄皇帝。廟號世宗。時有童謡曰云云。識者以爲王將殂之兆也。

百尺高竿摧折。水底燃燈燈隋書作澄。**滅。**○北齊書文襄紀。隋書五行志上。詩紀百十一。

祖珽引魏世謡

北齊書曰。河間王孝琬驕矜自負。河南王之死。諸王在宫莫敢舉聲。唯孝琬大哭而出。和士開與祖珽譖之。初魏世謡言云云。珽以説曰。河南、河北。河間也。金雞鳴。孝琬將建金雞而大赦。帝頗惑之。

河南種穀河北生。白楊樹頭金雞鳴。○北齊書河間王孝琬傳。

柳楷引謡

北史曰。時山東、關西寇賊充斥。王師屢北。人情沮喪。蕭寶夤自以出師累年。糜費尤廣。一旦覆敗。慮見猜責。内不自安。朝廷頗亦疑阻。及遣御史中尉酈道元爲關中大使。寶夤謂密欲取己。將有異圖。問河東柳楷。楷曰。大王齊明帝子。天下所屬。今日之舉。實允人望。且謡言云云。武王有亂臣十人。亂者理也。大王將將理關中。何所疑慮。道元行達陰盤驛。寶夤密遣其將郭子恢等攻殺之。

鸞生十子九子殂。一子不殂關中亂。○北史蕭寶夤傳。御覽九百十六。

詰汾力微諺

北史曰。北魏聖武皇帝諱詰汾。嘗田於山澤。欻見輜軿自天而下。既至。見美婦人自稱天女。受命相偶。旦日請還。期年復會於此。言終而别。及期。帝至先田處。果見天女。以所生男授帝曰。此君之子也。當世爲帝王。卽始祖神元皇帝也。故時人諺曰。

詰汾皇帝無婦家。力微皇帝無舅家。神元諱力微。○魏書聖武皇帝紀。北史魏本紀。御覽百一。詩紀百九作詰汾歌。

廣平百姓爲李波小妹語

魏書曰。廣平人李波。宗族彊盛。殘掠生民。公私咸患。百姓爲之語云云。刺史李安世設方畧誘波等殺之。州内肅然。

李波小妹字雍容。褰裙逐馬如卷蓬。左射右射必疊雙。婦女尚如此。男子那詩紀作安。可逢。○魏書李安世傳。北史李孝伯傳附安世傳。御覽四百九十五。詩紀百九作李波小妹歌。

時人爲李崇元融語

魏書曰。宣武靈皇后幸左藏。王公嬪主已下從者百餘人。皆令任力負布絹。卽以賜之。多者過二百餘匹。少者百餘匹。唯長樂公主手持絹二十匹而出。示不異衆而無勞也。世稱其廉。儀同、陳留公李崇。章武王融。並以所負過多。顛仆於地。崇乃傷腰。融至損脚。時人爲之語曰。

陳留章武。傷腰折股。貪人敗類。穢我明主。○魏書宣武靈皇后傳。北史李崇傳。御覽四百九十五、八百十七。

時人爲安豐中山濟南三王語

魏書曰。濟南王彧少與從兄安豐王延明、中山王熙並以宗室博古文學齊名。尚書郎范陽盧道將謂吏部淸河崔休曰。三人才學雖無優劣。然安豐少於造次。中山皂白太多。未若濟南風流況雅。時人爲之語曰。

三王楚楚盡北史無楚盡二字。琳琅。未若濟南備圓方。○魏書臨淮王譚傳附彧傳。北史臨淮王譚傳附彧傳。御覽四百九十五。詩紀百九作三王歌。

時人爲祖瑩袁翻語

魏書曰。祖瑩。范陽遒人也。與陳郡袁翻齊名秀出。時人爲之語曰。

京師楚楚。袁與祖。洛陽北史作中。翩翩。祖與袁。○魏書祖瑩傳。北史祖瑩傳。御覽四百九十五引後魏書。詩紀百九作袁祖謡。

同門生爲李謐語

北史曰。李謐少好學。周覽百氏。初師事小學博士孔璠。數年後。璠還就謐請業。同門生爲之語曰。

青成藍。藍謝青。師何常。在明經。○魏書李謐傳。北史李謐傳。御覽四百九十五、五百四。詩紀百九作李謐歌。

時人爲元頤元欽語

魏書曰。安壽襲爵。高祖賜名頤。頤弟衍。衍弟欽。字思若。少好學。有令譽。時人語曰。

皇宗略略。壽安思若。○魏書陽平王傳。北史陽平王傳。○逯按。上言安壽。此言壽安。當有一誤。

時人爲王嶷語

魏書曰。時南州多事。文奏盈几。訟者填門。嶷性儒緩。委隨不斷。終日在坐昏睡而已。李訢、鄧宗慶等號爲明察。勤理時務。而二人終見誅戮。餘十數人。或黜或免。唯嶷卒得自保。時人爲之語曰。

實癡實昏。終得保存。○魏書王嶷傳。

百姓爲公孫軌語

魏書曰。初世祖將北征。發民驢以運糧。使軌部詣雍州。軌令驢主皆加絹一匹乃與受之。百姓爲之語曰云云。衆共嗤之。坐徵還。

驢無彊弱。輔脊御覽作負絹。自壯。○魏書公孫軌傳。北史公孫表傳附軌傳。御覽八百十七、九百一。

時人爲王遵業王延明語

魏書曰。王遵業與崔光、安封王延明等參定服章。及光爲肅宗講孝經。遵業預講。延明録義。並應詔作釋奠侍宴詩。時人語曰。

英英濟濟。王家兄弟。○魏書王遵業傳。

桑乾鄉里爲房景伯語

魏書曰。房景伯生於桑乾。涉獵經史。諸弟宗之。及弟妓亡。疏食終喪。期不内御。其次弟景先亡。其幼弟景遠朞年哭臨。亦不内寢。鄉里爲之語曰。

有義有禮。房家兄弟。○魏書房景伯傳。北史房景伯傳。

時人爲崔楷語

魏書曰。楷性嚴烈。能摧挫豪彊。故時人語曰。

莫鷹獬。付崔楷。○魏書崔楷傳。北史崔辯傳附楷傳。

李彪引諺

魏書曰。世宗踐阼。因論求復舊職。修史官之事。乃表曰。史官敍録。未充其盛。美隨日落。善因月稀。故諺曰云云。今乞以静處。以終前志。

一日不書。百事荒蕪。○魏書李彪傳。北史李彪傳。

邢巒引俗諺

魏書曰。邢巒表曰。俗諺云云。臣雖不武。忝備征將。前宜可否。頗實知之。臣既謂難。何容强遣。

耕則問田奴。絹則問織婢。○魏書邢巒傳。

高謙之引諺

魏書曰。高謙之上疏曰。諺云云。此言雖小。可以喻大。

迷而知反。得道未遠。○魏書高崇傳附之謙之傳。

賊爲楊津語

魏書曰。楊津。孝昌初以本官行定州事。時薛修禮、杜洛周殘掠州境。津修理戰具。更營雉堞。又於城中廣作地道。潛兵湧出。置爐鑄鐵。持以灌賊。賊遂語曰。

不畏利槊堅城。惟畏楊公鐵星。○魏書楊播傳附楊津傳。

相府爲裴漢語

周書曰。裴漢。大統五年。除大丞相府士曹行參軍。補墨曹參軍。漢善尺牘。尤便簿領。相府爲之語曰。

日下粲爛有裴漢。○周書裴漢傳。

楊衒之引語

洛陽伽藍記曰。爾朱兆入洛陽。縱兵大掠。時有秀容胡騎數十人入寺淫穢。自此後頗獲譏訕。京師語曰。

洛陽男兒急作髻。瑶光寺尼奪作壻。○洛陽伽藍記一。

楊衒之引謡語

洛陽伽藍記曰。齊土之民。風俗淺薄。虚談高論。專在榮利。太守初欲入境。皆懷甎叩首以美其意。及其代下還家。

以甎擊之。言其向背。速於反掌。是以京師謡語曰云云。懷甎之義起在於此。

獄中無繫囚。舍内無青州。假令家道惡。腹太平廣記作腸。中不懷愁。○洛陽伽藍記二。太平廣記四百九十三。

楊衒之引京師語

洛陽伽藍記曰。洛水上南北兩岸門巷修整。閭閻填列。别立市於洛水南。號曰四通市。伊洛之魚。多於此賣。士民須膾。皆詣取之。魚味甚美。京師語曰。

洛鯉伊魴。貴於牛羊。○洛陽伽藍記三。酉陽雜俎十六。

楊衒之引京師語

洛陽伽藍記曰。白馬寺奈林蒲萄異於餘處。奈林實重七斤。蒲萄實偉於棗。味並殊美。冠於中京。帝至熟時。常詣取之。宫人得之。轉餉親戚。京師語曰。

白馬甜榴。一實直牛。○洛陽伽藍記四。酉陽雜俎十六。

楊衒之引游俠語

洛陽伽藍記曰。洛陽大市西。有退酤、治觴二里。里内之人多醖酒爲業。河東人劉白墮善能釀酒。季夏六月。時暑赫曦。以罌貯酒。曝於日中。經一旬。其酒不動。飲之香美。醉而經月不醒。永熙年中。南青州刺史毛鴻賓齎酒之藩。路逢刼賊。盜飲之即醉。皆被擒獲。因此復謂擒奸酒。游俠語曰。

不畏張弓拔刀。唯畏白墮春醪。○洛陽伽藍記四。

楊衒之引秦民語

洛陽伽藍記曰。河間王琛有婢朝雲。善吹篪。能爲團扇歌隴上聲。琛爲秦州刺史。諸羌外叛。屢討之不降。琛令朝雲假爲貧嫗。吹篪而乞。諸羌聞之。悉皆流涕。迭相謂曰。何爲棄墳井在山谷爲寇也。卽相率歸降。秦民語曰。

快馬健兒。不如老嫗吹篪。○洛陽伽藍記四。御覽五百八十。

闞駰引語

十三州志曰。山乘縣人俗貪僞。好持馬鞭行邑。故語曰。

沛國龍穴至山乘。詐託旅使若奔喪。道遇寇抄失資糧。○御覽三百五十九。

酈道元引橘洲諺

水經注曰。水又北。逕昭山西。山下有旋泉。深不可測。故言昭潭無底也。湘水又北逕南津城西。西對橘洲。諺曰。

昭潭無底橘洲浮。○水經湘水注。御覽六十九。寰宇記百十四。

酈道元引俗諺論清泉河

水經注曰。魏氏土地記曰。清泉河上承桑乾河。東流與潞河合。㶟水東入漁陽。所在枝分。故俗諺云云云。蓋以高梁微涓淺薄。裁足津通。馮藉涓流。方成川甽。清泉至潞。所在枝分。更爲微津。散漫難尋故也。

高梁無上源。清泉無下尾。○水經㶟水注。

酈道元引古語論南北岈

水經注曰。漢水又西。逕南岈、北岈中。上下有二城相對。左右墳隴低昂。亙山被阜。古語云云云。諸葛亮表言祁山縣出租五百。有民萬户。矚其丘墟。信爲殷矣。

南岈北岈。萬有餘家。○水經漾水注。

酈道元引澇灘淨灘諺

水經注曰。漢水又東。謂之澇灘。冬則水淺。而下多大石。又東爲淨灘。夏水急盛。川多湍洑。行旅苦之。故諺曰云云。言二灘阻礙。

冬澇夏淨。斷官使命。○水經沔水注。

酈道元引語

水經注曰。綿水自上諸縣。咸以灌溉。故語曰。

綿洛爲没沃。○水經江水注。

高允引諺

魏書曰。允上酒訓。其詞曰。酒之爲狀。變惑情性。豈止於病。乃損其命。諺亦有云云。言所益者。止於一味之益。不亦寡乎。言所損者。夭年亂志。夭亂之損。不亦夥乎。

其益如毫。其損如刀。○魏書高允傳。

賈思勰引諺論力耕

齊民要術曰。自天子以下。至於庶人。四肢不勤。思慮不用。而事治求贍者。未之聞也。不耕不食。安可不自力哉。諺曰云云。是以樊遲請學稼。孔子答曰。不如老農。然則聖賢之智猶有所未達。而況於凡庸者乎。

智如禹湯。不如常耕。○齊民要術自序。

賈思勰引諺論種穀樹木

齊民要術曰。且天子親耕。皇后親蠶。況夫田父而懷窳惰乎。李衡於武陵龍陽汎洲上作宅。種甘橘千樹。吴末甘橘成。歲得絹數千疋。樊重欲作器物。先種梓漆。時人嗤之。然積以歲月。皆得其用。此種殖之不可已也。諺曰云云。此之謂也。

一年之計。莫如種穀。十年之計。莫如樹木。○齊民要術自序。

賈思勰引諺論鋤地

齊民要術曰。又鋤耨以時。諺曰云云。此之謂也。堯湯旱澇之年。則不敢保。雖然。此乃常式。古人云。耕鋤不以水旱息功。必獲豐年之收。

鋤頭三寸澤。○齊民要術雜説篇。

賈思勰引諺論養牛馬

齊民要術曰。服牛乘馬。量其力能。寒温飲飼。適其天性。如不肥充繁息者未之有也。諺曰云云。務在充飽調適而已。

羸牛劣馬。寒食下。○齊民要術養牛馬驢騾篇。

賈思勰引河西語

齊民要術曰。廣志曰。東牆色青黑。粒如葵子。似蓬草。十一月熟。出幽、涼、并、烏地。河西語曰云云。魏書曰。烏凡地宜東牆。能作白酒。

貸我東牆。償我田粱。○齊民要術果蓏菜茹篇。

仇儒造妖言

魏書曰。仇儒不樂内徙。亡匿趙郡。推羣盗趙準爲主。妄造妖言云。

燕東傾。趙當續。欲知其名。淮水不足。○魏書長孫肥傳。

魏孝武帝遷長安時諺

通鑑曰。梁中大通六年六月。魏丞相歡謀遷都。帝遂下制書。數歡咎惡。歡勒兵南出。秋七月乙丑。魏主親勒兵十餘萬。屯河橋。以斛斯春爲前鋒。椿請精騎兩千。夜渡河。掩其勞弊。帝始然之。黄門侍郎楊寬説帝曰。椿若渡河。萬一有功。是滅一高歡。生一高歡矣。帝遂敕春停行。椿歎曰。頃熒惑入南斗。今上信左右間構。不用吾計。豈天道乎。丙午。歡引軍渡河。戊申。帝西奔長安。八月。入長安。以雍州廨舍爲宮。以泰爲大將軍、雍州刺史、兼尚書令。軍國之政咸取決焉。先是。熒惑入南斗。去而復還。留止六旬。上以諺云云云。乃跣而下殿以禳之。及聞魏主奔。慚曰。虜亦應天象耶。

熒惑入南斗。天子下殿走。○通鑑梁武帝紀。

雜曲歌辭

阿那瓌

北史曰。阿那瓌。蠕蠕國主也。通典曰。蠕蠕自拓跋初徙雲中。卽有種落。後魏太武神麚中彊盛。盡有匈奴故地。阿那瓌。孝明帝時蠕蠕國主。辭云匈奴主也。

聞有匈奴主。雜騎起塵埃。列觀長平坂。驅馬渭橋來。○樂府詩集七十八。詩紀百九。

楊白花

梁書曰。楊華。武都仇池人。少有勇力。容貌雄偉。魏胡太后逼通之。華懼及禍。乃率其部曲降梁。胡太后追思之。不能已。爲作楊白華歌。使宮人連臂蹋足歌之。聲甚悽惋。南史曰。楊華本名白花。奔梁後名華。魏名將大眼之子。

陽春二三月。楊柳齊作花。春風一夜入閨闥。楊花飄蕩落南家。含情出户脚無力。拾得楊花淚沾臆。秋去春還雙燕子。願銜楊花入窠裏。○樂府詩集七十三。詩紀百九。

北魏詩卷四

仙道

老子化胡經玄歌

敦煌唐寫本老子化胡經共十卷。一至九卷爲文。十卷爲玄歌。計化胡歌七首。尹喜哀歎五首。太上皇老君哀歌七首。老君十六變詞十八首。都爲三十七首。約八千言。逯按。出三藏記集。老子化胡經作於西晉王浮。以之攻擊佛教。又北山録云。化胡經。晉時王浮道士所撰。一卷。後漸添成十一卷。據此化胡經一書後世續有增益。正類其他道書也。而此卷玄歌按其所涉史實。知爲北魏時代之作。化胡歌第二首云。致令天氣怒。太上踏地瞋。寺廟崩倒斲。龍王舐經文。八萬四千弟子。一時受大緣。老君十六變詞第十三首云。不甄道法貪治生。搦心不堅還俗經。八萬四千受罪緣。破塔毀廟誅道人。打敷銅像削取金。所言毀寺焚經誅戮沙門。實指北魏太武帝太平真君七年滅佛一事。前此無史實也。證此卷玄歌之出在太武帝毀法之後。又按。老君十六變詞第一首云。合口誦經聲璅璅。眼中淚出珠子碟。北齊顔之推顔氏家訓已引之。化胡歌之二。我在舍衛時至太上踏地瞋等句。北周甄鸞笑道論已引之。俱證此卷玄歌保存齊、周以前原貌也。又魏書釋老志於敍述太武滅佛之後。言文成帝嗣位。詔復佛法。天下承風。朝不及夕。往時所毀佛寺仍還修矣。佛像經論皆復得顯。此其敍録與老君十六變詞所謂未容幾時還造新。雖得存立帝恐心亦合。可見玄歌之問世去文成帝時代並不久。

化胡歌七首原缺題。據廣弘明集周甄鸞笑道論補。

我往化胡時。頭載通天威。金紫照虚空。焱焱有光暉。胡王心憒戾。不尊我爲師。吾作變通力。要之出神威。麾月使東走。須彌而西頽。足蹹乹巛橋。日月左右迴。天地晝闇昏。星辰乎差馳。衆災競地起。良醫絶不知。胡王心怖怕。叉手向吾啼。作大慈悲教。化之漸微微。落簪去一食。右肩不著衣。男曰憂婆塞。女曰憂婆夷。化胡今賓服。遊神於紫微。○老子化胡經十。

我在舍衛時。約勑瞿曇身。汝共摩訶薩。賫經教廣弘明集作來。東秦。歷落廣弘明集作洛。神州界。迫至東海間。廣宣至廣弘明集作世。尊法。教授聾俗人。與子威神法。化道滿千年。年終廣弘明集作滿。時當還。慎莫戀中秦。致廣弘明集作無。令天氣廣弘明集作帝。怒。太上踏地瞋。寺廟崩倒斵。龍王舐經文。八萬四千弟子。一時受大緣。輪轉五道頭。萬元一昇仙。吾子三天上。愍子淚流連。念子出行道。不能却死緣。不能陵虚空。束身入黄泉。天門地户塞。一去不能還。雖得存禋嗣。使子常塞心。逆天違地理。災考加子身。神能易生死。由子行不真。三十六天道。終卒歸無形。○老子化胡經十。又廣弘明集九周甄鸞笑道論引身、秦、間、人、年、秦、瞋七韻。

我身西化時。登上華嶽山。舉目看崑崙。須彌了乚懸。蟜翼履清虚。倏忽到西天。但見西王母。嚴駕欲東旋。玉女數萬千。姿容甚麗妍。天姿絶端嚴。齊執皇靈書。誦讀仙聖經。養我同時姝。將我入天庭。皇老東向坐。身體皦然明。授我仙聖道。接度天下賢。○老子化胡經十。

我昔西化時。登上華嶽山。北向視玄冥。秦川蕩然平。漢少雜類多。不信至真言。吾後千餘年。白骨如丘

山。屍骸路草野。流血成洪淵。不忍見子苦。故作大秦吟。哀歎卄頭。此句缺一字。以示通中賢。見機降時世。不值苦以辛。○同上

我昔化胡時。西登太白山。脩身巖石里。四向集諸仙。玉女檐漿酪。仙人歌玉文。天龍翼從後。白虎口馳劇。玄武負鍾鼓。朱雀持幢幡。化胡成佛道。丈六金剛身。時與決口教。後當存經文。吾昇九天後。尅木作吾身。○同上

我昔離周時。西化向罽賓。路由函關去。會見尹喜身。尹喜通窈冥。候天見紫雲。知吾當西過。沐浴齋戒身。日夜立香火。約勑守門人。執簡迎謁請。延我入皇庭。叩搏亦無數。求欲從我身。道取人誠信。三日口不言。吾知喜心至。遺喜五千文。欲得求長生。讀之昜精神。將喜入西域。遷喜爲真人。○同上

我西化胡時。涉天靡不遥。牽天覆六合。艱難身盡嬰。胡人不識法。放火燒我身。身亦不缺損。乃復沉深瀏。龍王折水脉。復流不復行。愚人皆哀歎。枉此賢人身。吾作騰波炁。起立上著天。日月頭上曒。光照億萬千。胡王心方悟。知我是聖人。叩頭求悔過。今欲奉侍君。伏願降靈氣。怒當作恕。活國士人。吾視怨家如赤子。不顧仇以嫌。化命一世士。坐卧誦經文。身無榮華餝。後畢得昇天。吾告時世人。三界里中賢。欲求長生道。莫愛千金身。出身著死地。返更得生緣。火中生蓮花。爾乃是至真。莫有生煞想。得道昇清天。未負卽真信。乭子千金身。○同上

我昔學道時。登崖歷長松。盤屈幽谷里。求覓仙聖公。食服泥洹散。漸得不死蹤。九重室中得見不死童。身體絶華麗。二儀中無雙。遺我元氣藥。忽然天聖聰。○同上

尹喜哀歎五首

尹喜告世人。欲求長生道。莫求時世榮。我昔得道時。身爲闕府君。一日三賞賜。雜綵以金銀。不以爲己有。施與貧窮人。白日沾王事。夜便習靈仙。飡松食苦柏。微命乃得存。精誠神明佑。守真仰蒼天。感得天地道。遇見老君身。難我以父母。却遺五千文。秘室熟讀之。三年易精神。授我仙聖方。都體解自然。○老子化胡經十。

我昔上九天。下向視玄冥。但見飛仙士。列翼影清天。朝宗九天主。太上皇老君。滌蕩六府中。受讀仙聖文。王喬得聖道。遊行五嶽間。服炁食玉英。受命與天幷。○同上

昔往學道時。登嶽歷高堙。動見百丈谷。赫赤道里長。有無極神炁。何以到西方。元以度赤谷。垂淚數千行。自念宿罪重。五内心摧傷。○同上

我昔求道時。遥歷數千崖。浮遊八荒外。徒跣身無衣。東過日出界。西尋清山累。足底重躝生。手中抱少微。道見西王母。問我子何歸。耻身不學道。意欲覓仙師。感我精誠至。乞我鞋以衣。爾乃得學道。仙炁漸微微。父母怪我晚。晝夜悲嘷啼。大道與俗返。一往不復歸。高志日日遠。不覺心肝摧。雖得不死道。日月垂微微。心精不退轉。今作天人師。○同上

昔往學道時。蹤跡亦難尋。東到日出界。樹木鬱鬱深。南到閻浮提。大火燒我身。西到俱地尼。但見金城門。青龍繞城腹。白虎守城前。衝天金樓殿。太上居湛然。光影耀虚空。仙人絶端嚴。齊執黄卷書。口誦長

生文。北向入玄冥。大水湛湛深。遶天數百迎。足底重躡生。爾乃得仙道。把攬天地神。子能述吾道。白日得昇天。○同上

太上皇老君哀歌七首

三十六宫主。太上皇老君。哀愍下世士。垂神教世賢。子欲脩冥福。先當體窈冥。生時得尊貴。不如過去榮。仙駕龍車。此句缺一字。迎子遊清天。上登金樓殿。坐卧虚空間。行則飛仙從。威儀上柱天。朝登天東頭。暮到於天西。戲樂九天外。縱意極周旋。駈使役百鬼。總統於萬金。○老子化胡經十。

吾哀世愚民。不信冥中神。恃力害良善。不避賢行人。馳馬騁東西。自謂常無前。善惡畢有報。業緣須臾間。神明在上見。遣使直往牽。從上頭底收。係著天牢門。五毒更午加。惡神來剋侵。口吟不能言。妻子呼倉天。莫怨神不佑。由子行不仁。○同上

吾哀時世人。不信於神明。先人與種福。子孫履上行。衣厚飯得飽。灾考不到門。口氣頭噓天。自謂常終日。看師真遼然。得病叩頭請。外恭心不敬。神明以知人。三魂係地獄。七魄懸著天。三魂消散澌。五神不安寧。伺命來執宰。丞相踏地瞋。左神不削死。右神不著生。生神不衛護。煞神來入身。或患腰背痛。或患頭目疼。百脉不復流。奮忽入黄泉。天門地户閇。一去不復還。○同上

吾哀世愚人。不信冥中神。生時不恭敬。死便償罪緣。典官逐後駈。牽北走東西。抱沙填江海。負石累高山。白日不得食。夜分不得眠。朝與杖一百。暮與鞭一千。不堪考對苦。賣罪與生人。兩兩共相牽。遂至死

滅門。皆由不敬道。神明考樀人。何不敬真神。生死得昇天。生榮死者樂。生死得原重得字蒙恩。○同上

吾哀時世人。不信冥中神。一門有十息。縱意行不仁。神明鑒無外。終不濫煞人。或夭華秀子。或夭妙少年。門崩户以壞。學者如浮雲。死亦不脱歲。悲哭仍相尋。妻子沉堙澌。一身孤獨存。呼天天玄遠。呼地地亦深。不能自怨責。各道怨師尊。雖欲思善道。十子不復還。○同上

吾告時世人。脩道宜慇懃。恩亦不虚生。神明必報人。昔有劉仲伯。精誠於道門。勸惡使從善。歲會集羣賢。香火日夜懃。亦能感倉天。命盡應當死。衆神與表天。三魂飛楊澌。七魄入死星。右神削死藉。左神著生名。伺命來極濟。左相踏地瞋。普告二十獄。拔出仲伯身。三魂還復流。七魄還入身。血脉還運轉。百節方更堅。面目更端嚴。肉骨更鮮明。死卧三七日。寝尸還更生。○同上

吾告時世人。髐骨不别真。閑時不共語。急便來求人。死者如流水。去者如浮雲。秦川屯軍馬。中庭生蓁榛。百中不留一。到思吾本言。何不學仙道。人身常得存。○同上

老君十六變詞

一變之時。生在南方亦如火。出胎墮地能獨坐。合口誦經聲璅璅。眼中淚出珠子碟。父母世間驚恠我。復畏寒凍來結果。身着天衣誰知我。○老子化胡經十。

二變之時。生在西岳在漢川。寄生王家練精神。出胎墮地誰語言。晃晃昱昱似金銀。三十六色綺羅文。國王歡喜會羣臣。英儒雅士平論。此句缺一字。忽然變化作大人。髮眉皓白頭柱天。○同上

三變之時。變形易體在北方。出胎墮地能居牀。合口原缺口字。誦經聲瑯瑯。額上三午十二行。兩手不門把文章。配名天地厚陰陽。從石入金快翱翔。○同上

四變之時。生在東方身青葱。出胎墮地能瞳春。合口誦經聲雍雍。白日母抱夜乘龍。崐崘山上或西東。上天入地登虚空。仙人侍從數萬重。當此之時神炁通。○同上

五變之時。生在中都在洛川。嵩高少室嶺岑顛。中央修福十萬年。教授仙人數萬千。齊得昇天入青雲。降鑒周室八百年。運終數盡向罽賓。化胡成佛還東秦。敷揚道教整天文。○同上

六變之時。生在亁地西北角。圖畫天地立五岳。處置星辰敍四瀆。二十八宿注鄉曲。日月照曜爲下國。走如流水得周局。智者察之知急速。雨澤以時熟五穀。萬人食之大化足。○同上

七變之時。生在北方在海嵎。出胎墮地聲由由。好喜歌舞無憂愁。造作音樂作箜篌。萬帝來請用解憂。黄河爲路行竟頭。一身涉世快遊遊。○同上

八變之時。生在東北在艮地。圖盡天地我次比。白衣居士維摩詰。欲結坐禪須諳炁。通暢經書有舍利。見吾相好須信企。感子單誠不延次。齊得昇天不墮地。○同上

九變之時。下人當作入。黄泉正地柱。開闢天地施地户。四炁非陽立冥所。雖有人民不能語。吾入身中施六府。脇爲傍通心爲主。從此以來能言語。尊卑大小有次緒。萬天稱傳道爲父。○同上

十變之時。生在東南出風門。盡出天道安山川。置立五岳集靈仙。吹噓寒暑生萬民。熕炁衆生人得真。置立五藏施心神。動作六神能語言。有生有死須臾間。如水東流何時還。邂逅相代不得停。何不習善求長

生。槃散流俗入膠盆。不能免離喪子身。欲求度世於中禪。搦心不堅固仙根。音聾音瘂教不倫。由子前身謗經文。論説道士毀聖人。在惡必報受罪緣。但勤自責莫怨天。○同上

十一變之時。生在南方閻浮地。造作天地有作爲。化生萬物由嬰兒。陰陽相對共相隨。衆生禀氣各自爲。番息衆多滿地池。生活自衛由乘靡。刼數滅盡一時虧。洪水滔天到月支。選擢種民留伏羲。思之念之立僧秖。唯有大聖共相知。○同上

十二變之時。生在西南在黄昏。時人厭賤還虬身。善權方略更受新。寄胎託俗蟒虵身。胎中誦經不遇人。左脇而出不由闋。墮地七步雜穢間。九龍洗浴人不聞。國王歡喜立東宫。與迎新婦守衢夷。八百伎女營樂身。八斫四升不破禪。破散庫藏施貧人。道十八人詣宫門。賈作大醜婆羅門。借問太子何時還。王心不語動王情。騎王白象觸王瞋。先師知意不與言。擯著擅特在丘。此句缺一字。投身餓虎求道門。變爲白狗數百身。稽骨須彌示後人。傳語後學須精勤。莫貪穢辱乭子身。沉累六趣更生難。不信我語至時看。○同上

十三變之時。變形易體在罽賓。從天而下無根元。號作彌勒金剛身。胡人不識舉邪神。興兵動衆圍聖人。積薪國北燒老君。太上慈愍憐衆生。漸漸誘進説法輪。剔其鬚髮作道人。横被無領涅槃僧。蒙頭著領待老君。手捉錫杖驚地蟲。卧便思神起誦經。佛炁錯亂欲東秦。夢應明帝張愢迎。白象駄經詣洛城。漢家立子無人情。捨家父母習沙門。亦無至心逃避兵。不翫道法貪治生。搦心不堅還俗經。八萬四千應罪緣。破塔懐當作壞。厝誅道人。打敷銅像削取金。未榮當作容。幾時還造新。雖得存立帝恐心。○同上

十四變之時。變形易像在金衛。沙門圍城説經偈。至著罪人未可濟。胡人聞之心恐恠。將從羣黨來朝拜。

叩頭悔過求受戒。剋肌剋骨誓不退。燒指練臂自盟誓。男不妻娶坐思禪。死爲尸陁餧鷹鸇。遷神涅槃舍利弗。骨得八斫散諸國。如此遷達離煩欲。苦身求道立可得。○同上

十五變之時。西向教化到罽賓。胡國相鼇還迦夷。侵境暴耗買育人。男子守塞憂婆夷。吾入國中作善詞。説化男子受三歸。漸漸誘進説法輪。剔其鬚髮作道人。陽爲和上陰阿尼。假作父母度僧尼。師徒相度理無私。遷神涅槃歸紫微。四鎮安穆和我神。胡人思念長吁啼。鑄作金像法我形。三時人禮求長生。寂寂寞寞不應人。佤頭視地仰看天。大聖正真何時還。○同上

十六變之時。生在蒲林號有遮。大富長者樹提闍。有一手巾像龍虵。遣風吹去到王家。國王得之大歎吒。興兵動衆來向家。離舍百里見蓮花。國有審看一月夜。王心惡之欲破家。忽然變化白淨舍。出家求道號釋迦。○同上

五百歲之時。乘龍駕虎道得昌。漢地廣大歷記長。三十六人計弟兄。超度北闕雲中翔。新盧酒出俱行嘗。娥媚山邊作細昌。當此之時樂未央。伊耶樂生壽命長。○同上

六百歲之時。一世以去二世歸。城郭如故時人非。觀者衆多知我誰。死生各異令人悲。何不學道世欲衰。踟蹰西北長吁誰。伊耶樂生治太微。○同上○逯按。此首仿東晉丁令威歌而成。

北齊詩卷一

斛律豐樂

歌

談藪曰。北齊高祖常宴羣臣。酒酣。各令歌。武衛斛律豐樂歌曰云云。帝曰。豐樂不諂。是好人也。

朝亦飲酒醉。暮亦飲酒醉。日日飲酒醉。國計無取次。○酉陽雜俎四。太平廣記二百六十五。

高昂

昂。字敖曹。北海蓨人。齊神武起。昂傾意附之。因成霸業。除侍中司徒、兼西南道都督。元象元年爲周軍所殺。年四十八。

征行詩

壟種千口牛。太平廣記作羊。泉連百壺酒。朝朝圍山獵。夜夜迎新婦。○太平廣記三百引談藪。詩紀百十。

從軍與相州刺史孫騰作行路難

卷詩紀作春。甲長驅不可息。六日六夜三度食。初時言作虎牢停。更被處置河橋北。廻首絶望便蕭條。悲來雪涕還自抑。○太平廣記三百引詩藪。詩紀百十。

贈弟季式詩

季式爲濟州刺史。敖曹發驛以勸酒。乃贈。

憐君憶君停欲死。天上人間無可比。走馬海邊射遊鹿。偏坐石上彈鳴雉。昔時方伯願三公。今日司徒羨刺史。○太平廣記二百引談藪。詩紀百十。

蕭祗

祗。字敬式。梁南平王偉次子。封定襄侯。侯景亂。起兵内援。會州人以城應景。遂奔東魏。歷位太子少傅。齊天保初。授右光禄大夫。國子祭酒。西魏剋江陵。留鄴都卒。

香茅詩

鶗鴂芳不歇。霜繁緑更滋。擢本同三脊。流芳有四時。粗根縮酒易。結解舞蠶遲。終當入楚貢。豈羨詠陳詩。○類聚八十二。詩紀百十。

和迴文詩 和湘東王後園。

危臺出岫迥。曲澗類聚作磵。上橋斜。池蓮隱弱芰。徑篠落藤花。○類聚五十六。詩紀百十。

蕭放

放。字希逸。祗子。襲爵爲清河郡公。武平中。待詔文林館。頗善丹青。見知齊後主。累遷太子中庶子、散騎常侍。

冬夜詠妓詩

佳麗盡時年。合暝不成眠。銀龍銜燭燼。金鳳起爐煙。吹篪先弄曲。調筝更撮弦。歌還團扇後。舞出妓行前。絶代終難及。誰復數神仙。○初學記十五。文苑英華二百十三。萬花谷後三十二作蕭放詩。詩紀百十。

詠竹詩

懷風枝轉弱。防露影逾濃。既來丹穴鳳。還作葛陂龍。○初學記二十八。文苑英華三百二十五。詩紀百十。

陸法和

法和。不知何許人。隱於江陵百里洲。妙解神術。預見萌兆。再爲梁元帝破賊。任郢州刺史。封江乘縣公。元帝敗。入齊。文宣以爲大都督荆州刺史、湘郡公。無病而終。

讖詩二首

北史本傳曰。法和書其所居屋壁而塗之。及剥落。有文二首。

十年天子爲尚可。百日天子急如火。周年天子迭北齊書作遞。北史同。代坐。隋書五行志曰。時文宣帝享國十年而崩。廢帝嗣立百餘日。用替厥位。孝昭即位一年而崩。此其效也。○北齊書陸法和傳。北史陸法和傳。隋書五行志。詩紀百十。

一母生三天。兩天共五年。婁太后生三天子。自孝昭即位。至武成傳位後主。共五年。○北齊書陸法和傳。北史陸法和傳。詩紀百十。

盧詢祖

詢祖。范陽涿人。有術學。文辭華美。與族人思道俱爲北州人俊。歷太子舍人、司徒記室卒。有集十卷。

趙郡王配鄭氏挽詞

詩紀云。北史趙郡王睿。齊神武從子也。娶鄭述祖女爲妃。

君王盛海内。伉儷盡寰中。女儀掩鄭國。嬪容映趙宫。春豔桃花水。秋度桂枝風。遂使叢臺夜。明月滿牀空。○北齊書盧詢祖傳。北史趙郡王睿傳。詩紀百十。

中婦織流黄

别人心已怨。愁空日復斜。然香望韓壽。磨鏡待秦嘉。殘絲愁績爛。餘織恐缣樂府作嫌。賒。支機一片石。緩轉獨輪車。下簾還憶月。挑燈更惜花。似天河上景。春時織女家。○樂府詩集三十五作陳盧詢。詩紀百十作盧詢。○詩紀另列盧詢於詢祖後。並注云。名見顔氏家訓。曰范陽盧詢。疑卽盧詢祖也。樂府作陳人。逯按。樂府蓋誤作陳脱去祖字。今姑列盧詢祖下。

裴讓之

讓之。字士禮。河東聞喜人。魏天平中。舉秀才。遷主客郎。歷中書舍人、散騎常侍。齊受禪。封宜都縣男。除清和太守。後被罪賜死。

有所思

夢中雖暫見。及覺始知非。展轉不能寐。徙文苑誤作徒。倚獨披衣。悽悽文苑作凄凄。曉風急。晻晻月光微。

室空常文苑作當。達旦。所思終不歸。○文苑英華二百二。樂府詩集十七。詩紀百十。

從北征詩

沙漠胡塵起。關山烽燧驚。皇威奮武略。上將總神兵。高文苑誤作商。臺朔風駛。類聚作馳。絶野寒雲生。匈奴定遠近。壯士欲橫行。○類聚五十九。文苑英華二百九十九作送北征。詩紀百十。

公館讌酬南使徐陵詩

嵩山表京邑。鍾嶺對江津。方域殊風壤。分野各星辰。出境君圖事。尋盟我恤鄰。有才稱竹箭。無用忝絲綸。列樂歌鐘響。張旃玉帛陳。皇華徒初學記作榮。文苑同。受命。延初學記作垂。文苑同。譽本無因。韓宣將聘楚。申胥欲去秦。方期初學記作當。文苑同。詩紀云。一作當。飲河朔。翻屬卧漳濱。禮酒盈三文苑作三盈。獻。賓筵盛八珍。歲稔鳴銅雀。兵戢坐金人。雲來朝起蓋。日落晚摧類聚作催。初學記、文苑作推。輪。異國猶兄弟。相知無舊新。○類聚五十三。初學記二十。文苑英華二百九十六。詩紀百十。

裴訥之

訥之。字士言。讓之弟。弱冠爲平原公掌書記。文宣朝。累官至太子舍人。

鄴館公讌詩

晉楚敦盟好。僑札類聚誤作禮。同心賞。禮成樽俎陳。樂和金石響。朝雲駕馬進。曉日乘龍上。雙闕表皇居。三臺映仙掌。當階篁篠密。約岸荷蕖長。束帶盡欣娛。誰言鶩歸兩。○類聚五十三。文苑英華二百九十六作奉使至鄴館。詩紀百十。

邢邵

邵。字子才。河間鄚北齊書作鄚。人。仕魏爲宣武帝挽郎。歷奉朝請。著作佐郎。累遷中書侍郎、散騎常侍、國子祭酒、尚書令侍中、黄門侍郎。北齊皇建中。出除驃騎將軍、西兖州刺史。武成時。入爲中書令。遷太常卿、兼中書監、攝國子祭酒。後授特進。有集三十卷。

思公子

綺羅日減帶。桃李無顔色。思君君未歸。歸來豈相識。○樂府詩集七十四。詩紀百十。

三日華林園公宴詩

迴鑾自歲時雜詠作首。樂野。弭蓋屬瑶池。五丞歲時雜詠誤作水。接光景。七友初學記作反。歲時雜詠作度。文苑同。樹風儀。芳春時欲遽。覽物惜將移。新萍已冒沼。餘花尚滿枝。草滋徑蕪没。林長山蔽虧。芳類聚作方。初學記同。筵羅玉俎。激水漾金卮。歌聲斷以歲時雜詠、文苑作且。詩紀云。一作且。續舞袖合還離。○類聚四。初學記四。古今歲時雜詠十六。文苑英華百七十二作北齊邢子才詩。詩紀百十。

冬夜酬魏少傅直史館詩

年病從橫初學記作衡。至。動息不自初學記或作自不。安。兼豆未能飽。重裘詎解寒。況乃冬之夜。霜氣有餘酸。風音響北牖。月影度南端。燈光明且滅。華燭文苑作燭花。新復殘。衰顏依候改。文苑作晚。壯志與時闌。體羸不盡帶。髮落强扶冠。夜景文苑作行。將欲近。夕息故無寬。忽有清風贈。辭義文苑作氣。婉如蘭。先言歎文苑作難。注云。一作歎。三友。次初學記作末。文苑云。一作末。言慙一官。麗藻高鄭衞。專學美齊韓。審諭初學記作喻。文苑同。詩紀云。一作喻。雖有屬。筆削少能干。初學記或作刊。詩紀云。一作刊。高足自無限。積風良可摶。空想青門初學記作雲。易。寧見赤松難。寄語東山道。高駕且文苑作尚。注云。一作且。盤桓。○初學記三。又十二作酬魏收冬夜直史館詩。文苑英華百九十。詩紀百十。

冬日傷志篇

昔時惰類聚作墮。遊士。任性少矜裁。朝驅類聚作馳。詩紀云。一作馳。瑪瑙勒。夕初學記作暮。銜熊耳杯。折花步類聚作贈。初學記、文苑同。詩紀云。一作贈。淇水。撫瑟望叢臺。繁華夙昔改。衰病一時來。重以三冬月。愁雲聚復開。天高日色淺。林勁鳥聲類聚作鳴。初學記、文苑同。哀。終風激簷宇。餘雪滿條枝。遨遊昔宛洛。踟躕今草萊。時事方去矣。撫己獨傷懷。類聚作懷哉。初學記、文苑同。文苑又注。初學記作傷懷。○類聚三、初學記三並作冬日傷志詩。文苑英華三百三十一。詩紀百十。

七夕詩

詩紀云。詩彙作宗懍者非。

盈盈河水側。朝朝長歎息。不悋漸衰苦。波流詎可測。秋期忽云至。停梭理容色。束衿未解帶。迴鑾已沾軾。不見眼中人。誰堪機上織。願逐青鳥去。暫因希羽翼。○類聚四。詩紀百十。

齊韋道遜晚春宴詩

詩紀云。觀題似韋道遜所作。文苑英華作邢邵。姑列于此。

日斜賓館晚。風輕麥候初。簷喧巢幕燕。池躍戲蓮魚。石聲隨流響。桐影傍巖疎。誰能千里外。獨寄文苑作倚。八行書。○文苑英華二百十四。詩紀百十。

應詔甘露詩

膏露且漸洽。凝液汭旍旗。草木盡霑被。玉散復珠霏。誰謂穹昊遠。道合若應機。○類聚九十八。詩紀百十一。

賀老人星詩

瑞動星光照。化穆月輪重。庶徵符祉籙。將以贊時雍。○類聚一。初學記一。詩紀百十。

詩

安得金仙術。兩臆生羽翼。○草堂詩箋三十三寫懷詩注。

鄭公超

公超。後主時爲奉朝請。待詔文林館。與祖珽等同撰御覽。

送庾羽騎抱詩

舊宅青山遠。歸路白雲深。遲暮難爲别。揺落更傷心。空城落日影。迥地浮雲陰。送君自有淚。不假聽猿吟。○文苑英華二百六十六。詩紀百十。

楊訓

訓。後主時爲通直散騎侍郎。待詔文林館。同修御覽。

羣公高宴詩

中郎敷奏罷。司隸坐朝歸。開筵引貴客。饌玉對春暉。塵起金吾騎。香逐令君衣。緑酒犀爲椀。鳴琴寶作徽。寸陰良可惜。千金本易揮。○初學記十四。詩紀百十。

袁奭

奭。字元明。陳郡人。梁司空昂之孫。蕭莊時。以侍中奉貢至齊。及莊敗。除琅邪王儼大將軍諮議。入文林館。遷太中大夫。

從駕遊山詩

天遊初學記作遊天。文苑作從天。響仙蹕。春望動神衷。澗水含初學記作合。初溜。山花發早叢。初學記誤作聚。玉輿明淑景。珠旗轉瑞風。平原與上路。詩紀云。一作洛。佳氣遠葱葱。○初學記十三。文苑英華百七十。詩紀百十。

荀仲舉

仲舉。字士高。潁川人。仕梁爲南沙令。後至齊。入文林館。出爲義寧太守。

銅雀臺

高臺秋色晚。直望文苑作銅雀。注云。一作直置。又作直望。已悽文苑作凄。然。況復歸風便。松聲入斷文苑作管。注云。一作斷。弦。淚逐梁塵下。心隨團扇捐。誰堪三五夜。空對月光圓。樂府作圓。○文苑英華二百四。樂府詩集三十一。詩紀百十。

魏收

收。字伯起。鉅鹿下曲陽人。仕魏典起居注。俄兼中書舍人。與温子昇、邢子才齊名。世號三才。齊天保初。除中書令、兼著作郎。後除光禄大夫、尚書右僕射。武平三年卒。有後魏書三十卷、集七十卷。

美女篇二首

楚襄遊夢去。陳思朝洛歸。參差結旌旆。掩靄頓驂騑。變化看臺曲。駭散屬川沂。仍令賦神女。俄聞要處妃。照梁何足豔。昇霞反奮飛。可言不可見。言是復言非。○樂府詩集六十三。詩紀百十。

□□□□□。我帝更朝衣。擅寵無論賤。入愛樂府作憂。不嫌微。智瓊非俗物。羅敷本自稀。居然陋西子。定可比南威。新吴何爲誤。舊鄭果難依。甘言誠易污。得失定因機。無憎藥英妬。心賞易侵違。○同上

永世樂

綺窗斜影入。上客酒須添。翠羽方開美。鉛華汗不霑。關門今可下。落珥不相嫌。○樂府詩集七十三。詩紀百十。

櫂歌行

雪溜添春浦。花水文苑作木。足新流。桃發武陵岸。柳拂武昌樓。○文苑英華二百三。樂府詩集四十。詩紀百十。

挾琴歌

春風宛轉入曲房。兼送小苑百花香。白馬金鞍去未返。紅妝玉筯下成行。○樂府詩集八十六。詩紀百十。

後園宴樂詩

束馬輕燕外。獵雉陋秦中。朝車轉夜轂。仁旗指旦風。式宴臨平圃。展衞寫層穹。積崖疑造化。導水逼神功。樹静歸煙合。簾疎返照通。一逢堯舜日。未假北山叢。○文苑英華二百十四。詩紀百十。

喜雨詩

霞暉染刻棟。礎潤上雕楹。神山千葉照。仙草百花榮。瀉溜高齋響。添池曲岸平。滴下如珠落。波迴類璧成。氣調登萬里。年和欣百靈。定知丹甑出。何須銅雀鳴。○文苑英華百五十三。詩紀百十。

看柳上鵲詩

背文苑誤作皆。歲心能識。登春巢自成。立枯隨雨霽。依枝須月明。疑是彫籠出。當由抵玉驚。間關拂條軟。迴復振毛輕。何獨離婁意。傍人但未聽。○初學記三十。文苑英華三百二十八。詩紀百十。

晦日汎舟應詔詩

裊裊春枝弱。關關新鳥呼。棹唱忽逶迤。菱歌時顧慕。睿賞芳御覽作方。月類聚作日。色。宴言忘日暮。游御覽作猶。豫慰人心。照臨康國步。○類聚四。初學記四。古今歲時雜詠九。文苑英華百七十二。御覽三十。詩紀百十。

月下秋宴詩

此夕甘初學記作具。言宴。月照露方塗。初學記作華浮。使星疑向蜀。劍氣不關吴。良交契金水。上客慰萱蘇。何必應劉輩。還來遊鄴都。○初學記十四。文苑英華二百十四。詩紀百十。

五日詩

麥涼殊未畢。蜩鳴早欲聞。喧林尚黄鳥。浮天已白雲。辟兵書鬼字。神印題靈文。因想蒼梧郡。茲日祀東君。○初學記四。文苑英華百五十七。萬花谷後四。詩紀百十。初學記作陳。文苑、萬花谷同。

庭柏詩

古松圖偃蓋。新柏寫鑪峰。凌寒翠不奪。迎暄緑更濃。茹葉輕沈體。咀實化衰容。將使中臺麝。違山能見從。○初學記二十八。文苑英華三百二十四。詩紀百十。

蠟節詩

凝寒迫清祀。有酒宴嘉平。宿心何所道。藉此慰中情。○初學記四。詩紀百十。

七月七日登舜山詩

述職無風政。復路阻山河。還思麾蓋日。留謝此山阿。○酉陽雜俎十二。

論敍裴伯茂詩

臨風想玄度。對酒思公榮。○魏書裴伯茂傳。

大射賦詩

尺書徵建鄴。折簡召長安。○北史魏收傳。

劉逖

逖。字子長。彭城人。齊文襄以爲永安公參軍。武成時。遷散騎常侍。武平四年。與崔季舒等同誅。

對雨詩

重輪宵犯畢。行雨旦浮空。細落疑含霧。文苑作寒露。斜飛覺帶風。濕槐仍足緑。沾桃文苑作蓮。更上紅。無由似玄豹。縱意坐山中。○類聚二。文苑英華百五十三。詩紀百十。

秋朝野望詩

駐車憑險岸。飛蓋歷平湖。菊寒花稍發。蓮秋葉漸枯。向浦低行鴈。排空轉噪烏。若將君共賞。何處減城隅。○類聚二十八。詩紀百十。

浴温湯泉詩詩紀云。聲偶作劑邈詩。非也。

驪岫猶懷土。類聚作玉。新豐尚有家。神井堪消疹。類聚作疢。初學記作厲。温泉足蕩邪。紫苔生石岸。黄沫初學記作葉。文苑同。擁金沙。振衣殊未已。翻能類聚作然。停使車。○類聚九。初學記七作浴温湯。文苑英華百六十四作浴温湯。無作者名。詩紀百十。

清歌發詩

扇中通曼臉。曲裏奏陽春。久應迷座客。何啻起梁塵。○初學記十五。萬花谷後三十二作劉逖詩。詩紀百十。

北齊詩卷二

祖珽

珽。字孝徵。范陽遒人。起家秘書郎。拜尚書左僕射。出爲徐州刺史。武平中。卒於州。

從北征詩

翠旗臨塞道。靈鼓出桑乾。祁山斂雰霧。瀚海息波瀾。戍類聚誤作或。亭秋雨急。關門朔氣寒。方繫單于頸。歌舞入長安。○類聚五十九。文苑英華二百九十九。詩紀百十。

望海詩

登高臨巨壑。不知千萬里。雲島相接連。事類賦作連接。風潮事類賦作濤。無極已。時看遠鴻度。乍初學記作但。文苑同。見驚鷗起。無待初學記、文苑作不假。詩紀云。一作不假。送將歸。自然傷客子。○類聚八。初學記六。文苑英華百六十二。又事類賦海賦注引里、已二韻。詩紀百十。

挽歌

昔日詩紀云。一作時。驅駟馬。謁帝長楊宮。旌懸白雲外。騎獵紅塵中。今來向漳浦。素蓋轉悲風。榮華與歌笑。萬事盡成空。○初學記十四。文苑英華二百十一。御覽五百五十二作挽歌辭。樂府詩集二十七。廣文選十四。詩紀百十。

安德王高延宗

延宗。文襄帝澄第五子。文宣帝天保六年。封安德王。出爲定州刺史。歷司徒太尉。後主奔并。以爲相國、并州刺史。武平七年十二月十四日。卽皇帝位。改元德昌。是月爲周所滅。

經墓興感詩

北齊假黄鉞太尉公蘭陵忠武王高肅碑陰額揭本曰。王第五弟太尉公安德王經墓興感云云。○逯按。北齊書蘭陵王孝瓘傳。以武平四年鴆死。據此碑以武平五年四月葬於鄴西。碑陰此詩則六年所鐫。

夜臺長自寂。泉門無復明。獨有魚山樹。鬱鬱向西傾。覩物令人感。目極使魂驚。望碑遥墮淚。軾墓轉傷情。軒丘終見毀。千秋空建名。○揭本高肅碑。

蕭慤

愨。字仁祖。蘭陵人。梁宗室上黄侯曅之子。天保中入齊。武定中爲太子洗馬。後主時。爲齊州録事參軍。待詔文林館。後入隋。有集九卷。

臨高臺

崇臺高百尺。迥文苑作迴。出望仙宫。畫栱浮朝樂府、詩紀並云。一作雲。氣。飛梁照晚虹。小衫飄霧縠。豔粉拂輕紅。笙吹汶文苑誤作文。陽篠。琴奏嶧山桐。舞逐飛龍引。花隨少女風。臨春今若此。極宴樂府作燕。豈無窮。○文苑英華二百十。樂府詩集十八。詩紀百十。

上之回詩紀云。拾遺題云巡省。

發軔城西畤。文苑誤作疇。回輿事北遊。山寒石道涷。葉下故宫秋。朔路傳清警。邊風卷畫旒。歲餘巡省畢。擁仗文苑作按節。注云。一作擁仗。詩紀云。一作按節。返皇州。○文苑英華二百十。樂府詩集十六。詩紀百十。

飛龍引

河曲衔圖出。江上負舟歸。欲因作雨去。還逐景雲飛。引商吹細管。下徵泛長徽。持此凄清引。春夜舞羅衣。○樂府詩集六十。詩紀百十。

奉和濟黄河應教詩

大蕃連帝室。驂駕奉皇猷。未明驅羽騎。淩晨方畫舟。津城度維錦。岸柳夾緹油。鐘文苑作饒。注云。初學作鍾。詩紀云。一作鐃。聲颺別島。旗影照蒼流。早光生劍服。朝風起節樓。滔滔細波動。裔裔輕舷浮。迴橈避近磧。放舳下前洲。全疑上天漢。不異謁蓬丘。望知雲氣合。聽識水聲秋。從君樂府作軍。何等樂。喜從神仙遊。○初學記六。文苑英華百七十九。樂府詩集七十四作濟黄河。詩紀百十。

和崔侍中從駕經山寺詩

鈎陳夜警初學記作瞻。徼。河漢曉參文苑、詩紀並云。一作縱。横。游騎騰文文苑云。一作雲。馬。前驅轉翠旌。野禽喧曙色。山樹動秋聲。雲表金輪見。巖端畫栱初學記作拱。文苑同。又注。宋本作栱。明。塔疑從地涌。蓋似積香成。泉高下溜急。松古上枝文苑云。一作梢。平。儀台文苑作容。注云。初學記作合。多壯思。麗藻蔚緣情。自嗤非照廡。詩紀云。一作乘。何以繼連城。○初學記二十三。文苑英華二百三十三。詩紀百十。

奉和悲秋應令詩

秋天擬文學。秋水擅莊蒙。草濕蒹葭露。波卷洞庭風。便坐飜桑葉。長坂歇蘭虆。簷喧猶有燕。陂静未來鴻。蟬噪聞疑斷。池清映似空。劉安悲落木。曹植歎征蓬。重明豈凝滯。無累在淵沖。隨時四序合。應物五情同。發言形惻隱。睿作挺神功。下材均朽木。何以慕彫蟲。○文苑英華百七十九作王胄奉和悲秋應令。詩紀百十。又初學記三作秋日詩。引蒙、風、叢、鴻、空五韻。○文苑英華注云。此篇前五韻按初學記作蕭慤秋日詩。文苑一百五十八卷復云庾信作。而此卷乃十韻。共題王胄作。觀其辭意。只是一篇。當以此本爲正。○逯按。文苑此篇署王胄作。次於江總、蕭慤之前。然王胄隋人。依時代次序不應在前。仍以作蕭慤者爲是。今兩存之。並説明如上。

屏風詩

秦皇臨碣石。漢帝幸明庭。非關重遊豫。直是愛長齡。讀記知州所。觀圖見岳形。曉識仙人氣。夜辨少微星。服銀有秘術。蒸丹傳舊經。風揺百影樹。花落萬春亭。飛流近更白。叢竹遠彌青。逍遥保清暢。因持悦性情。○初學記二十五。詩紀百十。

奉和元日詩

帝宫通夕燎。天門拂曙開。瑞雲生寶鼎。榮光上露臺。華山不凋葉。宜城萬壽杯。遥見飛鳧下。懸初學記作玄。知葉初學記作鄴。歲時雜詠、文苑同。縣事文類聚作令。詩紀云。聲偶作令。來。○初學記四。古今歲時雜詠一。文苑英華百七十二。事文類聚前集六。詩紀百十。

奉和初秋西園應教詩

池亭三伏後。林館九秋前。清泠初學記作冷。文苑、玄覽志、萬花谷同。間泉石。散漫雜風煙。蕖開千葉影。榴豔百枝然。約嶺停飛旆。玄覩志作轡。凌波動畫船。○初學記三。文苑英華百七十九。萬花谷後三作蕭愨詩。金陵玄覩志作晉陽休之初秋西園詩。詩紀百十。

奉和冬至應教詩

天宮初動磬。緹室已飛灰。暮風吹竹起。陽雲覆石來。拆冰初學記作析冰。歲時雜詠作圻水。開荔色。除雪出蘭栽。歲時雜詠栽。慙無宋玉辨。濫吹楚王臺。○初學記四。古今歲時雜詠三十九。詩紀百十。

奉和望山應教詩

仙遊本多趣。復此上秋初。巖低石倒險。嶺高文苑誤作嵩。松更疎。文苑誤作峰。峯文苑誤作疎。形疑鳥翅。塞路似狼居。矚望情文苑作清。無已。詞殫意有餘。○初學記五。文苑英華百七十九。詩紀百十。

奉和詠龍門桃花詩

舊聞開露井。今見植龍門。樹少知非塞。花高異少源。初學記作原。文苑作小園。論時應未發。故欲影歸軒。秖文苑作抵。言經文苑作輕。摘罷。猶勝逐風翻。○初學記二十八。文苑英華三百二十一。詩紀百十。

春庭晚望詩

春庭聊縱望。樓臺自相隱。窻梅落晚花。池竹開初筍。泉鳴知水急。雲來覺山近。不愁花不飛。到畏花飛盡。○初學記三作春晚庭望詩。文苑英華百五十七作蕭懿。詩紀百十。

秋思詩

顔氏家訓曰。蘭陵蕭愨工於篇什。嘗有秋思詩云。芙蓉露下落。楊柳月中疎。時人未之賞也。吾愛其蕭散。宛然在目。潁川荀仲舉、瑯琊諸葛漢亦以爲爾。而盧思道之徒雅所不愜。

清波收潦日。華林鳴籟初。芙蓉露下落。楊柳月中疎。燕幃緗綺被。趙帶流黄裾。相思阻音息。詩紀云。玉臺作信。結夢感離居。○古詩類苑四。詩紀百十。

聽琴詩

洞門涼氣滿。閑館夕陰生。弦隨流水急。調雜秋風清。掩抑朝飛弄。凄斷夜啼聲。至人齊物我。持此文苑云。一作時與。悦高情。○初學記十六。文苑英華二百十二。詩紀百十。

和司徒鎧曹陽辟疆秋晚詩詩紀云。辟疆。休之之子。

葉疎知樹落。香盡覺荷衰。山藪良多思。田園聊復歸。○初學記三。詩紀百十。

春日曲水詩 雜言○詩紀云。初學記作春賦。

落花無限數。飛鳥排花度。禁苑至饒風。吹花春滿路。巖前片石迥如樓。水裏連沙聚作洲。二月鶯聲纔欲斷。三月春風已復流。分流繞小渡。塹水還相注。山頭上初學記無上字。是。望水雲。水底看山樹。舞餘香尚存。初學記作在。歌盡聲猶住。麥壟一驚翬。菱潭兩飛鷺。飛鷺復驚翬。傾曦帶掩扉。芳飈翼還幰。藻露挹行衣。○初學記三。詩紀百十。

蕭轂

野田黄雀行

弱軀媿文苑作慙。樂府、詩紀云。一作慙。彩飾。輕毛非錦文。不知文苑作如。注云。一作知。鴻鵠文苑作鶴。注云。一作鵠。志。非是鳳皇羣。作風隨濁文苑作濯。詩紀云。一作濯。雨。入曲應玄雲。空城舊侶絶。滄海故交文苑作朋。分。寧死明珠彈。且避鷹將軍。○文苑英華二百六。樂府詩集三十九。詩紀百十。

馬元熙

元熙。字長明。河間人。初以通直待詔文林館。武平中。授皇太子孝經。在内甚得名譽。隋開皇中。終於秦王文學。

日晚彈琴詩

上客敞前扉。鳴琴對晚暉。掩抑歌張女。凄清奏楚妃。稍視紅塵落。漸覺白雲飛。新聲獨見賞。莫恨知音稀。○初學記十六。文苑英華二百十二、萬花谷後三十二並作馬元熙詩。詩紀百十。

陽休之

休之。字子烈。北平無終人。仕魏。累官給事黄門侍郎。入齊。遷吏部尚書左僕射。周武平齊。赴長安。歷納言、太子少保。除和州刺史。隋開皇二年罷仕。終於洛陽。

春日詩

遲遲暮春日。靄靄春光上。柔露洗金盤。輕絲綴珠網。漸看階莚蔓。稍覺池蓮長。蝴蝶映花飛。楚雀緣條響。○初學記三。詩紀百十。

詠萱草詩

開跗初學記作附。幽澗底。散彩曲堂垂。優柔清露濕。微穆惠風吹。朝朝含麗景。夜夜對華文苑作花。池。○初學記二十七。文苑英華三百二十七作萱草。詩紀百十。

正月七日登高侍宴詩

廣殿麗年輝。歲時廣記作年。上林起春色。風生拂彫輦。雲迴歲時廣記作過。浮綺歲時廣記作倚。翼初學記作席。○類聚四。初學記四。御覽三十。歲時廣記九。詩紀百十。

秋詩

日照前窗竹。露濕後園薇。夜蛩初學記作蟲。扶砌響。輕蛾遶燭飛。○初學記三。萬花谷後三作陽休之詩。詩紀百十。

贈馬子結兄弟詩

三馬俱白眉。○北齊書孫靈暉傳附馬子結傳。

顔之推

之推。字介。琅邪臨沂人。初爲湘東王常侍。元帝卽位。以爲散騎侍郎。後奔齊。累官黄門侍郎、平原太守。齊亡入周。爲御史上士。開皇中。太子召爲文學。以疾終。有顔氏家訓七卷、集靈記二十卷、寃魂志三卷、集三十卷。

神仙詩

紅顔恃容色。青春矜盛年。自言曉書劒。不得學神仙。風雲落時後。歲月度人前。鏡中不相識。捫心徒自憐。願得金樓要。思逢玉鈐篇。九龍遊弱水。八鳳出飛煙。朝遊采瓊實。夕宴酌膏泉。峥嶸下無地。列缺上陵天。舉世聊一息。中州安足旋。○文苑英華二百二十五。詩紀百十。

古意詩二首

十五好詩書。二十彈冠仕。楚王賜顔色。出入章華裏。作賦凌屈原。讀書誇左史。數從御覽作屢陪。明月讌。御覽作宴通。或侍朝雲祀。登山摘紫芝。泛江採綠芷。歌舞未終曲。風塵暗天起。吳師破九龍。秦兵割千里。狐兔穴宗廟。霜露沾朝市。璧入邯鄲宮。劍去襄城水。未類聚作不。獲殉陵墓。獨生良足耻。憫憫思舊都。惻惻懷君子。白髮窺明鏡。憂傷没余齒。○類聚二十六。詩紀百十。又御覽百九十六引一句。

寶珠出東國。美玉産南荆。隋侯曜我色。卞氏飛吾聲。已加明稱物。復飾夜光名。驪龍旦夕駭。白虹朝暮生。華彩燭兼乘。價值詎類聚作直距。是。連城。常悲黄雀起。每畏靈蛟迎。千刃安可捨。一毁難復營。昔爲時所重。今爲時所輕。願與濁泥會。思將垢石并。歸真川岳下。抱潤潛其榮。○類聚二十六。詩紀百十。

從周入齊夜度砥柱詩紀云。梁詞人麗句作惠慕道士詩。題云犯虜將逃作。

北史本傳曰。荆州爲周軍所破。大將軍李穆送之推往弘農。令掌其兄陽平公遠書翰。遇河水暴長。具船將妻子奔齊。經砥柱之險。時人稱其勇決。

俠客重艱辛。夜出小平津。馬色迷關吏。雞鳴起戍人。露鮮華劍彩。月照寶刀新。問我將何去。北海就孫賓。○文苑英華二百八十九。詩紀百十。

和陽納言聽鳴蟬篇隋盧思道同賦。

聽秋蟬。秋蟬非初學記非上衍悲字。一處。細柳高飛夕。長楊明月曙。歷亂起秋聲。參差攪人慮。單吟如轉簫。羣噪學調笙。乍詩紀字缺。飄流曼響。多含斷絶聲。垂陰自有樂。飲露獨爲清。短緌何足貴。薄羽不羞輕。螗蜋翳下偏難見。翡翠竿頭絶易驚。容止由來桂林苑。無事淹留南斗城。城中帝皇里。金張及許史。權勢熱如湯。意氣諠城市。劍影奔星落。馬色浮雲起。鼎俎陳龍鳳。金石諧宮徵。關中滿季心。關西饒孔子。詎用虞公立國臣。誰愛韓王游說士。紅顔宿昔同春花。素鬢俄頃變秋草。中腸自有極。那堪教作轉輪車。○初學記三十。詩紀百十。○詩紀云。此篇見初學記。紅顔以下脱誤。俟再考。

詩

懸魚掩金扇○倭名類聚三。

趙儒宗

詠龜詩

有靈堪託文苑作作。注云。初學記作記。夢。無心解自謀。不能著下伏。强從蓮上遊。文苑作浮。負圖非所冀。支牀文苑誤作狀。空見留。儻蒙一曳尾。當爲屢回頭。○類聚九十六作趙宗儒。初學記三十。文苑英華三百三十佚作者名。詩紀百十。

甄彬

詩

五月披羊裘。負薪豈拾遺。○太平廣記二百六十五。

楊子華

詩

畫牡丹處極分明。○韻語陽秋十六。

馮淑妃

淑妃。名小憐。後主大穆后從婢也。穆后愛衰。以五月五日進之。號曰續命。慧黠。工歌舞。後主惑之。立爲左皇后。周師取平陽。後主以淑妃奔洪洞戍。復奔青州。爲周武所獲。以賜代王達。

感琵琶弦詩

北史后妃傳曰。淑妃侍代王達。彈琵琶。因弦斷。作詩曰。

雖蒙今日寵。猶憶昔時憐。欲知心斷絶。應看膝上弦。○北史后妃傳。詩紀百十。

崔氏

崔氏。盧士深妻。

靧面辭

虞世南史略曰。北齊盧士深妻。崔林義之女。有才學。春日以桃花靧兒面。呪曰。

取紅花。取白雪。御覽作取花紅。取雪白。與兒洗面作光悅。取白雪。取紅花。與兒洗面作妍歲時廣記作光。華。取花紅。取雪白。與兒洗面作光澤。取雪白。取花紅。與兒洗面作華容。○御覽二十。事類賦春賦注。歲時廣記一、歲華紀麗一並引虞世南史略。詩紀百十。

惠化尼

謡

北齊書曰。天平三年。神武西討。令竇泰自潼關入。四年。泰至小關。爲文帝所襲。衆盡没。泰自殺。初。泰將發鄴。鄴有惠化尼謡云。

竇行臺。去不回。〇北齊書竇泰傳。

北齊詩卷三

雜歌謡辭

敕勒歌

樂府詩集云。樂府廣題曰。北齊神武攻周玉壁。士卒死者十四五。神武恚憤疾發。周王下令曰。高歡鼠子。親犯玉壁。劍弩一發。元兇自斃。神武聞之。勉坐以安士衆。悉引諸貴。使斛律金唱敕勒。神武自和之。其歌本鮮卑語。易爲齊言。故其句長短不齊。

敕勒川。陰山下。天似穹廬。籠蓋四野。天蒼蒼。野茫茫。風吹草低見牛羊。○樂府詩集八十六。詩紀百十一。

兗州民爲鄭氏父子歌

北齊書曰。鄭述祖累遷兗州刺史。有人入市盜布。其父怒曰。何忍欺仁者。執之以歸首。述祖特原之。自是之後。境内無盜。人歌之曰。

大鄭公。小鄭公。相去五十載。風教尚猶北齊書作猶尚。北史同。同。○北齊書鄭述祖傳。北史鄭羲傳附述祖傳。樂府詩集八十六、詩紀百十一並作鄭公歌。

邯鄲郭公歌

樂府廣題曰。北齊後主高緯。雅好傀儡。謂之郭公。時人戲爲郭公歌。及將敗。果營邯鄲。高郭聲相近。九十九。末數也。滕口。鄧林也。大兒。謂周帝。太祖子也。高岡。後主姓也。雉。雞類。武成小字也。後敗於鄧林。盡如歌言。蓋語妖也。

邯鄲郭公九十九。技兩漸盡入滕口。大兒緣高岡。雉子東南走。不信吾言時。當看歲在酉。○樂府詩集八十七。詩紀百十一。

濟北民爲崔伯謙歌

北齊書曰。崔伯謙除濟北太守。恩信大行。乃改鞭。用熟皮爲之。不忍見血。示耻而已。有朝貴行過郡境。問人太守治政何如。對曰。府君恩化。古者所無。因誦民爲歌曰。

崔府君。能治北史作臨。政。易北史易上有退田二字。鞭鞕。北史不重鞭字。布威德。民北史作人。無爭。○北齊書崔伯謙傳。北史崔伯謙傳。

文宣時謡

北史本紀曰。文宣時謡。按帝以午年生。故曰馬子。三臺石季龍舊居。故曰石室。三千六百日。十年也。文宣在位十年。果如謡言。

馬子入石室。三千六百日。〇樂府詩集八十九。詩紀百十一。

廢帝時童謠三首

北史曰。楊愔。齊文宣時尚太原公主。位至尚書令。驃騎大將軍。文宣大漸。愔與侍中燕子獻。黄門侍郎鄭子默竝受遺詔輔政。時常山、長廣二王位地親逼。愔等與爾朱渾天和謀。欲裁奪威權。由是深相疎忌。竝爲二王所害。先是童謡云云。羊爲愔也。角文爲用刀。道人謂廢帝小名。太原公主嘗作尼。故曰阿麽姑。愔、子獻、天和皆尚帝姑。故曰道人姑夫云。

白頭羊北齊書作羊頭。兏北齊書作尾。秃。羖攊頭生角。〇北齊書楊愔傳。北史楊愔傳。詩紀百十一。

羊羊喫野草。不喫野草遠我道。不遠打爾腦。〇同上

阿麽北齊書作麼。姑。禍也。道人姑夫。死也。〇同上

孝昭時童謡

北史曰。初。孝昭之誅楊愔也。謂武成云。事成。以汝爲皇太帝。及踐位。乃使武成在鄴主兵。立子百年爲皇太子。武成不平。欲有異謀。先是童謡云云。時丞相府在城城中。即舊中興寺也。鳧翁謂雄雞。蓋指武成小字步落稽也。道人。濟南王小名也。打鐘。言將被擊也。後武成用卜者言不舉兵。孝昭尋崩。武成即位。

中興寺内白鳧翁。四方側聽聲雍雍。道人聞之夜打鐘。〇北齊書上洛王思宗子元海傳。北史上洛王思宗子元海傳。詩紀百十一。

武成殂後謡

三國典略曰。周平齊。齊幼主、胡太后等並歸於長安。初。武成殂後有謡云云。調甚悲苦。至是應焉。又曰。高緯所幸馮淑妃。名小憐也。

千錢樂府作金。買菓樂府作藥。園。中有芙蓉樹。破家御覽作券。不分明。蓮子隨它去。○御覽九百七十五。樂府詩集八十七、詩紀百十一並作北齊太上時童謡。

武平元年童謡

隋書曰。武平元年童謡。按其年四月。隴東王胡長仁謀遣刺客殺和士開。事露。反爲士開所譖而死。

狐截尾。你欲除我我除你。○隋書五行志。樂府詩集八十九。詩紀百十一。

武平中童謡

隋書曰。武平二年童謡。小兒唱訖。一時拍手云。殺却。至七月二十五日。御史中丞琅邪王儼執士開。送於南臺而斬之。

和士開。七月三十日。將你向南臺。○隋書五行志。樂府詩集八十九。詩紀百十一。

又

隋書曰。是歲又有童謡。七月。士開被誅。九月。琅邪王遇害。十一月。趙彦深出爲西州刺史。

七月刈禾傷早。九月喫餻正好。十月洗蕩飯甕。十一月出却趙老。北史綦連猛傳曰。七月刈禾太早。九月噉糕未好。本欲尋山射虎。激箭旁中趙老。與此稍異。○隋書五行志。樂府詩集八十九。詩紀百十一。

曲巖祖珽爲斛律光造謡二首

北史曰。齊人解宜陽之圍。其丞相斛律明月至汾東。周將韋孝寬參軍曲巖頗知卜筮。謂孝寬曰。來年東朝必大相殺戮。孝寬因令巖作謡歌曰云云。又言云云。祖珽續之曰云云。明月竟以此誅。詩紀云。今按。百升者。斛也。明月。光字也。高山謂齊。齊姓高也。盲老公謂珽。珽先因罪失明也。饒舌老母謂令萱。令萱本婦人也。

百升北史或作斗。飛上天。明月照御覽作耀。長安。○北齊書斛律光傳。北齊書祖珽傳。周書韋孝寬傳。北史斛律光傳。北史韋孝寬傳。御覽九百六十一引三國典略。詩紀百十一作後主時童謡。

高山不推周書、御覽、詩紀作摧。北史或作摧。自崩。槲木北齊書作樹。御覽同。不扶自竪。詩紀作舉。以上二句。北齊書或作高山崩。槲樹舉。盲北齊書或有眼字。老公北齊書或作翁。背上下上下二字。詩紀只作受字。大斧。饒舌北齊書或作多事。老母不得語。○同上

武成時童謡

北齊書曰。婁太后凡孕六男二女。皆感夢。孕文襄則夢一斷龍。孕文宣則夢火龍。首尾屬天地。張口動目。勢狀驚人。孕孝昭則夢蠕龍於地。孕武成則夢龍浴於海。孕魏二后並夢月入懷。孕襄城、博陵二王夢鼠入衣下。后未崩。

有童謡曰云云。及后崩。武成不改服。緋袍如故。帝於昆季次實九。蓋其徵驗。

九龍母死不作孝。○北齊書神武婁后傳。

北齊末鄴中童謡

隋書曰。北齊末。鄴中有童謡云云。未幾。齊爲周所滅。周都關中。故云西家也。

金作掃帚玉作把。淨掃殿屋迎西家。○隋書五行志。樂府詩集八十九。詩紀百十一。

武平末童謡

隋書曰。武平末有童謡。時穆后母子淫辟。干預朝政。時人患之。穆后小字黄花。尋逢齊亡。欲落之應也。

黄花勢欲落。清尊但滿北齊書作觴滿杯。酌。○北齊書後主穆后傳。隋書五行志。樂府詩集八十九。詩紀百十一。

徐之範引童謡

北齊書曰。徐之才大善醫術。太寧二年春。武明太后又病。之才弟之範爲尚藥典御。敕令診候。内史皆令呼太后爲石婆。蓋有俗忌。故改名以厭制之。之範出。告之才曰。童謡云云。今太后忽改名。私所致怪。之才曰。跂求伽。胡言去已。豹祠嫁石婆。豈有好事。斬冢作媒人。但令合葬自斬冢。唯得紫綖靴者。得至四月。何者。紫之爲字此下系。綖者熟。當在四月之中。之範問靴是何義。之才曰。靴者革旁化。寧是久物。至四月一日。后果崩。

周里跂求伽。豹祠嫁石婆。斬冢作媒人。唯得一量紫綖靴。○北齊書徐之才傳。

楊子術引謡言

北齊書曰。魏寧以善推禄命。徵爲館客。武成親試之。皆中。乃以己生年月託爲異人而問之。寧曰。極富貴。今年入墓。武成驚曰。是我。寧變辭曰。若帝王自有法。又有陽子術。語人曰。謡言云云。且四八天之大數。太上之祚。恐不過此。既而武成崩。年三十二也。

盧十六。稚北史作雉。十四。犍子拍頭三十二。○北齊書魏寧傳。北史魏寧傳。

清河民爲宋世良謡

北齊書曰。宋世良施八條之制。盜奔他境。民又謡曰云云。後齊天保中大赦。郡先無一囚。羣吏拜詔而已。

曲堤雖御覽或作之。險賊何益。但有宋公自屏跡。○北齊書宋世良傳。御覽二百六十二、四百九十九。

諺語

清河民爲曲隄語

北齊書曰。宋世良出除清河太守。在郡未幾。聲問甚高。郡東南有曲堤。成公一姓阻而居之。羣盜多萃於此。人爲之語曰。

寧度御覽或作使。東吴會稽。不歷成公曲堤。○北齊書宋世良傳。御覽二百六十二、四百九十九。

齊人爲蘇珍之宋世軌語

北史曰。宋世軌。齊天保中爲大理少卿。執獄寬平。多所全濟。大理正蘇珍之以平幹知名。時人以爲二絶。寺中語曰。

決定嫌疑北齊書或作斷決無疑。蘇珍之。視表見裏宋世軌。○北齊書宋世軌傳。北史宋世軌傳。詩紀百十一。又北齊書蘇瓊傳引上一句。

省中爲祖珽裴讓之語

後魏書曰。祖珽。字孝徵。裴讓之。字士禮。俱崇文學。邢劭。省中爲之語曰。

多奇御覽或作伎。多能祖孝徵。能賦能詩裴讓之。○御覽二百十八引三國典略。六百四十四引後書。七百四十四引後魏書。又北齊書及北史裴讓之傳、詩紀百十一並引上一句。○逯按。後魏原作後漢書。今據揚州刻本改正。

文林館中爲陸乂語

北史曰。陸乂待詔文林館。兼中書舍人。加通直散騎常侍。乂於五經最精熟。館中謂之石經。人爲之語曰。

五經無對。有陸乂。○北史陸俟傳附乂傳。詩紀百十一。

顏之推引俗諺論教子

顔氏家訓曰。吾見世間無教而有愛。飲食運爲。資其所慾。宜誡翻奬。應呵反笑。至有識知。謂法當耳。驕慢已習。方復制之。捶撻至死而無威。忿怒日隆而增怨。逮於成長。終爲敗德。孔子云。少成若天性。習慣成自然。是也。俗諺曰云云。誠然斯語。

教婦初來。教兒嬰孩。○顔氏家訓教子篇。

顔之推引諺論治家

顔氏家訓曰。婦人之性。率寵子壻而虐兒婦。寵壻則兄弟之怨生焉。虐婦則姊妹之讒行焉。然則女之行留皆得罪於其家者。母實爲之。至有諺云云云。此其相報也。家之常弊。可不戒哉。

落索阿姑餐。○顔氏家訓治家篇。

時人爲陳元康語

北齊書曰。世宗入輔京室。崔暹、崔季舒、崔昂等並被任使。張亮、張徽纂並高祖所待遇。然委任皆出元康之下。時人語曰。

三崔二太平廣記作兩。張。不如一康。太平廣記康上有陳元二字。○北齊書陳元康傳。太平廣記百七十三。

鄴下爲陸仲讓語

北齊書曰。崔暹子達拏。年十三。暹命儒者權會教其説周易兩字。乃集朝貴名流。令達拏昇高座開講。趙郡睦仲讓陽屈之。暹喜躍。奏爲司徒中郎。鄴下爲之語曰云云。此皆暹之短也。

講義御覽作解經。兩行得中郎。〇北齊書崔暹傳。北史崔挺傳附暹傳。御覽六百十五引三國典略。

時人爲唐邕白建言

北齊書曰。唐邕、白建方貴。時人言曰云云。徐之才蔑之。元日。對邕爲諸令史祝曰。見卿等位。當作唐白。

并州赫赫唐與白。〇北齊書徐之才傳。

時人爲裴皇甫二姓兄弟語

北齊書曰。裴讓之、諏之及皇甫和、弟亮並知名於洛。時人語曰。

諏勝於讓。和不如亮。〇北齊書裴讓之弟諏之傳。

時人爲馮祖趙三氏子語

北齊書曰。齊朝宰相。善始令終唯趙彦深一人。然諷朝廷以子叔堅爲中書侍郎。頗招物議。時馮子琮子慈明、祖珽子君信並相繼居中書。故時語云。

馮祖及趙。穢我鳳池。〇北齊書趙彦深傳。御覽二百二十。

御史臺中爲宋遊道語

北齊書曰。遊道與叔父别居。叔父爲奴誣以逆。遊道誘令返。雪而殺之。中尉酈善長嘉其氣節。引爲殿中侍御史。臺中語曰。

見賊北史作惡。能討。宋遊道。○北齊書宋遊道傳。北史宋繇傳附遊道傳。

時人爲宋遊道陸操語

北齊書曰。遊道與頓丘李獎一面便定死交。既而獎爲河南尹。辟遊道爲中正。元顥入洛。獎受其命。出使徐州。都督元孚與城人趙紹兵殺之。遊道爲獎訟寃。得雪。獎二子構、訓居貧。遊道後令其求三富人死事。判免之。凡得錢百五十萬。盡以入構、訓。其使氣黨俠如此。時人語曰。

遊道獮猴面。陸操科斗形。意識不關貌。北史誤作見。何謂醜者必無情。○北齊書宋遊道傳。北史宋繇傳附遊道傳。

鄴下爲李氏兄弟語

北史曰。李渾與弟繪、緯俱爲聘使主。每霸朝文武總集。常令繪先發言。音詞辯正。風儀都雅。文襄益加敬異。爲聘梁使。繪敷對明辨。梁武稱傳。繪弟緯。少聰慧。有才學。位中散大夫。聘梁使主。繪前後接對凡十八人。頗爲稱職。鄴下爲之語曰。

學則渾繪緯。口則繪緯渾。○北史李渾傳。

時人爲義深語

北史曰。李義深有當世才用。而心胸險峭。時人語曰。

劍戟森森。李義深。○北史李義深傳。

時人爲陽休之語

北史曰。陽休之好學。愛文藻。時人爲之語曰。

能賦能詩。陽休之。○北史陽休之傳。

時人爲陰鳳語

北史曰。賈思伯遷南青州刺史。初。思伯與弟思休師事北海陰鳳。業竟。無資酬之。鳳遂質其衣物。時人爲之語曰云云。及思伯之部。送縑百匹遺鳳。因具車馬迎之。鳳慚不往。時人稱歎焉。

陰生讀書不免癡。不識雙鳳脱人衣。○北史賈思伯傳。御覽八百十八引北齊書。

時人爲法上諺

北山録曰。法上肇落兩髦。嶷然成器。刻意尚行。頤究玄微。時人以爲聖沙彌。諺曰。沙彌若來。高座逢災。○北山録三。○逯按。此諺亦見續高傳。文字稍異。齊大統合水寺釋法上傳云。法上姓劉氏。朝歌人。年暨學歲。創講法苑。酬抗疑難。無不歎伏。昌言勝負。而形色非美。故時人諺曰。黑沙彌若來。高座逢災。

北齊詩卷四

郊廟歌辭

陸卬等奉詔作

歷代吟譜曰。陸卬。字雲駒。累遷給事黄門侍郎、吏部郎中。齊之郊廟諸歌。多卬所製。

大禘圜丘及北郊歌辭十三首

隋書樂志曰。齊武成時。始定四郊、宗廟、三朝之樂。大禘圜丘及北郊樂並同。祠武帝用圜丘樂。○逯按。北郊樂歌八首。辭同南郊。隋書南北郊樂合載其文。異者分註本句之下。

肆夏夕牲。羣臣入門奏。

肇應靈序。奄字黎民。隋書作人。樂府同。乃朝萬國。爰徵百神。祇展方望。幽顯咸臻。禮崇聲協。贊列珪陳。翼差鱗次。端拱隋書作笏。樂府同。垂紳。來趨動色。式贊天人。○隋書音樂志。樂府詩集三。詩紀百十一。

高明樂迎神奏。登歌辭同。

惟神鑒隋書作監。樂府同。矣。北郊云。惟祇監矣。皇靈肅止。圜隋書作圓。樂府同。璧展事。北郊云。方琮展事。成文卽始。北郊云。卽陰成理。士備八能。樂合六變。北郊云。樂合八變。風凑伊雅。光華襲薦。宸衞騰景。靈駕霏煙。嚴壇生白。綺席凝玄。○同上

昭夏樂牲出入奏。

剛柔設位。惟皇配之。言肅其禮。念暢在兹。飾牲舉獸。載歌且舞。既設隋書作捨。樂府同。伊腯。致精靈府。物色惟典。齋沐加恭。宗族咸暨。罔不率從。○同上

昭夏樂薦毛血奏。

展禮上月。肅事應時。藾栗爲用。交暢有期。弓矢斯發。瓮隋書作瓫。樂府同。簝將事。圓神致祀。北郊云。方祇致祀。率由先志。和以鑾刀。臭以血膋。至哉敬矣。厥義孔高。○同上

皇夏樂進熟皇帝入門奏。

帝敬昭宣。皇誠肅致。玉帛齊軌。屏攝咸次。三垓上列。北郊云。重垓上列。四陛旁升。北郊云。分陛旁升。龍陳萬騎。鳳動千乘。神儀天藹。晬詩紀作睟。容離曜。金根停軫。奉光先導。○同上

皇夏樂皇帝升丘奏。壇上登歌辭同。

紫壇雲曖。北郊云。層壇雲曖。紺幄霞褰。北郊云。嚴幄霞褰。我其陟止。載致其虔。百靈竦聽。萬國咸仰。人神咫尺。玄應肸蠁。○同上

高明樂皇帝初獻奏。

上下眷。旁午從。爵以質。獻以恭。咸斯暢。樂唯雍。孝敬闡。臨萬邦。○同上

高明樂皇帝奠爵訖。奏高明樂、覆燾之舞。

自天子之。會昌神道。丘陵肅事。北郊云。方澤祇事。克光天保。九關洞開。百靈環列。八樽呈備。五聲投節。○同上

武德樂皇帝獻太祖配饗神座。奏武德之樂、昭烈之舞。

配神登聖。主極尊靈。敬宣昭燭。咸達窅冥。禮弘化定。樂贊功成。穰穰介福。下被羣生。○同上

皇夏樂飲福酒奏。

皇心緬且感。吉蠲奉至誠。赫哉光盛德。乾坤照隋書作詔。樂府同。百靈。報福歸昌運。承祐播休明。風雲馳九域。龍蛟躍四溟。浮幕呈光氣。儷象燭華精。護武方知恥。韶夏僅同聲。○同上

高明樂送神。降丘南陛奏。

獻享畢。懸佾周。神之駕。將上遊。北郊云。將下遊。超斗極。絶河流。北郊云。超荒極。憩昆丘。懷萬國。寧九州。欣帝道。心顧留。帀上下。荷皇休。○同上

昭夏樂紫壇既燎奏。

玄黄覆載。元首照臨。合德致禮。有契其心。敬申事閟。絜誠共隋書作云。樂府同。報。玉帛載升。北郊云。牲玉載陳。棫樸斯燎。寥廓幽曖。播以馨香。皇靈惟監。降福無疆。○同上

皇夏樂皇帝還便殿奏。

天大親嚴。匪敬伊孝。永言肆饗。宸明增耀。陽丘既暢。北郊云。陰澤云暢。大典逾光。乃安斯息。欽若舊章。

天迴地旋。鳴鑾引警。且萬且億。皇曆惟永。○同上

五郊樂歌五首

隋書樂志曰。齊五郊迎氣降神。並奏高明樂。又曰。禮五方上帝。並奏高明之樂。爲覆燾之舞。

青帝高明樂

歲云獻。谷風歸。斗東指。鴈北飛。電鞭激。雷車遽。虹旌靡。青龍馭。和氣洽。具物滋。翻降止。應帝期。○隋書音樂志。樂府詩集三。詩紀百十一。

赤帝高明樂

婺女司旦。仲呂宣。朱精御節。離景延。根荄俊茂。温風發。柘火風水。應炎月。執衡長物。德孔昭。赤旂電隋書作霞。樂府同。曳。會今朝。○同上

黄帝高明樂

居中帀五運。乘衡畢四時。含養滋隋書作資。樂府同。羣物。協德固皇基。嘽緩契王風。持載符君德。良辰動靈駕。承祀昌邦國。○同上

白帝高明樂

風涼露降。馳景颸寒精。山川摇落。平秩在西成。蓋藏成積。烝民隋書作人。樂府同。被嘉祉。從享來儀。鴻休溢千祀。○同上

黑帝高明樂

虹藏雉化。告寒。冰壯地坼。年殫。日次月紀。方極。九州詩紀作川。萬邦。獻力。叶光是紀。歲窮。微陽潛兆。方融。天子赫赫。明聖。享神降福。惟敬。○同上

祀五帝於明堂樂歌十一首

肆夏樂先一日。夕牲。羣臣入門奏。

國陽崇祀。嚴恭詩紀云。隋書作載。有聞。荒華胥暨。樂我大君。冕瑞有列。禽帛載隋書作恭。敍。羣后師師。威儀容與。執禮辨物。司樂考章。率由靡墜。休有烈光。○隋書音樂志。樂府詩集三。詩紀百十一。

高明樂太祝令迎神。奏高明樂、覆燾舞。

祖德光。國圖昌。祗上帝。禮四方。闢紫宮。動隋書作洞。樂府同。華闕。龍虎隋書作獸。樂府同。奮。風雲發。飛朱雀。從玄武。攜日月。帶雷雨。耀宇内。溢區中。眷帝道。感皇風。帝道康。皇風扇。粢盛列。椒醑薦。神且寧。會五精。歸福禄。幸閶亭。○同上

武德樂太祖配饗。奏武德樂、昭烈舞。

我惟我祖。自天之命。道被歸仁。時屯啓聖。運鍾千祀。授手萬姓。夷兇掩虐。匡積翼正。載經載營。庶士隋書作土。樂府同。咸寧。九功以洽。七德兼盈。丹書入告。玄玉來呈。露甘泉白。雲郁河清。聲教咸往。舟車畢會。仁加有形。化浹隋書作洽。樂府同。無外。嚴親惟重。陟配惟大。既祐斯歌。率土攸賴。○同上

昭夏樂牲出入奏。

孝享不匱。精潔臨年。滌牢委溢。形色博牷。于以用之。言承歆祀。肅肅威儀。敢不敬止。載飭隋書作飾。樂府作飾。載省。惟牛惟羊。明神有察。保茲萬方。○同上

昭夏樂薦毛血奏。

我將宗祀。夤獻厥誠。鞠躬如在。側聽無聲。薦色斯純。呈氣斯臭。有滌有濯。惟神其祐。五方來格。一人多祉。明德惟馨。於穆不已。○同上

皇夏樂皇帝入門奏。皇帝升壇。奏皇夏。辭同。

象乾上構。儀坤下基。集靈崇祖。永言孝思。室陳簋豆。庭羅懸佾。夙夜畏威。保茲貞吉。舞貴其夜。歌重其升。降斯百禄。惟饗惟應。○同上

高明樂皇帝初獻。奏高明樂、覆燾舞。

度几筵。闢牖户。禮上帝。感皇祖。酌惟絜。滌以清。薦心款。達神明。○同上

高明樂皇帝祼獻。奏高明樂、覆燾舞。

帝精來降。應我明德。禮殫義展。流祉邦國。既受多祉。實資孝敬。祀謁隋書作竭。樂府同。其誠。荷天休命。○同上

皇夏樂飲福酒奏。

恭祀洽。盛禮宣。英猷爛層景。廣澤同深泉。上靈鍾百福。羣神歸萬年。月軌咸梯岫。日域盡浮川。瑞鳥飛玄扈。潛鱗躍翠漣。皇家膺寶曆。兩地復參天。○同上

高明樂太祝送神。奏高明樂、覆燾舞。

青陽奏。發朱明。歌西皓。唱玄冥。大禮罄。廣樂成。神心懌。將遠征。飾龍駕。矯鳳旍。指閶闔。憩層城。出温谷。邁炎庭。跨西汜。過北溟。忽萬億。耀光精。比電騖。與雷行。嗟皇道。懷萬靈。固王業。震天聲。○同上

皇夏樂帝還便殿奏。

文物備矣。聲明有章。登薦惟肅。禮邈前王。罊齊云終。折旋告罄。隋書作磬。是。穆穆旒冕。蘊誠畢敬。屯衞按部。鑾蹕迴途。暫留紫殿。將及清都。○同上

享廟樂辭十八首

肆夏樂先一日。夕牲。羣臣入門奏。

霜凄雨暢。烝哉帝心。有敬其祀。肅事惟歆。昭昭車服。濟濟衣簪。鞠躬貢酎。磬折奉琛。差以五列。和以八音。式祗詩紀作祇。王度。如玉如金。○隋書音樂志。樂府詩集九。詩紀百十一。

高明登歌樂迎神奏。

日卜惟吉。辰擇其良。奕奕清廟。黼黻周張。大呂爲角。應鍾爲羽。路鼗陰竹。德歌昭舞。祀事孔明。百神允穆。神心乃顧。保兹介福。○同上

昭夏樂牲出入奏。

大祀云事。獻奠有儀。既歌既展。贊顧迎犧。執從伊竦。芻飾惟慄。俟用於庭。將升於室。且握且騂。以致其誠。惠我貽頌。降祉千齡。○同上

昭夏樂薦毛血奏。

緬彼遐慨。悠然永思。留連七享。纏綿四時。神升魄沈。靡聞靡見。陰陽載俟。臭聲兼薦。祖考其鑒。言萃王休。降神敷錫。百福是由。○同上

皇夏樂進熟。皇帝入門奏。

齊居嚴殿。夙駕層闈。車輅垂彩。旒袞騰輝。聳誠載仰。翹心有慕。洞洞自形。斤斤表步。閟宮有邃。神道依稀。孝心緬邈。爰屬爰依。○同上

登歌樂太祝祼地奏。

太室窅窅。神居宿設。鬱鬯惟芬。珪璋惟潔。彝斝應時。龍蒲代用。藉茅無咎。福禄攸降。端感會事。儼思修禮。齊齊勿勿。俄俄濟濟。○同上

登歌樂皇帝升殿。殿上作。

我祠我祖。永惟厥先。炎農肇聖。靈祉蟬聯。霸圖中造。帝業方宣。道昌基構。撫運承天。奄家六合。爰光八埏。尊神致禮。孝思惟纏。寒來暑反。惕薦在年。匪敬伊慕。備物不愆。設簴設業。鼗鼓填填。辟公在位。

有容伊虔。登歌啓佾。下管應懸。厥容無爽。幽明肅然。誠帀厚地。和達穹玄。既調風雨。載協山川。周庭有列。湯孫永延。教聲惟被。邁後光前。○同上

始基樂恢祚舞皇帝初獻六世祖司空公神室奏。

克明克俊。祖武惟昌。業弘営士。聲被海方。有流厥德。終耀其光。明神幽贊。景祚攸長。○同上

始基樂恢祚舞五世祖吏部尚書室。

顯允盛德。隆我前構。瑶源彌潟。隋書作瀉。瓊根愈秀。誕惟有族。丕緒克茂。大業崇新。洪基增舊。○同上

始基樂恢祚舞高祖秦州刺史室。

祖德丕顯。明喆知幾。隋書作機。樂府同。豹變東國。鵲起西歸。禮申官次。命改朝衣。敬思孝享。多福無違。○同上

始基樂恢祚舞曾祖太尉武貞公室。

兆靈有業。潛德無聲。韜光戢耀。貫幽洞冥。道弘舒卷。施博藏行。緬追歲事。夜遽不寧。○同上

始基樂恢祚舞祖文穆皇帝室。

皇皇祖德。穆穆其風。語嘿自已。明叡在躬。荷天之錫。聖表克隆。高山作矣。寶祚其崇。離光旦旦。載焕載融。感薦惟永。神保無窮。○同上

武德樂昭烈舞高祖神武皇帝室。

天造草昧。時難糾紛。孰拯斯溺。靡救其焚。大人利見。緯武經文。顧指維極。吐吸風雲。開天闢地。峻岳夷海。冥工掩迹。上德不宰。神心有應。龍化無待。義征九服。仁兵告凱。上平下成。靡或不寧。匪王伊帝。偶極崇靈。享親則孝。潔樂府作絜。祀惟誠。禮備樂序。肅贊神明。○同上

文德樂宣政舞文襄皇帝室。

聖武丕基。叡文顯統。眇哉神啓。鬱矣天縱。道則人弘。德云邁種。昭冥咸敍。崇深畢綜。自中徂外。經朝庇野。政反淪風。威還缺雅。旁作穆穆。格于上下。維享維宗。來鑒來假。○同上

文正樂光大舞顯祖文宣皇帝室。

玄曆已謝。蒼靈告期。圖璽有屬。揖讓惟時。龍升獸變。弘我帝基。對揚穹昊。寔啓雍熙。欽若皇猷。永懷

王度。欣賞斯穆。威刑允措。軌物俱宣。憲章咸布。俗無邪指。下歸正路。茫茫九域。振以乾綱。混通華裔。配括天壤。作禮視德。列樂傳響。薦祀惟虔。衣冠載仰。○同上

皇夏樂飲福酒奏。

孝心翼翼。率禮兢兢。時洗時薦。或降或升。在堂在户。載湛載凝。多品斯奠。備物攸膺。蘭芬敬挹。玉俎恭承。受祭之祐。隋書作祜。樂府同。如彼岡陵。○同上

高明樂送神奏。

仰檂桷。慕衣冠。禮云罄。祀將闌。神之駕。紛奕奕。乘白雲。無不適。窮昭域。極幽塗。歸帝祉。眷皇都。○同上

皇夏皇帝詣便殿奏。

禮行斯畢。樂奏以終。受嘏先退。載暢其衷。鑾軒循轍。麾旌復路。光景徘徊。絃歌顧慕。靈之相矣。有錫無疆。國圖日競。隋書作鏡。樂府同。家曆天長。○同上

燕射歌辭

元會大饗歌十首

隋書樂志曰。北齊元會大饗。協律不得升陛。黄門舉麾於殿上。今列其歌辭云。

肆夏賓入門。四廂奏。

昊蒼眷命。興王統天。業高帝始。道邈皇先。禮成化穆。樂合風宣。賓朝荒夏。對揚隋書作揚對。樂府同。穹玄。○隋書音樂志。樂府詩集十四。詩紀百十一。

皇夏皇帝出閤奏。

夏正肇旦。周物充庭。具僚在位。俛伏無聲。大君穆穆。宸儀動睟。日煦天迴。萬靈胥萃。○同上

皇夏皇帝當扆。羣臣奉賀奏。

天子南面。乾覆離明。三千咸列。萬國填并。猶從禹會。如次湯庭。奉兹一德。上下和平。○同上

皇夏皇帝入寧變服。黄鍾太簇二廂奏。

我應天曆。四海爲家。協同内外。混一戎華。鶴蓋龍馬。風乘雲車。夏章夷服。其會如麻。九賓有儀。八音有節。肅肅於位。飲和在列。四序氤氲。三光昭晰。君哉大矣。軒唐比轍。○同上

皇夏帝出升御座。姑洗廂奏。

皇運應籙。廓定區寓。受終以文。構業以武。堯昔命舜。舜亦命禹。大人馭歷。重規沓矩。欽明在上。昭納八賓。從靈體極。誕聖窮神。化生羣品。陶育烝人。展禮肆樂。協此元春。○同上

肆夏王公奠璧奏。

萬方咸暨。三揖以申。垂旒馮玉。五瑞交陳。拜稽有章。升降有節。聖皇負扆。虞唐比烈。○同上

上壽曲上壽。黄鍾廂奏。

仰三光。奏萬壽。人皇御六氣。天地同長久。○同上

登歌三曲皇太子入。至坐位。酒至御。殿上奏。

大齊統曆。道化光明。馬圖呈寶。龜籙告靈。百蠻非衆。八荒非逖。同作堯人。俱包禹迹。

天覆地載。成以四時。惟皇是則。比大於兹。羣星拱極。衆川赴海。萬寓駿奔。一朝咸在。

齊之以禮。相趨帝庭。應規蹈矩。玉色金聲。動之以樂。和風四布。龍中鳳舞。鸞歌麟步。○同上

食舉樂十曲食至御前奏。

三端正啓。萬方觀禮。具物充庭。二儀合體。百華照曉。千門洞晨。或華或裔。奉贄惟新。悠悠亘六合。圓首莫不臣。仰施如雨。晞和猶春。風化表笙鏞。歌謳被琴瑟。誰言文軌異。今朝混爲一。

彤庭爛景。丹陛流光。懷黄綰白。鵷鷺成行。文贊百揆。武鎮四方。折衝鼓雷電。獻替協陰陽。大矣哉。道邁上皇。陋五帝。狹三皇。窮禮物。該樂章。序冠帶。垂衣裳。

天壤和。家國穆。悠悠萬類。咸孕育。契冥化。侔大造。靈效珍。神歸寶。興雲氣。飛龍蒼。麟一角。鳳五光。朱雀降。黄玉表。九尾馴。三足擾。化之定。至矣哉。瑞感德。四方來。

囹圄空。水火菽粟。求賢振滯。棄珠玉。衣不靡。宫以卑。當陽端嘿。垂拱無爲。云云萬有。其樂不訾。

嗟此舉時。逢至道。肖形咸自持。賦命無傷夭。行氣進皇輿。遊龍服帝皁。聖主寧區宇。乾坤永相保。

牧野征。鳴條戰。大齊家萬國。拱揖應終禪。奥主廓清都。大君臨赤縣。高居深視。當扆正殿。旦暮之期。今一見。

兩儀分。牧以君。陶有象。化無垠。大齊德。邈誰羣。超鳳火。冠龍雲。露以潔。風以薰。榮光至。氣氤氲。

神化遠。人靈協。寒暑調。風雨燮。披泥檢。受圖諜。圖諜啓。期運昌。分四序。綴三光。延寶祚。眇無疆。

惟皇道。升平日。河水清。海不溢。雲千吕。風入律。驅黔首。入仁壽。與天高。並地厚。

刑以厝。頌聲揚。皇情邈。眷汾襄。岱山高。配林壯。亭亭聳。云云望。旆葳蕤。駕騤騤。刊金闕。奠玉龜。○同上

皇夏皇帝入。鐘鼓奏。

禮終三爵。樂奏九成。允也天子。穹壤和平。載色載笑。反寢晏隋書作宴。樂府同。息。一人有祉。百神奉職。○同上

舞曲歌辭

文武舞歌四首

隋書樂志曰。北齊元會大饗。奏文武二舞。二舞將作。並先設階步焉。

文舞階步辭

我后降德。肇峻皇基。摇鈴大號。振鐸命期。雲行雨洽。天臨地持。茫茫區宇。萬代一時。文來武肅。成定於兹。象容則舞。歌德言詩。鏘鏘金石。列列匏絲。鳳儀龍至。樂我雍熙。○隋書音樂志。樂府詩集五十二。詩紀百十一。

文舞辭

皇天有命。歸我大齊。受兹華玉。爰錫玄珪。奄家環海。實子蒸黎。圖開寶匣。檢封芝泥。無思不順。自東徂西。教南暨朔。罔敢或攜。比日之明。如天之大。神化之洽。率土無外。眇眇舟車。華戎畢會。祠我春秋。服我冠帶。儀協震象。樂均天籟。蹈武在庭。其容藹藹。○同上

武舞階步辭

大齊統曆。天鑒孔昭。金人降汎。火鳳來巢。眇均虞德。干戚降苗。夙詩紀云。隋書作風。沙攻主。歸我軒朝。禮符揖讓。樂契咸韶。蹈揚惟序。律度時調。○同上

武舞辭

天眷横流。宅心玄聖。祖功宗德。重光襲映。我皇恭己。誕膺靈命。宇外斯燭。域中咸鏡。悠悠率土。時惟保定。微微動植。莫違其性。仁豐庶物。施洽羣生。海寧洛變。契此休明。雅宣茂烈。頌紀英聲。鏗鍠鐘鼓。掩抑簫笙。歌之不足。舞以禮成。鑠矣王度。緬邁千齡。○同上

詩紀云。已上樂章。詩彙云祖珽作。按隋書樂志。祖珽上書論樂於文宣之時。至武成時始定四郊、宗廟、三朝之樂。而不著作歌之人。則非珽作明矣。今考北史。陸卬等製。

仙道

吴猛贈廬山神徐君詩

水經注曰。案張華博物志曹著傳。其神自云姓徐。受封廬山。後吴猛經過。山神迎猛。猛語曰。君王此山近六百年。符命已盡。不宜久居非據。乃贈詩云。

仰矚列仙館。俯察王神宅。曠載暢幽懷。傾蓋付三益。○水經廬江水注。詩紀外集一。

武陽山遺詠

水經注曰。峩山縣東北有武陽龍尾山。並仙者羽化之處。上有仙人及龍之處。上有仙人及龍馬跡。于其處得遺詠。其詠曰。

登武陽。觀樂藪。峩嶺千蕤洋湖口。命飛螭。駕白駒。臨天水。心踟蹰。千載後。不知如。○水經洣水注。詩紀外集三。

鬼神

褚士達

士達。仕祖珽爲省事。

夢人倚户授其詩

北史曰。斛律光嘗在朝堂。垂簾而坐。祖珽不知。乘馬過其前。光怒。謂人曰。此人乃敢爾。後珽在内省。言聲高慢。光過聞之。又怒。珽知光忿。珽省事褚士達夢人倚户授其詩曰云云。以告珽。珽占之曰。角斗。斛字。津却水。何留人。合成律字。非真者。解斛律於我不實。士達又言所夢狀。乃其父形也。珽由是懼。

九升八合粟。角斗定非真。堰却津中水。將留何處人。○北史斛律光傳。

徐鐵臼怨歌

還寃記曰。宋東海徐某甲。前妻許氏。生一男。名鐵臼。而許氏亡。甲改娶陳氏。陳氏凶虐。志滅鐵臼。生一男。名鐵杵。欲以杵擣鐵臼也。於是捶打鐵臼。飢不給食。寒不加絮。鐵臼竟以凍餓被杖死。時年十六。亡後旬餘。鬼忽還家。日日罵詈。時復歌云云。聲甚傷切。自是自悼不得長成也。於時鐵杵六歲。鬼屢打之。月餘而死。

桃李花。法苑珠林作華。嚴霜落奈何。桃李子。嚴霜早落已。還寃記作已落。○還寃記。法苑珠林七十五引怨魂志。詩紀外集四。

北周詩卷一

周明帝宇文毓

毓。文帝長子。西魏大統中。封寧都郡公。周閔帝受禪。進柱國、岐州刺史。及閔帝廢。朝廷迎立之。在位四年。武成二年卒。年二十七。謚曰明皇帝。有集十卷。

貽韋居士詩

北史曰。韋敻。字敬遠。杜陵人。志尚簡澹。州郡徵辟。並不就。周文帝經綸王業。側席禮聘。竟不能屈。時人號爲居士。明帝即位。禮敬愈厚。乃爲詩以貽之。敻答詩願時朝謁。帝大悦。敕有司日給酒一升。號曰逍遥公。

六爻貞遯世。三辰光少類聚作少光。微。潁陽去猶周書作讓逾。北史、文苑同。遠。滄洲周書作州。文苑同。遂周書、北史作去。文苑同。又注。一作遂。詩紀云。一作去。不歸。風周書作香。北史、文苑同。動秋蘭佩。香周書作風。北史、文苑同。飄蓮葉衣。文苑衣韻兩句在飛韻下。坐石窺仙洞。乘槎下釣磯。嶺松千仞直。巖泉百丈飛。聊登平樂觀。遥想首陽薇。儻周書、北史作詎。文苑同。又注。一作儻。能同四隱。來參余萬機。〇周書韋敻傳。北史韋孝寬傳附敻傳。類聚三十六。文苑英華二百三十二作招隱士逍遥公韋敻。詩紀百十二。

過舊宮詩

北周書曰。二年九月丁未。行幸同州故宅。賦詩。

玉燭調秋氣。金輿歷舊宮。還如過白水。更似入新豐。秋北周書作霜。潭漬初學記或作清。萬花谷作清。晚菊。寒井落疎桐。舉杯延故老。今周書作令。文苑同。初學記或同。聞歌大風。○北周書明帝紀。類聚六十二。初學記十三、二十四。文苑英華百七十四。御覽五百九十一。萬花谷後二十三。詩紀百十二。

和王褒詠摘花

玉椀承花落。花落椀中芳。酒浮花不没。花含酒更香。○類聚八十八。詩紀百十二。

李昶

昶。小名那。頓丘臨黄人。祖彪。魏御史中尉。昶仕西魏。歷都官郎中、相州大中正、銀青光禄大夫、太祖丞相府記室參軍、中書侍郎、御史中尉、大將軍儀同三司。賜姓宇文氏。周受禪。天保元年。進驃騎大將軍。二年。轉御正中大夫。保定五年。出爲昌州刺史。遇疾卒。年五十。

陪駕幸終南山詩

堯蓋臨河潁。漢蹕践華嵩。日旗初學記作旂。詩紀云。一作旌。廻北鳳。星文苑作皇。注云。一作星。旆轉南鴻。青文苑作清。注云。一作青。雲過宣曲。先驅背射熊。金桴拂泉底。玉琯吹雲中。古轍稱難極。新途或易窮。煙生山欲盡。潭淨水恆空。交文苑作文。注云。一作交。松上連霧。脩竹下來風。仙才道無別。靈氣法能同。文苑作通。東棗羞朝座。西桃獻夜宫。詔令王子晉。出對浮丘公。○初學記五。文苑英華百五十九。詩紀百十二。

奉和重適陽關

銜悲向玉關。垂淚上瑶臺。舞閣懸新網。歌梁積故埃。紫庭生緑草。丹墀染碧苔金。扉晝常掩珠。簾夜暗開。方池含水思。芳樹結風哀。行雨歸將絶。朝雲去不廻。獨有西陵上。松聲薄暮來。○文苑英華二百四十作李那。詩紀百十二○逯按。此詩詩紀署李那。編入隋詩。今改列於此。

高琳

琳。字季珉。其先高麗人。仕於燕。後歸魏。賜姓羽真人。入周。累官江陵副總管。進位柱國。

宴詩

北史曰。武成三年。討平文州氐。師還。帝宴羣公卿士。仍賦詩言志。琳詩末章云云。帝大悦曰。獯獫陸梁。未時欵塞。卿言有驗。國之福也。

寄言竇車騎。爲謝霍將軍。何以報天子。沙漠静妖氛。○周書高琳傳。北史高琳傳。御覽二百七十七。又五百八十六引三國典略。詩紀百十二。

宗懍

懍。字元懍。南陽涅陽人。梁元帝鎮江陵。以爲記室。及帝卽位。累遷吏部尚書。及江陵平。入關。拜車騎大將軍、儀同三司。保定中卒。年六十四。有集十二卷。

和歲首寒望詩

旅騎出平原。鉦鐃遍野喧。接里開都邑。連車駐小門。稻車廻故塢。獵馬轉新村。古碑空戴石。山龕未上幡。所言春不至。未有桃花源。○類聚二十八。詩紀百十二。

早春詩

昨暝春風起。今朝春氣來。鶯鳴一兩囀。花樹數重開。散粉成初蝶。剪綵作新梅。遊客傷千里。無暇上高臺。○初學記三。文苑英華百五十七。詩紀百十二。

春望詩 詩紀云。律祖作陳後主者非。

日暮春臺望。初學記作傍。文苑作倚。徙倚愛餘光。都尉新移棗。司空始種楊。一枝猶桂馥。十步有蘭香。望望無萱草。忘憂竟不忘。○初學記三。文苑英華百五十七。詩紀百十二。

麟趾殿詠新井詩

當爲醴泉出。先令浪井開。銅新九龍殿。石勝凌雲臺。詩紀云。瑞應圖曰。王者清淨則浪井出。魚豢魏略曰。明帝九龍殿前爲玉井綺欄。○初學記七。詩紀百十二。

宗羈

登渭橋詩

仲山朝飲馬。還坐渭橋中。南瞻臨別館。北望盡離宮。四面衣裾合。三條冠蓋通。蘭香想和季。雲起憶成公。圯上相知早。鷄鳴幸共同。圯音夷。楚人謂橋爲圯。○類聚九。初學記七。詩紀百十二。

蕭撝

撝。字智遐。梁安成王蕭秀子。封永豐侯。歷黄門侍郎。侯景之亂。從武陵王蕭紀爲征西大將軍。守成都。周文帝伐蜀。遂入西魏。授侍中。武帝時爲文學博士。歷少傅。改封蔡陽郡公。建德二年卒。年五十九。有集十卷。

孀婦吟

寒夜靜房櫳。孤妾思偏叢。悲生聚紺黛。淚下浸妝紅。蓄恨縈心裏。含啼歸帳中。會須明月落。那忍見牀空。○樂府詩集七十六。詩紀百十二。

日出行

昏昏隱遠霧。團團乘陣雲。正值秦樓女。含嬌酬使君。○文苑英華百九十三。樂府詩集二十八作日出東南隅行。詩紀百十二。

勞歌

百年能幾許。公事罷平生。寄言任立政。文苑作正。誰憐李少卿。○文苑英華二百三。樂府詩集八十六。詩紀百十二。

和梁武陵王遥望道館詩

神境流精闕。仙居紫翠房。今有尋真地。迤邐類聚作邐迤。麗通莊。九柱含虬重。三臺飾夜光。金輝碧海桃。玉笈紫書方。拂筵青鳥集。吹簫白鳳翔。履歸堪是鷰。石在詎非羊。煙霞四照蓝。風月五名香。於兹喜臨眺。願得假霓裳。○類聚七十八。詩紀百十二。

上蓮山詩

獨邁青蓮嶺。超奇紫蓋峯。挂流遥似鶴。插石近如龍。沙崩聞韻鼓。霜落候初學記作似。文苑同。鳴鍾。飛花滿叢桂。輕吹起脩筇。石蒲文苑作浦。注云。一作蒲。今尚有。採文苑作深。注云。一作採。摘更相逢。○初學記五。文苑英華百五十九。詩紀百十二。

王褒

褒。字子淵。琅邪臨沂人。仕梁。歷吏部尚書、右僕射。荆州破。入周。授車騎大將軍。明帝即位。篤好文學。褒與庾信才名最高。特被親待。加開府儀同三司。武帝時爲太子少保。遷小司空。出爲宣州刺史。建德中卒。年六十四。有集二十一卷。

樂府

關山篇以下五言。

從軍出隴阪。驅馬度關山。關山恆掩藹。高峰白雲外。遥望秦川水。千里長如帶。好勇自秦中。意氣多豪雄。少年便習戰。十四已從戎。遼水深難渡。榆關斷未通。○類聚四十二。詩紀百十三。

從軍行二首

兵書久閑習。征戰數曾經。講戎平樂觀。學戲文苑云。一作覽獻。詩紀云。一作攬劍。羽林亭。西征度疎勒。東驅出井陘。牧馬濱長渭。營軍毒上涇。平雲如陣色。半月類城形。羽書封信璽。詔使動流星。對岸流沙白。緣樂府誤作緑。河柳色青。將幕恆臨斗。旌門常背刑。詩紀作形。勳封瀚海石。功勒燕然銘。兵勢因麾下。軍圖送掖庭。誰憐下玉筯。向暮掩金屏。○文苑英華百九十九。樂府詩集三十二。詩紀百十三。

黄河流水急。驄馬遠文苑作送。樂府同。征人。谷望河陽縣。橋渡小平津。年樂府云。一作惡。少多文苑作惡少年。又年下注云。一作多。遊俠。結客好輕身。代風愁櫪馬。胡霜宜角筋。羽書勞警急。邊鞍倦苦辛。康居因漢使。盧龍稱文苑作有。注云。一作稱。魏臣。荒戍唯看柳。邊城不識春。男兒重意氣。無爲羞賤貧。○同上

長安有狹邪行

威詩紀云。一作透。紆狹邪道。車騎動相喧。博徒稱劇孟。遊俠號王孫。勢傾魏侯府。交盡翟公門。路邪勞夾轂。塗艱倦折轅。日斜宣曲觀。春還御宿園。塗歌楊柳曲。巷飲榴花樽。獨有遊梁倦。詩紀云。一作客。還守孝文園。○樂府詩集三十五。詩紀百十三。

飲馬長城窟

北走長安道。征騎文苑作施。注云。一作騎。每經過。戰垣臨八陣。旌門文苑作門樓。注云。一作旌門。對兩和。文苑作河。屯兵戍隴北。飲馬傍城阿。雪深無復道。冰合不生波。塵飛連陣聚。沙平騎跡多。昏昏壠坻月。文苑作底日。注云。一作月。耿耿霧中河。羽林猶角觝。將軍尚雅歌。臨戎常拔劍。蒙險屢提戈。秋風鳴馬首。薄暮欲如何。○文苑英華二百九。樂府詩集三十八。詩紀百十三。

輕舉篇

天地能長久。神仙壽不窮。白玉東華檢。方諸西岳童。俄樂府作我。瞻少海北。暫別扶桑東。俯觀雲似蓋。低望月如弓。看棊城邑改。辭家墟巷空。流珠餘舊竈。種杏發新叢。酒釀瀛洲玉。劍鑄昆吾銅。誰能攬六博。還當訪井公。○樂府詩集六十四。詩紀百十三。

凌雲臺

高臺懸百尺。中夕文苑作歹。殊未窮。北臨酸棗寺。西眺明光宮。城旁抵雙府。林裏對相風。書題鹿盧㮷。觀寫飛廉銅。牕開神女電。梁映美人虹。虞捐濫天文苑作失。寵。鄭昚特懷忠。莊生垂翠釣。昭儀拒樂府作抵。文苑云。一作抵。闘熊。馳輪有盈缺。人道亦汙隆。還念西陵舞。非復鄴城中。○文苑英華百九十二。樂府詩集七十五。詩紀百十三。

出塞詩紀云。一作塞下曲。

飛蓬似征客。千里自長驅。塞禽唯有鴈。關樹但生榆。背山看故壘。繫馬識餘蒲。還因麾下騎。來送月支圖。詩紀云。三齊略記。秦始皇至東海。蟠蒲繫馬。至今其地蒲生皆緋結。○文苑英華百九十七。樂府詩集二十一。詩紀百十三。

入塞

戍久風塵色。勳多意氣豪。建章樓閣文苑作闕。迥。文苑云。一作近。一作廻。長安陵樹高。度冰傷馬骨。經寒墜節旄。文苑作毛。行當見天子。無文苑作何。假用錢刀。○文苑英華百九十七。樂府詩集二十一。詩紀百十三。

關山月

關山夜月明。文苑云。一作今夜月。秋初學記、御覽作秋。文苑同。又注。一作秋。色照孤城。影虧文苑作半。注云。一作影虧。初學記作半形。御覽同。詩紀云。一作半形。同漢陣。輪滿初學記作全影。文苑同。又注云。一作輪滿。御覽作金影。詩紀云。一作全影。逐胡兵。天文苑作灰。注云。一作天。寒光轉白。風多暈欲生。寄言亭上吏。遊客解雞鳴。○初學記一。文苑英華百九十八。御覽四。樂府詩集二十三。詩紀百十三。

長安道

槐衢回北第。馳道度西宮。樹陰連袖色。塵影雜衣風。採桑逢五馬。停車對兩童。喧喧許史座。鐘鳴賓未窮。○樂府詩集二十三。詩紀百十三。

明君詞

闌殿辭新寵。椒房餘故情。鴻飛漸南陸。馬首倦西征。寄書參漢使。銜涕望秦城。唯餘馬上曲。猶作出關聲。○樂府詩集二十九。詩紀百十三。

遊俠篇

京洛出名謳。豪俠競交遊。河南期類聚作朝。樂府同。文苑云。一作朝。四姓。關西謁五侯。鬬雞横大道。走馬出長楸。桑陰徙樂府作徒。文苑云。一作徒。將夕。槐路轉淹留。○類聚三十三。文苑英華百九十六作俠客行。樂府詩集六十七。詩紀百十三。

古曲詩紀云。一作雜曲。

青樓臨大道。遊俠盡詩紀云。一作任。淹留。陳王金被馬。秦女桂爲鉤。馳輪洛城樂府作陽。巷。鬬雞南陌頭。薄暮風塵起。聊爲清夜遊。○文苑英華二百七。樂府詩集七十七。詩紀百十三。

高句麗六言

蕭蕭易水生波。燕趙佳人自多。傾盃覆盌漼漼。垂手奮袖婆樂府作娑。娑。不惜黄金散盡。只畏白日蹉跎。○

樂府詩集七十八。詩紀百十三。

燕歌行七言

北史本傳曰。襃作燕歌。妙盡塞北苦寒之言。元帝及諸文士和之。而競爲悽切。及江陵爲魏師所破。元帝出降。方驗焉。

初春麗景類聚作日。樂府同。詩紀云。一作日。鶯欲嬌。桃花流水没文苑辨證作遶。河橋。薔薇花開文苑作開花。樂府云。一作開花。百重葉。楊柳拂類聚作覆。文苑辨證同。樂府云。一作覆。地數樂府作散。文苑作覆池數。注云。一作楊柳拂地散。千條。隴西將軍號都護。樓蘭校尉稱嫖姚。自從昔别文苑作自昔别如。春燕分。經年一去不相聞。文苑作無相親。注云。一作相聞。無復文苑作不闋。又不下注。一作無。漢地關山文苑云。一作長安。月。樂府作長安月。文苑辨證同。詩紀云。一作長安月。唯有漢北薊城雲。淮南桂文苑作鏡。注云。一作桂。中明月影。流黄機上織成文。充國行軍文苑作軍行。文苑辨證同。又注。一作行軍。屢築營。陽文苑作楊。史討虜陷平城。城下風多能却陣。沙中雪淺詎停兵。屬國小樂府作少。婦猶年少。羽林輕騎數樂府作散。征行。遥聞陌頭文苑作上。採桑曲。猶勝邊地胡笳類聚作胡笳邊地。聲。胡笳文苑辨證作笳聲。向暮使人泣。長望樂府作還使。文苑同。又注。一作長望。詩紀云。一作還使。閨中空佇立。桃花落地樂府無地字。類聚作桃抽覆地。杏類聚作春。花舒。文苑云。一作桃花復地杏花舒。桐生井底寒葉疎。試爲來看上林鴈。應樂府作必。文苑云。一作必。有遥寄隴頭書。○文苑英華百九十六。樂府詩集三十二。文苑英華辨證六。詩紀百十三。又類聚四十二引嬌、橋、條、分、聞、雲、行、聲、泣、立、舒、疎、書十三韻。

日出東南隅行以下雜言。

曉星西北没。朝日東南隅。陽窗臨玉女。蓮帳照金鋪。鳳樓稱獨立。絶世良所無。鏡懸四龍網。枕畫七星圖。銀鏤明光帶。金地織成襦。調弦大垂手。歌曲鳳將雛。採桑三市路。賣酒七條衢。道逢五馬客。夾轂來相趨。將軍多事勢。夫聟好形模。高箱照雲母。壯馬飾當顱。單衣火浣布。利劍水精珠。自知心所愛。仕宦執金吾。飛甍彫翡翠。詩紀云。玉臺作翠羽。繡桷畫屠蘇。銀燭附彈映雞羽。黄金步摇動襜褕。兄弟五日時來歸。高車竟道生光輝。名唱樂府作倡。兩行堂上起。鴛鴦十七階前飛。少年任俠輕年月。珠丸出彈遂難追。

○樂府詩集二十八。詩紀百十三。

牆上難爲趨

昔稱梁孟子。兼聞魯孔丘。訪政聊爲述。問陳豈相酬。末代多僥倖。卿相盡經由。臺郎百金價。台司千萬求。當朝少直筆。趨代皆曲鉤。廷尉十年不得調。將軍百戰未封侯。夜伏擁門作常伯。自有蒲萄得涼州。白璧求善價。明珠難暗投。高牆不可踐。井水自難浮。風胡有年歲。銛利比吴鈎。○樂府詩集四十。詩紀百十三。

詩

九日從駕詩以下五言。

黄山獵地廣。青門官路長。律改三秋節。氣應九鍾霜。曙影初分地。暗色始成光。高文苑作交。旆長楸坂。緹幕杏間堂。射馬垂雙帶。豐貂佩兩璜。苑寒梨樹紫。山秋菊葉黄。華露霏霏冷。輕飈颯颯涼。文苑作傷。終慙屬車對。空假侍中郎。○文苑英華百七十三。又類聚四引長、霜、光、堂、璜、黄、郎七韵。又初學記四、古今歲時雜詠三十三、御覽三十二俱引長、霜、璜、黄、涼、郎六韵。詩紀百十三。

入朝守門開詩詩紀云。梁簡文有守東華門開詩。

鳳池文苑作直城。詩紀云。一作直城。通複道。嚴駕早凌晨。鐵符行警曙。銀桊未開闉。蹔暗城無影。晴新路不塵。屯兵引畫劍。騎吹動班輪。徒知仰睿藻。抽辭殊文苑作慙。未申。○類聚三十九。文苑英華百九十。詩紀百十三。

贈周處士詩

我行無歲月。征馬屢盤桓。崤曲三危岨。關重九折難。猶持漢使節。尚服楚臣冠。巢禽疑上幕。驚羽畏虚彈。飛蓬文苑云。一作鴻。去不已。客思文苑云。一作念。漸無端。壯志與時歇。生年隨事闌。百齡悲促命。數刻念餘歡。雲生隴坻黑。桑疎薊北寒。鳥道無蹊徑。清漢類聚作溪。文苑作瀨。有波瀾。思君化羽翮。要我鑄金丹。

○類聚三十六。文苑英華二百三十。廣文選十五。詩紀百十三。

別陸子雲詩

解纜出南浦。征棹且淩晨。還看分手文苑作守。處。唯餘送別人。中流摇蓋影。邊江落騎塵。平湖開曙日。細柳發新春。滄波不可望。行雲聊共因。○類聚二十九作別陸才子。文苑英華二百六十六。詩紀百十三。

奉和趙王途中五韻詩詩紀云。庾信集亦載此首。

飄飄映車幕。出没望連旗。度雲還翊陣。廻風卽送師。峽路沙如月。山峯石似眉。村桃拂紅粉。岸柳被青絲。錦城遥可望。廻鞍念此時。○類聚二十七作和趙王途中詩。詩紀百十三。

和張侍中看獵詩

上林冬狩返。回初學記作田。中講射歸。還登宣曲觀。更初學記作重。獵黄山圍。嚴冬桑柘慘。初學記作燥。寒霜馬騎肥。緤盧初學記作獹。隨兔起。高鷹接雉初學記作按翟。飛。獨初學記作吁。嗟來遠客。辛苦倦邊衣。○類聚六十六。初學記二十二。詩紀百十三。

和庾司水修渭橋詩

東流仰天漢。南渡類聚作度。似牽牛。長堤通甬道。飛梁跨造舟。使者開金堰。太守擁河流。廣陵候濤水。荆峽望陽侯。波生從故舶。沙漲湧新洲。天星識辯初學記作辨。對。檢玉應沈鈎。空悦浮雲賦。非復採蓮謳。○初學記七。又類聚九作和治渭橋詩。引牛、舟、流、侯、洲、鈎六韵。詩紀百十三。

玄圃濬池臨泛奉和詩

長洲文苑作沙。春水滿。臨汎廣川中。石壁如明鏡。飛橋類飲虹。垂楊夾浦緑。新桃緣徑文苑作樹。紅。對樓還泊岸。迎波暫守風。漁舟鈞欲滿。蓮房採文苑作珠。半空。於兹臨北闕。文苑作閣。非復坐牆文苑作墟。東。○類聚九。文苑英華百六十五。詩紀百十三。

和從弟祐山家詩二首

採藥名山頂。時節無春冬。散雲非一色。連嵓異衆峯。合沓似無徑。間關定有蹤。山窻臨絶頂。檐溜俯危松。空林鳴暮雨。虚谷應朝鍾。仙童時可遇。羽客屢相逢。若值韓衆藥。當御長房龍。○文苑英華三百十九。詩紀百十三。

結交非俗士。仙文苑作山。侣自招攜。少華隱日月。太乙文苑作一。尋虹文苑云。一作雲。霓。衆林積爲籟。圍竹文苑作林。茂成埤。文苑作椑。注云。一作栱成枅。幽谷曙無景。荒途晝欲迷。滴瀝寒泉溜。叫嘯秋猿啼。白雲帝鄉起。神禽丹穴棲。箭篠文苑作篠。時通徑。桃李復成蹊。今身得其所。羣物可令齊。○同上

詠鴈詩

伺潮聞曙響。姤鸕有春翬。豈若雲中鴈。秋時塞外歸。河長猶可涉。海闊故難飛。霜多聲轉急。風疎行屢稀。園池若可至。不復怯虞機。○苑詩類選三十。詩紀百十三。

送觀寧侯葬詩

蒙羽高峻極。淮泗導清源。刑茅廣裂地。跗蕚盛開蕃。紛綸彤艧彩。從容瓊玉温。衡飈搖柏榦。烈火壯曾崑。疇昔同羇旅。辛苦涉涼暄。觀風方聽樂。垂淚遽傷魂。造舟虛客禮。高閈掩賓垣。桂樹思公子。芳草惜王孫。今晨向郊郭。猶似文苑作以。背轘轅。丹旐書空位。素帳設虛樽。楚琴南操絶。韓書舊説存。西靡傷新樹。東陵惜故園。自憐悲谷影。彌愴類聚作念。詩紀云。一作念。玉關門。餘輝盡天類聚作天盡。末。夕霧擁類聚作起。詩紀云。一作起。山根。平原看獨樹。皋亭文苑作亭皐。望列村。寂寥文苑作寞。還蓋靜。類聚作靖。文苑同。荒茫歸路昏。挽鐸已流唱。文苑作歇。按當是喝。歌童類聚作童歌。行自喧。睠類聚作眷。言千載後。誰將遊九原。○文苑英華三百五。詩紀百十三。又類聚三十四引樽、存、園、門、根、村、昏、喧、原九韻。

送劉中書葬詩

昔別傷南浦。今歸去北邙。書生空託夢。久客每思鄉。塞近邊雲黑。塵昏野日黃。陵谷俄遷變。松柏易荒涼。題銘文苑作名。無復迹。何處驗龜長。○類聚三十四。文苑英華三百五。詩紀百十三。

別王都官詩

連翩初學記作聯綿。悯流客。類聚作水。文苑云。類聚作落。悽愴惜離羣。東西御溝水。南北會稽雲。河橋兩堤絶。橫歧數路分。山川遥不見。懷袖遠相聞。○類聚二十九。初學記十八。文苑英華二百六十六。詩紀百十三。

送別裴儀同詩

河橋望行旅。長亭送故人。沙飛似軍幕。蓬卷若車輪。邊衣苦霜雪。愁詩紀云。一作秋。貌損風塵。行路皆兄弟。千里念相親。○類聚二十九。文苑英華二百六十六。詩紀百十三。

渡河北詩詩紀云。苑詩類選作范雲者非。

秋風吹木葉。還似洞庭波。常山臨代郡。亭障繞黄河。心悲異方樂。腸斷初學記作絶。文苑同。隴頭歌。薄暮臨文苑云。一作暮驅。征馬。失道北山阿。文苑作河。○初學記五。文苑英華百六十三。詩紀百十三。

詠月贈人詩

月色當秋夜。斜暉映薄帷。上弦如半璧。初魄似蛾眉。渡雲光忽駛。中天影更遲。高陽懷許掾。對此益文苑作憶。相思。○類聚一。文苑英華百五十二。詩紀百十三。

和殷廷尉歲暮詩

歲晚悲窮律。他鄉念索居。御覽作除。寂寞灰心盡。摧御覽作推。殘生意餘。產空交道絶。財殫密親疎。空悲趙壹御覽作一。賦。還著虞卿書。○類聚三。御覽二十七作歲暮詩。詩紀百十三。

看鬬雞詩

蹀躞始横行。意氣欲相傾。妬初學記作詬。敵金芒起。猜羣芥粉生。入塲疑挑戰。逐退似追兵。誰知函谷下。人去獨開城。○類聚九十一。初學記三十。文苑英華二百六。詩紀百十三。

彈棊詩

投壺生電影。六博值仙人。何如鏡奩上。自有拂輕巾。隔澗疑將别。隴頭如望秦。握筆徒思賦。辭短竟無陳。○類聚七十四。詩紀百十三。

從駕北郊詩

維皇敬明祀。望拜出河東。地靈開複道。營星發紫宮。衡街響清蹕。偵候起相風。森沈羽林騎。肅穆虎賁弓。○初學記十三。萬花谷後十七作王褒詩。詩紀百十三。

奉和趙王隱士詩 詩紀云。庾信同賦。

鳧鵠均長短。鵬詩紀作雕。鷃共逍遥。清襟蘊秀氣。虚席滿風飇。斷絃惟續葛。獨酌止文苑作只。傾瓢。菖蒲九重節。桑薪七過燒。○類聚三十六。文苑英華二百三十二。詩紀百十三。

始發宿亭詩

送人亭上別。被馬櫪中嘶。漠漠村煙起。離離嶺樹齊。落星侵曉没。殘月半山低。○類聚二十七。詩紀百十三。

山池落照詩

竹館掩荆扉。池光晦晚暉。孤舟隱荷出。輕棹染苔歸。浴禽時侶竄。驚羽忽單飛。○類聚九。詩紀百十三。

詠霧應詔詩

七條開早陌。五里闇朝氛。帶樓疑海氣。含蓋似浮雲。方從河水上。預奉緑圖文。○類聚二。詩紀百十三。

入關故人別詩

百年餘古樹。千里闇黄塵。關山行就近。相看成遠人。○類聚二十九。詩紀百十三。

過藏矜道館詩

松古無年月。鵠去復來歸。石壁藤爲路。山窗雲作扉。○類聚七十八。詩紀百十三。

明慶寺石壁詩

夏水懸臺際。秋泉帶雨餘。石生銘字長。山久谷神虛。○類聚七。詩紀百十三。

雲居寺高頂詩

中峯雲已合。絶頂日猶晴。邑居隨望近。風煙對眼生。○類聚七。詩紀百十三。

詠定林寺桂樹

歲餘彫晚葉。年至長新圍。月輪三五映。烏生八九飛。○類聚八十九。詩紀百十三。

楊文佑

爲周宣帝歌

隋書曰。周宣帝荒淫日甚。惡聞其過。誅殺無度。既酣飲過度。嘗中飲。有下士楊文祐白宮伯長孫覽。求歌曰云云。

鄭譯奏之。帝怒。命賜杖二百四十而致死。

朝亦醉。暮亦醉。日日恆常醉。政事日無次。○隋書刑法志。

周宣帝宇文贇

贇。字乾伯。武帝長子。建德元年。立爲皇太子。宣政元年六月卽位。明年。改元大成。其二月。傳位太子衍。改元大象。自稱天元皇帝。在位二年。大象二年卒。年二十二。謚曰宣皇帝。

歌

自知身命促。把燭夜行遊。○隋書五行志。樂府詩集八十七。

趙王宇文招

招。字豆盧突。文帝第七子。好屬文。學庾信體。武成初。封趙國公。歷大司馬。進爵爲王。隋文帝將遷周鼎。招欲圖之。大象二年。謀洩見害。有集八卷。

從軍行

遼東烽火照甘泉。薊北亭障接燕然。水凍菖蒲未生節。關寒榆莢樂府作葉。文苑云。一作葉。不成錢。○文苑英華百九十九。樂府詩集三十二。詩紀百十二。

滕王宇文逌

逌。字爾固突。文帝第十三子。初封滕國公。大象元年。詔以荆州新野郡邑萬户爲滕國。逌出就國。二年。朝京師。爲隋文帝所害。國除。有集八卷。

至渭源詩

源渭奔禹初學記作鳥。穴。輕瀾起客亭。淺淺平聲。滿澗響。蕩蕩竟川鳴。潘生稱運石。馮子聽波聲。斜去臨天半。横來對始平。合流應不雜。方知性本清。○初學記六。詩紀百十二。

王晞

晞。字叔朗。北齊天保初。行太原郡事。昭帝踐阼。除散騎常侍。仍領兼吏部郎中。武平初。遷大鴻臚。監修起居注。待詔文林館。入周爲儀同大將軍。太子諫議大夫。隋開皇元年卒。年七十一。

詣晉祠賦詩

日落應歸去。魚鳥見留連。○北齊書本傳。

北周詩卷二

庾信

信。字子山。南陽新野人。梁中書令肩吾子。仕梁。歷湘東國常侍、尚書度支郎中、郢州别駕、東宫學士、建康令。侯景之亂。奔江陵。仕元帝爲御史中丞。封武康縣侯。聘魏。留不遣。江陵陷。仕魏。歷右金紫光禄大夫、車騎大將軍儀同三司。周受禪。封臨清縣子。除司水下大夫。出爲弘農郡守。遷司憲中大夫。進爵義成縣侯。拜洛州刺史。徵爲司宗中大夫。大象初。以疾去職。隋開皇元年卒。年六十九。有集二十一卷。

樂府

對酒歌以下五言。○詩紀云。文苑英華作范雲。

春水望桃花。春洲藉芳杜。琴從詩集作隨。文苑同。又注云。一作從。詩紀云。一作隨。绿珠借。酒就文君取。牽馬詩集作牛。文苑同。又注。一作馬。詩紀云。一作牛。向渭橋。日曝詩紀云。一作落。山頭脯。山簡接羅倒。王戎如意舞。筝鳴金谷園。笛韻平陽塢。人生一詩集作乙。百年。歡笑惟本集作唯。文苑同。三五。何處覓錢刀。求爲洛陽賈。○本集二。文苑英華百九十五作范榮。樂府詩集二十七。庾開府詩集上。詩紀百十四。

王昭君詩紀云。玉臺作昭君詞。

拭啼辭戚里。回顧望昭陽。鏡失菱花影。釵除却月梁。圍腰無一尺。垂淚有千行。緑衫樂府作衫身。詩集同。詩紀云。一作衫身。承馬汗。紅袖拂詩集字缺。秋霜。别曲真多恨。哀絃須更張。○本集二。文苑英華二百四作昭君怨。樂府詩集二十九。庾開府詩集上。詩紀百十四。

昭君辭應詔詩紀云。玉臺作明君詞。

斂眉光禄塞。還望夫人城。片片紅顏文苑作粧。落。雙雙淚眼生。冰河牽馬渡。文苑作度。雪路抱鞍行。胡風入樂府云。一作作。骨冷。夜月照心明。方調琴上曲。變入文苑作作。詩紀云。一作作。胡文苑作朔。笳聲。○本集二。文苑英華二百四作昭君怨。樂府詩集二十九。庾開府詩集上。詩紀百十四。

出自薊北門行

薊門還詩集作遂。北望。役類聚作徭。役盡傷情。關山連漢月。隴水向秦城。笳寒蘆葉脆。弓凍紵絃鳴。梅林能止渴。複姓可防兵。將軍朝挑樂府作連轉。詩集同。戰。都護夜巡營。燕山猶有石。須勒幾人名。○本集二。樂府詩集六十一。又類聚四十一引情、鳴、兵、名四韻。庾開府詩集下。詩紀百十四。

結客少年場行

結客少年場。春風滿路文苑作路滿。香。歌撩文苑云。一作嫌。李都尉。果擲潘河陽。隔樂府作折。注云。一作隔。文苑、詩紀並云。一作折。花遥勸酒。就水更文苑云。一作便。移牀。今年喜夫壻。新拜羽林郎。定知劉碧玉。偷嫁汝南王。○本集二。文苑英華百九十五。樂府詩集六十六。庾開府詩集上作賦得結客少年場。詩紀百十四。

道士步虛詞十首

渾成空教立。元始正圖樂府作塗。文苑云。一作塗。開。赤玉靈文下。朱陵真氣來。中天九龍館。倒景八風臺。雲度弦歌響。星移空殿廻。青衣上少室。童子向蓬萊。逍遥聞四會。倏忽度三災。○本集二。文苑英華百九十三。樂府詩集七十八。庾開府詩集上。詩紀百十四。

東明九芝蓋。北燭樂府作屬。注云。一作燭。文苑云。一作屬。五雲車。飄颻入倒景。出没上煙霞。春泉下玉霤。樂府作溜。注云。一作霤。書畫彙考作雷。青鳥向金華。漢帝看桃核。齊侯問棗花。上元應送酒。來向文苑云。一作在。蔡經家。詩紀云。石刻云。應逐上元酒。同來訪蔡家。○陝西藩司有石刻書此。及北闕臨玄水二首。字畫奇勁。或出庾公筆也。題云。謝靈運書。乃後人妄擬爾。○本集二。類聚七十八。初學記二十三。文苑英華百九十三。樂府詩集七十八。庾開府詩集上。式古堂書畫彙考。詩紀百十四。

歸心遊太極。廻向入無名。五香芬紫府。千燈照赤城。鳳林採珠類聚作桐。實。龍類聚作春。詩集、樂府同。文作春。注云。文作龍。按作春是。山種玉榮。夏簧三舌響。文苑、詩集、樂府並作夏笛三山響。詩紀云。一作夏笛三山響。春鍾九乳鳴。

絳河應遠別。黃鵠來相迎。〇本集二。類聚七十八。文苑英華百九十三。樂府詩集七十八。庚開府詩集上。詩紀百十四。

凝真天地表。絶想詩集作相。文苑同。又注云。一作想。詩紀云。一作相。寂寥前。有象猶虛豁。忘形本自然。開經壬子世。樂府作歲。文苑、詩紀並云。一作歲。值道甲申年。迴雲隨舞曲。流水逐歌弦。石髓香如飯。芝房脆似蓮。停鸞讌瑤水。歸路上鴻文苑作鳴。樂府同。天。〇本集二。文苑英華百九十三。樂府詩集七十八。庚開府詩集上。詩紀百十四。

洞靈尊上德。虞石會明真。要妙思玄牝。類聚作絶。文苑、詩集同。又注。一作紀。樂府作紀。注云。一作絶。虛無養谷神。丹丘乘翠鳳。玄圃御類聚作馭。斑麟。文苑云。一作驎。移梨本集作藜。付苑吏。種杏乞山人。自此逢何世。從今復幾春。海無三尺水。山成數寸塵。〇同上

無名萬物始。有道百靈初。寂絶乘丹氣。玄明樂府作冥。上玉虛。三元隨建節。八景逐迴輿。赤鳳來銜璽。青鳥入獻書。壞机詩集作机。下同。仍成机。枯魚還作魚。棲心浴日館。行樂止雲墟。〇本集二。樂府詩集七十八。庚開府詩集上。詩紀百十四。

道生乃太乙。樂府作一。守靜卽玄根。中和煉樂府作練。書畫彙考同。九氣。甲子謝三元。居心受善水。教學重香園。鳧留報關吏。鶴去畫城門。更以忻無迹。還來寄絶言。〇本集二。樂府詩集七十八。庚開府詩集上。

北闕類聚作閣。初學記、詩集、樂府同。臨玄書畫彙考作丹。水。南宮生類聚作坐。初學記、詩集、樂府同。絳雲。龍泥印玉策。書畫彙考作簡。大類聚作天。初學記、詩集、樂府同。火煉真文。上元風雨散。中天歌吹分。靈初學記作虛。書畫彙考同。駕千尋上。空香萬里聞。詩紀云。舊本闕作閣。生作坐。大作天。今從石刻正之。〇本集二。類聚七十八。初學記二十三。樂府詩集七十八。庚開府詩集上。式古堂書畫彙考。詩紀百十四。

地境類聚作鏡。樂府同。堦基遠。天窗影迹深。碧玉成雙樹。空青爲一類聚作迴。樂府云。一作迴。林。鵲類聚作鵠。巢堪煉石。蜂房得煮金。漢武多驕慢。淮南不小心。蓬萊類聚作瀛。入海底。何處可追尋。○本集二。類聚七十八。樂府詩集七十八。庾開府詩集上。詩紀百十四。

麟洲一海闊。玄圃半天高。浮丘迎子晉。若士避盧敖。類聚作遨。經滄林慮李。舊食綏山桃。成丹須竹節。刻髓用蘆詩紀作盧。刀。無妨隱士去。卽是賢人逃。○同上

烏夜啼

桂樹懸知遠。風竿詎肯低。獨憐類聚作來。明月夜。孤飛類聚作情。猶未棲。虎賁誰見惜。御史詎相攜。雖言文苑作然。注云。一作言。入絃管。終是曲中啼。○本集二。類聚四十二。文苑英華二百六。樂府詩集四十七。庾開府詩集下。詩紀百十四。

怨歌行以下六言。

家住金陵縣前。嫁得長安樂府作干。詩集同。少年。回頭望鄉淚落。不知何處天邊。胡塵幾日應盡。漢月何時更圓。爲君能歌此曲。不覺心隨斷弦。○本集二。樂府詩集四十二。庾開府詩集下。詩紀百十四。

舞媚娘

朝來户前照鏡。含笑盈盈自看。眉心濃黛直點。額角輕黄細詩集作自。安。秖疑落花慢詩集作謾。去。復道春

風不還。少年唯有歡樂。飲酒那得留殘。○本集二。樂府詩集七十三。庾開府詩集下。詩紀百十四。

烏夜啼以下七言。

促柱繁弦非子夜。歌聲舞態異前溪。御史府中何處宿。洛陽城頭那得棲。彈琴蜀郡卓家女。織錦秦川竇文苑作城頭劉。注云。一作秦川竇。氏妻。詎不自驚長淚落。文苑作渡洛。注云。一作淚落。到頭類聚作道。文苑作處，注云。一作頭。一作道。啼烏恆夜文苑作何處。啼。○本集二。類聚四十二。文苑英華二百六。樂府詩集四十七。庾開府詩集下。詩紀百十四。

燕歌行

代類聚作岱。北雲氣晝昏昏。千里飛蓬無復根。寒鴈嗈嗈聚類作一一。樂府作丁丁。詩集同。文苑云。一作丁丁。一作一一。渡遼水。桑葉紛紛落薊門。晉陽山頭無箭竹。疎勒城中乏水源。屬國征戍久離居。陽關音信絶能疎。類聚作疏。願得魯連飛一箭。持寄思歸燕將書。渡類聚作度。遼本自有將軍。寒風蕭蕭生水紋。類聚作濆。妾驚甘泉足類聚作旦。烽火。君訝漁陽少類聚作多。文苑、詩紀云。一作多。陣雲。自從將軍出細柳。蕩子空牀難獨類聚作定難。守。盤龍明鏡餉秦嘉。辟惡生香寄韓文苑作塞。壽。春分燕來能幾日。二月蠶眠不復久。詩紀云。玉臺作不能食。洛陽遊絲百丈連。詩集誤作蓮。黄河春冰千片穿。桃花顔色好如類聚作如好。文苑云。一作如好。馬。榆莢新開巧似文苑作細。類聚作似細。錢。蒲桃一杯千日醉。無事九轉學神仙。定取金丹作幾服。能令華表得千年。○本集二。

文苑英華百九十六。樂府詩集三十二。庾開府詩集下。詩紀百十四。又類聚四十二引根、門、源、居、疎、書、軍、濱、雲、柳、守、壽、連、穿、錢、仙、年十七韵。

楊柳歌

河邊楊柳百丈枝。别有長條宛本集作踠。文苑作窈。地垂。河水衝激根株危。文苑作色。注云。疑作危。倏忽河中風浪吹。可憐巢裏鳳凰兒。無故當年生文苑作老。别離。流槎一去上天池。織女支機當文苑作應。詩紀云。一作將。見隨。誰言文苑作信。從來蔭數國。直用東南一小枝。昔日公子出南皮。何處相尋玄武陂。文苑此句在支韵句下。駿馬翩翩西北詩集作四牡。馳。左右彎弧仰月支。連錢障泥渡水騎。白玉手板落盤螭。君言丈夫無意文苑作志。氣。試文苑作爲。問燕山那得碑。文苑作知。又此上二句在璃韵下。鳳凰新管簫文苑作篇管。史吹。朱鳥春窗玉女窺。銜雲酒盃赤瑪瑙。照日食螺紫琉璃。百年霜露奄離披。一旦功名不可爲。定是懷王作計誤。文苑作孅。無事翻復文苑作覆。用張儀。不如飲酒高陽池。日暮歸時倒接羅詩集作離。武昌城下文苑作南城。誰見文苑作可。移。官渡營前那可文苑作得。詩紀云。一作得。知。獨文苑作尚。憶飛文苑作落。絮鵞毛下。非文苑作無。復青絲馬尾垂。欲文苑作共。與梅花留一曲。共將文苑作在。長笛管中吹。○本集二。庾開府詩集上。詩紀百十四。又文苑英華三百三十七引枝、垂、危、吹、兒、離、池、隨、枝、馳、支、陂、吹、窺、璃、知、披、爲、儀、移、知、垂、吹二十三韵。

詩

奉和泛江詩以下五言。

春江下白帝。畫舸向黄牛。錦纜回沙磧。蘭橈避荻洲。濕花隨水泛。空巢逐樹流。建平船柹詩集作施。下。荆門戰初學記作載。艦浮。岸社多喬木。初學記作羣樹。文苑同。詩集作長樹。山城足初學記作是。迴本集作廻。文苑同。樓。日落江風静。龍吟迴本集作逈。文苑同。上游。○本集三。初學記六。文苑英華百六十二。庾開府詩集下。詩紀百十五。又類聚八作王臺卿。引牛、洲、流、樓四韵。

奉和山池詩詩紀云。梁簡文有山池詩。

樂宫多暇豫。望苑暫迴輿。鳴笳陵絶限。本集作浪。詩集作恨。飛蓋歷通渠。桂亭花未落。桐門葉半疎。荷風驚浴鳥。橋影聚行魚。日落含山氣。雲歸帶雨餘。○本集三。類聚九。文苑英華百六十五。庾開府詩集下。詩紀百十五。

陪駕幸終南山和宇文内史詩

玉山乘四載。瑶池宴八文苑作行。注云。類聚作八。龍。黿橋浮少文苑作沙。海。鵠蓋上中峰。飛狐横塞路。白馬當河衝。水奠三川石。類聚作后。山封五樹松。長虹雙瀑布。圓闕兩芙蓉。戍樓鳴夕鼓。山寺響晨鍾。新蒲節轉促。短筍籜猶重。樹宿含櫻鳥。花留釀蜜蜂。迎風下列缺。灑類聚作釃。酒召昌容。且欣陪北上。文苑作欣陪北山上。注云。類聚作且欣陪此上。方欲待東封。文苑作風。○本集三。類聚七。文苑英華百五十九。庾開府詩集上。詩紀百十五。

和宇文内史春日遊山詩

遊客值春輝。詩集作暉。金鞍上翠微。風逆詩集作送。花迎面。山深雲濕衣。鴈持一足倚。猿將兩臂飛。戍樓侵嶺路。山村落獵圍。道士封君達。仙人丁令威。煮丹於此地。居然未肯歸。○本集三。文苑英華百六十。庾開府詩集上。詩紀百十五。

遊山詩詩紀云。一作遊仙。

聊登玄圃殿。更上增城山。不知高幾里。低頭看世間。唱歌雲欲聚。彈琴鶴欲舞。澗底百重花。山根一片雨。婉婉藤倒垂。亭亭松直竪。○本集三。文苑英華百五十九。庾開府詩集上。詩紀百十五。

和宇文京兆遊田詩詩集和上有五言二字。

小苑禁門開。長楊獵客來。懸知畫眉罷。走馬向章臺。澗寒泉反縮。山晴雲倒回。熊饑自舐掌。鴈驚獨銜枚。美酒餘杭醉。詩紀云。一作至。芙蓉卽奉盃。○本集三。庾開府詩集上。詩紀百十五。

奉報寄洛州詩

舟師會孟津。甲子陣本集作陳。文苑同。東鄰。雷輳驚戰鼓。劍室動詩集作對。金神。幕府風雲氣。軍門關塞人。

長旍析文苑作拆。鳥羽。合甲抱犀鱗。星芒一丈燄。月暈七重輪。黎陽水稍淥。官渡柳應春。無庸奉天睠。驅傳牧南秦。繁詞勞簡牘。雜俗弊風塵。上洛逢都尉。商山見逸民。留滯終南下。唯當一史臣。○本集三。文苑英華二百四十。庚開府詩集上。詩紀百十五。

奉報窮秋寄隱士詩

詩紀云。詩彙作王褒詩。非也。

王倪逢齧缺。桀溺偶類聚作遇。詩集同。長沮。藜床負日卧。麥隴帶經鋤。自然曲木几。無名科斗書。聚花聊飼雀。穿池試養魚。小村文苑作徑。治澁路。低田補壞渠。秋水牽沙落。寒藤抱樹疎。空枉平原騎。來過仲蔚廬。○本集三。類聚三十六作窮秋寄隱士詩。文苑英華二百三十二。庚開府詩集上作春殿窮秋寄隱士。詩紀百十五。

上益州上柱國趙王詩二首

銅梁影棠樹。石鏡寫詩集作梟。褰帷。兩江如濆錦。雙峰似畫眉。穿荷低晚蓋。衰柳掛殘絲。風流盛儒雅。泉湧富文詞。無因同子淑。暫得侍臨淄。○本集三。庚開府詩集下。詩紀百十五。

寂寞歲陰窮。蒼茫雲貌同。鶴毛飄亂雪。車轂轉飛蓬。鴈歸知向暖。鳥巢解背風。寒沙兩岸白。獵火一山紅。願想懸鶉弊。時嗟陋巷空。○同上

謹贈司寇淮南公詩

危邦久亂德。天策始乘機。九河聞誓衆。千里見連旂。虢亡垂棘返。齊平寶鼎歸。久弊風塵俗。殊勞關塞

衣。絆驥還千里。垂鵬更九飛。猶憐馬齒進。應念節旄稀。迴軒入故里。園柳始依依。舊竹侵行文苑云。一作何。徑。新桐益幾圍。寒谷梨應重。秋林栗更肥。美酒還參聖。雕文本入微。促詩集缺促字。歌迎趙瑟。詩集瑟上衍但字。遊弦召楚妃。小人司刺舉。明𠢕詩集作時。詩紀云。集作時。實濫吹。文苑作推。南部治都尉。軍謀假建威。商山隱士石。詩紀云。一作宅。丹水鳳凰磯。野亭長被馬。山城早掩扉。傳呼擁絳節。交戟映彤闈。遂令忘楚操。何但食周薇。三十六水變。四十九條非。丹竈風煙歇。年齡蒲柳衰。同僚敢不盡。嚋日懼難追。○本集三。文苑英華二百四十七又周書元偉傳引歸一韵。庾開府詩集上。詩紀百十五。

正旦上司憲府詩

詰旦啓門欄。繁辭湧筆端。蒼鷹下獄吏。獬豸飾刑官。司朝引玉節。盟載捧珠盤。窮紀星移次。歸餘律未殫。雪高三尺厚。冰深一丈寒。短笋猶埋竹。香心未起蘭。孟門久失路。扶摇忽上摶。棲烏還得府。棄馬復歸欄。類聚、本集、詩集並作欄。榮華名義重。虛薄報恩難。枚乘還起疾。貢禹遂彈冠。方垂蓮葉劍。未用竹根丹。一知懸象法。誰思垂釣竿。○本集三。又類聚五十四引端、官、盤、摶、欄、難、冠、丹、竿九韵。庾開府詩集下作旦上司憲府。詩紀百十五。

任洛州詩集作陽。酬薛文學見贈别詩

子居河之曲。英彦本連蹤。鹽形或變虎。鼎氣乍成龍。若人承載德。宫牆定數重。五衢開辯路。四照起文烽。曰余濫推轂。民願始天從。上洛分都尉。弘農開附庸。羊腸連九阪。熊耳對雙峯。白石仙人芋。青林隱士松。北梁送孫楚。西堤別葛龔。故人倘書札。詩集作禮。黎陽土足封。○本集三。庾開府詩集上。詩紀百十五。

將命至鄴酬祖正員詩

我皇臨九有。聲教洎無隄。興文盛禮樂。偃武息詩集作自。氓類聚作民。黎。承乏驅騏驥。類聚作馬。旌旗類聚作旃。事琬珪。類聚作鼓鞞。詩紀云。一作旌旃事鼓鼙。古碑文字盡。荒城年代迷。被隴文瓜熟。交塍香穗低。投瓊實有慰。類聚作意。報李更無蹊。○本集三。類聚五十三。作酬祖正員詩。文苑英華二百九十六。庾開府詩集下。詩紀百十五。

將命至鄴詩

詩紀云。按本傳。信在梁爲通直散騎常侍。聘於東魏。文章辭令。甚爲鄴下所稱。

大國脩聘禮。親詩集作新。鄰自此敦。張旝本集作旃。初學記、文苑同。事原隰。負扆初學記作序。文苑作賓序。詩集同。報成言。西過犯風露。北指度轘轅。交歡值公子。展文苑作展。禮覿初學記作覿遇。詩紀作覿過。王孫。何以譽嘉樹。徒欣賦采蘩。四牢盈折俎。三獻滿初學記作盡。文苑、詩集同。罍樽。人臣無境外。何由初學記作曰。文苑、詩集同。欣此言。風俗既殊類聚作險。阻。山河不復論。無因旅南館。空欲祭廣文選作際。詩集作登。西門。眷然惟此別。夙初學記作風。文苑、詩集同。期幸共存。○本集三。類聚五十三。初學記二十。文苑英華二百九十六。庾開府詩集下。廣文選十。詩紀百十五。

入彭城館詩

襄君前建國。項氏昔稜威。鯢飛傷楚戰。鷄鳴悲漢圍。年詩集作世。詩紀云。一作世。代殊氓詩集作民。俗。風雲更盛衰。水流浮磬動。山喧雙翟詩集字缺。飛。夏餘花欲盡。秋近鷰將稀。槐庭垂緑穗。蓮浦落紅衣。徒知日云暮。不見舞雩詩集作雲。歸。〇本集三。文苑英華二百九十七。庾開府詩集下。詩紀百十五。又類聚二十七引威、圍、衰、飛、稀、衣六韵。

同州還詩

赤岸繞新村。青城臨綺門。范雎新入相。穰侯始出蕃。上林催獵響。河橋争渡喧。竄詩集作爨。雉飛橫澗。文苑誤作間。藏狐文苑作烏。入斷原。將軍高宴晚。來過青竹園。〇本集三。文苑英華二百八十九。庾開府詩集上。詩紀百十五。

從駕觀講詩集誤作降。武詩

校戰出長楊。兵欄入鬭場。置陣橫雲起。開營鴈翼張。門嫌磁石礙。馬畏鐵菱傷。龍淵觸文苑作出。牛斗。繁弱駭天狼。落星奔驥騄。浮雲上驌驦。急風吹戰鼓。高塵擁貝類聚作具。文苑同。裝。駭猿時落木。驚鴻屢斷行。樹寒條更直。山枯菊轉芳。詩集作香。詩紀云。一作香。豹詩集誤作伯。略推全勝。龍圖文苑云。一作韜。揖所長。小臣欣寓目。還知奉會昌。〇本集三。文苑英華二百九十九。又類聚五十九引場、張、驦、裝、行五韵。庾開府詩集上。詩紀百十五。

奉報趙王出師在道賜詩

上將出東平。先定下江兵。彎弓文苑作弧。詩紀云。一作弧。伏石動。振鼓沸文苑作拂。沙鳴。横海將軍號。長風駿詩集作駿。馬名。雨歇殘虹斷。雲歸文苑作偏。一鴈征。暗巖朝石濕。空山夜火明。低橋澗底渡。狹詩集作便。路花中行。錦車同建詩集作達。節。魚軒異泊文苑作伯榮。營。軍中女子氣。塞外夫人城。小人乖攝養。歧路阻逢迎。幾月芝田熟。何年金竈成。哀笳關塞曲。嘶馬別離聲。王子身爲寶。深思不倚衡。○本集三。文苑英華二百九十九。庾開府詩集上。詩紀百十五。

和趙王送峽中軍詩

樓船聊習戰。白羽試撝軍。山城對却月。岸陣文苑作陳。抵平雲。赤虵文苑作地。懸弩影。流星抱劍文。胡笳遥警夜。塞馬暗嘶羣。客行明月峽。猿聲不可聞。○本集三。文苑英華二百九十九作和趙王從軍。庾開府詩集上。詩紀百十五。

奉和趙王途中五韻詩

詩紀云。藝文云王褒作。庾集載此。疑誤收也。

飄飄映車幕。出没望連旗。度雲還翊陣。迴風即送師。峽路沙如月。山峰石似眉。村桃拂紅粉。岸柳被青絲。錦城遥可望。迴鞍念此時。○本集三。類聚二十七作王褒。庾開府詩集下。詩紀百十五。

侍從徐國公殿下軍行詩

八風占陣氣。六甲候兵韜。置府仍張幕。麾軍卽秉旄。長旗臨廣武。烽火照成皋。巡寒重挾纊。酌水勝單醪。陣後雲逾直。兵深星轉高。電飈驅龍馬。山精鏤寶刀。塞迥翻榆葉。關寒落鴈毛。既得從神武。何須念久勞。〇本集三。庾開府詩集上。詩紀百十五。

同盧記室從軍詩

河圖論陣氣。金匱辨星文。地中鳴鼓角。天上下將軍。函犀恆七屬。絡樂府作浴。鐵詩集作路鐵。本千羣。飛梯聊度絳。合弩暫凌汾。寇陣詩集作狂寇。先中斷。妖營卽兩分。連烽對嶺度。嘶馬隔河聞。箭飛如疾雨。城崩似壞雲。英王於此戰。何用武安君。〇本集二。文苑英華百九十九及樂府詩集三十二並作從軍行。庾開府詩集上。詩紀百十五。

伏聞遊獵詩

虞旗喜旦詩集作且。晴。獵馬向山横。石關魚貫上。山梁鴈翅本集誤作梁鴈翅山。行。雪平尋兔跡。林藂聽雉聲。馬嘶山谷響。弓寒桑柘鳴。聞弦鳥自落。望火獸空驚。無風樹卽正。不凍水還平。誰知茂陵下。願入雎陽城。〇本集三。庾開府詩集上。詩紀百十五。

見征客始還遇獵詩

貳師新受詔。長平正凱歸。猶言乘戰馬。未得解戎衣。上林遇逐獵。宜春暫合圍。漢帝熊猶憤。秦王雉更飛。故人迎借問。念舊始依依。河邊一片石。不復肯支機。○本集三。庚開府詩集上。詩紀百十五。

奉和闡弘二教應詔詩

五明教已設。三元法復開。魚山類聚作出。將鶴嶺。清梵兩邊來。香煙聚爲類聚作成。塔。花雨積成類聚作爲。臺。空心論佛性。貞類聚作真。詩集同。氣辨類聚作辯。仙才。露盤高掌滴。風烏平翅迴。無勞問詩紀云。一作訪。待詔。自識昆明灰。○本集三。庚開府詩集上。詩紀百十五。又類聚七十六作詠闡弘二教詩。引開、來、臺、才四韻。

至老子廟應詔詩

虛無推馭辨。本集作辯。文苑同。寥廓本乘蜺。三門臨苦縣。九井對靈谿類聚作溪。文苑、詩集同。盛本集作成。文苑、詩集同。丹須竹節。量藥用刀圭。石似臨邛芋。芝如封禪泥。䵷毛新鵠小。盤根古樹低。野戍孤煙起。春山百鳥啼。路有三千別。途經七聖迷。唯詩紀云。一作行。當別關吏。直向流沙西。○本集三。文苑英華百七十。庚開府詩集上。詩紀百十五。又類聚三十八作至老子廟詩。引溪、圭、西三韻。

奉和趙王遊仙詩

藏山還採藥。有道得從師。京兆陳安世。成都李意期。類聚作其。玉京傳相鶴。太乙授飛龜。白石香新芋。詩集誤作竿。青泥美熟芝。山精逢照鏡。樵客值圍棊。石紋如碎錦。藤苗似亂絲。蓬萊在何處。漢后欲遥祠。○

本集三。類聚七十八。初學記二十三。文苑英華二百二十五。庾開府詩集下。詩紀百十五。

奉和同泰寺浮圖詩詩紀云。和梁簡文帝。

岧岧文苑作苕苕。廣弘明集作迢迢。注云。三本、宮本作迢迢。凌太文苑云。一作泰。清。照殿比詩集作北。東京。長影臨雙闕。高層出九城。栱積行雲礙。幡摇度鳥驚。鳳文苑作花。注云。一作鳳。飛如始泊。文苑作落。注云。一作迴。詩集作落。蓮合廣弘明集云。元本作荅。似初生。輪重對月滿。鐸韻擬鸞聲。畫類聚、詩集誤作晝。水流全住。圖雲色半輕。文苑作行。注云。一作輕。詩紀云。一作行。詩集作玉行。又注。一作輕。露晚盤廣弘明集作泉。注云。明本作全。文苑作煙露晚。注云。一作露晚盤。詩集作烟露晚。猶滴。珠朝火文苑作史朝。更明。雖連博望苑。還接銀沙城。天香下桂殿。仙梵入伊笙。庶聞八解詩集作界。樂。文苑作同八界。注云。一作庶聞八解樂。方遺六塵情。〇本集三。類聚七十六。廣弘明集三十。文苑英華二百三十三。庾開府詩集下。詩紀百十五。

奉和法筵應詔詩

五城鄰北極。百雉壯西昆。本集作崑。鈎陳横複道。閶闔抵靈軒。千柱蓮花塔。由旬紫紺園。佛影胡人記。經文漢語翻。星窺朱鳥牖。雲宿鳳凰門。新禽解雜囀。春柳卧生根。早雷驚蟄户。流雪長河源。建始移交讓。徽音種合昏。風飛扇天辯。詩紀作辨。泉湧屬絲言。羈臣從散木。無以預中天。□□遥可望。終類仰鵾弦。〇本集三。庾開府詩集上。詩紀百十五。

和從駕登雲居寺塔詩集無此字。詩

重巒千仞塔。危磴類聚作隥。九層臺。石闕恒文苑作還。注云。一作常。逆上。山梁乍文苑作作。斗迴。堦類聚作尉。下雲峰出。窗前風洞開。隔類聚作顯。嶺鍾聲度。文苑作應。中天梵響來。平時欣侍從。於此暫文苑作共。徘徊。○本集三。文苑英華二百三十三作和周趙王遊雲居寺。庾開府詩集上。詩紀百十五。又類聚七十六引臺、開、來三韵。

和詩集和上有五言二字。何儀同講竟述懷詩

無名卽講道。有動定論機。初學記作參微。安經詩集作弦。讓禮席。正業理儒衣。似得遊焉趣。能同捨講歸。石渠人少初學記作未。歇。華陰市暫稀。秋雲低初學記作從。晚氣。短景側餘輝。螢排亂草出。鴈捨斷蘆飛。別有平陵逕。蕭條客詩集作容。鬢衰。饑噪空倉雀。寒驚懶婦機。實欣懷諫問。逢君理入微。○本集三。又初學記二十一引微、衣、歸、稀、輝、飛、衰、微八韵。庾開府詩集上。詩紀百十五。

奉和趙王隱士詩詩紀云。王褒同賦。

洛陽徵五隱。東都別二賢。雲氣浮函谷。星光集潁川。霸陵採樵路文苑、詩紀並云。一作徑。成都賣卜錢。鹿裘披稍裂。藜牀坐欲穿。阮籍唯文苑作推。長嘯。嵇康訝一文苑作下。弦。澗險無平石。山深足細泉。短類聚作低。文苑同。松猶百尺。文苑云。一作丈。少鶴已千年。野鳥繁弦囀。山花焰火然。洞風吹户裏。石乳滴窗前。雖無亭長識。終見野人傳。類聚作船。文苑同。○本集三。庾開府詩集下。詩紀百十五。又類聚三十六、文苑英華二百三十二並引賢、川、

錢、穿、絃、泉、年、然、船九韻。

經陳思王墓詩

公子獨憂生。丘壟擅餘名。採樵文苑作樵採。枯樹盡。犁田荒隧平。寧追宴文苑誤作晏。平樂。詎想謁承明。旦余來錫命。兼言事結成。飄飖河朔遠。颸飂颸風文苑作颸颸風郊。又注。颸一作飂。鳴。雁與雲俱陣。沙將蓬共驚。枯桑落古文苑云。一作故。社。寒鳥文苑作鴉。歸文苑云。一作思。孤城。隴水哀篋曲。漁陽慘鼓聲。離家來遠客。安得不傷情。○文苑英華三百六作庾肩吾。○逯按。此當是子山之作。説見肩吾此詩下。

北周詩卷三

庾信

擬詠懷詩二十七首

步兵未飲酒。中散未彈琴。索索無真氣。昏昏有俗類聚作欲。心。涸鮒常思水。驚飛詩集作羽。詩紀云。一作羽。每失林。風雲能變色。松竹且悲吟。類聚作暗。由來不得意。何必往長岑。○本集三。類聚二十六作詠懷詩。庾開府詩集上。詩紀百十六。

赭衣居傅巖。垂綸在渭川。乘舟能上月。飛幰欲捫天。誰知志不就。空有直如弦。洛陽蘇季子。連衡遂不連。既無六國印。翻思二頃田。○本集三。庾開府詩集上。詩紀百十六。

俎豆非所習。帷幄復無謀。不言班定遠。應爲萬里侯。燕客思遼水。秦人望隴頭。倡家遭强娉。本集作聘。質子值仍留。自憐才智盡。空傷年鬢秋。○同上

楚材稱晉用。秦臣卽趙冠。離宫延子産。羈旅接陳完。寓衞非所寓。安齊獨未安。雪泣悲去魯。悽然憶相韓。唯彼窮途詩集作達。慟。知余行路難。○同上

惟忠且惟孝。爲子復爲臣。一朝人事盡。身名不足親。吴起常本集作嘗。辭魏。韓非遂入秦。壯情已消歇。雄

圖不復申。移住華陰下。終爲關外人。○同上

疇昔國士遇。生平知己恩。直言珠本集作殊。可吐。寧知炭可類聚作欲。詩紀云。一作欲。吞。一顧重尺璧。千金輕一言。悲傷劉孺子。悽愴史皇孫。無因同武騎。歸守灞陵園。○本集三。類聚二十六。庚開府詩集上。詩紀百十六。

榆關斷音信。漢使絶經過。胡笳落淚曲。羌笛斷腸歌。纖詩集詩紀作孅。腰減束素。別淚損橫波。恨心終不歇。紅顔無復多。枯木期填海。青山望斷河。○本集三。庚開府詩集上。詩紀百十六。

白馬向清波。乘冰始渡河。置兵須近水。移營喜竈多。長坂初垂翼。鴻溝遂倒戈。的顱於此去。虞兮奈若何。空營衞青塚。徒聽田橫歌。○同上

北臨玄菟郡。南戍朱鳶城。共此無期別。俱知萬里情。昔嘗遊令尹。今時事客卿。不特貧謝富。安知死羨生。懷秋獨悲此。平生何謂平。○同上

悲歌度燕詩紀云。一作易。水。弭節出陽關。李陵從此去。荆卿不復還。故人形影滅。音書兩俱絶。遥看塞北雲。懸想關詩紀云。一作天。山雪。遊子河梁上。應將蘇武別。○同上

摇落秋爲氣。淒凉多怨情。啼枯湘水竹。哭壞杞梁城。天亡遭憒戰。日蹙值愁詩集作然。兵。直虹朝映壘。長星夜落營。楚歌饒恨曲。南風多死聲。眼前一杯酒。誰論身後名。○同上

周王逢鄭忿。楚后值秦寃。梯衝已鶴列。冀馬忽雲屯。武安檐瓦振。昆陽猛獸奔。流星夕照鏡。類聚作境。詩集同。烽火夜燒原。古獄饒寃氣。空亭多枉魂。天道或可問。微兮類聚作子。不忍言。○本集三。類聚二十六。庚開府詩集上。詩紀百十六。

橫流遘屯慝。上墋結重氛。哭市聞妖獸。頹山起怪雲。緑林多散卒。清波有敗軍。智士今安用。忠臣且未聞。惜無萬金産。東求滄海君。○本集三。庾開府詩集上。詩紀百十六。

吉士長爲吉。善人終日善。大道忽云乖。生民隨事蹇。有情何可豁。忘懷固難遣。麟窮季氏罝。虎振周王圈。平生幾種意。一旦銜風卷。○同上

六國始咆哮。縱横未定交。欲競連城玉。翻徵縮酒茅。折骸猶换子。登爨已懸巢。壯冰詩紀云。一作水。初開地。盲風正折膠。輕雲飄馬足。明月動弓弰。詩集作梢。楚師正圍鞏。秦兵未下崤。始知千載内。無復有申包。○同上

横石三五片。長松一兩株。對君俗人眼。真興理當無。野老披荷葉。家童掃栗跗。竹林千户封。甘橘詩集作樹。萬頭奴。君見愚公谷。真言此谷愚。○同上

日晚荒城上。蒼茫餘落暉。都護樓蘭返。將軍疎勒歸。馬有風塵氣。人多關塞衣。陣雲平不動。秋蓬卷欲飛。聞道樓船戰。今年不解圍。○同上

尋思萬户侯。中夜忽然詩集作聲。愁。琴聲遍屋裏。書卷滿牀頭。雖言夢蝴蝶。定自非莊周。殘月如初月。新秋似舊秋。露泣連珠下。螢飄碎火流。樂天乃知命。何時能不憂。○同上

憒憒天公曉。精神殊乏少。一郡催曙雞。數處驚眠鳥。其覺詩集、詩紀誤作學。乃于于。其憂惟悄悄。張儀稱行薄。管仲稱器小。天下有情人。居然性靈夭。○同上

在死猶可忍。爲辱豈不寬。古人持此性。遂有不能安。其面雖可熱。其心長自寒。匣中取明鏡。披圖自照

看。幸無侵餓理。差有詩集作不。犯兵欄。擁節時驅傳。乘亭不據鞍。代郡蓬初轉。遼陽桑欲乾。秋雲粉絮結。白露水銀團。一思探禹穴。無用鏖皐蘭。〇同上

倏忽市朝變。蒼茫人事非。避讒應采葛。忘情遂食薇。懷愁正摇落。中心愴有違。獨憐生意盡。空驚槐樹衰。〇同上

日色臨平樂。風光滿上蘭。南國美人去。東家棗樹完。抱松傷別鶴。向鏡絶孤鸞。不言登隴首。唯得望長安。〇同上

闢麟能食日。戰水定驚龍。鼓鞞喧七萃。風塵亂九重。鼎湖去無返。蒼梧悲不從。徒勞銅雀妓。遥望西陵松。〇同上

無悶無不悶。有待何可待。昏昏如坐霧。漫漫疑行海。千年水未清。一代人先改。昔日類聚作説。東陵侯。唯見瓜園在。〇本集三。類聚二十六。庾開府詩集上。詩紀百十六。

懷抱獨惛惛。平生何所論。由來千種意。併是桃花源。穀皮兩書帙。壺盧一酒樽。自知費天下。也復何足言。同上

蕭條亭障遠。悽慘類聚作愴。風塵多。關門臨白狄。詩集作社。城影入黄河。秋風別蘇武。寒水送荆軻。誰言氣蓋世。詩集作梗邑。文鏡秘府作代。晨起帳中歌。〇本集三。類聚二十六。庾開府詩集上。詩紀百十六。又文鏡秘府論引歌一韵。

被甲陽雲臺。重雲久未開。鷄鳴楚地盡。鶴唳秦軍來。羅梁猶下礌。楊排久飛灰。出門車軸折。吾王不復回。〇本集三。庾開府詩集上。詩紀百十六。

和張侍中述懷詩

陽窮乃悔吝。世季誠屯剥。奔河詩集作波。絶地維。折柱傾天角。成羣海水飛。如雨天星落。負鍤遂移山。藏舟終去壑。生民忽已魚。君子徒爲鶴。疇昔逢知己。生平荷恩渥。故組竟無聞。程嬰空寂寞。永嘉獨流寓。中原惟本集作唯。詩集同。鼎鑊。道險卧樚櫨。身危累素殼。漂流從木梗。風卷隨秋籜。張翰不歸吴。陸機猶在洛。漢陽錢遂盡。長安米空索。時占季主龜。乍販韓康藥。伏轅終入絆。垂翅猶離繳。徒懷琬琰心。空守黄金諾。虢鄶終無寄。齊秦竟何託。大夫唯閔詩集作誰門。周。君子常思亳。寂寥共羈旅。蕭條同負郭。農談止穀稼。野膳唯藜藿。操樂楚琴悲。詩紀云。集作澁。忘詩集作亡。憂魯酒薄。渭濱觀坐釣。谷口看秋穫。唯有丘明恥。無復榮期樂。夷則火星流。天根秋水涸。冬嚴日不煖。歲晚風多朔。詩集誤作翔。楊浮有怪雲。細凌聞災雹。木皮三寸厚。涇泥五斗濁。雖忻曲轅樹。猶懼雕陵鵲。生涯實有始。詩集作殆。天道終虛橐。且悦善人交。無疑朋友數。何時得雲雨。復見翔寥廓。詩集作郭。○本集三。庾開府詩集上。詩紀百十六。

奉和示内人詩

燃香鬱金屋。吹管鳳凰臺。春朝迎雨去。秋夜隔河來。聽歌雲卽斷。聞琴鶴倒回。春窗刻鳳下。寒壁畫花開。定取流霞氣。時添承露杯。○本集三。庾開府詩集上。詩紀百十六。

奉和趙王美人春日詩

直將劉碧玉。來過陰麗華。秖言滿屋裏。併作一園花。新藤亂上格。春水漫吹沙。步摇釵梁動。紅輪被本集、文苑作輪帔。詩集、詩紀並云。一作輪帔。角斜。今年逐春處。先向石崇家。○本集三。文苑英華二百十三。庾開府詩集上。詩紀百十六。

奉和趙王春日詩

城傍金谷苑。園裏鳳凰池。細管調歌曲。長衫教舞兒。向人長曼詩集、詩紀並作眼。臉。由來薄面皮。梅花絶解作。樹葉本能吹。香煙龍口出。蓮子帳心垂。莫畏無春酒。須花但見隨。○本集三。庾開府詩集下。詩紀百十六。

夢入堂内詩

雕梁舊刻杏。本集誤作杳。香壁本泥椒。幔繩金麥穗。簾鈎銀蒜條。畫眉千度拭。梳頭百遍撩。小衫裁裹臂。纏絃搯抱腰。日光釵焰動。窗影鏡花摇。歌曲風吹韻。笙簧火炙調。即今本集誤作金。須戲去。誰復待明朝。○本集三。庾開府詩集上。詩紀百十六。

和詠舞詩詩紀云。梁簡文有詠舞詩。

洞房花燭明。燕餘雙舞輕。頓履隨疎類聚作疎隨。節。低鬟逐上聲。步玉臺作半。文苑同。初學記作伴。詩集同。又注云。

類聚作步。轉行初進。衫飄玉臺作飄衫。曲未成。鸞迴玉臺作回鸞。鏡欲滿。鶴玉臺作鵠。顧市應傾。已曾天上學。詎是玉臺作似。詩集作見。世中生。○本集三。玉臺新詠八。類聚四十三及初學記十五作詠舞詩。文苑英華二百十三作舞應令。庚開府詩集下作舞。詩紀百十六。

夜聽擣衣詩

秋夜擣類聚作擣。衣聲。飛度長門城。今夜長門月。應如晝日明。小鬟宜粟詩集作粟。瑱類聚作鎮。圓腰運織成。秋砧調急節。亂杵變新聲。石燥砧逾響。桐虛杵絶鳴。鳴石出華陰。虛桐採鳳林。北堂細腰杵。南市詩集作帝。女郎砧。擊節無勞鼓。調聲不用琴。並結連枝類聚作支。縷。雙穿長命針。倡樓驚別怨。征客動愁心。同心竹葉椀。雙去雙來滿。裙裾不奈長。衫袖偏宜短。龍文鏤剪刀。鳳翼纏篸管。風流響和韻。哀怨聲悽斷。新聲繞夜風。嬌轉滿空中。應聞長樂殿。判徹昭陽宮。花鬟醉眼纈。龍子細文紅。濕摺通夕露。吹衣一夜風。玉堦風轉急。長城雪應闇。新綬始欲縫。細錦行須纂。聲煩廣陵散。杵急漁陽摻。新月動金波。秋雲泛濫過。誰憐征戍客。今夜在交河。栩陽詩集作羽觴。詩紀云。一作羽觴。離別賦。臨江愁思歌。復令悲此詩集此下衍中字。曲。紅顔餘幾多。○本集三。庚開府詩集上。詩紀百十六。又類聚六十七引城、明、成、聲、鳴、陰、林、砧、針、心十韻。

預麟趾殿校書和劉儀同詩

止戈興禮樂。修文盛典謨。壁開金石篆。河浮雲霧圖。芸香上延閣。碑石向鴻都。誦書徵博士。明經拜大夫。璧文苑或作壁。池寒水落。學市文苑或作樹。舊槐疎。文苑作枯。詩集同。高譚初學記作談。文苑同。變白馬。雄辯文苑誤作辨。塞飛狐。月落將軍樹。風驚御史烏。子雲猶初學記作方。汗簡。温舒正削蒲。連文苑或作蓮。雲雖有閣。終欲文苑或作歎。想江湖。○本集三。初學記十二。文苑英華二百四十作和劉儀同。文苑英華三百十一。庚開府詩集上。詩紀百十六。

和宇文内史入重陽閣詩

北原風雨散。南宫容衞疎。待詔還金馬。儒林歸石渠。徒懸仁壽鏡。空聚茂陵書。竹淚垂秋筍。蓮衣落夏蕖。顧成詩集作城。始移廟。陽陵正徙文苑作徒。居。舊蘭憔悴長。殘花爛熳舒。别有昭陽殿。長悲故詩紀云。一作班。婕妤。○本集三。文苑英華三百十四作登宇文内史入重陽閣。庚開府詩集上。詩紀百十六。

忝在司水看治渭橋詩

大夫參下位。司職渭之陽。富平移鐵鏁。詩紀云。一作鏁柱。甘泉運石梁。跨虹連絶岸。浮黿續斷航。春洲鸚鵡色。流水桃花香。星精逢漢帝。釣叟值周王。平隄石岸直。高堰柳陰長。羡詩集作美。言杜元凱。河橋獨舉觴。○本集三。初學記七。又類聚九作看治渭橋詩。引陽、梁、航、香四韻。庚開府詩集上。詩紀百十六。

北園新齋成應趙王教詩

虹粉本集、詩集作粉。文苑作扮。跂鳥翼。山節拱文苑作共。蘭枝。畫梁雲氣繞。彫窗玉女窺。月懸唯返照。蓮開長倒垂。盤根紐文集作細。壞石。行雨暴澆池。長藤連格徙。高樹帶巢移。鳥聲唯雜曲。花風直亂吹。白虎題書觀。玄熊帖射皮。文弦入舞曲。月扇掩歌兒。玉節調笙管。金船代酒卮。若論曹子建。天人本共知。○本集三。文苑英華百七十九作北園新齋成應教。庚開府詩集上。詩紀百十六。

同會河陽公新造山池聊得寓目詩

横階仍鑿澗。對户即連峯。暗石疑藏虎。盤根似卧龍。沙洲聚亂荻。洞口礙横松。引泉恒數派。開巖即十重。北閣聞吹管。南鄰聽擊鍾。菊寒花正合。杯香酒絶濃。由來魏公子。今日始相逢。○本集三。文苑英華百六十五作同會河陽公新造暗山池聊得寓目。庚開府詩集上。詩紀百十六。

登州中新閣詩

跨虚凌倒景。連雲跙文苑作拒。少陽。璇極龍鱗上。雕甍鵬翅張。千尋文杏照。十里木蘭香。開窻詩集作堂。對高掌。平坐望河梁。歌響聞長文苑作開天。樂。鍾聲徹建章。賦用王延壽。書須韋仲將。龍來隨畫壁。風起逐吹簫。石作芙蓉本集作容。影。池如明鏡光。花梁反披葉。蓮井倒垂房。徒然思鶩賀。無以預鷗翔。○本集三。文苑英華三百十四。庚開府詩集上。詩紀百十六。

歲晚出橫門詩

年華改歲陰。遊客喜登臨。據鞍垂玉帖。橫腰帶錦心。冰弱浮橋没。沙虚馬跡深。倚弓依石岸。回牀向柳陰。智瓊來勸酒。文君過聽琴。明朝雲雨散。何處更相尋。○本集三。庚開府詩集上。詩紀百十六。

北園射堂新成詩

軒臺聊可習。仙的不難登。轉箭初調筈。類聚作辭竿。横弓先望堋。驚心一鴈落。連臂兩猿騰。直知王濟巧。誰覺魏舒能。空心不死樹。無葉未枯藤。擇賢方至本集作知。此。傳巵欣得朋。○本集三。類聚七十四。庚開府詩集上。詩紀百十六。

七夕詩

牽牛遥映水。織女正登車。星橋通漢使。機石逐仙槎。隔河相望近。經秋離別賒。愁將今夕恨。復著明年花。○玉臺新詠八。古今歲時雜詠二十五佚作者名。

園庭詩

杖鄉從物外。養學事閑郊。窮愁方汗簡。無遇始觀爻。谷寒已吹律。簷空更剪茆。樵隱恒同路。人禽或對巢。水蒲開晚結。風竹解寒苞。古槐時變火。枯楓乍落膠。倒屣迎懸榻。停琴聽解嘲。香螺酌美酒。枯蚌藉蘭殽。飛魚時觸釣。翳雉屢懸庖。但使相知厚。當能來結交。○本集四。庾開府詩集上。詩紀百十六。

歸田詩

務農勤九穀。歸來嘉一廛。穿渠移水碓。燒棘起山田。樹陰逢歇馬。魚潭見酒詩集作洒。船。苦李無人摘。秋瓜不直錢。社雞新欲伏。原蠶始更眠。今日張平子。翻爲人所憐。○本集四。庾開府詩集上。詩紀百十六。

寒園卽目詩

寒園星散居。詩集作後。搖詩紀作遥。落小村墟。遊仙半壁畫。隱士一牀書。子月泉心動。陽爻地氣舒。雪花深數尺。冰牀厚尺餘。蒼鷹斜望雉。白鷺下看魚。更想東都外。羣公別二疏。○本集四。庾開府詩集上。詩紀百十六。

幽居值春詩

山人久陸沈。幽逕忽春臨。詩集作心。決渠移水碓。開園詩集作窻。掃竹林。欹橋久半斷。崩岸始邪侵。短歌吹細笛。低聲泛古琴。錢刀不相及。耕種且須深。長門一紙賦。何處覓黄金。○本集四。庾開府詩集上。詩紀百十六。

卧疾窮愁詩

危慮風霜積。窮愁歲月侵。留蛇常疾首。映弩屢驚心。稚川求藥録。君平問卜林。野老時相訪。山僧或見尋。有菊翻無酒。無弦則有琴。詎知長抱膝。獨爲梁父吟。○本集四。庚開府詩集上。詩紀百十六。

山齋詩

寂寥尋静室。蒙密就山齋。滴瀝泉澆文苑作遶。注云。一作澆。路。穹窿石卧階。淺槎全不動。盤根唯半埋。圓珠墜晚菊。細火落空槐。直置風雲慘。彌憐心事乖。○本集四。文苑英華三百十七。庚開府詩集上。詩紀百十六。

望野詩

試策千金馬。來登五丈原。有城仍舊縣。無樹即新村。水向蘭池泊。日斜細柳園。洄渚通沙路。寒渠塞水門。但得風雲賞。何須人事論。○本集四。庚開府詩集上。詩紀百十六。

蒙賜酒詩

金膏下帝臺。玉曆在蓬萊。仙人一遇飲。分得兩三杯。忽聞草堂詩箋作逢。桑葉落。正值菊花開。阮籍披衣進。王戎含笑來。從今覓仙藥。不假向瑶臺。○本集四。庚開府詩集下。詩紀百十六。又草堂詩八九日詩注作庚信詩。引開一韻。

奉報趙王惠酒詩詩紀云。一作奉報賜酒。

梁王脩竹園。冠蓋風塵喧。行人忽枉道。直進桃花源。稚子還羞出。驚妻倒閉類聚作閇。古通。門。始聞傳上命。定是賜中樽。野鑪然樹葉。山杯捧竹根。風池還更煖。寒谷遂長暄。未知稻粱鴈。何時能報類聚作報君。恩。○本集四。類聚七十二。庾開府詩集上作春報賜酒。詩紀百十六。

有喜致醉詩

忽見庭生玉。聊欣蚌出珠。蘭芬猶載寢。蓬箭始懸弧。既喜枚詩集作梅。都尉。能歡陵大夫。頻朝中散客。連日步兵厨。雜曲隨琴用。殘花聽酒須。脆梨裁數實。甘查詩集作柤。唯一株。兀然已復醉。搖頭歌鳳雛。○本集四。庾開府詩集上。詩紀百十六。

喜晴應詔勑自疏韻詩

御辯文苑作辨。誠膺籙。維皇稱有建。雷澤昔經文苑作緝。漁。負夏時從販。柏梁驂駟馬。高陵馳六傳。有序屬賓連。無私表平文苑作中。憲。河堤崩故柳。秋水高新堰。心齋愍昏墊。樂徹憐胥怨。禪河秉高論。法輪開勝辯。文苑此二句顛倒。又辯作辨。王城水鬬文苑誤作闕。息。洛浦河圖獻。伏泉還習坎。歸風已回巽。桐枝長舊圍。蒲節抽新寸。山藪欣藏疾。幽棲得無悶。有慶兆民同。論年天子萬。○本集四。文苑英華百七十。庾開府詩集上。詩紀百十六。

同顔大夫初晴詩

夕陽含水氣。反景照河詩集作移。隄。濕花飛未詩集作來。遠。陰雲斂向初學記作尚。萬花谷同。低。燕燥萬花谷作噪。還爲石。龍殘更類聚作便。萬花谷同。是泥。香泉酌冷澗。小艇釣蓮溪。但使心齊物。何愁物不齊。○本集四。庚開府詩集上。詩紀百十六。又類聚二、初學記二、萬花谷二俱作初晴詩。引低、泥二韻。

奉和趙王喜雨詩

玄霓臨日谷。封蟻對雲臺。投壺類聚作地。馮校作臺。欲起電。倚柱稍詩集作欲。驚雷。白沙如濕粉。蓮花類洗類聚作玉。杯。驚烏類聚作鳥。洒翼度。濕詩集作度。鴈斷行來。浮橋七星起。高堰六門開。猶言祀蜀帝。卽似望荆臺。厥田終上上。原野自莓莓。○本集四。庚開府詩集下。詩紀百十六。又類聚二作和趙王喜雨詩。引臺、雷、杯、來、開、莓六韻。

和李司詩集無司字。録喜雨詩

純陽實久亢。雲漢乃詩集作仍。昭回。臨河詩集作池。沈璧玉。夾道畫龍媒。離光初繞電。震氣始乘詩集作成。雷。海童還碣詩集誤作竭。石。神女向陽臺。雲逐魚鱗起。渠隨本集作從。龍骨開。崩沙雜水去。卧樹擁槎來。嘉苗文苑作禾。雙合穎。熟稻再含胎。屬此欣膏露。逢君摛掞才。愧乏文苑作之。注云。疑作乏。瓊將玖。詩集作將瓊玖。無酬美且偲。○本集四。文苑英華百五十三。庾開府詩集上。詩紀百十六。文類聚二作喜雨詩。引雷、開、來、胎四韻。

郊行值雪詩

風雲俱慘慘。原野共茫茫。雪花開六出。冰珠映九光。詩集作荒。還如驅玉馬。暫似獵銀獐。陣雲全不動。寒山無物香。薛君一狐白。唐侯兩驌驦。寒關日欲暮。披雪渡河梁。○本集四。庾開府詩集上。詩紀百十六。

奉和趙王西京路春旦詩

直城龍首抗。橫橋天漢分。風烏疑近日。露掌定高雲。新渠還入渭。舊鼎更開汾。漢獵熊攀詩集作扳。檻。秦田雉失羣。宜年動春律。御宿斂寒氛。弄玉迎簫史。東方覓細君。楊柳成歌曲。蒲桃學繡文。鳥文苑作烏。鳴還獨解。花開詩集作開花。先自薰。誰知灞陵下。猶有故將軍。○本集四。文苑英華百五十七。庾開府詩集上。詩紀百十六。

奉和夏日應令詩

朱文苑作珠。簾捲麗文苑作嚴。日。翠幕蔽重陽。五月炎蒸氣。初學記氣蒸。三時刻漏長。麥隨風裏熟。詩集誤作熱。梅逐雨中黃。開冰帶井水。和粉雜生香。衫含蕉葉氣。扇動竹花文苑作風。涼。早菱生軟角。初蓮開細房。願陪仙鶴舉。洛浦聽笙簧。○本集四。初學記三。文苑英華百七十九作庾亮。詩紀百十六。

和樂儀同苦熱詩

火井沈熒散。炎洲高燄通。鞭石未成雨。鳴鳶不起風。思爲鸞翼扇。願借明光文苑作光明。宫。臨淄迎子禮。中散就安豐。美酒含文苑作合。注云。一作含。蘭氣。甘瓜開蜜筩。寂寥人事屏。還得隱牆東。○本集四。文苑英華二百十作苦熱和樂儀同。樂府詩集六十五作苦熱行。庚開府詩集上。詩紀百十六。

和裴儀同秋日詩

蕭條依白社。寂寞似東皐。學異南宫敬。貧同北郭騷。蒙吏觀秋水。萊妻紡落毛。旅人嗟歲暮。田家厭作勞。霜天林木燥。秋氣風雲高。栖遑終不定。方欲涕沾袍。○本集四。庚開府詩集上。詩紀百十六。

詠園花詩

暫往春園傍。聊過看果行。枝繁類金谷。花雜映河陽。自紅無假染。真白不須粧。燕送歸菱井。蜂銜上蜜房。非是金鑪氣。何關柏殿香。裛衣偏定好。應持奉魏王。○本集四。類聚八十八。詩紀百十六。

西門豹廟詩

君子爲利博。達人樹德深。蘋藻由斯薦。樵蘇幸未侵。恭聞正臣類聚作直。詩紀云。一作直。祀。良識佩韋心。容範雖年代。徽猷若可尋。菊花隨酒馥。槐影向窗臨。鶴飛疑逐舞。魚驚似聽琴。漳流鳴磴石。銅雀文苑作爵。影秋林。○本集四。類聚三十八。文苑英華三百二十。庾開府詩集下。詩紀百十六。

和王少保遥傷周處士詩

冥漠爾遊岱。悽涼余向秦。雖言異生死。同是不歸人。昔余仕詩集作任。冠蓋。值子避風塵。望氣求真隱。伺詩集作俟。闕待逸民。忽聞泉石友。芝桂不防身。悵然張仲蔚。悲哉鄭子真。三山猶有鶴。五柳更應春。遂令從渭水。投弔類聚作釣。詩集文苑同。往江濱。○本集四。類聚三十四作傷周處士。文苑英華三百一。庾開府詩集上。詩紀百十六。

傷王司徒褒詩

昔聞王子晉。輕舉逐神仙。謂言君積善。還得嗣前賢。四海皆流寓。非爲獨播遷。豈意中台坼。文苑作裂。君當風燭前。自文苑作王。君鍾鼎族。江東詩紀云。集作南。三百年。寶刀仍世載。琱戈本舊傳。緑紱文苑作緌。紆槐綬。黄金飾侍蟬。地建忠臣國。家開孝子泉。自能枯木潤。足得流水圓。以君文苑作蒼□。承祖武。諸侯無間然。青衿已對日。童子即論天。潁文苑作顥。陰珠玉麗。河陽脂粉妍。名高六國共。價重十城連。辯足觀秋水。文堪題馬鞭。迴鸞抱書字。文苑誤作别。别文苑誤作字。鶴繞文苑作沈。琴弦。擁旄詩集作麾。裁甸服。垂帷詩集誤作維。非被邊。静亭空繫文苑作擊。詩集同。馬。閑烽直起煙。不廢文苑作發。披書案。無妨坐釣文苑誤作鈎。船。茂陵忽多文苑作移。病。淮陽實未痊。侍醫逾默默。神理遂綿綿。永別張平子。長埋王仲宣。柏谷移松樹。陽陵買墓田。陝路秋風起。寒堂已颯焉。丘楊一摇落。山火即時燃。昔爲人所羡。今爲人所憐。世途旦復旦。文苑作且或且。人情玄又玄。故人傷此別。留恨滿秦川。定名文苑作若。於此定。全德以斯全。唯有山陽笛。悽余文苑作餘。思舊篇。○本集四。文苑英華三百二。庾開府詩集上。詩紀百十六。

仰和何僕射還宅懷故詩

紫閣旦詩集作思。朝罷。中臺夕玉臺作文。詩集同。奏稀。無復千金笑。徒勞五日歸。步檐朝未掃。蘭房晝掩扉。落生理曲處。網積回文機。故瑟餘絃斷。歌梁秋燕飛。朝雲雖可望。夜帳定難依。願憑甘露入。方假慧燈輝。寧知洛城晚。還淚獨沾衣。○本集四。玉臺新詠八。庾開府詩集下。詩紀百十六。

送炅法師葬詩

龍泉今日掩。石洞即時封。玉匣摧談柄。懸河初學記作浮。落辯初學記作辨。鋒。香爐猶是柏。麈尾更成松。郭門未十里。山迴已數重。尚聞香閣梵。猶聽竹林鍾。送客風塵擁。寒郊霜露濃。性靈如不滅。詩集作滅。神理定何從。○本集四。初學記十四。文苑英華三百五作送靈法師葬。庾開府詩集下。詩紀百十六。

北周詩卷四

庾信

和人日晚景宴昆明池詩

春餘歲時雜詠、文苑作餘春。詩集同。詩紀云。一作餘春。足光景。趙李舊經過。上林柳類聚作棗。詩集、文苑同。腰細。新豐酒徑類聚、歲時雜詠、詩集作泛。詩紀云。一作泛。多。小船行釣鯉。新盤待摘文苑作滴。荷。蘭皐徒税駕。何處有凌波。○本集五。類聚九作晚譙昆明池。古今歲時雜詠五。文苑英華百六十四。庾開府詩集上。詩紀百十七。

對宴齊使詩

歸軒下賓館。送蓋出河堤。酒正離杯促。歌工別曲悽。林寒木皮厚。沙迥詩集作迴。鴈飛低。故人儻相訪。知余已執珪。○本集五。文苑英華二百九十六。庾開府詩集上。詩紀百十七。

聘齊秋晚館中飲文苑誤作丞。酒詩

欣兹河朔飲。對此洛陽才。殘秋欲屏扇。餘菊尚浮杯。漳流鳴二水。日色下三臺。無因侍清夜。同此月徘徊。○本集五。文苑英華二百九十七。庾開府詩集下。詩紀百十七。

奉和濬池初成清晨臨泛詩

千金高堰合。百頃浚詩集作淩。源開。翻逢積翠類聚、文苑、詩集並作草。詩紀云。一作草。浪。更識昆文苑作崑。明灰。猿類聚作虎。嘯風還急。雞鳴潮卽來。時看青雀舫。遥逐桂類聚作貴。舟詩紀云。一作洲。文苑、詩集作貴洲。迴。○本集五。類聚九作奉和初濬池成清晨臨泛詩。文苑英華百六十五。庾開府詩集下。詩紀百十七。

和炅法師遊昆明池詩二首

遊客重相懽、連鑣出上蘭。值泉傾蓋飲。逢花駐文苑作住。馬看。平湖泛玉舳。高堰歇金鞍。半道聞荷氣。中流覺水寒。○本集五。文苑英華百六十四。庾開府詩集上。

秋光麗晚初學記作曉。天。鷁舸泛中川。密菱障浴鳥。高荷没詩集作浸。文苑作投。釣船。碎珠文苑作硃。縈斷菊。殘絲繞折蓮。落花催斗本集作十。詩集、文苑同。詩紀云。一作十。酒。棲烏文苑作鳥。送一絃。○本集五。初學記七。文苑英華百六十四。庾開府詩集上。詩紀百十七。

見遊春人詩

長安有狹斜。金穴盛豪華。連盃勸上馬。亂菓擲行車。深紅蓮子艷。細錦鳳凰花。那能學嘆酒。無處似樂巴。○本集五。庾開府詩集上。詩紀百十七。

别周尚書弘正詩

扶風石橋文苑作天柱。注云。一作石橋。北。函谷故關前。此中一分手。相逢知幾年。黄鵠一本集、詩集作遂。文苑同。反顧。徘徊文苑云。一作戀。應類聚作戀。愴然。自知悲不已。徒勞減瑟絃。○本集五作别周處士弘正。類聚二十九作别周弘王詩。文苑英華二百三十作别周處士弘正。注云。處士一作尚書。庾開府詩集上。詩紀百十七。

别張洗馬樞詩

别席慘無言。離悲兩相顧。君登蘇武橋。我見楊朱路。關山負雪行。河水乘冰渡。願子著朱鳶。知余在玄菟。○本集五。文苑英華二百六十六。庾開府詩集上。詩紀百十七。

别庾七入蜀詩

峻嶺拂陽烏。長城連蜀都。石銘懸劍壁。沙洲聚陣圖。山長半股斷。樹古半心枯。由來兄弟别。共念一荆株。○本集五。庾開府詩集上。

將命使北始渡瓜步江詩

校尉始辭國。樓船欲渡河。輶軒臨磧岸。旌節映江沱。觀濤想帷蓋。争長憶干戈。雖同燕市泣。猶聽趙津歌。○本集五。類聚二十七。詩紀百十七。

反命河朔始入武州詩

輕車初逐李。定遠未隨班。受詔祈連返。申威疎勒還。飛蓬損腰帶。秋鬢落容顔。寄言舊相識。知余生入關。○本集五。類聚二十七。詩紀百十七。

冬狩行四韻連句應詔詩

三川羽檄馳。六郡良家選。觀兵細柳城。校獵長楊苑。驚雉逐鷹飛。騰猿看箭轉。鳴笳河曲還。猶憶南皮返。○本集五。庚開府詩集七。詩紀百十七。

和王内史從駕狩詩

冬狩出離宫。還過獵武功。澗横偏礙馬。山虚絶響弓。更羸承落鴈。韓盧闘埶熊。猶開三面網。誰肯一山重。○本集五。庚開府詩集上。詩紀百十七。

入道士館詩

金華開八景。玉洞上三危。雲袍白鶴度。風管鳳凰吹。野衣縫蕙葉。山巾篸筍皮。何必淮南館。淹留攀桂枝。○本集五。文苑英華二百二十六。庾開府詩集上。詩紀百十七。

奉和永豐殿下言志詩十首

立德齊今古。資仁一毀譽。無機抱甕汲。有道帶經鋤。處下唯名惠。能言本姓蘧。未論驚寵辱。安知係慘舒。○本集五。庾開府詩集上。詩紀百十七。

王子從邊服。臨邛惜第如。星橋擁冠蓋。錦水照簪裾。論文報潘岳。詠史答應璩。帳幕參三顧。風流盛七輿。○同上

茫茫實宇宙。與善定馮虛。大夫傷魯道。君子念殷墟。程卿既開國。安平遂徙居。詎能從小隱。終然詩集作能。遊太初。○同上

直城風日美。平陵雲霧除。來往金張館。弦歌許史閭。鳳臺迎弄玉。河陽送婕妤。五馬遙相問。雙童來夾車。○同上

託情忻六學。遊目愛三餘。覆局能懸記。看碑解暗疏。詎嘗遊魏冉。那時説范雎。池水朝含墨。流螢夜聚書。○同上

興雲榆莢晚。燒薙杏花初。滮池侵黍稷。谷水播菑畬。六月蟬鳴稻。千金龍骨渠。含風摇古度。防露動林於。詩紀云。古度。樹名。見吴都賦。林於。竹名。越女試劍竹也。見戴慶豫竹譜。又曰。上密防露。下疎來風。○同上

自憐循短綆。方欲問長沮。茂陵體猶瘠。淮陽疾未祛。翻疑承毒水。忽似遇昌菹。漢陽嗟欲盡。咎繇懼忽

諸。○同上

弱齡參顧問。疇昔濫吹噓。綠槐垂學市。長楊映直廬。連盟翻滅鄭。仁義反亡徐。還思建鄴水。終憶武昌魚。○同上

崩堤壓故柳。衰社卧寒樗。野鶴能自獵。江鷗解獨漁。漢陰逢荷篠。緇詩集作繡。林見杖拏。詩集作藜。阮籍長思酒。嵇康懶著書。○同上

披林求木實。拂雪就園蔬。濁醪非鶴髓。蘭肴異蟹蛆。本集作胥。詩紀云。一作胥。野情風月曠。山心人事疏。徒知守瓴甓。詩集作甓瓴。空欲報璠璵。○同上

率爾成詠詩

昔日詩集作爲。謝安石。求爲淮海人。彷彿新亭岸。猶言洛水濱。南冠今別楚。荆玉遂遊秦。倘使如楊僕。寧爲關外人。○本集五。庾開府詩集上。詩紀百十七。

慨然成詠詩

新春光景麗。遊子離別情。交讓未全死。梧桐唯半生。值熱花無氣。逢風水不平。寶雞雖有祀。何時能更鳴。○本集五。庾開府詩集上。詩紀百十七。

奉和賜曹詩集作曾。美人詩

月光如粉白。秋露似珠圓。絡緯無機織。流螢帶火寒。何年迎弄詩集作美。玉。今朝得夢蘭。訝許能含笑。芙蓉宜熟看。○本集五。庾開府詩集上。詩紀百十七。

和趙王看伎詩

綠珠歌扇薄。飛燕舞衫類聚作袖。長。琴曲隨流水。簫聲逐鳳凰。細縷類聚作萓。詩集作苣。纏鍾格。類聚作板。圓花釘鼓牀。詩紀云。一作膺風蟬鬢亂。映日鳳釵光。懸知曲不誤。無事畏類聚作顧。詩紀云。一作顧。周郎。○本集五。類聚四十二作看妓詩。初學記十五。文苑英華二百十三。庾開府詩集上作奉和趙王看伎。萬花谷後三十二作庾信詩。詩紀百十七。

奉答賜酒詩

仙童詩集作章。下赤城。仙酒餉王平。野人相就飲。山鳥一羣驚。細雪翻沙下。寒風戰鼓鳴。此時逢一醉。應枯反詩集誤作及。更榮。○本集五。庾開府詩集下。詩紀百十七。

奉答賜酒鵝詩

雲光偏亂眼。風聲特噤心。冷猿披雪嘯。寒魚抱凍沈。今朝一壺酒。實是勝千金。負恩無以謝。惟知就竹林。○本集五。庾開府詩集上。詩紀百十七。

正旦蒙趙王賚酒詩

正旦辟惡酒。新年長命杯。柏葉隨銘至。椒花逐頌來。流星向椀落。浮蟻對春開。成都已救火。蜀使何時迴。詩集作來。○本集五。類聚七十二。古今歲時雜詠一。庾開府詩集上作正旦蒙賚酒。詩紀百十七。

衞王贈桑落酒奉答詩

愁詩集作稔。人坐狹斜。喜得送流霞。跂窗催酒熟。停杯待菊花。霜風亂飄葉。寒水細澄沙。高陽今日晚。應有接䍦斜。○本集五。庾開府詩集上。詩紀百十七。

就蒲州使君乞酒詩

蕭瑟風聲慘。類聚作摻。蒼茫雪貌愁。鳥寒棲不定。池凝聚未流。蒲城桑葉落。草堂詩箋作酒。灞岸菊花秋。願持河朔詩集作北。飲。分勸東陵侯。○本集五。類聚七十二。庾開府詩集上。詩紀百十七。又草堂詩箋八九日詩注作就蒲州刺史乞酒詩。引秋、侯二韻。

蒲州刺史中山公許乞酒一車未送詩

細柳望蒲臺。長河始一迴。秋桑幾過落。春蟻未曾開。瑩角非難馭。搥輪稍可催。只言千日飲。舊逐中山來。○本集五。類聚七十二。庚開府詩集下。詩紀百十七。

答王司空餉酒詩

今日小園中。桃花數樹紅。開君一壺酒。細酌對詩集作雨三。春風。未能扶詩集作浮。畢卓。猶足舞王戎。仙人一捧露。判不及盃中。○本集五。類聚七十二。庚開府詩集下。詩紀百十七。

舟中望月詩

舟子夜離家。開舲初學記作船。望月華。山明疑有雪。岸白不關沙。天漢看珠蚌。星橋視桂花。灰飛重暈闕。蓂落獨輪斜。○本集五。初學記一。文苑英華百五十二。萬花谷一作庚信詩。庚開府詩集下。詩紀百十七。

望月詩

夜光流未曙。金波影尚文苑作上。注云。疑作尚。賒。照人非七子。含風異九華。蓂新半壁文苑作璧。注云。疑作璧。上。桂滿獨輪斜。乘舟聊可望。無假逐仙文苑作靈。詩紀云。一作靈。槎。○本集五。文苑英華百五十二。庚開府詩集上。詩紀百十七。

對雨詩

繁雲猶暗嶺。積雨未開庭。階含侵角路。鑊滿溜疎萍。濕楊生細椹。爛草變初螢。徒勞看蟻對。無事祀靈星。○本集五。類聚二。

喜晴詩

比日思光景。今朝始暫逢。雨住詩集作注。便生熱。雲晴詩集作暗。卽作峯。文苑誤作風。水白澄還淺。花紅燥初學記作曝。更濃。已歡無石燕。彌欲棄泥文苑作土。詩集作二。龍。○本集五。初學記二。文苑英華百五十五。庚開府詩集下。詩紀百十七。

詠春近餘雪應詔詩

送寒開小苑。迎春入上林。絲條變柳色。香氣動蘭心。待花將詩集作留。詩紀云。一作思。對酒。留雪擬彈琴。陪遊愧並作。空見奉恩深。○本集五。文苑英華百七十三。庚開府詩集上。詩紀百十七。

奉和初秋詩

落星初伏火。秋霜正動鍾。北閣連橫漢。南宮初學記作空。應初學記、詩集作映。文苑同。鑿龍。祥鸞棲竹實。靈蔡上文苑作止。芙蓉。自有南風曲。還來吹九重。○本集五。初學記三。文苑英華百五十八。庚開府詩集上。詩紀百十七。

晚秋詩

淒清臨晚景。疎索望寒階。濕庭文苑作庭濕。詩集云。初學作溫庭。凝墜露。摶風卷落槐。日文苑作白。氣斜還冷。

雲峯晚更霾。可憐數行鴈。點點遠空排。〇本集五。初學記三。文苑英華百五十八。庚開府詩集上。詩紀百十七。

和潁川公秋夜詩

泬寥空色遠。葉黄淒序變。洞浦落遵鴻。長飇送巢燕。千秋流夕景。百籟含宵詩集作霄。囀。峻雉聆金柝。曾臺切銀箭。〇本集五。文苑英華百五十八。庚開府詩集下作晚秋和潁川公秋夜。詩紀百十七。

詠畫屏風詩二十五首

俠客重連鑣。金鞍被桂條。細塵鄣路起。驚花亂眼飄。酒醺詩紀作薰。人半醉。汗濕馬全驕。歸鞍畏日晚。争路上河橋。〇本集二作俠客行。類聚三十三作庾信詩。文苑英華百九十六作俠客行。庚開府詩集下。詩紀百十七。

浮橋翠蓋擁。平旦雍門開。石崇迎客至。山濤載妓來。水紋恆獨轉。風花直亂迴。誰能惜紅袖。寧詩紀云。一作迎。用捧金杯。〇本集五。庚開府詩集下。詩紀百十七。

停車小苑外。下渚詩集云。一作杯酒。長橋前。澁菱迎擁檝。平荷直蓋船。殘絲繞折藕。芰葉映低蓮。遥望芙蓉影。只言水底燃。〇同上

昨夜鳥聲春。驚鳴動四鄰。今朝梅樹下。定有詠初學記作折。花人。流星浮酒泛。粟瑱類聚作鈿。繞杯脣。何勞一片雨。喚作陽臺神。〇本集五。類聚六十九作詠屏風詩。庚開府詩集下。詩紀百十七。又初學記三作詠春詩。引鄰、人二韻。

逍遥遊桂苑。寂絶到類聚作想。桃源。狹石分花逕。長橋映水門。管聲驚百鳥。人衣香一園。定知歡未足。

横琴坐石類聚作樹。根。○本集五。類聚六十九。文苑英華百五十七作詠春。庚開府詩集下。詩紀百十七。

三春冠蓋聚。八節管弦遊。石險松横植。巖懸澗豎流。小橋飛斷岸。高花出迴樓。定須催十酒。將來宴五侯。○本集五。庚開府詩集下。詩紀百十七。

高閣千尋起。長廊四注連。歌聲上扇月。舞影入琴類聚作聞。弦。澗水纔類聚作遶。窗外。山花即眼前。但願類聚作願。長歡樂。從今盡類聚作一。百年。○本集五。類聚六十九。庚開府詩集下。詩紀百十七。

日晚金槌絡。本集作路。詩紀云。一作路。朱軒流水車。轆拂緣本集誤作緑。堤柳。甍飄夾路花。定迎劉碧玉。將過陰麗華。非是高陽路。莫畏接羅斜。○本集五。庚開府詩集下。詩紀百十七。

徘徊出桂苑。徙倚就花林。下橋先勸酒。跂石始調琴。蒲低猶抱節。竹短未空心。絶愛猿聲近。唯憐花徑深。○同上

千尋木蘭館。百尺芙蓉堂。落日低蓮詩紀作連。井。行雲礙芰詩集作女。詩紀云。集作女。梁。流水桃花色。春洲杜若香。就階猶不進。催來上伎牀。○同上

擣類聚作擣。衣明月下。静夜秋風飄。錦石平砧面。蓮類聚或作連。房接杵腰。急節迎秋韻。新聲入手調。寒衣須及早。將寄霍嫖姚。○本集五。類聚六十七作擣衣詩。類聚六十九。庚開府詩集上。詩紀百十七。

出没看樓殿。間關望綺羅。翔禽逐節舞。流水赴弦歌。細管吹藂竹。新杯捲半荷。南宫冠蓋下。日暮風塵多。○本集五。庚開府詩集下。詩紀百十七。

玉柙珠簾捲。金鈎翠幔懸。荷香薰水殿。閣影入池蓮。平沙臨浦口。高柳對樓前。上橋還倚望。遥看採菱

船。○同上

高閣千尋跨。重簷百丈初學記作尺。齊。雲度三分近。花飛一倍低。吹簫迎初學記作近。白鶴。照鏡舞山雞。何勞愁日暮。未有夜烏啼。○本集五。初學記二十五作詠屏風詩。庾開府詩集下。詩紀百十七。

河流值淺岸。斂轡暫經過。弓衣濕濺水。馬足亂橫波。半城斜出樹。長林直枕河。今朝遊俠客。不畏風塵多。○本集五。庾開府詩集下。詩紀百十七。

度橋猶徙倚。坐石未傾壺。淺草開長埒。行營繞細廚。沙洲兩鶴迥。石路一松孤。自可尋丹竈。何勞憶酒壚。○同上

上林春逕密。浮橋柳路長。龍媒逐細草。鶴氅映垂楊。水似桃花色。山如甲煎香。白石春本集作青。詩紀云。一作青。泉上。誰能待月光。○同上

白石春泉滿。黃金新埒開。戚里車先度。蘭池馬即來。落花承舞席。春衫拭酒杯。行廚半路待。載妓一雙廻。○同上

將軍息邊務。校尉罷從戎。池臺臨戚里。弦管入新豐。浮雲隨走馬。明月逐彎弓。比來多射獵。唯有上林中。○同上

三危上初學記作出。鳳翼。九坂度龍鱗。路高山裏樹。雲低馬上人。懸巖泉溜響。深谷鳥聲春。住初學記誤作生。馬來相問。應知有姓秦。○本集五。初學記二十五。庾開府詩集上。詩紀百十七。

聊開鬱金屋。暫對芙蓉池。水光連岸動。花風合樹吹。春杯猶雜泛。細菓尚連枝。不畏歌聲盡。先看箏柱

歆。○本集五。庾開府詩集下。詩紀百十七。

洞靈開静室。雲氣滿山齋。古松栽數樹。盤根無半埋。愛静魚争樂。依人鳥入懷。仲春徵隱詩集字缺。士。蒲輪上計偕。○同上

今朝好風日。園苑足芳菲。竹詩紀作行。動蟬争散。蓮摇魚暫飛。面紅新著酒。風晚細吹衣。跂石多時望。蓮船始復歸。○本集五。類聚六十九。庾開府詩集下。詩紀百十七。

金鞍聚磧岸。玉舳泛中流。畫鷁先防水。媒龍卽負舟。沙城疑海氣。石岸似江樓。崩槎時半没。壞舸或空浮。定是汾河上。戈船聊試遊。○本集五。庾開府詩集下。詩紀百十七。

竟日坐春臺。芙蓉承酒杯。水流平澗下。山花滿谷開。行雲數番過。白鶴一雙來。水影摇藂竹。林香動落梅。直上山頭路。羊腸能幾迴。○同上

鏡詩

玉匣聊開萬花谷作玉。鏡。輕灰暫拭萬花谷作燕。塵。光如一片水。影照兩邊人。月生無有桂。花開不逐春。試挂萬花谷作取。淮南竹。堪能見四鄰。○本集五。初學記二十五。萬花谷續七作庾信詩。詩紀百十七。

梅花詩

常本集作當。初學記同。年臘月半。已覺梅花闌。不信今春晚。俱來雪裏看。樹動懸冰落。枝高出手寒。早知覓

不見。真悔著衣單。○本集五。初學記二十八。文苑英華三百二十二。萬花谷後三十八作庾信詩。庾開府詩集下。詩紀百十七。

詠樹詩

交柯乍文苑作將。注云。一作乍。百頃。類聚作傾。擢本或千尋。楓子留爲式。桐孫待詩紀云。一作持。作琴。殘核移桃種。空花植棗林。幽居對蒙密。文苑誤作蜜。蹊徑轉深沈。○本集五。類聚八十八。文苑英華三百二十六。庾開府詩集上。詩紀百十七。

鬭雞詩

開軒望平子。驟馬看陳王。狸膏熏鬭敵。芥粉壒春場。解翅蓮花動。猜羣錦臆張。○本集五。類聚九十一。詩紀百十七。

應令詩

望別非新館。開舟卽舊灣。浦喧征棹發。亭空送客還。路塵猶向水。征帆獨背關。○本集五。類聚二十九。詩紀百十七。

杏花詩

春色方盈野。枝枝綻翠英。依稀暎村塢。爛熳開山城。好折待賓客。類聚作旅。金盤襯紅瓊。○本集五。類聚八十七。詩紀百十七。

贈周處士詩

九丹開石室。三徑没荒林。仙人翻可見。隱士更難尋。籬下黄花菊。丘中白雪琴。方欣松葉酒。自和遊仙吟。○本集五。類聚三十六及文苑英華二百三十作庚肩吾。

尋周處士弘讓詩

試逐類聚詩作遂。赤松遊。披林對一丘。黎類聚、文苑作梨。是。紅大谷晚。桂白小山秋。石鏡菱花發。桐門琴曲愁。文苑云。集作曲道。詩紀云。一作道。泉飛疑度雨。雲積似重樓。王孫若不去。山中定可留。○本集五。類聚三十六作庚肩吾。文苑英華二百三十。

集周公處連句詩

市朝一朝變。蘭艾本同焚。故人相借問。平生如所聞。○本集六。庚開府詩集上。詩紀百十八。

寄徐陵詩

故人倘思我。及此平生時。莫待山陽路。空聞吹笛悲。○本集六。庚開府詩集下。詩紀百十八。

寄王琳詩

玉關道路遠。金陵信使疎。獨下千行淚。開君萬里書。○本集六。類聚二十九。庾開府詩集下。詩紀百十八。

奉和趙王詩

花逕日相攜。詩集誤作雋。花林鳥未棲。比看中郎醉。堪聞烏夜啼。○本集六。庾開府詩集上。詩紀百十八。

和劉儀同臻詩

南登廣陵岸。迴首落星城。不言臨舊浦。烽火照江明。○本集六。庾開府詩集下。詩紀百十八。

和庾四詩

離關一長望。別恨幾重愁。無妨對春日。懷抱只言秋。○本集六。庾開府詩集下。詩紀百十八。

和侃法師三絶詩 詩紀云。一作和侃法師別詩。

秦關望楚路。灞岸想江潭。幾人應落淚。詩集作髮。看君馬向南。○本集六。類聚二十九。庾開府詩集下作和侃法師前後三絶。詩紀百十八。

客遊經歲月。羇旅故情多。近學衡陽鴈。秋分俱渡河。○同上

迴首河堤望。眷眷嗟離絶。誰言舊國人。到在他鄉别。○同上

送周尚書弘正詩

交河望合浦。玄菟想詩集作憩。朱鳶。共此無期别。知應復幾年。○本集六。庾開府詩集下。詩紀百十八。

離期定已促。别淚轉無從。惟愁郭門外。應足數株松。○同上

重别周尚書詩二首

陽關萬里道。詩集或作路。不見一人歸。唯有河邊鴈。秋來南向飛。○本集六。文苑英華二百六十六。庾開府詩集下作别周尚書弘正。又作重别周尚書。詩紀百十八。

河橋兩岸詩集作隄。絶。横歧數路分。山川遥不見。懷袖遠相聞。○本集六。文苑英華二百六十六。庾開府詩集下作重别周尚書。詩紀百十八。

贈别詩

藏啼留送别。拭淚强相參。誰言畜衫袖。長代手中浛。○本集六。庾開府詩集上。詩紀百十八。

徐報使來止得一相見詩

一面還千里。相思那得論。更尋終不見。無異桃花源。○本集六。庾開府詩集下。詩紀百十八。

行途賦得四更應詔詩

四更天欲曙。落月垂關下。深谷暗藏人。欹松横礙馬。○本集六。庾開府詩集上。詩紀百十八。

和江中賈客詩

五兩開船頭。長橋樂府作檣。發新浦。懸知岸上人。遥振江中鼓。○本集六。樂府詩集四十八作賈客詞。庾開府詩集上。詩紀百十八。

奉和平鄴應詔詩

天策引神兵。風飛掃鄴城。陣雲千里散。黄河一代清。○本集六。類聚五十九。庾開府詩集上。詩紀百十八。

送衞王南征詩

望水初横陣。移營寇未降。風塵馬足起。先暗廣陵江。○本集六。庾開府詩集上。詩紀百十八。

仙山詩二首

金竈新和藥。銀臺舊聚神。相看但莫怯。先師應識人。○本集六。庾開府詩集下。詩紀百十八。

石軟如香飰。鉛銷似熟銀。蓬萊暫近别。海水遂成塵。○同上

山齋詩

石影横臨水。山雲半繞峯。遥想山中店。懸知春酒濃。○本集六。庾開府詩集下。詩紀百十八。

野步詩

值泉仍飲馬。逢花卽舉杯。稍看城闕遠。轉見風雲來。○本集六。庾開府詩集上。詩紀百十八。

山中詩

澗暗泉偏冷。巖深桂絶香。住中能不去。非獨淮南王。○本集六。庾開府詩集上。詩紀百十八。

閨怨詩

明鏡圓花發。空房故怨多。幾年留織女。還應聽渡河。○本集六。庾開府詩集上。詩紀百十八。

和趙王看妓詩

長思浣紗初學記作沙。文苑同。石。空想初學記作憶。文苑作定憶。詩紀云。一作定憶。搗衣砧。臨邛若有便。初學記作使。詩集同。文苑、詩紀云。一作使。爲説解琴心。○本集六。初學記十五作看妓詩。文苑英華二百十三。庾開府詩集下作看妓。詩紀百十八。

看舞詩

鸞迴不假學。鳳舉自相關。到嫌衫袖廣。恆長礙舉鬟。○本集六。庾開府詩集下。詩紀百十八。

聽歌一絶詩

協律新教罷。河陽始學歸。但令聞一曲。餘聲三日飛。○本集六。初學記十五作聽歌詩。萬花谷三十二作庾信詩。庾開府詩集下。詩紀百十八。

暮秋野興賦得傾壺酒詩

劉伶正捉酒。中散欲彈琴。但使逢秋菊。何須就竹林。○本集六。庾開府詩集下。詩紀百十八。

對酒詩

數杯還已醉。風雲文苑作春風。注云。一作風雲。詩紀云。一作春風。不復知。唯有龍吟笛。桓伊能獨吹。○本集六。文苑英華百九十五。庾開府詩集上。詩紀百十八。

春日極飲詩

檻前聞鳥囀。園裏對花開。就中言不醉。紅袖捧金杯。○本集六。庾開府詩集上。詩紀百十八。

春望詩

春望上春臺。春窗四面開。落花何假拂。風吹會併來。○本集六。庾開府詩集上。詩紀百十八。

新月詩

鄭環唯半出。秦鈎本獨懸。若交臨酒影。堪言照弩弦。○本集六。庾開府詩集下。詩紀百十八。

秋日詩

蒼茫望落景。羇旅對窮秋。賴有南園菊。殘花足解愁。○本集六。庾開府詩集上。詩紀百十八。

望渭水詩

樹似新亭岸。沙如龍尾灣。猶言吟初學記作今。暝浦。應有落帆還。○本集六。初學記六。文苑英華百六十三。庾開府詩集下。詩紀百十八。

塵鏡詩

明鏡如明草堂詩箋作曉。月。恆常置匣中。何須照兩鬢。終是一秋蓬。○本集六。庾開府詩集下。詩紀百十八。草堂詩箋三十一八月詩注作磨鏡詩。引一句。

和淮南公聽琴聞弦斷詩

嗣宗看月夜。中散對行雲。一弦雖詩集作終。獨韻。猶足動文君。○本集六。庾開府詩集下。詩紀百十八。

弄琴詩二首

雉飛催晚別。烏啼驚夜眠。若交新曲變。惟須促一弦。○本集六。庾開府詩集上。詩紀百十八。

不見石城樂。惟聞烏詩集作鳥。噪林。新聲逐弦轉。應得動春心。○同上

詠羽扇詩

摇風碎朝翮。拂汗落毛衣。定似回谿路。將軍垂翅歸。○本集六。詩紀百十八。

題結綫袋子詩

交絲結龍鳳。鏤彩織雲霞。一寸同心縷。千年長命花。○本集六。庾開府詩集上。詩紀百十八。

賦得鸞臺詩

九成吹玉琯。百尺上瑶臺。能將秦女去。終是鳳凰來。○本集六。庾開府詩集下。詩紀百十八。

賦得集池鴈詩

逢風時迴度。逐侶乍争飛。猶憶方塘水。今秋已復歸。○本集六。類聚九十一。詩紀百十八。

詠鴈詩

南思洞庭水。北想鴈門關。稻粱俱可戀。飛去復飛還。○本集六。類聚九十一。詩紀百十八。

忽見檳榔詩

緑房千子熟。紫穗詩集作穟。詩紀云。集作穟。百花開。莫言行萬里。曾經相識來。○本集六。類聚八十七作詠檳榔詩。庾開府詩集下。詩紀百十八。

賦得荷詩

秋衣行欲製。風蓋漸應欹。若有千年蔡。須巢但見隨。○本集六。庾開府詩集下。詩紀百十八。

移樹詩

酒泉移赤柰。詩集作石榛。河陽徙石榴。雖言有千樹。何處似封侯。○本集六。庾開府詩集下。詩紀百十八。

奉梨詩

接枝秋轉脆。詩集或作晚。含情詩集作銷。詩紀云。一作銷。落更香。擎置仙人掌。應添詩集或作甜。瑞詩集或作甘。露漿。○本集六。庚開府詩集上。庚開府詩集下。詩紀百十八。

傷往詩二首

見月長垂淚。看花定斂眉。從今一別後。知作幾年悲。○本集六。庚開府詩集下。詩紀百十八。

鏡塵言苦厚。蟲絲定幾重。還是臨窗月。今秋迴照松。○同上

春日離合詩二首

秦青初變曲。未詩集作來。有逐琴心。明年花樹下。月月來相尋。春字○本集六。庚開府詩集下。詩紀百十八。

田家足閑暇。士友暫流詩集作留。連。三春竹葉酒。一曲鵾鷄弦。日字○同上

和迴文詩詩紀云。和湘東王後園。

旱蓮生竭鑊。嫩菊養秋鄰。滿池留浴鳥。分橋上戲人。○本集六。類聚五十六。詩紀百十八。

問疾封中録詩

形骸違詩集作爲。學宦。狹巷幸爲閒。虹迴或有雨。雲合又含寒。横湖韻鶴下。迴溪狹詩紀云。一作挾。猿還。懷賢爲榮衛。和緩惠綺紈。詩紀云。疑是何丸。○本集六。庾開府詩集上。詩紀百十八。

示封中録詩二首詩集連爲一首。又後四句在冀君句上。

貴館居金谷。關扃隔藁街。冀君見果顧。郊間光景佳。○本集六。庾開府詩集上。詩紀百十八。

高階既激澗。廣閣更交柯。葛巾久乖角。菊逕簡經過。○同上

秋夜望單飛鴈詩以下七言。

失羣寒鴈聲可憐。夜半單飛在月邊。無奈人心復有憶。今暝將渠俱不眠。○本集六。初學記三十。詩紀百十八。

代人傷往詩二首

青田松上一黄鶴。相思樹下兩鴛鴦。無事交渠更相失。不及從來莫作雙。○本集六。庾開府詩集上。詩紀百十八。

雜樹本唯金谷苑。諸花舊滿洛陽城。正是古來歌舞處。今日看時無地行。○同上

孟康

詩紀云。初學記云隋康孟。然隋無趙王。故列於此。

詠日應趙王教詩

金烏升曉氣。玉檻漾晨曦。先汎扶桑海。返照若華池。洛浦全開鏡。衡山半隱規。相懽承愛景。共惜初學記作情。寸陰移。○初學記一。文苑英華百五十一。詩紀百十二作康孟。

徐謙

短歌行二首樂府作一首。

窮通皆是運。榮辱豈關身。不願文苑云。一作顧。門前客。看時逢故人。○文苑英華二百三。樂府詩集三十。詩紀百十二。

意氣青雲裏。爽朗煙霞草堂詩箋作霧。外。不羨一囊錢。草堂詩箋作金。惟重心襟會。○文苑英華二百三。樂府詩集三十。草堂詩箋九晦日詩注作短歌。詩紀百十二。

雜歌謠辭

周初童謠

隋書曰。周初有童謠。按静帝隋氏之甥。既遜位而崩。諸舅强盛。

白楊樹頭金鷄鳴。祇詩紀作裁。有阿舅無外甥。○隋書五行志。御覽九百五十七。樂府詩集八十九。詩紀百十九。

玉漿泉謡

隋書曰。豆盧勣。周武帝時爲渭州刺史。有惠政。華夷悦服。大致祥瑞。鳥鼠山俗呼爲高武隴。其山絶壁千尋。由來乏水。諸羌苦之。勣馬足所踐。忽飛泉湧出。有白烏翔止廳前。乳子而後去。民爲之謡。後因號其泉曰玉漿泉。

我有丹陽。山出御覽或作飛。玉漿。濟我民北史、樂府作人。詩紀同。夷。御覽或作戎夷人。神烏御覽或作鳥。來翔。○隋書豆盧勣傳。北史豆盧勣傳。御覽七十、二百五十七、九百十四。樂府詩集八十七。詩紀百十九。

蜀中爲于仲文語

隋書曰。于仲文。字次武。北周時。遷安固太守。有任、杜兩家。各失牛。後得一牛。兩家俱認。州郡久不能決。仲文令二家各驅牛羣至。乃放所認者。遂向任氏羣中。又陰使人微傷其牛。任氏嗟惋。杜家自若。仲文於是訶詰杜氏。杜氏服罪而去。始州刺史屈突尚、宇文護之黨先坐事下獄。無敢繩者。仲文至郡窮治。遂竟其獄。蜀中爲之語曰。

明斷無雙有于公。不避强禦有次武。○隋書于仲文傳。北史于仲文傳。詩紀百十九作于公歌。

時人爲裴諏柳虯語

周書曰。獨孤信鎮洛陽。舊京荒廢。人物罕極。唯有柳虯在陽城。裴諏在潁川。信等俱徵之。以虯爲行臺郎中。諏爲都督府屬。並掌文翰。時人爲之語曰。

北府裴諏。南省北史作府。柳虯。○周書柳虯傳。北史柳虯傳。

諸生爲吕思禮語

周書曰。吕思禮。東平壽張人。性温雅。不雜交遊。年十四。受學於徐遵明。長於論難。諸生爲之語曰。

講書論易。其北史無其字。御覽同。鋒難敵。○周書吕思禮傳。北史吕思禮傳。御覽六百十五引後周書。

周地圖記引語

周地圖記曰。太白山上恒積雪。無草木。半山有横雲。如瀑布則澍雨。人常以爲候。驗之如離畢焉。故語曰。

南山瀑布。非朝卽暮。○御覽四十。寰宇記三十。

北周詩卷五

郊廟歌辭

庾信下並同。

周祀圜丘歌十二首

隋書樂志曰。周閔帝受禪。居位日淺。明帝雖革魏氏之樂。而未臻雅正。天和元年。武帝初造山雲舞。以備六代。南北郊，雩壇、太廟、禘祫俱用之。六舞者。大夏、大濩、大武、正德、武德、山雲也。於是正定雅音。爲郊廟樂。宣帝嗣位。皆循用之。

昭夏降神。

重陽禋祀。大報天。丙隋書樂府作景。午封壇。肅且圜。孤竹之管。雲和弦。神光未樂府作來。下。風肅然。王城七里。通天臺。紫微斜照。影徘徊。連珠合璧。重光來。天策蹔轉。鈎陳開。○庾子山集七。隋書音樂志。樂府詩集七。詩紀百十九。

皇夏皇帝入門。

旌迴外壝。蹕靜郊門。千乘按轡。萬騎雲屯。藉茅無咎。掃地唯尊。揖讓展禮。衡璜節步。星漢就列。風雲

相顧。取法于天。降其永祚。○同上

昭夏 俎入。

日至大禮。豐犧上辰。牲牢脩牧。繭栗毛純。俎豆斯立。陶匏以陳。大報反命。居陽兆日。六變鼓鍾。三和琴瑟。俎奇豆偶。惟誠惟質。○同上

昭夏 奠玉帛。

員樂府作圓。玉已奠。蒼幣斯陳。瑞形成象。璧氣含春。禮從天數。智總圜隋書作員。樂府作圓。神。爲祈爲祀。至敬咸遵。○同上

皇夏 皇帝升壇。

七里隋書作星。詩紀云。一作星。是仰。八陛有憑。就陽之位。如日之升。思虔肅肅。致隋書作施。樂府同。敬繩繩。祝庾集作祀。詩紀同。史陳信。玄象斯格。惟類之典。惟靈之澤。幽顯對揚。人神咫尺。○同上

雲門舞 初獻。

獻以誠。鬱以清。山罍舉。沈齊傾。惟尚饗。洽皇情。降景福。通神明。○同上

雲門舞初獻配帝。

長丘遠歷。大電遥源。弓藏高隴。鼎没寒門。人生于祖。物本于隋書作於。樂府同。天。奠隋書作尊。神配德。迄用康年。○同上

登歌初獻及獻配帝畢。

歲之祥。國之陽。蒼靈敬。翠雲長。象爲飾。龍爲章。乘長日。坯樂府作坏。蟄户。烈隋書作列。雲漢。迎風雨。六吕歌。雲門舞。省滌濯。奠牲牷。鬱金酒。鳳凰樽。廻天睠。顧中原。○同上

皇夏飲福酒。

國命在禮。君命在天。陳誠惟肅。飲福惟虔。洽斯百禮。福以千年。鈎陳掩映。天駟徘徊。彫禾飾斝。翠羽承罍。受斯茂祉。從天之來。○同上

雍樂撤奠○本集、詩紀作雍夏。

禮將畢。樂將闌。廻日轡。動天關。翠鳳摇。和鸞樂府作鑾。響。五雲飛。三步上。風爲馭。雷爲車。無轍迹。有煙霞。暢皇情。休靈命。雨留甘。雲餘慶。○同上

皇夏就望燎位。

六典聯事。九司咸則。率由舊章。于隋書作於。樂府同。焉允塞。掌禮移次。燔柴在焉。煙升玉帛。氣歛牲牷。休氣馨香。膋芳昭晰。翼翼虔心。明明上徹。○同上

皇夏還便殿。

玉帛禮畢。神人隋書作人神。樂府同。事分。嚴承乃睠。瞻仰迴雲。輦路千門。王城九軌。式道移候。司方迴指。得一惟清。於萬斯寧。受兹景命。于庾集作於。天告成。○同上

周祀方澤歌四首方澤舞辭同圜丘。

昭夏降神。

報功陰澤。展禮玄郊。平琮鎮瑞。方鼎升庖。調歌絲初學記作孤。樂府作孫。廣文選云。一作孫。竹。縮酒江茅。聲舒初學記作揚。鍾鼓。器質陶匏。列燿秀華。凝芳都初學記誤作郁。荔。川澤茂祉。丘陵容衛。初學記作裔。雲飾山罍。蘭浮汎初學記作沉。是。齊。日至之禮。歆兹大祭。○庾子山集七。隋書音樂志。初學記十三作方澤降神歌。樂府詩集四。廣文選十一。詩紀百十九。

昭夏奠玉帛。

曰若厚載。欽明方澤。敢以敬恭。陳之玉帛。德包含養。功藏靈迹。斯箱既千。子孫則百。○庾子山集七。隋書音樂志。樂府詩集七。廣文選十一。詩紀百十九。

登歌初獻。

質明孝敬。求陰順陽。壇有四陛。琮分隋書作爲。樂府同。八方。牲牷蕩滌。蕭合馨香。和鑾戾止。振鷺來翔。威儀簡簡。鍾鼓喤喤。聲和孤竹。韻入空桑。封中雲氣。坎上神光。下元之主。功深蓋藏。○同上

皇夏望坎位。

司筵撤席。掌禮移次。迴顧封壇。恭臨坎位。瘞玉埋俎。藏芬斂氣。是曰廣文選作白。就幽。成斯廣文選作此。地意。○同上

周祀五帝歌十二首

皇夏奠玉帛。

嘉玉惟芳。嘉幣惟量。成形惟本集作依。隋書、樂府同。詩紀云。或作依。禮。稟色隨方。神班其隋書作有。次。歲禮惟

常。威儀抑抑。率由舊章。○庾子山集七。隋書音樂志。樂府詩集四。詩紀百十九。

皇夏初獻。

惟令之月。惟嘉之辰。司壇宿設。掌或作長。史誠陳。敢用明禮。言功上神。鈎陳旦闢。閶闔朝分。旒垂象冕。樂奏山雲。將迴霆策。蹔轉天文。五運周環。四時代序。鱗次玉帛。循迴樽俎。神其降之。介福斯許。○同上

青帝雲門舞以下並初獻奏。

甲在日。鳥中星。禮東后。奠蒼靈。樹春旗。命青史。候鴈還。東風起。歌木德。舞震宮。泗濱石。龍門桐。孟之月。陽之天。億斯慶。兆斯年。○同上

配帝舞

帝出于震。蒼德於樂府作于。神。其明在日。其位居春。勞以定國。功以施人。言從配祀。近取諸身。○同上

赤帝雲門舞

招搖指午。對南宮。日月相會。實沈中。離光布政。動温風。純陽之月。樂炎精。赤雀丹書。飛送迎。朱絃絳

鼓。罄虔誠。萬物含養。各長生。○同上

配帝舞

以炎爲政。以火爲官。位司南陸。享配離壇。三和實俎。百味浮蘭。神其茂豫。天步艱難。○同上

黄帝雲門舞

三光儀表正。四氣風雲同。戊已行初曆。黄鍾始變宫。平琮禮内鎮。陰管奏司中。齋樂府作齊。古通。壇芝曄曄。清野桂馮馮。夕牢芬六鼎。安歌韻八風。神光乃超忽。嘉隋書作佳。樂府同。氣恆葱葱。○同上

配帝舞

四時咸一德。五氣或同論。猶吹鳳凰管。尚對梧桐園。器圜居土厚。位總配神尊。始知今奏樂。還用我雲門。○同上

白帝雲門舞

肅靈兑景。承配秋壇。雲高火落。露白蟬寒。帝律登年。金精行令。瑞獸霜耀。隋書作輝。祥禽雪映。司藏肅殺。萬寶隋書作保。樂府同。咸宜。厥田上上。收功在斯。○同上

配帝舞

金行秋令。白帝朱宣。司正五雉。歌庸九川。執文之德。對越彼天。介以福祉。君子萬年。○同上

黑帝雲門舞

北辰爲政玄壇。北陸之祀員官。宿設玄璜隋書作圭。樂府同。浴蘭。坎德陰風御寒。次律將迴窮紀。微陽欲動細泉。管猶調於陰竹。聲未入於春弦。待歸餘於送歷。隋書作曆。樂府同。方履慶於斯年。○同上

配帝舞

地始坼虹始藏。服玄玉居玄堂。沐蕙氣浴蘭湯。匏器潔水泉香。陟配彼福無疆。君欣欣此樂康。○同上

周宗廟歌十二首

皇夏皇帝入廟門。

肅肅清廟。巖巖寢門。欹器防滿。金人戒言。應棘懸鼓。崇牙樹羽。階變升歌。庭紛象舞。閑安象庾集作追。設。緝熙清奠。春鮪初登。新蓱先薦。僾然入室。儼乎在隋書作其。樂府同。位。悽愴履之。非寒之謂。○庾子山集七。隋書音樂志。樂府詩集九。廣文選十一。詩紀百十九。

昭夏降神

永維初學記作惟。祖初學記作神。武。潛慶靈長。龍圖革命。鳳曆歸昌。功移上墋。初學記作慘。德耀初學記作躍。中陽。清廟肅肅。猛虡煌煌。初學記作趪趪。曲高大夏。初學記作曲臺大厦。聲和盛唐。牲牷蕩滌。蕭合馨香。和鑾戾止。初學記作立。振鷺來翔。初學記作朔。永敷萬國。是則四方。○庾子山集七。隋書音樂志。初學記十三作太廟晨祼歌辭。樂府詩集九。廣文選十一。詩紀百十九。

皇夏俎入。皇帝升階。

年祥辨日。上協龜言。奉酎承列。來庭駿奔。雕禾飾斝。翠羽承罇。敬殫如此。恭惟執燔。○庾子山集七。隋書音樂志。樂府詩集九。詩紀百十九。

皇夏獻皇高祖。

慶緒千重秀。鴻源萬里長。無時猶戢翼。有道故韜光。盛德必有後。仁義終克昌。明星初肇慶。大電久呈祥。○同上

皇夏獻皇曾祖德皇帝。

克昌光上烈。基聖穆西藩。崇仁高涉渭。積德被居原。帝圖張往迹。王業茂前尊。重芬德陽廟。疊慶壽陵

園。百靈光祖武。千年福孝孫。○同上

皇夏 獻皇祖太祖文皇帝。

雄圖屬天造。宏略遇羣飛。風雲猶聽命。龍躍遂乘機。百二當天險。三分拒樂推。函谷風塵散。河陽氛霧晞。濟弱淪風起。扶危頹運歸。地紐崩還正。天樞落更追。原祠乍超忽。畢隴或綿微。終封三尺劍。長卷一戎衣。○同上

皇夏 獻文宣皇太后。

月靈興慶。沙祥發源。功參禹迹。德贊堯門。言容典禮。褕狄徽章。儀形温德。令問昭陽。日月不居。歲時晼晚。瑞雲纏心。閟宫惟遠。○同上

皇夏 獻閔皇帝。

龍圖基代德。天步屬艱難。謳歌還受瑞。揖讓乃登壇。升輿芒刺重。入位據關寒。卷舒雲汎濫。游揚日浸微。出鄭終無反。居桐竟不歸。祀夏今惟舊。尊靈謚更追。○同上

皇夏 獻明皇帝。

若水逢降君。窮桑屬惟政。不哉馭帝籙。鬱矣當天命。方定五雲官。先齊八風令。文昌氣似珠。太史河如鏡。南宮學已開。東觀書還聚。文辭金石韻。毫翰風飆竪。清室桂馮馮。齊房芝詡詡。寧思玉管笛。空見靈衣舞。○同上

皇夏獻高祖武皇帝。

南河吐雲氣。北斗降星辰。百靈咸仰德。千年一聖人。書成紫微動。律定鳳凰馴。六軍命西土。甲子陳東鄰。戎衣此一定。萬里更無塵。煙雲同五色。日月並重輪。流沙既西静。蟠木又東臣。凱樂聞朱鴈。鐃歌見白麟。今爲六代祀。還得九疑賓。○同上

皇夏飲福酒。

禮殫祼獻。樂極休成。長離前掞。宗祀文明。縮酌浮蘭。澄罍合鬯。磬折禮容。旋迴靈貺。受釐撤俎。飲福移樽。惟光惟烈。文子文孫。○同上

皇夏還便殿。

庭闋四始。筵終三薦。顧步堦墀。徘徊餘奠。六龍矯首。七萃警途。鼓移行漏。風轉相烏。翼翼從事。綿綿四時。惟神降嘏。永言保之。○同上

周大祫歌二首

昭夏降神。

律在夾鍾。服居蒼衮。杳杳清思。綿綿長遠。就祭于庚集作於。樂府、廣文選同。合。班神于庚集作於。樂府、廣文選同。本。來庭有序。助祭有章。樂舞六代。賓歌二王。和鈴以節。偆革斯鏘。齊宫饌玉。鬱斝浮金。洞庭鍾鼓。龍門瑟琴。其樂已變。惟神是臨。○庚子山集七。樂府詩集九。廣文選十一。詩紀百十九。

登歌奠玉帛○餘同宗廟時享。

神惟顯思。不言而令。玉帛之禮。敢陳莊敬。奉如弗勝。薦如受命。交於神明。慤于言行。○同上

燕射歌辭

周五聲調曲二十四首

序曰。元正饗。會大禮。賓至食舉。稱觴薦玉。六律既從。八風斯暢。以歌大業。以舞成功。

宫調曲五首

氣離清濁割。元開天地分。三才初辨正。六位始成文。繼天爰立長。安民乃樹君。其明廣如日。其澤厚如雲。惟昔我文祖。撥亂拒謳歌。三分未撫運。八百不陵河。禮敷天下信。樂正神人和。風塵行息警。江海欲無波。○庾子山集七。樂府詩集十五。詩紀百十九。

我皇承下武。革命在君臨。應樂府作膺。圖當舜玉。嗣德受堯琴。沈首多推運。陽城有讓心。就日先知遠。觀淵早見深。玄精實委御。蒼正乃皆平。履端朝萬國。年祥樂府云。一作期。慶百靈。玉帛咸觀禮。華戎各在庭。鳳響中夷則。天文正玉衡。皇基自天保。萬物乃由庚。○同上

握衡平地紀。觀象正天樞。祺祥鍾赤縣。靈瑞炳皇都。更受昭華玉。還披蘭葉圖。金波來白兔。弱木下蒼烏。玉斗調元樂府闕元字。協。金沙富國租。青丘還擾圃。丹穴更巢梧。安樂新成樂府作咸。慶。長生百福符。○同上

明明九族序。穆穆四門賓。陰陵朝北附。蟠木引東臣。澗途求版築。溪源取釣綸。多士歸賢戚。維城屬茂親。貴位連南斗。高榮據北辰。迎時乃推策。司職且班神。日月之所照。霜露之所均。永從文軌一。長無外户人。○同上

鬱盤舒棟宇。峥嶸侔大壯。拱木詔林衡。全模徵梓匠。千櫨綺翼浮。百栱長虹抗。北去邯鄲道。南來偃師望。龍首載文槐。雲楣承武帳。居者非求隘。卑宫豈難尚。壯麗天下觀。是以從蕭相。○同上

變宮調二首

帝遊光出震。君明擅在離。巖廊惟眷顧。欽若尚無爲。龍穴非難附。鸞巢欲可窺。具茨應不遠。汾陽寧足隨。烝民播植樂府作殖。重。溝洫劬勞多。桑林還注雨。積石遂開河。明徵逢永命。平秩值年和。更有薰風曲。方聞晨露歌。○庚子山集七。樂府詩集十五。詩紀百十九。

移風廣軒曆。崇德盛唐年。成文興大雅。出豫動鈞天。黄鍾六律正。閶闔八風宣。孤竹調陽管。空桑節雅弦。舞林鸞更下。歌山鳳欲前。聞音能辨俗。聽曲乃思賢。感物觀治亂。心恆樂府作治心。防未然。君子得其道。大平何有焉。○同上

商調曲四首

君以宫唱。寬大而謨明。臣以商應。聞義則可行。有能爲政。訪道于庾集作於。樂府同。容成。殷湯受命。委任于庾集作於。樂府同。阿衡。忠其敬事。有罪不逃刑。誦其箴諫。言之無隱情。有剛有斷。四方可以寧。既頌既雅。天下乃升平。專精一致。金石爲之開。動其樂府作有。兩心。妻子恩情乖。苟利社稷。無有不盡懷。昊天降祐。元首唯康哉。○庚子山集七。樂府詩集十五。詩紀百十九。

百川俱會。大海所以深。羣材既聚。故能成鄧林。猛虎在山。百獸莫敢侵。忠臣處國。天下無異心。昔我文祖。執心且危慮。驅剪豺狼。經營此天步。今我受命。又無敢逸豫。惟爾弼諧。各可知競懼。○同上

禮樂既正。神人樂府作人神。所以和。玉帛有序。志欲靜干戈。各分符瑞。俱誓裂山河。今日相樂。對酒且當歌。道德以喻。聽撞鍾之聲。神姦不若。觀鑄鼎之形。酆宫既朝。諸侯於是穆。岐陽或狩。淮夷自此平。若涉大川。言憑於舟檝。如和鼎實。有寄於鹽梅。君臣一體。可以靜氛埃。得人則治。何世無奇才。○同上

風力是舉。而台階序平。重黎既登。而天地位成。功無與讓。銘太常之旌。世不失職。受騂毛之盟。輯瑞班瑞。穆穆於堯門。惟翰惟屏。膴膴於周原。功成而治。定禮樂斯存。復子而明。辟姬旦何言。○同上

角調曲二首

止戈見於絶轡之野。稱伐聞於丹水之征。信義俱存乃先忘詩紀作忌。食。五材並用誰能去兵。雖聖人之大寶曰位。實天地之大德曰生。涇渭同流清濁異能。琴瑟並御雅鄭殊聲。擾擾烝人聲教不一。茫茫禹跡車軌未并。志在四海而尚恭儉。心包宇宙而無驕盈。言而無文行之不遠。義而無立勤則無成。惻隱其心訓以慈惠。流宥其過哀矜典刑。○庾子山集七。樂府詩集十五。詩紀百十九。

匡贊之士或從漁釣。雲雨之才乍歎幽谷。尋芳者追深徑之蘭。識韻者探詩紀云。一作採。窮山之竹。克明其德貢以三事。樹之風聲言于九牧。協用五紀風若從事。樂府作時。農用八政甘作其穀。殊風共軌見之周南。異畝同穎聞之康叔。祁寒暑雨是無胥怨。天覆雲油滋焉滲漉。幸無謝上古之淳人。庶可以封之於比屋。○同上

徵調曲六首

乾坤以含養覆載。日月以貞明照臨。達人以四海爲務。明君以百姓爲心。水波瀾者源必遠。樹扶疎者根必深。雲雨取施無不洽。廊廟求才多所任。○庾子山集七。樂府詩集十五。詩紀百十九。

淳風布政常無欲。至道防人能變俗。求仁義急於水火。用禮讓多于菽粟。屈軼無佞人可指。獬豸無繁刑可觸。王道蕩蕩用無爲。天下四人誰不足。○同上

聖人千年始一生。黄河千年始一清。攝提以之而從紀。玉燭於是而文明。東南可以補地闕。西北可以正天傾。浮黿則東海可厲。運鍤則南山可平。衆仙就朝于瑶水。羣帝受享於明庭。懷和則蚨任並奏。功烈則鐘鼎俱銘。○同上

三光以記物成形。四時以裁成正位。雷風大山岳之響。寒暑通陰陽之氣。武功則六合攸同。文教則二儀經緯。有道則咸浴其德。好生則各繁其類。白日經天中則移。明月横漢滿而虧。能虧能缺既無爲。雖盈雖滿則不危。開信義以爲苑囿。立道德以爲城池。周監二代所損益。郁郁乎文其可知。庖犧之親臨佃漁。神農之躬秉耕稼。湯則救旱而憂勤。禹則正冠而無暇。草上之風無不偃。君子之昿知可化。將欲比德于三皇。未始追踪于五霸。○同上

纖纖不絶林薄成。涓涓不止江河生。事之毫髮無謂輕。慮遠防微乃不傾。雲官乃垂拱大君。鳳曆唯欽明元首。類上帝而禋六宗。望山川而朝羣后。地鏡則山澤俱開。河圖則魚龍合負。我之天綱詩紀作網。莫不

該。閶闔九關天門開。卿相則風雲玄感。匡贊則星辰下來。既興周室之三聖。乃舉唐朝之八才。莘臣參謀於左相。大老教政於中台。其宜作則於明哲。故無崇信於姦回。○同上

正陽和氣萬類繁。君王道合天地尊。黎人耕植於義圃。詩紀作圖。君子翱翔於禮園。落其實者思其樹。飲其流者懷其源。咎繇爲謀不仁遠。士會爲政羣盜奔。克寬則昆蟲内向。彰信則殊俗宅心。浮橋有月支抱馬。上苑有烏孫學琴。赤玉則南海輸賨。白環則西山獻琛。無勞鑿空於大夏。不待蹶角於蹛林。○同上

羽調曲五首

樹君所以牧人。立法所以静亂。首惡既其南巢。元凶于是北竄。居休氣而四塞。在光華而兩旦。是以雨施作解。是以風行惟涣。周之文武洪基。光宅天下文思。千載克聖咸熙。七百在我應期。實昊天有成命。惟四方其訓之。○庚子山集七。樂府詩集十五。詩紀百十九。

運平後親之俗。時亂先疎之雄。踰桂林而驅象。濟弱水而承鴻。既浮干吕之氣。還吹入律之風。錢則都内貫朽。倉則常平粟紅。火中乃寒乃暑。年和一風一雨。聽鍾磬念封疆。聞笙竽思蓄聚。瑶琨篠簜庚集作蕩。樂府同。既從。怪石鉛松卽序。長樂善馬成廐。水衡黄金爲府。○同上

百川乃宗巨海。衆星是仰北辰。九州攸同禹跡。四海合德堯臣。朝陽棲于鳴鳳。靈時牧于般麟。雲玉葉而五色。月金波而兩輪。涼風迎時北狩。小暑戒節南巡。山無藏於紫玉。地不愛於黄銀。雖南征而北怨。實西略而東賓。既永清於四海。終有慶於一人。○同上

定律零陵玉管。調鍾始平銅尺。龍門之下孤桐。泗水之濱鳴石。河靈于是讓珪。山精所以奉璧。滌九川而賦税。乘三危而納錫。北里之禾六穗。江淮之茅三脊。可以玉檢封禪。可以金繩探册。終永保於鴻名。足揚光於載籍。○同上

太上之有立德。其次之謂立言。樹善滋于務本。除惡窮於塞源。沖深其智則厚。昭明其道乃尊。仁義之財不匱。忠信之禮無繁。動天無有不屈。唯時無幽不徹。作德心逸日休。作僞心勞日拙。自非剛克掩義。無所離于勦絶。○同上

北周詩卷六

釋氏

釋亡名

亡名。俗姓宋。名闕。南郡人。事梁元帝。深見禮待。梁亡。遠客岷蜀。有集十卷。

五苦詩

生苦

可患身爲患。生將廣弘明集作時。注云。三本、宫本作將。憂共生。心神恆獨苦。寵辱横相驚。朝光非久照。夜燭幾時明。終成一聚土。强覓千年名。

老苦

少日廣弘明集作時。欣日益。老至苦年侵。紅顔既罷豔。白髮寧久吟。階庭唯仰杖。朝府不勝簪。甘肥與妖麗。徒有壯時心。

病苦

拔劍平四海。橫戈却萬夫。一朝牀枕上。迴轉仰人扶。壯色隨肌減。呻吟與痛俱。綺羅雖滿目。廣弘明集作口。愁眉獨向隅。

死苦

可惜凌雲氣。忽隨朝露終。長辭白日下。獨入黃泉中。池臺既已没。墳隴向應空。唯當松柏裏。千年恆勁廣弘明集作動。注云。明本作勁。風。

愛離

誰忍心中愛。分爲别後思。幾時相握手。嗚噎不能辭。雖言萬里隔。猶有望還期。如何九泉下。更無相見時。○廣弘明集三十。詩紀百十三。

五盛陰詩

詩紀云。佛書有五陰譬喻。謂以聚沫喻色。水中泡喻痛。熱時飲喻想。芭蕉喻行。幻喻識言。皆空虚也。

先去非長别。後來非久親。新墳將舊塚。廣弘明集云。明本作家。相次似魚鱗。茂陵誰辨廣弘明集作辯。注云。宋、元、宮本作辨。漢。驪山詎識秦。千年與昨日。一種併成塵。定知今世土。廣弘明集云。宋、宮本作者。還是昔時人。焉能取他骨。復持埋我身。○廣弘明集三十。詩紀百十三。

無名法師或卽是釋亡名。

過徐君墓詩

延陵上國返。枉道訪徐公。死生命忽異。懽娛意不同。始往邙山北。聊踐平陵東。徒解千金劍。終恨九泉空。日盡荒郊外。煙生松柏中。何言愁寂寞。日暮白楊風。○文苑英華三百六。詩紀百十三。

尚法師

飲馬長城窟

長城征馬度。橫行且勞羣。入冰穿凍水。飲浪聚流文。澄鞍如漬月。照影若流雲。別有長松氣。自解逐將軍。○樂府詩集三十八。詩紀百十三。

仙道

無名氏

青帝歌

東望重拜手。蒼帝玉皇君。靈風鼓槖籥。育物布元春。雲龍轡嚴駕。玉衡擁瓊輪。枯萌泛霑及。大惠無不均。萬仙歌以道。委曲戒天人。心根迷自固。拱跽戴鴻仁。○靈寶无量度人上品妙經符圖。靈寶无量度人上經大法作青帝符歌。○逯按。北周甄鸞之笑道論。曾提及靈寶三十二天及度人妙經等。知當時已有此歌。又北周新出道經甚多。笑道論云。去年七月中道士所上經目止注諸子三百五十卷。今云八百餘卷云云可證。今列此歌於北周。俟再考。

白帝歌

六甲抱金闕。七政守靈壇。流鈴擲化火。上經大法作火化。威劍巨龍蟠。愬彼素靈真。明憲孰敢干。束製妖鬼魔。凜落霄風寒。沴上經大法作流。氣既已息。萬天俄而安。真儔荷太庇。抵頽相歌讙。○同上

赤帝歌

太景開玉樞。洞堂啓金除。騫林曖瑶砌。丹鸞踏瓊株。上經大法作珠。寶房名曲麗。明瑠神所居。飛遊豁雲

上經大法作飛。道。引目眄真都。天日永不息。重煙鎖青上經大法作清。廬。太上勑印開。帊几羅簡書。禅上經大法作禅。風樹玄化。慇辛諒有餘。○同上

黑帝歌

無質統有物。淵兮上帝心。不啓不發道。藴妙化機深。恐爾漏未盡。陰想忽侵淫。轉輪無涯波。苦道相迷尋。萬年常謹約。一旦自湮沉。無沖落鬼境。殃遣不可任。○同上

黄帝歌

黄天拱中宸。控駕玉化根。翹機貫億曆。洞朗闢四門。大有混皇真。紏制星宿魂。非帝道不運。有方賴之存。威忿卽霜秋。和預爲陽春。生成握元紀。仰荷戴無垠。○同上

金章太空章以制萬魔。

大魔乘空發。萬精駭神庭。託化謡歌章。隨變入無名。囂氣何紛紛。穢道當塗生。雲中舍朱宫。北帝踊神兵。鼓洋自知道。玄運來相征。上景御飛轡。迅駕檢雲轡。促校北帝録。收執羣魔名。豁落張天羅。放威擲流鈴。金真輔空洞。玉光焕八冥。金玄守上宫。神虎戮天精。剪滅萬妖氣。億億悉齊平。上承九天信。嘯命靡不傾。招真究三洞。慧誦朗自清。八道望玄鬜。七轉緯天經。混合第一真。拔度七祖程。消滅五苦根。反

魂更受榮。金光曜寂室。神仙自然生。香華散玉宇。煙氣徹玉京。帝遣徘徊輦。三元降緑軿。迅駕騰九玄。朝我玉皇庭。○陸修静太上洞玄靈寶受授儀弟八誦。

步虛辭十首

稽首禮太上。燒香歸虛無。流明隨我迴。法輪亦三周。玄願昇玄步虛作元。四大興。靈慶及王侯。七祖生天堂。煌煌曜升虛步虛作光。景敷。嘯歌觀玉音法事作冠。大玉京步虛作太。漠。天樂適我娱。齋玉京步虛作齊。罄無上德。下仙不玉音法事作弗。與儔。妙想玉音法事作相。明玄覺。詵詵乘玉音法事作巡。虛遊。○太上洞玄靈寶受授儀三十八。玉音法事上。靈寶昇玄步虛章序疏作太上洞玄步虛經詠。洞玄靈寶玉京山步虛經作洞玄步虛吟。

旋行躡雲綱。乘虛步玄紀。吟詠帝一尊。百關自調理。俯命八海童。仰携高仙子。諸天散香華。昇玄步虛作華。玉京步虛同。倐昇玄步虛作蕭。玉京步虛同。然靈風起。宿願定命根。故致高標玉京步虛作標高。擬。歡樂太上前。萬劫猶未始。○同上

嵯峨玄都上。十方宗皇一。苕苕天寶臺。光明焰流日。煒燁玉林華。玉京步虛作華林。蒨粲曜珠昇玄步虛作朱。實。常念湌元精。玉京步虛作淯。鍊液固形質。金光散紫微。窈窕大乘逸。○同上

俯仰存太上。華景秀丹田。左顧提鬱儀。右盻携結璘。六度冠梵行。道德隨日新。宿命積福應。昇玄步虛作慶。玉京步虛同。聞經若玉玉京步虛作至。親。天挺超世才。樂誦希微篇。沖虛太和炁。吐納流霞津。胎息静百關。寥寥究三便。泥丸洞明景。遂成金華仙。魔王教授昇虛步虛作受。玉京步虛作敬受。事。故能朝諸天。皆從齋

戒起。累功結宿緣。飛行凌太虛。提携高上人。○同上

控轡適十方。旋憩玄景阿。仰觀刼刃昇玄步虛作仞。玉京步虛同。臺。俯眄紫雲羅。逍遥太上京。相與坐蓮華昇玄步虛作花。玉京步虛同。積學爲真人。恬然榮衛和。永享無期壽。萬椿玉音法事作春。奚足多。○同上

大道師玄寂。昇仙友無英。公子度靈符。太一奉洞章。舍利曜金姿。龍駕欻來迎。天尊眄雲輿。飄飄乘虛翔。香花若飛雪。紛昇玄步虛作氛。玉京步虛同。藹茂玄梁。頭腦禮金闕。携手邀昇玄步虛作遨。玉京步虛同。玉京。○同上

騫樹圓玉京步虛作玄。景園。焕爛七寶林。夭玉京步虛作天。獸三百名。師昇玄步虛作獅。子巨靈寶受授儀作臣。玉音法事、昇玄步虛同。萬尋。飛龍躑躅吟。昇玄步玄作鳴。玉京步虛同。神鳳應節鳴。昇玄步虛作吟。玉京步虛同。靈風扇奇華。玉京步虛作花。清香散人衿，自無高仙才。焉能耽此心。○同上

嚴我九龍駕。乘虛以逍遥。八天如指掌。靈寶受授儀作堂。玉音法事、玉京步虛同。六合何足遼。衆仙誦洞玄。昇玄步虛作經。玉京步虛同。太上唱清謡。香花隨風散。玉音成紫霄。五苦一時迸。八難順經寥。妙哉靈寶囿。玉京步虛作圃。興此大法橋。○同上

天真帝一宫。藹藹冠耀靈。流焕法輪網。旋空入無形。虛皇拊雲璈。衆真誦洞經。高仙凛手讚。彌刼保利貞。○同上

至真無所待。時或轡飛龍。長齋會玄都。鳴玉叩瓊鐘。十華諸仙集。紫煙結成宫。寶蓋羅太上。真人把芙蓉。散花玉京步虛作華。陳我願。握節徵魔王。法鼓會羣仙。靈唱彌昇玄步虛作摩。不同。無可無不可。思與希

微通。○同上

三徒五苦辭

三才及萬物。倚伏各有齡。終始待刧數。福盡天地傾。往反於五道。苦哉更死生。輾轉三徒玉音法事作塗。中。去來與禍并。○太上洞玄靈寶授受儀四十五。玉音法事下。○玉音法事云。此辭出智慧本願大戒經。逯按。智慧經、大戒經等亦見笑道論。

大賢慎茲誡。忍性念割情。愚夫不信法。罪痛常自嬰。吾念世無己。今故重告明。若欲度斯患。歸命太上經。○同上

罪福不由他。諒自發爾聲。玉音法事作身。大賢故閉口。欲絶諸惡緣。滅念歸兼至。玉京法事作忘。倚伏待長泯。弘道以安世。終當見正玉音法事作其。真。○同上

淫玉音法事作婬。嫉爲禍首。滅身之至患。含養如此害。玉音法事作輩。豈是道所安。玉音法事作恐必致夭殘。知惡而不革。恐必致夭殘。玉音法事作豈是道所道。懷毒日齋直。令我發長歎。○同上

宿命有信然。弱喪謂之死。皆欲眼前見。過目卽玉音法事作則。言悠。大賢明道教。慘慼愍頑夫。依依念子苦。勤勤令我憂。○同上

人命以消盡。亦猶膏中火。四大暫相寓。五物權時假。盛年當勤學。趣求存告玉音法事作吾。我。福盡身神散。冥冥地獄下。上聖畏是故。尋道度斯福。○同上

學仙行爲急。奉戒制情心。虛夷正氣居。仙聖自相尋。若不信法言。胡爲棲山林。大賢樂經戒。受之爲身寶。就學常玉音法事作恒。苦晚。治身恨不早。比當披幽蹟。倏欻玉音法事作忽。年已老。執卷吸玉音法事作歎。爾極。將更死痛惱。吾故及弱齡。棄世以學道。〇同上

碧落空歌

妙哉元始道。太梵敷真文。上開龍漢刼。焕爛光彩分。三十二天書。五老赤字傳。垂慈度生死。鬱勃吐祥雲。中有長命訣。植芽鍊飛仙。開函發玄奥。稽首生精勤。仰思高靈降。乘氣歸三清。〇太上靈寶净明飛仙度人經法一。

魔王歌章

梵行冠太羅。淳風抗玄紀。無形有常存。觀世翻然理。屢踐不終刼。探幽度生死。三乘通便路。清虛無塵滓。長夜對一魂。地獄五苦解。劔樹不摇條。刀上不傷體。門有浩刼翁。地無夭年子。今日慶斯會。諸天並歡喜。不勝情欣悦。高唱稽首禮。〇太上靈寶净明飛仙度人經法一。

第一欲界飛空之音

人道渺渺仙道莽莽。鬼道樂兮當人生門。天道貴生鬼道貴終。仙道常自吉。鬼道常自凶。〇太上靈寶净明飛

仙度人經法四。雲篆度人妙經。靈寶無量度人上品妙經符圖。靈寶旡量度人上經大法。靈寶無量度人上品妙經。○逯按。甄鸞笑道論云。度人妙經稱三界魔王各有歌辭云云。卽此欲界、色界、無色界等歌也。又此等歌率八字一句。當卽笑道論所謂飛天八字文乎。

高上清靈爽。悲歌朗太空。唯願仙道成。不欲人道窮。北都泉曲府。中有萬鬼羣。但欲遏人筭。斷絶人命門。阿人歌洞章。北攝北羅酆。束送妖靈鬼。斬馘六鬼鋒。諸天炁蕩蕩。我道日興隆。○同上

第二色界魔王之章

落落高照明炁四騫。梵行諸天周迴十方。無量大神皆由我身。我有洞章萬徧成仙。仙道貴度鬼道相連。天地眇莽穢氣氛氛。三界樂兮過之常存。身入我界體入自然。此時樂兮薄由我恩。○同上

龍漢蕩蕩何能别真。我界難度故作洞文。變化飛空以試爾身。成敗懈退度者幾人。笑而不度故爲歌音。○同上

第三無色界魔王歌

三界之上眇眇大羅。上無色根雲層峩峩。唯有元始浩刼之象。部制我界統乘玄都。有過我界身入玉虛。我位上王匡御衆魔。○同上

空中萬變穢氣紛葩。保真者少迷惑者多。仙道難固鬼道易邪。人道者心諒不由他。仙道貴實人道貴華。爾不樂仙道。三界那得過。其欲轉五道。我當復奈何。○同上

陳詩卷一

沈炯

炯。字初明。一作禮明。吴興吴康人。仕梁爲王國常侍、尚書左民侍郎、尚書左丞。出補吴令。爲侯景將宋子仙所獲。子仙敗。歸王僧辯。元帝徵爲給事黄門侍郎。江陵陷。入西魏。紹泰中。歸國。除司農卿。遷御史中丞。陳受禪。加通直散騎常侍。文帝卽位。解中丞。加明威將軍。天嘉二年。遣歸收兵吴中。卒。年五十九。有前集七卷。後集十三卷。

長安少年行

長安好文苑作妙。御覽作美。少年。驄馬鐵連錢。陳王裝腦勒。文苑作馬腦。晉后御覽作帝。鑄金鞭。步摇如飛燕。寶劔初學記作劒鍔。御覽同。文苑云。一作劒鍔。似舒蓮。去來新市側。初學記作北。文苑、御覽同。遨遊大道邊。道邊一初學記作三。老翁。顏鬢如初學記作似。文苑同。衰蓬。自言居初學記作生。文苑同。漢世。少小見豪雄。五侯俱拜爵。初學記作日拜。文苑作日。注。一作拜爵。又作日拜。七貴各論功。建章通初學記、文苑作連。北闕。複道度初學記作應。文苑同。又注。一作度。南宫。太后居長樂。天子出回初學記作禁。中。文苑作迴中。玉輦迎飛燕。金山賞鄧通。一朝復一日。忽見朝市初學記作市朝。文苑同。空。扶桑無復海。崑山倒向東。少年何假初學記作暇。問。積齡值初學記作遇。文苑同。又注。一作值。福終。子孫冥滅盡。鄉閭文苑作里。注云。一作閭。復不文苑作不復。同。初學記作不復通。淚盡眼方暗。髀傷耳自聾。杖策尋遺老。歌嘯文苑作笑。詠悲翁。遭隨各初學記作今。有遇。非敢訪童蒙。○初學記十九。文苑英華百九十四作少年行。樂府詩集六十六。詩紀百一。又類聚三十三作長安少年詩。引錢、鞭、蓮、邊四韻。御覽三百八十引錢、鞭、蓮、邊四韻。

獨酌謠

獨酌謠。樂府叠此句。是。獨酌獨長謠。智者不我顧。愚夫余未文苑作不。樂府同。要。不愚復不智。誰當余見招。所以成獨酌。一酌傾一文苑作一傾。樂府同。瓢。生涯本漫漫。神理暫超超。再類聚作一。酌矜許史。三類聚作再。酌傲松喬。頻煩四五酌。不覺凌丹霄。倏爾文苑作忽。注云。一作爾。厭五鼎。俄然賤九韶。鼓殤無異葬。夷跖可同朝。龍蠖非不屈。鵬鷃但樂府作本。逍遥。寄語號呶侶。無乃太類聚作大。塵囂。○類聚十九。文苑英華三百三十六。樂府詩集八十七。詩紀百一。

從駕送軍詩

惟堯稱乃武。軒后號神兵。弔民資智勇。治亂屬師貞。我君膺寶業。歷駕視前英。蒲海方無浪。夷山未有文苑作有未。平。星光下結旆。劔氣上舒精。雲開萬里文苑作嶺。徹。日麗百川明。撫鼓山靈應。詔蹕水祇驚。○類聚五十九。文苑英華二百九十九。詩紀百一。

望郢州城詩

魂兮何處返。非死復非仙。坐柯如昨日。石合詩紀云。一作合石。未淹年。歷陽頓成浦。東海果爲田。空憶扶風詠。誰文苑作惟。見峴山傳。世變才良改。時移民物遷。悲哉孫驃騎。悠悠哭彼天。○類聚三十四。文苑英華三百九。詩紀百一。

長安還至方山愴然自傷詩

秦軍坑趙卒。遂有一人生。雖還舊鄉里。危心曾未平。淮源比桐柏。方山似削成。猶疑屯虜騎。尚畏值胡兵。空村餘拱木。廢邑有頹城。舊識既已類聚作莫不。盡。新知皆異名。百年三萬日。處處此傷情。○類聚三十四。詩紀百一。

離合詩贈江藻

開門枕芳野。井上發紅桃。林中藤蔦類聚作蔦。馮校作蔦。秀。木末風雲高。屋室何寥廓。至類聚作志。士隱蓬蒿。故知人外賞。文酒易陶陶。友朋足諧晤。又此盛詩騷。朗月同攜手。良景共含毫。欒巴有妙術。言是神仙曹。百年肆偃仰。一理詎相勞。閑居有樂。○類聚五十六。詩紀百一。

建除詩

建章連鳳闕。藹藹入雲煙。除庭發槐柳。冠劍似神仙。滿衢飛玉軑。夾道躍金鞭。平明塵霧合。薄暮風雲騫。類聚作褰。定交太類聚作大。學裏。射策雲臺邊。執事一朝謬。朝市忽崩遷。破家徒狥類聚作徇。國。力弱不扶顛。危機空履虎。擊惡豈如鸇。成師鑿門去。敗績裹尸旋。收魂不入斗。抱景問穹玄。開顔何所説。空憶平生前。閉門窮巷里類聚作裏。靜掃詠歸田。○類聚五十六。詩紀百一。

六府詩

水廣南山暗。杖策出蓬門。火炬村前發。林煙樹下昏。金花散黄蕋。蕙草雜芳蓀。木蘭露漸落。山芝風屢翻。土高行已冒。抱甕憶中園。穀城定若近。當終黄石言。○類聚五十六。詩紀百一。

八音詩

金屋貯阿嬌。樓閣起迢迢。石頭足年少。大道跨河橋。絲桐無緩節。羅綺自飄飄。竹煙生薄晚。花色亂春朝。匏瓜詎無匹。神女嫁蘇韶。土地多妍冶。鄉里足塵囂。革年未相識。聲論動風飈。木桃堪底用。寄以答瓊瑶。○類聚五十六。詩紀百一。

六甲詩

甲拆開衆果。萬物具敷榮。乙飛上危幕。雀乳出空城。丙魏舊勳業。申韓事刑名。丁翼陳詩罷。公綏作賦成。戊巢花已秀。滿塘草自生。已乃忘懷客。槃樂尚關類聚作開。情。庚庚聞鳥轉。肅肅望鳧征。辛酸多憫惻。寂寞少逢迎。壬蒸懷太古。覆妙佇無名。癸巳空施位。詎以召幽貞。○古詩類苑八十一。詩紀百一。類聚五十六引榮、城、成、生、情、征、迎、名、貞九韻。

十二屬詩

鼠迹生塵案。牛羊暮下來。虎嘯坐詩紀作生。注云。當作坐。空谷。兔月向窗開。龍隰遠青翠。蛇柳近徘徊。馬蘭方遠摘。羊負始春栽。詩紀作裁。猴栗羞芳果。雞跖詩紀誤作砧。引清杯。狗其懷物外。猪蠡窅悠哉。○類聚五十六。詩紀百一。

從遊天中寺應令詩

福界新開草。名僧共下筵。廣弘明集作延。注云。明本作莚。楊枝生拱樹。錫杖呪飛泉。石座應朝講。山龕擬夜禪。當非舍衛國。賣地取金錢。○廣弘明集三十。詩紀百一。

同庾中庶肩吾周處士弘讓遊明慶寺詩

鷲嶺三層塔。菴園一講堂。馴烏逐飯磬。狎獸繞禪牀。摘菊山無酒。燃松夜有香。幸得同高勝。於此瑩心王。○廣弘明集三十。詩紀百一。

名都一何綺詩

詩紀云。陸士衡擬古詩云。名都一何綺。城闕鬱盤桓。

名都一何綺。春日吐光輝。高樓雲母扇。複殿琉璃扉。昭儀同輦出。高安連騎歸。欲知天子貴。千門應紫微。○類聚六十一。詩紀百一。

爲我彈鳴琴詩

爲我彈鳴初學記作清。文苑、萬花谷同。琴。琴鳴傷我襟。半死無人見。類聚作覺。初學記、文苑、萬花谷同。入竈始知音。空爲貞女引。誰達楚妃心。文苑作吟。雍門何假說。落淚自淫淫。○類聚四十四。初學記十六及文苑英華二百十二作賦得爲我彈鳴琴。萬花谷後三十二作沈炯詩。詩紀百一。

賦得邊馬有歸心詩

詩紀云。王瓚詩。朔風動秋草。邊馬有歸心。

窮秋邊馬肥。萬花谷作生。向塞甚思歸。連鑣渡蒲海。束舌下金微。類聚作徽。已郤魚麗陣。將摧鶴翼圍。彌憶長楸道。金鞭初學記作鞍。文苑、萬花谷同。背落暉。○類聚九十三。初學記二十九。文苑英華三百三十。萬花谷後三十九作沈炯詩。詩紀百一。

詠老馬詩

昔日從戎陣。流汗幾東西。一日馳千里。三丈拔深泥。渡水頻傷骨。翻霜屢損蹄。勿言年齒暮。尋途尚不迷。○文苑英華三百三十。詩紀百一。

和蔡黄門口字詠絶句詩

嚚嚚宫閤路。靈靈谷口閭。誰知名器品。語哩各崎嶇。○類聚五十六。詩紀百一。

謡

幽庭賦系此謡。

故年花落今復新。新年一故成故人。那得長繩繫白日。年年月月但如春。○類聚六十四。

陰鏗

鏗。字子堅。武威人。仕梁爲湘東王法曹行參軍。陳天嘉中爲始興王中録事參軍。累遷晉陵太守、員外散騎常侍。頃之。卒。有集三卷。

新成安樂宮

詩紀云。歷代吟譜曰。鏗賦新成安樂宮。援筆便就。

新宮實壯哉。雲裏望樓臺。迢遞翔鵾仰。連樂府作聯。文苑同。又注。一作連。翩賀燕類聚、初學記、萬花谷作雀。文苑作鷰。注云。一作雀。來。重櫚類聚作簷。文苑同。初學記作欄。寒霧本集作露。類聚作露。樂府作重寒露簷。宿。丹井萬花谷作反。樂府作返景。文苑同。又注。一作返井。一作丹井。夏本集作夜。詩紀云。一作夜。蓮開。砌石披新錦。梁花文苑、樂府並作花梁。畫早梅。欲知安樂盛。歌管雜塵埃。○本集。類聚六十二。初學記二十四作新成長安宮。文苑英華百九十二。樂府詩集三十八。萬花谷二十三作陰鏗詩。詩紀九十九。

班婕妤怨

柏梁新寵盛。長信昔恩傾。誰謂樂府作爲。詩書巧。文苑作爲諸人巧。注云。一作詩書重。翻爲歌舞輕。花月分牕進。本集作近。苔草共堦生。接類聚作憶。文苑作捷。又注。一作妾。一作憶。樂府作妾。淚衫前滿。單眠各書作眠。夢文苑作魂。注云。一作夢。裏驚。可惜逢秋扇。何用合歡名。本集作班倢伃。○類集二十八。文苑英華二百四。樂府詩集四十三。詩紀九十九。

蜀道難

王尊奉漢朝。靈關不憚遥。高岷長有雪。陰棧屢經燒。輪摧九折路。騎阻七星橋。蜀道難如此。功名詎可要。〇本集。文苑英華二百。樂府詩集四十。詩紀九十九。

和登百花亭懷荆楚詩

江陵一柱觀。潯類聚作尋。文苑同。陽千里潮。文苑作湖。風煙望似本集作相。接。川路恨本集作限。成遥。落花輕未下。飛文苑云。石本作浮。絲斷易文苑作亦。飄。藤長還依格。本集作格樹。文苑云。石本作格嶺。荷生不避橋。陽臺可憶處。唯有暮將朝。〇本集。類聚二十八。文苑英華三百十五作追和登百花亭懷荆楚。詩紀九十九。

奉送始興王詩

良守别承明。枉道暫逢迎。去帆收錦綷。歸騎指蘭城。紛糺連山暗。潺湲派水清。桂晚花方白。蓮秋葉始輕。背飛傷客念。臨歧憫聖情。分風不得遠。何由送上征。〇本集。類聚二十九。詩紀九十九。

廣陵岸送北使詩

行人引去節。送客艤歸艫。即是觀濤處。仍爲郊贈衢。汀文苑作貴。注云。類聚作漢。又作河。洲浪已息。邗類聚作邦。江路不紆。亭嘶背櫪文苑作櫪。馬。檣轉向風烏。海上春雲雜。天際晚帆孤。離舟對零雨。別渚望飛鳧。定知能下淚。非但一楊朱。○本集。類聚二十九。文苑英華二百六十六作廣陵岸送遠使。文苑英華二百九十六。詩紀九十九。

江津送劉光禄不及詩

依然臨送渚。長望倚河津。鼓聲隨聽絶。帆勢與雲鄰。泊處空餘鳥。離亭已散人。林寒正下葉。釣類聚作鉤。晚欲收綸。如何相背遠。江漢與城闉。○本集。類聚二十九。文苑英華二百六十六。詩紀九十九。

和傅郎歲暮還湘洲詩

蒼茫歲欲晚。辛文苑作愁。注云。一作辛。苦客方行。大江静猶浪。扁舟獨且征。棠枯絳葉盡。文苑作落。注云。一作盡。蘆凍白花輕。戍人寒不望。沙禽逈文苑作回。注云。一作迴。未驚。湘波各深文苑作若空。注云。一作各深。淺。空軫文苑作輕棹。注云。一作空軫。念歸情。○本集。類聚二十七。文苑英華二百八十九。詩紀九十九。

渡青草湖詩

洞庭春溜滿。萬花谷作薄。平湖錦帆張。沅類聚作源。初學記、文苑同。水萬花谷作源泛。桃花色。湘流杜若香。穴萬花谷作地。去茅山近。文苑作遠。事文類聚同。江連巫峽長。帶萬花谷作布。天澄逈萬花谷作遠。碧。映日動浮光。行舟逗遠樹。度鳥息本集作宿。危檣。初學記作牆。滔滔不可測。一葦詎能航。○本集。類聚九。初學記七。文苑英華百六十三。萬花谷五。事文類聚前集十七。詩紀九十九。

渡岸橋詩

畫橋長且曲。傍險類聚作嶮。復憑流。寫虹晴尚飲。圖星晝不收。跨波連斷岸。接路上危樓。欄高荷不及。池清影自浮。何必横南渡。方復似牽牛。○本集。類聚九。詩紀九十九。

遊始興道館詩

紫臺高不本集作下。極。清谿類聚作溪。初學記、文苑、萬花谷同。千仞餘。壇邊逢藥銚。洞裏閲仙書。庭舞經乘鶴。池遊被控文苑作擢。注云。一作控。魚。稍昏蕙文苑、萬花谷作薤。初學記作薤。明本同。葉歛。本集誤作劒。欲暝槿花疎。徒教藝文作交。斧柯爛。會自不凌虚。○本集。藝文類聚七十八。初學記二十三。文苑英華二百二十六。萬花谷二十七作陰鏗詩。詩紀九十九。

開善寺詩

鷲嶺春光遍。王城野望通。登臨情不極。蕭散趣無窮。鶯本集誤作鷲。隨入户樹。花逐下山風。棟裏歸雲白。牕外落暉紅。古石何年卧。枯樹幾春空。淹留惜本集作昔。詩紀同。未及。幽桂在類聚作有。芳叢。○本集。類聚七十六。詩紀九十九。

罷故章縣詩

秩滿三秋暮。舟虚一水濱。漫漫遵歸道。本集作路。淒淒類聚作悽悽。對别津。晨風下散葉。歧路起飛塵。長岑舊知遠。萊蕪本自貧。被裹本集作服。恆容本集作恒客。類聚同。吏。正朝不繫民。惟當有一犢。留持贈後人。○本集。類聚五十。詩紀九十九。

閒居對雨詩

四溟初學記作冥。文苑同。飛旦初學記作早。文苑同。又注。一作旦。雨。三徑絶來遊。本集作由。震位雷聲發。離宫電影浮。山雲遥似帶。庭葉初學記字缺。文苑作芥。注云。一作葉。近成舟。茅簷下亂滴。石竇引環初學記作滐。文苑同。流。寄言一高士。如何麥不收。○本集。類聚二。初學記二。文苑英華百五十三。詩紀九十九。

又

蘋藻降靈祇。聰明諒在斯。觸石朝雲起。從星夜月離。八川奔巨壑。萬頃溢澄陂。緑野含膏潤。青山帶濯枝。嘉禾方合穎。秀麥已分歧。寄語紛綸學。持筆詎必知。○本集。類聚二。詩紀九十九。

行經古墓詩

偃松將古墓。年代理當深。表初學記作哀。柱應堪燭。碑書欲有金。逈類聚作迴。初學記、文苑同。壙由路毁。荒隧受田侵。霏霏野霧初學記作田。文苑作露。合。昏昏隴類聚、初學作壟。日沈。懸劍今何在。風楊空自吟。〇本集。類聚四十。初學記十四。文苑英華三百六。事文類聚前集五十八。詩紀九十九。

和樊晉陵傷妾詩

畫梁朝日盡。芳樹落文苑作晚。花辭。忽以千金笑。長作九泉本集作原。悲。鏡前塵劇粉。機上網多絲。户餘雙入燕。類聚作鷰。牀有一空帷。文苑作惟。名香不可得。何文苑作詎。見返魂時。〇本集。類聚三十四。文苑英華三百二作和悼亡。詩紀九十九。

和侯司空登樓望鄉詩

懷土臨霞觀。思歸想石門。瞻雲望鳥道。對柳憶家園。寒田穫文苑作淵。裏静。文苑作净。野日燒文苑作曉。中昏。信美今何益。傷心自有源。〇類聚二十八。文苑英華三百十一。詩紀九十九。

登武昌岸望詩

遊人試歷覽。舊跡已類聚作但。丘墟。巴水縈非字。楚山斷類書。荒城高仞落。古柳細條疎。煙蕪遂若此。當不爲能居。〇本集。類聚二十八。詩紀九十九。

晚出新亭詩

大江一浩蕩。離悲足幾重。潮落猶本集作長。注云。一作猶。如蓋。雲昬不作峯。遠戍唯聞鼓。寒山但見松。九十方稱半。歸途詎有蹤。○本集。類聚八。文苑英華百六十四。詩紀九十九。

晚泊五洲詩

客行逢日暮。結纜晚洲本集作舟。中。戍樓因嵁類聚作磋。文苑同。險。村路入江窮。水隨雲度類聚作渡。黑。山帶日歸紅。遥憐類聚、文苑作然。一柱觀。欲輕千里風。○本集。類聚二十七。文苑英華二百八十九。詩紀九十九。

賦詠得神仙詩

羅浮銀是殿。瀛洲玉作堂。朝遊雲暫起。夕餌菊恆香。聊持履成燕。戲以石爲羊。洪厓類聚作崖。與松子。乘羽就周王。○本集作詠得神仙。類聚七十八。詩紀九十九。

遊巴陵空寺詩

日宮朝絶磬。月殿夕無扉。網交雙樹葉。輪斷七燈輝。香盡奩猶馥。幡塵畫漸微。借問將何見。風氣動天衣。○本集。類聚七十六。詩紀九十九。

秋閨怨詩

獨眠雖已慣。秋來只自愁。火籠恆煖類聚作暖。脚。行障鎮牀頭。眉含黛俱本集作欲。斂。啼將粉共流。誰能無別恨。類聚作限别。唯本集作雖。守一空樓。○本集。類聚三十二。詩紀九十九。

南征閨怨詩

湘水舊言深。征客理難尋。獨愁無處道。長悲本集作啼。不自禁。逢本集作作。人憎解佩。從來懶聽音。唯當有夜鵲。南飛似妾心。○本集。類聚三十二。詩紀九十九。

侯司空宅詠妓詩詩紀云。劉删同賦。

佳人遍類聚作偏。綺席。妙曲動鵾絃。樓似陽臺上。池如洛水初學記作浦。文苑、萬花谷同。邊。鶯啼歌扇後。花落舞衫前。翠柳將斜日。俱照初學記作偏是。文苑、萬花谷同。晚粧鮮。○本集。類聚四十二。初學記十五。文苑英華二百十三。萬花谷三十二作陰鏗詩。詩紀九十九。

經豐城劍池詩

清池自湛澹。類聚作淡。神劍久遷移。無復連星氣。空餘似月池。夾篠澂深淥。文苑作谷。含風結細漪。唯有蓮花類聚作華。蕚。還想匣中雌。○本集。類聚九。文苑英華百六十五。詩紀九十九。

西遊咸陽中詩

詩紀云。阮籍詠懷詩曰。西遊咸陽中。趙李相經過。

上林春色滿。咸陽游俠多。城斗疑連漢。橋星象類聚作像。文苑同。跨河。影裏看文苑作着。飛轂。塵前聽遠珂。還家何意晚。無處不經過。○本集。類聚三十三。文苑英華百九十六。詩紀九十九。

觀釣詩

澄江初學記作空。息晚浪。釣侶枻初學記作拽。輕舟。絲垂類聚作垂絲。遥初學記作解。案宋本作鮮。濺水。餌下暗通流。歌聲時斷續。本集作聽。檝初學記作楫。影乍横本集作下空。浮。寄言濯纓者。滄浪終滯游。○本集。類聚六十六。初學記二十二。詩紀九十九。

詠石詩

天漢萬花谷作潢。支機罷。仙嶺博棊餘。零陵舊是燕。昆池本學魚。雲移蓮本集作連。勢出。苔駮錦紋類聚作文。初學記、萬花谷同。疏。初學記作疎。文苑同。還當穀城下。别自萬花谷作月。解兵書。○本集。類聚六。初學記五。文苑英華百六十一。萬花谷五作陰鏗詩。詩紀九十九。

侍宴賦得夾池竹詩

夾池一叢竹。垂初學記作青。文苑、萬花谷同。翠不驚寒。葉醖宜城酒。皮裁本集作治。類聚同。薛縣冠。湘川染萬花谷作留。別淚。衡本集誤作銜。嶺拂仙壇。欲見葳蕤色。當來萬花谷作爲。菟初學記作兔。文苑同。苑看。本集作欲見凌冬質。當爲雪中看。類聚同。○本集作夾池竹。類聚八十九。初學記二十八作侍宴賦得竹詩。文苑英華三百二十五。萬花谷後三十八作陰鏗詩。詩紀九十九。

雪裏梅花詩

春近寒雖轉。本集作猶薄。梅舒雪尚飄。從風還共落。照日不俱銷。葉開隨足影。花多助重條。今來漸異昨。向晚判勝朝。○本集。類聚八十六作詠雪裏梅詩。詩紀九十九。

五洲夜發詩

夜江霧裏闊。新月迥中明。溜船本集作痕。類聚作舯。惟識火。驚鳧但聽聲。勞者時歌榜。愁人數問更。○本集。類聚二十七作夜發詩次晚泊五洲詩後。詩紀九十九。

詠鶴

依池屢獨舞。對影或孤鳴。乍動軒墀初學記作遲。萬花谷同。步。時轉入琴聲。○初學記三十。萬花谷四十作陰鏗詩。詩紀九十九。

陸山才

山才。字孔章。吴郡人。歷散騎常侍。遷西陽、武昌二郡太守。天康元年卒。年五十八。

刻吴閶門詩

南史曰。張彪爲東陽州刺史。征剡。遣沈泰等助謝岐居守。泰反與岐迎陳文帝入城。彪因其未定。踰城而入。陳文帝遂走。彪復城守。沈泰復説陳文帝遣章昭達領兵躡之。彪被劫殺。彪友吴中陸山才嗟泰等翻背。刻吴閶門爲詩一絶云。

田横感義士。韓王報主臣。若爲留意氣。持寄禹川人。○南史張彪傳。詩紀九十二。

陳詩卷二

周弘正

弘正。字思行。汝南安成人。仕梁歷太學博士、國子博士、黄門侍郎、太常卿、都官尚書。陳受禪。授太子詹事。遷侍中、國子祭酒。進尚書右僕射。太建六年卒。年七十九。有周易義疏十六卷、孝經私記二卷、莊子内篇講疏八卷、集二十卷。

答林法師詩

客行七十歲。歲暮遠徂征。寒初學記作塞。雲結初學記作凝。不解。隴初學記作隱。水凍無聲。君看日近遠。初學記作遠近。爲忖長安城。○類聚二十九。初學記十八作江總同庾信答林法師詩。詩紀百一。

學中早起聽講詩

詰朝參下座。閒步出重闈。北堂月稍隱。南枝鵲已飛。早霜垂靄靄。初霧上霏霏。嚴唱雖罷柝。高門尚掩扉。既傷年緒促。復嗟心事違。平生愛山海。宿昔特精微。未解輕身去。唯應下第歸。○初學記二十一。詩紀百一。

還草堂尋處士弟詩

四文苑作歲。時易荏苒。百齡倏將半。故老多零落。山僧盡凋文苑作雕。散。宿樹倒爲查。舊水侵成岸。文苑誤作崖。幽尋屬令弟。依然歸舊館。感物自多傷。況乃春鶯亂。○類聚三十六。文苑英華二百三十。詩紀百一。

入武關詩

武關設地險。遊客好邅迴。將軍天上落。童子棄類聚作棄。繻來。揮汗成雲雨。車馬颺類聚作漾。塵埃。鷄鳴不可信。未初學記作天。曉莫先開。○類聚六。初學記七。詩紀百一。

和庾肩吾入道館詩

石橋有舊路。文苑作看舊跡。注云。一作有舊路。靈室文苑作虛空。注云。一作靈石。儼衆仙。菊潭溜餘水。丹竈起殘文苑作寒。注云。一作殘。煙。桃花經作實。海水屢成田。逆愁文苑作送還。注云。一作逆愁。歸舊里。文苑作里閈。注云。或作舊里。追問斧柯年。○類聚七十八作和庾肩吾詩。次庾肩吾道館詩下。文苑英華二百二十六作和庾肩吾入道士館。詩紀百一。

看新婚詩

莫愁年十五。初學記作三。來聘子都家。婿顏如美玉。婦色勝桃花。帶啼疑初學記作凝。暮雨。含笑似朝霞。暫却輕紈扇。傾城判不賒。○類聚四十。初學記十四。詩紀百一。

名都一何綺詩

名都宫觀綺。金壁藻華璫。吹臺望鳷鵲。舞殿接披香。繡轂遊丹水。彫輦出平陽。陸離徒照眼。何解憂人傷。○類聚六十一。詩紀百一。

詠石鯨應詔詩

石鯨何壯麗。獨在天池陰。鬐鰭類横海。半出似浮深。吞航本無日。吐浪亦難尋，聖帝遊靈沼。能懷躍藻心。○類聚六。詩紀百一。

詠老敗鬭鷄詩

少壯摧雄敵。眄視生猜忌。一隨年月衰。摧頹落毛駛。閒觀初學記作看。春光滿。東郊草色異。無復先鳴力。空餘擅塲意。○類聚九十一。初學記三十。詩紀百一。

隴頭送征客詩

朝霜侵漢類聚作漢。草。流沙度隴飛。一聞流水曲。行住兩霑衣。○類聚二十九。詩紀百一。

詠歌人偏得日照詩

斜光入丹扇。的的最分明。欲持照彫栱。初學記作拱。仍作繞梁聲。○初學記十五。詩紀百一。

詠班竹掩團扇詩

齊紈萬花谷作紈。誤。將楚竹。從來本相遠。將申湘女悲。宜並班姬怨。○初學記二十五。萬花谷續七作周弘正詩。詩紀百一。

於長安詠鴈詩

南思洞庭水。北想鴈門關。稻粱俱可戀。飛去復飛還。○類聚九十一作周庾信詠雁詩。初學記三十。詩紀百一。

贈韋夐詩

德星猶未動。真車詎肯來。○御覽四百八引後周書。

周弘讓

弘讓。弘正弟。隱居茅山。晚仕侯景。爲中書侍郎。獲譏于世。承聖初爲國子祭酒。陳天嘉中。領太常卿。

留贈山中隱士詩

行行訪名岳。處處必留連。遂至一巖裏。灌木上參天。忽見茅茨屋。曖曖文苑作暧暧。誤。有人煙。一士開門出。一士呼我前。相看不道姓。焉文苑作誰。知隱與仙。〇類聚三十六作無名詩。文苑英華二百三十二。詩紀百一。

春夜醮五岳圖文詩

夜靜瓊筵謐。月出杏壇明。香煙百和吐。燈色九微清。五岳移龍駕。十洲回初學記作迴。鳳笙。目想靈人格。心屬羽衣輕。蕙肴薦神享。初學記作饗。桂醑達遥誠。熙然聊自得。挹酒念浮生。〇初學記十三。詩紀百一。

賦得長笛吐清氣詩

詩紀云。魏文帝善哉行。悲絃激清聲。長笛吐清氣。

商聲傳後出。龍吟鬱前吐。情斷山陽舍。氣咽文苑云。一作吐。平陽塢。文苑誤作塢。胡騎争北歸。偏知別文苑作引。注云。一作別。鄉苦。羈旅情易傷。零淚如交雨。〇初學記十六、文苑英華二百十二並作賦長笛吐清氣詩。詩紀百一。

立秋詩

兹辰戒流火。商飈早已驚。雲天改夏色。木葉動秋聲。〇初學記三。詩紀百一。

周弘直

弘直。字思方。弘讓弟。仕梁歷太學博士、湘東王記室、長沙内史、零陵太守。陳天嘉中。累遷太常卿、光禄大夫。

賦得荆軻詩

荆卿欲報燕。衛恩棄百年。市中傾别酒。水上擊離絃。匕首光凌日。長虹氣燭天。留言與宋意。悲歌非自憐。○類聚五十五。詩紀百一。

陸玠

玠。字潤玉。瑜從父兄。舉秀才。對策高第。授衡陽王文學。太建初。遷長沙王友。太子徵爲管記。除中舍人。八年卒。年三十七。有集十卷。

賦得雜言詠栗詩

貨見珍於有漢。木取貴於隆周。英肇萌於朱夏。實方落於素秋。委玉盤。雜椒稰。將象席。文苑作廡。注云。初學記作席。糅珍羞。○初學記二十八作梁陸玢。文苑英華三百二十六作陳陸玢。詩紀百一。○逯按。玢乃玠之譌。大正藏高僧傳支遁傳衛玠。宮本玠作玢。是其比。

顧野王

野王。字希馮。吴郡吴人。仕梁歷太學博士、記室參軍、諮議參軍。陳天嘉初。補撰史學士。宣帝時。遷國子博士。兼東宮管記。除太子率更令。遷黄門侍郎、光禄卿。太建十三年卒。年六十三。有玉篇三十卷、集十九卷。

羅敷行

東隅麗春日。南陌采桑時。樓中結梳罷。提筐候早期。風輕鶯韻緩。露重樂府作霜灑。落花遲。五馬光長陌。千騎絡青絲。使君徒遣信。賤妾畏蠶饑。○樂府詩集二十八。詩紀百六。

芳樹

上林通建章。雜樹遍林芳。日影桃蹊色。風吹梅逕香。幽山桂葉落。馳道柳條長。折榮疑路遠。用表莫相忘。○樂府詩集十七。詩紀百六。

有所思

賤妾有所思。良人久征戍。笳鳴塞城表。樂府作笳鳴塞表城。注。一作笳鳴胡塞表。花開落芳樹。白登澄月色。黄龍起煙霧。還聞雉子斑。非復長征賦。○樂府詩集十七。詩紀百六。

隴頭水

隴底文苑作頭。望秦川。迢遞隔風煙。肅條落野樹。幽咽響流泉。瀚海波難文苑作將。息。交河冰未堅。寧知蓋山水。逐節赴危絃。○文苑英華百九十八。樂府詩集二十一。詩紀百六。

長安道

鳳樓臨廣路。仙掌入煙霞。章臺京兆馬。逸陌富平車。東門疎廣餞。北闕董賢家。渭橋縱觀罷。安能訪狹斜。○文苑英華百九十二。樂府詩集二十三。詩紀百六。

陽春歌

春草正芳菲。重樓啓曙扉。銀鞍俠客至。柘彈宛詩紀云。一作婉。童歸。池前竹葉滿。井上桃花飛。薊門寒未歇。爲斷流黃機。○文苑英華百九十三。樂府詩集五十一。詩紀百六。

豔歌行三首

夕臺行雨度。朝梁照日輝。東城採桑返。南市數錢歸。長歌挑碧玉。羅塵笑洛妃。欲知歡未盡。棲烏已夜飛。樂府作棲夜已烏飛。○樂府詩集三十九。詩紀百六。

齊倡趙女盡妖妍。珠簾玉砌併神仙。莫笑人來最落後。能使君恩得度前。豈知洛渚羅塵步。詎減天河樂府誤作河天。秋夕渡。妖姿巧笑能傾城。那思他人不憎妬。蓮花藻井推芰荷。採菱妙曲勝陽阿。○同上

燕姬妍。趙女麗。出入王宫公主第。倚鳴瑟。歌未央。調弦八九弄。度曲兩三章。唯欣春日永。詎愁秋夜長。歌未央。倚鳴瑟。輕風飄落蘂。乳燕樂府脱乳燕二字。巢蘭室。結羅帷。翫朝日。窗開翠幔卷。妝罷金星出。争攀四照花。競戲三條術。○同上

餞友之綏安詩

谷風揚暖律。扶旭開餘靄。蘭芽被平皐。冰澌泮微瀨。悟彼芳歲新。愜此賞心會。絲竹邯鄲倡。朋游鄴中蓋。貢橘偉含滋。仙鰡妙飛鱠。崚嶒眺廣嶽。浩渼窮溟海。衆賓悦禮遇。遠俗懷仙愛。操輸本非工。無譏比曹鄶。○松風餘韻。詩紀百六。

徐伯陽

伯陽。字隱忍。東海人。梁大同中爲侯官令。陳天嘉中爲侯安都記室參軍。累遷鎮右新安王府諮議參軍。太建十三年卒。年六十六。

日出東南隅行

朱城璧類聚作壁。樂府同。日啓朱扉。詩紀云。玉臺云。丹城璧日映朱扉。青樓含照本暉暉。遠映陌上春桑葉。斜入秦家緗綺衣。羅敷粧粉能佳麗。鏡前新梳倭墮髻。圓樂府作圜。籠裊裊掛青絲。鐵鈎冉冉勝丹桂。蠶飢日晚暫生愁。忽逢使君南陌頭。五馬停珂遣借問。雙臉含嬌特好羞。妾壻府中輕小吏。即今來往專城裏。欲識東方千騎歸。藹藹樂府作靄靄。日暮紅塵起。○類聚八十八作賦得日出東南隅詩。樂府詩集二十八。詩紀百六。

遊鍾山開善寺詩

聊追鄴城友。躧步出蘭宮。法侶殊人世。天花異俗中。鳥聲不測處。松吟未覺風。此時超愛網。還復洗塵蒙。○文苑英華二百三十三。詩紀百六。

張正見

正見。字見賾。清河東武城人。仕梁歷邵陵王國左常侍、通直散騎侍郎、彭澤令。陳受禪。除鎮東鄱陽王墨曹。歷宜都王限外記室、撰史著士。帶尋陽郡丞。累遷尚書度支部郎、通直散騎侍郎。太建中卒。年四十九。有集十四卷。

樂府

釣竿篇

結宇長江側。垂釣廣文苑作渡。注云。一作鈎廣。川潯。竹竿橫翡翠。桂髓擲黄金。人來水鳥初學記作身。没。檝度文苑作渡。樂府同。岸初學記作杏。花沈。蓮摇見魚近。綸盡覺潭深。渭水文苑作戲。注云。一作水。終須卜。滄浪徒自吟。空嗟文苑云。一作明。芳餌下。獨見有貪心。○初學記二十二。文苑英華二百十。樂府詩集十八。詩紀百二。

度關山

關山度曉月。劒客遠文苑作還。注云。一作遠。從征。雲中出迥文苑作迴。陣。天外落奇兵。輪摧偃去節。樹倒礙懸旌。沙揚文苑作埸。折文苑云。一作楊。坂暗。雲積文苑作磧。榆溪明。馬倦時銜草。人疲屢看城。寒文苑云。一作塞。隴胡笳澁。空文苑作寒。林漢鼓鳴。還聽嗚文苑作嗟幽。注云。一作聽嗚。咽水。併切斷腸聲。○文苑英華百九十八。樂府詩集二十七。詩紀百二。

晨鷄高樹鳴

詩紀云。阮籍詠懷詩曰。晨鷄鳴高樹。命駕起旋歸。然則此非樂府也。

晨鷄振翮鳴。出迥文苑作迴。升菴詩話作洞。擅奇聲。蜀郡升菴詩話作道。隨金馬。天津應玉衡。摧冠驗遠石。文苑作古。繫樂府作繫火出連營。用江逌事。争棲斜揭暮。解翼横飛度。試飲淮南藥。翻上仙都樹。枝低且候潮。葉淺還承露。承露升菴詩話作低枝。觸嚴霜。葉淺伺朝陽。猜羣怯寶劒。樂府猜上有不見兩字。勇戰出花場。當損黄金距。誰論白玉璫。長鳴逢晉帝。樂府長上有豈知二字。恃氣遇周王。流名説魯國。分影入陳倉。不復愁苻朗。猶能感孟嘗。○文苑英華二百六。樂府詩集二十八。升菴詩話。詩紀百二。

採桑

春樓曙鳥驚。蠶妾候初晴。迎風金珥落。向日玉釵明。徙顧移籠影。攀鈎動釧聲。葉高知手弱。枝軟覺身輕。人多羞借問。年少怯逢迎。恐疑夫壻遠。聊復答專城。○文苑英華二百八。樂府詩集二十八。詩紀百二。

豔歌行

城隅上朝日。斜暉照杏梁。併捲茱萸帳。争移翡翠牀。縈環樂府作鬟。聊向牖。拂鏡且調妝。裁金作小靨。散麝起微黄。二八秦樓婦。三十侍中郎。執戟超丹地。豐貂入建章。未安文史閣。獨結少年場。彎弧貫葉詩紀云。一作月。影。學劍動星芒。翠蓋飛城曲。金鞍横道傍。調鷹向新市。彈雀往睢陽。行行稍有極。暮暮歸蘭房。前瞻富羅綺。左顧足鴛鴦。蓮舒千葉氣。燈吐百枝光。滿酌胡姬酒。多燒荀令香。不學幽閨妾。生離怨採桑。○樂府詩集二十八。詩紀百二。

從軍行

胡兵屯薊北。漢將起山西。故人輕百戰。聊欲定三齊。風前噴畫角。雲上舞飛梯。鴈塞秋聲遠。龍沙雲路迷。燕然自可勒。函谷詎須泥。○類聚五十九。文苑英華百九十九。詩紀百二。

三婦豔詩

大婦織殘絲。中婦妬蛾眉。小婦獨無事。歌罷詠新詩。上客何須起。爲待絶纓時。○樂府詩集三十五。詩紀百二。

置酒高殿上

詩紀云。曹子建箜篌引曰。置酒高殿上。親友從我遊。

陳王開甲第。粉壁麗椒塗。高窗侍玉女。飛闥敞金鋪。名香散綺幕。石硯樂府作壘。彫金罏。清醪稱玉饋。浮蟻擅蒼梧。鄒嚴恆接武。申白日相趨。容與升階玉。差池曳履珠。千金一巧笑。百萬兩鬟姝。趙姬未鼓瑟。齊客罷吹竽。歌喧桃與李。琴挑鳳將雛。魏君慚舉白。晉主媿投壺。風雲更代序。人事有榮枯。長卿病消渴。壁立還成都。○樂府詩集三十九。詩紀百二。

門有車馬客行

飛觀霞光啓。文苑作起。重門平旦文苑作戒在。注云。一作平旦。開。北闕高箱過。文苑作輶至。注云。一作箱過。東方連文苑作遶。注云。一作連。騎來。紅塵揚翠轂。赭汗染龍媒。桃花夾逕文苑作扶岸。注云。一作夾院。一作夾徑。聚。流水傍池回。投文苑、樂府作捎。詩紀云。集作揮。鞭聊静詩紀云。集作接。電。捐樂府作接。軫暫文苑作接眼漸。注云。一作珍暫。停雷。回、雷二韻。文苑顛倒。非關萬里客。自有文苑作是。注云。一作有。六奇才。琴和朝雉文苑作翟。注云。一作雉。操。酒泛夜光杯。舞袖飄金谷。歌聲遶鳳臺。良時不可再。文苑作不再遇。注云。一作可再。騶馭文苑作御。鬱相催。安知太行道。失路車輪摧。○文苑英華百九十五。樂府詩集四十。詩紀百二。

白頭吟

平生懷直道。文苑云。一作白首。松桂比真文苑云。一作貞。風。語默妍媸際。沈浮毁譽中。讒新恩易盡。情去寵難終。彈珠金市側。抵玉春文苑誤作泰。詩紀云。一作崑。山東。含香老顔駟。執戟異揚雄。惆悵崔亭伯。幽憂馮敬通。王嬙没胡樂府作故。文苑同。又注。一作胡。塞。班女棄深宫。春苔封履跡。秋葉奪妝紅。顔如花落槿。鬢似雪飄蓬。此時積文苑、樂府並云。一作卽。長歎。傷年誰復同。○文苑英華二百七。樂府詩集四十一。詩紀百二。

怨詩詩紀云。集作情詩。

新豐妖冶地。遊俠競嬌奢。池臺間羅綺。桃李雜煙霞。蓋影分連騎。衣香合並車。豔粉驚飛蝶。紅妝映落花。舞衫飄冶袖。歌扇掩團文苑云。一作圓。紗。玉牀文苑作帳。注云。一作牀。珠帳文苑作簾。卷。金樓鏡月斜。還疑簫史鳳。不及季倫家。○文苑英華二百十一。樂府詩集四十一。詩紀百二。

應龍篇

應龍未起時。乃在淵底藏。非雲足不蹈。舉則沖天翔。譬彼野蘭草。幽居常獨香。清風播四遠。萬里望芬芳。隱居可頤志。自見焉得彰。○樂府詩集六十四。詩紀百二。

輕薄篇

洛陽美年少。文苑作少年。朝日正開霞。細蹀文苑作踏。連錢馬。傍趨苜蓿花。揚鞭還却文苑作却還。望。春色滿東家。井桃映水落。門柳雜風斜。綿蠻弄清綺。蛺蝶遶承華。欲往飛廉館。遥駐季倫車。石榴傳馬腦。蘭肴奠象牙。聊持自文苑云。一作自持。娱樂。未是鬬豪奢。莫嫌龍馭晚。文苑作曉。注云。一作晚。扶桑復浴鵶。○文苑英華百九十四。樂府詩集六十七。詩紀百二。

帝王所居篇樂府不載。見文苑英華。

崤函惟文苑作雄。帝宅。宛雒壯皇居。紫微臨複道。丹水亘通渠。沈沈飛雨殿。藹藹承明盧。兩宫分槩日。雙闕並凌虚。休氣充青瑣。榮光入綺疏。霞明仁壽鏡。日照陵雲書。鳴鸞背鳷鵲。詔蹕幸儲胥。長楊飛玉輦。御宿徙文苑作陟。金輿。柳葉飄緹文苑作緹飄。騎。槐花影屬車。薄暮歸平樂。歌鐘滿玉除。○文苑英華百九十二。詩紀百二。

朱鷺

金堤有朱鷺。刷羽望滄瀛。周詩振雅曲。漢鼓發奇聲。時將赤鴈並。乍逐彩鸞行。別有翻潮處。異色不相驚。○文苑英華二百六。樂府詩集六。詩紀百二。

上之回

林光稱避暑。回中乃吉行。龍媒躡影駛。玉輦御雲輕。風烏繞鳷鵲。綵鷁照昆明。欲知鍾箭遠。遥聽寶雞聲。○樂府詩集十六。詩紀百二。

戰城南

薊北馳胡騎。城南接短兵。雲屯文苑作起。注云。一作屯。兩陣合。劒聚七星明。文苑作横。注云。一作明。旗交無復文苑作後。影。角憤有餘聲。戰罷披軍策。還嗟李少卿。○文苑英華百九十六。樂府詩集十六。詩紀百二。

君馬黄二首

幽并重騎射。征馬正文苑云。一作自。盤桓。風去嘶聲樂府作長嘶。文苑、詩紀並云。一作長嘶。遠。冰堅度足寒。出關聊文苑云。一作徒。變色。上坂屢停鞍。即今隨御史。非復在樓蘭。○文苑英華二百九。樂府詩集十七。詩紀百二。

五色乘馬黄。追風時滅没。血汗染龍花。胡鞍抱秋月。唯騰渥洼水。不飲長城窟。詎待燕昭王。千金市駿骨。○同上

芳樹

奇樹舒春苑。流芳入綺錢。合歡分四照。同心影樂府作彰。文苑同。又注。一作影。詩紀云。一作彰。萬年。香浮佳氣裏。葉映彩雲前。欲識揚雄賦。金文苑云。一作含。玉滿甘泉。○文苑英華二百八。樂府詩集十七。詩紀百二。

有所思

深閨久離别。積怨轉生愁。徒思裂帛鴈。空上望歸樓。看花憶塞草。對月想邊秋。文苑誤作愁。相思日日度。文苑作夜。注云。一作度。詩紀云。玉臺作暮。淚臉年年流。○文苑英華二百二。樂府詩集十七。詩紀百二。

雉子斑

陳倉雉未飛。斂翮依芳甸。朱冠色尚淺。錦臆毛初變。雊麥且專場。排花聊勇戰。唯當渡弱水。不怯如皋箭。○文苑英華二百六。樂府詩集十七。詩紀百二。

臨高臺

層臺邇清漢。出迥文苑誤作迴。架重棼。飛棟臨黄鶴。高牕度白雲。風前朱幌文苑、樂府作幔。注云。一作幌。詩紀云。

一作幔。色。霞處綺疏分。此中多怨曲。地遠詎能聞。○文苑英華二百十。樂府詩集十八。詩紀百二。

隴頭水二首

隴頭嗚四注。征人逐貳師。羌笛含文苑作合。注云。一作含。流咽。胡笳雜水悲。湍高飛轉駛。澗淺蕩還遲。前旌文苑作旗。去不見。上路杳無期。○文苑英華百九十八。樂府詩集二十一。詩紀百二。

隴頭流水急。流急行難渡。遠文鏡秘府作伴。入隗囂營。傍侵酒泉路。心交賜文鏡秘府作贈。寶刀。小婦成紈袴。文鏡秘府作裁紈素。欲知別家久。戎衣今已故。○文鏡秘府論西作徐陵。文苑英華百九十八。樂府詩集二十一。詩紀百二。

折楊柳

楊柳半垂空。裊裊上春中。枝疎董澤箭。葉碎楚臣弓。色映長河水。花飛高樹風。莫言限宫掖。不閉長楊宫。○樂府詩集二十二。詩紀百二。

關山月

巖間文苑作間。度月華。流彩映山斜。暈逐連城壁。輪隨出塞車。唐蓂遥合影。秦桂遠分花。欲驗盈虛理。文苑作駛。注云。一作理。詩紀云。一作駛。方知道路賒。○文苑英華百九十八。樂府詩集二十三。詩紀百二。

洛陽道

曾城啓旦扉。上路落文苑作洛。樂府同。春暉。柳影緣文苑作緑。溝合。槐花夾岸文苑作路。樂府同。又注。一作岸。飛。蘇合彈珠罷。黄間負翳歸。紅塵暮不息。相看連騎稀。○文苑英華百九十二。樂府詩集二十三。詩紀百二。

梅花落

芳樹文苑作梅。詩紀同。映雪文苑作雲。注云。一作紅。樂府作紅。注云。一作雲。野。發早覺寒侵。落遠香風急。飛多花逕深。周人歎初摽。魏帝指前林。邊城少灌木。折此自悲吟。○文苑英華二百八。樂府詩集二十四。詩紀百二。

紫騮馬

將軍入大宛。善馬出從戎。影絶乾河上。聲流水詩紀作入。注云。一作水。窟中。似鹿猶依草。如龍欲向空。須還十文苑作千。樂府同。萬里。試爲一追風。○文苑英華二百九。樂府詩集二十四。詩紀百二。

雨雪曲

胡關辛苦地。雪路遠漫漫。含冰踏馬足。雜雨凍旗竿。沙漠飛恆暗。天山積轉寒。無因辭日逐。團扇掩齊紈。○文苑英華百九十三。樂府詩集二十四。詩紀百二。

劉生

劉生絶名價。豪俠恣遊陪。金門四姓聚。繡轂文苑作簫鼓。注云。一作繡轂。詩紀云。一作簫鼓。五香文苑云。集作五侯。詩紀云。一作侯。來。塵飛瑪瑙樂府作馬腦。通。勒。酒映硨磲文苑作車渠。古通。杯。别有追遊夜。秋文苑作愁。窗向月開。○文苑英華百九十六。樂府詩集二十四。詩紀百二。

公無渡河

金堤分文苑云。一作紅。錦纜。白馬渡蓮舟。風嚴歌響絶。浪湧文苑作急。注云。一作湧。詩紀云。一作急。榜人愁。櫂文苑作棹。樂府同。折桃花水。颿文苑、樂府作帆。古通。横竹箭流。何言沈璧處。千載偶陽侯。○初學記六。文苑英華二百十。樂府詩集二十六。詩紀百二。

對酒

當歌對玉酒。匡坐酌金罍。竹葉三清泛。蒲萄百味開。風移蘭氣入。月逐桂香來。獨有劉將阮。忘情寄羽杯。○文苑英華百九十五。樂府詩集二十七。詩紀百二。

銅雀臺一曰銅雀妓。

凄類聚作荒。文苑同。涼銅雀類聚作爵。晚。摇落墓田通。雲慘當歌日。松吟欲舞風。人疏瑶席冷。曲罷繐帷空。

可惜年將文苑作年。注云。一作將。淚。俱盡望陵中。○類聚三十四。文苑英華二百四。樂府詩集三十一。詩紀百二。

長安有狹斜行

少年重遊俠。長安有狹斜。路窄時容馬。枝高易度車。簷高同落照。巷小共飛花。相逢夾繡轂。借問是誰家。○樂府詩集三十五。詩紀百二

飲馬長城窟行

秋草朔風驚。飲馬出長城。羣驚還怯飲。地險更宜文苑作疑。行。傷冰文苑云。一作水。斂文苑云。一作驚。凍足。畏冷急寒聲。無因度吴坂。方復入羗城。○文苑英華二百九作擬飲馬長城窟。樂府詩集三十八。詩紀百二。

泛舟横大江

詩紀云。魏文帝飲馬長城窟行曰。泛舟横大江。討彼犯荆虜。

大江倏且闊。揚舲度迴磯。波文苑作渡。中畫鷁涌。帆上錦花飛。舟移歷浦文苑作停。注云。集作歷。月。櫂文苑作棹。舉濕春衣。王孫定樂府作客。若文苑作若定。注云。一作客若。一作定若。遠。詎待文苑作誰得。注云。一作詎得。送將歸。○文苑英華百九十三。樂府詩集三十八。詩紀百二。

煌煌京洛行

千門儼西漢。萬户擅東京。凌雲霞上起。鳷鵲月中生。風塵暮不息。蕭笳夜恆鳴。唯文苑云。一作誰。當賣藥處。文苑作樹。不入長安城。○文苑英華百九十二。樂府詩集三十九。詩紀百二。

明君詞 詩紀云。集作王明君。

寒文苑作塞。樹暗胡塵。霜樓明漢月。淚染上春衣。憂變華年髮。○文苑英華二百四。樂府詩集二十九。詩紀百二。

神仙篇 以下雜言。

瀛洲樂府作州。分渤澥。閬苑隔虹蜺。欲識三山路。須尋千仞溪。石梁雲外立。蓬丘霧裏迷。年深毀丹竈。學久棄青泥。葛水留還杖。天衢鳴去雞。六龍驤首起雲閣。萬里一別何寥廓。玄都府内駕青牛。紫蓋山中乘白鶴。潯陽杏花終難朽。武陵桃花未曾落。已見玉女笑投壺。復覩仙童欣六博。同甘玉文棗。俱飲流霞藥。鸞歌鳳舞集天台。金闕銀宮相向開。西王已令青鳥去。東海還馭赤虬來。魏武還車逢漢女。荆王因夢識陽臺。鳳蓋隨雲聊蔽日。霓裳雜雨復乘雷。神岳吹笙遥謝手。當知福地有神才。○樂府詩集六十四。詩紀百二。

又 詩紀云。見文苑英華。樂府作沈約。題云樂未央。

億舜日。萬堯年。詠湛露。歌採蓮。顧雜百和氣。宛轉金爐前。○文苑英華百九十三。樂府詩集七十四作沈約樂未央。

詩紀百二。

前有一樽酒行

前有一樽酒。主人行壽。今日合來。坐者當令。樂府作今。皆富且壽。欲令主人三萬歲。終歲不知老。爲吏當高遷。賈市得萬倍。桑蠶當大得。主人宜子孫。○文苑英華百九十五。樂府詩集六十五。詩紀百二。

採桑

倡狂不勝愁。結束下清樓。○草堂詩箋三十九清明詩注。

陳詩卷三

張正見

詩

御幸樂遊苑侍宴詩以下五言。

大君臨四表。榮光普八埏。區中文化洽。海外武功宣。鳳下書丹篆。龜符著綠編。昆明不習戰。雲夢豈遊畋。軌文通萬國。旌節靖三邊。高秋藐姑射。睿想屬汾川。兩宮明合璧。雙闕帶非煙。揚鑾出城觀。詔蹕指郊壥。禁苑迴雕輦。離宮建翠旃。流水犇雷轂。追風赴電鞭。畫熊飄析羽。金埒響膠弦。鳴玉升文砌。稱觴溢綺筵。獸舞依鍾石。鸞歌應管絃。霞明黃鵠路。風爽白雲天。潦收荷蓋折。露重菊花鮮。上林賓早鴈。長楊唱晚蟬。小臣慚藝業。擊壤慕懷鉛。康衢飛駛羽。大海滴微涓。詠歌還集木。舞蹈遂臨泉。願薦南山壽。明明奉萬年。○文苑英華百六十九。詩紀百三。

重陽殿成金石會竟上詩

周王興路寢。漢后成文苑作式。按應作戒。甘泉。共知崇壯麗。迢遰與雲連。抗殿疏龍首。峻陛文苑作階。注云。一作陛。激天泉。東西跨函谷。左右矚伊瀍。百常飛觀竦。三休複道懸。拱烏遥造日。捧虬遠架煙。雲棟疑飛雨。風窗似望僊。玉女臨芳文苑作方。鏡。金璫映彩椽。梅梁横發藥。文苑作玉。藻井倒披蓮。雲文苑作榮。詩紀云。一作榮。光開御宿。佳氣屬祈年。霜鴈排空斷。寒花映日鮮。負扆憑霄極。台司列象躔。登臺誼大厦。御氣響鈞天。北斗承三獻。南風入五絃。鸞歌鵷鵲右。獸舞射熊前。翔鶤仰不逮。燕雀徒聯翩。〇文苑英華三百十一。詩紀百三。

征虜亭送新安王應令詩

鳳吹臨南浦。神駕餞東平。亭迴滻水乘。旆轉洛濱笙。地凍班輪響。風嚴羽蓋輕。燒田雲色暗。古樹雪花明。歧路一迴首。流襟動睿情。〇類聚二十九。文苑英華百七十九作徐陵。詩紀百三。

從籍田應衡陽王教作詩五章

帝京惟赤縣。文苑誤作懸。神文苑作宸。居應紫微。塗山萬國仰。滄海百川歸。東郊事平文苑作歸平事。秩。仲月祀靈威。含光開早扇。閶闔啓朝扉。文苑誤作户。

洛城文苑作陽。鍾漏息。靈臺雲霧卷。森森虎戟前。藹藹鑾旂文苑作旗。轉。屬車遊文苑作猶。絳闕。風烏文苑作馬。注云。類聚作烏。度丹巘。帳殿幸金輿。旌門擁玉輦。

玉輦帶非初學記作飛。煙。金輿映緑川。雨師清文苑作青。遠路。風伯静遥天。分渠通沃野。激水入初學記作繞。文苑云。類聚作繞。公田。草發詩紀云。律祖作幕接。青壇外。花飛蒼玉前。文苑作邊。蒼玉臨初學記作陳。文苑云。初學記作陳。珪璧。青壇躬帝籍。初學記作籍。冒檝初學記作撒。文苑同。乃三推。文苑誤作吹。齊衡均百辟。蘭場儼芝駕。桂圃芳瑶席。山禽韻管弦。野獸和鍾石。鍾石既相和。江海復無波。梁客簪裾盛。陳王文雅多。脩途參弱駘。喬木間輕蘿。文苑作閉輕羅。幸承濫類聚誤作温。吹文苑誤作吹温。末。擊壤自爲歌。〇類聚三十九。文苑英華百七十九。又初學記十四作藉田詩。引三四兩章。詩紀百三。

從永陽王遊虎丘山詩

滄波壯鬱島。洛邑鎮崇芒。未若兹山麗。岧嶤擅水鄉。地靈侔少室。塗艱象太行。重巖摽虎據。九曲峻羊腸。溜深澗無底。風幽谷自涼。寶沈餘玉氣。劍隱絶星光。白雲多異影。丹桂有蘩香。遠看銀臺竦。洞塔耀山莊。瑞草生金地。天花照石梁。〇類聚八。詩紀百三。

陪衡陽王遊耆闍寺詩

甘棠聽訟罷。福宇試登臨。兔苑移飛蓋。王城列玳簪。陼荒猶累玉。地古尚填金。龍橋丹桂偃。鷲嶺白雲深。秋窗被旅葛。夏户響山禽。清風吹麥隴。細雨濯梅林。〇類聚七十六。詩紀百二。

湓城詩

匡山曖遠壑。灌壘屬中流。城花飛照水。江月上明樓。○廬山記一。○逯按。曖原作暖。今以意改。

與錢玄智汎舟詩

高門事休沐。朝野恣逢迎。還乘詩紀云。一作尋。金谷水。俱望洛陽城。舟移津御覽作洛。女渡。御覽作度。楫動渭橋橫。風高鴈已落。雨霽水還清。葉盡桐門淨。花秋菊岸明。欲奏江南曲。聊習棹歌行。○類聚七十一。御覽七百七十。詩紀百三。

遊匡山簡寂館詩

三廬山記誤作二。梁碉廬山記作澗。廬山紀事作石。本絶。千仞路猶廬山記作難。通。卽此神山廬山記作仙。內。銀廬山記作眼。誤。牓映仙宮。鏡似臨峯廬山紀事誤作風。月。流如飲澗虹。幽桂無斜影。深松有勁風。惟當遠人望。知在白雲中。○類聚七十八。廬山記四。廬山紀事三。詩紀百三。

和諸葛覽從軍游獵詩

治初學記作持。兵耀武節。縱獵駭畿封。迅騎類聚作鵠。馳千里。高罝起百重。騰麏斃馬足。饑鼯落劍鋒。雲根飛初學記作連。燒火。鳥道絶初學記作識。禽蹤。方羅四海詩紀作流。俊。聊以習軍戎。類聚作容。○類聚六十六作和諸葛從軍遊詩。初學記二十二。詩紀百三。

山家閨怨詩

王孫春好遊。雲鬢不勝愁。離鴻暫罷曲。別路已經秋。山中桂花晚。勿爲俗人留。○類聚三十二。詩紀百三。

和陽詩紀云。一作楊。侯送袁金紫葬詩

玄泉開隧道。白日照佳城。一朝嗟此路。千載幾傷情。秋氣初學記作雨。詩紀云。一作雨。悲松色。淒風咽挽初學記作晚。文苑同。聲。歸雲向谷晚。文苑作回谷散。注云。初學記作向谷晚。還柳背山輕。唯當三五夜。壠月暫時明。○初學記十四。文苑英華三百五作和楊侯送袁金紫葬。詩紀百三。

傷韋侍讀詩

懷經傳文苑作侍。北海。蘊義盛西河。高峯落迴照。逝水没文苑作役。驚波。柳下悲風急。山陽秋氣多。宿草摧書帶。寒松脆女蘿。無復華陰市。空餘蒿里歌。○文苑英華三百二。詩紀百三。

後湖泛舟詩

上苑奢行樂。滄池聊薄遊。汎荷分蘭櫂。沈槎觸桂舟。殘虹收度雨。缺岸上新御覽作乘。流。欲知有高趣。長

楊送麥秋。○類聚七十一。御覽七百七十。詩紀百三。

遊龍首城詩

關外山川闊。城隅塵霧浮。白雲凝絶嶺。滄波問斷洲。四面觀長薄。千里眺平丘。河津無桂樹。樽酒自淹留。○類聚二十八。詩紀百三。

別韋諒賦得江湖汎別舟詩

千里潯陽岸。三翼木蘭船。鷁汎青鳬後。雞鳴白鷺前。涵花没淺纜。帶葉動深船。不言朝夕水。獨自限神仙。○類聚七十一。御覽七百七十。詩紀百三。

星名從軍詩

將軍定朔邊。刁斗出祁連。高柳橫遥文苑作絶。樂府作長。塞。長榆類聚作榆關。接遠樂府作榆關接連。天。井泉含凍類聚作陣。樂府同。竭。文苑作碣。烽樂府作風。火照類聚作映。樂府同。山燃。樂府作燕然。欲知客心斷。危類聚作旄。樂府同。旌萬里懸。○類聚五十九作從軍詩。初學記一。文苑英華百九十九及樂府詩集三十二作從軍行。詩紀百三。

賦得韓信詩

淮陰總漢兵。燕齊擅遠聲。沈沙擁急水。拔幟上危城。野有千金報。朝稱三傑名。所悲雲夢澤。空傷狡兔情。〇類聚五十五。詩紀百三。

行經季子廟詩

延州高讓遠。傳芳世祀移。地絶遺金路。松悲懸劍枝。野藤侵沸文苑作藻。井。山雨濕苔碑。别有觀風處。樂奏無人知。〇類聚三十八。文苑英華三百二十。詩紀百三。

賦得落落窮巷士詩

詩紀云。左思詠史詩。落落窮巷士。抱影守空廬。

揚雲不邀名。原憲本遺榮。草長三徑合。花發四鄰明。塵隨幽巷静。嘯逐遠風清。門外無車轍。自可絶公卿。〇類聚三十六。詩紀百三。

賦得日中市朝滿詩

詩紀云。鮑照結客少年場行。日中市朝滿。車馬若川流。

雲閣綺霞生。旗亭麗日明。塵飛三市路。蓋入九重城。竹葉當壚初學作杯。滿。桃花帶綬輕。唯見争名利。安知大隱情。〇類聚六十五。初學記二十四作日中市朝滿詩。詩紀百三。

賦得題新雲詩

西北春雲起。遥臨偃蓋松。根危纔吐葉。氣淺未成峯。風前飛未斷。日處影疑重。體輕無五色。詎是得從龍。○初學記一。詩紀百三。

賦得白雲臨酒詩

白雲蓋濡水。流彩入澠川。疎葉臨嵇竹。輕鱗入鄭船。菊泛金枝下。峯斷玉山前。一朝開五色。飄飄映十千。○初學記一。詩紀百三。

詠雪應衡陽王教詩

九冬飄遠雪。六出表豐年。睢陽生玉樹。雲夢起瓊田。入牕輕落粉。拂柳駛飛綿。欲動淮南賦。亂下桂花前。○初學記一作應衡王教詠雪詩。文苑英華百七十九。詩紀百三。

賦得雪映夜舟詩

黄雲迷鳥路。白雪下鳧舟。分沙映冰萬花谷作水。浦。照鶴聚寒流。檣風吹影落，纜錦草堂詩箋作錦浪。雜花浮。船梁若是桂。翻如月照秋。○初學記二十五。萬花谷續七作張正見詩。詩紀百三。又草堂詩箋八城西詩注作賦夜舟得雪歌。引浮一韻。

薄帷鑒明月詩

詩紀云。阮籍詠懷詩。薄帷鑒明月。清風吹我衿。

長河上桂月。初學記作月桂。文苑同。澄彩照高樓。分簾疑文苑作凝。碎璧。隔幔似垂初學記作重。鈎。牕外光恆滿。帷詩紀云。一作闈。中影暫流。豈及西園夜。長隨飛蓋遊。○初學記一。文苑英華百五十二。詩紀百三。

玄圃觀春雪詩

同雲遥映嶺。瑞雪近浮空。拂鶴伊川上。飄花桂苑中。影麗重輪月。飛隨團扇風。還取長歌處。帶曲舞春風。○初學記二。文苑英華百五十四。詩紀百三。

秋河曙耿耿詩

詩紀云。謝脁詩。秋河曙耿耿。寒渚鬱蒼蒼。

耿耿長河曙。濫濫宿雲浮。天路横秋水。星衡詩紀云。一作橋。轉夜流。月下姮娥落。風驚織女秋。德星猶可見。仙槎不復留。○初學記二十五。萬花谷續八。詩紀百三。

浦狹村煙度詩

詩紀云。梁簡文龍丘引。浦狹村煙度。洲長歸鳥息。

茅蘭夾兩岸。野燎燭中川。村長合夜影。水狹度浮煙。收光暗鳥弋。分火照漁船。山人不炊桂。樵華幸共然。○初學記二十五。萬花谷續八。詩紀百三。

和衡陽王秋夜詩

睢苑涼風舉。文苑作入。章臺雲氣收。螢光連燭動。月影帶河流。綠綺朱弦汎。黃花素蟻浮。高軒揚麗藻。即是賦新秋。○初學記三。文苑英華百七十九作衡陽王秋夜應制。詩紀百三。

賦得山卦名詩

蓬萊遁羽客。巖穴轉蒙籠。雲歸仙井暗。霧解石橋通。影帶臨峯鶴。形隨雜雨風。尋師文苑作思。不失路。咸欲馭飛鴻。○類聚七。文苑英華百六十。詩紀百三。

初春賦得池應教詩

遥天收密雨。高閣映奔曦。雪盡青山路。冰銷綠水池。春光落雲葉。花影發晴枝。琴樽奉終宴。風月豈云疲。○初學記三。文苑英華百七十九作春初賦德池應教。詩紀百三。

賦得垂柳映斜谿詩

千仞清溪險。三陽弱柳垂。葉細臨湍合。根空帶石危。風翻夾浦絮。雨濯倚文苑作向。流枝。不分梅花落。還同橫笛詩紀云。一作笛裏。吹。○初學記二十八。文苑英華三百二十三作垂柳暎斜溪。詩紀百三。

賦得岸花臨水發詩

詩紀云。何遜贈諸遊舊詩。岸花臨水發。江燕遶檣飛。

奇樹滿春洲。落蘂映江浮。影間蓮花石。光涵濯錦流。漾色隨桃水。飄香入桂舟。別有仙潭菊。含芳獨向秋。○類聚八十八。詩紀百三。

賦得風生翠竹裏應教詩

金風起燕觀。翠竹夾梁文苑作涼。池。翻花疑鳳下。颺水似文苑作覺。龍移。帶露依深葉。飄寒入勁枝。聊因萬籟響。詎待伶倫吹。○初學記一。文苑英華百五十六。詩紀百三。

賦得山中翠竹詩

脩竹映巖垂。文苑作限。注云。類詩作垂。來文苑作乘。風異夾池。複澗初學記誤作凋。藏高節。重林隱勁枝。雲生龍未上。文苑作止。花落鳳將移。莫言棲嶰谷。伶倫不復吹。○初學記二十八。文苑英華三百二十五佚作者名。萬花谷後三十八作張正見詩。詩紀百三。

賦得梅林輕雨應教詩

梅樹耿長虹。芳林散輕雨。蜀郡隨仙去。陽臺帶雲聚。飄花更濯枝。潤石還侵柱。詎文苑作誰。得零陵燕。隨風時共舞。○初學記二作賦新題梅林輕雨應雨應教詩。文苑英華百七十九作賦得新題梅林新雨應教。萬花谷一作張正見詩。詩紀百三。

賦新題得蘭生野徑詩

披襟出蘭畹。命酌動幽心。錮罷還開路。歌喧自動琴。華燈共影落。芳杜雜花深。莫言閒逕裏。遂不斷黄金。○初學記二十七。文苑英華三百二十七。詩紀百三。

賦得威鳳棲梧詩

詩紀云。初學云賦得棲梧桐威鳳。

丹山下威鳳。來集帝梧中。欲舞春花落。將飛秋葉空。影照龍門水。聲入洞庭風。別有將雛初學記誤作離。曲。翻更合絲桐。○類聚九十。初學記三十作賦得威鳳棲梧桐。文苑英華三百二十八作賦得棲梧桐威鳳。萬花谷後四十作張正見詩。詩紀百三。

賦得魚躍水花生詩

漾色桃花水。相望濯錦流。躍浦疑珠出。依池似鏡浮。淩波銜落蘂。觸餌避沈鈎。方遊蓮葉外。詎文苑云。初學記作恒。入武王舟。○類聚九十六。文苑英華三百三十。詩紀百三。

賦新題得寒樹晚蟬疎詩

寒蟬噪楊柳。朔吹犯梧桐。葉迥飛難住。枝殘影共空。聲疎飲露後。唱絶斷弦中。還因摇落處。寂寞盡秋風。○類聚九十七作寒樹晚蟬疎詩。文苑英華三百三十作賦新題寒樹晚蟬疎。詩紀百三。

賦得秋蟬喝詩紀云。一作咽。柳應衡陽王教詩

秋鴈寫文苑作氣爽。詩紀云。一作氣爽。遥天。園柳集文苑云。集作裊。驚蟬。競噪長枝裏。争飛落萬花谷作繁。木文苑作葉。前。風高知響急。樹近文苑作近樹。覺聲連。長楊流喝盡。詎識蔡邕弦。○文苑英華三百三十。萬花谷後四十作張正見詩。詩紀百三。

秋日别庾正員詩

征途愁轉旆。連騎慘停鑣。朔氣淩疎木。江風送上潮。青雀離帆遠。朱鳶别路遥。唯有當秋月。夜夜上徐孝

穆集作止。河橋。○徐孝穆集一。文苑英華二百六十六作徐陵。類聚二十九。詩紀百三。

秋晚還彭澤詩

遊人及丘壑。秋氣滿平皐。路積康成帶。門疎仲蔚蒿。山明雲氣畫。天靜鳥飛高。自有東籬菊。還持泛濁醪。○廬山記四。

還彭澤山中早發詩

摇落山中曙。秋氣滿林隈。螢光映草頭。鳥影出枝來。殘暑避日盡。斷霞逐風開。空返陶潛縣。終無宋玉才。○廬山記四。

雪詩

九冬飄遠雪。六出表豐年。睢陽生玉樹。雲夢起瓊田。○歲華紀麗四。

賦得佳期竟不歸詩七言

詩紀云。庾肩吾有所思曰。佳期竟不歸。春物坐芳菲。

良人萬里向河源。娼婦三秋思柳園。路遠寄詩空織錦。宵長夢返欲驚魂。飛蛾屢繞帷前燭。衰草還侵階上玉。銜啼拂鏡不成粧。促柱繁絃還亂曲。時分類聚作忿。年移竟不歸。偏憎寒類聚作信。急夜縫衣。流螢映月明空帳。疎葉從風入斷機。自對孤鸞向影絶。終無一鴈帶書囘。類聚作飛。○類聚三十二。詩紀百三。

賦得堦前嫩竹

翠竹梢雲自結叢。輕花嫩筍欲淩空。砌曲横枝屢解籜。堦前疎葉强來風。欲知抱節成龍處。當於山路葛陂中。○類聚八十九。詩紀百三。

陳詩卷四

陳後主叔寶

叔寶。字元秀。天嘉三年爲安成王世子。太建元年。立爲皇太子。十四年正月卽位。在位七年。滅於隋。仁壽四年卒於洛陽。年五十二。有集三十九卷。

樂府

採桑

春樓髻梳罷。南陌競相隨。去後花叢散。風來香處移。廣袖承朝日。長鬟礙聚枝。柯新攀易斷。葉嫩摘前萎。採蘩樂府作繁。鈎手弱。微汗雜粧垂。不應歸獨早。堪爲使君知。○樂府詩集二十八。詩紀九十八。

日出東南隅行

重輪上瑞暉。西北照南威。南威年二八。開牖敞重闈。當壚送客去。上宛逐春歸。鬢下珠勝月。牕前雲帶衣。紅裙結未解。緑綺自樂府作白。誤。難徽。○樂府詩集二十八。詩紀九十八。

三婦豔詞十一首

大婦避秋風。中婦夜牀空。小婦初兩髻。含嬌新臉紅。得意非霰日。可憐那可同。○樂府詩集三十五。詩紀九十八。

大婦西北樓。中婦南陌頭。小婦初粧點。回眉對月鈎。可憐還自覺。人看反更羞。○同上

大婦主樂府作弄。縑機。中婦裁春衣。小婦新粧冶。拂匣動琴徽。長夜理清曲。餘嬌且未歸。○同上

大婦妬蛾眉。中婦逐春時。小婦最年少。相望卷羅幃。羅幃夜寒卷。相望人來遲。○同上

大婦上高樓。中婦蕩蓮舟。小婦獨無事。撥帳掩嬌羞。丈夫應自解。更深難道留。○同上

大婦初調箏。中婦飲歌聲。小婦春粧罷。弄月當宵楹。季子時將意。相看不用争。○同上

大婦愛恆偏。中婦意常樂府作長。堅。小婦獨嬌笑。新來華燭前。新來誠可惑。爲許得新憐。○同上

大婦酌金杯。中婦照粧臺。小婦偏妖冶。下砌折新梅。衆中何假問。人今最後來。○同上

大婦怨空閨。中婦夜偷啼。小婦獨含笑。正柱作烏棲。河低帳未掩。夜夜畫眉齊。○同上

大婦正當壚。中婦裁羅襦。小婦獨無事。淇上待吳姝。鳥歸花復落。欲去却踟蹰。○同上

大婦年十五。中婦當春户。小婦正横陳。含嬌情未吐。所愁曉漏促。不恨燈銷炷。○同上

飛來雙白鶴

朔吹已蕭瑟。愁雲屢合開。玄冬辛苦地。白鶴從風催。音響已清切。毛羽復殘摧。飛來樂府作未。進□□。但爲失雙回。儻逢□嗆德。當共銜珠來。○樂府詩集三十九。詩紀九十八。

采蓮曲

相催暗中起。妝前日已光。隨宜巧注口。薄落點花黄。風住疑衫密。船小畏裾長。波文散動檝。茭花拂度航。抵荷亂翠影。採袖新蓮香。歸時會被喚。且試入蘭房。○樂府詩集五十。詩紀九十八。

昭君怨文苑云。一作明君詞。

圖形漢宫裏。遥聘單于庭。狼山聚雲暗。龍沙飛雪輕。笳吟度隴咽。笛轉出關鳴。啼妝寒文苑作塞。葉下。愁眉塞月文苑作初月愁眉。注云。一作愁眉初生月。案當作愁眉初月生。生。只餘馬上曲。猶作别時聲。○文苑英華二百四。樂府詩集五十九。詩紀九十八。

朱鷺

參差蒲未齊。沈漾若樂府作苦。浮緑。朱鷺戲蘋藻。徘徊流樂府作留。注。一作流。澗曲。澗曲多巖樹。透迤復斷續。振振雖以明。湯湯今又矚。○樂府詩集十六。詩紀九十八。

巫山高

巫山巫峽深。峭壁聳春林。風巖朝蘂落。霧嶺晚猨吟。雲來足薦枕。雨過非感琴。仙姬將夜月。度影自浮沈。○樂府詩集十七。詩紀九十八。

有所思選詩拾遺作望遠。三首

蕩子好蘭期。留人獨自思。落花同淚臉。初月似愁眉。階前看草蔓。樂府作蔓。牕中對網絲。不言千里別。樂府作望。詩紀云。一作望。復是三春時。○樂府詩集十七。詩紀九十八。

杳杳與人期。遥遥有所思。山川千里間。風月兩邊時。相對樂府作待。春那劇。相望景樂府作近。偏遲。當由分別久。夢來還自疑。○同上

佳人在北燕。相望渭橋邊。團團落日樹。耿耿曙河天。愁多明月下。淚盡鴈行前。別心不可寄。惟餘琴上絃。○文苑英華二百二。樂府詩集十七。

雉子斑

四野秋原暗。十步啄方前。雊聲風處遠。翅影雲間連。箭射妖姬笑。裘值盛明然。已足南皮賞。復會北宮篇。○樂府詩集十八。詩紀九十八。

臨高臺

晚景登高臺。迴樂府作迥。望春光來。霧濃山後暗。日落雲傍開。煙裏看鴻小。風來望葉回。臨䆫已響吹。極眺且傾杯。○樂府詩集十八。詩紀九十八。

隴頭

隴頭征戍客。寒多不識春。驚風起嘶馬。苦霧雜飛塵。投錢積石水。斂轡交河津。四面夕冰合。萬里望佳人。○樂府詩集二十一。詩紀九十八。

隴頭水二首

塞外飛蓬征。隴頭流水鳴。漠處揚沙暗。波中燥葉輕。地風冰易厚。寒深溜轉清。登山一回顧。幽咽動邊情。○樂府詩集二十一。詩紀九十八。

高隴多悲風。寒聲起夜叢。禽飛暗識路。鳥轉逐征蓬。落葉時驚沫。移沙屢擁空。回頭不見望。流水玉門東。○同上

折楊柳二首

楊柳動春情。倡園妾屢驚。入樓含粉色。依風雜管聲。武昌識新種。官渡有殘生。還將出塞曲。仍共詩紀

云。玉臺作仍作。不知何據。胡笳鳴。○樂府詩集二十二。詩紀九十八。

長條黄復緑。垂絲密且繁。花落幽人徑。步隱將軍屯。谷暗宵鉦響。風高夜笛喧。聊持暫攀折。空足憶中園。○同上

關山月二首

秋月上中天。迥詩紀云。一作迴。照關城前。暈缺隨灰減。光滿應珠圓。帶樹還添桂。銜峯乍似弦。復教征戍客。長怨久連翩。○樂府詩集二十三。詩紀九十八。

戍邊歲月久。恆悲望舒耀。城遥接暈高。澗風連影摇。寒光帶岫徙。冷色含山峭。看時使人憶。爲似嫦娥照。○同上

洛陽道五首

諠譁照邑里。遨遊樂府云。一作遊遊。出洛京。霜枝嫩樂府作嬾。柳發。水塹薄笞生。停鞭回去影。駐軸敞前甍。臺上經相識。城下屢逢迎。踟蹰還借問。只重未知名。○樂府詩集二十三。詩紀九十八。

日光朝杲杲。照耀東京道。霧帶城樓開。啼侵曙色早。佳麗嬌南陌。香氣含風好。自憐釵上纓。不歎河邊草。○同上

建都開洛汭。中地乃城陽。縱横肆八達。左右闢康莊。銅溝飛柳絮。金谷落花光。忘情伊水側。税駕河橋

傍。○同上

百尺瞰金埒。九衢通玉堂。柳花塵裏暗。槐色露中光。游俠幽并客。當壚京兆粧。向夕風煙晚。金羈滿洛陽。○同上

青槐夾馳道。御樂府作緑。水映銅溝。遠望凌霄闕。遥看井榦樓。黄金彈俠少。朱輪盛徹侯。桃花雜樂府作離。渡馬。紛披聚陌頭。○樂府詩集二十三。詩紀九十八。○逯案。樂府此篇次唐人鄭遅詩後。與前四篇不爲一組。

長安道

建章通未央。長樂屬明光。大道移甲第。甲第玉爲堂。遊蕩新豐裏。戲馬渭橋傍。當壚晚留客。夜夜苦紅粧。○樂府詩集二十三。詩紀九十八。

梅花落二首

春樂府作金。文苑云。一作金。砌落芳梅。飄零樂府作飄。文苑同。又云。一作零。上鳳臺。拂妝疑粉散。逐溜似萍開。映日花光動。迎風香氣來。佳人早插髻。試立且裵徊。○文苑英華二百八。樂府詩集二十四。詩紀九十八。

楊柳春樓邊。車馬飛風煙。連娉烏孫伎。屬客單于氈。鴈聲不見書。蠶絲欲斷弦。欲持塞上蕋。試立樂府作落。將軍前。○樂府詩集二十四。詩紀九十八。

紫騮馬二首

嫖姚紫塞歸。蹀躞紅塵飛。玉珂鳴廣路。金絡耀晨輝。文苑作暉。蓋轉時移影。香動屢驚衣。禁門猶未閉。連騎恣文苑作莫。注。一作恣。樂府云。一作莫。相追。○文苑英華二百九。樂府詩集二十四。詩紀九十八。

蹀躞紫騮馬。照耀白銀鞍。直去黄龍外。斜趨玄菟端。垂鞬還細柳。楊塵歸上蘭。紅臉桃花色。客别重羞看。○樂府詩集二十四。詩紀九十八。

雨雪曲樂府無曲字。

長城飛雪下。邊關地籟吟。濛濛九天暗。霏霏千里深。樹冷月恆少。山霧日偏沈。況聽南歸鴈。切思胡笳音。○樂府詩集二十四。詩紀九十八。

劉生

遊俠長安中。置驛過新豐。繫鐘樂府作鍾。蒲璧磬。鳴弦楊葉弓。孟公正驚客。朱家始賣僮。羞作荆卿笑。捧劍出遼東。○樂府詩集二十四。詩紀九十八。

飲馬長城窟行

征馬入他鄉。山花此夜光。離羣嘶向影。因風屢動香。月色含城暗。秋聲雜塞文苑作色。長。何以酬天樂府作君。子。馬革報疆場。○文苑英華二百九。樂府詩集三十八。詩紀九十八。

舞媚娘三首

樓上多嬌豔。當窗併三五。争弄遊春陌。相邀開繡户。轉態結紅裙。含嬌拾翠羽。留賓乍拂絃。託意時移柱。○樂府詩集七十三。詩紀九十八。

淇水變新臺。春壚當夏開。玉面含羞出。金鞍排夜樂府云。一作暗。來。○同上

春日好詩紀云。一作多。樂府作多。注。一作好。風光。尋觀向樂府、詩紀並云。一作戲。市傍。轉身移佩響。牽袖起衣香。○同上○樂府與上淇水篇合爲一首。

估客樂

三江結儔侶。萬里不辭遥。恆隨鷁首舫。屢逐雞鳴潮。○樂府詩集四十八。詩紀九十八。

三洲歌

春江聊一望。細草遍長洲。沙汀時起伏。畫舸屢淹留。○樂府詩集四十八。詩紀九十八。

前有一樽酒行

殿高絲吹滿。日落綺羅鮮。莫論朝漏促。傾巵待夕筵。○樂府詩集六十五。詩紀九十八。

自君之出矣六首

自君之出矣。霜暉當夜明。思君若風影。來去不曾停。○樂府詩集六十九。詩紀九十八。

自君之出矣。房空帷帳輕。思君如晝燭。懷心不見明。○同上

自君之出矣。不分道無情。思君若寒草。零落故心生。○同上

自君之出矣。塵網暗羅帷。思君如落日。無有暫還時。○同上

自君之出矣。綠草遍堦生。思君如夜燭。垂淚著鷄鳴。○同上

自君之出矣。愁顏難復覩。思君如蘗條。夜夜只交苦。○同上

歌

隋書曰。禎明初。後主作新歌詞。甚哀怨。令後宮美人習而歌之。其辭曰。

玉樹後庭花。花開不復久。○隋書五行志。御覽五百九十一。詩紀九十八。

歌

南史曰。後主每引賓客。對貴妃等游宴。則使諸貴人及女學士與狎客共賦新詩。選宮女有容色者。令習而歌之。其曲有玉樹後庭、臨春樂等。其略云。

璧月夜夜滿。瓊樹朝朝新。○南史張麗華傳。

玉樹後庭花以下七言。

隋書樂志曰。陳後主於清樂中造黄驪留及玉樹後庭花、金釵兩鬢垂等曲。與幸臣等製其歌詞。綺艷相高。極於輕蕩。男女唱和。其音甚哀。

麗宇芳林對高閣。新粧豔質本傾城。映户凝嬌乍不進。出帷含態笑相迎。妖姬臉似花含露。玉樹流光照後庭。○樂府詩集七十四。詩紀九十八。

烏棲曲三首

陌頭新花歷亂生。葉裏啼樂府作春。烏送春情。長安遊俠無數伴。白馬驪珂路中滿。○樂府詩集四十八。詩紀九十八。

金鞍向暝欲相連。玉面俱要來帳前。含態眼語懸相解。翠帶羅裙入爲解。○同上

合歡襦薫百和香。牀中被織兩鴛鴦。烏啼漢没天應曙。只持懷抱送郎去。○同上

東飛伯勞歌

池側鴛鴦春日鶯。緑珠絳樹相逢迎。誰家佳麗過淇上。翠釵綺袖波中漾。雕軒繡户花恆發。珠簾玉砌移明月。年時二七猶未筓。轉顧流眄樂府作眄。鬟鬌低。風飛蕋落將文苑作時。注云。一作將。詩紀云。一作時。何故。可惜可憐空擲度。○文苑英華二百三。樂府詩集六十八。詩紀九十八。

長相思二首以下雜言。

長相思。久相憶。關山征戍何時極。望風雲。絶音息。上林書不歸。迴紋徒自織。羞將別後面。還似初相識。○樂府詩集六十九。詩紀九十八。

長相思。怨成悲。蝶縈草。樹連絲。庭花飄散飛入帷。帷中看隻影。對鏡斂雙眉。兩見同見詩紀云。玉臺作望。月。兩別共春時。○同上

古曲

桂鉤影。桂枝開。紫綺袖。逐風迴。日明珠。色偏亮。葉盡衫。香更來。○樂府詩集七十七。詩紀九十八。

獨酌謡四首

齊人淳于髡。善爲十酒。偶效之。作獨酌謡。

獨酌謡。獨酌且獨謡。一酌豈陶暑。二酌斷風飈。三酌意不暢。四酌情無聊。五酌盂易覆。六酌懽欲調。七酌累心去。八酌高志樂府云。一作德。超。九酌忘物我。十酌忽淩霄。淩霄異羽翼。任致得飄飄。寧學世人醉。揚波去我遥。爾非浮丘伯。安見王子喬。○樂府詩集八十七。詩紀九十八。

獨酌謡。獨酌起中宵。中宵照春月。初花發春朝。春花春月正徘徊。一尊一弦當夜開。聊奏孫登曲。仍斟畢卓杯。羅綺徒紛亂。金翠轉遲回。中心本樂府作更。如水。凝志更樂府作本。同灰。逍遥自可樂。世語世情哉。○同上

獨酌謡。獨酌酒難消。獨酌三兩盌。弄曲兩三調。調弦忽未畢。忽值出房朝。更似遊春苑。還如逢麗譙。衣香逐嬌去。眼語送杯嬌。餘罇盡復益。自得是逍遥。○同上

獨酌謡。獨酌一尊酒。尊酒傾未酌。明月正當牖。是牖非圓甕。吾樂非擊缶。自任物外懽。更齊椿菌久。卷舒乃一卷。忘情且十斗。寧復語綺羅。因情即山藪。○同上

詩

同江僕射遊攝山棲霞寺詩

時宰磻溪心。非關狎竹林。鷲嶽青松繞。鷄峰白日沈。天迥文苑作回。浮雲細。山空明月深。摧殘枯樹影。

自悲零落古藤陰。霜村文苑作月。詩紀云。一作月。夜烏廣弘明集作馬。去。風路文苑作露。詩紀云。一作露。寒猿吟。堪出俗。詎是欲文苑作願。詩紀云。一作願。抽簪。○廣弘明集三十。文苑英華二百三十三。詩紀九十八。

同平南弟元日思歸詩

至德掩羲黄。成功邁禹湯。儀刑元四海。來庭盛萬方。鳴玉觀升降。擊石乃鏗鏘。三春氣色早。九疑煙霧長。浮雲斷更續。輕花落復香。北宫瞻遠岫。南服阻遥江。爾言想伊洛。我思屬瀟湘。○古今歲時雜詠一。詩紀九十八。

立春日汎舟玄圃各賦一字六韻成篇座有張式、陸瓊、顧野王、謝伸、褚玠、王緩、傅縡、陸瑜、姚察等九人上。

春光反禁苑。煖詩紀作暖。日曖詩紀作暖。源桃。霄煙近漠漠。暗浪遠滔滔。石苔侵緑蘚。岸草發青袍。迴歌逐轉檝。浮冰隨度歲時雜詠作渡。刀。遥看柳色嫩。迴望鳥飛高。自得欣爲樂。忘意若臨濠。○古今歲時雜詠三。詩紀九十八。

獻歲立春光風具美汎舟玄圃各賦六韻詩座有張式、陸瓊、顧野王、殷謀、陸琢、岑之敬等六人上。

寒輕條已翠。春初未轉歲時雜詠作囀。禽。野雪明巖曲。山花照迥林。苔色隨水溜。樹影帶風沈。沙長見水落。歌遥覺浦深。餘輝斜四户。流風颺八音。既此留連席。道欣放曠歲時雜詠作廣。心。○古今歲時雜詠三。詩紀九十八。

上巳宴麗暉殿各賦一字十韻詩

芳景滿闕窗。喧光生遠阜。更以登臨趣。還勝祓禊酒。日歲時雜詠作葉。照源上桃。風摇城外柳。斷雲仍合霧。輕霞時映歲時雜詠作照。牖。遠歲時雜詠作野。樹帶山高。嬌鶯含響偶。一峯遥落日。數花飛映綬。度鳥或還檐。飄絲屢薄藪。言志遞爲樂。置觴方薦壽。文學且歲時雜詠作具。迾筵。羅綺令陳後。干戈幸勿用。寧須勞馬首。○古今歲時雜詠十六。詩紀九十八。

上巳玄圃宣猷堂禊飲同共八韻詩

綺殿三春晚。玉燭四時平。藤交近浦暗。花照遠林明。百戲堦庭滿。八音弦調清。鶯喧雜管韻。鐘響帶風歲時雜詠作花。生。山高雲氣積。水急溜杯輕。簪纓今盛此。俊乂本多名。帶歲時雜詠作大。才盡壯思。文采發雕英。樂是西園日。歡兹南館情。○古今歲時雜詠十六。詩紀九十八。

春色禊辰盡當曲宴各賦十韻詩

餘春尚芳菲。中園飛桃李。是時乃季月。兹日叶歲時雜詠作協。上巳。既有遊伊洛。可以祓溱洧。得性足爲娱。高堂聊復擬。高堂亦有趣。圖繢此芳軌。棲遁稱式駗。善政日馴雉。蘭桂觀往轍。歲時雜詠誤作徹。簪裾躡前趾。啼禽静或喧。花落低還起。水歲時雜詠作冰。霧遥混雜。山雲遠相似。坐客聽一言。隨吾祛歲時雜詠誤作祛。俗鄙。○古今歲時雜詠十六。詩紀九十八。

祓禊汎舟春日玄圃各賦七韻詩

園林多趣賞。祓禊樂還尋。春池已渺漫。高枝自蓯森。日裏絲光動。水中花色沉。安流淺易榜。歲時雜詠作傍。峭壁迥難臨。野鶯添管響。深岫接鐃音。山遠風煙麗。苔輕激浪侵。置酒來英雅。嘉賢良所欽。○古今歲時雜詠十六。詩紀九十八。

上巳玄圃宣猷嘉辰禊酌各賦六韻以次成篇詩座有張式、陸瓊、顧野王、陸琢、岑之敬等五人上。

園開簪帶合。亭迥春芳過。鶯度遊絲斷。風駛落花多。峯幽來鳥囀。洲横擁浪波。歌聲初歲時雜詠作時。出牖。舞影乍侵柯。面玉同釵玉。衣羅異草蘿。既悦弦筒暢。復歡文酒和。○古今歲時雜詠十六。詩紀九十八。

七夕宴宣猷堂各賦一韻詠五物自足爲十并牛女一首五韻物次第用得帳

屏風案唾壺履座有陸瓊、傅縡、陸瑜、姚察等四人。

錦作明玳琳。黼垂光粉壁。帶日芙蓉照。因吹芳芬拆。歲時雜詠拆作折。帳
織成如繢采。琉璃畏風擊。秦宮得絶超。漢座殊斑敵。屏風
已羅七俎滿。兼逢百品易。張陳答贈言。梁室齊眉席。案
蘊仙此還異。掌漏翻非役。侍臣乃執捧。良賓乃投擲。唾壺
賢舍觀穴踵。瓜田覩躡迹。矩步今有儀。用此前嘉客。履○古今歲時雜詠二十五。詩紀九十八。

七夕宴重詠牛女各爲五韻詩座有劉眖、安遠侯方華、張式、陸瓊、顧野王、褚玠、謝伸、周燮、傅縡、陸瑜、柳莊、王瑳等十三人上。

明月照高臺。仙駕忽徘徊。雷徙聞車度。霞上見粧開。房移看動馬。斗轉望斟杯。曆色隨星去。髻影雜雲來。更覺今宵短。只歲時雜詠作莫。是。遽日輪催。○古今歲時雜詠二十五。詩紀九十八。

同管記陸琛七夕五韻詩

亭亭秋月明。團團夕露輕。鳳駕今時度。霓騎此宵迎。疏上采霞動。粉外白雲生。故嬌隔分別。新歡起舊情。含笑不終夜。香風空自停。○古今歲時雜詠二十五。詩紀九十八。

同管記陸瑜七夕四韻詩陸瑜、王瓊等二人上和。

河漢言清淺。相望恨烟宵。雲生劍氣没。槎還客宿遥。月上仍爲鏡。星連可作橋。唯當有今夕。一夜不迢

迢。○古今歲時雜詠二十五。詩紀九十八。

七夕宴樂脩殿各賦六韻座有張式、陸瓊、褚玠、王瑷、傅縡、陸瑜、姚察七人上。

秋初芰荷殿。寶帳芙蓉開。玉笛隨絃上。金鈿逐照迴。釵光搖玳瑁。柱色輕玫瑰。笑靨人前斂。衣香動處來。非同七襄駕。詎隔一春梅。神仙定不及。寧用流霞杯。○古今歲時雜詠二十五。詩紀九十八。

七夕宴玄圃各賦五韻詩座有顧野王、陸琢、姚察等四人上。

殿深炎氣少。日落夜風清。月小看針暗。雲開見縷明。絲調聽魚出。吹響間蟬聲。度更銀燭盡。陶暑玉卮盈。星津雖可望。詎得似人情。○古今歲時雜詠二十五。詩紀九十八。

五言同管記陸瑜九日觀馬射詩

晴朝麗早霜。秋景照堂皇。榦慘風威切。荷雕池望荒。樓高看鴈下。葉散覺山涼。歇霧含空翠。新花濕露黃。飛禽接旆影。度日轉鈹光。連翻北歲時雜詠誤作比。幽騎。馳射西園傍。勒移碼碯色。鞭起珊瑚揚。已同過隙遠。更異良弓藏。且觀千里汗。歲時雜詠誤作污。仍瞻百步楊。非爲從逸賞。方追塞外羌。○古今歲時雜詠三十三。詩紀九十八。

五言畫堂良夜履長在節歌管賦詩迾筵命酒十韻成篇得沓、合、答、雜、納、颯、匝、欲、拉、閤。

季冬初陽始。寒氣尚蕭歲時雜詠誤作簫。颯。原葉或委低。岫雲時吐欲。雕樹乍疎迴。遠峯自重沓。雲興四山霾。風動萬籟歲時雜詠誤作賴。答。肅肅凝霜下。峩峩層冰合。複殿可以娛。於茲多延納。迢迢百尺觀。杳杳三休閤。前後訓導屏。左右文衛匝。進退簪纓移。縱横壯思雜。幸矣天地泰。當無范雎拉。○古今歲時雜詠三十三。詩紀九十八。

初伏七夕已覺微涼既引應徐且命燕趙清風朗月以望七襄之駕置酒陳樂各賦四韻之篇座有張式、陸瓊、顧野王、傅縡、陸玠等五人上。

廣席多才俊。重合引珠妍。管絃檐外響。羅綺樹中鮮。舉針還向月。上僊歲時雜詠作舞。復依筵。度河將□歲時雜詠作□將。殿。相看併是仙。○古今歲時雜詠二十五。詩紀九十八。

晚宴文思殿詩

晚日落餘暉。宵園翠蓋飛。荷影侵池浪。雲色入山扉。螢光息復起。暗鳥去翻歸。樂極未言醉。杯深猶恨稀。○初學記十四。詩紀九十八。

宴光璧殿詠遥山燈詩

照耀浮輝明。飄飄落燼輕。枝多含樹影。煙上帶珮生。雜桂還如月。依柳更疑星。園中鶴采麗。池上鳧飛驚。○古今歲時雜詠七。詩紀九十八。

三善殿夕望山燈詩

重岫多風煙。華燈此岫邊。泂浦如珠露。彫樹似花鈿。依樓雜度月。帶石影開蓮。既有常滿照。羞與曉星連。○古今歲時雜詠七。詩紀九十八。

入隋侍宴應詔詩

南史曰。後主從隋文帝東巡。登芒山。賦詩。

日月光天德。山河壯帝居。太平無御覽作何。以報。願上東初學記作登。封文苑作方。御覽作封禪。詩紀云。一作萬年。書。○南史陳後主本紀。初學記十四。文苑英華百六十九。御覽百三十四。詩紀九十八。

幸玄武湖餞吴興太守任惠詩

寒雲輕重色。秋水去來波。待我戎衣定。然送大風歌。○文苑英華二百六十六。詩紀九十八。

宴詹事陸繕省詩

禁闥九重中。宴賞三春日。雲收山詩紀作上。樹隱。葉長宫槐密。水詩紀作冰。緑已浮苔。花舒正含實。○初學記十四。詩紀九十八。

聽箏詩雜言

文牕玳瑁影嬋娟。香帷翡翠出神仙。促柱點唇鶯欲語。調弦繫爪鴈相連。秦聲本自楊家解。吴歈那知謝傅憐。秖愁芳夜促。蘭膏無那煎。○詩紀九十八。

附詩紀云。按小説家所載後主煬帝諸詩。辭多不類。其爲後人依託無疑。今别附於此。以備省覽云爾。

戲贈沈后

平陳録曰。沈后者。望蔡侯君理女也。以張貴妃權寵。動經半年不得御。陳主嘗御沈后處。暫入卽還。謂后曰。何不見留。贈詩云云。后答云云。○亦見朝野僉載。

留人不留人。不留人也去。此處不留人。自有留人處。○平陳録。詩紀九十八。

沈后

答後主附

誰言不相憶。見罷倒詩紀云。一作便。成羞。情知不肯住。教遣詩紀云。一作我。若爲留。○同上

陳詩卷五

徐陵

陵。字孝穆。東海郯人。仕梁歷尚書度支郎、上虞令、通直散騎侍郎、鎮西記室參軍、尚書左丞秘書監。陳受禪。爲太府卿、五兵尚書、御史中丞。天康中。遷吏部尚書。宣帝卽位。封建昌縣侯。後主卽位。遷太子少傅。至德元年卒。年七十七。有集三十卷。

樂府

驄馬驅

白馬號文苑云。一作字。龍駒。雕鞍名鏤渠。本集作衢。文苑、樂府同。樂府又云。一作渠。諸兄二千石。小婦字羅敷。倚端輕掃史。文苑作吏。召募擊本集作繫。休屠。塞外多風雪。城中絶詔書。空憶長楸下。連蹀復連蹡。○本集一。文苑英華二百九。樂府詩集二十四。詩紀一百。

中婦織流黄

落花還詩紀云。一作飛。井上。春機當户前。帶衫行障口。覓釧枕檀詩紀云。一作入壇。邊。數鑷經無亂。新漿緯易卒。蜘蛛夜伴織。百舌曉驚眠。封用黎陽土。書因計吏船。欲知夫壻處。今督水衡錢。○本集一。樂府詩集三十五。詩紀一百。

出自薊北門行

薊北聊長望。黄昏心獨愁。燕山本集作然。文苑同。又注。一作山。對古剎。代郡隱類聚作倚。文苑云。一作倚。城樓。屢戰橋恆斷。長冰塹文苑作壍。不流。天雲如地樂府作虵。陣。漢月帶胡秋。樂府作愁。漬類聚作請。文苑作乞。注。一作請。一作漬。土泥函谷。挼類聚作按。本集作接。繩縛涼州。平生燕頷相。會自得本集作去。文苑同。又注。一作得。封侯。○本集一。類聚四十一。文苑英華百九十八。樂府詩集六十一。詩紀一百。

隴頭水

別塗聳千仞。離川懸百丈。攢荆夏文苑云。一作下。不通。積雪冬文苑云。一作終。難上。枝交隴底暗。石礙波樂府作坡。前響。迴首咸陽中。唯言夢時往。本集作往時夢。文苑同。○本集一。文苑英華百九十八。樂府詩集二十一。詩紀一百。

隴頭水

文鏡秘府云。劉氏云。吳人徐陵。東南之秀。所作文筆。未曾犯聲。唯横吹云云。亦是通人之弊。案此詩文苑英華作張正見。今兩存之。

隴頭流水急。合璧事類作急水流。水急行合璧事類作流水急。難度。半入隗囂營。傍侵酒泉路。心交贈寶刀。小婦裁紈素。欲知別家久。戎衣今已故。○文鏡秘府論西卷。又合璧事類別集三作横笛曲。引首二句。

折楊柳

嫋嫋河堤樹。樂府作柳。依依魏主營。江陵有舊曲。洛下作新聲。妾對長楊苑。君登高柳城。春還應共見。蕩子太無情。○本集一。文苑英華二百八。樂府詩集二十二。詩紀一百。

關山月二首

關山三五月。客子憶秦川。思婦高樓上。當牕應未眠。星旗映疎勒。雲陣上祁連。戰氣今如此。從軍復幾年。○本集一。文苑英華百九十八。樂府詩集二十三。詩紀一百。

月出柳城東。微雲掩復通。蒼茫縈白暈。蕭瑟帶長風。羌兵燒上郡。胡騎獵雲中。將軍擁節起。戰士夜鳴弓。○同上

洛陽道二首

緑柳三春暗。紅塵百戲多。東門向金馬。南陌接銅駝。華文苑作葉。軒翼葆吹。飛蓋響鳴珂。潘郎車欲滿。無奈擲花文苑作如。何。○本集一。文苑英華百九十二。樂府詩集二十三。詩紀一百。

洛陽馳道上。春日起塵埃。濯龍望如霧。本集作水。文苑同。又注。一作霧。樂府云。一作水。河橋渡似雷。聞珂知馬蹀。傍幰本集作幔。見甍開。相看不得語。密意眼中來。○同上

長安道

輦道乘雙闕。豪雄被五都。横橋象天漢。法駕應坤圖。韓康賣良藥。董偃鬻明珠。喧喧擁車騎。非但執金吾。○本集一。文苑英華百九十二。樂府詩集二十三。詩紀一百。

梅花落

對户一株梅。新花落故栽。本集作屢發材。文苑同。又注。一作落故栽。燕拾還蓮井。風吹上鏡臺。娼家怨文苑作愁。樂府云。一作愁。思妾。樓上獨徘徊。啼看本集作和。文苑同。竹葉錦。簪本集作笑。文苑同。又注。一作簪。樂府作簪。罷未能文苑云。一作成。裁。○本集一。文苑英華二百八。樂府詩集二十四。詩紀一百。

紫騮馬

玉鐙繡纏鬃。金鞍錦覆幪。風驚塵未起。草淺埒猶空。角弓連樂府作穿。文苑云。一作穿。兩兔。珠彈落雙鴻。日斜馳逐罷。連翩還上東。○本集一。文苑英華二百九。樂府詩集二十四。詩紀一百。

劉生

劉生殊倜儻。任俠遍京華。戚里驚鳴筑。平陽吹怨笳。俗儒排左本集作右。氏。新室忌漢本集作是誰。文苑同。家。高才被擯壓。自古共憐嗟。○本集一。文苑英華一百九十六。樂府詩集二十四。詩紀一百。

烏棲曲二首七言

卓女紅妝樂府作粉。注云。一作妝。期此夜。胡姬沽酒誰論價。風流荀令好兒郎。偏能傅粉復薰香。○本集一。樂府詩集四十八。詩紀一百。

繡帳羅帷隱燈燭。一夜千年猶不足。唯憎無賴汝南雞。天河未落猶爭啼○同上

雜曲

傾城得意已無儔。洞房連閣未消愁。宮中本造鴛鴦殿。爲誰新起文苑云。一作爲起新粧。鳳凰樓。綠黛紅顏兩相發。千嬌百念本集作態。文苑同。情無歇。舞衫迴袖勝春風。歌扇當窗似秋月。碧玉宮妓自翩妍。絳樹新聲最樂府作自。注云。一作最。可憐。張星舊在天河上。從樂府作猶。來張姓本連天。二八年時不憂度。旁邊得寵誰相樂府作應。注云。一作相。妒。立春曆樂府作歷。日自當新。正月春幡底須本集作舊。文苑同。樂府作頭。故。流蘇錦帳挂文苑作桂。香囊。織成羅幌隱燈光。只應私將琥本集作虎。珀枕。暝暝來上珊瑚牀。○本集一。文苑二百十一。

樂府詩集七十七。詩紀一百。

長相思二首

長相思。望歸難。傳聞奉詔戍皐蘭。本集作更始戍樓蘭。文苑同。又注。一作奉詔戍皐蘭。樂府云。一作傳制戍皐蘭。龍城遠。鴈門寒。愁來瘦轉劇。衣帶自然寬。念君今不見。文苑、樂府並云。一作君今念不見。誰爲抱腰看。○本集一。文苑英華二百二。樂府詩集六十九。詩紀一百。

長相思。好春樂府作奉。節。夢裏恆啼悲不洩。帳中起。牕前髫。樂府作咽。柳絮飛還聚。遊絲斷復結。欲見洛陽花。如君隴頭雪。○樂府詩集六十九。詩紀一百。

詩

同江詹事登宫城南樓詩

元良屬本集作居。初學記字缺。上德。率土被中孚。漢幄朝無初學記作无。怠。周門夕復趨。桓經既受業。賀拜且尊儒。壯志諧風雅。高文會斗樞。鏗鏘叶舞蹈。熠爛等琨瑜。溝水㶉雄伯。漳川仰大巫。鮑魚寧入俎。釣鱉匪充厨。叔譽恆詞屈。防年豈濫誅。○本集一。初學記十。詩紀一百。

走筆戲書應令詩

此日乍殷勤。相嫌不如春。今宵花燭淚。非是夜迎人。舞席秋來卷。歌筵無數塵。曾經新代故。那惡故迎新。片月窺花簟。輕寒入錦玉臺新詠作帔。巾。秋來應瘦盡。偏自著腰身。○玉臺新詠八。詩紀一百。

春情詩

風光今旦動。雪色故年殘。薄夜類聚作衣。迎新節。當罏却晚寒。奇本集作故。類聚同。香分細霧。類聚作煙。石炭擣輕紈。竹葉裁衣帶。梅花奠酒盤。年芳袖裏出。春色黛中安。欲知迷下蔡。先將過上蘭。○本集一。類聚十八。詩紀一百。

奉和詠舞詩詩紀云。簡文有詠舞詩。

十五屬平陽。因來入建章。主家能教舞。城中巧畫玉臺作旦。類聚同。粧。低鬟向綺席。舉袖拂花黄。燭送空迴本集作邊。初學記、文苑同。玉臺作窗邊。影。衫傳篋初學記作合。文苑作鈴。注云。集作鈴。裏香。當由初學記作延。文苑作筵。好留客。故作舞衣長。○玉臺新詠八。本集一。類聚四十三、初學記十五俱作詠舞詩。文苑英華二百十三作舞應令。詩紀一百。

和簡文帝賽漢高帝廟詩詩紀云。聲偶作徐摛。詩彙作庚肩吾。並誤。

山宮類牛首。漢寢若龍川。玉盌無秋酎。金燈滅夜煙。丹帷迫靈嶽。紺席下羣仙。堂虛類聚作空。沛筑響。釵低戚舞妍。何殊后廟裏。子建作華篇。○本集一作和賽漢高帝廟。類聚七十九。詩紀一百。

山齋詩

桃源驚往客。鶴嶠本集作崔嶠。斷來賓。復有風雲處。蕭條無俗人。山寒本集作寒山。文苑同。微有雪。石路本無塵。竹徑蒙籠本集作朦朧。文苑同。巧。茅齋結構新。燒香披道記。懸鏡厭本集作壓。文苑同。山神。砌水何年溜。簷桐幾度春。雲霞一已絶。寧辨漢將秦。○本集一。文苑英華三百十七。詩紀一百。

詠柑詩

詩紀云。藝文、初學並作徐陵詩。劉孝綽集載此。或誤收也。

朱實挺江類聚作荆。初學記同。南。苞品擅珍淑。上林雜嘉樹。江潭類聚作浦。問脩竹。萬室擬封侯。本集作家。類聚、初學記、文苑、韻補同。千株挺荆國。緑葉萋以布。素榮類聚作縈。芬且郁。得陳終宴歡。良垂雲雨育。○本集一作詠甘子。初學記二十八。文苑英華三百二十六作詠甘子。詩紀一百。又類聚八十六引淑、竹、國、郁四韻。韻補五作甘詩。引竹、國二韻。

侍宴詩

園林才有熱。夏淺更勝春。嫩竹猶含粉。初荷未聚塵。承恩豫下席。應阮獨何人。○本集一。類聚三十九。詩紀一百。

奉和山池詩詩紀云。梁簡文有山池詩。

羅浮無定所。鬱島本集作鳥。文苑同。屢遷移。不覺因風雨。何時入後池。樓臺非一勢。臨翫自多奇。雲生對户石。猨挂入欄本集作欄。文苑同。枝。○本集一。類聚九。文苑英華百六十五。詩紀一百。

山池應令詩

畫舸圖仙獸。飛艎挂采斿。榜人事金本集作輕。文苑同。槳。本集誤作橥。釣女飾本集作理。文苑同。銀鈎。細萍時帶檝。低荷乍入舟。猿啼知谷晚。蟬咽本集、文苑作思。類聚作噎。古通。覺山秋○本集一。類聚九。文苑英華百六十五。詩紀一百。

别毛永嘉詩

願子厲風類聚作清。永嘉縣志同。規。歸來振羽儀。嗟余今老病。此别空長離。白馬君來哭。黄泉我詎知。徒勞脱寶劍。空類聚作恐。永嘉縣志同。本集作畏。文苑同。又注。一作恐。掛隴頭枝。○本集一作别毛尚書。類聚二十九。文苑英華二百六十六作别毛尚書。又注。尚書一作永嘉。永嘉縣志三十三。詩紀一百。

秋日别庾正員詩

征途愁轉旆。連騎慘停鑣。朔氣凌疎木。江風送上潮。青雀離帆遠。朱鳶别路遥。唯有當秋月。夜夜上本集作止。河橋。○本集一。類聚二十九作張正見。文苑英華二百六十六。詩紀一百。

征虜亭送新安王應令詩

鳳吹臨南浦。神駕餞東平。亭迴漳水乘。旆轉洛濱笙。地凍斑輪響。風嚴羽蓋輕。燒田雲色暗。古樹雪花明。歧路一迴首。流襟動睿情。○本集一。類聚二十九。詩紀一百。

新亭送別應令詩

鳳文苑作風。吹臨伊水。時駕出河梁。野燎文苑作老。村田黑。江秋岸荻黄。隔城文苑作磯。注云。一作城。聞上鼓。迴舟隱去檣。神襟愛遠別。流睇極清漳。○本集一。類聚二十九。文苑英華二百六十六。詩紀一百。

和王舍人送客未還閨中有望詩

倡人歌吹罷。對鏡覽紅顔。拭粉留花稱。除釵作小鬟。綺燈停不滅。高扉掩未關。良人在何處。光唯見月還。○玉臺新詠八。詩紀一百。

爲羊兗州家人答餉鏡詩

信來贈寶鏡。亭亭似團玉臺作圓。月。鏡久自逾明。人久情愈歇。取鏡掛空臺。於今莫復開。不見孤鸞鳥。

香玉臺作亡。魂何處來。○玉臺新詠八。詩紀一百。

詠織婦詩

纖纖運玉指。脉脉正蛾眉。振躡本集作鑷。開交縷。停梭續斷絲。簷前初月照。洞户朱帷垂。本集作未垂帷。類聚同。詩紀云。一作未垂帷。弄機行掩淚。彌令織素遲。○本集一。類聚六十五。詩紀一百。

内園逐涼

昔有北山北。今余詩紀云。一作來。東海東。納涼高樹下。直坐落花中。狹徑長無跡。茅齋本自空。提琴就竹篠。酌酒勸梧桐。○類聚五。詩紀一百。

鬬雞詩

季子聊爲戲。陳王欲騁才。花冠已銜力。芥爪復驚媒。鬬鳳羞衣錦。雙鸞恥鏡臺。陳倉若有信。爲覔寶雞來。○本集一。類聚九十一。詩紀一百。

詠日華詩

朝暉爛曲池。夕照滿西陂。復有當晝景。江上鑠光儀。時從高浪歇。乍逐細波移。一在雕梁上。詎比扶桑枝。○本集一作日華。初學記一作日華詩。文苑英華百五十一作日華。詩紀一百。

詠雪詩

瓊林玄圃葉。桂樹日南華。豈若天庭瑞。輕雪帶風斜。三晨本集作農。喜盈尺。　六出儛崇花。本集作華。文苑同。明朝闕門外。應見海神車。○本集一。類聚二。文苑英華百五十四。詩紀一百。

春日詩

岸煙起暮色。岸水帶斜暉。逕狹横枝度。簾摇驚燕飛。落花承步履。流澗寫行衣。何殊九枝蓋。本集作盡。薄暮洞庭歸。○本集一。類聚三。詩紀一百。

奉和簡文帝山齋詩

架嶺承金闕。飛橋對石梁。竹密山齋冷。荷開水殿香。山花臨舞席。冰影照歌牀。○本集一。類聚六十四。詩紀一百。

傅縡

縡。字宜事。北地靈州人。仕陳歷撰史學士、記室參軍。後主即位。遷秘書監、右衛將軍、兼中書通事舍人。後死獄中。有集十卷。

採桑

羅敷試採桑。出入城南傍。綺裙文苑作裙裾。注云。一作綺裙。映珠珥。絲繩文苑作籠。注云。一作繩。提玉筐。度身攀葉聚。聳腕及枝長。空勞使君問。自有侍中郎。○文苑英華二百八。樂府詩集二十八。詩紀百六。

走馬引 詩紀作天馬引。

驄色文苑作馬。表連錢。出冀復來燕。取用偏開地。爲歌乃號天。權奇意欲遠。蹀躞勢難前。本珍白玉鐙。因飾黃金鞭。顧酬芻秣寵。千里得千年。○文苑英華二百九。樂府詩集五十八。詩紀百六。

雜曲 詩紀云。江總、徐陵同賦。

新人新寵住蘭堂。翠帳金屏玳瑁牀詩紀云。玉臺作梁。叢星不似文苑作如。樂府同。珠簾色。度月還如樂府云。一作似。文苑作同。詩紀云。一作同。粉壁光。從來著名推趙子。復有丹脣發皓齒。一嬌一態本難逢。如畫如花定相似。樓臺宛轉曲皆通。弦管逶迤徹下風。此殿笑語長相共。文苑、樂府作恒長共。詩紀云。一作恒長共。傍省歡娱不復同。訝許人情太厚薄。分恩賦念能斟酌。多作繡被爲鴛鴦。文苑作雙鴛。注云。一作鴛鴦。詩紀云。一作雙鴛。長弄綺琴憎別鶴。人今投寵要須堅。會使歲寒恆度前。共取辰星作心抱。無轉無移千萬年。○文苑英華二百十一。樂府詩集七十七。

孔奐

奐。字休文。會稽山陰人。初仕梁。爲尚書儀曹侍郎。陳受禪。累遷晉陵太守。文帝卽位。徵爲御史中丞。至德元年卒。年七十。有集十五卷。

賦得名都一何綺詩

京洛信名都。佳麗擬蓬壺。九華彫玳瑁。百福上椒塗。黄金絡騕褭。蓮花裝鹿盧。咸言儀服盛。無初學記作全。勝執金吾。○類聚二十一。初學記二十四。詩紀百一。

孔魚

魚。字伯魚。陳太子舍人。

和六府詩

金門朱軌躅。吾子盛簪裾。木舌無時用。萍流復在余。水鄉訪松石。蘭澤侶樵漁。火洲方可至。地肺卽爲居。土牛自知止。貞心達毁譽。穀稼有時隟。乘植望白榆。○類聚五十六。詩紀百一。

陸瓊

瓊。字伯玉。吴郡吴人。梁給事黄門侍郎雲公子。永定中。州舉秀才。歷尚書外兵郎、殿中郎、新安王文學、太子庶子、通事舍人、給事黄門侍郎。轉太子中庶子。後主即位。爲度支尚書。遷吏部尚書。至德四年卒。有集二十卷。

關山月

邊城與明月。俱在關山頭。焚烽望别壘。擊斗宿危樓。團團婕妤扇。纖纖秦女鈎。鄉園誰共此。愁人屢益愁。○文苑英華百九十八。樂府詩集二十三。詩紀百一

梁南吟

臨淄佳麗地。年少文苑作少小。習名倡。似笑脣朱動。非愁眉翠揚。文苑誤作楊。掩抑文苑誤作柳。隨竿文苑作竿。樂府同。轉。和柔會瑟張。輕扇屢迴指。飛塵亟繞梁。寄言諸葛相。此曲作難忘。○文苑英華二百七。樂府詩集四十一。詩紀百一。

還臺樂

詩紀云。一作陸機。題云飲酒樂。

蒲萄四時芳醇。瑠璃千鍾舊賓。夜飲舞遲銷燭。朝醒絃促催人。春風秋月恒好。驩醉日月言新。○樂府詩集七十七。詩紀百一。

長相思

長相思。久文苑作遠。離別。一罷鴛文綺薦文苑作鴦矢絶。注云。一作一罷鴛文綺薦絶。絶。鴻已文苑作始。注云。一作已。去。柳堪結。室冷鏡疑文苑作凝。冰。庭幽花似雪。容貌朝朝改。文苑作春春減。注云。一作朝朝改。書字看看文苑作朝朝。注云。一作看看。滅。○文苑英華二百二。樂府詩集六十九。詩紀百一。

和張湖熟雹詩

惟徵初學記作微。誤。動羽。惟陰脅陽。雨水初學記。御覽作冰。作沴。御覽作冷。凝氣爲祥。○初學記二。御覽十四。詩紀百一。

玄圃宴各詠一物須筝詩

三五初學記作五玉。併時年。二八共來前。今逢泗濱樹。定減琴中絃。鶴別霜初緊。烏文苑作鳥。注云。一作烏。啼月正懸。○初學記十六。文苑英華二百十二。詩紀百一。

陸瑜

瑜。字幹玉。瓊之從父弟。仕陳累官太子洗馬、中舍人。與兄琰並以才學仕東宮。時人比之二應。有集二卷。

仙人攬六著篇

詩紀云。曹子建仙人篇。仙人攬六箸。對博泰山隅。

九仙會歡賞。六著升菴詩話作博。且娱神。戲谷聞餘地。銘山憶舊秦。避敵情思巧。論兵勢重新。問取南皮夕。還笑拂棊人。○樂府詩集六十四作齊陸瑜。升菴詩話。詩紀百一。

東飛伯勞歌

西王青鳥秦女鸞。姮娥婺女慣相看。誰家玉顔窺上路。粉色衣香雜風度。九重樓檻芙蓉華。四鄰照鏡菱茭花。新妝年幾纔三五。隱幔藏羞臨網户。然香氣歇不飛煙。空留可憐年一年。○樂府詩集六十八。詩紀百一。

獨酌謡

獨酌謡。芳氣饒。一傾蕩神慮。再酌動神飈。忽逢鳳樓下。非待鸞弦招。牕明影乘入。人來香逆飄。杯隨轉態盡。釧逐畫杯摇。桂宫非蜀郡。當壚也至宵。○樂府詩集八十六。詩紀百一。

陳詩卷六

陳昭

昭。義興國山人。慶之子。慶之在梁以軍功封永興侯。卒。昭嗣位。

明君詞

詩紀云。陰鏗集亦載此詩。今從樂府作陳昭。藝文又作陳明。疑即昭也。

跨鞍今永訣。垂淚陰集作涕。類聚同。別親賓。漢地隨行盡。樂府作行將遠。胡關逐望新。交河擁塞陰集作寒。文苑同。霧。文苑云。一作露。樂府作路。隴日陰集作首。樂府同。文苑云。一作首。暗沙塵。唯有孤明月。猶能遠送陰集作送遠。文苑同。又注。一作遠送。人。○陰常侍集作昭君怨。類聚三十作陳明昭君詞。文苑英華二百四作陰鏗昭君怨。注云。一作東昭。樂府詩集二十九。詩紀百六。

聘齊經孟嘗君墓詩

薛城觀舊跡。征馬屢徘徊。盛德今何在。唯餘長夜臺。蒼茫空壟路。顦顇古松栽。悲隨白楊起。淚想雍門來。泉户無關吏。鷄鳴誰爲開。○文苑英華三百六。詩紀百六。

陳暄

暄。昭弟。後主在東宫。引爲學士。及即位。任爲通直散騎常侍。爲後主侮虐悖死。

洛陽道

洛陽九逵樂府作達。注云。一作逵。詩紀云。一作衢。上。文苑云。一作衢上。羅綺四時春。路傍避驄馬。車中看玉人。鎮西歌艷曲。臨淄逢麗神。欲知雙璧價。潘夏正連茵。○文苑英華百九十二。樂府詩集二十三。詩紀百六。

長安道

長安開繡陌。三條向綺門。張敞車單馬。韓嫣乘副軒。寵深來借殿。功多競置文苑、樂府作買。園。將軍夜夜返。弦歌著曙喧。○文苑英華百九十三。樂府詩集二十三　詩紀百六。

紫騮馬

天馬汗如紅。鳴鞭文苑作鞍。度九嵕。飲傷城下凍。嘶依北地風。笳文苑作篗。注云。一作笳。按笳、篗古通。寒芳樹歇。笛怨柳枝空。横行意未已。羞住樂府作往。注云。一作住。文苑云。一作在。轂車中。○文苑英華二百九。樂府詩集二十四。詩紀百六。

雨雪曲

都尉出祁連。雨雪滿雞田。雕陵持抵鵲。屬國用和氈。冰合軍應渡。文苑作度。樓寒烽未然。文苑作燔。注云。一作燃。花迷差文苑作槎。未著。疎勒復經年。○文苑英華百九十三。樂府詩集二十四。詩紀百六。

祖孫登

登。仕陳爲記室。侯安都引以爲客。

紫騮馬

候騎指類聚作栢。樂府作陌。俱誤。樓蘭。長城迥文苑作向。注云。一作迥。路難。嘶從風處斷。骨住水中寒。飛塵暗金勒。落淚灑銀鞍。抽鞭上關路。誰念客衣單○類聚九十三作賦得紫騮馬詩。文苑英華二百九作蘇子卿。樂府詩集二十四。詩紀百六。

宮殿名登高臺詩

獨有相思意。聊敞鳳皇臺。蓮披文苑云。集作枝。香稍上。月類聚作日。明光正來。離鵠文苑作鶴。詩紀云。一作鶴。將雲散。飛花似雪迴。遥思竹初學記誤作休。林友。前窗夜夜開。○類聚六十二。初學記二十四。文苑英華三百十三作宮殿石登臺。詩紀百六。

賦得司馬相如詩

雍容文雅深。王吉共追尋。當壚應酤酒。託意且彈琴。上林能作賦。長門得賜金。唯當有漢主。知懷封禪心。○類聚五十五。詩紀百六。

詠風詩

飄颺萬花谷作颺漾。楚王宮。徘徊繞竹叢。帶葉俱吟樹。將花共併空。飄香雙袖裏。亂曲五弦中。試上高臺萬花谷作樓。聽。悲響定無窮。○類聚一。初學記一。文苑英華百五十六。萬花谷二作祖孫登詩。詩紀百六。

詠水詩

驪泉類聚作龍川。紫闕映。詩紀云。一作龍川紫閣映。珠浦碧沙沈。文苑作連。岸闊蓮香遠。流清雲影深。風潭如拂鏡。山溜似調琴。請君看皎潔。知有淡然心。○類聚八。初學記六。文苑英華百六十三作釋惠標。詩紀百六。

詠柳詩

馳道藏烏日。鬱鬱正翻風。抽翠争連影。飛綿亂上空。高葉臨胡塞。長枝拂漢宮。欲驗傷攀折。三春横笛中。○類聚八十九。詩紀百六。

賦得涉江採芙蓉詩

詩紀云。古詩。涉江採芙蓉。蘭澤多芳草。

浮照滿川漲。芙蓉承落光。人來間花影。衣渡得荷香。桂舟輕不定。菱歌引更長。採採嗟離別。無暇緝爲裳。○類聚八十二。詩紀百六。

蓮調詩

長川落照日。深浦漾清風。弱柳垂江翠。新蓮夾岸紅。船行疑氿迴。月映似沈空。願逐琴高戲。乘魚入浪中。○初學記六。文苑英華百六十三作釋惠標詠水。詩紀百六。

詠城塹中荷詩

白水麗金扉。類聚誤作肩。青荷承日暉。葉似環城蓋。香亂上橋衣。岸高知水落。影合見菱稀。猶疑涉江處。空望採蓮歸。○類聚八十二。詩紀百六。

劉删

删。仕陳爲長史。侯安都爲侍中大將軍。引以爲客。

泛宫亭湖詩

荆州記云。宫亭湖廟神能使湖中分。風而帆南北。

迴艫寰宇記作流。乘初學記作承。派水。舉帆永樂大典作棹。逐分風。滉瀁疑無際。飄颺類聚作揚。永樂大典同。初學記作飄。文苑同。似度永樂大典作渡。空。檣烏排鳥路。船影没河宫。孤石滄波裏。匡永樂大典作岸。誤。山苦初學記作若。永樂大典作古。霧中。寄謝類聚作言。永樂大典同。千金子。安知萬里蓬。永樂大典作逢。○類聚九。初學記七。文苑英華百六十三。永樂大典六千七百。詩紀百六。

賦得蘇武詩

奉使窮沙漠。拔詩紀作收。淚上河梁。食雪天山近。思歸海路長。繫書秋待鴈。握節暮看羊。因思李都尉。還漢不相忘。○類聚五十五。詩紀百六。

採藥遊名山詩

詩紀云。郭璞遊仙詩。採藥遊名山。將以救年頹。

名山本鬱盤。道士貴黄冠。獨馭千年鶴。來尋五色丸。石牀新溜乳。金竈欲成丹。定知無二價。非復在長安。○類聚八十一。詩紀百六。

侯司空宅詠妓詩

詩紀云。陰鏗同賦。

石家金谷妓。粧罷出蘭閨。看花只類聚作爭。欲笑。聞瑟不勝類聚作似能。啼。山邊歌落日。池上舞前溪。將人當桃李。何類聚作無。處不成蹊。○類聚四十二作侯司空第山園妓詩。初學記十五。文苑英華二百十三。詩紀百六。

賦松上輕蘿詩

葉繞千年蓋。條依百尺枝。屬與松風動。時將薜影垂。學帶非難結。爲衣或易披。山阿類聚作河。若近遠。獨有類聚作自。楚人知。○類聚八十一。詩紀百六。

賦得馬詩

獨飲臨寒窟。離羣思北風。陳王欲觀舞。御史自隨驄。邊聲隕客淚。果下益桃紅。恆持沛艾影。解向平陵東。○類聚九十三。文苑英華三百三十。詩紀百六。

賦得獨鶴淩雲去詩

孤鳴思滄海。矯翮避虞機。怨别悽琴曲。淩風散舞衣。五里雖迴顧。千年會欲歸。寄語雷門鼓。無復一雙飛。○類聚九十作劉那。詩紀百六。

詠青草詩

雨沐詩紀作淋。三春葉。風傳十步香。映袍憐色重。臨書喜帶長。○類聚八十一。詩紀百六。

詠蟬詩

聲流上林苑。影入守類聚作侍。臣冠。得飲玄天露。何辭高柳寒。○類聚九十七。詩紀百六。

登廬山詩

野煙出爐上。山花落鏡前。危梁取或作耿。大壑。瀑布桂當作挂。又或作曳。中天。秦始眺宇宙。漢武上旌旃。結廬分往籍。留艑映遐年。原注。未見全篇。○廬山記四。又卷二作劉删詩。引天一韻。

岑之敬

之敬。字思禮。南陽人。梁時對策擢高第。累遷晉安王中記室。陳太建初。授東宮學士。轉南臺侍御史、征南府諮議參軍。太建十一年卒。年六十一。

折楊柳

將軍始見知。細柳繞營垂。懸絲拂城轉。飛絮上宮吹。塞門交度葉。谷口暗橫樂府作還。枝。曲成文苑作城。樂府同。攀折處。唯言怨別離。○文苑英華二百八、樂府詩集二十二並作岑敬之。詩紀百六。

洛陽道

喧喧洛水文苑作川。注云。一作水。濱。鬱鬱小平津。路傍桃李節。陌上採桑春。聚車看衛玠。連手望安仁。復有能留客。莫愁嬌態新。○文苑英華百九十二、樂府詩集二十三並作岑敬之。詩紀百六。

對酒

色映臨池竹。香浮滿砌蘭。舒文泛玉盌。漾蟻溢金盤。簫曲隨鸞易。笳聲出塞難。唯有將軍酒。川上可除寒。○文苑英華百九十五作岑敬之。樂府詩集二十七。詩紀百六。

烏棲曲

驄馬直去没浮雲。河渡冰開兩岸分。烏樂府作烏。藏日暗行人息。空棲隻影長相憶。明月二八照花新。當壚十五晚留賓。○樂府詩集四十八。詩紀百六。

褚玠

玠。字温理。河南陽翟人。起家王府法曹。爲山陰令。太建十二年。遷御史中丞。卒于官。年五十二。有集十卷。

鬬雞東郊道詩

詩紀云。曹子建名都篇曰。鬬雞東郊道。走馬長楸間。

春郊鬬雞侣。捧敵兩逢迎。妬初學記作詭。文苑、詩紀云。一作詭。羣排袖出。帶勇向塲驚。錦毛侵距散。芥羽雜塵生。還同戰勝罷。耿介寄前鳴。○初學記三十。文苑英華二百六作褚珍。苑詩類選十四。詩紀百六。

謝燮

燮。太建十二年所司薦爲吏部侍郎。

隴頭水

隴阪望咸陽。征人慘思腸。咽流喧斷岸。遊沫聚飛梁。凫分斂冰彩。虹飲照旗光。試聽鐃歌曲。唯吟君馬黄。○文苑英華百九十八。樂府詩集二十一。詩紀百六。

雨雪曲

朔邊昔離別。寒風復淒切。峩峩六尺冰。飄飄千里雪。未塞文苑作深閉。注云。一作未塞。袁安户。行封蘇武節。應文苑作用。注云。一作應。隨隴水流。幾過文苑作迴。注云。一作過。空文苑作疑。樂府云。一作疑。嗚咽。○文苑英華百九十三。樂府詩集二十四。詩紀百六。

明月子

杪秋之遥夜。明月照高樓。登樓一迴望。望見東樂府、詩紀並云。一作南。陌頭。故人眇千里。言别歷九秋。相思不相見。望望空離憂○樂府詩集六十五。詩紀百六。

方諸曲

望仙室。仰雲光。繩河裏。扇月傍。井公能六著。玉女善投壺。瓊醴和金液。還將天地俱。○樂府詩集五十一。詩紀百六。

早梅詩

迎春故早發。獨自不疑寒。畏落衆花後。無人别意看。○類聚八十六。詩紀百六。

蕭詮

詮。仕陳爲黄門郎。

巫山高

巫山映巫峽。高高殊未窮。猿聲不辨處。雨色詎分空。懸崖下桂月。文苑作影。注云。一作月。深澗響松風。別有仙雲起。時向楚王宫。〇文苑英華二百一。樂府詩集十七。詩紀百六。

賦得往往孤山映詩

青山照落暉。映遠望連飛。仙峯看玉笥。關路視金微。鼓吹聲疑盡。香爐煙覺稀。共君臨水別。勞此送將歸。〇初學記五。文苑英華百六十。詩紀百六。

詠銜泥雙燕詩

銜泥金屋外。表瑞玉筐中。學飛疑漢妾。巢幕憚吴宫。爪截還猶短。窠成新尚空。詎並零陵石。飛舞逐春風。〇類聚九十二。文苑英華三百二十九作啣泥雙燕。詩紀百六。

賦得夜猿啼詩

桂月影才通。猿啼迥類聚作鳴迴。入風。隔巖還嘯侶。臨潭自響空。掛類聚作桂。藤疑欲初學記作取。飲。吟枝似避弓。別有三聲淚。霑裳竟不窮。○類聚九十五。初學記二十九作夜猨啼。文苑英華三百三十作蕭詮詠夜猿啼。詩紀百六。

賦得婀娜當軒織詩

東南初日照秦樓。西北織婦正嬌羞。綺窗猶垂翡翠幌。珠簾半上珊瑚鉤。新粧入機映春牖。弄杼鳴梭挑纖手。何曾織素讓新人。不掩流蘇推中婦。三日五匹未言遲。衫長腕弱繞輕絲。綾中轉躡成離鵠。錦上迴文作別詩。不惜紈詩紀作繞。素同霜雪。更傷秋扇篋中辭。○類聚六十五。詩紀百六。

賀徹

徹。仕陳爲左民郎。

採桑

蠶妾出房櫳。結伴類花叢。度水春衫緑。映日晚妝紅。釧聲時動樹。衣香自入風。鉤長嫩樂府作從。枝曲。葉盡細條空。競採須盈手。爭歸欲滿籠。自憐公府步。誰與少年同。○樂府詩集二十八。詩紀百六。

賦得長笛吐清氣詩

詩紀云。魏文帝善哉行。悲絃激清聲。長笛吐清氣。

胡關氛霧侵。羗笛吐清音。韻切山陽曲。聲悲隴上吟。柳折文苑誤作拆。城邊樹。梅舒嶺外林。方知出塞虜。不憚武溪深。○初學記十六。文苑英華二百十二。詩紀百六。

賦得爲我彈鳴琴詩

薄暮高堂上。調琴召美人。伯喈聲未盡。相如曲復新。點徽還轉弄。亂爪更留賓。聊持一弦響。雜起豔歌塵。○類聚四十四作賀徹。詩紀百六。

賀循

循。仕陳爲比部郎。

賦得夾池脩竹詩

緑竹影參差。葳蕤文苑作婑娟。帶曲池。逢秋葉不落。經寒色詎移。來風韻初學記誤作韻。晚逕。集鳳動春枝。所欣高蹈初學記作節。文苑同。客。未文苑作來。待伶倫吹。○類聚八十九。初學記二十八及文苑英華三百二十五作賀脩賦得夾池竹。詩紀百六。

賦得庭中有奇樹詩

詩紀云。古詩。庭中有奇樹。緑葉發華滋。

三春節物始芳非。遊絲細草動春暉。香風飄舞花間度。好鳥和鳴枝上飛。臨池間竹偏增緑。依階映雪紛類聚作遠。如玉。温室庭前竟不言。鼓吹樓中能作曲。曾聞遠別舊難思。攀折會取贈佳期。長條本自堪爲帶。密葉由來好作帷。星稀漢轉月輪明。徘徊夜鵲屢相驚。欲識幽人蘭杜逕。山窗芳桂復叢生。○類聚八十八。詩紀百六。

李爽

爽。仕陳爲中記室。

賦得芳樹詩

芳樹千株發。摇蕩三陽時。氣軟來風易。枝繁度鳥遲。春至花如錦。夏近葉成帷。欲寄邊城客。路遠詎。樂府作誰。能持。樂府云。一作路遠詎難持。○類聚八十八。樂府詩集十七作芳樹。詩紀百六。

山家閨怨詩

山中多早梅。荆扉達曙開。竹巾君自折。荷衣誰爲裁。行雲無處所。人住在陽臺。○類聚三十三。詩紀百六。

蕭賁

賁。字文奂。齊竟陵王子良之孫。起家梁湘東王法曹參軍。仕陳。官職不明。

長安道

前登灞陵道。類聚作岸。文苑同。還瞻渭水流。城形類北類聚作南。斗。橋勢似牽牛。飛軒駕類聚作輿。良駟。寶劍雜輕裘。經過狹斜里。類聚、樂府作裏。文苑、詩紀云。一作裏。日暮與類聚作且。詩紀云。一作且。淹留。○類聚四十二作梁元帝長安路。文苑英華百九十二。樂府詩集二十三。詩紀百六。

何胥

胥。後主時爲太常令。採宮中豔詩被之管絃。以爲新曲。

被使出關詩

詩紀云。詩彙作庾肩吾者非。

出關登隴坂。迴首望文苑作問。秦川。絳水通西晉。機橋指北燕。奔流下激石。古木上參天。鶯啼落春後。鴈度在秋前。平生文苑作生平。屢此別。腸斷自催年。○文苑英華二百九十六。詩紀百六。

賦得待詔金馬門詩

漢家一統軌。濟濟萬國朝。飛纓拂曉霧。輕輦逐晨飈。槐衢映緑紱。初學記作紱。日彩麗金貂。此時參待詔。誰復想漁樵。○初學記二十四。詩紀百六。

傷章詩紀云。章字上疑有闕文。公大將軍詩

百文苑誤作日。萬橫行罷。三千白日新。短簫應出塞。長笛反驚鄰。槐庭慘芳樹。舞閣思陽春。所悲金谷妓。坐望玉關人。○文苑英華三百二。詩紀百六。

哭陳昭詩

思人適舊館。寂寞非一源。文苑作原。無復酣歌樂。空餘燕雀喧。落暉隱窮巷。秋風生故園。撫孤空對此。零淚欲奚言。○文苑英華三百二。詩紀百六。

陽縉

縉。陳中書舍人。以辭學知名。陳亡。自江左徙關中。

賦得荆軻詩

函關使樂府作路。不通。燕將重深功。長虹貫白日。易水急寒風。壯髮危冠下。匕首地圖中。琴聲不可識。遺恨没秦宫。○類聚五十五。樂府詩集五十八作陽縉荆軻歌。詩紀百七。

照帙秋螢詩

秋窗餘照盡。入暗早螢來。忽聚還同色。恆然類聚作燃。詎落灰。飛影黄金散。依帷縹帙開。含明終類聚作自。詩紀云。律祖作自。不息。夜月空徘徊。○類聚九十七。文苑英華三百二十九。詩紀百七。

俠客控絶影詩

詩紀云。陸士衡擬古詩曰。俠客控絶景。都人驂玉軒。

青門小苑物華新。花開鳥弄會芳春。仙掌層臺浮麗日。長楸廣文苑作横。路起紅塵。園中追尋桃李徑。陌上逢迎遊俠人。遊俠英名馳上國。人馬意氣俱相得。白玉鹿盧文苑作轆轤。秋水劒。青絲宛轉黄金勒。復有魚目並龍文。躡影追風本絶羣。影入吴門疑曳練。形來西北似浮雲。寄語幽并馳射客。未肯推門類聚作名。文苑同。詩紀云。一作名。持借君。○類聚三十三。文苑英華百九十六。詩紀百七。

陽慎

從駕祀麓山廟詩

聖德憂民暇。麾旆謁山靈。畫航汎北渚。文馬侍東平。春浦戈鋋照。寒林鐃吹鳴。依稀長安驛。文苑作舞。蕭條都尉城。井泉能共動。江帆得分行。窗幽細網合。堦静文苑作淨。落花明。欄類聚作簷。古通。巢始入燕。軒樹已遷鶯。菲菲蘭俎馥。淡淡桂樽清。銀塘類聚作堂。日影盡。文苑誤作晝。玉座舞衣輕。○類聚三十八。文苑英華三百二十作楊慎。詩紀百七。

蔡凝

凝。字子居。濟陽考城人。天嘉中。尚主拜駙馬都尉、給事黄門侍郎。後主時。遷晉熙王長史。禎明三年。陳亡。入隋。道病卒。年四十七。

賦得處處春雲生詩

詩紀云。謝朓和劉西曹望海臺詩曰。往往孤山映。處處春雲生。

春色遍空明。春雲處處生。入風衣暫斂。隨車蓋轉輕。作葉還依樹。爲樓欲近城。含愁上對影。似有别離情。○初學記一。詩紀百六。

蔡君知

君知。凝子。頗知名。

君馬黄

君馬經樂府作徑。文苑云。一作徑。西極。臣馬出東方。策擧樂府作足策。文苑云。一作足策。浮雲影。珂連明月光。水凍恆傷骨。蹄寒爲踐霜。躊躇嗟伏櫪。空想欲從良。○文苑英華二百九。樂府詩集十七作蔡知君。詩紀百六。

阮卓

卓。陳留尉氏人。仕陳爲新安王府記室。累遷德教殿學士。聘隋還。除南海王府諮議參軍。禎明三年入隋。行至江州卒。年五十九。

關山月

關山陵漢開。霜月正文苑云。一作自。徘徊。映林如璧碎。侵塞似輪摧。楚師隨晦盡。胡兵逐暖來。寒笳將夜鵲。相亂晚聲哀。○文苑英華百九十八。樂府詩集二十三。詩紀百六。

長安道

長安馳道上。鐘鳴文苑作鼓。注云。一作鳴。宮寺開。殘雲銷鳳闕。宿霧斂章臺。騎轉金吾度。車鳴丞相來。藹藹東都晚。羣公騶御回。〇文苑英華百九十二。樂府詩集二十三。詩紀百六。

詠魯仲連詩

魯連有高趣。意氣本相求。笑罷秦軍却。書成燕將愁。聊棄南金賞。方從滄海遊。寄言人世客。非君能見留。〇類聚五十五。詩紀百六。

賦得詠風詩

高風應爽節。摇落漸疎林。吹雲初學記作霜。萬花谷同。旅鴈斷。臨谷曉松吟。屢惜初學記作棄。萬花谷同。涼秋扇。常初學記作恒。萬花谷同。飄清夜琴。泠泠隨列子。彌諧逸豫心。〇初學記一。文苑英華百五十六作詠風。萬花谷後二作阮卓詩。詩紀百六。

賦得蓮下游魚詩

春色映澄陂。涵泳文苑作詠。且相隨。未上龍門路。聊戲芙蓉池。觸浪蓮香類聚作看。動。乘流葉影披。相忘自有樂。莊惠豈能知。○類聚九十六作蓮下游魚詩。文苑英華三百三十。詩紀百六。

賦得黄鵠一遠别詩

詩紀云。蘇武詩。黄鵠一遠别。千里顧徘徊。

霜風秋月映樓明。寡鶴偏棲中夜驚。月下徘徊顧别影。風前悽斷送離聲。離聲一去斷還續。别響時來疎復促。聊看遠客贈綾紋。彌怨閑宵雅琴曲。恆思昔日稻粱恩。理翮整翰上君軒。獨舞輕飛向吴市。孤鳴清唳出雷門。王子吹笙忽相值。自覺飄飄雲裏駛。一舉千里未能歸。惟有田饒解深意。○類聚九十。詩紀百六。

徐孝克

孝克。陵弟。宣帝時爲國子祭酒。陳亡入隋。爲國子博士。

仰同令君攝山棲霞寺山房夜坐六韻詩

戒壇廣弘明集作檀。注云。三本作壇。青石路。靈相紫金峯。影盡廣弘明集作進。注云。明本一作盡。皈依鴿。餐迎守護龍。晨朝宣寶偈。寒夜斂疎鐘。雞蘭静含握。仁智獨從容。五禪清慮表。七覺蕩心封。願言於此處。攜手屢相逢。○廣弘明集三十。詩紀百五。

仰和令君詩

上宰明四空。迴車八道中。洞涼容麥氣。巖光對月宮。香來詎經火。花散不隨風。澗松無異聒。禪桂兩分叢。虛薄誠爲累。何因偶會同。蹔此乖山北。猶可向牆東。○廣弘明集三十。詩紀百五。

潘徽

徽。字伯彥。吴郡人。爲客館令。陳亡入隋。累遷京兆郡博士。楊玄感甚重之。玄感敗。出爲威定縣主簿。發病卒。

贈北使詩

詩紀云。徽雖入隋。此詩蓋作於陳。故次于此。

業定三邊静。時和四海敦。行人仍禮籍。使者接軺軒。賓榮君享燕。文苑作客。客文苑作閑。踞我司存。既美齊嬰學。欣逢鄭産言。琴酒時歡會。篇章極討論。迴旌逗隴左。文苑誤作去。返軸指河源。塞榆行隱路。津柳稍垂門。日沈山氣合。潮落水花翻。離情欲寄鳥。别淚不文苑誤作下。因猿。所可緘懷袖。方以代蘭萱○文苑英華二百九十六。詩紀百六。

韋鼎

鼎。杜陵人。仕梁累遷中書侍郎。陳受禪。拜黄門郎。聘周還。爲太府卿。陳亡入隋。授儀同。除光州刺史。

長安聽百舌詩

萬里風煙異。一鳥忽相驚。那能對遠客。還作故鄉聲。○類聚九十二。文苑英華三百二十九並作陳聘使韋鼎在長安聽百舌詩。詩紀百六。

徐德言

破鏡詩

古今詩話曰。陳太子舍人徐德言。尚叔寶妹樂昌公主。陳政衰。謂妻曰。國破必入權豪家。儻情緣未斷。尚冀相見。乃破一照人。分其半。約他日以正月望日賣於都市。及陳亡。其妻果爲楊越公得之。德言流離辛苦。僅能至京。遂以正月望日訪於都市。有蒼頭賣半照者。大高其價。人皆笑之。德言直引至其居。出半照以合之。仍題詩云云。公主得詩。悲泣不食。素因詰之。公主以實對。於是召德言至。還其妻。後歸江南終老云。

鏡詩紀云。一作照。下同。與人俱去。鏡歸人未本事詩作不。御覽同。歸。無復姮本事詩作姮。娥影。空留御覽作餘。明月輝○本事詩一。御覽三十。萬花谷後十五引古今詩話。詩紀百六。

樂昌公主

餞别自解詩

今日何遷次。新官對舊官。笑啼俱不敢。方信本事詩作驗。作人難。○同上

陳詩卷七

江總

總。字總持。濟陽考城人。仕梁歷丹陽佐史、尚書殿中郎、太子洗馬、臨安令、太子中舍人。侯景寇京師。往依廣州。陳天嘉中爲中書侍郎。太建中。遷司徒右長史。授太子中庶子、通直散騎常侍。轉太子詹事。遷太常卿。後主即位。歷祠部尚書、尚書僕射。授尚書令。不持政務。隨宴後庭。陳亡入隋。開皇十四年卒於江都。年七十六。有集三十卷、後集二卷。

樂府

雉子斑以下五言。

麥隴新秋來。澤雉屢徘徊。依花似協妬。拂草乍驚媒。三春桃照李。二月柳争梅。暫住文苑作往。樂府同。如皐路。當令巧笑開。〇文苑英華二百六。樂府詩集十八。詩紀百四。

隴頭水二首

隴頭萬里外。天崖四面絶。人將蓬共轉。水與啼俱咽。驚湍自湧沸。古樹多摧折。傳聞博望侯。苦辛提文苑作辛苦持。注云。一作題。漢節。○文苑英華百九十八。樂府詩集二十一。詩紀百四。

霧暗山文苑作川。中日。風驚隴上秋。徒傷幽咽響。不見東西流。無期從此別。更度幾年幽。遥聞玉關道。望人杳悠悠。○同上

折楊柳

萬里音塵文苑作書。絶。千條楊柳結。不悟文苑作誤。注云。一作悞。倡園花。遥同羌嶺文苑作故里。注云。一作天嶺。樂府作天嶺。詩紀云。一作天嶺。雪。春心自浩蕩。春樹聊攀折。共此依依情。無奈年年別。○文苑英華二百八。樂府詩集二十二。詩紀百四。

關山月

兔月半輪明。狐關一路平。無期從此別。復欲幾年行。暎光書漢奏。分影照胡兵。流落今如此。長戍受降城。○樂府詩二十三。詩紀百四。

洛陽道二首

德陽穿洛水。伊闕邇河橋。仙舟李膺棹。小馬王戎鑣。杏堂歌吹合。槐路風塵饒。綠珠含淚舞。孫秀彊相邀。○文苑英華百九十二。樂府詩集二十三。詩紀百四。

小平路詩紀云。一作臨。四達。文苑作臨四達。注云。一作路四達。長楸樂府作秋。聽五鐘。樂府作鍾。詩紀同。玉節迎司隸。錦車歸濯龍。弦歌聲不息。環珮響相從。花障蕩舟笑。日暎下山逢。○同上

長安道

翠蓋承輕霧。樂府作露。文苑云。一作露。金羈照落暉。五侯新拜罷。七貴早朝歸。轟轟紫陌上。藹藹紅塵飛。日暮延平文苑作年。注云。一作平。客。風花拂舞衣。○文苑英華百九十二。樂府詩集二十三。詩紀百四。

梅花落二首

縹文苑作摽。注云。一作縹。色動風香。羅生枝已長。妖姬墜馬髻。文苑作墮馬鬟。未插江南璫。轉袖花紛落。春衣共有芳。文苑云。一作光。羞作秋胡婦。獨採城文苑作江。注云。一作城。南桑。○文苑英華二百八。樂府詩集二十四。詩紀百四。

胡地少春來。三年驚落梅。偏疑粉蝶散。乍似雪花開。可憐香氣歇。可惜風相摧。金鐃文苑作鐃。且莫韻。文苑作顧。玉笛幸徘徊。○同上

紫騮馬

春草正萋萋。蕩婦出空文苑作金。樂府云。一作金。閨。識是東方騎。猶帶北風嘶。揚鞭向柳市。細蹀上文苑作下。金堤。願君憐織素。殘妝尚有啼。○文苑英華二百九。樂府詩集二十四。詩紀百四。

驄馬驅

長城兵氣寒。飲馬詎爲難。暫解青絲轡。文苑作繫。行歇鏤衢鞍。白登圍轉急。黄河凍不乾。萬里朝飛電。論功易走丸。○文苑英華二百九。樂府詩集二十四。詩紀百四。

雨雪曲

雨雪隔文苑作阻。榆溪。從軍度隴西。遶陣看狐迹。依山見馬蹄。天寒旗彩壞。地暗鼓聲低。漫漫愁雲樂府作寒。起。蒼蒼別路迷。○文苑英華百九十三。樂府詩集二十四。詩紀百四。

劉生詩紀云。外編作王由禮。題云贈俠侶。

劉生負意氣。長嘯且文苑作共。徘徊。高詩紀云。一作辯。論明秋水。命賞陟春臺。干戈倜儻用。筆硯縱横才。置驛無年限。遊文苑作流。俠四方來。○文苑英華百九十六。樂府詩集二十四。詩紀百四。

婦病行

窈窕懷貞室。風流挾琴婦。唯將角枕卧。自影啼妝久。羞開翡翠帷。嬾對蒲萄酒。深悲在缣素。託意忘箕箒。夫壻府中趨。誰能大垂手。○樂府詩集三十八。詩紀百四。

置酒高殿上

三清傳旨酒。柏梁奉歡宴。霜雲動玉葉。凍水疎金箭。羽籥響鐘石。流泉灌金殿。盛時不再得。光景馳如電。○類聚三十九作賦得置酒高殿上。樂府詩集三十九。詩紀百四。

今日樂相樂

綺殿文雅遒。玳筵歡趣密。鄭態逶迤舞。齊弦窈窕瑟。金罍送縹觴。玉井沈朱實。願此樂府作以。北堂宴。長奉南山日。○樂府詩集三十九。詩紀百四。

簫史曲

弄玉秦家女。簫史仙處童。來時兔月滿。樂府作照。去後鳳樓空。密笑開還斂。浮聲咽更通。相期紅粉色。飛向紫煙中。○樂府詩集五十一。詩紀百四。

燕燕于飛

二月春暉暉。雙燕理毛衣。銜花弄藿靡。拂葉隱芳菲。或在堂間戲。多從幕上飛。若作仙人履。終文苑作應。向類聚作往。日南歸。○類聚九十二作詠燕燕于飛應詔。文苑英華二百六。樂府詩集七十七。詩紀百四。

濟黄河詩紀云。六朝聲偶作柳顧言者非。

葱山淪外域。樂府作城。鹽澤隱遐方。兩源文苑作京。樂府同。分際遠。九道派流長。未殫所聞見。無待驗詞章。留連嗟太史。惆悵踐黎陽。導波縈地節。詩紀云。一作脉。疏氣耿天潢。憫周沈樂府缺此字。用寶。嘉晉肇爲梁。○初學記六、文苑英華百六十三並作渡黄河。樂府詩集七十四。詩紀百四。

横吹曲

簫聲鳳臺曲。洞吹龍鍾管。鏜鎝漁陽摻。怨抑胡笳斷。○樂府詩集二十五。詩紀百四。

怨詩二首以下七言。

採桑歸路河流深。憶昔相期柏樹林。奈許新縑傷妾意。無由故劍動君心。○樂府詩集四十一。詩紀百四。

新梅嫩柳未障羞。情去恩樂府作思。移那可留。團扇篋中言不分。詩紀云。拾遺作盡。纖腰掌上詎勝愁。○同上

烏棲曲

桃花春水木蘭橈。金羈翠蓋聚河橋。隴西上計應行去。城南美人啼著曙。○樂府詩集四十八。詩紀百四。

芳樹

朝霞映日殊未妍。珊瑚照水定非鮮。千葉芙蓉詎相似。百枝燈花復羞然。暫欲寄根對滄海。大願移華側綺錢。井上桃蟲誰可雜。庭中桂蠹豈見憐。○古詩類苑百二十五。詩紀百四。

東飛伯勞歌

南飛烏鵲北飛鴻。弄玉蘭香時會同。誰家可憐出牕牖。春心百文苑作萬。媚勝楊柳。銀牀金屋掛流蘇。寶鏡玉釵横珊瑚。年時文苑作今年。注云。一作年時。二八新紅臉。宜笑宜歌羞更斂。風花一去杳文苑作春。不歸。秖文苑作只。爲無雙文苑云。一作雙雙。惜舞衣。○文苑英華二百三。樂府詩集六十八。詩紀百四。

雜曲三首

行行春逕蘼蕪緑。織素那復解琴心。乍愜南階悲緑草。誰堪東陌怨黄金。紅顔素月俱三五。夫壻何在今追詩紀云。集作征。虜。關山隴月春雪冰。文苑作深。注云。一作冰。詩紀云。一作深。誰見人啼花照户。○文苑英華二百十一。樂府詩集七十七。詩紀百四。

殿内一處起金房。併詩紀云。玉臺作便。勝餘人白玉堂。珊瑚挂鏡臨網户。芙蓉作帳照雕梁。房櫳宛轉垂翠幕。佳麗逶迤隱珠箔。風前花管颺難留。舞處花鈿低不落。陽臺通夢太非真。洛浦凌波復不新。曲中唯聞張女調。詩紀云。一作曲。定有同姓可憐人。但願私情賜斜領。不願傍人相比並。妾門逢春自可榮。君面未樂府誤作朱。秋何意冷。○樂府詩集七十七。詩紀百四。

泰山言應可轉移。新寵不信更參差。合懽錦帶鴛鴦鳥。同心綺袖連理枝。皎皎新秋明月開。早露飛螢暗裏來。鯨燈落花殊未盡。虬水銀箭莫相催。非是神女期河漢。別有仙姬入吹臺。未眠解著同心結。欲醉那堪連理杯。後宫不愜茱萸芳。夜夜争開蘇合房。寶釵翠鬢還相似。朱脣玉面非一行。新人未語言如澀。新寵無前判不臧。願奉更衣蘭麝氣。恐君馬到自驚香。○同上

梅花落

臘月正月早驚春。衆花未發梅花新。可憐類聚作梅花。芬芳臨玉臺。朝攀晚折還復開。長安少徐集作年少。文苑同。又注一作少年。年多輕薄。兩兩共徐集作常。文苑、樂府同。唱梅花落。滿酌金巵徐集作杯。文苑同。又注。一作巵。催玉柱。落梅樹下宜歌舞。金谷萬株連綺甍。梅花密類聚作隱。處藏類聚作隱。嬌鶯。桃李佳人欲相照。摘葉類聚作蘂。詩紀云。一作蘂。牽花來並笑。楊柳條青樓上輕。梅花色白雪中明。横笛短簫淒復切。類聚作咽。文苑云。一作噎。誰知柏文苑误作陌。梁聲不絶。○徐孝穆集一。文苑英華二百八作徐陵。樂府詩集二十四。詩紀百四。又類聚八十六引春、新、臺、開、柱、舞、甍、鶯、照、笑、輕、明、咽、絶十四韻。

宛轉歌

七樂府作九。夕天河白露明。八月濤水秋文苑云。一作清。風驚。樓中恆聞哀響曲。徐集作曲響。文苑同。塘上復有辛苦文苑作苦辛。樂府同。行。不解何意悲秋氣。直置文苑云。一作致。無秋悲自生。不怨前階促織鳴。偏愁別徐集作便。文苑、樂府同。路擣衣聲。別燕差池自有返。離蟬寂寞詎含文苑云。一作懷。情。雲聚懷情四望臺。月冷相思九重觀。欲題芍藥詩不成。來採芙蓉花已散。金樽送曲韓娥起。玉柱調弦楚妃歎。徐集作勸。文苑同。又注。一作歎。翠眉結恨不復開。寶鬢迎秋度文苑云。一作風。前亂。湘妃拭淚灑貞筠。筴藥浣衣徐集作行樂翫花。文苑同。又注。一作筴藥浣衣。何處人。步步香飛金薄徐集作箔。履。盈盈扇掩珊瑚脣。已言採桑期陌上。復能解佩就江濱。競入華堂要花枕。爭開羽帳奉華茵。不惜獨眠樂府作眼。前下釣。徐集作鈎。文苑同。又注。一作釣。欲許便作後來薪。徐集作新。文苑、樂府同。後來暝暝同玉徐集作匡。文苑云。又注。一作玉。牀。可憐顏色無比方。誰能巧笑特徐集作時。文苑同。又注。一作特。窺井。乍取新聲學徐集作舉。繞梁。宿處留嬌墮黃珥。鏡前含笑弄明璫。菤樂府作採。葹摘心心不盡。茱萸折葉葉更芳。已聞能歌洞簫賦。詎是故愛邯鄲倡。○徐孝穆集一。文苑英華二百七作徐陵。樂府詩集六十。詩紀百四。

長相思二首雜言

長相思。久離別。征夫去遠芳音詩紀云。一作幽芳。滅。文苑作幽芳滅。注云。一作芳音滅。又作幽芳歇。湘水深。隴頭咽。

紅羅斗帳裏。綠綺清弦絶。逶迤百尺樓。愁思三秋結。○文苑英華二百二。樂府詩集六十九。詩紀百四。

長相思。久别離。春風送燕入簷窺。暗開脂粉弄花枝。紅樓千愁色。玉筯兩行垂。心心不相照。望望何由知。○同上

陳詩卷八

江總

詩

釋奠詩應令八章

敬遜三德。厥修六藝。師聖發矇。尊儒啟滯。若括資羽。如金待礪。雅道聿興。教學無替。

希代明王。應期聖主。裁成品物。奄有區宇。篇籍芬場。詩書照府。籠樊七十。驅馭三五。

於赫上嗣。毓德元良。崇賢既闢。馳道飛芳。儀刑震象。問望離方。夏戈秋籥。日就月將。

肆禮虞庠。弘風闕里。降心下問。勞謙讓齒。五方聳聽。百辟傾耳。濟濟耆生。莘莘胄子。

閒歌有節。合舞惟恭。階陳罇篚。庭列笙鏞。譽宣四學。業闡三雍。森沉靈宇。依稀神縱。

奠餘幣久。辰良景暮。黍稷非馨。蘋蘩式昨。崇敬台保。昭彰審諭。翠蓋移陰。斑輪徐渡。

年灰迭起。星琯環周。春凋樹色。日藻川流。雪花遲舞。雲葉雙抽。霧開金堨。冰銷石溝。

肅仰鴻化。恭聞盛典。人握懸藜。家藏瑚璉。顧惟朽謝。暮識膚淺。恩謬爵浮。心慙貌忝。〇文館詞林百六十作隋江總。

秋日侍宴婁苑湖應詔詩

翠渚還鑾文苑作鸞。輅。瑶池命羽觴。千門響雲蹕。四澤動縈光。玉軸昆池浪。金舟太液張。虹旗照島嶼。鳳蓋繞林塘。野静重陰闊。文苑作闇。淮秋水氣涼。霧開樓闕近。日迥煙波長。洛宴諒斯在。鎬飲詎能方。朽劣叨縈遇。簪笏奉周文苑作同。行。○初學記十四。文苑英華百六十九。詩紀百五。

侍宴玄武觀詩

詰曉三春暮。新雨百花朝。星宫移渡罕。類聚作漢。天駟動行鑣。旆轉蒼龍闕。塵飛飲馬橋。翠觀迎斜照。丹樓望落潮。鳥聲雲裏出。樹影類聚作彩。浪中揺。歌吟奉天詠。未必待聞韶。○類聚六十三。文苑英華百六十九。詩紀百五。

宴樂修堂應令詩

肅城通甲觀。承華啓畫堂。北宫降恩賞。西園度羽觴。殊私文苑作思。奉玉裕。終宴在金房。庭暉連樹彩。簷影接雲光。仙如伊水駕。樂似洞庭張。彈絲命琴瑟。吹竹動笙簧。庸疎濫應阮。衰詩紀誤作哀。朽忝文苑誤作惡。連章。○初學記十。文苑英華百七十九。詩紀百五。

三日侍宴宣猷堂曲水詩

上巳娱春禊。芳辰喜月離。北宫命簫鼓。南館列旌麾。繡柱擎歲時雜詠作驚。飛閣。雕軒傍曲池。醉魚沈遠岫。浮棗漾清漪。落花懸度影。飛絲不當作下。礙枝。樹動丹樓出。山斜翠磴危。禮周羽爵遍。樂闋光陰移。

○古今歲時雜詠十六。初學記四。文苑英華百七十二。詩紀百四。

秋日遊類聚、初學記無遊字。昆明池詩詩紀云。元行恭、薛道衡有此詩。

靈類聚作玄。詩紀云。一作玄。沼蕭條望。遊人意緒多。終南雲影落。渭北雨聲過。蟬噪金堤柳。鷺飲石鯨初學記作鱗。文苑同。波。珠來照初學記作昭。似月。織處寫成河。此時類聚作詎知。詩紀云。一作詎知。臨水歎。非復採蓮歌。

○類聚九。初學記七。文苑英華百六十四。詩紀百四。

秋日登廣州城南樓詩

秋城韻晚笛。危榭引清文苑作凄。詩紀云。一作凄。風。遠氣疑埋劍。驚禽似避弓。海樹一邊出。山雲四面通。野火初煙細。新月半輪空。塞外離羣客。類聚作鳥。顔鬢早如蓬。徒懷建鄴文苑作業。水。復想洛陽宫。不及孤飛鴈。獨在上林中。○類聚二十八。文苑英華三百十一。詩紀百五。

贈洗馬袁朗别詩

賈誼登朝日。終軍對奏年。校文升廣内。撫劍入崇賢。奇才殊黜逸。文苑作與殊逸。將别更留連。類聚作聯。文苑作愛留聯。注云。集作更留聯。一作愛攀聯。驅車命鐃文苑作鐃。注云。一作絃。管。拱坐面林泉。池寒稍下鴈。木落久無蟬。露浸類聚作侵。山扉類聚作上。文苑云。一作上。月。霜開石路煙。高談無與文苑作以。注云。一作興。慰。遲爾報華篇。○類聚二十九。文苑英華二百六十六作贈别洗馬袁朗。詩紀百五。

詒孔中丞奐詩

我行五嶺表。辭鄉初學記作卿。文苑同。二十年。聞鶯欲動詠。披霧卽依然。疇昔同寮寀。今文苑作亟。隨年代改。借問藏書處。唯君故人在。故人名宦初學記作官。高。霜初學記作清。文苑同。簡肅權豪。誰知懷九歎。徒然泣二毛。步出東郊望。心游江海上。遇物便今古。何爲不惆悵。初晴原野開。宿雨潤條枚。叢花曙後發。一鳥霧中來。淹留蘭蕙苑。吟嘯芳菲晚。忘懷静躁間。自覺風塵遠。白社聊可依。青山乍採薇。鍾牙文苑作茅。注云。集作芋。乃得性。語默豈同歸。○文苑英華二百四十七。詩紀百五。又初學記十二引年、然、寀、在、高、毫、毛八韻。御覽二百二十六作孔中丞詩。引年、然、寀、在、高、毫、毛八韻。

贈賀左丞蕭舍人詩

輶軒通八表。旌節驚三秦。聽歌酬文苑作猶。敏對。繼好佇行人。賀生思沈鬱。蕭弟學紛綸。共有筆端譽。皆爲席上珍。離羣徒悄悄。征旅日駪駪。黄河分太史。一曲悲千里。海内平生親。中朝流寓士。痛哉悯梁祚。于焉三十祀。鍾儀縶不歸。盛憲悲何已。隴頭心斷絶。爾爲參生死。回首望長安。猶如百三家作知。疑刊誤。蜀道難。函闗分地軸。華嶽接天壇。行旝方境逝。文苑云。集作近。去棹艤江干。蘆花霜外白。楓葉水前丹。翔鷗方怯文苑云。一作下怯。凍。落鴈文苑云。集作洛雁。不勝彈。輝輝盛王道。時務嬰疲老。九流倦耳目。十文苑作千。注云。一作十。年變文苑云。集作變年。懷抱。何以敦歧路。凄然綴辭藻。江南有桂枝。塞北無萱草。斗酒未爲别。垂堂深自保。〇文苑英華二百四十七。詩紀百四。

遇長安使寄裴尚書詩

傳聞合類聚誤作令。浦葉。遠向洛陽飛。北風尚嘶馬。南冠獨不歸。去雲文苑作人。注云。集作去雲。目徒送。離琴手自揮。秋蓬失處所。春草屢芳菲。太詩紀云。集作嘆。息闗山月。風塵客子衣。〇類聚三十一。文苑英華二百四十七。詩紀百五。

别南海賓化侯詩

石闗通越井。蒲澗邇靈洲。此地何遼敻。羣英逐遠遊。高才袁彦伯。令譽許文休。悠焉值君子。復此映芳猷。峭函多險澁。星琯壯環周。分歧泣世道。念别傷邊秋。斷山時結霧。平海若無流。驚鷺一羣起。哀猿數處愁。是日送歸客。爲情自可求。終謝能鳴鴈。還同不繫舟。其如江海泣。惆悵徒離憂。○文苑英華二百六十六。詩紀百五。又類聚二十九作别賓化侯詩。引秋、流、愁、求四韻。

庚寅年二月十二日遊虎丘山精舍詩

縱棹憐迴曲。尋山静見聞。每從芳杜性。須與俗人分。貝塔涵流動。花臺偏領廣弘明集作編嶺。注云。宋、宫本作偏嶺。元、明本作偏領。芬。蒙蘢出簷桂。散漫廣弘明集作縵。注云。三本、宫本作漫。繞牕雲。情幽豈狥物。志遠易驚羣。何由狎魚鳥。不顧屈玄纁。○廣弘明集三十。詩紀百五。

入龍丘巖精舍詩

法堂猶集鴈。仙竹幾成龍。聊承丹桂馥。遠視文苑云。一作眖。白雲峰。風牕穿石竇。月牖拂霜松。暗谷留征鳥。空林徹夜鐘。陰崖文苑作峰。未辨色。疊樹豈知重。溘此哀時命。吁嗟世不容。無由訪詹尹。何去復何從。○文苑英華二百三十三。詩紀百五。

明慶寺詩

十五詩書日。六十軒冕年。名山極歷覽。勝地殊留連。幽厓聳絶壁。文苑作壑。洞穴瀉飛泉。金河知證果。石室乃安禪。夜梵聞三界。朝香徹九天。山階步皎月。澗户聽初學記作惠。涼蟬。市朝霑草露。淮海作桑田。

以上二句文苑在夜梵聞三界句上。何文苑作永。言望鍾嶺。更復切秦川。○初學記二十三。文苑英華二百三十三。詩紀百五。

入攝山棲霞寺詩并序

壬寅年十月十八日。入攝山棲霞寺。登岸廣弘明集作崖。注云。明本作岸。極峭。頗暢懷抱。至德元年癸卯十月二十六日。又再遊此寺。布法司施菩薩戒。甲辰年十月二十五日。奉送金像還山。限以時務。不得恣情淹留。乙巳年十一月十六日。更獲拜禮。仍停山中宿。永夜留連。棲神悚聽。但交臂不停。薪指俄謝。率製此篇。以記卽目。俾後來賞者。知余山志。廣弘明集作此志焉。注云。三本、宮本無焉字。

淨心抱冰雪。暮齒逼廣弘明集作迫。注云。明本一作逼。詩紀云。一作迫。文苑作通。桑榆。太息波川迅。悲哉人世拘。歲華廣弘明集作聿。注云。明本作華。文苑云。一作聿。皆採穫。冬晚共廣弘明集作具。注云。明本作共。嚴枯。濯流濟八水。開襟入四衢。兹山靈妙合。當與天地俱。石瀨乍深淺。廣弘明集云三本、宮本作淺深。崖煙文苑作煙岸。注云。一作崖。遞有無。缺碑橫古隧。盤木卧荒塗。行行備履歷。步步轔文苑作憐。廣弘明集云。明本一作憐。詩紀云。一作憐。威廣弘明集作歲。注云。明本作威。宮本作葳。紆。高僧迹共遠。勝地心相符。樵隱各有得。丹青獨不渝。寺猶有朗詮二師、居士明僧紹、治中蕭昞塑像圖。遺風佇芳桂。比德喻生芻。寄言長往客。悽然傷鄙夫。○廣弘明集三十。文苑英華二百三十三作再遊栖霞寺言志。詩紀百五。

遊攝山棲霞寺詩并序

禎明元年太歲丁未四月十九日癸亥。入攝山展慧布法師。憶謝靈運集還故山入石壁中尋曇隆道人有詩一首十一韻。今此拙作。仍學康樂之廣弘明集無之字。注云。三本、宫本有之字。體。

霢霂時文苑作新。雨霽。清和孟夏肇。棲宿緑野中。登頓丹霞杪。敬仰高人德。抗志塵物廣弘明集云。宋本作由。表。三空豁已悟。萬有一何小。始從情所寄。冥期諒不少。荷衣步林泉。麥氣涼昏曉。乘風面泠泠。候月臨皎皎。煙崖憩古石。雲路排征鳥。披逕憐森沈。攀條惜杳裊。平生忘是非。朽謝豈矜矯。五淨自此涉。文苑作生。注云。一作涉。六塵庶無擾。○廣弘明集三十。文苑英華二百三十三作遊棲霞寺新雨。又新雨下注云。集作時雨。詩紀百五。

攝山棲霞寺山房夜坐簡徐祭酒周尚書并同并同。文苑作共。遊羣彥詩

澡身事珠戒。非是學金丹。月磴時橫枕。雲崖宿解鞍。梵宇調心易。禪庭數息難。石澗水流靜。山牕葉去寒。君思北闕駕。我惜東都冠。翻愁夜鐘盡。同志不盤桓。廣弘明集注云。元、明本作恒。宋本作桓。○廣弘明集三十。文苑英華二百三十三。詩紀百五。

靜臥棲霞寺房望徐祭酒詩

絶俗俗無侶。修心心自齋。連崖夕氣合。虛宇宿雲霾。臥藤新接户。欹石久成階。樹聲非有意。禽戲似忘

懷。故人市朝狎。心期林壑乖。唯憐對芳杜。可以爲吾儕。○廣弘明集三十。詩紀百五。

營涅槃懺還途作詩并序

禎明二年仲冬。攝山棲霞寺布法師。只廣弘明集作某。注云。三本作只。爾待廣弘明集作時。注云。三本、宮本作待。終。余以此月十七日宿昔入山。仰爲師氏營涅槃懺。還途有此作。

可否廣弘明集作不。注云。三本、宮本作否。同一貫。生死亦一條。況期廣弘明集作斯。注云。明本作期。滅盡者。豈是俗中要。人道離羣愴。冥期出世遥。留連入澗曲。宿昔陟廣弘明集作步。注云。明本作陟。巖椒。石溜冰廣弘明集云。宮本作水。便斷。松霜日自銷。向崖雲靉靆。出谷霧飄飄。勿言無大隱。歸來卽市朝。○廣弘明集三十。詩紀百五。

至德二年十一月十二日升廣弘明集作界。注云。元、明本作升。德施山齋三宿決定罪福懺悔詩

四知無矯志。二廣弘明集作三。注云。三本、宮本作二。施啓幽心。簡通廣弘明集作通簡。注云。三本、宮本作簡通。避人物。偃息還山林。曲澗停騶響。交枝落幔廣弘明集作幰。注云。宋本作漫。明本作幔。陰。池臺聚凍雪。欄牖噪歸禽。石彩無新故。峯形詎古今。大車何杳杳。奔馬遂駸駸。何以修六念。虔誠在一音。未泛慈舟遠。徒令顧海深。○廣弘明集三十。詩紀百五。

詠採甘露應詔詩

祥露曉氛氲。上林朝晃朗。千行珠樹出。萬葉瓊枝長。徐輪動仙駕。清晏留神賞。丹水波濤汎。黄山煙霧上。風亭翠斾開。雲殿朱絃響。徒知恩禮洽。自憐名實爽。〇初學記二。詩紀百五。

借劉太常説文詩

劉荼慕子雲。許慎詢景伯。碩學該蟲篆。奇文秀鳥跡。曰余徒下帷。待問垂重席。不詣王充市。聊投班玩籍。三寫徧鑽研。六書多補益。幽居服藥餌。山宇生虚白。留連嗣芳杜。曠蕩依泉石。夫君愛滿堂。願言馳下澤。〇初學記二十一。詩紀百五。

賦得一日成三賦應令詩

副君睿賞遒。清夜北園遊。下筆成三賦。傳觴對九秋。飛文綺縠采。落紙波濤流。樹密寒蟬響。簷暗雀聲愁。緑潋明層殿。青山照近樓。此時盛禮物。顧省良若抽。〇初學記三十一。詩紀百五。

攝官梁小廟詩

詩紀云。梁有小廟。太祖太夫人廟也。非嫡故別立廟。南史曰。侯景寇建鄴。詔以總權兼太常卿守小廟。

疇昔遊依類聚作衣。所。今日薦櫻時。憲章誠有革。歲月遂難思。故人獨之子。官聯更在兹。虚簷静暮雀。

洞户映光絲。平生復能幾。語事必傷悲。○類聚三十八。文苑英華三百二十。詩紀百五。

卞山楚廟詩

蘋藻祈明德。倚棹息岩阿。忽聽晨雞類聚作鳥鳴。曙。非復文苑作是。楚宫歌。閑階薙宿薺。古木斷懸蘿。帷文苑作幃。堂寂易晚。桴文苑作抱。鼓自相和。盛祀流百世。英威定幾何。○類聚三十八。文苑英華三百二十。詩紀百五。

山庭春日詩

洗沐惟類聚作唯。文苑同。五日。棲遲在初學記作對。詩紀云。一作對。一丘。古楂初學記作槎。文苑同。横近澗。危初學記作巴。石聳前洲。岸類聚誤作峯。緑開河柳。池紅照海榴。野花寧待初學記作辨。晦。山蟲詎識秋。人生復能幾。夜燭非長游。○類聚三作山庭春詩。初學記二十作休沐山庭詩。文苑英華百五十七。詩紀百五。

七夕詩

詩紀云。六朝聲偶作柳顧言者非。

漢曲天榆冷。河邊月桂秋。婉孌期今夕。初學記作夜。飄飖渡淺流。輪隨列歲時雜詠作劉。宿動。類聚作月宿轉。詩紀云。一作轉。路逐彩雲浮。横波翻瀉淚。束素反緘愁。此時機杼息。獨向紅粧羞。○類聚四。初學記四。古今歲時雜詠二十五。文苑英華百五十八。詩紀百五。

南還尋草市宅詩

紅顔辭鞏洛。白首入轘轅。乘春行類聚作還。文苑云。一作還。故里。徐步采芳蓀。初學記作蓮。逕毁悲求類聚作嵇。初學記作仇。仲。林殘憶巨源。類聚誤作原。見桐猶識井。看柳尚知門。花落空難遍。鶯啼静易諠。無人訪語默。何處敍寒温。百年獨文苑作共。如此。傷心豈文苑作誰。注云。一作豈。復論。○類聚六十四。初學記二十四。文苑英華三百七。詩紀百五。

和張記室源傷往詩詩紀云。集作傷佳人。

小文苑作少。婦當壚夜。夫壻凱歸類聚作師。文苑同。又注。集作歸。年。正歌千里曲。翻入九重泉。機中未斷素。瑟上本留絃。空帳臨牕掩。孤燈向壁燃。還悲寒隴類聚作塞壟。曙。文苑云。集作樹。詩紀云。一作樹。松短未生煙。○類聚三十四作和張源傷往詩。文苑英華三百二題下注。集作傷佳人。詩紀百五。

在陳旦解酲共哭顧舍人詩

獨酌一樽酒。高詠七哀詩。何言蒿里别。非復竹林期。堦荒鄭公草。户閴董生帷。人隨暮詩紀云。一作朝。槿落。客共晚鶯悲。年髮文苑作鬢。兩如此。傷心詎類聚作獨。詩紀云。一作獨。幾時。○類聚三十四作傷顧野王詩。文苑英華三百二。詩紀百五。

侍宴臨芳殿詩詩紀云。六朝聲偶作柳顧言者非。

鍾文苑作鐘。箭自文苑作且。詩紀云。一作且。徘徊。皇堂薦羽杯。橋平疑水落。石迥見山開。林前暝色静。花處近香來。西嵫傷撫夕。北閣濫游陪。○初學記二十四。文苑英華百七十五作臨芳殿侍宴。萬花谷後二十三作江總詩。詩紀百五。

侍宴瑶泉殿詩

水亭通枍詣。石路接堂皇。文苑誤作皇堂。野花不識采。旅竹本無行。雀驚疑欲曙。蟬噪似含凉。何言金殿側。亟奉瑶池觴。○初學記二十四。文苑英華百七十五作宴瓊泉殿。詩紀百五。

别袁昌州詩二首

河梁初學記作陽。望隴頭。分手路悠悠。徂文苑誤作狙。年驚若詩紀作若驚。電。别日欲成秋。黄鵠飛飛遠。青山去去愁。不言雲雨散。更似東西流。○類聚二十九。初學記十八。文苑英華二百六十六。詩紀百五。

客子歎途窮。此别異西東。關山嗟墜葉。歧路惆征蓬。别鶴聲聲遠。愁雲處處同。○類聚二十九。

經始興廣果寺題愷法師山房詩

息舟候香埠。悵别在寒林。竹近交枝亂。山長絶逕深。輕飛入定影。落照有疎陰。不見投雲狀。空留折桂心。○初學記二十三。詩紀百五。

和衡陽殿下高樓看妓詩

起文苑作綺。樓侵碧漢。初日照紅粧。弦心豔卓女。曲誤文苑作調。動周郎。並歌時轉黛。息舞暫分香。挂纓銀燭下。莫笑玉釵長。○初學記十五。文苑英華二百十三。詩紀百五。

賦得空閨怨詩

蕩妻怨獨守。盧姬傷獨居。瑟上調絃落。機中織素餘。自羞淚無燥。翻覺夢成虚。復嗟長信閣。寂寂往來疎。○類聚三十二。詩紀百五。

并州羊腸坂詩

三春別帝鄉。五月度羊腸。本畏車輪折。翻嗟馬骨傷。驚風起朔鴈。落照盡胡桑。關山定何許。徒御慘悲涼。○文苑英華二百八十九。

歲暮還宅詩

悒然想泉石。驅駕出城初學記作樓。臺。翫竹春前筍。驚花雪後梅。青山殊可對。黄卷復時開。長繩豈繫日。濁酒傾一杯。○類聚六十四。初學記二十四。詩紀百五。

春夜山庭詩

春夜芳時晚。幽庭野氣深。山疑刻削意。樹接縱横陰。户對忘憂草。池驚旅浴禽。樽中良得性。物外知余心。○類聚三十六。廣文選十五。詩紀百五。

夏日還山庭詩

獨於幽棲地。山庭暗女蘿。澗漬長低篠。池開半卷荷。野花朝暝落。盤根歲月多。停樽無賞慰。狎鳥自經過。○類聚三十六。詩紀百五。

賦得謁帝承明廬詩

霧開仁壽殿。雲繞承明廬。輪停紺幰引。馬度紅塵餘。香貂初學記作豹。拜黻衮。花綬拂玄除。謁帝升清漢。何殊入紫虛。○初學記十四。文苑英華百九十。詩紀百五。

賦得攜手上河梁應詔詩

早秋天氣涼。分手關山長。雲愁數處黑。木落幾枝黃。鳥歸猶識路。流去不知鄉。秦川心斷絶。何悟是河梁。○類聚二十九。詩紀百五。

賦得汎汎水中鳧詩

歸鳧沸卉同。亂下芳類聚作方。文苑同。塘中。出没時銜藻。飛鳴忽颺風。浮深或不息。戲廣若乘空。春鷃徒有賦。還笑在金籠。○類聚九十一。文苑英華三百二十九。詩紀百五。

賦得三五明月滿詩

三五兔輝成。浮陰類聚作雲。冷復輕。隻輪非文苑作悲。戰反。團扇少歌聲。雲前來往色。水上動搖明。況復高樓照。何嗟攬不盈。○類聚一。文苑英華百五十二。詩紀百五。

衡州九日詩

秋日正淒淒。茅茨復蕭瑟。姬人薦初御覽作秋。醞。幼子問殘疾。園菊抱文苑作把。黄華。庭榴歲時雜詠誤作度欄。剖珠歲時雜詠作朱。實。聊歲時雜詠作昨。以著書情。暫遣他鄉日。○初學記四。古今歲時雜詠三十三。文苑英華百五十八。御覽三十二。詩紀百五。

賦詠得琴詩

可憐嶧陽木。雕爲緑綺琴。田文垂睫淚。卓女弄絃心。戲鶴聞應舞。游魚聽不沈。楚妃幸勿歎。此異丘中吟。類聚作音。詩紀云。一作音。○類聚四十四。初學記十六作賦得詠琴詩。文苑英華二百十二作賦得詠琴。詩紀百五。

詠雙闕詩

象闕連馳道。天類聚作反。詩紀云。一作月。宇照方疏。刻鳳棲清漢。圖龍入紫虛。屢逢膏露灑。幾遇祥煙初。競言百尺麗。寧方萬丈餘。○類聚六十二。詩紀百五。

三善殿夜望山燈詩

詩紀云。六朝聲偶作柳顧言者非。

百花疑吐夜。四照似含春。的的連星出。亭亭向月萬花谷作花。新。採珠非合浦。贈珮異江濱。若任萬花谷作在。扶桑路。堪言並日輪。○初學記二十五。萬花谷續八作江總詩。詩紀百五。

奉和東宮經故妃舊殿詩

故殿看看冷。空階步步悲。猶憶窺窗處。還如解佩時。苔生無意早。燕入有言遲。若令歸就月。照見不須疑。○類聚三十四。文苑英華三百七。詩紀百五。

同庾信答林法師詩

客行七十歲。歲暮遠徂征。塞類聚作寒。雲凝不解。隴水凍無聲。君看日遠近。類聚作近遠。爲忖長安城。○類聚二十九作周弘正。初學記十八。詩紀百五。

詠李詩

嘉樹春風早。春風花落新。但見成蹊處。幾得正冠人。當知露井側。復與夭桃鄰。○類聚八十六。詩紀百五。

詠蟬詩

白露涼風吹。朱明落照移。鳴條噪林柳。流響遍臺池。忖聲如易得。尋忽却難知。○類聚九十七。詩紀百五。

答王筠早朝守建陽門開詩

金兔猶懸魄。銅龍欲啓扉。三條息行火。百雉照初暉。御溝槐影出。仙掌露光晞。○類聚三十九。文苑英華百九十。詩紀百五。

侍宴賦得起坐彈鳴琴詩

絲傳園客意。曲奏楚妃情。罕有知音者。空勞流水聲。○初學記十六。萬花谷後三十二作江總詩。詩紀百五。

別永新侯詩紀云。詩彙作張正見者非。

送君張掖郡。分悲函谷關。欲知腸斷絶。浮雲去不還。○類聚二十九。詩紀百五。

春日詩

水苔宜溜色。山櫻助落暉。浴鳥沈還戲。飄花度不歸。○初學記三。詩紀百五。

於長安歸還揚州九月九日行薇山亭賦韻詩

心逐南雲逝。形隨北鴈來。故鄉籬下菊。今日幾花開。詩紀云。一作長安九日詩。曰。心逐南雲去。身隨北鴈來。故園籬下菊。今日爲誰開。○初學記四作九月九日至微山亭詩。御覽三十二作九日至微山亭詩。詩紀百五。○逯按。詩紀所注見升菴詩話。

哭魯廣達詩

南史曰。廣達。陳之良將也。至德二年爲侍中中領軍。賀若弼進軍鍾山。廣達力戰。及韓擒虎乘勝破宫城。廣達被執。入隋。以憤慨卒。江總撫柩慟哭。題其棺曰。

黄泉雖抱恨。白日自留名。悲君感義死。不作負恩生。○陳史魯廣達傳。南史魯廣達傳。詩紀百五。

秋日新寵美人應令詩以下七言。

後宫唯聞莫瓊樹。絶世復有宋容華。皆自争名進女弟。定覺雙飛勝蕩家。願並迎春比翼燕。常作照日同心花。聞道豔歌時易調。忖許新恩那久要。翠眉未畫自生愁。玉臉含啼還似笑。角枕千嬌薦芬香。若使琴心一曲奏。幽蘭度曲不可終。陽臺夢裏自應通。秋樹相思一枝緑。爲插賤妾兩鬟中。○類聚十八。詩紀百五。

新入姬人應令詩

洛浦流風漾淇水。秦樓初日度陽臺。玉軑輕輪五香散。金燈夜火百花類聚作光。開。非是妖姬渡江日。定言神女隔河來。來時向月别姮娥。别時清吹悲簫史。數錢拾翠争佳麗。拂紅點黛何相似。本持纖腰惑楚宫。暫迴舞詩紀云。玉臺作鶩。袖鶩吴市。新人羽帳挂流蘇。故人網户織蜘蛛。梅花柳色春難遍。情來春去在須臾。不用庭中賦緑草。但願思著弄明珠。○類聚十八。詩紀百五。

閨怨篇

寂寂青樓大道邊。紛紛白雪綺窗前。池上鴛鴦不獨自。帳中蘇合還空然。屏風有意障明月。燈火無情照獨眠。遼西水凍春應少。薊北鴻來路幾千。願君關山及早度。念妾桃李片時妍。○類聚三十二作閨怨詩。文苑英華三百四十六。詩紀百五。

又

蜘蛛作絲滿帳中。芳草結葉當行路。紅臉脈脈一生啼。黄鳥飛飛有時度。故人雖故昔經新。新人雖新復應故。○玉臺新詠九作梁簡文帝和蕭侍中子顯春别。類聚三十二。詩紀百五。

内殿賦新詩

兔影脉脉照金鋪。虬水滴滴瀉玉壺。綺翼雕甍邇清漢。虹梁紫樂府、詩紀並云。一作桂。柱麗黄圖。風高暗緑凋殘柳。雨駛芳紅濕晚芙。三五二八佳年少。百萬千金買歌笑。偏著故人織素詩。願奏秦聲采蓮樂府云。一作菱。調。織女今夕渡銀河。當見新樂府作清。注云。一作新。秋停玉梭。○樂府詩集七十四。詩紀百五。

姬人怨

天寒海水慣相知。空牀明月不相宜。庭中芳桂憔悴葉。井上疎桐零落枝。寒燈作花羞夜短。霜鴈多情恆結伴。非爲隴水望秦川。直置思君腸自斷。○類聚三十二作爲姬人怨服散詩。文苑英華三百四十六。詩紀百五。

姬人怨服散篇

薄命夫壻好神仙。逆愁高飛向紫煙。金丹欲成猶百鍊。玉酒新熟幾千年。妾家邯鄲好輕薄。特忿仙童一丸藥。自悲行處緑苔生。何悟啼多紅粉落。莫輕小婦狎春風。羅襪也得步河宮。雲車欲駕應相待。羽衣未去幸須同。不學簫史還樓上。會逐姮娥戲月中。○類聚三十二接上篇爲一首。文苑英華三百四十六。詩紀百五。

贈李駼

上林開宴留連。○太平寰宇記九十。

應詔詩

緑榻朱簾金刻鳳。彫梁繡柱玉蟠螭。○草堂詩箋三十二秋興詩注。

詩

惱殺未歸客。桃花壚眼醉。○萬花谷七。

陳詩卷九

何處士

處士。仕陳爲從事。

春日從將軍遊山寺詩

蘭庭厭俗賞。柰苑矚年華。始入香山路。仍逢火宅車。慈門數片葉。道樹一林花。廣弘明集作華。雖悟危藤鼠。終悲在篋蛇。○廣弘明集三十。詩紀百七。

別才法師於湘還郢北詩

乘杯事將遠。捧袂忽無聊。南楚長沙狹。西浮郢路遥。離庭花廣弘明集作華。已散。別戍馬廣弘明集作鳥。注云。三本、宫本作馬。新驕。廣弘明集作嬌。注云。三本、宫本作驕。明日分千里。廣弘明集云。宋本、宫本作思。相思非一條。○廣弘明集三十。詩紀百七。

敬酬解法師所贈詩

道林廣弘明集云。宮本作琳。俗之表。廣弘明集云。明本作長。注。一作表。慧遠廬之阿。買山卽廣弘明集作節。注云。元本、明本、宮本作卽。高世。乘杯且渡廣弘明集作度。注云。三本、宮本作渡。河。法雨時時落。香雲片片多。若爲將羽化。來濟在塵羅。○廣弘明集三十。詩紀百七。

通士人篇

龍宮既入道。鳳闕且辭榮。禪龕八想淨。義窟四塵輕。香蓋法雲起。花燈慧火明。自然忘有著。非止悟無生。○廣弘明集三十。詩紀百三。

蘇子卿

朱鷺

玉類聚作王。山一朱鷺。容與詩紀作萬里。注云。一作容與。入王畿。欲向天池飲。還遠類聚作過繞。上林飛。金堤曬類聚作麗。羽翮。丹水浴毛衣。非貪葮樂府作茄。下食。懷思類聚作恩。文苑、樂府同。自遠歸。○類聚九十二作朱鷺詩。文苑英華二百六。樂府詩集十六。詩紀百七。

艾如張

誰在閑門外。羅家諸少年。張機蓬艾側。結網槿籬邊。若能飛自勉。豈爲繒所纏。黃雀儻爲誡。朱絲猶可延。○樂府詩集十六。詩紀百七。

梅花落

中庭一樹梅。寒多葉未開。秖言花是雪。樂府云。一作似雪。不悟有香來。上郡春恆晚。高樓年易催。織書偏有意。教逐錦文回。○樂府詩集二十四。詩紀百七。

紫騮馬

候騎指類聚作栢。樂府作陌。俱誤。樓蘭。長城迴文苑作向。注云。一作迴。路難。嘶從風處斷。骨住水中寒。飛塵暗金勒。落淚灑銀鞍。抽鞭上關路。誰念客衣單。○類聚九十三作祖孫登賦得紫騮馬詩。文苑英華二百九。樂府詩集二十四作祖孫登。詩紀百七。

南征詩

一朝遊桂水。萬里別長安。故鄉夢中近。邊愁酒上寬。劒鋒但須利。戎衣不畏單。南中地氣文苑云。一作氣多。

暖。少婦莫類聚作早。愁寒。○類聚五十九。文苑英華二百九十九。詩紀百七。

賀力牧

關山月

重關斂暮煙。明月下秋前。照石疑分鏡。臨弓似引文苑作共。注云。一作引。弦。霧文苑作雲。注云。一作霧。樂府云。一作雲。暗迷旗影。霜濃濕劍蓮。此處離鄉客。遥心萬里懸。○文苑英華百九十八。樂府詩集二十三。詩紀百七。

亂後別蘇州人詩

徘徊睇閶闔。悵望極姑蘇。慨矣嗟荒運。悲哉惜霸圖。子常終覆郢。宰嚭遂亡吴。石隕星方暗。山崩川自枯。周京摧棫樸。漢社落枌榆。宫毁無巢燕。城空餘堞烏。兹邦號端委。多士自相趨。照廡同燕石。光車等魏珠。言離已惆悵。念別更踟躕。若訪任公子。求余東海隅。○文苑英華二百八十六。詩紀百七。

伏知道

知道。昌平人。陳鎮北長史。

從軍五更轉五首

一更刁斗鳴。校尉逴連城。遥聞射雕騎。懸憚將軍名。○類聚五十九。樂府詩集三十三。詩紀百七。

二更愁未央。高城寒夜長。試將弓學月。聊持劍比霜。○同上

三更夜警類聚作驚。樂府同。新。横吹獨吟春。彊聽梅花落。類聚作落花。誤憶柳園人。○同上

四更星漢低。落月與雲齊。依稀北風裏。胡笳雜馬類聚誤作鳥。嘶。○同上

五更催送籌。曉色映山頭。城烏初起堞。更人悄樂府云。一作笑。下樓。○同上

詠人聘妾仍逐琴心詩

春色轉相催。佳人心自廻。長卿琴已弄。秦嘉書未來。挂冠易分綬。薦枕缺因媒。染香風卽度。登垣花正開。貞樓若高下。如何上陽臺。○類聚十八。詩紀百七。

賦得招隱

招隱訪仙楹。丘中琴正鳴。桂叢侵石路。桃花隔世情。薄暮安車近。林喧山鳥驚。○類聚三十六。詩紀百七。

毛處約

雉子斑

春物始芳菲。春雉正相追。澗響連朝雊。花光帶錦衣。竄跡時移影。驚媒或亂飛。能使如皐路。相逢文苑作

追。巧笑歸。○文苑英華二百六。樂府詩集十八。詩紀百七。

陸系

有所思

別念限文苑作恨。樂府同。城闉。還思樓上人。淚想離文苑作愁。注云。一作離。前落。愁聞文苑作開。注云。一作聞。別後新。月來疑舞扇。花度憶歌塵。只看今夜文苑作月彩。注云。一作今度。裏。那似隔河津。○文苑英華二百二作陵系。樂府詩集十七。詩紀百七。

獨孤嗣宗

紫騮馬

倡樓望早春。寶馬度城闉。照曜桃花徑。蹀躞文苑作躞蹀。採桑津。金羈麗初景。玉勒染輕塵。遠聽珂驚急。猶文苑作知。注云。一作猶。詩紀云。一作知。是畫眉人。○文苑英華二百九。樂府詩集二十四。詩紀百七。

李燮

紫騮馬

紫燕忽踟躕。紅塵起路隅。圉人移苜蓿。騎士逐蘼蕪。三邊追黠虜。一鼓定彊胡。安用珂爲玉。自有汗成珠。○文苑英華二百九。樂府詩集二十四。詩紀百七。

江暉

劉生

五陵多美選。六郡盡良家。劉生代豪蕩。標舉文苑作矩。注云。一作舉。獨榮華。寶劍長三尺。金樽滿百花。唯當重意氣。何處有驕奢。○文苑英華百九十六。樂府詩集二十四。詩紀百七。

雨雪曲

邊城風雪至。遊樂府作客。文苑同。又注。一作遊。子自心悲。風哀笳弄斷。雪暗馬行遲。輕生本爲國。重氣不關私。恐君猶不信。撫劍一揚眉。○文苑英華百九十三作王筠。樂府詩集二十四。詩紀百七。

何楫

班婕妤怨

齊紈既逐篋。樂府作篋。誤。趙舞卽凌人。履跡隨恩故。階苔逐恨新。獨臥銷香炷。長啼費錦樂府作手。巾。庭草何聊賴。也持秋樂府作春。當春。○樂府詩集四十四。詩紀百七。

蕭淳

按陳書徐伯陽傳。有謁者蕭淳風。

長相思

長相思。久離别。新燕參差條可結。壺關遠。鴈書絶。對雲恆憶陣。看花復愁雪。猶有望歸心。流黄未剪截。○樂府詩集六十九。詩紀百七。

孔仲智

羇謡

芳杜觴春酒。髣髴傷山時。徒歌不成樂。空以羇自悲。羇悲樂府作傷。懷土心。遽復還山路。迨及春復時。無使春光暮。○樂府詩集八十七。詩紀百七。

蕭有

射雉詩

二月春暈動。曹王挾類聚作俠。姤媒。插翳依花合。芰塲向野開。隔田聞雉近。横溪見影來。弦明青壓類聚作墜。碎。箭落錦衣摧。今日如臯路。能將巧笑廻。○類聚九十。詩紀百七。

徐湛

賦得班去趙姬升詩

詩紀云。鮑明遠白頭吟曰。申黜褒女進。班去趙姬升。

班姬與飛燕。俱侍漢王宮。不意恩情歇。偏將衰草同。香飛金輦外。苔上玉階中。今日悲團扇。非是爲秋風。○類聚三十二。詩紀百七。

吳尚野

詠鄰女樓上彈琴詩

青樓誰家女。開窗弄碧弦。貌同朝日麗。裝競午花然。一彈哀塞鴈。再撫哭春鵑。此情人不會。東風千里傳。○古詩類苑四十八。苑詩類選十五。詩紀百七。

吳思玄

閨怨詩

金風響洞房。佳人心自傷。淚隨明月下。愁逐漏聲長。燈前羞獨鵠。枕上怨孤凰。自覺鴛帷冷。誰憐珠被涼。〇古詩類苑九十七。詩紀百七。

殷謀

日出東南隅行

秦樓出佳麗。正值朝日光。陌頭能駐馬。花處復添香。〇文苑英華百九十三作李白。樂府詩集二十八。詩紀百七。

賈馮吉

自君之出矣

自君之出矣。紅顔轉憔悴。思君如明燭。煎心且銜淚。〇文苑英華二百三作陳叔達。注云。一作賈馮吉。樂府詩集六十九。詩紀百七。

何曼才

爲徐陵傷妾

遲遲衫掩淚。憫憫恨縈胸。無復專房日。猶望下山逢。〇玉臺新詠十。詩紀百七。

許倪

破扇

蔽日無全影。摇詩紀云。玉臺作迎。風有半涼。不堪郭巧笑。猶足動衣香。○類聚六十九。詩紀百七。

蕭驎

詠袙複詩

詩紀云。疑卽袙服。女人脇衣也。又云。丹鉛餘録作裓複裙。○逯按。初學記二十六服食部裙下引此詩。題作詠裙複。又玉臺引此。題作詠袒複。袒與袙異。馮氏以袙複爲袒服。非也。此詩應作詠袙複。袙複卽帊複。或帊複。釋名。帊複。横其腹也。又酉陽雜俎云。鬼以綾帊複贈辛秘。帶有一結。皆卽此袙複。似玉臺、初學記皆誤也。

的的初學記作皛皛。詩紀云。一作皛皛。金紗玉臺作弦。淨。離離寶撮玉臺作襊。詩紀云。一作縫。分。初學記缺以上二字。纖初學記作縫。腰非學楚。寬帶爲思君。○玉臺新詠十作詠袒複。初學記二十六作蕭驎詠裙複詩。詩紀百七。

蕭琳

隔壁聽妓詩

徒聞絃管切。不見舞腰迴。唯有歌梁共。塵飛一半來。○類聚四十二。詩紀百七。

孔範

範。字法言。會稽山陰人。後主時爲都官尚書。與江總等並爲狎客。陳亡入隋。隋文帝暴其過惡。與王瑳、王儀、沈瓘名爲四罪。流之遠裔。

賦得白雲抱幽石詩

白雲浮遠蓋。飄飄繞石飛。帶蓮縈錦色。拂鏡下仙衣。陣結香爐隱。羅成玉女微。能感荆王夢。陽臺雜雨歸。○初學記一。詩紀百六。

和陳主詠鏡詩

虎賁愁興日。龍鏡覽顔時。懷恩未得報。空歎髮如絲。○初學記二十五。萬花谷續七作詠鏡詩。詩紀百六。

王瑳

瑳。與孔範等並爲後主狎客。刻薄貪鄙。忌害才能。陳亡入隋。被流遠裔。

折楊柳

塞外無春色。上林柳已黄。枝影侵雲文苑作宫。樂府同。暗。葉彩亂星光。陌頭藏戲鳥。樓上掩新妝。攀折思爲贈。心期別路長。○文苑英華二百八。樂府詩集二十二。詩紀百六。

洛陽道

洛陽夜漏盡。九重平旦開。日照蒼龍闕。煙遶鳳凰臺。浮雲翻似蓋。流水倒文苑作到。樂府同。成雷。曹王鬭雞返。潘仁載果來。○文苑英華百九十二。樂府詩集二十三。詩紀百六。

長相思

長相思。久離別。兩心同文苑作同心。注云。一作心同。憶不相徹。悲風悽。文苑作淒。樂府云。一作淒。愁雲結。柳葉眉上銷。菱花鏡中滅。鴈封歸飛斷。鯉素還流絶。○文苑英華二百二作王磋。樂府詩集六十九。詩紀百六。

陳少女

寄夫詩

自君上河梁。蓬首卧蘭房。安得一樽酒。慰妾九迴腸。○古詩類苑五十四。詩紀百七。

雜歌謡辭

陳人爲齊雲觀歌

隋書曰。陳後主造齊雲觀。國人歌之。功畢而爲隋師所虜。

齊雲觀。寇來無際畔。○南史陳後主紀。隋書五行志。御覽百七十九引陳書。詩紀百七作齊雲觀歌。

陳初童謡

隋書五行志曰。陳初有童謡。其後陳主果爲韓擒所敗。擒本名擒虎。黄斑之謂也。破建康之始。復乘青驄馬往返。時節皆應。

黄斑青驄馬。發自壽陽涘。來時冬氣末。去日春風始。○隋書五行志。又隋書韓擒虎傳。北史韓擒虎傳作江東謡。御覽八百九十五引陳書。詩紀百七作江東謡。

陳初童謡

御路種竹篠。蕭蕭已復起。合盤貯蓬塊。無復揚塵已。○樂府詩集八十九。詩紀百七。

又

日西夜烏飛。拔劒倚梁柱。歸去來。歸山下。○同上

陳宣帝時謡

陳書宣帝紀曰。太建十一年秋七月辛卯。初用大貨六誅錢。隋書食貨志曰。以一當五銖之十。與五銖並行。後還當一。人皆不便。乃相與訛言曰。六銖錢有不利縣官之象。未幾而宣帝崩。遂廢。徐氏曰。當時謡言云云。蓋篆書六字類人之叉腰耳。

大貨六銖錢。叉腰哭天子。○泉志二。

時人爲張氏語

陳書曰。張種少恬静。居處雅正。不妄交遊。傍無造請。時人爲之語曰。

宋稱敷演。梁則卷充。清虚學尚。種有其風。○陳書張種傳。南史張種傳。御覽四百九十五引陳書。詩紀百七作張種歌。

時人爲賀氏兄弟語

唐書曰。賀德仁。越州山陰人。在陳與兄德基師事周弘正。以文辭稱。人爲語曰。

學行可師賀德基。文質彬彬賀德仁。○唐書賀德仁傳。詩紀百七作二賀歌。

徐陵引諺

圖官在亂世。覓富在荒年。○文苑英華六百七十七徐陵答諸求官人書。

輿地志引諺

輿地志曰。丹徒界内。土堅緊如蠟。諺云云。言吴多産出。可以攝生自奉。丹徒地可以葬。

生東吴。死丹徒。○御覽百七十。

時人爲釋貞觀語

續高僧傳曰。釋貞觀學士傅縡曰。三千稱首。七十當初。是上人者。當爲酬對。時人語曰。

錢塘有貞觀。當天下一半。○續高僧傳本傳。

清商曲辭

西曲歌以下諸歌。詩紀原列於晉。今編入陳詩。

夜黄

古今樂録曰。夜黄。倚歌也。自此以下。至拔蒲。並同。

湖中百種鳥。半雌半是雄。鴛鴦逐野鴨。恐畏不成雙。○樂府詩集四十九。詩紀四十二。

夜度娘

夜來冒霜雪。晨去履風波。雖得敍微情。奈儂身苦何。○樂府詩集四十九。詩紀四十二。

長松標

落落千丈松。晝夜對長風。歲暮霜雪時。寒苦與誰雙。○樂府詩集四十九。詩紀四十二。

雙行纏二曲

朱絲繫腕繩。真如白雪凝。非但我言好。衆情共所稱。

新羅繡行纏。足趺如春妍。他人不言好。獨我知可憐。○樂府詩集四十九。詩紀四十二。

黄督二曲

喬客他鄉人。三春不得歸。願看楊柳樹。已復藏班鵻。

籠車度蹋衍。故人求寄載。催牛閉後户。無預故人事。○樂府詩集四十九。詩紀四十二。

西平樂

我情與歡情。二情感蒼天。形雖胡越隔。神交中夜間。○樂府詩集四十九。詩紀四十二。

尋陽樂

雞玉臺作稽。亭故儂玉臺作人下同。去。九里新儂還。送一却玉臺作便。迎兩。無有暫時閒。○玉臺新詠十。樂府詩集四十九。詩紀四十二。

白附鳩

石頭龍尾彎。新亭送客渚。樂府作者。酤酒不取錢。郎能飲幾許。○樂府詩集四十九。詩紀四十二。

拔蒲二曲

青蒲銜紫茸。長葉復從風。與君同舟去。拔蒲五湖中。

朝發桂蘭渚。晝息桑榆下。與君同拔蒲。竟日不成把。○樂府詩集四十九。詩紀四十二。

作蠶絲四曲

柔桑感陽風。阿娜嬰蘭婦。垂條付緑葉。委體看女手。

春蠶不應老。晝夜常懷絲。玉臺作思。何惜微軀盡。纏綿自有時。

績蠶初成繭。相思條女密。投身湯水中。貴得共成匹。

素絲非常質。屈折成綺羅。敢辭機杼勞。但恐花色多。○樂府詩集四十九。又玉臺新詠十引第二曲作蠶絲歌。詩紀四十二。

陳詩卷十

郊廟歌辭

陳太廟舞辭七首

隋書樂志曰。陳初。武帝詔求宋齊故事。太常卿周弘讓奏曰。齊氏承宋。咸用元徽舊式。宗祀朝饗奏樂俱同。惟北郊之禮頗有增益。皇帝入壝門奏永至。飲福酒奏嘉胙。太尉亞獻奏凱容。埋牲奏隸幽。帝還便殿奏休成。衆官並出奏肅成。此乃元徽所闕。永明六年之所加也。唯送神之樂。宋孝建二年秋起居注云奏肆夏。永明中改奏昭夏。帝遂依之。是時並用梁樂。唯改七室舞辭。

凱容舞皇祖步兵府君室

於赫皇祖。宮牆高嶷。邁彼厥初。成兹峻極。縵樂簡簡。閟寢翼翼。裸饗若存。惟靈靡測。○隋書音樂志。樂府詩集九。詩紀百七。

凱容舞正員府君室

昭哉上德。浚彼洪源。道光前訓。慶流後昆。神猷綿樂府作緬。邈。清廟斯存。以享以祀。惟祖惟尊。○同上

凱容舞懷安府府室

選辰崇饗。飾禮嚴敬。靡愛牲牢。兼馨粢盛。明明烈隋志作列。樂府同。祖。龍光遠映。肇我王風。形斯舞詠。○同上

凱容舞皇高祖成安府君室

道遥積慶。德遠昌基。永言祖武。致享從思。九章停列。八舞迴墀。靈其降止。百福來綏。○同上

凱容舞皇曾祖太常府君室

肇迹締基。義標鴻篆。恭惟載德。瓊源方闡。享薦三清。筵陳四璉。增我堂構。式敷帝典。○同上

景德凱容舞皇祖景皇帝室

皇祖執德。長發其祥。顯仁藏用。懷道韜光。寧斯閟寢。合此蕭薌。永昭貽厥。還符翦商。○同上

武德舞皇考高祖武皇帝室

烝哉聖祖。撫運升離。道周經緯。功格玄祇。隋志誤作祇。方軒邁扈。比舜陵嬀。緝熙是詠。欽明在斯。雲雷遘屯。圖南共舉。大定揚越。震威衡楚。四奥宅心。九疇還敍。景星出翼。非雲入呂。德暢容辭。慶昭羽綴。

於穆清廟。載揚徽烈。嘉玉既陳。豐盛斯潔。是將是享。鴻猷無絶。○同上

釋氏

釋惠標

惠標。涉獵有才思。陳寶應反。以預謀坐誅。

詠山詩三首

靈山蘊麗名。秀出寫蓬瀛。香鑪帶煙上。紫蓋入霞生。霧捲蓮峯出。嵓開石鏡明。定知丘壑裏。併佇白雲情。○初學記五。文苑英華百五十九作山。詩紀百七。

蛾眉信重險。天目本仙居。金華抱丹竈。玉笥蘊神書。幽人披薜荔。怨妾採蘼蕪。紫巖無暮雨。何時送故夫。○同上

丹霞拂層閣。碧水泛蓬萊。鰲岫含煙聳。蓮崖照日開。松門夾細葉。石磴染新苔。能令平子見。淹留未肯回。○同上

詠水詩三首

曾添疏勒井。經涌貳師營。玉津花色亮。銀溪錦磧明。舟如空裏汎。人似鏡中行。持將符上善。利得動高

情。○初學記六。文苑英華百六十三。詩紀百七。

驪泉類聚作龍川。紫闕映。珠浦碧沙沉。岸闊文苑作隔。蓮香遠。流清雲影深。風潭如拂鏡。山溜似調琴。請君看皎潔。知有澹類聚作淡。初學記同。然心。○類聚八作祖孫登。初學記六作祖孫登。文苑英華百六十三。詩紀百七。○逯按。宋本初學記作釋惠標。

長川落日照初學記作照日。深。浦漾清風。弱柳垂江翠。新蓮夾岸紅。船行疑汎逈。目映似沉空。願逐琴高戲。乘魚入浪中。○初學記六作祖孫登蓮調詩。文苑英華百六十三。詩紀百七。

詠孤石

中原一孤文苑作派。石。地理不知年。根含彭澤浪。頂入香爐煙。崖成二鳥翼。峯作一芙蓮。何時發東武。今來鎮初學記作錬。蠡川。○初學記五。文苑英華百六十一作標法師。詩紀百七。

贈陳寶應

梁書曰。寶應據閩中。與鐳異潛有異謀。遂起兵反。沙門慧標作五言詩以送之。寶應甚悦。慧標齎以示虞寄。寄謂所親曰。標公既以此始。必以此終。後寶應敗。標從坐伏誅。

送馬猶臨水。離旗稍引風。好看今夜月。當照紫微宮。○陳書虞荔傳附寄傳。南史虞寄傳。詩紀百七。

曇瑗

曇瑗。金陵人。陳宣帝以爲僧正。有集六卷。

遊故苑詩

續高僧傳曰。瑗每上鍾阜諸寺。修造道賢。觸興賦詩。覽物懷古。洪偃法師傲寄泉石。偏見朋從。把臂郊坰。同遊故苑。瑗題樹爲詩曰。

丹陽松葉少。白水黍苗多。浸淫下客淚。哀怨動民歌。春溪度短葛。秋浦没長莎。麋鹿自騰倚。車騎絶經過。蕭條四野望。惆悵將如何。○續高僧傳曇傳。詩紀百七。

釋洪偃

釋洪偃。俗姓謝氏。會稽山陰人。在梁爲梁武帝所優禮。梁亂。避地縉雲。陳武受禪。乃復出都。天嘉五年卒。有集八卷。

遊故苑詩詩紀云。禪藻集誤作何偃。

龍田留故苑。汾水結餘波。悵望傷遊目。辛酸思緒多。涼飇續高僧傳作煙。初學記作寒煙。萬花谷同。慘高樹。濃初學記作濃。萬花谷同。露變輕蘿。澤葵猶帶井。初學記作荇。萬花谷作草。池竹尚續高僧傳作下。詩紀云。一作下。侵荷。秋風徒自急。無復白雲歌。○初學記二十四。續高僧傳曇瑗傳。萬花谷後二十五作釋洪偃詩。詩紀百七。

登吴昇平亭詩紀云。一作遊若邪雲門精舍。

蕭蕭物候晚。肅肅天望清。旅人聊策杖。登高蕩客情。川原續高僧傳作源。注云。明本作原。多舊迹。墟里或新名。宿煙浮始旦。朝日照初晴。獨遊乏徒侶。徐步寡逢迎。信矣非吾託。賞心何易并。○續高僧傳本傳。詩紀百七。

遊鍾山之開善定林息心宴坐引筆賦詩

杖策步前嶺。褰裳出外扉。輕蘿轉蒙密。幽逕復紆威。樹高枝影細。山盡續高僧傳作晝。鳥聲稀。石苔時滑屣。蟲網乍粘續高僧傳云。明本作沾。衣。澗傍紫芝曄。巖上白雲霏。松子排煙去。堂續高僧傳作常。注云。元、明本作堂。生寂不歸。窮谷無還往。攀桂獨依依。○續高僧傳本傳。詩紀百七。

釋智愷

釋智愷。俗姓曹氏。住楊都寺。與法泰同往嶺表。卒於陳光大二年。

臨終詩詩紀云。禪藻集作法泰詩。題云遘疾。並誤。

千月廣弘明集云。明本一作秋。詩紀云。一作秋。本難滿。三時理易傾。石火無恆焰。電光非廣弘明集作寧。注云。三本、宮本作非。久明。遺文空滿笥。徒然昧後生。泉路方幽噎。廣弘明集云。明本作曀。寒隴向淒清。一隨朝露盡。唯有夜松聲。○廣弘明集三十。詩紀百七。

高麗定法師

詠孤石

迥文苑作逈。石直生空。平湖四望通。巖根初學記作限。恆灑浪。樹杪初學記作杪。鎮搖風。偃流還潰影。侵霞更上紅。獨拔羣峯外。孤秀白雲中。○初學記五。文苑英華百六十一。詩紀百七。

鬼神

鳥妖詩

南史曰。陳之將亡。有鳥一足。集其殿庭。以觜畫地成文曰云云。解者以爲獨足蓋指後主獨行無衆。茂草宫荒穢也。隋承火運。草得火而後灰。及後主至長安。館於都水臺。所謂上高臺當水開者。其言皆驗。

獨足上高臺。茂詩話作廢。草變爲灰。欲知我家處。朱門當詩話作臨。水開。○南史陳後主紀。詩話總龜四十七。詩紀外集四。

隋詩卷一

隋文帝楊堅

堅。弘農華陰人。仕周以勳封隋國公。累拜上柱國、大司馬。静帝時。堅以元舅總朝政。封隋王。尋篡周自立。及平陳後。統一中國。在位二十四年。仁壽四年卒。年六十四。

宴秦孝王于并州作詩

隋書本紀曰。開皇十年。高祖幸并州。宴秦孝王子相。帝爲四言詩。明年而子相卒。十八年而秦孝王薨。

紅顔詎幾。玉貌須臾。一朝花落。白髮難除。明年後歲。誰有誰無。○隋書二十二。詩紀百二十。

盧思道

思道。字子行。范陽人。齊天保中。解褐直中書省。待詔文林館。周武帝平齊。授儀同三司。遷武陽太守。隋開皇元年爲散騎侍郎卒。年五十二。有集三十卷。

樂府

有所思

長門與長信。憂思並難任。洞房明月下。空庭緑草深。怨歌裁潔文苑、樂府並云。一作紈。詩紀同。素。能賦受黄金。復聞隔湘水。猶言限桂林。悽悽日已暮。誰見此時心。○文苑英華二百二。樂府詩集十七。詩紀百二十二。

日出東南隅行

初月正如鈎。懸光入綺文苑作鏡。注云。一作綺。樓。中有可憐妾。如恨亦如羞。深情出豔語。密意滿横眸。楚腰寧且細。孫眉本未愁。青玉勿當取。雙銀詎可文苑作肯。注云。一作可。詩紀云。一作肯。留。會待東方騎。遥居最上頭。○文苑英華百九十三。樂府詩集二十八。詩紀百二十二。

櫂歌行

秋江見底清。越女復傾城。方舟共採摘。最得可憐名。落花流寶珥。微吹動香纓。帶垂連理濕。櫂文苑作棹。舉木蘭輕。順風文苑作避人。注云。一作順風。樂府、詩紀云。一作避人。傳細語。因波寄文苑作送。遠情。誰能結錦纜。薄暮隱長汀。○文苑英華二百三。樂府詩集四十。詩紀百二十二。

美女篇

京洛多妖豔。餘香文苑作春。愛物華。俱樂府作恆。臨鄧渠文苑作梁燈。又注。燈一作墱。詩紀云。一作梁墱。水。文苑云。一作恒臨鄧渠水。共採鄴園花。時摇五明扇。聊駐七香車。情疎看笑淺。嬌深眄欲斜。微津染長黛。新溜濕輕紗。莫言人未解。隨君獨問家。○文苑英華百九十三。樂府詩集六十三。詩紀百二十二。

升天行

尋師得道訣。輕舉厭人羣。玉山候王母。珠庭謁老君。煎爲返魂藥。刻作長生文。飛策乘流電。彫軒曳彩雲。玄洲望不極。赤野眺文苑作曉。無垠。金樓旦巃嵸。玉樹曉氛氳。擁琴遥可聽。樂府作望。文苑云。一作望。吹笙遠詎聞。不覺文苑作學。注云。一作覺。蜉蝣子。生死文苑作千侶。注云。一作迢。一作葬。樂府作□葬。何紛紛。○文苑英華百九十三。樂府詩集六十三。詩紀百二十二。

神仙篇

浮生厭危促。文苑作役。注云。一作促。名岳共招攜。雲軒遊紫府。風馴上文苑作立。注云。一作上。丹梯。時見遼東鶴。屢聽淮文苑作和。注云。一作淮。南雞。玉英持作寶。瓊實採成蹊。飛策揚輕電。懸旌耀彩蜺。瑞銀光似燭。靈石髓如泥。寥廓鸞山右。超越文苑作遥。鳳洲西。文苑云。一作超遥鳳渚西。一丸應五色。持此救人文苑作行。

迷。○文苑英華百九十三。樂府詩集六十四。詩紀百二十二。

河曲遊

詩紀云。魏文帝與吴質書曰。時駕而遊。北遵河曲。

鄴下盛風流。河曲有名遊。應徐託後乘。車馬踐芳洲。丰茸雜樹密。遥裔鶴煙稠。日上疑高蓋。雲起類重樓。金羈自沃若。蘭棹成夷猶。懸匏動清吹。采菱轉豔謳。還珂響金埒。歸袂拂銅溝。唯畏三春晚。勿言千載憂。○樂府詩集七十七。詩紀百二十二。

城南隅讌

詩紀云。曹子建贈丁翼詩曰。吾與二三子。曲讌此城隅。

城南氣初新。才王邀故人。輕盈雲映日。流亂鳥啼春。花飛北寺道。絃散南漳濱。舞動淮南袖。歌揚齊后塵。駢鑣歇夜馬。接軫限歸輪。公孫飲彌月。平原讌浹旬。卽是消聲地。何須遠避秦。○樂府詩集七十七。詩紀百二十二。

蜀國弦

西蜀稱天府。由來擅沃饒。雲樂府作雪。注云。一作雲。浮玉壘夕。日映錦城朝。南尋九折路。東上七星橋。琴心若易解。令客豈難要。〇文苑英華二百一。樂府詩集三十。作蜀國吟。詩紀百二十二。

採蓮曲

曲浦戲妖姬。輕盈不自持。擎荷愛圓水。折藕弄長絲。珮動裙風入。妝銷粉汗滋。菱歌惜不唱。須待暝歸時。〇樂府詩集五十。詩紀百二十二。

從軍行

朔方烽火照甘泉。長安飛將出祁連。犀樂府誤作犀。渠玉劍良家子。白馬金羈文苑云。一作鞍。俠少年。平明偃月屯右地。薄暮魚麗逐左御覽作右。賢。谷中石虎經衔箭。山上金人曾祭天。天涯一去無窮已。薊門迢遞三千里。朝見馬嶺黄沙合。夕望龍城陣雲起。庭中奇樹已堪攀。塞外征人殊未還。白雪樂府作雲。初下天山外。浮雲直上樂府作向。文苑云。一作向。五原間。文苑作關。注云。一作間。關山萬里不可越。誰能坐對芳菲月。流水本自斷人腸。堅冰舊來傷馬骨。邊庭節物與華異。冬霰秋霜春不歇。長風蕭蕭渡水來。歸鴈連連映天没。從軍行軍行萬里出龍庭。單于渭橋今已拜。將軍何處覓功名。〇文苑英華百九十九。樂府詩集三十二。詩紀百二十二。又御覽三百三十五引賢一韻。

詩

仰贈特進陽休之詩七章并序

夫士之在俗。所以騰聲邁實。鬱爲時宗者。厥塗有三焉。才也。位也。年也。才則弘道立言。師範雅俗。位則乘軒服冕。燮代天工。年則貳膳杖朝。致養膠序。緬尋古始。永鑒前哲。歯歷身名。鮮能俱泰。特進陽公兼而有之矣。大齊武平之五載。抗表懸車。難進之風。首振頹俗。余不勝嘉仰。敬贈是詩。

幽求遂古。逖聽前聞。鴻荒眇邈。篆策絪緼。體國經野。爲鳥爲雲。果行毓德。或武或文。於鑠君子。含章挺秀。龍翰鳳翼。玉榮松茂。逸韻孤峙。奇峯迴搆。慕舜匪高。希顔可陋。藝殫原作彈。今從適園本。文府。學究書林。盡則窮麗。索隱鈎深。靈珠耀手。明鏡懸心。聲偃華裔。道冠衣簪。豹變其文。鴻漸於陸。入作卿士。出爲嶽牧。千社萬鍾。玄冕丹轂。神之聽之。介以景福。漢稱廣德。晉美劇陽。君亦高蹈。二此鴻芳。知足知止。令問令望。功遂身退。休有烈光。聞風伯夷。懦夫自立。祖道疏傅。行人霣泣。公之戾止。僚友胥集。瞻彼高山。每懷靡及。余實膚陋。少不及門。挾策問道。捧篇承恩。以茲高義。被於後昆。式歌且舞。敢贈長言。○文館詞林百五十八。

駕出圜丘詩

開年簡時日。上辛稱天吉。平曉禁門開。隱隱乘輿出。乘輿出九重。金根御六龍。章移千乘動。旆舉百神從。黄麾引朱節。靈鼓應華鍾。神歌已相續。神光復相燭。風中颺紫煙。壇上埋蒼玉。○初學記十三。萬花谷後十二作盧思道詩。詩紀百二十二。

贈李若詩

初發清漳浦。春草正萋萋。今留素滻曲。夏木已成蹊。塵起星橋外。日落寶壇西。庭空野煙合。巢深夕羽迷。短歌雖製素。長吟當執珪。寄語當窗婦。非關惜馬蹄。○文苑英華二百四十八。詩紀百二十二。

贈李行之

水衡稱逸人。潘楊有世親。形骸預冠蓋。心思出風雲。○北齊書李瑾傳。

贈别司馬幼之南聘詩

故交忽千里。輶車蒞遠盟。幽人重離别。握手送征行。類聚作行行。文苑作行征。晚霞浮極浦。落景照長亭。拂霧揚龍節。乘風遡鳥旌。楚山百重映。吴江萬仞清。夏雲樓閣起。秋濤帷蓋生。陸侯持寶劍。終子繫長纓。

前脩亦文苑作爾。何遠。君其勗令名。○類聚五十三、文苑英華二百九十六並作贈司馬幼之南聘。詩紀百二十二。

贈劉儀同西聘詩

開邛昔柔遠。賓越盡招攜。豈若馳天文苑云。一作天王。使。玉節撫遺黎。五祠文苑作詞。注云。疑作祠。臨渭北。雙嶺帶崤西。故關看金馬。餘壇聽寶雞。垂絲被柳陌。落錦覆桃蹊。分袪俄易慘。離思實文苑云。一作忽。難齎。極野雲峯合。遥嶂日輪低。塵暗前旌没。風長後騎嘶。灞陵行可望。函谷久無泥。須君勞旋罷。春草共萋萋。○文苑英華二百四十八。詩紀百二十二。

遊梁城詩

揚鑣歷汴浦。迴扈文苑云。一作軋。詩紀云。一作軏。入梁墟。漢藩文雅地。清塵曖文苑作暖。有餘。賓遊多任俠。臺苑盛簪裾。歎息徐公劍。悲涼鄒子書。亭皐落照盡。原野沍寒初。鳥散文苑云。一作息。空城夕。煙銷古樹疎。東越嚴子陵。西蜀馬相如。脩名竊所慕。詩紀誤作暮。長謡獨課虚。○文苑英華三百九。詩紀百二十二。

從駕經大慈照寺詩詩紀云。北齊時作。

玄風冠東户。内範軼西陵。大川開寶匣。福地下金繩。𦆭栭高可映。畫栱疊相承。日馭非難假。雲師本易憑。陽室疑停燧。陰軒類鑒冰。迥題飛星没。長楣宿露凝。旌門曙光轉。輦道夕雲蒸。山祇效靈物。水若薦休徵。薄命廣弘明集作虚薄。注云。三本作薄命。叨恩紀。微軀廣弘明集作軀。注云。三本、宫本作軀。竊自陵。優游徒可恃。周賨永難勝。○廣弘明集三十。詩紀百二十二。○逯按。此詩廣弘明集原有長序。詩紀未録。今姑從之。

春夕經行留侯墓詩

少小期黄石。晚年遊赤松。應成羽人去。何忽掩高封。疎蕪枕絶野。邐迤帶斜峯。墳荒隧文苑誤作隨。草没。碑碎石苔濃。狙文苑誤作徂。秦懷猛氣。師漢挺柔容。盛烈芳千祀。深泉閉九重。夕風吟宰樹。遲光落下舂。文苑云。見淮南子。遂令懷古客。揮淚獨無蹤。○文苑英華三百六。詩紀百二十二。

上巳禊飲詩

山泉好風日。類聚作景。詩紀云。一作景。城市猒文苑作壓。囂塵。聊持歲華紀麗作把。一罇酒。共尋千里春。餘光下幽桂。夕吹舞青蘋。何言初學記作時。歲時雜詠、文苑同。出關後。重有入林人。○類聚四。初學記四。古今歲時雜詠十六。文苑英華百五十七。御覽三十。詩紀百二十二。又歲華紀麗一作隋思道詩。引春一韻。

夜聞鄰妓詩詩紀云。拾遺作觀妓。

倡樓對三道。吹臺臨九重。笙隨山上鶴。笛奏水中龍。怨歌聲易文苑作不。斷。妙舞態難逢。文苑云。初學記作雙。誰能暫留客。類聚誤作眉客。解佩一相從。萬花谷作逢。○初學記十五。文苑英華二百十三。萬花谷後三十二作盧思道詩。

詩紀百二十二。又類聚四十二引重、龍、從三韻。

賦得珠簾詩

鑑帷明欲斂。照檻色將晨。可憐疎復密。隱映當窻人。浮清帶遠吹。含光動細塵。落花時屢拂。會待玉階春。○初學記二十五。詩紀百二十二。

彭城王挽歌

旭旦初學記作早。禁門開。隱隱靈輿發。纔看鳳樓迥。文苑作迴。稍視龍山没。猶陳五營騎。尚聚三河卒。容衛儼未文苑作來。詩紀云。一作來。歸。空山照秋月。○初學記十四。文苑英華三百十。御覽五百五十二。詩紀百二十二。

樂平長公主挽歌

粧樓對馳道。吹臺臨景舍。風入上春朝。月滿涼秋夜。未言歌笑畢。已覺生榮謝。何時洛水湄。芝田解龍駕。○初學記十四。文苑英華三百十。御覽五百五十二。詩紀百二十二。

後園宴詩

常聞崑閬有神仙。雲冠羽佩得長年。秋夕風動三珠樹。春朝露濕九芝田。不如鄴城佳麗所。玉樓銀閣與天連。太液回波千丈映。上林花樹百枝然。流風續洛渚。行雲在南楚。可憐白水神。可念青樓女。便妍不差澁。妖草堂詩箋作遥。文苑同。豔工言語。池苑正芳菲。得戲不知歸。媚眼臨歌扇。嬌香出舞衣。纖腰如欲斷。側髻似能飛。南樓日已暮。長簷鳥應度。竹殿遥聞鳳管聲。虹橋別有羊車路。攜手傍花叢。徐步入房櫳。欲眠衣先解。半醉臉逾紅。日日相看轉難厭。千嬌萬態不知窮。欲知妾心無劇已。明月流光滿帳中。

○文苑英華二百十四。詩紀百二十二。又草堂詩箋十六空囊詩注。引女、語二韻。

聽鳴蟬篇北齊顔之推同賦。已見。

北史本傳曰。周武帝平齊。授思道儀同三司。追赴長安。與同輩楊休之等數人作聽鳴蟬篇。思道所爲。詞意清切。爲時人所重。新野庾信偏覽諸同作者而歎美之。

聽鳴蟬。類聚缺此上三字。此聽悲無極。羣嘶玉樹裏。迴噪金門詩紀云。一作堤。側。長風送晚聲。清露供朝食。晚風朝露實多宜。秋日高鳴獨見知。輕身蔽數葉。哀鳴抱一枝。流亂罷還續。酸傷合更離。蹔聽別人心即斷。纔聞客子淚先垂。故鄉已超忽。空庭正蕪没。一夕復一朝。坐見涼秋月。河流帶地從來嶮。峭路干天不可越。紅塵早弊陸生衣。明鏡空悲潘掾髮。長安城裏帝王州。鳴鐘列鼎自相求。西望漸臺臨太液。東瞻甲觀距龍樓。説客恆持小冠出。越使常懷寶劒遊。學仙未成便尚主。尋源不見已封侯。富貴功名本多豫。繁華輕薄盡無憂。詎念嫖姚嗟木梗。誰憶田單詩紀云。一作蘭臯。倦土牛。歸去來。青山下。秋菊離離日堪把。獨焚枯魚宴林野。終成獨校子雲書。何如還驅少游馬。○類聚九十七作聽鳴蟬詩。詩紀百二十二。

聯句作詩

談藪曰。北齊盧思道聘陳。陳主令朝貴設酒食。與思道宴會。聯句作詩。其一人先唱便譏刺北人云。榆生欲飽漢。草長正肥驢。爲北人食榆。兼吴地無驢。故有此句。思道卽續之曰云云。謂南人無情義。同炊異饌也。

共甑分炊水。同鐺各煮魚。○太平廣記二百四十七。

孫萬壽

萬壽。字仙期。信都武强人。仕齊爲奉朝請。隋文帝受禪。滕王引爲文學。坐衣冠不整。配防江南。行軍總管宇文述召典軍書。後歸鄉里。徵拜豫章王長史。授大理司直。卒於官。年五十二。

遠戍江南詩紀云。一作城。寄京邑親友

隋書曰。萬壽爲滕穆王文學。坐衣冠不整。配防江南。宇文述召典軍書。鬱鬱不得志。爲五言詩寄京邑知友。盛爲當時之所吟誦。

賈誼長沙國。屈平文苑作原。注云。隋書作平。詩紀云。一作原。湘水濱。江文苑云。一作東。南瘴癘地。從來多隋書作三。逐臣。粤余非巧宦。文苑作官。少文苑作策。注云。隋書作少。小拙謀身。欲飛無假翼。思鳴不值晨。如何文苑作誰言。注云。隋書作如何。詩紀云。一作誰言。載筆士。翻作負戈人。飄飖隋書作飄飄。如木偶。棄置同芻狗。失路乃西

浮。非狂亦東走。晚歲出函關。方春度京口。石城臨虎隋書作獸。據。天津望牛斗。牛斗盛妖氛。梟獍已成羣。郄超初入幕。王粲始從軍。裹糧楚山際。被文苑作被。甲吴江濆。吴江一浩蕩。楚山何糾紛。驚波上濺日。喬木下臨雲。繫越恆資辯。喻蜀幾飛文。魯連唯救患。吾彦不爭勳。文苑作唐彬不競勳。注云。晉書唐彬知孫皓將至。遲留以示不競。今隋書作吾彦不爭勳。按吾彦乃降將。無不爭功事。未詳。羈文苑作羇。遊歲月久。歸思常搔首。非關不樹萱。豈爲無杯酒。數載辭鄉縣。三秋別親友。壯志後風雲。衰鬢先蒲柳。心緒亂如絲。空懷疇昔時。昔時遊帝里。弱歲逢知己。旅食南館中。飛蓋西園裏。河間本好書。東平唯愛士。英辯接天人。清言洞名理。文苑作歡娱承帝子。注云。隋書作清言洞名理。詩紀云。一作歡娱承帝子。鳳池時寓直。麟閣常遊止。勝地盛賓僚。麗景相攜招。舟汎昆明水。騎指渭津橋。袚除臨灞岸。供帳出東郊。宜城醖始熟。陽翟曲新調。繞樹烏啼夜。雊麥雉飛朝。細塵梁下落。長袖掌中嬌。懽娱三樂至。文苑作流連三雅至。注云。隋書作懽娱三樂至。詩紀云。一作流連三雅至。懷抱百憂銷。夢想猶如文苑作獨如。注云。隋書作猶如。昨。尋思久寂寥。一朝牽世網。萬里逐波潮。迴輪常自轉。懸旆文苑誤作旅。不堪摇。登高視文苑作山川想。注云。隋書作登高視。詩紀云。一作山川想。衿帶。鄉關白雲外。迴首望孤城。愁人益不平。華亭宵鶴唳。幽文苑作亟。注云。隋書作幽。詩紀云。一作函。谷早鶯鳴。斷絶心難續。惝恍文苑作悦。魂屢驚。羣紀通家好。文苑作契。注云。隋書作好。詩紀云。一作契。鄒魯故鄉情。若文苑作儻。注云。隋書作若。詩紀云。一作倘。值南飛鴈。時能文苑作希。注云。隋書作能。詩紀云。一作希。訪死生。○隋書七十六。文苑英華二百四十八。詩紀百二十五。

答楊世子詩

太華五千仞。長河九萬里。山川每藴玉。文苑作藴玉石。人物多君子。丞相朝所宗。太尉國之紀。若人惟傑出。濟世承餘祉。趨庭遵教義。博物兼文史。奇聲振宛洛。雅論窮名理。伊余苦疲病。寂寞罕賓遊。不言驅駟馬。於焉訪一丘。縞紵始云贈。膠漆乃相投。伏枕空長想。驂蹇遂無由。忽此承來翰。華藻殊輝焕。雖則濫吹噓。可以蠲憂歎。懷袖終不滅。掌握方留翫。和風初應律。山鶯已復新。芳菲徒自好。節物不關人。勞歌雖有曲。無以報陽春。○文苑英華二百四十。詩紀百二十五。

别贈詩

昔我遊雲閣。及爾謬同官。高步參師友。長裾接綺紈。索居方十載。相思勞萬端。不言今夕遇。得盡故人歡。酒隨彭澤至。琴卽武城彈。高齋屏餘熱。珍簟宿輕寒。葉落霜威重。蕒疎月色殘。將歸動離恨。彌傷行路難。○文苑英華二百八十六。詩紀百二十五。

和張丞奉詔於江都望京口詩

回首覩濤處。極望滄海湄。流波去無限。文苑作恨。喬木不勝悲。蓬萊雖已變。池塘尚所思。歸飛路窮此。悵望情難持。吾生乃民季。疇日佐藩維。尚想西園夕。猶懷北固時。城邑纔辨處。風煙忽何文苑誤作所。之。

跂予未能已。顧歎空遲遲。○文苑英華二百八十九。詩紀百二十五。

和周記室遊舊京詩

詩紀云。詩苑類選作周若水者非。

大夫愍周廟。王子泣殷墟。自然心斷絶。何關繫慘舒。僕文苑或作余。本漳濱士。舊國亦淪胥。紫陌風塵起。青壇文苑作𧄍。冠蓋疎。臺留子建賦。宮落文苑或作薄。仲將書。譙周自題柱。商容誰文苑或作詎。表閭。聞君懷古曲。同病亦漣文苑或作連。如。方知周處歎。前後信非虛。○文苑英華二百四十。文苑英華三百九。詩紀百二十五。

行經舊國詩

蕭條金闕遠。悵望羇心愁。舊邸成三逕。故園餘一丘。庭引田家客。池泛野人舟。日斜山氣冷。風近樹聲秋。弱年陪宴喜。方兹更文苑作幾。獻酧。脩竹慚詞賦。叢桂且淹留。自忝無員職。空貽不調羞。武騎非吾文苑作其。好。還思江漢遊。○文苑英華二百八十九。詩紀百二十五。

庭前枯樹詩

詩紀云。英華作孫萬壽。庾信集誤載。

當時金谷裏。昔日平陵東。布葉俱承露。開花共待風。摇落一如此。容華遂不同。庭前生意盡。井上盡心空。匠者無勞顧。擁腫難爲功。○文苑英華三百二十六。詩紀百二十五。

早發揚州還望鄉邑詩

鄉關不再見。悵望窮此晨。山煙蔽鍾阜。水霧隱江津。洲渚斂寒色。杜若變芳春。無復歸飛羽。空悲沙塞塵。○文苑英華二百八十九。詩紀百二十五。

東歸在路率爾成詠詩

學宦初學記作官。文苑、萬花谷同。兩無成。歸心自不平。故鄉尚千里。山秋萬花谷作秋山。猿夜鳴。人愁慘雲色。客意慣文苑作愧。風聲。羇恨雖多緒。俱是一傷情。○初學記二十四作東歸在路詩。文苑英華二百八十九。萬花谷後二十五作孫萬壽詩。詩紀百二十五。

隋詩卷二

李德林

德林。字公輔。博陵安平人。仕北齊。官至儀同三司。入周。授内史上士。隋初任内史令。開皇十年出爲懷州刺史。歲餘卒。年六十一。有霸朝集五卷、集五十卷。

相逢狹路間

天衢號九經。冠蓋恆縱橫。忽逢懷刺客。相尋欲逐名。我住河陽浦。開門望帝城。金臺遠猶出。玉觀夜恆明。筵羞太官膳。酒釀步兵營。懸牀接高士。隔帳授諸生。流水琴前韻。飛塵歌後輕。大子難爲兄。小子輕財利。實見陶朱情。龍軒照人轉。驥馬嘘天明。樂府作門。入門俱有説。至道勝金籯。出門會親友。天官奏德星。大婦訓端木。中婦訓樂府作誨。劉靈。小婦南山下。擊缶和秦箏。羣賓莫有戲。燈來告絶纓。○樂府詩集三十四。詩紀百二十一。

從駕巡遊詩詩紀云。苑詩類選作許善心者非。

大夏堯遺俗。汾河漢豫遊。今隨龍駕往。還屬鴈飛秋。天行肅鞏路。日馭翼華輈。朝乘六氣辯。初學記字缺。

詩紀同。夕動七星旒。谷静禽多思。風高松易秋。遠林才有色。遥水漫無流。京華佳麗所。目極與雲浮。但覩凌霄觀。詎見望仙樓。鏁門皆秀發。鴛池盡學文苑作覺。優。待君草封禪。東山觀射牛。○初學記十三。文苑英華百七十。詩紀百二十一。

從駕還京詩

至仁文教遠。惟聖武功宣。太師觀六義。文苑作儀。諸侯問百年。玄覽時乘隙。訓旅次山川。鎮象屯休氣。華蓋翼飛煙。鼓奏千人響。旗動七星連。峻嶺戈迴日。高峯馬煦詩紀云。一作照。天。姑射神遊罷。蕭關獵騎旋。更待東山上。看君巡狩初學記誤作篇。篇。○初學記十三。文苑英華百七十。詩紀百二十九。

夏日詩

夏景多煩蒸。山水暫追涼。桐枝覆玉檻。荷葉滿銀塘。輕扇摇明月。珍簟拂流黄。壺盛仙客酒。瓶貯帝臺漿。才人下銅雀。侍妓出明光。歌聲越齊市。舞曲冠平陽。微風動羅帶。薄汗染紅粧。共欣陪宴賞。千秋樂未央。○初學記三。文苑英華百五十七。詩紀百二十一。

入山詩

登嶺望重關。腰珮且鳴環。天河臨易飲。月桂近將攀。王母西山至。夫人南嶽還。何必陽臺下。要待夢容顔。○初學記五。文苑英華百五十九作山。詩紀百二十一。

詠松樹詩

結根生上苑。擢秀邇華池。歲寒無改色。年長有倒枝。露自金盤灑。風從玉樹吹。寄言謝霜雪。貞心自不移。○初學記二十八。文苑英華三百二十四作松樹。萬花谷三十八作李德林詩。詩紀百二十一。

柳莊

莊。字思敬。河東解人。事梁主詧及巋琮。累遷太府卿。梁廢入隋。授開府儀同。除給事黄門侍郎。開皇十一年。授饒州刺史。後數歲卒官。年六十二。

劉生

座驚稱字孟。豪雄道姓劉。廣陌通朱邸。大路起青樓。要賢驛已置。留賓轄且投。樂府云。一作仍投。光斜日下霧。庭陰月上鈎。○文苑英華百九十六。樂府詩集二十四。詩紀百二十六。

明克讓

克讓。字弘道。平原鬲人。仕梁爲湘東王法曹參軍。歷司徒祭酒、尚書都官郎中、散騎侍郎、中書侍郎。入周。歷漢東、南陳二郡太守、露門學士。累遷司調大夫。隋受禪。拜太子内舍人。開皇十四年卒。年七十。

詠修竹詩

隋書曰。梁時。舍人朱异在儀賢堂講老子。克讓預焉。堂邊有修竹。异令克讓詠之。克讓覽筆輒成。其卒章曰云云。异其異之。

非君多愛賞。誰貴此貞心。○隋書本傳。

明餘慶

餘慶。平原鬲人。克讓子。官至司門郎。越王侗稱制。爲國子祭酒。

從軍行

三邊烽亂驚。十萬且橫行。風卷常山陣。笳喧細柳營。劍花寒不落。弓月曉逾明。會取淮南詩紀云。一作河西。地。持樂府作特。文苑云。一作特。作朔方城。○文苑英華百九十九。樂府詩集三十二。詩紀百二十六。

詠死烏詩

暮空長罷噪。箭急不知驚。賴餘琴裏曲。猶有夜啼聲。○初學記三十。詩紀百二十六。

魏澹

澹。字彦深。鉅鹿下曲陽人。博涉經史。文詞贍逸。仕齊爲中書舍人。周武平齊。授納言中士。隋受禪。爲散騎侍郎、太子舍人。遷著作郎。卒時年六十五。有後魏書一百卷、諸書要略一卷、集三卷。

初夏應詔詩

雖度芳春節。物色尚餘華。出簾飛小燕。映户落殘花。舞衫文苑作袖。飄細縠。歌扇掩輕紗。蘭房本宜夜。不畏日光斜。○初學記三。文苑英華百七十二。詩紀百二十三。

詠階前萱草詩

緑草正含芳。靃靡映前堂。帶心花欲發。依籠葉已長。雲度時無影。風來乍有香。横得忘憂號。余憂遂不忘。○初學記二十七。文苑英華三百二十七。詩紀百二十三。

詠石榴詩

分根金谷裏。移植廣庭中。新枝含淺緑。晚蕚散輕紅。影入環階初學記階環。水。香隨度隙風。路遠無由寄。

徒念文苑作然。春閨空。○初學記二十八。文苑英華三百二十六。詩紀百二十三。

園樹有巢鵲戲以詠之

畏玉心常駭。填河力已窮。夜飛還繞樹。朝鳴且向風。知來寧自伐。識歲不論功。早晚時應至。輕舉一排空。○初學記三十。詩紀百二十三。

詠桐詩

本初學記作未。求裁作瑟。何用削成珪。願寄華庭裏。枝横待鳳棲。○初學記二十八。詩紀百二十三。

辛德源

德源。字孝基。隴西狄道人。仕北齊歷散騎侍郎、郎中。齊滅仕周。隋受禪。隱於林慮山中。謫從軍討南寧。還。牛弘薦脩國史。轉諮議參軍卒。有集三十卷。

短歌行

馳射罷金溝。戲笑上雲樓。少妻鳴趙瑟。侍妓轉吴謳。杯度浮香滿。扇舉細塵浮。星河耿涼夜。飛月豔新秋。忽念奔駒促。彌欣執燭遊。○樂府詩集三十。詩紀百二十三。

白馬篇

任俠重芳辰。相從競逐春。金羈絡赭汗。紫縷詩紀云。一作陌。應文苑作陌映。注云。一作縷應。紅塵。樂府云。一作紫陌映紅塵。寶劍提文苑、樂府、詩紀並云。一作橫。三尺。雕弓韜六鈞。鳴珂蹀細柳。飛蓋出宜春。遥見浮光文苑作雲。注云。一作光。樂府、詩紀並云。一作雲。發。懸知上文苑作識隴。頭人。○文苑英華二百九作白馬。樂府詩集六十三。詩紀百二十三。

霹靂引

出地聲初奮。乘乾威更作。雲衡天笑明。雨帶星精落。碎枕神無擾。文苑作撓。震楹書自若。側樂府云。一作時。聞吟文苑作時聞明。注云。樂府作側聞吟。白虎。遠見飛樂府云。一作舞。玄鶴。文苑作遠觀飛白鶴。注云。樂府作遠見飛白鶴。○文苑英華三百三十一。樂府詩集五十七。詩紀百二十三。

猗蘭操

奏事傳青閣。拂除乃陶嘉。散條凝露彩。含芳映日華。已知香若麝。無怨直如麻。不學芙蓉草。空作眼中花。○樂府詩集五十八。詩紀百二十三。

成連

列子曰。伯牙學琴於成連。

征夫從遠役。歸望絶雲端。簑笠城踰壞。霜樂府作桑。落梅初寒。雪夜愁樂府作然。烽濕。冰朝飲馬難。寂寂長安信。誰念客衣單。○樂府詩集六十。詩紀百二十三。

芙蓉花

洛神挺凝素。文君拂豔紅。麗質徒相比。鮮彩文苑作姿。注云。樂府作類。兩難文苑作難兩。同。光臨照波日。香隨出岸文苑作崖。風。涉江良自遠。託意在無窮。○文苑英華三百二十二作芙蓉。樂府詩集七十七。詩紀百二十三。

浮遊花

詩紀云。樂府無名。列芙蓉花之後。左克明作辛德源。

窻中斜日照。池上落花浮。若畏春風晚。當思秉燭遊。○樂府詩集七十七。詩紀百二十三。

東飛伯勞歌

合歡芳樹連理枝。荆王神女乍相隨。誰家妖豔蕩輕舟。含嬌轉眄文苑云。一作面。騁風流。犀枻文苑作栧。古通。蘭橈翠羽蓋。雲羅霧縠蓮花帶。女兒年幾十六七。玉面新妝映朝日。落花從風俄度春。空留可憐何處新。

○文苑英華二百六。樂府詩集六十八。詩紀百二十三。

星名

邊祲昏高柳。爟火照離宮。明堂發三令。勾文苑作鈎。陳集五戎。素扇文苑作羽。詩紀云。一作羽。麾全月。朱文苑作牛。注云疑。旗引半虹。虎落驚氛斂。龍城宿霧通。擊文苑作繫。注云。疑作擊。鐘張大樂。置酒宴羣公。關山無復阻。車書方大同。○文苑英華百五十二。詩紀百二十三。

於邢邵座賦詩

三國典略曰。辛德源嘗於邢邵座賦詩。其十字曰云云。衆咸稱善。

寒威漸離風。春色方依樹。○御覽五百八十五。

恙嫗詩

談藪曰。散騎常侍辛德源謂思道曰。昨作羌嫗詩。惟得五字云云。苦無其對。思道尋聲曰。何不道黄物插腦門。

皂陂垂肩井。○太平廣記二百四十七。

李孝貞

孝貞。字元操。趙郡柏人。仕北齊官至黄門侍郎。入周。轉吏部下大夫。開皇初。歷蒙州刺史。徵拜内史。參典文翰。出爲金州刺史。

巫山高

荆門對巫峽。雲夢邇陽臺。燎火如奔電。墜石似驚雷。天寒秋水急。風静夜猿哀。枕席無由薦。朝雲徒去來。○文苑英華二百一。詩紀百二十二。

鳴鴈行詩紀云。此詩本詠雀。樂府題曰鳴鴈行。或有誤也。

聽琴旋蔡子。張羅避翟公。夕宿寒林上。朝飛空井中。既並玄雲曲。復變海魚風。一報黄花惠。還遊萬歲宫。○樂府詩集六十八。詩紀百二十二。

奉和從叔光禄愔元日早朝詩

銅渾變春歲時雜詠作秋。節。玉律動年灰。曖曖城霞旦。隱隱禁門開。衆靈歲時雜詠作樂。湊仙府。百神朝帝臺。葉令雙鳧至。梁王駟馬來。戈鋋映林闕。歌管沸塵埃。保章望瑞氣。尚書滅火災。冠冕多秀士。簪裾饒上才。誰憐張仲蔚。日暮返蒿萊。○古今歲時雜詠一。文苑英華百九十。詩紀百二十二。

聽百舌鳥詩

煙銷上路静。漏盡禁門通。好鳥從西苑。流響入南宫。間關既多緒。變轉復無窮。調驚時斷絶。音繁有異同。飲啄歸承露。飛鳴上别風。未避王孫彈。寧畏虎賁弓。石渠皆學府。麟閣悉文雄。不恡青泥印。時尋白社中。○文苑英華三百二十九。詩紀百二十二。

酬蕭侍中春園聽妓詩

微雨散芳菲。中園照落暉。紅樹摇歌扇。緑珠飄文苑作佩。舞衣。繁弦調對酒。雜引動思歸。愁人當此夕。羞見落花飛。○初學記十五。文苑英華二百十三。詩紀百二十二。

園中雜詠橘樹詩

嘉樹出巫陰。分根徙上林。白華如散雪。朱實似懸金。布影臨丹地。飛香度玉岑。自有凌冬質。能守歲寒心。○初學記二十八。文苑英華三百二十六。作橘樹。詩紀百二十二。

詠鵲詩

東立朝雨霽。南飛夜月明。○御覽九百二十一引北齊書。

元行恭

行恭。北齊後主時爲省右户郎。待詔文林館。隋開皇中位尚書郎。坐事徙瓜州卒。

秋遊昆明池詩

詩紀云。江總、薛道衡皆有此詩。

旅客傷羈遠。樽酒慰登臨。池鯨隱舊石。岸菊聚新金。陣低雲色近。行高鴈影文苑作已。深。欹荷瀉圓露。臥柳横清陰。衣共秋風冷。心學古灰沈。還似無人處。幽蘭入雅琴。○初學記七。文苑英華百六十四。詩紀百二十六。

過故宅詩

頹城百戰後。荒宅初學記作邑。四鄰通。將軍樹初學記作戟。詩紀云。一作戟。已折。步兵途轉窮。吹臺有山鳥。歌庭聒野文苑作夜。注云。一作野。蟲。草深斜徑没。初學記作滅。文苑同。水盡曲池空。林中滿文苑作滿中送。注云。一作林中滿。明月。是處來春風。唯餘一廢文苑作故。注云。一作廢。井。尚夾兩株桐。○初學記二十四。文苑英華三百七。詩紀百二十六。

蕭岑

岑。字智遠。梁宣帝詧子。詧時封河間王。改吴郡王。位至太尉。及蕭琮嗣位。頗有不法。隋文帝徵岑入朝。拜大將軍。封懷義公。遂留不遣。

櫂歌行

桂酒既潺湲。輕舟亦乘駕。鼓枻何所樂府作吟。吟。吟我皇唐化。容與滄浪中。淹留明月夜。○樂府詩集四十。詩紀百二十一。

王通

通。字仲淹。河汾人。既冠。西見隋文帝。獻太平十二策。帝不用。東歸。其後累徵不起。講道于河汾之上。卒。弟子謚曰文中子。

東征歌

文中子世家曰。隋仁壽三年。文中子西遊長安。見文帝。奏太平十有二策。帝下其議於公卿。公卿不悅。文中子知謀之不用。賦東征之歌而歸。帝聞而再徵之。不至。

我思國家兮遠遊京畿。忽逢帝王兮降禮布衣。遂懷古人之心兮將興太平之基。時異事變兮志乖願違。吁嗟道之不行兮垂翅東歸。皇之不斷兮勞樂府作將。身西飛。○樂府詩集八十六。詩紀百二十一。

劉臻

臻。字宣摯。沛國相人。仕梁爲邵陵王東閤祭酒、中書舍人。入周爲露門學士、大都督。隋受禪。進位儀同三司。爲太子學士。開皇十八年卒。年七十二。

河邊枯樹詩

奇樹臨芳渚。半死若龍門。疾風摧勁葉。沙岸毀盤根。將軍猶未坐。匠石不曾論。無復凌雲勢。空餘激浪痕。可嗟摧折盡。詎得上河源。○文苑英華三百二十六。詩紀百二十一。

史萬歲

萬歲。京兆杜陵人。周武帝時。釋褐侍任上士。隋文帝時。屢立戰功。進位柱國。楊素害其功。開皇二十年以事被殺。

石城山

石城門峻誰開闢。更鼓悟聞風落石。界天自嶺勝金湯。鎮壓西南天半壁。○古詩類苑十二。詩紀百二十一。

何妥

妥。字栖鳳。西城人。仕梁及周。隋高祖受禪。除國子博士。奉詔考正鍾律。累遷國子祭酒。開皇末卒。有周易講疏十三卷、大隋封禪書一卷、樂要一卷、集十卷。

門有車馬客行

門前車馬客。言是故鄉來。故鄉有書信。縱横印檢開。開書看未極。行客屢相識。借問故鄉人。潺湲淚不息。上言離別久。下道望應歸。寸心將夜鵲。相逐向南飛。○文苑英華百九十五作何遜。樂府詩集四十作隋何晏。詩紀百二十一。

入塞

桃林千里險。候騎亂紛紛。問此將何事。嫖姚封冠軍。回旌引流電。歸蓋轉行雲。待任蒼龍傑。方當論次勳。○樂府詩集二十二。詩紀百二十一。

長安道

長安狹斜路。縱横四達分。車輪鳴鳳轄。箭服耀魚文。五陵多任俠。輕騎自連羣。少年皆重氣。誰識故將軍。詩紀云。鳳轄用霍光事。○樂府詩集二十三。詩紀百二十一。

昭君詞

昔聞别鶴弄。已自軫離情。今來昭君曲。還悲秋草幷。○文苑英華二百四作何遜昭君怨。又遜下注云。一作妥。樂府詩集二十九作明君詞。詩紀百二十一。

奉敕於太常寺脩正古樂詩

大樂遺鐘鼓。至樂貴忘情。俗久淳和變。年深初學記作没。禮教生。嶰初學記作解。谷調孤管。崙山學鳳鳴。浮雲成舞文苑作武。曲。白雪作歌名。聞詩六義辨。初學記作辦。觀漏八風平。肅穆皇威暢。淪漣初學記作連。河水清。鈞天動絲竹。括文苑作聒。地響錞鉦。盡美兼韶濩。初學記作護。盛文苑作威。德總咸英。寥亮鳧鍾徹。飄揚翟羽輕。小臣屬千載。時幸預簪纓。行欣負蒼璧。觸壇聽九成。○初學記十五。文苑英華二百十二。詩紀百二十一。

樂部曹觀樂詩

東海餘風大。陶唐遺思深。何如觀偏舞。奏鼓間摐金。清管調絲竹。朱絃韵雅萬花谷作瑟。琴。八行陳樹羽。六德審知音。至道兼韶濩。充庭總韎任。初學記作輪林。高天度流火。落日廣城初學記作成。陰。百神諧景福。萬國仰君臨。大初學記作天。樂非鐘鼓。且用戒民心。○初學記十五。文苑英華二百十二。萬花谷後三十二作何妥詩。詩紀百二十一。

尹式

式。河間人。仕隋官至漢王記室。仁壽四年漢王敗。式自殺。

送晉熙公別詩

太行君失路。扶搖我退飛。無復紅顏在。空持文苑、詩紀並云。一作將。白首歸。色移三代服。塵化兩京衣。道窮方識文苑云。一作體。命。事去乃知非。西候追孫楚。南津送陸機。雲薄鱗逾細。山高翠轉微。氣隨流水咽。淚逐斷弦揮。但令寸心密。隨意尺書稀。○文苑二百六十六作送留熙公別。詩紀百二十六。○逯按。文苑留字率寫作留。留晉易訛。

別宋常侍詩

遊人文苑作人。注云。疑作入。杜陵北。送客漢川東。無論去與住。俱文苑云。一作悉。是一飄蓬。秋鬢含霜白。衰顏倚酒紅。別有相思處。啼烏雜夜風。○文苑英華二百六十六。詩紀百二十六。

隋詩卷三

隋煬帝楊廣

廣。隋文帝第二子。開皇元年立爲晉王。後以陰謀廢奪太子勇。得立爲太子。又五年。弑父自立。在位十二年。荒淫暴虐。下不堪命。義寧二年。爲宇文化及所殺。年五十。有集五十五卷。

樂府

飲馬長城窟行示從征羣臣。○以下五言。

肅肅秋風起。悠悠行萬里。萬里何所行。横漠築長城。豈台小子智。先聖之所營。樹兹萬世文苑作代。策。安此億兆生。詎敢憚焦思。高枕於上京。北河秉文苑作西河執。注云。一作北東。詩紀云。一作兩河執。武節。千里捲文苑作倦。注云。一作捲。樂府作卷。戎旌。山川互出没。原野窮超忽。摐金止行陣。鳴鼓興士卒。千乘萬騎動。飲馬長城窟。秋昏塞外雲。霧暗關山月。緣巖驛馬上。乘空烽火發。借問長城樂府作安。文苑云。一作安。侯。單于入朝謁。濁氣静文苑作净。天山。晨光照高闕。樂府作闕。釋兵仍振旅。要荒事方舉。飲至告言旋。功歸清廟前。○文苑英華二百九作擬飲馬長城窟。樂府詩集三十八作飲馬長城窟行。詩紀百二十。

白馬篇

白馬金貝文苑作具。樂府同。裝。橫行遼水傍。問是誰家子。宿衛羽林郎。文犀六屬鎧。寶劍七星光。山虛弓響徹。地迥文苑作迴。角聲長。宛河推勇氣。隴蜀文苑作屬。擅威强。輪臺受降虜。高闕翦名王。射熊入飛觀。校獵下長楊。英名文苑作雄。欺衛霍。智策蔑平良。島夷時失禮。卉服犯邊疆。徵樂府作徼。兵集樂府作雜。薊北。輕騎出漁陽。進樂府作集。軍隨日暈。挑戰逐星芒。陣移龍勢文苑云。一作膝。動。營開虎文苑云。一作鴈。翼張。衝冠文苑云。一作寇。入死地。攘臂越金湯。塵飛戰鼓急。風交征旆揚。轉鬬平華地。文苑云。一作麗。追奔掃大方。本持身許國。況復武功彰。曾令千載後。流譽滿旂常。〇文苑英華二百九。樂府詩集六十三作孔稚圭白馬篇。詩紀百二十。〇詩紀云。文苑英華作煬帝。樂府作孔稚圭。按詩中多叙征遼之事。當以英華爲正。稚圭別有一篇。逯案。詩紀說是。詩中有島夷語。亦證不爲南朝人所作。

文苑、樂府作帶。

步虛詞二首

洞府凝玄液。靈山體自然。俯臨滄海島。回出大羅天。八行分寶樹。十丈散芳蓮。懸居燭日月。天步役風煙。躡記書金簡。乘空誦玉篇。冠法二儀立。珮帶五星連。瓊軒觶甘露。瑜井挹膏泉。南巢息雲馬。東海戲桑田。回旗遊八極。飛輪入九玄。高蹈虛無外。天地乃齊年。〇樂府詩集七十八。詩紀百二十。

總轡行無極。相推凌太虛。翠霞承鳳輦。碧霧翼龍輿。輕舉金臺上。高會玉林墟。朝遊度圓海。夕宴下方

諸。○同上

春江花月夜二首

暮江平不動。春花滿正開。流波將月去。潮水帶星來。○樂府詩集四十七。詩紀百二十。○詩紀云。帶。玉臺作共。案玉臺新詠無此篇。

夜露含花氣。春潭瀁月暉。漢水逢遊女。湘川值兩妃。○同上

錦石擣流黃二首

漢使出燕然。愁閨夜不眠。易製殘燈下。鳴砧秋月前。○樂府詩集七十七。詩紀百二十。

今夜長城下。雲昏月應暗。誰見倡樓前。心悲不成慘。詩紀作摻。○同上○逯案。此二首樂府連爲一篇。

喜春遊歌二首

禁苑百花新。佳期遊上春。輕身趙皇后。歌曲李夫人。○樂府詩集七十七。詩紀百二十。

步緩知無力。臉曼樂府作慢。動餘嬌。錦袖淮南舞。寶袜楚宮腰。○同上

楊叛兒曲詩紀云。拾遺作隋越王京洛行。

青春上陽月。結伴戲京華。龍媒玉珂馬。鳳軫繡香車。水映臨橋樹。風吹夾路花。日昏歡宴罷。相將歸狹

斜。○樂府詩集四十九作隋後主。詩紀百二十一。

江都宮樂歌以下七言

揚州舊處可淹留。臺樹高明復好遊。風亭芳樹迎早夏。長皋麥隴送餘秋。淥潭桂檝浮青雀。果下金鞍躍紫騮。緑觴素蟻流霞飲。長袖清歌樂戲州。○樂府詩集七十九。詩紀百二十。樂府作駕。

江陵女歌詩紀云。玉臺作隋煬帝。

雨從天上落。水從橋下流。拾得娘裙帶。同心結兩頭。○樂府詩集四十七。詩紀百二十。

泛龍舟

唐書樂志曰。泛龍舟。隋煬帝江都宮作。

舳艫千里泛歸舟。言旋舊鎮下揚州。借問揚州在何處。淮南江北海西頭。六轡聊停御百丈。暫罷開山歌棹謳。詎似江東掌間地。獨自稱言鑑裏遊。○樂府詩集四十七。詩紀百二十。

四時白紵歌二首

東宮春

洛陽城邊朝日暉。天淵池前春燕歸。含露桃花開未飛。臨風楊柳自依依。小苑花紅洛水緑。清歌宛文苑作婉。轉繁絃促。長袖逶迤動珠玉。千年萬歲陽春曲。〇文苑英華百九十三。樂府詩集五十六。詩紀百二十。

江都夏

黄梅樂府作梅黄。雨細麥秋輕。草堂詩箋作横。楓葉蕭蕭文苑誤作簫簫。江水平。飛樓綺樂府作倚。觀軒若驚。花簟羅幃當夜樂府作夏。清。菱潭落日雙鳬舫。緑水紅粧兩摇淥。還似扶樂府作浮。桑碧海上。誰文苑作詎。注。一作誰。肯空歌採蓮唱。〇文苑英華百九十三。樂府詩集五十六。詩紀百二十。又草堂詩箋十八詩注引横、平二韻。〇逯案。麥秋輕不辭。輕當作横。

鳳艒歌

廣五行志曰。隋煬帝三月三日沐上作鳳艒歌。乃唐興之兆。

三月三日向紅頭。正見鯉魚波御覽作江。上游。意欲垂鉤御覽作釣。往撩取。恐是蛟龍還復休。〇御覽九百三十六。詩紀百二十。

紀遼東二首雜言

隋書曰。大業八年。煬帝伐高麗。度遼水。大戰于東岸。擊賊破之。進圍遼東。

遼東海北翦長鯨。風雲萬里清。方當銷鋒散馬牛。旋師宴鎬京。前歌後舞振軍威。飲至解戎衣。判不徒行萬里去。空道五原歸。○文苑英華二百一。樂府詩集七十九。詩紀百二十。

秉旄仗節定遼東。俘馘變夷風。清歌凱捷九都水。歸宴雒陽宮。策功行賞不淹留。全軍藉智謀。詎似南宮複道上。先封雍齒侯。○同上

詩

冬至乾陽殿受朝詩

北陸玄歲時雜詠作陸。文苑作隆。注云。一作玄。冬盛。南至晷漏長。端拱朝萬國。守文繼百王。至德慙日用。治道愧時康。新邑建嵩岳。歲時雜詠作□嵩。雙闕臨洛陽。圭景正八表。道路均四方。碧空霜華净。初學記作静。文苑同。朱庭皎初學記作暧。文苑云。一作暧。日光。纓珮既濟濟。鐘鼓何鍠鍠。歲時雜詠作煌煌。文戟初學記誤作戰。翊高殿。采眊分脩廊。元首乏明哲。股肱貴惟歲時雜詠作資賢。文苑同。良。舟楫初學記作檝。行有寄。庶此王化昌。○初學記十四。古今歲時雜詠三十九作冬至日乾陽殿朝。文苑英華三百十一。詩紀百二十。

雲中受突厥主朝宴席賦詩

隋書曰。大業三年八月。帝北巡。車駕發榆林。歷雲中。泝金河。時天下承平。百物豐實。甲士五十餘萬。馬十萬匹。旌旗輜重。千里不絶。突厥啓民克汗奉廬帳以俟車駕。帝幸其帳。啓民奉觴上壽。帝大悦。賦詩曰。

鹿塞鴻旗駐。龍庭翠輦回。氈帷御覽誤作惟。望風舉。穹廬向日開。呼韓頓顙至。屠耆御覽誤作屠。接御覽作繼。踵來。索辮擎羶肉。韋韝獻酒杯。如何御覽作何如。漢天子。空上單于臺。○隋書突厥傳。御覽五百九十一。詩紀百二十。

宴東堂詩

雨罷春光潤。日落暝霞暉。海榴舒欲盡。山櫻開未飛。清音出歌扇。浮香飄初學記作颺。詩紀云。一作颺。舞衣。翠帳全臨户。金屏半隱扉。風花意無極。芳樹曉禽歸。○初學記二十四。文苑英華百六十八。詩紀百二十。

賜史祥詩

北史曰。煬帝卽位。漢王作亂。遣其將綦毋良自滏口狥黎陽。塞白馬津。余公理自太行下河内。帝以祥爲行軍總管。軍於河陰。公理屯兵河陽城内以備祥。祥乃簡精鋭於下流潛度。擊公理。大破之。東趣黎陽。綦毋良棄軍走。其衆大潰。進位上大將軍。轉太僕卿。帝賜祥詩曰。

伯奭朝繼重。夏侯親遇深。貴耳唯聞古。賤目詎知今。早擲勁草質。久有背淮心。掃逆黎山外。振旅河之陰。功已書王府。留情太僕箴。○隋書史祥傳。北史史祥傳。詩紀百二十。

賜牛弘詩

北史曰。煬帝之在東宫。數有詩書遺弘。弘亦有答。及嗣位。嘗賜弘詩云云。其同被賜詩者。至於文辭讚揚。無如弘美。

晉家山吏部。魏代隋書作世。御覽同。盧尚書。莫言先哲異。奇才並佐予。隋書作余。御覽同。學行敦時俗。道素乃沖虛。納言雲閣上。禮儀皇運初。彝倫欣有叙。垂拱事端居。○隋書牛弘傳。北史牛弘傳。御覽五百九十一引國朝傳記。詩紀百二十。

賜諸葛穎

隋書本傳曰。煬帝即位。遷穎著作郎。甚見親待。帝嘗賜穎詩。其卒章曰。

參翰長洲苑。侍講肅成門。名理窮研覈。英華恣討論。實録資平允。傳芳導後昆。○隋書諸葛穎傳。北史諸葛穎傳。詩紀百二十。

早渡淮詩

平淮既淼淼。曉霧復霏霏。淮甸未分色。泱漭共晨暉。晴初學記作清。霞轉孤嶼。錦帆出長圻。潮魚時躍浪。沙禽鳴欲飛。會待高秋晚。愁因逝水歸。○初學記六。文苑英華百七十。詩紀百二十。

臨渭源詩

西征乃屆此。山路亦悠悠。地幹紀靈異。同穴吐洪流。濫觴何足擬。浮槎難可儔。驚波鳴澗石。澄岸瀉巖樓。滔滔下狄文苑作秋。縣。淼淼肆神州。長林嘯文苑作笑。白初學記作台。獸。雲徑想青牛。風歸文苑作掃。花葉散。日舉煙霧收。直爲求人隱。非窮轍迹遊。○初學記六。文苑英華百七十。詩紀百二十。

還京師詩

東都禮儀舉。西京冠蓋歸。是月春之季。花柳相依依。雲蹕清馳道。雕輦御晨暉。嘹亮鐃笳奏。葳蕤旌旆飛。後乘趨文雅。前驅厲武威。○初學記十三。文苑英華百七十。詩紀百二十。

拾舟登陸示慧日道場玉清玄壇德衆詩

天淨宿雲卷。日舉長川旦。颸洒林花落。逶迤風柳散。孤鶴近廣弘明集作逝。注云。三本、宮本作近。追羣。啼鶯遠相喚。蓮舟水處盡。畫輪途始半。江淮各自遥。東西並興嘆。已熏禪慧力。復藉廣弘明集作籍。金丹捍。廣弘明集作扞。注云。三本、宮本作捍。有異三川遊。曾非四門觀。於焉履妙道。超然登彼岸。○廣弘明集三十。詩紀百二十。

謁方山靈巖寺詩

梵宮既隱隱。靈岫亦沈沈。平郊送晚日。高峯落遠陰。廻廣弘明集作迴。注云。三本、宮本作廻。旛飛曙嶺。疎鐘響晝林。蟬鳴秋氣近。泉吐石溪深。抗迹禪枝地。發念菩提心。○廣弘明集三十。詩紀百二十。

月夜觀星詩

團團素月淨。翛翛夕景清。谷泉驚暗石。松風初學記作風松。動夜聲。披初學記作被。衣出荆户。躡履步山楹。欣覩明堂亮。喜見泰階平。觜參猶可識。牛女文苑云。初學記作女牛。尚分明。更移斗柄轉。夜久天河横。裵徊不能寐。參差幾種情。○初學記一。文苑英華百五十二。事文類聚前集三。詩紀百二十。

季秋觀海詩

孟軻叙遊聖。枚乘説瘉疾。逖初學記作遂。聽乃前聞。臨深驗茲日。浮天迥無岸。含靈文苑作虚。固非一。委輸百谷歸。朝宗萬川溢。分城文苑作汾空。事文類聚作空。詩紀云。一作空。碧霧晴。連洲彩雲密。欣同夫子觀。深愧玄虚筆。○初學記六。文苑英華百六十二。事文類聚前集十五作觀海。詩紀百二十。

望海詩

碧海雖欣矚。金臺空有聞。遠水翻如岸。遥山倒文苑作到。似雲。斷濤還共合。連浪或時分。馴鷗舊可狎。卉木足爲羣。方知小姑射。誰復語臨汾。○初學記六。文苑英華百六十二。詩紀百二十。

詠鷹詩

遷朔欲之衡。忽投罻初學記誤作蔚。羅裏。既以羈華絆。仍持獻君子。青骹固絶儔。素羽誠難擬。深目表兹稱。闊臆斯爲美。驚獸不及奔。猜禽無暇起。雖蒙韝上榮。無復凌雲志。○初學記三十。文苑英華三百二十八。詩紀百二十。

獻歲讌宫臣詩

三元建歲時雜詠作逮。上京。六佾宴吴初學記缺此字。城。朱庭容衞肅。青天春氣明。朝光歲時雜詠作元。動劍綵。歲時雜記作斂彩。長階分珮聲。酒闌鐘磬息。欣觀文苑作覩。禮樂成。○初學記四。古今歲時雜詠一。文苑英華百七十二。詩紀百二十。

正月十五日于通衢建燈夜升南樓詩

法輪天上轉。梵聲天上來。燈樹千光照。花燄七歲時雜詠作六。枝開。月影凝流水。春風含夜梅。旛動黄金地。鍾發琉璃臺。○廣弘明集三十。古今歲時雜詠七。詩紀百二十。

晚春詩

洛陽春稍晚。四望滿春文苑作青。暉。初學記作輝。楊葉行將暗。桃花落未稀。窺簷燕争入。穿林鳥亂飛。唯當關塞者。溽露方霑衣。○初學記三。文苑英華百五十七。詩紀百二十。

悲秋詩

故年秋始去。今年秋復來。露濃山氣冷。風急蟬聲哀。鳥文苑作烏。擊初移樹。魚寒欲隱苔。斷霧時通日。殘雲尚作雷。○初學記三。文苑英華百五十八。詩紀百二十。

冬夜詩

不覺歲將文苑作時。盡。已復入長安。月影含冰凍。風聲凄夜寒。江海波濤壯。崤潼坂文苑作岅。險難。無因寄飛翼。徒欲動和鑾。○初學記三。文苑英華百五十八。詩紀百二十。

夏日臨江詩

夏潭蔭脩竹。高岸坐長楓。日落滄江静。雲散遠山空。鷺飛林外白。蓮開水上紅。逍遥有餘興。悵望情不終。○初學記六。文苑英華百六十二。詩紀百二十。

北鄉古松樹詩

古松惟一樹。森竦詎成林。獨留塵文苑誤作麈。尾影初學記作脉。猶横偃蓋陰。雲來聚雲色。風度雜風音。孤生小庭裏。尚表歲寒心。○初學記二十八作詠北鄉北松樹詩。文苑英華三百二十四。萬花谷後三十八作隋煬帝詩。詩紀百二十。○

局景式廬山記云。石門北岩卽松林也。仰視之。離離如駢鹿尾。於尋陽望聚見之分明。

幸江都作詩

隋書曰。大業十一年。煬帝自京師如東都。至長樂宫。飲酒大醉。因賦五言詩。其卒章曰。徒有歸飛心。無復因風力。令美人再三吟詠。帝泣下霑襟。侍御者莫不歔欷。帝因幸江都。復作五言詩云云。帝以三月被弑。卽遭春之應也。是年盗賊蜂起。道路隔絶。帝遂無還心。復夢二豎子歌曰。去亦死。住亦死。未若乘船渡江水。由是築宫丹陽。將居焉。功未就而被弑。

求歸不得去。真成遭箇春。鳥聲争勸酒。梅花笑殺人。○隋書五行志。詩紀百二十。

詩

寒鴉飛數點。流水遶孤村。斜陽欲落處。一望黯消魂。○筆塵。

姚察

察。字伯審。吴興武康人。仕梁歷南海王國常侍、南郡王行參軍兼尚書駕部郎、原鄉令、著作佐郎。入陳爲始興王功曹參軍、嘉德殿學士、尚書祠部郎。累遷吏部尚書。入陳。除太常丞。歷尚書民部儀曹郎。轉給事。入隋。開皇中襲封北絳郡公。仁壽二年。除員外散騎常侍。大業二年卒。有漢書訓纂三十卷、漢書集解一卷。

遊明慶寺詩

詩紀云。廣弘明集云。陳姚察遇見蕭祭酒書明慶寺禪房詩。覽之愴然。憶此寺。仍用蕭韻述懷。

地靈居五淨。山幽寂四禪。月宫臨鏡石。花讚繞峯蓮。霞暉間旛影。雲氣合爐煙。迥松高偃蓋。水瀑細分泉。含風萬籟響。裛露百花鮮。宿昔尋真趣。結友亟留連。山庭出藿靡。澗沚濯潺湲。因斯事熏習。便得息攀緣。何言遂雲雨。懷此悵悠然。徒有南登望。會逐東流旋。〇廣弘明集三十。詩紀百二十一。

賦得笛詩

作曲是佳人。製名由巧匠。鵾絃時莫並。鳳管還相向。隨歌響更發。逐舞聲彌亮。宛轉度雲窻。逶迤出黼帳。長隨畫堂裏。承恩無所讓。〇初學記十六。文苑英華二百十二作詠笛。萬花谷後三十二作姚察詩。詩紀百二十一。

隋詩卷四

楊素

素。字處道。弘農華陰人。仕周歷中外記室、禮曹、大都督、車騎大將軍儀同三司、汴州刺史、徐州總管。進位柱國。封清河郡公。隋受禪。加上柱國。拜信州總管。遷荆州總管。進封郢陽國公。改封越國公。尋拜納言。轉内史令。進尚書右僕射。煬帝卽位。遷尚書令。拜太子太師。改封楚國公。大業二年卒。有集十卷。

出塞二首 薛道衡、虞世基和詩別見。

漠南胡未空。漢將復臨戎。飛狐出塞北。碣石指遼東。冠軍臨瀚海。長平翼大風。雲横虎落陣。氣抱龍城虹。文苑作横虎落陣氣。抱龍繞城虹。横行萬里外。胡運百年窮。兵寢星芒落。戰解月輪空。嚴鐎息夜斗。騂角罷鳴弓。北風嘶朔馬。胡霜切塞鴻。休明大道暨。幽荒日用同。方就長安邸。來謁建章宫。○文苑英華百九十七。樂府詩集二十一。詩紀百二十一。

漢虜未和親。憂國不憂身。握手河梁上。窮涯北海濱。據鞍獨懷古。慷慨感良臣。歷覽多舊迹。風日慘愁人。荒塞空千里。孤城絶四鄰。樹寒偏易古。草衰恆不春。交河明月夜。陰山苦霧辰。鴈飛南入漢。水流西咽秦。風霜久行役。河朔備艱辛。薄暮邊聲起。空飛胡騎塵。○文苑英華百九十七。詩紀百二十九。

山齋獨坐贈薛内史詩二首

居山四望阻。風雲竟朝夕。深溪横古樹。空岩卧幽石。日出遠文苑云。一作孤。岫明。鳥散空林寂。蘭庭動幽氣。竹室生虚白。落花入户飛。細草當階積。桂酒徒盈樽。故人不在席。日文苑作薄。詩紀云。一作薄。暮山之幽。臨風望羽客。○文苑英華二百四十八。詩紀百二十九。

巖壑澄清文苑作清澄。景。景清巖壑深。白雲飛暮色。緑水激清音。澗户散餘彩。山牕凝宿陰。花草共榮映。樹石相陵臨。獨坐對陳榻。無客有鳴琴。寂寂幽山裏。誰知無悶心。○同上

贈薛内史詩

耿耿不能寐。京洛久離羣。横琴還獨坐。停杯遂待君。待君春草歇。獨坐秋風發。朝朝唯落花。夜夜空明月。明月徒流光。落花空自芳。别離望南浦。相思在漢陽。漢陽隔隴岑。南浦達桂林。山川雖未遠。無由得寄音。○文苑英華二百四十八。詩紀百二十一。

贈薛播州詩十四章

北史曰。素嘗以五言詩七百字贈播州刺史薛道衡。詞氣頴拔。風韻秀上。爲一時盛作。未幾而卒。道衡曰。人之將死。其言也善。若是乎。○逯按。詩紀作十四首。非是。

在昔天地閉。品物屬屯蒙。和平替王道。哀怨結人風。麟傷世已季。龍戰道將窮。亂海飛羣水。文苑、詩紀並云。一作亂流飛海若。貫日引長。詩紀云。一作白。虹。干戈異革命。揖讓非至公。

兩河定寶鼎。八水域神州。函闗絶無路。京洛化爲丘。漳滏爾連文苑作連爾。沼。涇渭余別流。生郊滿戎馬。涉路起風牛。班荆疑莫遇。贈縞竟無由。

五緯連珠聚。千載濁河清。金亡潛虎質。閏盡自蛙聲。聖期伊文苑作依。旦暮。天禄啓炎精。霧生三日重。星飛五老輕。禋宗荅上帝。改物創羣生。

道昏雖已朗。政故猶未新。刳舟洹水濟。文苑云。一作溟水際。詩紀云。一作際。結綱大川濵。出遊迎釣叟。入夢訪幽人。植林離各樹。開榮豈異春。相逢一時泰。共幸百年身。

有帛賁丘園。生芻自幽谷。塵芳金馬路。瀾清鳳池澳。零露既垂光。清風復流穆。傾蓋如舊知。彈冠豈新沐。利心金各斷。芬言蘭共馥。

自余歷端揆。緝熙忝時彦。及爾陪帷幄。出納先天睠。高調發清音。縟藻流餘絢。或如彼金玉。歲暮無凋變。余松待爾心。爾竹留我箭。

荏苒積歲時。契闊同遊處。閶闔既趨朝。承明還宴語。上林陪羽獵。甘泉侍清曙。文苑作署。迎風含暑氣。飛雨凄寒序。相顧惜光陰。留情共延詩紀云。一作遥。佇。

滔滔彼江漢。實爲南國紀。作牧求明德。若人應斯美。高卧未褰帷。飛聲已千里。還望白雲天。日暮秋風起。峴山君儻遊。淚落應無已。

漢陰政已成。嶺表人猶蠹。彈冠比方新。還珠總如故。楚人結去思。越俗歌來暮。陽烏詩紀云。疑作鳥。尚歸飛。別鶴還迴顧。君見南枝巢。應思北風路。

北風吹故林。秋聲不可聽。鴈飛窮海寒。鶴唳霜皐淨。含毫心未傳。聞音路猶敻。唯有孤城月。徘徊獨臨映。弔影余自憐。安知我疲病。

養病願歸閑。居榮在知足。栖遲茂陵下。優游滄海曲。古人情可見。今人文苑云。一作我。遵路文苑云。一作故。躅。荒居接野窮。心物俱非俗。桂樹芳文苑作方。叢生。山幽竟何欲。

所欲棲一枝。稟分豐諸已。園樹避鳴蟬。山梁遇雌雉。野陰冒叢灌。幽氣含蘭芷。悲哉暮秋別。文苑云。一作晨霞既悲哉。春草復萋矣。鳴琴久不聞。屬聽空流水。

秋水魚遊日。春樹鳥鳴時。濠梁暮共往。幽谷有相思。千里悲無駕。一見杳難期。山河散瓊蘂。庭樹下丹滋。物華不相待。遲暮有餘悲。

銜悲向南浦。寒色黯沈沈。風起洞庭險。煙生雲夢深。獨飛時慕侶。寡和乍孤音。木落悲時暮。時暮感離心。離心多苦調。詎假雍門琴。○文苑英華二百四十八。詩紀百二十一。

行經漢高陵詩

芳春無獻果。明月不游衣。○匡謬正俗五。

賀若弼

弼。字輔伯。河南雒陽人。仕齊、周歷官壽州刺史。隋文帝受禪。陰有平江南之志。高熲薦弼有文武才幹。拜吴州總管。平陳後。加上柱國。進爵宋國公。大業三年被誅。

遺源雄詩

隋書曰。隋文帝拜弼爲吴州總管。委以平陳之事。弼欣然以爲己任。與壽州總管源雄並爲重鎮。弼遺雄詩曰。

交河驃騎幕。合浦伏波營。勿使麒麟御覽作騏驎。上。無我二人名。○隋書本傳。御覽二百七十七。太平廣記三百。詩紀百二十一。

薛道衡

道衡。字玄卿。河東汾陰人。仕齊歷司州兵曹從事、太尉主簿、中書侍郎。入周爲御史二命士。歷陵州、邛州刺史。隋初爲内事舍人。遷吏部侍郎。出事配防嶺外。徵授内史侍郎。加上儀同三司。進位上開府。煬帝卽位。轉播州刺史。入拜司隸大夫。大業三年被害。年七十。有集七十卷。

樂府

出塞二首和楊素○以下五言。

高秋白露團。上將出長安。塵沙塞下暗。風月隴頭寒。轉蓬隨馬足。飛霜落劍端。凝雲迷代郡。流水凍桑乾。烽微桔槔遠。橋峻轆轤難。從軍多惡少。召募盡材官。伏堤文苑作波。注云。一作堤。時卧鼓。疑兵乍解鞍。柳文苑作龍。注云。一作柳。詩紀云。一作龍。城擒冒頓。長坂納呼韓。受降今更築。燕然已重刊。還嗤傅介子。辛苦刺樓蘭。○文苑英華百九十七。樂府詩集二十一。詩紀百二十三。

邊庭烽火驚。插羽夜徵兵。少昊騰金氣。文昌動將星。長驅鞮汗北。直指夫人城。絶漠三秋暮。窮陰萬里生。寒夜哀笛文苑作笳。樂府同。曲。霜天斷鴈聲。連旗下鹿塞。文苑作旌旗連下鹿。注云。一作連旗下鹿塞。疊鼓向龍庭。妖雲墜虜陣。暈月遶胡營。左賢皆頓顙。單于已繫纓。絏馬登玄闕。鈎鯤臨北溟。當知霍驃騎。高第起西京。○同上

昭君辭

我本良家子。充選入椒庭。不蒙女史進。更失樂府作無。畫師情。蛾眉非本質。蟬鬢改真形。專由妾命薄。誤使君恩輕。啼霑樂府作落。文苑云。一作落。渭橋路。歎别長安城。夜依文苑作今夜。樂府同。寒草宿。朝逐文苑云。一作朝朝。樂府作明朝。轉蓬征。卻望關山迥。前瞻沙漠平。胡風帶秋月。嘶馬雜笳聲。毛裘易羅

綺。氈帳代金文苑作帷。樂府同。屏。自知蓮臉歇。樂府誤作歌。羞看菱鏡明。釵落終應棄。髻文苑作髮。注云。一作髻。解不須縈。何用單于重。詎假閼氏名。駃騠聊彊食。筒文苑作桐。樂府同。酒未能傾。心隨故鄉斷。愁逐塞雲生。漢宮如有憶。爲視旄頭星。○文苑英華二百四作昭君怨。樂府詩集二十九作明君詞。詩紀百二十三。

昔昔鹽

垂柳覆金堤。蘼蕪葉復才調集作正。文苑同。齊。水溢芙蓉沼。花飛桃李蹊。採桑秦氏女。織錦竇家妻。關山別蕩才調集作宕。文苑同。子。風月守空閨。恆容齋續筆作常。斂千金笑。長垂雙文苑云。一作白。玉啼。盤龍隨鏡隱。彩鳳逐帷低。文苑云。一作舞。飛才調集作驚。文苑云。一作驚。魂同夜文苑云。一作野。鵲才調集作野鵲。倦寢憶晨雞。暗牖懸蛛網。空梁落燕泥。前年過代才調集作岱。北。今歲往遼西。一去無消息。調集作還意。文苑云。一作還意。那草堂詩箋作何。能惜馬蹄。○才調集一作劉長卿別宕子怨。文苑英華二百八十七。樂府詩集七十九。對牀夜語一。容齋續筆七。詩紀百二十三。又草堂詩箋三陪鄭詩注作效今體詩。引跡一韻。

豫章行七言

江南地遠接文苑作接遠。閩甌。山東樂府作東山。英妙屢經遊。前瞻疊障千重阻。却帶驚湍萬里流。楓葉朝飛向京洛。文魚夜過歷吳洲。君行遠度茱萸嶺。妾住長依明月樓。樓中愁思不開嚬。始復臨窗望早春。鴛鴦水上萍初合。鳴鶴園中花併新。空憶常時角枕處。無復前日畫眉人。照骨金環誰用許。見膽明鏡自生塵。

蕩子從來好留滯。況復關山遠迢遞。當學織女嫁牽牛。莫作樂府作學。姮娥叛夫壻。偏訝思君無限極。欲罷欲忘還復憶。願作王母三青鳥。飛去飛來樂府作飛來飛去。傳消息。豐城雙劍昔曾離。經年累月復相隨。不畏將軍成久別。只恐封侯心更移。○文苑英華二百一。樂府詩集三十四。詩紀百二十三。

詩

從駕幸晉陽詩以下五言。

省方遵往冊。遊豫叶前經。金吾朝戒道。校尉晚巡營。重巒下飛騎。絶浦渡連旌。澗水寒逾咽。松風遠更清。方觀翠華反。簪筆上云文苑作雲。亭。○初學記十三。文苑英華百七十。詩紀百二十三。

奉和月夜聽軍樂應詔詩

旌初學記作旋。門臨古堞。傲道度文苑作渡。深隍。月冷初學記作令。疑秋夜。山寒落夏霜。遥空澄初學記作丁。萬花谷同。暮色。清景散餘光。笳聲文苑作清。喧隴水。鼓曲噪漁陽。沈鬱興神思。眺聽初學記作德。發天章。嵩岱終難初學記字缺。學。丘陵徒自强。○初學記十五。文苑英華二百十二。萬花谷後三十二作薛道衡詩。詩紀百二十三。

奉和臨渭源應詔詩

玄功復禹迹。至德去湯羅。玉關亭障遠。金方水石多。八川茲一態。萬里導長波。驚流注陸海。激浪象文苑作還。天河。文苑辨證、詩紀云。三輔黃圖云。渭水貫都。象天河。鸞旗歷巖谷。龍穴暫經過。西老陪遊宴。南風起詠歌。庶品蒙仁澤。生靈穆文苑作沐。太和。微臣惜暮景。願駐魯陽戈。○初學記六。文苑英華百七十。詩紀百二十三。

秋日遊昆明池詩詩紀云。江總、元行功皆有此詩。

灞陵因静退。靈沼文苑作池。暫徘徊。新船木蘭檝。舊宇豫章材。荷心宜露泫。竹徑重風來。魚潛疑刻石。沙暗類聚作闇。似沈灰。琴逢鶴欲舞。酒遇菊花初學記作初。是。開。羇初學記作羈。心與秋興。陶然寄一杯。○初學記七。文苑英華百六十四。詩紀百二十三。又類聚九引徊、材、乘、灰四韵。

敬酬楊僕射山齋獨坐詩

相望山河近。相思朝夕勞。龍門竹箭急。華岳蓮花高。岳高嶂重疊。鳥道風煙接。遥原樹若薺。遠水舟如葉。葉舟旦旦浮。驚波夜夜流。露寒洲渚白。月冷函關秋。秋夜清風發。彈琴卽鑑月。雖非莊舄歌。吟詠常思越。楊素封越國公。○文苑英華三百十七。詩紀百二十三。

重酬楊僕射山亭詩

寂寂無與晤。朝端去總戎。空庭聊步月。閑坐獨臨風。臨風時太息。步月山泉側。朝朝散霞彩。暮暮澄秋色。秋色遍皐蘭。霞彩落雲端。吹旌朔氣冷。照劍日光寒。光寒塞草平。氣冷咽笳聲。將軍獻凱入。藹藹風雲生。○文苑英華三百十七。詩紀百二十三。

入郴江詩

仗節遵嚴會。揚舲泝急流。征途非白馬。水勢類黄牛。跳波鳴石磧。濺沫擁沙洲。岸迴文苑作迫。槎倒轉。灘長船却浮。緣崖頻斷挽。掛壁初學記作璧。屢移鉤。還憶青絲騎。東方來上頭。○初學記六。文苑英華百六十二作入柳江。詩紀百二十三。

渡北河詩

連漪映潋浦。萬花谷作浦潋。疊鼓拂初學記作沸。沙文苑作沸汀。詩紀云。一作河。洲。桃花長新萬花谷作折。浪。竹箭萬花谷作葉。下奔流。塞雲臨遠初學記作連。文苑同。艦。胡風入陣樓。劍拔蛟將出。驂驚黿欲浮。鴈書終立效。燕相果封侯。勿恨關河遠。且寬邊地愁。○初學記六。文苑英華百六十三。萬花谷後五作薛道衡詩。詩紀百二十三。

和許給事善心戲場轉韻詩

京洛重新年。復屬月輪圓。雲間璧獨轉。空裏鏡孤懸。萬方皆集會。百戲盡來前。臨衢車不絶。夾道閣相連。驚鴻出洛水。翔鶴下伊川。豔質迴風雪。笙歌韻管弦。佳麗儼成行。相攜入戲場。衣類何平叔。人同張子房。高高城裏髻。峨峨樓上粧。羅裙飛孔雀。綺帶垂鴛鴦。月文苑作日。映班姬扇。風飄韓壽香。竟夕魚負文苑作父。燈。徹夜龍銜燭。歡初學記作戲。笑無窮已。歌詠文苑作吹。詩紀云。一作吹。還相續。羌笛隴頭吟。胡舞龜茲曲。假面飾金銀。盛服摇珠玉。宵深戲未闌。競爲人所難。文苑作讙。卧驅文苑作馳。飛玉勒。立騎轉文苑作前。銀鞍。縱橫既躍劍。揮霍復跳丸。抑揚百獸舞。盤跚五禽戲。狻猊弄斑足。巨象垂長鼻。青羊跪復跳。白馬迴旋騎。文苑作駛。詩紀云。一作駛。忽覩羅浮起。俄看鬱昌文苑作島。至。峯嶺既崔嵬。林叢亦青翠。麋鹿文苑作麏麚。詩紀云。一作麏麚。下騰倚。猴猿或蹲跂。金徒列舊刻。玉律動新灰。甲荑垂陌柳。殘花散苑梅。繁星漸寥落。斜月尚徘徊。王孫猶勞戲。公子未歸來。共酌瓊酥文苑作蘇。酒。同傾鸚鵡杯。普天逢聖文苑作盛。日。兆庶喜康哉。○初學記十五。文苑英華二百十三。詩紀百二十三。

展敬上鳳林寺詩

淨土連幽谷。寶塔對危峯。林棲丹穴鳳。地邇白沙龍。獨巖樓逈出。複道閣相重。洞開朝霧斂。石濕曉雲濃。高篠低雲蓋。風枝響和鐘。簷陰翻細柳。澗影落長松。珠桂廣弘明集作柱。注云。元、明本作桂。浮明月。蓮座吐芙蓉。隱淪徒有意。心迹未相從。○廣弘明集三十。詩紀百二十三。

從駕天池應詔詩

上聖家寰宇。威略振邊陲。八維窮眺覽。千里曳文苑作轉。詩紀云。一作轉。旌旗。駕鼉臨碧海。控驥踐瑤池。曲浦騰煙霧。深浪駭鯨螭。○初學記十三。文苑英華百七十。詩紀百二十三。

梅夏應教詩

長廊連紫殿。細雨應黄梅。浮雲半詩紀云。拾遺作映。空上。清吹隔池來。集鳳文苑作風。桐花散。勝龜蓮葉開。幸逢爲善初學記作喜。樂。頻降濟初學記誤作食。時才。○初學記三。文苑英華百七十九。詩紀百二十三。

人日思歸詩

入春纔七日。離家已二御覽或作三。年。人歸落鴈後。思發在花前。○類聚四。初學記四。古今歲時雜詠五。文苑英華百五十七。御覽三十。又五百八十六引國朝記。詩紀百二十三。

夏晚詩

流火稍西傾。夕影遍曾城。高天澄遠色。秋氣入蟬聲。○初學記三。詩紀百二十三。

歲窮應教詩

故年隨夜盡。初春逐曉御覽作晚。生。方驗從軍樂。飲至入西京。○初學記四。古今歲時雜詠四十一。御覽十七。詩紀百二十三。

詠苔紙詩

昔時應春色。引渌北户録作緑。泛清流。今來承玉管。布字改北户録作轉。銀鈎。○初學記二十一。北户録三。萬花谷後二十九作薛道衡詩。詩紀百二十三。

隋詩卷五

柳䛒

䛒。字顧言。襄陽人。初仕梁。梁亡入隋。爲晉王諮議參軍。仁壽初。引爲東宮學士。爲太子所親狎。煬帝卽位。拜秘書監。大業六年從幸江都卒。年六十九。有集五卷。

奉和晚日楊子江應制詩

詰旦金鐃文苑誤作今曉。發。驂駕出城闉。鮮雲臨葆蓋。細草藉班輪。千里煙霞色。四望江山春。梅風吹落蘂。酒雨減輕塵。文苑作青城。日斜歡未畢。文苑作蹕。睿想良非一。風生疊浪起。霧卷孤帆出。掞藻麗繁星。高論光朝日。空美鄒枚侶。詩紀云。一作皋。終謝淵雲筆。○文苑英華百七十九作奉和晚日楊子江應教。詩紀百二十三。

奉和晚日楊子江應教詩

大江都會所。長洲有舊名。西流控岷蜀。東汎文苑作北。逦蓬瀛。文苑誤作萊。未覩纖羅動。文苑誤作動羅。先聽遠濤聲。空濛雲色晦。浹文苑作淡。疊浪華文苑作花。生。欲知暮雨歇。當觀飛旆輕。○初學記六。文苑英華百七十九。詩紀百二十三。

奉和春日臨渭水應令詩

飲馬投錢岸。解釣剖璜津。風絲曳香餌。覆杯懷昔人。○初學記六。詩紀百二十三。

詠死牛詩

一朝辭紺幰。千里別黄河。對衣徒下泣。扣角詎聞歌。○初學記二十九。詩紀百二十三。

陽春歌

春鳥一囀有千聲。春花一叢千種名。旅人無語坐文苑作出。詩紀云。一作出。簷楹。思鄉懷土志難平。唯當文共酒。暫與興相迎。○文苑英華百九十三。詩紀百二十三。

牛弘

弘。字里仁。安定鶉觚人。開皇初。授秘書監。封奇章公。後進位右光禄大夫。大業六年從幸。卒于江都。年六十六。有集十二卷。

奉和冬至乾陽殿受朝應詔詩

恭已臨萬寓。歲時雜詠作寓。宸居御八埏。作貢菁茅集。來朝圭𪏭文苑作幣。注云。初學記作敝。連。司儀三揖文苑作接。盛。掌禮九賓虔。文苑作慶。重欄映如璧。歲時雜詠作壁。複殿繞非文苑作飛。煙。○初學記十四。古今歲時雜詠三十九作奉和冬至日乾陽殿受朝應制。文苑英華百七十五作奉和冬至日乾元殿受朝。詩紀百二十。

蕭琮

琮。字温文。父巋。梁王詧之子。詧請魏師平江陵。遂稱帝於江陵。傳巋及琮。嗣位二載。入朝於隋。被留。賜爵莒國公。煬帝卽位。改封梁公。後被廢卒。

奉和御製夜觀星示百僚詩

陽精去南陸。大曜始西流。夕風淒謝暑。夜氣應新初學記作親。秋。重門月已映。嚴城漏漸脩。臨風出累榭。度月蔽層樓。靈河隔神女。仙轡動星牛。玉衡指棟落。瑤光對幌留。徒知仰閶闔。乘槎未有由。○初學記一作奉和月夜觀星詩。文苑英華百五十二。詩紀百二十。

袁慶詩紀云。按隋書樂志有袁慶隆者。大業時爲秘書郎。煬帝命與柳顧言等典樂事。疑卽此也。

奉和御製月夜觀星示百僚詩

六龍初詩紀誤作出。匿影。顧兔始馳光。戎初學記作戌。文苑作戒。井傳宵漏。詩紀云。文選刻漏銘。儆宮戎井。山庭引初學記作別。夕涼。宸居多勝託。閑步出琳堂。爛爛星芒初學記誤作芝。動。耿耿清河長。青道移天駟。北極轉文昌。文苑作清。注云。初學記作情。喬枝猶隱畢。絶嶺半侵張。仰觀留玉裕。文苑、詩紀並云。陸機宣猷堂詩。天姿玉裕。睿作動金相。無庸徒抱文苑作扣。寂。何以繼連章。○初學記一作奉和月夜觀星詩。文苑英華百五十二。詩紀百二十。

王眘

眘。字元恭。琅邪臨沂人。梁王筠之孫。仕陳歷太子洗馬、中舍人。陳亡。與弟胄俱爲學士。煬帝卽位。授秘書郎。卒官。

七夕詩二首

天河橫文苑作漢。欲曉。鳳駕儼應飛。落月移粧鏡。浮雲動別衣。懽逐今宵盡。愁隨還路歸。猶將宿昔淚。更上去年機。○類聚四。初學記四。古今歲時雜詠二十五。文苑英華百五十八。御覽三十一。詩紀百二十五。

終年恆弄杼。歲時雜詠誤作抒。今夕始停梭。郤鏡看斜月。移車渡淺河。長裙動星珮。輕帳掩雲羅。舊愁雖暫止。新愁還復多。○古今歲時雜詠二十五。詩紀百二十五。

徐儀

儀。東海郯人。陳徐陵第三子。仕陳位尚書殿中郎。入隋。煬帝召爲博士。除著作佐郎。

暮秋望月示學士各釋愁應教

碣石寒光遠。□□秋色高。長沙正下葉。曲岸已飛濤。君王悵晚節。延佇謁神皋。復屬西園夜。輕輦暫遊遨。遊遨未云賞。蒼茫孤月上。枝間影合離。波上光來往。此夕未央宫。應照仙人掌。掌高明轉淨。夜深留睿想。處處敞高扃。流照滿珠庭。重輪文苑作經。入雅曲。合璧應祥經。燦爛浮珠網。參差間玉星。山幽有芳桂。林静發新蓂。蓂開布帝城。分枝共月明。斜暉漸西落。彌□軫文苑作軫□。歸情。驂駕且來遊。聖藻命舒愁。詢芻以蠲病。參妙本難酬。良史稱夭閼。因時命應劉。楚王追緑兕。齊后出青丘。馳原落雲翼。截水曳吞舟。無勞子虛咤。即事可忘憂。○文苑英華百七十九佚作者名。古詩類苑一。詩紀百二十六。

岑德潤

德潤。南陽人。父之敬。博涉文史。雅有辭筆。德潤有父風。位至中軍吴興王記室。

雞鳴篇

鍾響應繁霜。晨雞錦臆張。簾迥文苑作廻。猶侵露。枝高已映光。排空下朝揭。奮翼上花場。雨晦思君子。關開脱孟嘗。既得依雲外。安用集陳倉。○文苑英華二百六作賦雞鳴篇。詩紀百二十六。

賦得臨階危石詩

當階聳危石。殊狀實初學記作宕。難名。帶山疑似獸。侵文苑作浸。波或類鯨。雲峯臨棟起。蓮影入簷生。楚人終不識。徒自藴連城。○初學記五。文苑英華百六十一。詩紀百二十六。

詠灰詩

圖規暈不缺。氣改律還虛。欲燃愁獄吏。棄道畏刑書。未得逢彊陣。輕舉欲焉如。○類聚八十。詩紀百二十六。

詠魚詩

劍影侵波合。珠光帶水新。蓮東自可戲。安用上龍津。○類聚九十六作魚詩。文苑英華三百三十。詩紀百二十六。

崔仲方

仲方。字不齊。博陵安平人。仕周爲司玉大夫、銀青光禄大夫。授儀同。進爵范陽縣侯。隋受禪。進位上開府。轉司農少卿。封固安縣公。拜虢州刺史。轉會總管。仁壽初。遷代州總管。煬帝即位。進位大將軍。拜民部尚書。出爲上郡、信都太守。大業中致仕。卒。年七十六。

奉和周趙王詠石詩

玉繩隨月落。金碑文苑作牌。映日鮮。入江疑濯錦。出峽似開蓮。文馬河西瑞。兵符濟北篇。會逐靈槎上。還歸天漢邊。○初學記五。文苑英華百六十一作奉和周趙玉詠石。詩紀百二十四。

小山詩

崑丘本難陟。軒臺不易朝。還往麟洲上。時聽鳳凰簫。霞觀文犀簟。香林碧文苑或作石。玉條。且學燒丹甑。何假文苑或云。一作暇。摘靈桃。○文苑英華百五十九。文苑英華二百二十五作神仙。詩紀百二十四。

夜作巫山詩

荆門秋水急。巫峽斷雲輕。若爲教月夜。長短聽猿聲。○文苑英華百六十。詩紀百二十四。

于仲文

仲文。字次武。起家爲周趙王屬、東郡太守。隋高祖受禪。教擊胡有功。拜太子右衛率。煬帝時。遷大將軍。大業八年遼東之敗。諸將皆委罪仲文。帝怒。繫之。因發病卒。年六十八。

侍宴東宮應令詩

銅樓充震位。銀牓集嘉文苑作佳。賓。青宮列紺幰。紫陌結朱輪。弦調寶瑟曲。歌動畫梁塵。金巵傾斗酒。瓊筵列八珍。花驚度翠羽。萍散躍頳鱗。承恩叨並作。扣詩紀云。一作和。寂繞陽春。○文苑英華百七十九。詩紀百二十四。

答譙王詩詩紀云。按北史。譙孝王儉。周文帝子也。

梧臺開廣宴。竹苑列英賢。景差方入楚。樂毅始遊燕。折角揮談柄。重席吐言泉。武騎初摛翰。文學正題鞭。玉徽調緑綺。璧散沈青田。晚霞澹遠岫。落景藻長川。未陪東閣賞。獨詠西園篇。○初學記十。詩紀百二十四。

王胄

冑。字承基。眘弟。仕陳。起家鄱陽王法曹參軍。歷太子舍人、東陽王文學。陳滅。晉王引爲學士。大業初。爲著作佐郎。從征遼東。授朝散大夫。大業九年。楊玄感敗。冑坐交遊徙邊。亡匿江左。被誅。年五十六。有集十卷。

白馬篇

白馬黄金鞍。文苑作鞭。詩紀云。一作鞭。蹀躞柳城前。問此何鄉客。長安惡少年。結髮從戎事。馳名振朔邊。良弓控繁弱。利劍揮龍泉。文苑作淵。注云。一作泉。詩紀云。一作淵。披林扼彫虎。仰手接飛鳶。前年破文苑云。一作絶。沙漠。昔歲取祁連。折衝摧右校。搴旗殪左賢。昆彌還謝力。文苑辨證、詩紀並注云。昆。樂府作虒。左傳。狄虒彌。所謂有力如虎者也。慶忌本推儇。海外平文苑云。一作遜。遐險。來庭識負褢。文苑云。一作職貢慫。三韓勞薄伐。六事指幽燕。良家選河右。猛將征文苑作徵。西山。浮雲屯羽騎。蔽日引長旃。自矜有餘勇。應募忽争先。王師已得雋。樂府作儁。夷首失求文苑作諒失。注云。一作失求全。詩紀云。一作諒失。全。鼓行狥樂府作徇。玉檢。文苑云。一作王儉。乘勝蕩朝鮮。志勇期文苑云。一作所期大。功立。寧憚微軀捐。不羨山河賞。誰樂府作唯。希竹素傳。○文苑英華二百九。樂府詩集六十五。詩紀百二十五。

棗下何纂纂二首

柳黄知節變。草绿識春歸。複樂府作復。道含雲影。重簷照日輝。○樂府詩集七十四。詩紀百二十五。

御柳長條翠。宮槐細葉開。還得聞春曲。便逐鳥聲來。○同上

燉煌樂二首

長途望無已。高山斷還續。意欲此念時。氣絶不成曲。○樂府詩集七十八。詩紀百二十五。

極目眺脩塗。平原忽超遠。心期在何處。望望崦嵫晚。○同上

紀遼東二首樂府作一首。

遼東浿水事龔行。俯拾信神兵。欲知振旅旋歸樂。爲聽凱歌聲。十乘元戎纔渡遼。扶濊已冰消。文苑作銷。

詎似百萬臨江水。按轡空迴鑣。○文苑英華二百一。樂府詩集七十九。詩紀百二十五。

天威電邁舉朝鮮。信次即言旋。還笑魏家司馬懿。迢迢用一年。鳴鑾詔蹕發淆潼。合文苑作舍。爵及疇庸。

何必豐沛多相識。比屋降堯封。○同上

在陳釋奠金石會應令詩

元氣氤氲。玄風緬邈。垂衣鑽燧。修文反朴。異代殊時。襲禮沿樂。損益雖著。罔弗于學。體斯將聖。實表宗師。三千仰德。五百應期。除丘黜素。定禮删詩。作訓垂範。斯文在兹。有梁不造。羣胡蹈軼。聖教淪胥。微言殄瘁。大陳光啓。搜揚遺逸。儒雅成林。詩書閒出。我星纂歷。負扆握圖。文同四表。教漸八區。韜

戈偃革。抑末崇儒。矩步接武。縫掖相趨。元良繼體。作睿惟則。明迺離照。澤符震德。審諭寧陳。珪璋靡忒。聿修三善。以貞萬國。展茲鸞駕。敬業槊門。尚仁降禮。齒胄紆尊。式陳俎豆。斋薦蘋蘩。籩簋成列。絲竹相諠。奠饗斯洽。克諧嘉宴。酒溢金罍。肴分玉饌。肅肅冠冕。詵詵巾卷。咸資楙德。是稱俊選。時惟歲聿。律變灰遷。鴻門寒重。璧水冰堅。風移瑞氣。日藻非煙。空知慶躍。何答陶甄。○文館詞林百六十。

奉和賜酺詩

隋書曰。煬帝自東都還京師。賜天下大酺四日。爲五言詩。詔羣官詩成者奏之。帝覽胄詩而善之。謂侍臣曰。氣高致遠。歸之於胄。詞清體潤。其在世基。意密理新。惟庾自直。過此者未可以言詩也。帝所有篇什。多令繼和。與虞綽齊名。同志友善。於時後進之士。咸以二人爲準的。○詩紀云。詩彙作煬帝者非。

河洛稱朝市。崤函實奥區。周營曲阜作。漢建奉春謨。大君苞二代。皇居盛兩都。招搖正東指。天駟迺西驅。展軨齊玉軑。式道耀金吾。千門駐罕畢。隋書作罼。四達儼車徒。是節春之暮。神皋華實敷。皇情感時物。睿思屬枌榆。詔問百年老。恩隆五日酺。小人荷鎔鑄。何由答大鑪。○隋書王胄傳。詩紀百二十五。

奉和悲秋應令詩

秋天擬文學。秋水擅莊蒙。草濕蒹葭露。波卷洞庭風。便坐翻桑葉。文苑云。一作筴。長坂歇蘭蘩。簷喧猶有燕。陂文苑作波。注云。疑作陂。静未來鴻。蟬噪文苑云。一作唱。聞疑斷。池清映似空。劉安悲落木。曹植歎征蓬。

重明豈凝滯。無累在淵冲。隨時四序合。應物五情同。發言形惻隱。睿作挺神功。下材均朽木。何以慕彫蟲。文苑英華注曰。此篇前五韻見初學記。作蕭慤秋日詩。文苑一百五十八卷復云庾信作。而一百七十九卷乃十韻。共題王胄作。觀其辭意。只是一篇。當以十韻爲正。○文苑百七十九作奉和愁秋應令。文苑英華辨證七。詩紀百二十五。

言反江陽寓目灞涘贈易州陸司馬詩

遊人賣藥罷。徐步反江干。行吟文苑云。一作凝眸。灞陵岸。迴首望長安。晨華照城闕。參差復鬱盤。千門含日麗。萬雉映霞丹。雲開承露掌。吹動相風竿。遊童輕薄少。鮮服鵕鸃冠。花開傅粉晏。塵起副車韓。屢投雙飛劍。曾操兩色丸。挂文苑作桂。玉要遊女。彈珠落矯翰。信美非吾樂。何事久盤桓。欲動文苑作勒。注云。一作動。南登文苑作征。注云。一作登。詠。還謡北上難。眷言思舊文苑作故。友。徂文苑作德。注云。疑。遠路漫漫。燕陲望楚服。天際與雲端。棹發吴濤上。荆歌易水寒。十年阻風月。萬里别金蘭。心期竟何許。懷抱日摧殘。容華冉冉謝。衣帶朝朝寬。盛憲寧延壽。劉琨自少歡。宿昔均取捨。同波豈異瀾。贈言不盡意。擲筆起長歎。○文苑英華二百四十八。詩紀百二十五。

酬陸常侍詩

相知四十年。别離萬餘里。君留五湖曲。余去三河涘。寒松君後凋。溺灰余僅死。何言西北雲。復覿東南美。深交不忘故。飛觴敦宴喜。贈藻發中情。奇音邁流徵。追惟中歲日。於斯同憩止。思之宛如昨。倏焉逾二紀。疇昔多朋好。一旦埋蒿里。無人莫己知。有慟傷知己。把臂還相泣。翛然吾與子。霑襟行自念。哀哉亦已矣。吾歸在漆園。著書試詞文苑及詩紀並云。一作經。理。勞息乃殊致。存亡寧異軌。大路不能遵。咄哉情可文苑作何。鄙。○文苑英華二百四十。詩紀百二十五。

答賀屬詩

外黄初邸客。蜀郡晚琴聲。本欲從張耳。何曾説馬卿。定知遊道日。非是第文苑作弟。如行。高文擬雜珮。善謔問瑶瓊。前書言家室。末敍挂簪纓。問仁寧伐國。揚波豈亂清。聞有陽臺客。文苑云。一作客曲。詩紀云。一作曲。常留入夢文苑作愛。注云。一作梦。情。無爲詩紀云。一作由。嗟獨劃。空引助庖名。○文苑英華二百四十。詩紀百二十五。

卧疾閩越述淨名意詩并序

余卧疾閩海。彌留旬朔。善友顒法師。勸余以淨名妙典調伏身心。力疾粗陳其意。敬簡法師云爾。

客行萬餘里。眇廣弘明集作渺。注云。宋、元、宮本作眇。然滄海上。五嶺常炎鬱。百越多山瘴。兼以勞形神。遂此嬰疲恙。桐雷邈已遠。砭石良難訪。抱影私自憐。霑襟獨惆悵。毗城有長者。生平夙廣弘明集云。宋本作風。所尚。復藉大因緣。勉以深迴向。心路資調伏。於焉念實相。水沫廣弘明集云。明本作洙。本難摩。乾城空有狀。是生非至理。是我皆虚妄。求之不可得。誰其受業障。信矣大醫王。兹力誠難廣弘明集作無。注云。明本注。一作難。

量。○廣弘明集三十。詩紀百二十五。

别周記室詩

五里徘徊鶴。三聲斷絶猿。何言俱失路。相對泣離樽。别意悽無已。當歌寂不喧。貧交欲有贈。掩涕竟無言。○文苑英華二百六十六。詩紀百二十五。

賦得鴈送别周員外戍嶺表詩

旅鴈别衡陽。天寒關路長。行斷由驚初學記作經。萬花谷同。箭。聲嘶爲犯霜。罹文苑云。一作羅。繳無人憫。能鳴反自傷。何如侣汎汎。文苑作似泊泊。刷羽戲方塘。○初學記三十作送周員外充戍嶺表賦得鴈詩。文苑英華二百八十五。萬花谷後四十作王胄詩。詩紀百二十五。

爲寒牀婦贈夫歸詩

月淨閨偏冷。更深夜轉長。霜紈猶掩扇。露縠未飄香。解帶慙連理。引被愧鴛鴦。誰能未相識。還爲守空牀。○文苑英華二百四十八。詩紀百二十五。

雨晴詩

初晴物候涼。夕景照山莊。殘虹低飲澗。新溜上侵塘。風度蟬聲遠。雲開鴈路長。○初學記二。文苑英華百五十五。詩紀百二十五。

西園遊上才

西園遊上才。清夜可徘徊。月桂臨樽上。山雲影蓋來。飛花隨燭度。疎葉向帷開。當軒顧應阮。還覺賤鄒枚。○樂府詩集七十四。詩紀百二十五。○逯按。此詩樂府次王胄棗下何纂纂後而佚作者名。詩紀卽作胄詩。今附此俟考。

燕歌行

庭草無人隨意綠。○御覽五百九十一引國朝傳記。

諸葛穎

穎。字漢。丹陽建康人。起家梁邵陵王參軍。侯景之亂。奔齊。待詔文林館。遷太子舍人。入隋。晉王廣引爲參軍。及王卽帝位。遷著作郎。甚見親倖。大業十一年。從駕北巡。卒於道。年七十七。有幸江都道里記一卷、洛陽古今記一卷、馬名錄一卷、鑾駕北巡記一卷、集十四卷。

奉和御製月夜觀星示百僚詩

㝢寐神居遠。蕭條更漏深。薄煙淨遥色。高樹肅文苑作肅。清陰。星月滿玆初學記誤作並。夜。燦爛還相臨。連珠欲東上。團扇漸西沈。澄水含斜漢。脩樹隱横參。時聞送籌柝。文苑誤作折。屢見繞枝禽。聖情記餘事。振玉復鳴金。○初學記一作奉和月夜觀星詩。文苑英華百五十二。詩紀百二十五。

奉和方山靈巖寺應教詩

名山鎮江海。梵宇駕風煙。畫栱臨松蓋。鑿牖對峯蓮。雷出階基下。雲歸梁棟前。靈光辨晝夜。輕衣數劫年。一陪香作食。長用福爲田。○廣弘明集三十。詩紀百二十五。

奉和出潁至淮應令詩詩紀云。一作應詔。

涉潁倦紆迴。浮淮欣逈直。遥村含水氣。遠浦澄天色。靈濤稍欲近。仙巖行可識。玄覽屬睿辭。風雲有餘力。○初學記六。文苑英華百七十作出潁至淮應制。詩紀百二十五。

奉和通衢建燈應教詩

芳衢澄夜景。法炬爛參差。逐輪時徙餤。桃花生落枝。飛煙繞定歲時雜詠作琁。室。浮光映瑶池。重閣登臨罷。歌管乘空移。○廣弘明集三十。古今歲時雜詠七。詩紀百二十五。

賦得微雨東來應教詩

詩紀云。陶淵明讀山海經詩。微雨從東來。好風與之俱。

微雨闇文苑作閶。東峯。散漫洒長松。澗文苑誤作閶。滿新流濁。山霑積翠濃。風起還吹燕。雲來本文苑誤作來。送龍。登年隨玉燭。名山定可封。○初學記二。文苑英華百七十九作賦得微雨。詩紀百二十五。

春江花月夜和煬帝。

張樂府作花。帆渡柳浦。結纜隱梅洲。月色含江樹。花影覆船樓。○樂府詩集四十七。詩紀百二十五。

虞綽

綽。字士裕。會稽餘姚人。仕陳爲太學博士。大業初。轉秘書學士。遷著作郎。常居禁中。以文翰待詔。大業九年。坐與楊玄感交往。徙於邊。亡匿歲餘。爲吏所執。被刑。年五十四。

於婺州被囚詩

北史本傳曰。綽被徙至長安而亡。潛度江。變姓名。遊東陽。抵信安令辛大德。大德舍之歲餘。綽與人爭田相訟。有識綽者而告。竟爲吏所執。

窮達雖有命。逋逃誠負累。背恩已偷生。臨危未能死。得初學記作待。罪既不測。中心悵無已。以上三字初學記缺。厚顏羞朋友。因心愧妻子。望日始東扶。徂年迫西汜。方違盛明代。永向幽泉裏。況當此春節。物候驚田里。桃蹊日影亂。柳逕秋詩紀云。疑作和。風起。動植皆順性。嗟余獨淪恥。投筆不重陳。此情寄知己。○初學記二十。詩紀百二十四。

隋詩卷六

許善心

善心。字務本。高陽北新城人。仕陳歷新安王法曹、度支郎中、侍郎、撰史學士。禎明中。奉使聘隋。拘留不遣。及陳亡。拜通直散騎常侍。授虞部侍郎。除秘書丞。仁壽初。攝黄門侍郎。左遷給事郎。從征遼東。授建節尉。尋加朝散大夫。授通議大夫。義寧二年爲宇文化及所害。年六十一。有方物志二十卷、符瑞記十卷。

奉和賜詩

帝道屬昇平。天文預觀象。兹生荷化育。博施多含養。正始振皇風。端居留眷想。夕拜參近侍。朝恩濫弘獎。温樹貴不言。克艱庶無爽。○初學記二十。詩紀百二十三。

奉和還京師詩

重光闡帝圖。肆覲荷來蘇。卜洛連新邑。因秦還舊都。雷警三辰衛。星陳七萃驅。從風折鳳羽。曜日拖魚鬢。憲章殫禮樂。容服備車徒。迴鑾入酆鎬。從蹕度枌榆。冉冉年和變。遲遲節物徂。餘花照玉李。細葉翦珪梧。朝夕萬國湊。海會百川輸。微生逢大造。倏忽改榮枯。○初學記二十四。詩紀百二十三。

於太常寺聽陳國蔡子元所校正聲樂詩

維陽成萬花谷作盛。禮樂。治定昔君臨。充初學記字缺。按宋本作虞。庭覲樹羽。之文苑作上。注云。一作上。詩紀云。一作上。帝仰摐萬花谷作從。金。既因鍾石變。將隨河海沈。湛露廢還序。承文苑云。一作乘。風絶復尋。袞章無舊迹。韶夏有餘音。澤竭英莖散。人遺憂思深。悲來未減瑟。淚下正聞琴。詎似初學記作以。萬花谷同。文侯睡。聊同微子吟。鍾奏殊南北。商聲異古今。獨有延州文苑作陵。聽。應知亡國音。○初學記十五。文苑英華二百十二作於太常寺聽陳國蔡子元所教正聲樂。萬花谷後三十二作詩善心詩。詩紀百二十三。

奉和冬至乾陽殿受朝應詔詩

森森羅陛衛。巘巘鏘璁珩。禮殫五瑞輯。樂闋九功成。○初學記十四。詩紀百二十三。

庾自直

自直。潁川人。仕陳歷豫章王外兵參軍記室。大業初。授著作佐郎。義寧二年。宇文化及作逆。與之北上。感激發病卒。

初發東都應詔詩

二龍承文苑作乘。玉軸。萬騎文苑誤作綺。翊林塘。縱觀此何事。巡駕幸淮文苑作維。揚。伊雒山川轉。江河道路長。照日秋原文苑作源。淨。分花曲水香。稻粱叨歲月。羽翮仰恩光。後塵歸舊里。還如仙鶴翔。○文苑英華百七十。苑詩類選五作庾自道。詩紀百二十六。

李密

密。字元邃。隴西成紀人。以蔭爲煬帝東宫千牛備身。楊玄感反。密爲之籌策。爲隋所獲。亡去。變姓名爲劉智遠。後歸東郡翟讓。讓推爲主。建號魏公。僭位於鞏南。與唐戰。師潰歸高祖。義寧二年。被誅。

五言詩詩紀作淮陽感秋。

劉仁軌河洛記曰。密來往諸賊帥之間説以舉大計。莫肯從者。因作詩言志。

金風蕩太平廣記作颺。詩紀同。初太平廣記作秋。節。玉露凋晚林。此夕窮途士。鬱陶傷寸隋書作空軫鬱陶。心。野平葭葦合。村落藿蕠深。眺聽良多感。徙倚隋書作慷慨。太平廣記同。獨沾襟。沾襟何所爲。悵然懷古意。秦俗猶未平。漢道將何冀。樊噲市井屠。蕭何刀筆吏。一朝時運合。萬古傳名謚。隋書作器。寄言世上雄。御覽作英。

虛生真可愧。○御覽百七引唐書。詩紀百二十六。又隋書本傳引林、心、襟、意、冀、吏、器、愧八韻。太平廣記三百引河洛記。引林、心、襟、意、冀、吏、謚、愧八韻。

虞世基

世基。字茂世。會稽餘姚人。仕陳歷尚書左丞。入隋爲通直郎。直内史省。煬帝卽位。顧遇彌隆。帝遊幸江都。世基雖居近侍。唯諾取容。義寧二年。宇文化及弑逆。世基亦遇害。有集五卷。

出塞二首和楊素。

窮秋塞草腓。塞外胡塵飛。徵兵廣武至。候騎陰山歸。廟堂千里策。將軍百戰威。轅門臨玉帳。大旆指金微。摧朽無勍敵。應變有先機。銜枚壓曉陣。卷甲解朝圍。瀚海波瀾靜。王庭氛霧晞。鼓鼙嚴朔氣。原野曀寒暉。勳庸震邊服。歌吹入京畿。待拜長平坂。鳴騶入禮闈。○文苑英華百九十七。樂府詩集二十一。詩紀百二十四。

上將三略遠。元戎九命尊。緬懷古人節。思酬明主恩。山西多勇氣。塞北有遊魂。揚桴度詩紀云。一作上。隴坂。勒騎樂府云。一作馬。上詩紀云。一作下。平原。誓將絶沙漠。悠然去玉門。輕齎不遑舍。驚策騖戎軒。懍懍邊風急。蕭蕭征馬煩。雪暗天山道。冰塞交河源。霧烽黯無色。霜旗凍不翻。耿介倚長劍。日落風塵昏。○同上

四時白紵歌二首和煬帝。

江都夏

長洲茂苑朝夕池。映日含風結細漪。坐當文苑作堂。注云。一作當。伏檻紅蓮披。樂府作枝。文苑云。一作枝非。雕軒洞户青蘋吹。輕幌芳煙鬱金馥。綺簷花簟桃李枝。蘭苕翡翠但樂府作恆。文苑云。一作恒。相逐。桂樹鴛鴦恆竝宿。○文苑英華百九十三、樂府詩集五十六並作虞茂。詩紀百二十四。

長安秋

露寒臺前曉露清。昆明池水秋色明。搖環動珮出層城。鵾弦鳳管奏新聲。上林蒲桃合縹緲。甘泉奇樹上詩紀云。一作尚。葱文苑作蒼。青。玉人當歌理清曲。婕妤恩情斷還文苑作復。續。○同上

奉和幸江都應詔詩

巡遊初學記作幸。文苑同。光帝典。征吉乃先天。類聚作文先。澤國翔宸駕。水府泛樓船。七初學記作上。萃類聚誤作華。縈長薄。三翼亘通川。夙興大昕始。求衣昧旦初學記作早。文苑同。前。澄瀾浮曉色。遥林卷宿煙。晨霞稍含景。落月漸虧弦。迴塘響歌吹。極浦望旌旃。方陪覲初學記作觀。東后。登封禪肅然。○類聚三十九。初學記三十及文苑英華百七十作虞茂。詩紀百二十四。

汴水早發應令詩

夏山朝萬國。軒庭會百神。成功疇與讓。盛德今爲鄰。區宇屬平一。庶類仰陶鈞。鑾蹕臨河濟。袞冕肅柴禋。啓行分七萃。備物象三辰。祈祈亘原隰。濟濟咸縉紳。陽文苑作暘。谷升朝景。青丘發早春。兗衣敷帝則。分器敍彝倫。臨淄成誦美。河間文苑誤作澗。雅樂陳。薰風穆已被。茂實久愈新。〇文苑英華百七十九。詩紀百二十四。

秋日贈王中舍詩

秦關望吳苑。渭涘去江濆。天漢星躔絶。山川地角分。百年變朝市。千里異風雲。雙鴛難可贈。别鶴不相聞。忽值從遊士。玳簪光素履。歡言悦鄭郊。雪泣悲燕市。契闊論談笑。殷勤訪生死。思君在一方。無由同四美。尺素乃云披。投瓊慰久離。雲開縟錦散。霞照緑緹文苑作楊。注云。一作緹。披。相思歎河廣。相望阻天垂。贈言方文苑作芳。杜若。握手文苑云。一作以。代萱枝。伊昔風期早。金蘭信爲寶。去來金馬門。留連鬬雞道。鷲嶺訪三禪。商山追四皓。勝地俱遊息。披文遞論討。虚薄忝官聯。喬木遂同遷。濯纓升博望。閤文苑、詩紀並云。一作飛。步入崇賢。高軒照流水。長劍聳秋蓮。南風忽不競。東海遂成田。喧喧狹斜路。隱隱平陵樹。鳳闕曖文苑作愛。注云。疑。西臨。星橋耿南注。五方多異俗。四海皆行路。士衡嗟苦辛。德璉傷流寓。鞏洛重行行。寓目盡傷情。太行臨北绛。函谷拒西京。雀書圖久滅。龍文鼎遂輕。凌雲餘構盡。濛汜曲池傾。

文苑、詩紀並云。一作平。徘徊殊未極。惆悵空雲纓。伊川忽會面。留連展言宴。東西一背飛。翻然成異縣。哀哉人道促。痛矣嗟埋玉。嵇文苑作徐。生顧影琴。裴子飄風燭。摧文苑作權。注云。疑作摧。兹激水意。頓此浮雲足。棄置勿文苑作忽。注云。疑作勿。重陳。難終唯此曲。漢陽趙元淑。薛縣雍門周。清文寧解病。文苑作鬢。妙曲反增愁。翳翳神逾伏。懔懔歲方遒。雙崤飛暗雨。八水凍寒流。蘭枯芳草歇。槐古憶前秋。江干不可望。徒此歎離憂。○文苑英華二百四十八。詩紀百二十四。

在南接北使詩

會玉初學記作王。二崤至。瑞節三秦歸。林蟬疎欲盡。江鴈斷還飛。牆垣崇客館。旌蓋入王畿。共此敦封植。方欣薦紵衣。○類聚五十三作接北使詩。初學記二十作虞茂。文苑英華二百九十六作接北使。詩紀百二十四。

奉和望海詩

清蹕臨溟漲。巨海望滔滔。十洲雲霧遠。三山波浪高。長瀾疑浴日。連島類奔濤。神遊藐姑射。睿藻冠風騷。徒然雖觀海。何以効涓毫。○初學記六、文苑英華百六十二並作虞茂。詩紀百二十四。

賦昆明池一物得織女石詩

隔河圖列宿。清漢象昭回。支機就鯨石。拂鏡取池灰。船疑海槎渡。珠似客星來。所恨雙蛾斂。逢秋遂不開。○初學記七。文苑英華百六十四並作虞茂。詩紀百二十四。

賦得石詩

蜀門鬱遐阻。燕碣遠參差。獨標千丈峻。共起百重危。鏡峯文苑作峯鏡。含月魄。蓋嶺文苑作領。逼雲枝。徒然抱貞介。填海竟誰知。○初學記五作虞茂。文苑英華百六十一作虞茂賦得石。詩紀百二十四。

衡陽王齋閤奏妓詩

金溝低御道。玉管正吟詩紀云。一作迎。風。拾翠天津上。迴鸞鳥路中。鏡前看月近。歌處覺塵空。今宵織女見。言是望仙宮。○初學記十五、文苑英華二百十三並作虞茂。詩紀百二十四。

奉和幸太原輦上作應詔詩

唐巡光帝則。夏務初學記作豫。是。穆宸儀。珠旗揚翼鳳。玉獸儼丹螭。流吹和春鳥。交弄拂花枝。○初學記十五作虞茂。詩紀百二十四。

初渡江詩

斂策暫迴首。掩涕望江濱。無復東南氣。空隨西北雲。○文苑英華百六十二。詩紀百二十四。

零落桐詩

零落三秋幹。摧殘百尺柯。空餘半心在。生意漸無多。○文苑英華三百二十四。詩紀百二十四。

晚飛烏詩

向日晚飛低。飛飛未得棲。當爲歸林遠。恆長侵夜啼。○類聚九十二。初學記三十。文苑英華三百二十八。詩紀百二十四。

入關詩 詩紀云。詩彙作庚信者非。

隴雲低不散。黄河咽復流。關山多道里。相接幾重愁。○初學記七作虞茂入關絶句。詩紀百二十四。

賦得戲燕俱宿詩

大厦初構與雲齊。歸燕雙入正銜泥。欲繞歌梁向類聚作自。舞閣。偶爲仙履往蘭閨。千里争飛會難並。聊向吴宫比翼棲。○類聚九十二。文苑英華三百二十九。詩紀百二十四。

杜公瞻

公瞻。博陵曲陽人。少好學。有家風。卒於安陽令。

詠同心芙蓉詩

灼灼荷花瑞。亭亭出水中。一莖孤引緑。雙影共分紅。色奪歌人初學記字缺。臉。香亂舞衣風。名蓮自可念。況復兩心同。○初學記二十七。文苑英華三百二十二作同心芙蓉。萬花谷三十七作杜公瞻詩。詩紀百二十六。

王衡

衡。太原晉陽人。父操。後梁時爲尚書令。衡位至黄門侍郎。

翫雪詩

寒庭浮暮文苑作春。雪。疑從千里來。皎潔隨處滿。流亂逐風迴。璧臺如始構。瓊樹似新栽。不待陽春節。誰持詩紀云。一作將。競初學記作竟。落梅。○初學記二。文苑英華百五十五。詩紀百二十六。

宿郊外曉作詩詩紀云。梁詞人麗句。

殘星落簷外。餘月罷窻東。水白先分色。霞暗未成紅。○古詩類苑五。詩紀百二十六。

薛德音

德音。薛收弟。收與弟德音、元敬齊名。世號河東三鳳。

悼亡詩

鳳樓簫曲斷。桂帳瑟弦空。畫梁纔照日。銀燭已隨風。苔生履跡處。花没鏡塵中。唯餘長簟月。永夜向朦朧。○文苑英華三百二。詩紀百二十六。

越王楊侗

侗。字仁謹。煬帝孫。大業三年。立爲越王。十三年。帝幸江都。侗留守東都。宇文化及弑帝。遂卽位。改元皇泰。尋爲王世充所奪。被酖死。

京洛行

詩紀云。樂府此詩乃陳後主楊叛兒曲也。選詩拾遺作隋越王。不知何據。

青春上陽月。結伴戲京華。龍媒玉珂馬。鳳軫繡香車。水映臨橋樹。風吹夾路花。日暮歡宴罷。相將歸狹斜。○樂府詩集四十九作隋後主。詩紀百二十一。

虞世南

世南。字伯施。世基弟。陳至德初。除西陽王友。陳滅。與兄世基同入隋。世基辭章清勁過世南。而贍博不及。時人以方二陸。大業中。累至秘書郎。煬帝雅愛其才。然疾其峭正。十年不徙。後入唐。累官秘書監。今編其隋時作。

奉和御製月夜觀星示百僚詩

早初學記作旦。文苑同。秋炎景暮。初弦月彩新。清風滌暑氣。文露淨囂塵。蕩文苑作藹。霧銷輕縠。鮮雲卷夕鱗。休光灼前耀。瑞彩接重輪。緣情摛聖藻。竝作命徐陳。宿草誠渝濫。文苑作溢。吹噓偶搢紳。天文豈易述。徒知仰北辰。○初學記一作奉和月夜觀星詩。文苑英華百五十二。詩紀百二十四。

追從鑾輿夕頓戲下應令詩

重輪依紫極。前耀奉文苑作奏。丹霄。天經戀宸宸。帝命扈仙鑣。乘星開鶴禁。帶月下虹橋。銀書含曉色。金輅轉初學記作輔。晨飈。霧徹軒營文苑作雲。近。塵暗斗城遥。蓮花分秀萼。竹箭文苑作箭。下驚潮。撫已慙龍幹。承恩集鳳文苑作風。條。瑶初學記作搖。山盛風樂。抽簡薦徒初學記作從。謡。○初學記十。文苑英華百七十九。詩紀百二十四。

奉和幸江都應詔詩詩紀云。英華作虞世南。藝文作世基。或誤也。世基别有一首。

南國行周化。稽山秘夏圖。百王豈殊軌。千載協前謨。肆覲遵時豫。順動悦來蘇。安流進文苑作溪。玉舳。詩紀云。一作畫舸。戒道翼金吾。龍旂煥辰象。鳳吹溢川塗。封唐昔敷錫。分陝被荆吴。沐道咸文苑誤作成。知讓。慕義久成文苑作遵儀允美。都。冬律初飛管。陽烏文苑作鴈。正衡蘆。嚴飈肅林薄。曖文苑作愛。景澹江湖。鴻私文苑作秋。浹幽遠。厚澤潤凋枯。虞琴起歌詠。漢筑動巴歈。多幸霑行葦。無庸類散樗。○類聚三十九作虞世基和幸江都詩。文苑英華百七十。詩紀百二十四。

奉和獻歲讌宫臣詩

履端初起。初學記作啓。節。長苑命高筵。肆夏喧金奏。重潤響朱絃。春初學記作絲。文苑同。光催柳色。日彩泛槐煙。微臣同濫初學記誤作檻。吹。文苑誤作叱。謬得仰鈞天。○初學記四。文苑英華百七十二。詩紀百二十四。

奉和出潁至淮應令詩

良晨喜利涉。解纜入淮潯。寒流泛鷁首。霜吹響哀吟。潛鱗波裏躍。水鳥浪前沈。邗溝非復遠。悵望悦神襟。○初學記六。文苑英華百七十作奉和出潁至淮應制。詩紀百二十四。

蔡允恭

允恭。荆州江陵人。仕隋爲起居舍人。隋亡入唐。官至太子洗馬。

奉和出潁至淮應令詩

久倦川涂曲。忽此望淮圻。波長初學記作浪。泛淼淼。晀初學記作晚。迥文苑作回。情依依。稍覺金烏轉。漸見錦帆稀。欲知仁化洽。謳歌滿路歸。○初學記六。文苑英華百七十作奉和出潁至淮應制。詩紀百二十。

孔德紹

德紹。會稽人。官至景城縣丞。竇建德稱王。署爲中書令。專典書檄。唐武德四年。建德敗。被殺。

南隱遊泉山詩

名山狎招隱。俗外遠相求。還如倒景望。忽似閬風遊。臨崖俯大壑。披霧仰飛流。歲積松方偃。年深椿欲秋。野花開石鏡。雲葉掩山樓。何須問方士。此處即瀛洲。○文苑英華百六十。詩紀百二十六。

行經太華詩

紛吾世網暇。靈岳展幽尋。寥廓風塵遠。杳初學記誤作查。冥川谷深。山昏五里霧。日落二華陰。疎峯起蓮葉。危塞。文苑作寒。注云。一作塞。隱桃林。何必東都初學記作郡。外。此處可抽簪。○初學記五。文苑英華百五十九。詩紀百二十六。

夜宿荒村詩

綿綿夕漏深。客恨轉傷心。撫文苑誤作無。絃無人聽。對酒時獨斟。故鄉萬里絕。窮愁百慮侵。秋草思邊馬。遶枝驚夜禽。風度谷餘響。月斜山半陰。勞歌欲敘意。終是白頭吟。○文苑英華二百八十九作孔德昭。詩紀百二十六。

王澤嶺遭洪水詩

地籟風聲急。天津雲色愁。悠然萬頃初學記作百川。文苑同。滿。俄爾百川初學記作萬頃。文苑同。浮。還似金堤溢。翻如碧海流。驚濤遥文苑作摇。起鷺。迴岸不分牛。徒知懷趙景。終是倦陽侯。詩紀從唐詩品彙。徒知二句在木梗二句之下。文苑誤作候。木初學記作大。梗誠無託。蘆灰豈暇求。思得乘槎便。蕭然河漢遊。○初學記六。文苑英華百六十三。詩紀百二十六。

登白馬山護明寺詩

名岳標形勝。危峯遠鬱紆。成象建環極。大壯闡規模。層臺聳靈鷲。高文苑作南。注云。一作高。殿邇陽烏。暫同遊閬初學記作浪。苑。還類入仙都。三休開碧題。文苑作嶺。注云。一作題。詩紀云。一作嶺。萬户洞文苑作動。注云。一作洞。金鋪。攝心罄前禮。訪道挹初學記作挹。文苑同。中虛。文苑作衢。注云。一作虛。詩記云。一作衢。遥瞻盡地軸。長望極天隅。白雲起梁棟。丹霞映栱文苑作松。櫨。露花疑濯錦。泉月似沈珠。今日桃源客。相顧失歸塗。○初學記二十三。文苑英華二百三十三。詩紀百二十六。

送舍利宿定晉巖詩

仁祠表虛曠。祇園展肅恭。棲息翠微嶺。登頓白雲峯。映流看夜月。臨風聽曉鍾。澗芳十步草。崖陰百丈松。蕭然遥路絶。無復市朝蹤。○文苑英華二百十九。詩紀百二十六。

觀太常奏新樂詩

大君膺寶曆。出豫表功成。鈞天金石響。洞庭弦管清。八音動繁會。九變叶希聲。和雲留睿賞。薰風悦聖情。盛烈光韶濩。易俗邁咸英。竊初學記作切。吹良無取。率舞抃輕生。○初學記十五作孔德昭。文苑英華二百十二。詩紀百二十六。

賦得涉江采芙蓉詩

蓮舟泛錦磧。極目眺江干。沿流渡檝易。逆浪取花難。有霧疑川廣。無風見水寬。朝來採摘倦。詎得久盤桓。○文苑英華三百二十二。詩紀百二十二。

賦得華亭鶴詩詩紀云。詩彙作賀澈者非。

華亭失侶鶴。乘軒寵遂終。三山凌苦文苑作若。霧。千里激悲風。心危白露下。聲斷綵弦中。何言斯物變。翻復似遼東。○初學記三十。文苑英華三百二十八。詩紀百二十六。

送蔡君知文苑作却。入蜀詩二首

金陵已去國。銅梁忽背飛。失路遠相送。他鄉何日歸。○文苑英華二百六十六。詩紀百二十六。

靈關九折險。蜀道二星遥。乘楂若有便。希泛廣陵潮。○同上

劉斌

斌。南陽人。之遴之孫。官至信都司功書佐。竇建德署爲中書舍人。建德敗。復爲劉黑闥中書侍郎。與黑闥亡歸突厥。不知所終。

和謁孔子廟詩詩紀云。一作李百藥。

性與雖天縱。主世乃無由。何言泰文苑作大。山毁。空驚逝水流。及門思往烈。入室想前脩。寂寞荒堦暮。摧殘古木秋。遺風曖文苑作煖。注云。疑。如此。聊以慰蒸文苑云。一作蒙。求。○文苑英華三百二十。詩紀百二十六。

和許給事傷牛尚書弘詩

名臣不世出。百工之所求。況乃非常器。遭逢興運秋。符彩照千里。銓衡綜九流。經綸資博物。樽俎寄皇猷。韶護傾復理。典禮紊還脩。雖貞棟梁任。兼好藝文游。佇聞和鼎實。行當奉介丘。高衢翻稅駕。閱水遽遷舟。傳呼更何日。曳履聞無由。歸魂藐脩路。征棹艤邗初學記誤作邪。文苑誤作邦。溝。林薄長風慘。江上寒雲愁。夜臺終不曙。遺芳徒自留。○初學記十一。文苑英華三百二。詩紀百二十六。

送劉員外同賦陳思王詩得好鳥鳴高枝詩

春林已自好。時鳥復和鳴。枝交難奮翼。谷静易流聲。間關纔得性。繒繳遽相驚。安知背飛遠。拂霧獨晨征。○苑詩類選二十三。詩紀百二十六。

詠山詩

靈初學記作雪。山峙千仞。蔽日且嵯峨。紫蓋雲陰遠。香爐煙氣多。石梁高鳥路。瀑水近天河。欲知聞道里。别自有仙歌。○初學記五。詩紀百二十六。

隋詩卷七

李巨仁

釣竿篇

潺湲面江海。滉瀁矚初學記作屬。波瀾。不惜黃金餌。唯憐初學記作惟。翡翠初學記作翠竹。竿。斜綸控急水。定檝下飛湍。潭迴風來易。川長霧歇初學記作散。難。寄言朝市客。滄浪余樂府作徒。自安。○初學記二十二。樂府詩集十八。詩紀百二十七。

京洛篇

京洛類神仙。藹藹却雲煙。漸臺臨太液。玉樹並甘泉。車喧平樂外。騎擁濯龍前。競結蕭朱綬。争攀李郭船。獨悲韓長孺。死灰猶未燃。○文苑英華百九十二。詩紀百二十七。

登名山篇詩紀云。樂府失載名氏。在梁武帝後。詩彙作武帝詩。誤也。考文苑英華作李巨仁。

名山稱地鎮。樂府作本鎮地。文苑云。一作本鎮地。千仞樂府作迢遞。文苑云。一作迢遞。上凌霄。雲開金闕迥。樂府作雲披金澗近。文苑云。一作雲披金澗近。霧起石梁遥。翠微横鳥路。珠澗入樂府作珠樹拂。文苑云。一作樹拂。星橋。風急青樂府作清。溪晚。霞散赤城朝。寓目幽棲地。樂府作客。駕言樂府字缺。追樂府作尋。綺季。避世樂府作跡絶。桃源士。忘情漆園吏。抽簪傲九辟。脱屣輕千駟。沈冥負俗心。蕭灑樂府作疎索。凌雲意。蒼蒼聳極天。伏眺盡山川。疊峰如積浪。分崖若斷樂府作斜。煙。淺深聞度雨。輕重聽飛泉。採藥逢三島。尋真值樂府作遇。九仙。藏書凡幾代。看博樂府作傳。誤。已經年。逝將追羽客。千載一來旋。〇文苑英華二百十一。樂府詩集六十四佚作者姓名。作登名山行。詩紀百二十七。

賦得方塘含白水詩

詩紀云。劉公幹雜詩。方塘含白水。中有鳧與鴈。

白水溢方塘。淼淼素波揚。疊浪輕初學記作摇。鳧影。連初學記作漣。漪寫鴈行。長堤柳色翠。夾岸荇花黄。觀魚自有樂。何必在濠梁。〇初學記六。文苑英華百六十三。詩紀百二十七。

賦得鏡詩

魏公初學記作宫。知本姓。秦樓識舊名。鳳從臺上出。龍就匣中生。無波菱自動。不夜月恆萬花谷作常。明。非唯照佳麗。復得厭山精。〇初學記二十五。萬花谷續七作李巨仁詩。詩紀百二十七。

弘執恭

劉生

英名振關右。雄氣逸江東。遊俠五都内。去來三秦中。劍照七星影。馬控千金驄。縱横方未息。因兹定武文苑作立。注云。一作武。功。○文苑英華百九十六。樂府詩集二十四。詩紀百二十七。

奉和出潁至淮應令詩

睿情欣逸賞。臨泛入淮淝。棹聲喧岸度。初學記作席。颿影出雲飛。清流含日彩。犇浪蕩霞暉。還如漳水曲。鳴笳啓路歸。○初學記六。文苑英華百七十。詩紀百二十七。

和平凉公觀趙郡王妓詩

小堂羅薦陳。妙妓命燕秦。蛾眉初學記作翠質。疑假黛。紅臉自含春。合舞俱回雪。分歌共落塵。齊竽不可廁。空顧上龍津。○初學記十五。文苑英華二百十三。詩紀百二十七。

秋池一株蓮詩

秋至皆空文苑作虚。詩紀云。一作虚。落。凌波獨吐紅。託根方得所。未肯卽從風。○文苑英華三百二十二。詩紀百二十七。

卞斌

和孔侍郎觀太常新奏樂詩

昔人夢上初學記作黄。萬花谷同。文苑、詩紀並云。一作之。帝。尚文苑作常。喜頌初學記作預。鈞天。況茲文苑云。一作荷。開景業。作樂武功宣。大雅文苑云。一作子。廢初學記作發。還理。乘風毀更懸。中和誠易擬。韶夏詎相沿。犍爲文苑、詩紀並云。一作泗濱。磬響徹。嶰谷管聲傳。小臣濫清耳。長奉南風弦。○初學記十五。文苑英華二百十二。萬花谷後三十二作卞斌詩。詩紀百二十六。

王由禮

由禮。仕爲三公郎。

驄馬

善馬金羈飾。躡影復凌空。影入長城水。聲隨胡地風。鞚樂府作控。斂青門外。珂喧紫陌中。行行苦類聚作若。不倦。唯當御史驄。○類聚九十三。樂府詩集二十四。詩紀百二十七。

賦得馬援詩

二帝已馳聲。五溪還總兵。受詔金鞍動。論功銅馬成。唯稱聚米勢。無尠意苡情。雖謝雲臺影。猶傳千載名。○類聚五十五。詩紀百二十七。

賦得巖穴無結構詩

詩紀云。左太沖招隱詩。巖穴無結構。丘中有鳴琴。

巖間無結搆。谷處極幽尋。葉落秋巢逈。雲生石路深。早梅香野徑。清澗響丘琴。獨有類聚作栖。栖遲客。留連芳杜心。○類聚三十六。詩紀百二十七。

賦得高柳鳴蟬詩

園柳吟涼久。嘶蟬應序驚。露下緌恆濕。風高翅轉輕。葉疎飛更逈。秋深響自清。何言枝裏翳。遂入蔡琴聲。○類聚九十七。詩紀百二十七。

魯范

神仙篇

王遠尋仙至。欒巴訪術迴。乘空向紫府。控鶴下蓬萊。霜分白鹿駕。日映流霞杯。煎金丹未熟。醒文苑云。一作醖。酒藥初開。乍應觀海變。誰肯畏年頽。○文苑英華百九十三作魯杞。樂府詩集六十四。詩紀百二十七。

送別詩

去留雖有異。失路與君同。何如拔心草。還逐斷根蓬。○文苑英華二百六十六作魯範。詩紀百二十七。

殷英童

採蓮曲

蕩舟無數伴。解纜自相催。汗粉無庸拭。風裙樂府作裾。隨意開。棹移浮荇亂。船進倚荷來。藕絲樂府作結。牽作縷。蓮葉捧成杯。○類聚八十二作詠採蓮詩。樂府詩集五十作江南弄。詩紀百二十七。

胡師耽

登終南山擬古詩詩紀云。拾遺作李德林者非。

結廬終南山。西北望帝京。煙霞亂鳥道。劣見長安城。宮雉互相映。雙闕雲間生。鍾鼓沸閶闔。笳管咽承明。朱閣臨槐路。紫蓋飛縱横。望望未極已。甕牖秋風驚。嵓岫草木黄。飛鴈遺寒聲。墜葉積幽徑。繁露垂荒庭。甕中酒新熟。澗谷寒蟲鳴。且對一壺酒。安知世間名。寄言朝市客。同君樂太平。○初學記五。文苑英華百五十九。文苑英華二百五作同終南山擬古。詩紀百二十七。

陳政 詩紀云。一作正。

贈竇蔡二記室入蜀詩

崑山積良寶。大厦搆衆材。馬卿委官去。鄒子背淮來。風流信多美。朝夕豫平臺。逸翮獨不羣。清才復遒上。六輔昔推文苑作雄。名。二江今振響。詩紀作嚮。注云。通響。文苑云。漢書嚮響通用。英華雖外發。磨琢終内朗。四海奮羽儀。清風久播馳。沈鬱材難厠。青山翻易阻。回首望煙霞。誰知慕儔侶。飄然不繫舟。爲情自可求。若奉西園夜。浩想北園詩紀云。一作白雲。愁。無因逐萍藻。從爾泛清流。○文苑英華二百四十八。詩紀百二十七。

周若水

答江學士協詩

弱齡愛丘壑。與子亟忘歸。開襟對泉石。攜手翫芳菲。忽聞文苑作逢。朝市變。斯樂眇難追。意氣酒中改。容顏鏡裏衰。祁寒傷暮節。落景促宋刻文苑云。一作惜。餘暉。野曠蓬常轉。林遥鳥倦飛。故友輕金玉。萬里嗣音徽。鄉關不可望。客淚徒霑衣。○文苑英華二百四十。詩紀百二十七。

薛昉

巢王座韻得餘詩

平臺愛賓客。初學記作友。縫初學記作逢。掖齒簪裾。藉卉懷春暮。開襟近夏初。嫩枝猶露鳥。細藻欲藏魚。舞袖臨飛閣。歌聲出綺疏。莫慮歸衢晚。馳輪待興餘。○初學記十。詩紀百二十七。

劉端

和初春宴東堂應令詩

睿賞叶春芳。開筵臨畫堂。庭梅飄早素。簷柳變初黄。八珍羅玉俎。九醞湛金觴。筝響流飛閣。歌塵落妓行。何必西園夜。空承明月光。○初學記十四。文苑英華百七十九作侍皇太子宴應令。注。一作和初春宴東堂應令。詩紀百二十七。

段君彦

過故鄴詩

玉馬芝蘭北。金鳳鼓山東。舊國千門廢。荒壘四郊通。深潭直有菊。涸井半生桐。粉落粧樓毀。塵飛歌殿空。雖臨玄武觀。不識紫微宮。年代俄成昔。唯餘風月同。○文苑英華三百九。詩紀百二十七。

張文恭

七夕詩

鳳律驚秋氣。龍梭静夜機。星橋百枝動。雲御覽作霜。路七香飛。映月回雕扇。凌雲曳綺衣。含情問御覽作向。華幄。流態入重帷。懽餘夕漏盡。怨結曉驂歸。誰念分河漢。還憶御覽作意。兩心違。○類聚四。御覽三十一。

吕讓

和入京詩

俘囚經萬里。憔悴度三春。髪改河陽鬢。衣餘京洛塵。鍾儀悲去楚。隨會泣留秦。既謝宋刻文苑云。一作得。平吴利。終成失路人。○文苑英華二百四十。詩紀百二十七。

沈君道

侍皇太子宴應令詩

副君監撫暇。禁苑暫停車。文苑作輿。水落金沙淺。雲高玉葉疎。隨厨白羽駕。文苑作扇。注云。初學作燕。逐釣紫鱗魚。飽德良無已。桀陪終宴餘。○初學記十四。文苑英華百七十九。詩紀百二十七。

魯本

與胡師耽同繫胡州出被刑獄中詩

叔夜弦初絶。韓安灰未然。相悲不相見。幽縶與幽泉。○初學記二十。詩紀百二十七。

劉夢予

送別秦王學士江益詩

詩紀云。南史。江總長子益。仕陳歷中書黄門侍郎。入隋爲秦王文學。

百年風月意。一旦死生分。客心還送客。悲我復悲君。○文苑英華二百六十六。詩紀百二十七。

陸季覽

詠桐詩

摇落依空井。生死尚餘心。不辭先入爨。惟恨少知音。○文苑英華三百二十四。詩紀百二十七。

馬敞

嘲牛弘

朝野僉載曰。隋牛弘爲吏部尚書。有選人馬敞者。形貌最陋。弘輕之。側卧食果子。嘲敞曰。嘗聞扶風馬。謂言天上下。今見扶風馬。得驢亦不假。敞應聲曰云云。弘驚起。遂與官。

嘗聞隴西牛。千石不用軥。今見隴西牛。卧地打草頭。○太平廣記二百五十四。

王謨

謨。京兆霸城人。

東海懸崖題詩

詩話總龜云。海州東海縣臨海懸崖上。有隋王謨磨崖題名幷詩云云。

因巡來到此。矚海看波流。自兹一度往。何日更回眸。○古詩類苑十二。詩紀百二十七。

乙支文德

高麗人。

遺于仲文詩

隋書曰。于仲文從煬帝征遼東。高麗出兵。掩襲輜重。仲文廻擊。大破之。至鴨綠水。高麗將乙支文德詐降。仲文拾之。既去。尋悔。選騎追之。每戰破賊。文德貽詩曰。

神策究天文。妙算窮地理。戰勝功既高。知足願云止。○隋書于仲文傳。御覽二百七十七。詩紀百二十七。

大義公主

公主周趙王宇文招女。大象元年。嫁突厥他鉢可漢。至隋賜姓楊氏。

書屏風詩

盛衰等朝露。隋書作暮。世道若浮萍。榮華實難守。池臺終自平。富貴今何在。空事寫丹青。杯酒恆無樂。弦歌詎有聲。余本皇家子。飄流入虜廷。一朝覩成敗。懷抱忽縱橫。古來共如此。非我獨申名。惟有明君曲。偏傷遠嫁情。○隋書突厥傳。詩紀百二十八。

丁六娘

十索四首

樂苑曰。十索。羽調曲也。

裙裁孔雀羅。紅綠相參對。映以蛟龍錦。分明奇可愛。麤細君自知。從郎索衣帶。○樂府詩集七十九。詩紀百二十八。

爲性愛風光。偏憎良夜促。曼眼腕中嬌。相看無厭足。懽情不耐眠。從郎索花燭。○同上

君言花勝人。人今去花近。寄語落花風。莫吹花落盡。欲作勝花妝。從郎索紅粉。○同上

二八好容顔。非意得相關。逢桑欲採折。尋枝倒懶攀。欲呈纖纖手。從郎索指環。○同上

十索二首 詩紀云。樂府作無名氏。選詩拾遺併作丁六娘。非是。

含嬌不自轉。送眼勞相望。無那闕情伴。共入同心帳。欲防人眼多。從郎索錦障。○樂府詩集七十九。詩紀百二十八。

蘭房下翠帷。蓮帳舒鴛錦。懽情宜早暢。密意樂府作態。須同寢。欲共作纏綿。從郎索花枕。○同上

李月素

贈情人詩

感郎千金意。含嬌抱郎宿。試作帷中音。羞開燈前目。○古詩類苑九十五。詩紀百二十八。

羅愛愛

閨思詩

幾當孤月夜。遥望七香車。羅帶因腰緩。金釵逐鬢斜。○古詩類苑九十五。詩紀百二十八。

秦玉鸞

憶情人詩

蘭幕蟲聲切。椒庭月影斜。可憐秦館女。不及洛陽花。○古詩類苑九十五。詩紀百二十八。

蘇蟬翼

因故人歸作詩

郎去何太速。郎來何太遲。欲借一尊酒。共敍十年悲。○古詩類苑九十五。詩紀百二十八。

張碧蘭

寄阮郎詩

郎如洛陽花。妾似武昌柳。兩地惜春風。何時一攜手。○古詩類苑九十五。詩紀百二十八。

侯夫人

煬帝宫女。

自感詩三首

庭絶玉輦迹。芳草漸成窠。隱隱聞簫鼓。君恩何處多。○詩話總龜三十五引古今詩話。詩紀百。

欲泣不成淚。悲來翻强歌。庭花方爛熳。無計奈春何。○同上

春陰正無際。獨步意如何。不及閒花草。翻承雨露多。○同上

妝成詩

妝成多自惜。夢好却成悲。不及楊花意。春來到處飛。○詩話總龜三十五引古今詩話。詩紀百。

自遣詩

秘洞扃仙卉。雕房鎖玉人。毛君真可戮。不肯寫昭君。○詩話總龜三十五引古今詩話。詩紀百。

春日看梅詩二首

砌雪無消日。捲簾時自顰。庭梅對我有憐意。先露枝頭一點春。○古詩類苑百二十四。詩紀百。

香清寒艷好。誰惜是天真。玉梅謝後陽和至。散與羣芳自在春。○同上○逯按。詩紀侯夫人下。尚有自傷一首。輯自迷樓記。今删。

隋詩卷八

雜歌謡辭

歌辭

王劭引枯樹歌

北史曰。王劭。隋文帝時爲著作郎。上表言符命曰。陳留老子祠有枯柏。世傳曰。老子將度世。云。待枯柏生東南枝。廻指。當有聖人出。吾道復行。至齊。枯柏從下生枝。東南上指。夜有三童子相與歌云云。及至尊牧亳州。親至祠樹之下。自是柏枝回抱。其枯枝漸指西北。道教果行。考校衆事。太平主出於亳州陳留之地。皆如所言。

老子廟前古枯樹。東南枝隋書作狀。如繖。北史作傘。聖主從此去。○隋書王劭傳。北史王劭傳。詩紀百二十九。

長白山歌

北史曰。來整。榮國公護兒之子也。尤驍勇。善撫御。討擊羣賊。所向皆捷。諸賊歌之。

長白山頭百戰場。十十五五把長鎗。不畏官軍十北史、樂府作千。詩紀云。一作千。萬衆。只怕隋書作畏。榮公第六郎。○隋書來護兒傳。北史來護兒傳。樂府詩集八十六。詩紀百二十九。

煬帝幸江南時聞民歌

海山記曰。隋煬帝大業十年東幸維揚。御龍舟。中道夜半聞歌者甚悲。其辭曰云云。帝闓其歌。遽遣人求其歌者。至曉不得其人。帝頗徬徨。通夕不寐。

我兒征遼東。餓死青山下。今我挽龍舟。又困隋隄道。方今天下飢。路糧無些小。前去三十程。此身安可保。寒骨枕荒沙。幽魂泣煙草。悲損門内妻。望斷吾家老。安得義男兒。爛此無主屍。引其孤魂回。負其白骨歸。○海山記。詩紀百二十九作挽舟者歌。

煬帝夢二豎子歌

隋書曰。大業十三年。盜賊蜂起。道路隔絶。帝懼。遂無還心。帝復夢二豎子歌曰云云。由是築居丹陽。將居焉。未就而帝被弑。

住亦死。去亦死。未若乘船渡江水。○隋書五行志。

汨羅士人爲屈原歌

隋書曰。屈原以五月望日赴汨羅。土人追至洞庭不見。湖大船小。莫得濟者。乃歌曰云云。因而鼓櫂争歸。競會亭上。習以相傳。爲競渡之戲。

何由得渡湖。○隋書地理志。

文中子夢顔子援琴歌

文中子世家曰。大業元年。乃續詩書。正禮樂。修玄經。讚易道。蓋有事於述者。九年而六經大就。大業十三年而文中子有疾。召薛收而謂之曰。吾夢顔子稱孔子之命而登吾階。坐於牖下。北面援琴而歌曰云云。此殆夫子使回召我也。吾必不起矣。蓋寢疾七日而終。

禮樂既正。詩書既成。讚明易道。聿修玄經。歸休乎。何必永厥齡。○全唐文百三十五引杜淹文中子世家。

柳彧上表引歌謠

隋書曰。于時刺史多用武將。類不稱職。彧上表曰。伏見詔書以上柱國和平子爲杞州刺史。其人年垂八十。鍾鳴漏盡。政由羣小。賄賂公行。百姓吁嗟。歌謠滿道。乃云。

老禾不早殺。餘種穢良田。○隋書柳彧傳。

選人爲辛亶歌

朝野僉載曰。隋辛亶爲吏部侍郎。選人爲之牓。略曰。銜恨先生。曳杖而歌曰。

辛亶去。吏部明。開賢路。遇太平。今年定知不可得。後歲仍期更入京。○太平廣記二百五十三。

謠辭

煬帝時并州童謠

北史曰。漢王諒反。爲楊素所敗。幽死。先是童謠云云。時僞署官告身皆一紙。別授則二紙。諒聞謠喜曰。我幼字阿客。量與諒同音。吾於皇家最小。以爲應之。

一張紙。兩張紙。客量小兒作天子。〇北史隋唐人諒傳。詩紀百二十九。

大業中童謠

隋書曰。煬帝大業中童謠云云。其後李密坐楊玄感之逆。爲吏所拘。在路逃叛。潛結羣盜。自陽城山而來。襲破洛口倉。後復屯兵苑内。莫浪語。密也。宇文化及自號許國。尋亦破滅。誰道許者。蓋驚疑之辭也。

桃李子。鴻鵠遶陽山。舊唐書作洪水繞楊山。宛轉花林裏。莫浪語。誰道許。〇隋書五行志。舊唐書五行志。樂府詩集八十九。詩紀百二十九。

煬帝時童謠

隋書曰。煬帝嗣位。蕭琮以皇后之故。甚見親重。拜内史令。改封梁公。嘗與賀若弼深相友善。弼既被誅。後有童謠曰云云。帝由是忌之。遂廢於家。未幾卒。

蕭蕭亦復起。○隋書蕭琮傳。

隋末江東童謠

長短經曰。大唐武德二年。王充殺越王侗於洛陽。僭稱尊號。隋氏滅矣。注云。今兹三月。江東童謡曰云云。江都西有彭城村。村有彭城水。上引其水入西閣之下。果於此被執。

江水何泠泠。楊柳何青青。人今正好樂。已復戍彭城。○古謡諺三十六引長短經四。又云。按王充卽王世充。唐人避太宗諱。省去世字。所謂上者。指煬帝而言。今兹三月。乃恭帝義寧二年之三月。卽煬帝之大業十四年。至五月改元武德。蓋追叙上一年之事也。

大業長白山謡

長白山前知世郎。純著紅羅綿背襠。長矟侵天半。輪刀耀日光。上山喫獐鹿。下山喫牛羊。忽聞官軍至。提刀向前盪。譬如遼東死。斬頭何所傷。○古今風謡。

諺語

長安爲崔弘度屈突蓋語

隋書曰。弘度素貴。御下嚴急。動行捶罰。吏人讋氣。聞其聲莫不戰慄。時有屈突蓋。爲武侯驃騎。亦嚴刻。長安爲之語曰。

寧飲三升北史作斗。醋。隋書作酢。古通。不見崔弘御覽作恒。度。寧炙北史作茹。御覽同。三斗艾。不逢屈突蓋。○隋書崔弘度傳。北史崔弘度傳。御覽四百九十二。詩紀百二十九作長安謡。

相州百姓爲樊叔略語

隋書曰。叔略以功進封清鄉縣公。拜汴京刺史。高祖受禪。進爵安定郡公。鄴都俗薄。號曰難化。朝廷以叔略所在著稱。遷相州刺史。政爲當時第一。上降璽書褒美之。賜物三百段。粟五百石。班示天下。百姓爲之語曰。

智無窮清鄉公。上下正。樊安定。○隋書樊叔略傳。詩紀百二十九作樊安定歌。

時人爲劉昉鄭譯語

隋書曰。高祖以昉有定策之功。拜上大將軍。封黄國公。與沛國公鄭譯皆爲心膂。前後賞賜鉅萬。出入以甲士自衛。朝野傾矚。稱爲黄沛。時人爲之語曰。

劉昉牽前。鄭譯推後。○隋書劉昉傳。

長孫平引鄙諺

隋書曰。時有人告大都督邴紹非毁朝廷爲憒憒者。上怒。將斬之。平進諫曰。願陛下宏山海之量。鄙諺曰云云。此言雖小。可以喻大。

不癡不聾。未北史作不。堪北史無堪字。作大家翁。○隋書長孫平傳。北史長孫平傳。御覽二百十八。

幽州爲盧昌衡盧思道語

隋書曰。昌衡小字龍子。博涉經史。工草行書。從弟思道。小字釋奴。宗中俱稱英妙。故幽州爲之語曰。

盧家千里。釋奴龍子。○隋書盧昌衡傳。

時人爲何妥蕭眘語

隋書曰。妥少機警。以技巧事湘東王。後知其聰明。召爲誦書左右。時蘭陵蕭眘亦有雋才。住青楊巷。妥住白楊頭。時人爲之語曰。

世有兩雋。白楊何妥。青楊蕭眘。○隋書何妥傳。北史何妥傳。御覽四百九十五。

時人爲崔儦李若語

隋書曰。武城崔儦與頓丘李若俱見稱重。時人爲之語曰。

京師灼灼。崔儦李若。○隋書崔儦傳。詩紀百二十九作崔李歌。

南土人爲牡蠣語

南越志曰。南土謂蠣爲蠔。甲爲牡蠣。合澗中圓蠣。土人重之。語曰。

得合澗一蠣。雖不足豪。亦足以高。○御覽九百四十二。

鄴下爲釋靈裕語

續高僧傳曰。釋靈裕精爽宏贍。理相兼通。故鄴下諺曰。

衍法師伏道不伏俗。裕法師道俗俱伏。○續高僧傳釋靈裕傳。

譚公府中爲裴鏡民語

李百藥隋故益州總管府司馬裴君碑銘曰。君諱鏡民。字君倩。河東聞喜人也。晉蕩公爲其諸子精選府寮。辟爲譚公大將軍記室。府中爲其語曰。

令德日新裴鏡民。○全唐文百四十三。

劉炫引諺論政敝

隋書曰。古人委任責成。歲終考其殿最。案不重校。文不繁悉。府史之任。掌要目而已。今之文簿。恒慮覆治。鍛鍊若其不密。萬里追證。百年舊案。故諺云云云。古今不同。若此之相懸也。事繁政敝。職此之由。

老吏抱案死。○隋書劉炫傳。

時人爲庫狄士文語

隋書曰。庫狄士文。代人也。拜貝州刺史。至州。發擿姦隱。長吏尺布升粟之贓無所寬貸。得千餘人而表之。上悉配防嶺南。親戚相送。哭泣之聲徧於州境。有京兆韋焜爲貝州司馬。河東趙達爲清河令。二人並苛刻。唯長史有惠政。時人爲之語曰。

刺史羅刹政。司馬蝮蛇瞋。長史含笑判。清河生喫人。○隋書庫狄士文傳。

隋圖經引俗諺

太平寰宇記曰。七度水在昌平界。接虎眼泉。俗諺云云云。蓋以高梁微流。憑藉泉所在。分流散漫。

高梁無上源。清水泉無上尾。○太平寰宇記六十九。

雜曲歌辭

詩紀樂府歌詩。凡屬先唐之作又無時代可考者。均附於此。

王子思歸歌

怨録曰。楚公子爲質于秦。作歌曰。

洞庭兮木秋。涔陽兮草衰。去千乘之家國。作咸陽之布衣。○古詩類苑九十七。詩紀前集二。

祠洛水歌

古今樂録曰。秦始皇祠洛水。有黑頭公從河中出。呼始皇曰。來受天之寶。乃與羣臣作歌曰。

洛陽之水。其色蒼蒼。祠祭大澤。倏忽南臨。詩紀云。一作征。征古轉入陽。洛濱醊禱。色連三光。○樂府詩集八十三作秦始皇歌。詩紀前集二。

古歌

楊文公談苑曰。徐鍇仕江左至中書舍人。時徐淑爲校理。古樂府中摻字者淑多改爲操字。蓋章草之變。諧曰。非可一例言。若漁陽摻者。三撾鼓也。禰衡作漢陽摻撾。古歌云云云。淑歎服。

邊城晏聞漢陽摻。黄塵蕭蕭白日暗。○詩話總龜二。

挾瑟歌

春風宛轉入曲房。兼送小苑百花香。白馬金鞍去未返。紅妝玉筯下成行。○古樂府一。編在淫預歌及班固靈芝歌間。

陌上桑

日出秦樓明。條垂露尚盈。蠶饑心自急。開奩妝不成。○樂府詩集二十八。詩紀百三十。

出塞

候騎出甘泉。奔命入居延。旗作浮雲影。陣如明月弦。○樂府詩集二十八。詩紀百十。

王昭君

猗蘭恩寵歇。昭陽幸御稀。朝辭漢闕去。夕見胡塵飛。寄言樂府作寄信。秦樓下。因書秋鴈歸。○樂府詩集二十九。詩紀百三十。

陽春曲

芣莒生前逕。含桃落小園。春心自搖蕩。百舌更多言。○樂府詩集五十一。詩紀百三十。

項王歌

無復拔山力。誰論蓋世才。欲知漢騎滿。但聽楚歌哀。悲看騅馬去。泣望艤舟來。○樂府詩集五十八。詩紀百三十。

于闐採花

詩紀云。于闐。古于闐國。居葱嶺北二百餘里。漢唐以來皆入貢。

山川雖異所。草木尚同春。亦如溱洧地。自有採花人。○樂府詩集七十二。詩紀百三十。

沐浴子

澡身經蘭氾。濯髮傃芳洲。折榮聊躑躅。攀桂且淹留。○樂府詩集七十四。詩紀百三十。

澤雉

古今樂録曰。鳳將雛。以澤雉送曲。

擅場延繡頸。朝飛弄綺翼。飲啄常自在。驚雄恆不息。○樂府詩集七十四。詩紀百三十。

舍利佛

金繩界寶地。珍木蔭瑶池。雲間妙音奏。天際法蠡吹。○樂府詩集七十八。詩紀百三十。

摩多樓子

從戎向邊北。遠行辭樂府作辭。密親。借問陰山候。還知塞上人。○樂府詩集七十八。詩紀百三十。

黄門倡歌

漢書禮樂志曰。成帝時。鄭聲尤甚。黄門名倡丙彊、景武之屬。富顯於世。隋書樂志曰。漢樂有黄門鼓吹。天子宴羣臣之所用也。

佳人俱絶世。握手上春樓。點黛方初月。縫裙學石榴。君王入朝罷。争競理衣裘。○樂府詩集八十四。詩紀百三十。

送别詩

崔瓊東虚記云。此詩作於大業末年。實指煬帝巡遊無度。縉紳瘁悦已甚。下逮閭閻。而佞人曲士。播弄威福。欺君上以取榮貴。上二句盡之。又謂民財窮窘。至是方有五子之歌之憂。而望其返國也。

楊柳青青著地垂。楊花漫漫攪天飛。柳條折盡花飛盡。借問行人歸不歸。○古詩類苑七十一。詩紀百二十九。

隋詩卷九

郊廟歌辭

圜丘歌八首

牛弘等奉詔作

隋書樂志曰。文帝開皇中。詔牛弘、姚察、許善心、虞世基、劉臻等詳定雅樂。弘等奏曰。伏奉明詔。詳定雅樂。博訪知音。旁求儒彦。研校是非。定其去就。取爲一代正樂。具在本司。於是并撰歌辭三十首。詔并令施行。牛弘傳曰。開皇九年。奉詔改定雅樂。又作樂府歌辭。撰定圜丘、五帝、凱樂。按此。則諸歌辭當爲牛弘所作也。

昭夏降神。

肅祭典。協良辰。具嘉薦。俟皇臻。禮方成。樂已變。感靈心。迴天睠。闢華闕。下乾宮。乘精氣。御祥風。望爟火。通田燭。膺介圭。受瑄玉。神之臨。慶陰陰。煙衢洞。宸路深。善既福。德斯輔。流鴻祚。徧區寓。詩紀作宇。○隋書音樂志。樂府詩集四。詩紀百二十九。

皇夏皇帝升壇。

於穆我后。隋書作君。樂府同。昭明有融。道濟區域。功格玄穹。百神警衛。萬國承風。仁深德厚。信洽義豐。

明發思政。勤憂在躬。鴻基惟永。福祚長隆。○同上

登歌

德深禮大。道高饗穆。就陽斯恭。陟配惟肅。血膋升氣。冕裘標服。誠感清樂府作青。玄。信陳史祝。祇承靈貺。載膺多福。○同上

誠夏皇帝初獻。

肇禋崇祀。式奉隋書、樂府作大報。詩紀云。一作大報。尊靈。因高盡詩紀云。一作就。敬。埽地推誠。六宗隨兆。五緯陪營。雲和發韻。孤竹揚聲。隋書、樂府作清。詩紀云。一作清。我粢既絜。我酌惟明。元神是鑒。百祿來成。○同上

文舞皇帝既獻奏。

皇矣上帝。受命自天。睿圖作極。文教遐宣。四方監觀。萬國隋書作品。樂府同。陶甄。有苗斯格。無得稱焉。天地之經。和樂具舉。休徵咸萃。要荒式序。正位履端。秋霜春雨。○同上

需夏皇帝飲福酒。

禮以恭事。薦以饗時。載清玄酒。備絜薌萁。廻旒分爵。思媚軒墀。惠均撤俎。祥降受釐。十倫以具。百福斯滋。克昌厥德。永祚鴻基。○同上

武舞

御曆膺期。乘乾表則。成功戡亂。順時經國。兵暢五材。武弘七德。憬彼遐裔。化行充塞。三道備舉。二儀交泰。情發自中。義均莫大。祀敬恭肅。鍾鼓繁會。萬國斯歡。兆民隋書作人。樂府同。斯賴。享茲介福。康哉元首。惠我無疆。天長地久。○同上

昭夏送神。

享序洽。祀禮施。神之駕。嚴將馳。奔精驅。長離耀。牲煙達。絜誠照。騰日馭。鼓電鞭。辭下土。升上玄。瞻寥廓。杳無際。澹羣心。留餘惠。○同上

五郊歌五首

隋書樂志曰。五郊歌辭。青郊奏角音。赤郊奏徵音。黄郊奏宫音。白郊奏商音。黑郊奏羽音。迎送神登歌與圜丘同。

青帝歌角音

震宫初動。木德惟仁。龍精戒旦。鳥曆司春。陽光煦物。温風先導。巖處載驚。膏田已冒。犧牲豐絜。金石和聲。懷柔備禮。明德惟馨。○隋書音樂志。樂府詩集四。詩紀百二十九。

赤帝歌徵音

長嬴開序。炎上爲德。執禮司萌。持衡御國。重離得位。芒種在時。含櫻薦實。木槿垂蕤。慶賞既行。高明可處。順時立祭。事昭福舉。○同上

黄帝歌宫音

爰稼作土。順位稱坤。孕金成德。履艮爲尊。黄本内色。宫實聲始。萬物資生。四時咸紀。靈壇汎掃。盛樂高張。威儀孔備。福履無疆。○同上

白帝歌商音

西成肇節。盛德在秋。三農稍已。九穀行收。金氣肅殺。商威飂戾。嚴風鼓莖。繁霜隕隋書作殞。樂府同。蔕。厲兵詰暴。敕法慎刑。明神降嘏。國步惟寧。○同上

黑帝歌羽音

玄英啓候。冥陵初起。虹藏於天。雉化於水。嚴關重閉。星廻日窮。黄鍾動律。廣莫生風。玄樽示本。天産惟質。恩覃外區。福流京隋書作景。室。○同上

感帝歌

隋書樂志曰。祀感帝奏諴夏。迎送神登歌與圜丘同。

諴夏

禘祖垂典。郊天有章。以孟之春。隋書一作以春之孟。樂府同。於國之陽。繭栗惟誠。陶匏斯尚。人神接禮。明幽交暢。火靈降祚。火曆載隆。烝哉帝道。赫矣皇風。○隋書音樂志。樂府詩集四。詩紀百二十九。

雩祭歌

隋書樂志曰。雩祭、蜡祭、朝日夕月。並奏諴夏。其迎送神登歌並與圜丘同。

諴夏

朱明啓候。時載陽。肅若舊典。延五方。嘉薦以陳。盛樂奏。氣序和平。資靈祐。公田既雨。私亦濡。民隋書作人。樂府同。殷俗富。政化敷。○隋書音樂志。樂府詩集四。詩紀百二十九。

蠟祭歌

諴夏

四方有祀。八蠟酬功。收藏既畢。榛葛送終。使之必報。祭之斯索。三時告勞。一日爲澤。神祇詩紀作祗。必來。鱗羽咸致。惟義之盡。惟仁之至。年成物阜。罷役息民。隋書、樂府並作人。皇恩已洽。靈慶無垠。○隋書音樂志。樂府詩集四。詩紀百二十九。

朝日夕月歌二首

朝日諴夏

扶木上朝暾。嵫山沈暮景。寒來遊晷促。暑至馳輝永。時和合璧耀。俗泰重輪明。執圭盡昭事。服冕罄虔誠。○隋書音樂志。樂府詩集四。詩紀百二十九。

夕月諴夏

澄輝燭地域。流耀鏡天儀。曆草隨弦長。珠胎逐望虧。成形表蟾兔。竊藥資王母。西郊禮既成。幽壇福惟厚。○同上

方丘歌四首

隋書樂志曰。祭方丘唯此四首異。餘並同圜丘。

昭夏迎神。

柔功暢。陰德昭。陳瘞典。盛玄郊。筐冪清。膋膋馥。皇情虔。具寮肅。笙頌合。鼓發會。出桂旌。隋書作旗。樂府同。屯孔蓋。敬如在。肅有承。神胥樂。慶福膺。○隋書音樂志。樂府詩集四。詩紀百二十九。

登歌奠玉帛。

道惟生育。器乃包藏。報功稱範。殷薦有常。六瑚已饋。五齊流香。貴誠尚質。敬洽義章。神祚惟永。帝業增昌。○同上

諴夏初獻。

厚載垂德。崑丘主神。陰壇吉禮。北至良辰。鑒水呈絜。牲栗表純。樽壺夕啓。隋書作視。樂府同。幣玉朝陳。羣望咸秩。精靈畢臻。祚流於國。祉被於人。○同上

昭夏送神。

奠既徹。獻已周。竦靈駕。逝遠遊。洞四極。帀九縣。慶方流。祉恆遍。埋玉氣。掩牲芬。詩紀作芳。晰神理。顯國文。○同上

神州歌

隋書樂志曰。祭神州奏諴夏。迎送神登歌與方丘同。

諴夏

四海之内。一和之壤。地曰神州。物賴生長。咸池既降。泰折斯饗。牲牷尚黑。珪玉實兩。九寓載寧。神功克廣。○隋書音樂志。樂府詩集四。詩紀百二十九。

社稷歌四首

春祈社諴夏

厚地開靈。方壇崇祀。達以風露。樹之松梓。勾萌既申。芟柞伊始。恭祈粢盛。載膺休祉。○隋書音樂志。樂府詩集四。詩紀百二十九。

春祈稷誠夏

粒食興教。播厥有先。尊神致絜。報本惟虔。瞻榆束耒。望杏開田。方憑戩福。佇詠豐年。○同上

秋報社誠夏

北墉申禮。單出表誠。豐犧入薦。華樂在庭。原隰既平。泉流又清。如雲已望。高廩斯盈。○同上

秋報稷誠夏

民隋書作人。樂府同。天務急。農亦勤止。或蓘或蔗。惟𧁍惟芑。涼風戒時。歲云秋矣。物成則報。功施必祀。○同上

先農歌

誠夏

農祥晨晰。土膏初起。春原俶載。青壇致祀。斂蹕長阡。廻旌外壝。房俎飾薦。山罍沈滓。親事朱紘。躬持黛耜。恭神務穡。受禧隋書作釐。樂府同。降祉。○隋書音樂志。樂府詩集四。詩紀百二十九。

先聖先師歌

誠夏

經國立訓。學重教先。三墳肇册。五典留篇。開鑿理著。陶鑄功宣。東膠西序。春誦夏弦。芳塵載仰。祀典無騫。○隋書音樂志。樂府詩集四。詩紀百二十九。

太廟樂歌九首

迎神歌

務本興教。尊神體國。霜露感心。享祀陳則。官聯式序。奔走在庭。几筵結慕。祼獻惟誠。嘉樂載合。神其降止。永言保之。錫以繁祉。○隋書音樂志。樂府詩集十。詩紀百二十九。

登歌

孝熙嚴祖。師象敬宗。惟皇肅肅。隋書作事。樂府同。有來雍雍。雕梁霞複。繡栱雲重。覩德自感。奉璋伊恭。彝斝盡飾。羽綴有容。升歌發藻。景福來從。○同上

俎入歌郊丘廟社同。

祭本用初。祀由功舉。駿奔咸會。供神有序。明酌盈樽。豐犧實俎。幽金既薦。纘錯維旅。享由明德。香非稷黍。載流嘉慶。克固鴻緒。○同上

皇高祖太原府君神室歌

締基發祥。肇源興慶。迺仁迺哲。克明克令。庸宣國圖。善流人詠。開我皇業。七百同盛。○同上

皇曾祖康王神室歌

皇條俊茂。帝系靈長。豐功疊軌。厚利重光。福由善積。代以德彰。嚴恭盡禮。永錫無疆。○同上

皇祖獻王神室歌

盛才必達。丕基增舊。涉渭隋書作魏。同符。遷邠等構。弘風邁德。義高道富。神鑒孔昭。王猷克懋。○同上

皇考太祖武元皇帝神室歌

深仁冥著。至道潛敷。皇矣太祖。耀名天衢。翦商隆祚。奄宅隋區。有命既集。誕開靈符。○同上

飲福酒歌郊丘廟社同用。

神道正直。祀事有融。肅雍備禮。莊敬在躬。羞燔已具。奠斝將終。降祥惟永。受福無窮。○同上

送神歌

饗禮具。利事成。佇旒冕。肅簪纓。金奏終。玉俎撤。盡孝敬。窮嚴絜。人祇詩紀作祗。分。哀樂半。降景福。憑幽贊。○同上

燕射歌辭

元會大饗歌四首

皇夏皇帝出入殿庭奏。郊丘廟社並同。

深哉皇度。粹矣天儀。司陛整蹕。式道先馳。八屯霧擁。七萃雲披。退揚進揖。步矩行規。句陳乍轉。華蓋徐移。羽旗照耀。珪組陸離。居高念下。處安思危。照臨有度。紀律無虧。○隋書音樂志。樂府詩集十五。詩紀百二十九。

肆夏太子出入。

惟熙帝載。式固王猷。體乾建本。是曰孟侯。馳道美漢。寢門稱周。德心既廣。道業惟優。傅保斯導。賢才與遊。瑜玉發響。畫輪停輈。皇基方峻。七鬯恆休。○同上

食舉歌八曲

燔黍設教。禮之始。五味相資。火爲紀。平心和德。在甘旨。牢羞既陳。鍾石俟。以斯而御。揚盛軌。

養身必敬。禮食昭。時和歲阜。庶物饒。鹽梅既濟。鼎鉉調。特以膚腊。加膴膮。威儀濟濟。懋皇朝。

饔人進羞。樂侑作。川潛之膾。雲飛臛。甘酸有宜。芬勺藥。金敦玉豆。盛交錯。御鼓既聲。安以樂。

玉食惟后。膳必珍。芳菰既絜。重秬新。是能安體。又調神。荆包必隋書作畢。樂府同。至。海貢陳。用之有節。德無垠。

嘉羞入饋。猶化謐。沃土名滋。帝臺實。陽華之菜。雕陵栗。鼎俎芬芳。豆籩溢。通幽致遠。車書一。

道高物備。食多方。山膚既善。水豢良。桓蒲在位。簨業張。加籩折俎。爛成行。恩風下濟。道化光。

禮以安國。仁爲政。具物必陳。饔牢盛。罝罘斤斧。順時令。懷生熙熙。皆得性。於兹宴喜。流嘉慶。

皇道四達。禮樂成。臨朝日舉。表時平。甘芳既飫。醑以清。揚休玉樂府作王。巵。正性情。隆我帝載。永明明。〇同上

上壽歌

俗已乂。時又良。朝玉帛。會衣裳。基同北辰久。壽共南山長。黎元鼓。腹樂未央。〇同上

宴羣臣登歌

皇明馭歷。仁深海縣。載擇良辰。式陳高宴。顒顒卿士。昂昂侯甸。車旗煜爚。衣纓蔥蒨。樂正展懸。司宮飾殿。三揖稱禮。九賓爲傳。圓鼎臨碑。方壺在面。鹿鳴成曲。嘉魚入薦。筐篚相輝。獻酬交徧。飲和飽德。恩風長扇。○隋書音樂志。樂府詩集十五。詩紀百二十九。

皇后房内歌

隋書樂志曰。高祖龍潛時。頗好音樂。嘗倚琵琶作歌二章。名曰地厚天高。託言夫婦之義。牛弘修皇后房内之樂。因取之爲房内曲。命婦入并登歌上壽並用之。

至順垂典。正内弘風。母儀萬國。訓範六宮。求賢啓化。進善宣功。家邦載序。道業斯融。○隋書音樂志。樂府詩集十五。詩紀百二十九。

大射登歌

道謐金科照。時乂玉條明。優賢饗禮洽。選德射儀成。鑾樂府作鸞。旗鬱雲動。寶軑儼天行。巾車整三乏。司裘飾五正。鳴球響高殿。華鍾震廣庭。烏號傳昔美。淇衞著前名。揖讓皆時傑。升降盡朝英。附枝觀體定。杯水覩心平。豐觚既來去。燔炙復縱横。欣看禮樂盛。喜遇黄河清。○隋書音樂志。樂府詩集十五。詩紀百二十九。

鼓吹曲辭

凱樂歌辭三首

述帝德

於穆我后。睿哲欽明。膺天之命。載育羣生。開元創曆。邁德垂聲。朝宗萬寓。祇事百靈。焕乎皇道。昭哉帝則。惠政滂流。仁風四塞。淮海未賓。江湖背德。運籌必勝。濯征斯克。八荒霧卷。四表雲褰。雄圖盛略。邁後光前。寰區已泰。福祚方延。長歌凱樂。天子萬年。○隋書音樂志。樂府詩集二十。詩紀百二十九。

述諸軍用命

帝德遠覃。天維宏布。功高雲天。聲隆韶濩。隋書、樂府並作護。惟彼海隅。未從王度。皇赫斯怒。元戎啓路。桓桓猛將。赳赳英謨。攻如燎髮。戰似摧枯。救兹塗炭。克彼詩紀云。一作從。妖逋。塵清兩越。氣静三吴。鯨鯢已夷。封疆載闢。班馬蕭蕭。歸旌奕奕。雲臺表效。司勳紀績。業並山河。道固金石。○同上

述天下太平

阪泉軒德。丹浦堯勳。始實以武。終乃以文。嘉樂聖主。大哉爲君。出師命將。廓定重氛。書軌既并。干戈

是戢。弘風設教。政成人立。禮樂聿興。衣裳載緝。風雲自美。嘉祥爰集。皇皇聖政。穆穆神猷。牢籠虞夏。度越姬劉。日月比耀。天地同休。永清四海。長帝九州。○同上

舞曲歌辭

文武舞歌二首

隋書樂志曰。隋有文舞、武舞。舞各六十四人。又依樂記。象德擬功。初來就位。總干而立。思君道之難也。發揚蹈厲。威而不殘也。舞亂皆坐。四海咸安也。武始而受命。再成而定山東。三成而平蜀道。四成而北狄是通。五成而江南是拓。六成復綴以闡太平。

文舞歌

天瞻有屬。后德惟明。君臨萬寓。昭事百靈。濯以江漢。樹之風聲。罄地畢隋書作必。歸。窮天皆至。六戎仰樂府作行。朔。八蠻請吏。煙雲獻彩。龜龍表異。緝和禮樂。燮理陰陽。功由舞見。德以歌彰。兩儀同大。日月齊光。○隋書音樂志。樂府詩集五十二。詩紀百二十九。

武舞歌

惟皇御寓。惟帝乘乾。五材並用。七德兼宣。平暴夷險。拯溺救燔。九域載安。兆庶斯賴。續地之厚。補天之大。聲隆有截。化覃無外。鼓鍾既奮。干戚攸陳。功高德重。政謐化淳。鴻休永播。久而彌新。○同上

隋詩卷十

釋氏

僧法宣

法宣居常州弘業寺。後入唐。

愛妾换馬

朱鬣飾金鑣。紅粧束素腰。似雲來躞蹀。如雪去飄颻。桃花含淺汗。柳葉帶餘嬌。騁先將獨立。雙絶不詩紀云。玉臺作難。俱摽。○古詩類苑百二十七作賦得愛妾换馬。詩紀百二十八。

和趙郡王觀妓應教詩

詩紀云。律祖作辛德源者非。

桂山留上客。蘭室命妱妖。城中畫眉黛。宮内束纖腰。舞袖風前舉。歌聲扇後嬌。周郎不相顧。今日管弦調。○初學記十五。萬花谷後三十二作僧法宣詩。詩紀百二十八。

釋慧淨

慧淨、俗姓房氏。常山真定人。著名於開皇、大業之際。後入唐。

和琳法師初春法集之作詩

鷲嶺光前選。祇園表昔恭。哲人崇踵武。弘道會羣龍。高座登蓮葉。塵尾振霜松。塵飛揚雅梵。風度引疎鐘。静言澄義海。叢論上詞鋒。心虚道易合。跡廣席難重。和風動淑氣。麗日啓時雍。高才掞雅什。顧已濫朋從。因兹仰積善。靈華庶可逢。○續高僧傳本傳。詩紀百二十八。

和盧贊府遊紀國道場詩

日光通漢室。星彩晦周朝。法域從此構。香閣本岧嶤。珠盤仰承露。刹鳳俯摩霄。落照侵虚牖。長虹拖跨橋。高才暫騁目。雲藻遂飄颻。欲追千里驥。終是謝連鑣。○續高僧傳本傳。詩紀百二十八。

於冬日普光寺卧疾值雪簡諸舊遊詩

卧痾苦留滯。闢户望遥天。寒雲舒復卷。落雪斷還連。凝華照書閣。飛素婉琴弦。迴飄洛神賦。皎映齊紈篇。縈階如鶴舞。拂樹似花鮮。徒賞豐年瑞。沈憂終自憐。○續高僧傳本傳。詩紀百二十八。

英才言聚賦得昇天行詩

馭風過閬苑。控鶴下瀛洲。欲採三芝秀。先從千仞遊。駕鳳吟虛管。乘槎泛淺流。頹齡一已駐。方驗大椿秋。○續高僧本傳。詩紀百二十八。

雜言詩

觀化祇山頂。流睇古王城。萬載池猶潔。千年苑尚清。髣髴影堅路。擢殘廣脇楹。七寶仙臺亡舊迹。四彩天花絶雨聲。聲華日以遠。自恨生何晚。既傷火宅眩中門。還嗟寶渚迷長坂。步陟平郊望。心遊七海上。擾擾三界溺邪津。渾渾萬品忘真匠。唯有能仁獨圓悟。廓塵静浪開玄路。創逢肌命棄身城。更爲求人崩意樹。持囊畢契戒珠淨。被甲要心忍衣固。三祇不倦陵二車。一足忘勞超九數。定瀲江清沐久結。智劍霜凝斬新霧。無邊大刧無不修。六時愍生遵六度。度有流光功德收。金河示滅歸常住。鶴林權唱演功周。聖德佳音傳餘響。龍宮秘典海中探。石室真言山處仰。流教在茲辰。傳芳代有人。沙河雪嶺迷朝徑。巨海鴻崖亂夜津。入萬死。求一生。投針偶穴非同喻。束馬懸車豈等程。不狥今身樂。無祈後代榮。誓舍危軀追勝義。咸希畢契傳燈情。勞歌勿復陳。延眺且周巡。東睇女巒留二迹。西馳鹿苑去三輪。北睨舍城池尚在。南睎尊嶺穴猶存。五峯秀。百池分。粲粲鮮花明四曜。輝輝道樹鏡三春。揚錫指山阿。攜步上祇陀。既覩如來疊衣石。復觀天授迸餘峨。佇靈鎮梵嶽。凝思遍生河。金花逸掌儀前奉。芳蓋陵虛殿後過。旋遶經行砌。目想如神契。迴斯少福潤生津。共會龍華拾塵翳。〇續高僧傳本傳。詩紀百二十八。

釋智炫

智炫。益州成都人。少出家。入京聽學。遊於周齊之間。周武帝接遇甚厚。及隋文帝作相。大弘佛法。兩都歸趣。一人而已。後還蜀。隱於三學山。年百餘歲終。

遊三學山詩

秀嶺接重煙。嶔岑上半天。絶巖低更舉。危峰斷復連。側石傾斜澗。回流瀉僧傳作寫。注云。宮本作瀉。曲泉。野紅知草凍。春來鳥自傳。樹錦無機織。猿鳴詎假弦。葉密風難度。枝疎影易穿。抱袠依閑沼。策杖戲荒田。遊心清漢表。置想白雲邊。榮名非我願。息意且蕭然。〇續高僧傳本傳。詩紀百二十八。

慧曉詩紀作釋曇遷。注云。見禪藻集。

祖道賦詩詩紀作緇素知友祖道新林去留哀感賦詩一首。

續高僧傳曰。周道失御。隋歷告興。遂與同侶俱辭建業。緇素知友。祖道新林。去留哀感。各題篇什。曉禪師命章賦詩曰。

平生續僧傳作生平。本胡越。閩吴各異津。聯翩一傾蓋。便作法城親。清談解煩累。續僧傳作慮。愁眉始得伸。

今朝忽分手。恨失眼中人。子向逕何續僧傳作作逕河。是。道。慧業日當新。我住邗江側。終爲松下塵。沈浮續僧傳作浮沉。從此隔。無復更有續僧傳作來。因。此別終天別。迸淚忽霑巾。○續高僧傳釋曇遷傳。詩紀百二十八。

釋玄逵

詩紀云。見禪藻集。

言離廣府還望桂林去留愴然自述贈懷詩

標心之梵宇。運想入仙洲。嬰痼乖同好。沈情阻若抽。葉落乍難聚。情離不可收。何日乘杯至。詳觀演去流。○古詩類苑百三。詩紀百二十八。

戲擬四愁聊題兩絶詩

我行之數萬。愁緒百重思。那教六尺影。獨步五天陲。○古詩類苑八十九。詩紀百二十八。

上將可陵師。匹士志難移。如論惜短命。何得滿長祇。○同上

釋靈裕

靈裕。俗姓趙。定州曲陽人。甚爲齊宣、隋文所尊禮。初居相州大慈寺。又住演空寺。大業元年終。

臨終詩二首

續高僧傳曰。於時鄴下昌言裕師將過世矣。道俗雲合。同稟歸戒。訪傳音之無從。裕亦信福命之有盡。乃示誨善惡。勵諸門人。從覺不悆。至第七日援筆製詩二首。

哀速終

今日坐高堂。明朝卧長棘。一生聊已竟。來報將何息。○續高僧傳本傳。詩紀百二十八。

悲永殯僧傳作殞。注云。三本、宫本作殯。

命斷辭人路。骸送鬼門前。從今一別後。僧傳作朝別。更會幾何年。○同上

釋智命

智命。俗名鄭頲。滎陽人。初仕隋爲羽騎尉。逃官流俗。備歷講會。及元德作貳。楊素薦之。遷爲中舍人。越王即位。歷官御史大夫。僞鄭開明。連任不改。頲頻請鄭主爲國修道。不遂。乃剃髮。法服擎錫。逕至宫門。世充怒。勑下斬之。頲口詠般若。索筆題詩云云。

臨終詩

幻生還幻滅。大幻莫過身。安心自有處。求人無有人。○續高僧傳本傳。詩紀百二十八。

釋智才

送別詩

鏡中辭舊識。灞岸別新知。年來木應老。秪爲數經離。○文苑英華二百六十六。詩紀百二十八。

曇延

俗姓王氏。蒲州桑泉人。世家豪族。官歷齊、周。年十六捨俗。

戲題方圓動靜四字詩 薛居士訪。戲題方圓動静四字。曇延應聲曰。

方如方等城。圓如智慧日。動則識僧傳作没。波浪。静類涅槃室。○續高僧傳本傳。詩紀百二十八。

沸大 詩紀云。見襌藻集。

婬泆曲 沸大作此曲。彈琴以兆史見也。

煌煌鬱金。生于野田。過時不採。宛見棄捐。曼爾豐熾。華色惟新。與我同歡。○古詩類苑百三。詩紀百二十八。

委靡辭

宿心嘉爾。故固良媒。問名諧帥。占相良時。慘慘惕惕。懼爾不來。既覩爾顔。我心怡怡。今不合歡。豈徒費哉。斯誓爲定。淑女何疑。○古詩類苑百三。詩紀百二十八。

釋慧輪

慧輪。新羅人。

悼歎詩

衆美乃羅列。羣英已古今。也知生死分。那得不傷心。○古詩類苑百三。詩紀百二十八。

釋慧英

一三五七九言詩

遊。愁。赤縣遠。丹思抽。鷲嶺寒風駛。龍河激水流。既喜朝聞日復日。不覺年頽秋更秋。已畢耆山本願誠難住。終望持經振錫往神州。○古詩類苑百三。詩紀百二十八。

無名釋詩紀云。禪藻集作無名釋。

禪暇詩

峩峩王舍城。鬱鬱靈竹園。中有神化長。巧誘入幽玄。善人募授福。惡友樂讐怨。善惡升沈異。薰蕕別露門。○古詩類苑百三。詩紀百二十八。

仙道詩紀外集歌詩。凡屬先唐之作又無時代可考者。均附於此。

張麗英石鼓歌

金精山記云。漢時張芒女名麗英。面有奇光。不照鏡。但對白紈扇如鑑焉。馬沙王吴芮聞其異質。領兵來聘。女時年十五。聞芮來乃登此山。仰卧披髮。覆于石鼓之下。人謂之死。芮使人往視之。忽見紫雲鬱起。遂失女所在。石上留歌一首。

石鼓石鼓。悲哉下土。自我來觀。民生實苦。哀哉世事。悠悠我意。我意不可辱兮王威不可奪余志。有鸞有鳳。自歌自舞。詩紀云。歌舞二字疑倒。凌雲歷漢。遠絶塵羅。世人之子。其如我何。暫來期會。運往即乖。父兮母兮無傷我懷。○諸真歌頌。雲笈七籤九十七。詩紀外集一。

衞羅國王女配英靈鳳歌

洞玄本行經云。西方衞羅國王有女字曰配瑛。與鳳共處。於是靈鳳常以羽翼扇女面。後十二年中。女忽有胎。王意怪之。因斬鳳頭。埋著長林丘中。女後生女。名曰皇妃。王女思靈鳳之遊好。駕而臨之長丘林中。歌曰云云。是鳳鬱然而生。抱女俱飛。逕入雲中。

杳杳靈鳳。綿綿長歸。悠悠我思。永與願違。萬劫無期。何時來飛。〇諸真歌頌。雲笈七籤九十七。詩紀外集一。

太真夫人贈馬明生詩二首

馬明生傳曰。馬明生。一作馬鳴生。齊國臨淄人。本姓和。字君賓。漢靈帝時。惟胡廣知其有道。隨夫人執役。安期生至。夫人語明生曰。吾不復得停。汝隨此君去。忽憂念也。我亦時時當往視汝。因以五言詩二篇贈之。

暫舍雲笈七籤作捨。詩紀同。墉城內。命駕岱山阿。仰瞻真仙通鑑作盼。太清闕。雲樓鬱嵳峩。虛中有真人。來往何紛葩。鍊形保自然。俯仰食雲笈七籤作挹。詩紀云。一作挹。太和。朝朝九天王。夕館還西華。流精可飛騰。吐納養青芽。至藥非金石。風生自然歌。上下凌景霄。羽衣何婆娑。五嶽真仙通鑑作室。非妾真仙通鑑作吾。室。玄都是我家。下看榮競子。篤似蛙真仙通鑑作蝸。雲笈七籤同。與蟆。顧盼雲笈七籤作眄顧。塵濁中。憂患自相羅。苟未悟妙旨。雲笈七籤誤作皆。安事於琢磨。禍湊由道泄。密慎福臻多。〇真仙體道通鑑。雲笈七籤九十八。詩紀外集一。〇逯按。金墉城始建於曹魏。西晉末淪爲皇家監獄。復以押韻觀之。此詩殆兩晉間作也。

昔往雲笈七籤作生。詩紀同。崑陵真仙通鑑作崙。宮。共講天年延。金液雖可遐。未若太和仙。仰登冥靈詩紀作仙。雲笈七籤作宴仙。臺。虛仙詠靈人。忽遇榑桑王。九老仙都真。駕驂紫虬輦。靈顏一神仙通鑑作亦。何鮮。啓我尋長途。邀我自然津。告以鴻飛術。授以玉胎篇。瓊膏凝玄氣。素女爲我陳。俯挹琳鳳腴。仰止雲笈七籤作上。詩紀同。飄三天。雲綱詩紀作網。立爾步。五嶽可暫還。雲笈七籤作旋。詩紀同。玄都安足遠。蓬萊山雲笈七籤作在。詩紀同。脚間。傳受相親愛。結友爲天人。替卽游形詩紀作刑。對。禍必無愚賢。秘則享無傾。泄則軀身雲笈七籤作命。顛。○同上

馬明生臨去箸詩三首

太和何久長。人命將不永。噏真仙通鑑作翕。如朝露晞。奄忽睡覺醒。雲笈七籤作頃。詩紀同。生生世所悟。詩紀作悞。傷生由莫静。我將尋真人。澄神神仙通鑑作清。挹容景。盤桓崑陵宫。玄都可馳騁。真仙通鑑作聘。涓子牽我遊。太真來見省。朝朝王母前。夕歸鍾岳嶺。仰採瓊瑤葩。俯漱琳琅井。千齡猶一刻。萬紀如電頃。○真仙體道通鑑。雲笈七籤九十八。詩紀外集一。

天地自有常。人命最險毳。年若驚絃發。時猶輕矢逝。雖有灼灼姿。玉爲塵生詩紀作土。穢。秋草無秋耀。詩紀作輝。緑葉豈終歲。惜彼詩紀作此。繁茂摧。雲笈七籤誤作推。哀彼寒霜厲。有存理必亡。有興故神仙通鑑作必。有廢。真官真仙通鑑作君。戲玄津。與物無凝滯。神冲紫霄内。形棲山水際。對虛忘有懷。遊目託容裔。風塵將何來。真道故可大。○同上

濁塵詩紀作塗。諒爲歎。詩紀作歡。世樂豈足預。振褐掃塵退。飄飄獨遠舉。寥寥巖嶽際。蕭蕭縱萬慮。靈真與

我遊。落景乘鴻御。朝乘雲輪來。夕駕扶摇去。嗷嘈天地中。嚻聲安得附。○同上

陰長生遺世四言詩三章

神仙傳曰。陰長生。新野人。漢皇后之親屬。從馬明生學度世之道。後於豐都山中。白日昇天。長生臨仙去。著詩三篇以市將來。詩紀云。黄庭堅書後漢陰長生詩後曰。忠州豐都山仙都觀朝金殿西壁有天成四年人書陰真君詩三章。逯按。各刻本神仙傳均無詩。獨太平廣記引神仙傳有之。不知所據爲何本。檢道藏本神仙體道通鑑陰長生傳云。陰長生者。新野人。漢和帝永和八年三月己丑立皇后陰氏。即長生之曾孫也。少處富貴之門。而不好榮位。後委之入忠州平都山中。修鍊服丹。白日升天。臨去有四言詩三章遺世。詩云云。忠州之設。始於唐代。知神仙通鑑乃唐人書。而其書著録陰長生詩。與黄庭堅所見忠州天成年間人所書陰詩。時代相符。蓋皆在唐時也。頗疑陰生此詩乃唐人僞託。始列此俟考。

維予之先。佐命唐虞。爰逮漢世。紫艾真仙通鑑作文。重紆。神仙傳作紆。予獨好道。而爲匹夫。高尚素志。不事神仙通鑑作仕。太平廣記同。王侯。貪生得生。亦又何求。超蹟蒼霄。乘龍詩紀作飛。駕浮。青要神仙傳作雲。太平廣記作風。承真仙通鑑作乘。韻補作垂。翼。與我爲仇。入火不灼。蹈波真仙通鑑作水。不濡。逍遥太極。何慮何憂。遊神仙傳作遨。太平廣記作傲。戲仙都。顧愍羣愚。年命之逝。如川詩紀作波。之流。奄忽未幾。泥土爲傳。馳走神仙傳。太平廣記作奔馳。詩紀云。一作奔馳。索死。不肯暫休。

予之聖師。體道之詩紀作知。真。昇騰神仙傳、太平廣記作降。變化。松喬神仙傳、太平廣記作喬松。爲隣。維予同學。一

十二人。寒苦真仙通鑑作暑。求道。歷二十年。中多怠惰。太平廣記作墮。詩紀同。志行不堅。痛乎諸子。命也自天。天不妄授。道必歸賢。身投太平廣記作没。幽壤。何時可還。嗟爾將來。勤加精研。勿爲流俗。富貴所牽。神丹神仙傳作道。一成。升彼九天。壽同三光。何但億千。真仙通鑑作年。太平廣記同。

惟予垂太平廣記作束。髮。少好道德。棄家隨師。東西南北。委放五經。神仙傳、太平廣記作濁。避詩紀作辟。世自匿。真仙通鑑作適。三詩紀作二。十餘年。名神仙傳作明。山之側。寒不遑衣。飢不暇食。思不敢歸。勞不敢息。奉事太平廣記作承。聖師。承顔太平廣記作歡。詩紀作悦。悦詩紀作顔。色。面垢足胝。乃見詩紀作敢。哀識。太平廣記作誠實。遂傳太平廣記作受。要訣。恩深不測。妻子延年。咸享太平廣記作亨。無極。黄白既真仙通鑑作已。神仙傳太平廣記同。成。貨財千億。役使鬼神。玉女侍側。予神仙傳作今。得度世。神丹之力。○真仙體道通鑑。神仙傳四。太平廣記八引神仙傳。詩紀外集一。又韻補三作平都觀詩。引仇、濡二韻。

葛玄空中歌三首

真仙通鑑曰。仙公姓葛名玄字孝先。家本琅邪。以後漢桓帝延禧七年甲辰歲四月八日誕世。十三通古今。凡經傳子集靡不該覽。年十五六。名振江左。入天台赤城上虞山精思念道。遇真人左元放。授以九丹金液仙經。煉氣保形之術。吴赤烏七年八月十五日昇天。仙公暫停仙駕。賦五言歌詩三篇。降付鄉朋。令歌誦開悟方來。

真人昔遺教。愍念孤癡子。嬖邪不信道。禍亂由斯起。身隨朝露晞。悔恨何有已。罪大不可掩。真仙通鑑作揜。流毒將誰理。冥冥未出期。刼盡方當止。轉輪貧賤家。仍復爲役使。四體或不完。蹩躠行乞市。不知積罪報。怨天神不恃。大道常無爲。弘之由善始。吾今獲輕舉。修行立功爾。三界盡稽首。從容紫宫裏。停駕虚元真仙通鑑作無。中。人生若流水。臨别屬素翰。粗標靈妙紀。○真仙體道通鑑。金陵玄觀志。詩紀外集一。

我今便昇天。愍念諸儒英。大道體虚無。寂寂中有精。視之若冥昧。窈窈中昭明。莫言道虚誕。所患不至誠。奚不登名山。誦是洞真經。一諷而一詠。玄音徹太清。太上輝金容。衆仙齊應聲。十方散香花。旛煙旃檀馨。皇娥奏九韶。鸞鳳諧和鳴。龍駕翳空迎。華蓋曜杳冥。翛閑刼仞臺。帝釋欻降庭。八王奉丹液。挹漱身騰輕。逍遥有無間。流朗絶形名。神童夾真仙通鑑作俠。玄觀志同。侍側。自然朝萬靈。飄飄八景輿。遊衍真仙通鑑作宴。玄觀志同。白玉京。七祖昇福堂。先亡悉超生。王侯能篤信。必爲天下貞。大人體至德。一切蒙其成。○同上

散誕遊山水。吐納靈和津。鍊真仙通鑑作竦。氣同希夷。静詠道德篇。至心宗玄一。冥感今乃宣。飛駕御九龍。飄飄乘紫煙。華景曜空衢。紅雲擁帝前。暫迁真仙通鑑作遷。蓬萊宫。倏忽已賓天。偉偉衆真會。渺渺凌重玄。體固無終刼。金顔隨日鮮。歡樂太真仙通鑑作忘。玄觀志。詩紀云。一作亡。上境。悲念一切人。玄觀志、詩紀作頑。注云。一作人。誰能離死壞。結是冥中緣。悠悠成至道。無有入無間。微妙良難測。智者謂我賢。若能弘衆妙。輕舉昇神仙。○同上

扈謙詩二首

洞仙傳曰。扈謙者。魏郡人也。性縱誕。不恥惡衣食。好飲酒。不擇精粗。常吟曰。

風從牖中入。酒在杯中摇。手握四十九。靈光在上照。巍峩纛著下。獨向冥真仙通鑑作宜。雲笈七籤同。理笑。○進不登龍門。退不求名位。無以消白雲笈七籤作天。日。常作巍峩醉。○同上真仙體道通鑑。雲笈七籤百十一引洞仙傳。詩紀外集三。

李仙君歌

桓真人昇仙記曰。蜀華蓋山李桓先君授道桓凱真人。仙君一日謂凱曰。金丹大藥。子得之矣。飛步隱身諸訣。汝皆洞曉。但未聞大道耳。遂歌曰。

金鼎天門開。反童復嬰孩。日月照崑崙。真君自然來。三年結黄雲。千日成聖胎。九年登金闕。一紀升三台。龍虎自然交。上帝安金臺。衆神仰天表。忻慕心徘徊。子今受靈文。專心如死灰。積功十二年。功畢登雲梯。白光生圓象。紫氣冲雲霓。端虚念太乙。浩刼天地齊。○桓真人昇仙記。詩紀外集三。

武夷君人間可哀之曲

陸鴻漸武夷山記云。武夷君。地官也。相傳每於八月十五日。大會村人於武夷山上置幔亭。化虹橋。通山下。村人既往。是日太極太皇、太姥魏真人、武夷君三座空中。告呼村人爲曾孫。汝等若男若女呼座。乃命鼓師張安陵等作樂行酒。令歌師彭令昭唱人間可哀之曲。其詞曰。

天上人間兮會合疎稀。日落西山兮夕鳥歸飛。百年一餉兮志與願違。天宫咫尺兮恨不相隨。○諸真歌頌。雲笈七籤九十六。詩紀外集三。

後記

右《先秦漢魏晉南北朝詩》一百三十五卷。作爲研究這個時期詩歌文學的作品資料，本書目前算是較爲完備和可信的了。

在詩歌研究方面，我們過去所看到的這個時期的作品資料是殘闕的、難于依據的。原因主要是：第一，六朝時期流傳的一些别集、總集，到了明朝就有百分之九十九以上都散失了；第二，明朝人編的古詩總集，輯的不全，校的不精，整理的有問題。總之，都阻礙了後人的科學研究。據《隋書·經籍志》，梁時著録的别集和總集約一千一百三十五部，隋時著録的約五百四十四部（《隋志》總集部分原標一百七部，實際有一百四十六部，此一百四十六部的著録當有竄誤，今仍從一百七部之數），這些文集提供的作品資料仍是很豐富的。但是到了宋朝，《崇文總目》所著録文集僅十五家，《直齋書録解題》確定的舊集不過十三部。而如魏陳思王曹植集，在宋代實已亡佚，我們今天能看到的宋板曹集也是宋人輯成的。可見宋代保存下來的先唐文集，較之梁時只剩百分之一而强，較之隋代也還不够百分之三，舊文集可説是散失殆盡了。明時流傳的舊集就更少。據《詩紀》引用書目，那時能見到的舊本别集只有嵇康、陸雲、陶淵明、鮑照、謝朓、庾信等六家，連宋時吴棫還用過的九卷本陳琳集也不見了。清代以後，經過搜索鑑别，可以確定爲舊集的，約有《蔡中郎集》、《嵇康集》、《阮步兵集》、《陸士龍集》、《陶淵明集》、《鮑氏集》、《謝宣城集》、《昭明文集》、《江文通集》、《何水部集》、《陰常侍集》、《庾子山集》，共十二種。其中除蔡、阮、謝、蕭、何、陰各集均爲殘本以外，如《陸士龍集》，雖然號稱原集，然如以《文館詞林》所引對照之，顯見這部文集也並非完璧，而保存到今天的《江文通集》，又僅僅是舊集的前集部分。所以能確定流傳到今天的舊集，至多只有嵇、陸、陶、鮑、謝、江六家而已，較之梁代文集，只剩下千分之一二了。

舊的文集既逐時散亡，新的總集遂應運而生。明代出現古詩歌的輯存，自然同唐代裒集《文館詞林》、宋代選編《文苑英華》、宋人類纂《樂府詩集》一樣，是爲當時的封建文化服務的，但也是針對集部凋亡的情況，在可能範圍内搜輯了遺詩佚篇，從而在保存古代詩歌資料這一點上有可以肯定的一面。其中如馮惟訥的《詩紀》，採摭更爲弘富，曾先後爲王漁洋、楊守敬所贊賞，不是没有原因的。但是，馮書的編成，大多因襲劉履的《廣文選》，張之象的《古詩類苑》，包節的《苑詩類選》等書，拘執於舊習，有嚴重的缺點謬誤。第一，搜輯不够廣泛，遺漏了不少篇章。距離完備程度還相當遠。第二，没有認真地下考訂整理的工夫。許多僞詩和非詩的作品都收進去，許多詩人許多作品搞錯了時代。例如龐德公的《於忽操》，乃是宋王逢源的作品，梁簡文帝的《夜夜曲》，誤收了唐王偃的詩。又如前集中混入了銘、頌、箴、誄各體韵文，漢代以後又濫入《樊惠渠頌》、《王子晉贊》、《華陽頌》、《雲山贊》等。晉應亨的《四王冠詩》誤放在漢朝，宋范廣泉的《餞王少傅詩》錯編於晉代，等等。謬誤是不易枚舉的。第三，給後人留下了難題，添加了混亂。譬如《古詩類苑》等書的輯成，有一部分本之各文集，而有一部分則抄自各類書。《詩紀》因襲這些總集，一概不注出處，這樣就好像所有詩篇都出於本集，容易令人産生誤會。同時，又往往在明顯爲殘闕的詩篇下，夾注一個闕字，實際上没有注闕字的很多並非完篇。是否一切採自文集，已經讓後人弄不清楚，各詩篇究竟哪是完整的哪是殘闕的，更是給後人作了錯誤指示。由此可見，《詩紀》還不算是一部完備而可依據的作品資料。

近人丁福保編的《全漢三國晉南北朝詩》，是問世較晚流行較廣的一部書。但這部書既不完備又難信據，不能滿足讀者進行科學研究的要求。而其缺點謬誤不亞於《詩紀》，容易使讀者導致錯誤。對此，我在拙作《古詩紀補正敍例》中有所評論，這裏不煩列舉了。

本書的編纂，是繼承了《詩紀》而又在《詩紀》編纂基礎上進行了輯補、校訂與整理的。就搜集的完備程度來説，本書比較《詩紀》引用的書籍更廣泛，攟摭的佚詩更多了。其中輯補的詩篇，有的是馮氏當時無法搜集的，如近世才發現的漢簡中的《風雨詩》，敦煌石室《老子化胡經》的玄歌，日本保存的《文館詞林》殘卷的各詩篇等等。當時還没有發現上述書籍文物，我們不能對馮氏求全責備。其中輯補的詩篇，有的是馮氏可以輯到而馮氏没有搜集的，例如《韻補》所引陳琳等人的詩歌，《法書要録》所載王羲之的《蘭亭詩》，《宋書》帝紀著録的劉義隆詩，地方志著録的謝靈運詩，以及史、子、類書、碑志、佛藏中的謡歌諺語等等。類似上述的許多詩篇，《詩紀》都遺漏了。這當然不能不説是編輯上的缺陷。本書進行輯補的同時，並把《琴操》的某些歌詩歸入漢代，把仙道鬼神各類僞托之作依時代重加編次，等等。過去未能處理的一些篇章至此也都可以參考利用了。這相對地又等於增加了一大部分作品。

就本書可以據信的程度來説，第一，本書以楊守敬的《古詩存目》作爲索引，遍檢唐宋以前有關圖書，把全部詩歌較細地校勘了一遍。校勘不但訂正訛誤，補苴殘闕，而且是普遍地注明出處，標明某詩採自舊集，某詩只是輯自類書雜著。採自舊集的率爲完詩，輯自類書雜著的率爲殘篇。完詩或者殘篇，讀者能够了若指掌了。第二，對本書詩歌，我們進行了多方面的考訂工作。諸如辨證真僞（如證明蘇、李詩非前漢蘇武、李陵所作而爲後漢人所作等），考明作者（如考明謝靈運《折楊柳行》第一首乃曹丕作等），確定時代（如證明《琴操》諸歌多爲後漢琴工所作等），訂正題目（如改正陸雲《從事中郎張彦明爲中護軍》題目等），分合篇目（如古辭《步出夏門行》與《隴西行》合爲一首，應璩《年命在桑榆》一詩分爲二篇等），剖析體裁（如論定劉邦《鴻鵠歌》表面爲四言實際是楚歌體等），等等。通過這些工作，我們能够把《真誥》的依托詩歌編入晉代，把張君祖、庾僧淵的酬答作品列諸典午，能够把《老子化胡經》的玄歌次之北魏，把陸雲、鮑照等文集的竄誤改正過來。第三，本書没有因襲《詩紀》原編順序，而嚴格地依據時代先後來編次作者。從而使同期各家的相互聯係及不同傾向更爲顯露分明，有利於批判作家作品，清理詩歌發展過程的科學研究。總之，真僞分明了，時代作者確定了，文字訛誤訂正了，一些有關知識提供出來了。凡此均提高了本書作爲作品資料的可靠程度。

因此，我們説，作爲研究這個時期詩歌文學的作品資料，本書目前算是較爲完備和可信的了。

如所周知，一部較爲完備和可信的詩歌資料是具有重要意義的。我們要發展今天的新詩歌，要了解我國詩歌的昨天和前天，就必須清理這一時期詩歌文學的發展過程，批判地繼承古代詩歌的民主性精華。清理發展過程吸收民主性精華，需要充分的作品資料，即完備的和可信的作品資料。然而舊社會的學者没有替我們預備下這方面的東西，本書如果能够滿足上述要求，自然就會有重要意義的。退一步講，本書至少提供了下列一些方面：第一，經過搜輯、整理、編纂，我們首先了解到古詩歌資料還是相當豐富的。一百三十五卷詩歌，完什殘篇總計不下百萬餘言，其中如漢、晉兩朝，更是豐富多彩。你們看，如此衆多的樂府歌和琴曲，如此有規模的四言詩和楚歌體，難道還不够閱讀、研究、批判的嗎？尤其是我們整理出大量的民間謡諺，作爲這時期民間詩歌文學的作品資料，是可以滿足研究者的要求的。這些謡諺，從一則一則看，是比較零碎的，很少長篇巨著；聯係起來看，透入本質看，却又十分重要，它們反映了當時的階級鬥争和人民呼聲。自然研究謡諺，也要持區别對待的態度。這些謡諺中，間或雜有地主階級的東西；民間謡諺並不意味着全是人民羣衆的集體創作。第二，經過搜輯、整理、編纂，我們又了解到對古詩歌資料也要明確其殘闕情况。很多作者原集散失了，很多的名家詩篇殘闕了亡佚了。這使我們不論分析詩人成就或者研究詩歌發展史，都要受到一定限制。譬如曹植這位詩人，鍾嶸《詩品》稱他爲「建安之杰」。這個評語固然在於肯定他在「建安七子」中的文學地位，但也一定有該時期的詩歌作品爲其根據的。後人集的十卷本曹集，建安時代寫的東西保留下來的太少了，因而就很難進一步把握他所以稱爲「建安之雄」的更爲具體的理由。又如謝靈運的《登廬山絶頂望諸嶠詩》已是殘篇了，《詩紀》所著録的則尤其殘闕。可是明人鍾惺、譚元春等，却都把《詩紀》這篇詩當作完篇來評價。一個説：「六句質奥，是一短記。」一個説：「他人數十句寫來，未必如此樸妙。如此大題目，肯作三韵，立想不善！」實際這首詩確是斷簡殘篇，我們今天至少能給它補上四句詩；補上去仍然是不完整的。而他們竟然當作完篇來處理，自然是很可笑的了。假使依據本書，把握了古詩的殘闕情況，我們在評論詩人詩篇方面將比較容易避免主觀片面的錯誤。第三，經過搜輯、整理、編纂，我們掌握了一個衡量詩篇完闕的尺度：凡是輯自類書的，一般都是不完整的；凡是採自舊集的，一般都是完整的。本書標明出處的意義，固然在於明確某詩之最早見於某書，而尤其在於借此明確某詩的爲完爲闕。有了這樣一個尺度，我們在選讀古詩方面，在評價舊集方面，就多了一個依據，有了另一個鑑別標準。那麽，我們的工作就能作得更好更加科學。我們偉大的社會主義國家，應該有一部新編的古詩選。這部新編的古詩選，首先要貫徹「政治標準第一」的原則，選集那些具有民主性精華、經過消化吸收而有利於社會主義的作品。這是勿容異議的。同時又要强調選出的詩篇一般都是完整的，以便把握它們的完整思想内容和藝術風格。如果我們能這樣進行編選，選拔出一些有分析研究餘地有借鑒價值的優秀篇章，那麽，我們新編的古詩選才同過去的選本如《古詩源》等書有所區別，並有所提高，否則談不到什麽今天的新選本了。其次，根據詩篇或完或闕的這個前提，我們還能從又一方面評價古人舊集。我國唐代以前的總集，《詩經》、《楚辭》以外，應該重視的是《昭明文選》、《玉臺新詠》、《文館詞林》、《古文苑》、《六朝詩集》等。應該重視的别集是嵇康、阮籍、陸雲、陶淵明、鮑照、謝朓、江淹、庾信等八家文集。總集如《樂府詩集》、《文苑英華》，别集如《蔡中郎集》、《曹子建集》等，其中詩歌有的也並非完篇，因爲這些書的作品，一部分來自舊集，一部分則是輯自類書的。可以這樣説：凡類書所載而與《樂府詩集》等書句數雷同者，一般都是後者引自前者，都是不完整的。《樂府詩集》等書的詩歌，哪些是完整的，哪些是殘闕的，可由本書所標出處獲得證實。又上述嵇康等幾家文集，是保存到今天的可重視的遺物，文獻價值較大。如果有計劃地加以校訂乃至注釋，那是十分必要的。

總上所論，本書所具有的意義，已經可見一斑了。

其次，本書在輯和校兩方面都力求有較爲嚴格的界限。有些篇章我們不曾收進去，有些可以取校的書我們省略過去。例如漢代銅鏡的七言韵語似乎可以入選，但是這種七言韵語，習慣上久已稱爲鏡銘，因此本書未予輯録。又如《文鏡秘府》也曾徵引許多詩篇，但這些詩篇率不著作者，其中有一部分又可能是初唐之作，因此，這裏也不加輯録。再如吴棫《韵補》，引用了《道藏》許多詩歌，吴棫在書目中説：「當是魏、晉時人所作。其文詞非儒家所急，取其韵古也。」然而《韵補》引用的《道藏》歌詩，其中就有唐孟郊作的《列仙文・方諸青童歌》，《全唐詩》可以參對。這首詩以「泋」字與「名」字混押，表面上類似古韵，事實上却是唐人詩。可見不能只根據押韵來判定歌詩時代；也就是説後人的詩也可以沿用古韵。爲此，《韵補》所引道歌，本書一概不取。我自己從《道藏》搜集了許多歌詩，也僅僅選録其中一部分略有時代可稽的。在校勘方面，宋以前有關書籍，基本上都校過。元、明人輯的總集，本書則有時不去取校。例如左克明的《古樂府》，本書卽未全部對校，只在個别詩篇上讎對一番。因爲《古樂府》抄自《樂府詩集》，我們使用了宋板《樂府詩集》也就够了。又如《詩紀》引用的《古詩類苑》等書，時代與《詩紀》成書期間相近，文字出入很少，所以本書也不再逐篇校勘，以免繁瑣。只是某些詩篇找不到出處而是《詩紀》直接抄自這些總集的，則仍用它們作爲出典，分别加以著録。至於有關校勘材料的鑑别問題，校勘方法的運用問題，拙作《古詩紀補正敍例》一文已有論述，這裏不再重複了。

編纂這樣一部古詩總集，的確付出了不少的勞動，遇到了較多的困難。同時，工作時間竟拖延了二十四個年頭。校輯、整理是在兩個時期内進行的。校輯開始於四〇年，完成於四七年，寫出了校記與輯録。這部舊稿一直保存在手頭。六一年春，在校黨委的關懷和督促下，在校内外的同志鼓勵下，我於教學工作、教研室工作之外，開始拿出舊稿進行整理，到了今年春才編纂完成。書編完了，實現了整理這部分作品資料的願望，對偉大社會主義祖國也算作出點滴貢獻，感到十分安慰。但是，時間拖延這樣久，工作是時作時輟，加上本人學識淺陋、聞見不廣等等因素，會直接間接影響書的編纂質量的，因而又爲它的會存在缺點謬誤而感到耽心。我自然希望這部資料完備和可信，讓研究古詩歌的同志們不再在資料方面花工夫，但假如其中還存在缺點謬誤，我的這種願望也落空了。爲此，切盼讀者及時批評指正，使我獲得修訂補苴的機會。

逯欽立　一九六四年二月十五日